江苏省现代服务业发展研究报告

2021

主 编 张为付

南京大学出版社

图书在版编目(CIP)数据

江苏省现代服务业发展研究报告.2021/张为付主
编.—南京:南京大学出版社,2022.5
ISBN 978-7-305-25675-2

Ⅰ.①江… Ⅱ.①张… Ⅲ.①服务业—经济发展—研
究报告—江苏—2021 Ⅳ.①F719

中国版本图书馆 CIP 数据核字(2022)第 074267 号

出版发行 南京大学出版社
社　　址 南京市汉口路 22 号　　邮　编 210093
出 版 人 金鑫荣

书　　名 **江苏省现代服务业发展研究报告 2021**
主　　编 张为付
责任编辑 王日俊

照　　排 南京开卷文化传媒有限公司
印　　刷 广东虎彩云印刷有限公司
开　　本 880×1230 1/16 印张 25.25 字数 682 千
版　　次 2022 年 5 月第 1 版 2022 年 5 月第 1 次印刷
ISBN 978-7-305-25675-2
定　　价 480.00 元

网　　址:http://www.njupco.com
官方微博:http://weibo.com/njupco
官方微信号:njupress
销售咨询热线:(025)83594756

　　本书为江苏省发展和改革委员会服务业重大课题、江苏高校优势学科建设工程（PAPD）、江苏高校现代服务业协同创新中心、江苏高校人文社会科学校外研究基地"江苏现代服务业研究院"和江苏省重点培育智库"现代服务业智库"研究成果。

　　本书出版得到江苏省服务业重大课题专项资金、江苏高校优势学科建设工程（PAPD）、江苏高校现代服务业协同创新中心、江苏高校人文社会科学校外研究基地"江苏现代服务业研究院"和江苏省重点培育智库"现代服务业智库"的资助。

书　　名：江苏省现代服务业发展研究报告(2021)

主　　编：张为付

出版社：南京大学出版社

目 录
Contents

综 合 篇
PART I COMPREHENSIVE REPORT

区 域 篇
PART II AREA REPORT

行　业　篇

PART Ⅲ INDUSTRIAL REPORT

集聚区篇

PART IV CLUSTER REPORT

举 措 篇

PART V POLITICAL REPORT

政　策　篇

PART VI POLITICAL REPORT

数据篇

PART VII DATA REPORT

目 录

综合篇

第一章　江苏现代服务业发展报告

2020年，江苏省统筹疫情防控和经济社会发展取得显著成效，全面落实"六稳""六保"政策。全省经济呈现持续稳定恢复的良好态势，服务业生产经营稳步复苏，相关指标在正增长基础上持续回升，重点行业发展态势较好，稳就业保民生、保产业链供应链稳定成效显著，"十三五"规划圆满收官，为"强富美高"新江苏建设做出了积极贡献，充分发挥服务业是经济回暖"助推器"的作用。

一、2020年江苏现代服务业发展的典型事实

从数据来看，江苏省服务业协同并进、综合实力显著提升，服务业加速回暖，"亮色"之下不乏"亮点"。2020年全省服务业增加值比"十二五"期末的2015年增加20024.1亿元，增长59%；占全省地区生产总值比重从47.6%提高到52.5%，增长4.9个百分点。继"十二五"期末全省产业结构调整实现了由"二三一"向"三二一"的标志性转变后，"十三五"期间，全省服务业增加值占比实现了超越"半壁江山"的转变。

（一）总体规模增长韧性十足，贡献率显著提升

2020年，全省实现服务业增加值53955.8亿元，同比增长3.8%，快于地区生产总值增速0.1个百分点；占全省地区生产总值的比重为52.5%，比上年提高1.2个百分点，对地区生产总值增长的贡献率达52.2%。服务业在经济发展中的支撑与拉动作用明显。

图1　2015—2020年江苏三次产业增加值对比图（单位：亿元）
资料来源：江苏省统计局

服务业中，除住宿和餐饮业、文化体育和娱乐业等行业受疫情影响较大，同比有所下降外，其他多数行业实现正增长，信息传输、软件和信息技术服务业，金融业增加值分别增长15.5%、7.7%，

增速分别快于第三产业 11.7 个、3.9 个百分点。1—11 月,全省高技术服务业企业营业收入同比增长 15.5%,增速快于规模以上服务业 9.9 个百分点。

(二)重点项目拉动效应明显,助推现代服务业发展

服务业重点项目建设和投资拉动仍然是促进江苏服务业发展的重要因素。2020 年全省服务业固定资产投资克服疫情影响,自上半年增速由负转正后,持续平稳增长,全年指标同比上年增长 4.1%,科学研究和技术服务业增长 9.9%,水利、环境和公共设施管理业增长 1.6%,教育增长 16.4%,卫生和社会工作增长 26.0%。其中,高技术产业投资表现尤为亮眼,全年投资较上年增长 8.4%,增速高于全部投资 8.1 个百分点,拉动全部投资增长 1.2 个百分点。高技术服务业投资中,信息服务业投资增长 35.1%,环境监测及治理服务投资增长 34.3%。各设区市也持续优化服务业政策环境,深化"放管服"改革,推动减税降费,降低市场主体的制度性交易成本,促进服务业投资增长。分城市看,扬州、常州和盐城增速列前三位,分别增长 28.4%、16.7% 和 15.1%。

2020 年,全省服务业税收贡献继续上升,实现全口径服务业税收收入 7356.8 亿元,同比增长 2.1%,增速高于全省税收总额增速 2.2 个百分点;服务业税收占全省税收总额的 52.3%,比上年提升 1.1 个百分点。金融业入库税收占比较大、增长较快,实现税收收入 1111.6 亿元,同比增长 18.2%。批发和零售业、租赁和商务服务业、信息传输软件和信息技术服务业仍然是服务业税收的重要支柱,占服务业税收比重分别为 20.7%、8.3% 和 3.5%。

(三)新兴行业势头强劲,传统行业稳步恢复

从服务业各行业数据分析来看,新兴行业表现突出。全省高新技术服务业发展势头强劲,新动能持续释放,引领带动服务业转型升级。2020 年,高技术服务业营业收入同比增长 15.5%,高于全省规模以上服务业营业收入增速 9.9 个百分点,拉动全省规模以上服务业增长 5.4 个百分点。与互联网服务相关的服务业也增势强劲。2020 年,全省移动互联网传输流量增长 27.9%,受互联网传输业务增长拉动,全年全省电信业业务总量增长 21.7%。业务总量较大的苏州、南京、无锡、徐州、南通分别增长 17.7%、18.4%、20.6%、23.6% 和 22.9%。

传统行业稳步增长,如交通运输业总体平稳。全年完成货物运输量增长 2.6%,旅客运输量下降 29.5%;货物周转量增长 3.8%,旅客周转量下降 39.8%。邮政电信业快速发展。全年邮政业完成业务总量 1699.5 亿元,增长 19.1%;实现业务收入 919.5 亿元,增长 13.0%。其中,快递业完成业务量 69.8 亿件,增长 21.5%。电信业完成业务总量 9181.7 亿元,增长 21.7%。金融信贷规模扩大。年末全省金融机构人民币存款余额 172580.3 亿元,比上年末增长 12.9%,比年初增加 19742.9 亿元。其中,住户存款增加 8613.9 亿元,非金融企业存款增加 8963.5 亿元。

表 1 江苏省 2010—2020 年服务业产业结构情况(单位:亿元)

行 业	2010 年	2016 年	2017 年	2018 年	2019 年	2020 年
交通运输、仓储和邮政业	1768.62	2535.57	2743.41	2964.41	3157.21	3239.92
住宿和餐饮业	710.98	1203.18	1302.85	1413.43	1540.21	1427.38
信息传输、软件和信息技术服务业	591.23	1961.21	2172.79	2409.97	2593.53	2998.30

行　业	2010 年	2016 年	2017 年	2018 年	2019 年	2020 年
金融业	2105.92	5545.17	6215.65	6846.88	7529.61	8405.79
房地产业	2550.95	5792.01	6907.75	7467.17	8057.76	8944.94
租赁和商务服务业	839.58	2278.82	2524.68	2800.26	2980.91	2981.48
科学研究和技术服务业	405.46	1645.10	1822.59	2021.53	2212.91	2320.54
水利、环境和公共设施管理业	208.28	459.97	509.61	565.21	646.01	669.68
居民服务、修理和其他服务业	432.81	864.39	957.65	1062.17	1121.06	1195.02
教育	1022.58	2103.83	2330.82	2585.24	2908.01	3015.27
卫生和社会工作	484.64	1344.30	1489.34	1651.91	1842.58	1891.00
文化、体育和娱乐业	213.38	473.38	524.46	581.71	594.23	601.06
公共管理、社会保障和社会组织	1209.52	3328.48	3687.59	4090.10	4616.52	4776.65

（四）数字经济与现代服务业融合发展，催生发展新动能

数字变革催生新消费行为和新经济形态。江苏实施网络强省战略，加快发展以云计算、物联网、大数据等为代表的信息技术服务业，打造了一批特色鲜明的中国软件名城、软件和信息服务业示范基地等载体，行业增长显著。在软件和信息技术服务业领域，国泰新点、润和软件、朗新科技等一批创新动力足、行业知名度高的生产性服务业领军企业脱颖而出。从省规上服务业企业营业收入来看，2020 年前三季度，以软件和信息技术服务业、互联网及相关服务等为代表的高技术服务业保持逆势增长，同比增速为 10.8%，高于全省规上服务业增速 10.1 个百分点，13 个设区市全部实现正增长。2020 年，限额以上批发和零售业通过公共网络实现零售额比上年增长 24.7%；住宿和餐饮业通过公共网络实现餐费收入增长 191.9%。规上服务业中，软件和信息技术服务业、互联网和相关服务业营业收入比上年分别增长 17.5% 和 23.5%。

（五）生产性服务业成为经济发展的重要引擎

生产性服务业"双百工程"按照年度有序推进，朝向目标稳步迈进。生产性服务业"百区提升示范工程"放大了生产性服务业集中、集聚、集约发展效应。截至目前，全省已建成 107 家省级生产性服务业集聚示范区，合计吸纳就业人数近 200 万人，涌现出中国（南京）软件谷、昆山花桥国际商务城、江阴长江港口综合物流园、南通家纺城等营业收入超千亿元的集聚区 8 家，超 500 亿元的集聚区十余家。与此同时，江苏高度重视增强市场主体活力，着力提升生产性服务业企业核心竞争力，通过地方培育、省级命名、自主申报、联动推进的方式，培育和遴选认定了亚信科技（南京）、江苏徐工信息、苏州电科院、江苏金融租赁股份有限公司、中电环保等 138 家省级生产性服务业领军企业，在生产性服务业前沿技术、高端产品和细分市场领域取得了一系列关键性突破。

生产性服务业百企升级引领工程重在引导生产性服务业企业全面树立先进服务理念，积极运用现代科技研发和信息技术手段，加大技术创新、模式创新和管理创新，提高运营效能和服务品质，通过行业领军企业的培育认定，形成以点带面、示范引领作用，引导相关行业向价值链高端攀升。

从"十三五"产业转型实践看,江苏走出了一条特色鲜明的生产性服务业提质增效发展之路。前三季度,多个生产性服务业重点行业实现正增长,其中,信息传输、软件和信息技术服务业与金融业增加值增长较快,分别增长 13.9%、8.8%,税收贡献分别实现 17.5%、19.5% 的较快增长,服务业内部结构进一步趋向优化。

(六)服务外包继续发挥全国排头兵的作用

2020 年,借由"云聚江苏·服务全球"等一系列线上对接会的推动,江苏企业服务外包业务拓展明显,对全国服务外包离岸执行额增长贡献超三分之一,带动全国服务外包离岸执行额增长逾 3 个百分点。商务部数据显示,江苏服务外包业务合同额 723.5 亿美元,同比增长 16.1%,业务执行额 556.2 亿美元,同比增长 8.5%,其中,向境外提供服务的离岸服务外包执行额 274.8 亿美元,同比增长 13.3%。离岸业务执行额约占全国 1/4,约占长三角地区 1/2,连续 12 年居全国首位,对全国服务外包发展起到重要支撑作用。此外,江苏持续加大线上下业务培训、人才招引力度,截至 2020 年底,江苏服务外包企业 15838 家,同比增长 11.5%,累计吸纳从业人员达 232.2 万人,同比增长 17.9%。从市级层面看,南京、无锡、苏州、南通、镇江服务外包离岸执行额分别为 68.6 亿美元、77.7 亿美元、52.4 亿美元、34.4 亿美元、10.3 亿美元,五市合计离岸执行额 243.4 亿美元,占全国示范城市总额约三成,五市全部实现服务外包离岸执行额正增长。

(七)全国服务业 500 强企业占比保持领先地位

中国企业联合会、中国企业家协会发布了 2020 中国服务业企业 500 强,榜单显示,2020 中国服务业企业 500 强企业营业收入总额 41.33 万亿元,上榜门槛 54.81 亿元。中国服务业企业 500 强分布在 28 个省、自治区、直辖市。入围地区排在前 5 位的分别是:广东 91 家、北京 55 家、浙江 47 家、上海 47 家、江苏 44 家,合计数量为 282 家,占比 56.4%。随着江苏和浙江入围数量的崛起,服务业企业长期集中于北上广的特点正在被打破。根据统计江苏企业 44 家上榜,占全国 500 强的比重为 8.6%。在区域分布范围来看(见图 2),无锡 18 家,苏州 14 家,南京 10 家、常州 1 家、盐城 1 家,可以看出,500 强企业主要集中在苏南五市,只有一家服务业企业位于苏北,苏中则无服务业企业上榜。

表 2　全国服务业 500 强企业江苏前十名企业名单

序　号	排　名	公司名称	当年营业收入(万元)
1	9	苏宁控股集团	66525890
2	93	弘阳集团有限公司	9586110
3	119	江苏国泰国际集团股份有限公司	6122367
4	150	东华能源股份有限公司	4618762
5	151	通鼎集团有限公司	4502855
6	156	汇通达网络股份有限公司	4278661
7	167	江苏中利控股集团有限公司	4081275
8	184	江苏汇鸿国际集团股份有限公司	3557793

续表

序 号	排 名	公司名称	当年营业收入(万元)
9	201	苏州金螳螂企业(集团)有限公司	3125828
10	218	张家港保税区立信投资有限公司	2644533

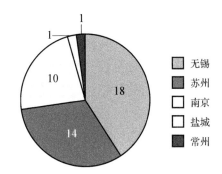

图2 中国服务业500强江苏分布图(单位:家)

二、江苏现代服务业发展的机遇与挑战

(一)发展机遇

1. 国际视角

新一轮科技革命和产业变革深入发展,国际力量对比深刻调整,和平与发展仍然是时代主题,人类命运共同体理念深入人心,区域经济一体化是大势所趋,特别是我国引领推动经济全球化带来新机遇。这既对巩固提升江苏制造强省和开放大省地位,深度参与国际合作竞争带来较大挑战,也为江苏发挥自身优势,倒逼产业优化升级、塑造发展新优势,营造一流营商环境、吸引全球要素资源,在一些关键领域实现从跟跑到并跑、领跑等提供了有利条件。江苏在长期发展中积累了雄厚的经济实力、创新能力、产业竞争力、文化软实力,"一带一路"倡议、长江经济带发展、长三角区域一体化发展三大国家战略交汇叠加、深入实施,为未来发展提供了广阔空间;特别是习近平总书记赋予江苏"争当表率、争做示范、走在前列"的新使命、新要求,为我们指明了前进方向,注入了强大动力。全省上下必须着眼于"两个大局",增强机遇意识和风险意识,深刻认识错综复杂的国际环境带来的新矛盾、新挑战,深刻认识新发展阶段的新特征、新要求,深刻认识危与机并存、危中有机、危可转机,保持战略定力,树立底线思维,把握发展规律,努力在危机中育先机、于变局中开新局,坚决夺取"十四五"发展新胜利,为全面建设社会主义现代化开好局、起好步。

2. 国内视角

我国已转向高质量发展阶段,处在转变发展方式、优化经济结构、转换增长动力的攻关期,社会主要矛盾发展变化带来新特征、新要求,发展不平衡、不充分问题仍然突出。我国制度优势显著,经济长期向好,物质基础雄厚,人力资源丰富,市场空间广阔,社会大局稳定,经济实力、科技实力、综合国力已经跃上新的大台阶,特别是党中央作出全面建设社会主义现代化国家的战略部署,为江苏未来发展开辟了新空间,注入了新动力。要胸怀"两个大局",立足新发展阶段,贯彻新发展理念,把江苏未来发展放在全国一盘棋的大格局中来谋划,强化机遇意识和风险意识,系统谋划重大举措和实施路径,更加注重发展支撑和制度保障,集中力量办好自己的事,着力提高经济强的引领度、百姓富的幸福感、环境美的含绿量、社会文明程度高的包容性,使践行新发展理念、构建新发展格局、实现高质量发展成为江苏鲜明底色,为全面建设社会主义现代化国家扛起江苏责任、贡献江苏力量。

3. 江苏视角

江苏长期以来坚持提升创新竞争力,构建自主可控的现代产业体系,夯实了服务业高质量发展基础。近年来,江苏5G、人工智能、区块链等新一代科学技术发展势头较好,产业数字化进程加快,研发投入保持持续快速增长。2020年,全省规模以上服务业企业研发费用同比增长28.9%,产业转型升级持续推进,产业融合步伐走向深入,为"十四五"实现现代服务业高质量发展育新机。

稳健的货币政策将更加灵活精准、合理适度;同时,在国内疫情防控常态化背景下,全省生产生活秩序回归正常化,交通物流、文化旅游消费等服务行业外部需求有望大幅改善,服务业发展潜力未来可期。江苏省发展改革委作为全省服务业发展牵头部门,正在酝酿推出促进先进制造业和现代服务业深度融合发展、现代服务业高端集聚发展、领军企业做大做强等针对性政策,都将在"双循环"新的格局下推动全省服务业又好又快发展。

2021年是"十四五"开局之年,江苏服务业将抢抓机遇,进一步把政策措施落到实处,利用全面推动长江经济带发展、长三角一体化发展、区域全面经济伙伴关系协定(RCEP)等重大国际国内战略机遇叠加期,对标国内先进省市,以生产性服务业为主攻方向,进一步放大生产性服务业政策体系的整体效应,提升生活性服务业发展品质,深入推进服务业智慧化升级,系统强化数字赋能,加快构建服务业发展新格局,推进全省服务业高质量发展,展现江苏践行"争当表率、争做示范、走在前列"新要求中的服务业担当。

（二）面临挑战

总体来看,2020年全省服务业恢复运行良好,稳就业保民生、保产业链供应链稳定成效显著,"十三五"规划圆满收官,为"强富美高"新江苏建设做出了积极贡献。同时我们也要看到,疫情变化和外部环境存在诸多不确定性,经济复苏向好基础仍需巩固。

第一,当今世界正经历百年未有之大变局,新冠肺炎疫情深度改变全球经济格局。国际环境日趋复杂,世界经济持续低迷,经济全球化遭遇逆流,产业链供应链面临非经济因素冲击,保护主义、单边主义上升,世界进入动荡变革期,不稳定性、不确定性明显增加,国际政治、经济、科技、文化、安全格局深刻调整,江苏经济外向度高,国际环境变化带来的挑战更大。

第二,江苏自身发展不平衡不充分的问题仍然比较突出,重点领域关键环节改革任务还很艰巨,产业结构整体处于全球价值链中低端,科技和产业创新亟待突破,基础设施建设还有短板,生态环境治理任务繁重,城乡区域发展和收入分配仍有差距。这些深层次矛盾和问题必须加大力度、综合施策、系统解决。

下一步,江苏将坚持以习近平新时代中国特色社会主义思想为指导,认真贯彻党的十九届五中全会和中央经济工作会议精神,全面落实中央和省委、省政府决策部署,坚持稳中求进工作总基调,坚定不移深化改革开放创新,巩固拓展疫情防控和经济社会发展成果,聚焦现代服务业转型升级的重点领域,优化实施推动服务业高质量发展的重点任务和重大工程,确保为"十四五"开好局、起好步打下坚实基础。

三、江苏现代服务业发展的对策建议

"强富美高"是引领全省人民团结奋斗的总目标总定位,随着实践要求与时俱进丰富发展,贯穿于江苏全面小康和社会主义现代化建设的全过程。"争当表率、争做示范、走在前列"是高水平全面建成小康社会之后,进入现代化建设新阶段的新使命新要求,与习近平总书记对江苏工作一系列重要讲话指示精神既一以贯之、一脉相承,又饱含着对江苏人民深切关怀、对江苏发展殷切厚望。必须站在增强"四个意识"、坚定"四个自信"、做到"两个维护"的高度,充分认识习近平总书记视察江苏重要讲话指示精神的重大政治意义、历史意义、实践意义,学思践悟,融会贯通,不断从中汲取思想力量、真理力量、实践力量,不断转化为更大政治责任、重大历史使命、强大奋进动力,一步一个脚印地把总书记为江苏擘画的宏伟蓝图变为美好现实。

(一)完善自主创新体系,加快建设科技强省

全面提升在国家创新体系中的地位,强化战略科技力量布局,以苏南国家自主创新示范区为核心,苏州工业园区、南京江北新区、江苏自贸试验区等为骨干,增强制度创新策源功能和创新要素集聚功能。由政府牵头,以企业为主要载体,联合省内重点高校、研究院所与实验室,构建高端战略创新平台体系。营造竞争力强的创新创业生态,实施重点人才工程,集聚一批"高精尖缺"的战略科技人才、科技领军人才和创新团队,健全科技评价体系和激励机制。

促进产业数字化转型,壮大实体经济新动能。夯实产业数字化转型基础,制定工业互联网发展行动计划,加快发展优势制造行业的工业核心软件,建设全国顶尖的工业软件企业集聚高地,积极谋划创建工业互联网数据中心、新型互联网交换中心、"5G+工业互联网"融合应用先导区。以智能化为重点方向推动传统产业数字化转型,支持规模以上工业企业开展生产线装备智能化改造,面向重点行业制定数字化转型路线图,形成可推广方案。

(二)推进协同发展,占领现代服务业发展新高地

现代服务业具有高集聚性与强辐射性,是产业融合和经济协同的粘合剂。因此,必须加强现代服务业与先进制造业的产业融合,推进现代服务业与经济格局的耦合,健全产业国际化服务体系,实现现代服务业与产业、区域、国际的协同发展,进而占领现代服务业发展新高地。

1. 推进现代服务业与先进制造业融合发展

从产业共生演化发展规律可以清晰看到,现代服务业、先进制造业、现代农业之间的关联与互动在不断加深,三次产业之间的边界日益模糊,经济活动中服务业的附加值逐渐提高。为此,江苏应充分利用自身制造业庞大的"市场需求",深化"双轮驱动"战略,推进企业竞争焦点从"产品和技术"向"应用与服务"转变。细化、深化专业化分工,鼓励生产制造企业致力于具有核心竞争力的业务流程,剥离非擅长业务给专业的现代服务机构完成。

2. 实现现代服务业与经济格局的耦合

在宏观层面上,江苏应利用"一带一路"倡议、长江经济带、长三角一体化等国家战略的空间联动效应,重塑现代服务业发展的空间格局。依托江苏"四沿"发展轴线,构建苏南高新技术产业服务集群、沿江现代物流服务集群、沿海海洋产业服务集群。在中观层面上,加快现代服务业集聚区建设。大力发展都市中心商务区、城市圈和密集的城市群,并将三者的交叉地带作为生产性服务业的中心,吸引周边地区的企业向中心集聚。深入实施《江苏省生产性服务业双百工程实施方案》,在提高产业集聚度、优化产业链条、促进企业融合发展等方面采取综合措施推动生产性服务业集聚区提升发展。依托现有的科技创业园、创意产业园、现代物流园、产品交易市场、软件园等区域,积极支持生产性服务企业进驻各类园区,完善园区的各种硬件环境和配套设施,为企业融合提供多方位系统的服务;构建现代金融、现代物流业、科技研发等生产性服务业集聚区。

(三)做大做强高端服务业,为经济发展提质增效

优化服务业发展结构,提升供给质量和效率,建成国内领先的现代服务业高地。实施现代服务业高质量发展集聚示范工程和现代服务业高质量发展领军企业培育工程,推进现代服务业集聚区强化产业特色、吸纳高端要素、完善功能配套。实施服务标准化品牌化提质工程,构建与国际接轨的服务标准体系,做强江苏服务品牌。放大国家服务业综合改革试点效应,持续推进省级服务业综合改革试点。

大力发展生产性服务业。实施生产性服务业十年倍增计划,推动生产性服务业向专业化和价值链高端延伸。围绕全产业链整合优化,积极发展工业设计、科技服务、现代物流、信息技术服务、节能环保服务、供应链管理等现代服务业,带动制造业流程再造、模式创新、质态提升,支持创建国家级工业设计中心和工业设计研究院。深入实施专业服务提质增效行动,促进金融服务、商务服务、会展经济、法律服务等服务水平提升。支持建设生产性服务业公共服务平台,增强产业链上下游资源汇聚能力。加快建设南京、苏州国家级服务经济中心,打造生产性服务业标杆城市。

增强总部经济发展能级。优化总部经济发展布局,全域联动促进总部经济集聚发展。引导企业抓住国内国际双循环有利时机,加强研发中心、运营中心、结算中心、销售中心等建设,提升市场化、国际化、资本化运营能力,打造生产服务、销售管理、决策运营、科技研发等功能性总部。积极引进跨国公司总部及地区总部和国内大企业集团。

(四)做精做优生活性服务业,推动消费升级

顺应生活方式改变和消费升级趋势,加快健康、养老、育幼、文化、旅游、体育、家政、物业等生活性服务业提质扩容,推动向品质化和多样化方向升级。积极开发适合老年人的消费产品,鼓励社会力量提供连锁化、品牌化养老服务,壮大"银发经济"。推动育幼、家政、物业等服务规范化、标准化发展,实施"服务到家"计划,打造社区和农村便民服务示范点。推广"旅游+""文化+""健康+"等服务业态,不断拓展生活性服务业增值空间。围绕满足中高端服务需求,扩大专业化、个性化、品质化服务供给,形成与基本公共服务有效衔接、互为支撑的良性发展格局。鼓励各地因地制宜集聚发展特色服务产业,打造中高端服务区域品牌。优化服务设施布局,进一步提升服务可及性、便利性,推动城镇生活性服务业向农村延伸。优化生活性服务消费环境,全面改善服务体验,提升消费满意度。

（五）大力发展数字化服务业，推动商业模式创新

加快商贸流通企业数字化应用和商业模式创新，支持电子商务平台企业做大做强，鼓励优势产业运用互联网发展垂直电商平台，完善电商生态服务体系，推动数字商务发展，大力发展跨境电商，拓展外贸发展新空间。整合全省文化和旅游资源，完善江苏智慧文旅平台内容功能，构建"一机游江苏、一图览文旅、一键管行业"智慧文旅体系。推动数字科技与文旅产业深度融合，开发并推广新型优质的数字文旅产品，推动文化场馆和旅游景区打造数字化体验产品，丰富大众体验内容，推广"互联网＋文旅"新业态、新模式。加强物流信息资源跨地区、跨行业互联共享，打造一批集交易、结算、跟踪、监管、服务于一体，具有行业和区域影响力的物流信息服务平台，支持数据驱动的车货匹配和运力优化等模式创新。推进交通基础设施全周期数字化管理，加强交通运行监测和交通大数据分析应用。推进自动驾驶在商用车领域率先应用，围绕自动驾驶和智能终端形成若干有影响力的产业。发展金融科技，支持苏州开展央行数字货币试点。加快智慧广电建设，推进超高清视频内容供给和传输覆盖，繁荣发展广播电视和网络视听产业。着力激活消费新市场，推进新零售发展，鼓励共享出行、餐饮外卖、团购、在线购药、共享住宿等领域产品智能化升级，发展在线教育、线上办公、远程医疗、直播电商等线上服务新模式，推动共享经济、平台经济健康有序发展，鼓励发展新个体经济。

深入推进智慧健康服务工程，加快省统筹全民健康信息平台、医院信息平台建设和信息互联互通，强化健康医疗大数据开发应用。推进国家健康医疗大数据中心与产业园试点，推广数字化医疗设备和可穿戴健康设备应用，提供定制化健康服务，积极发展互联网医疗。推进江苏"智慧医保"项目实施，建设全省统一入口的医疗保障公共服务云平台。大力推进智慧校园建设，加快完善覆盖全省各级各类学校的教育资源和信息管理公共服务平台，打造网络化、智能化、数字化、个性化、终身化的教育信息化公共服务体系，积极推进线上线下教育常态化融合发展新模式。全面推进城乡公交一体化调度系统建设，升级公路客运联网售票电子客票系统，推广"交通一卡通"NFC支付应用，完善交通出行综合信息服务体系，提供多方式融合衔接、按需响应、随需而行的高质量服务。加快推进省人力资源社会保障一体化信息平台建设，构建纵向省、市、县（市、区）、乡镇（街道）、村（社区）五级业务经办、行政审批和公共服务集中统一，横向各业务板块省集中系统的协同运行，纵横对接一体的人社服务新体系，形成所有经济主体、服务对象全轨迹、全周期、全生命、全画像的动态"大数据"。加强智慧民政建设，完善社会救助、慈善公益、社会组织综合服务平台，积极推进"智慧养老"发展。加快发展智慧体育，提升智慧体育公共服务能力。

（六）强化金融服务支撑力度，培育金融服务体系

建立适应科技创新全生命周期需要的金融服务体系，积极发展创业投资，推动更多的原创科技成果实现商业化产业化。支持硬核科技企业和高成长性创新创业企业在资本市场上市、发行公司信用类债券等，加快培育新动能。加快推进科技信贷，建设一批科技支行、科技金融专营机构，鼓励商业银行开发知识产权质押贷款、预期收益质押、科技融资租赁等融资方式。建立创新创业企业信用增信机制，积极发挥融资担保增信功能，完善政策性融资担保体系。加快发展科技保险，建立科技保险专营机构，鼓励保险机构开发多种科技保险险种。规范发展科技金融新型业态，实现有效监管下持续健康发展。着力提升金融服务产业链整体性、协同性水平，通过增强核心企业融资和流动

性管理能力,畅通和稳定上下游产业链。鼓励实体经济企业利用多层次资本市场融资,显著提高直接融资特别是股权融资比重。鼓励金融机构服务国内国际双循环,扩大出口信贷、出口信用保险业务规模,提供专业性、综合性跨境金融服务。鼓励有条件的地区按照市场化、可持续原则设立产业投资基金,更好地培育壮大特色主导产业。推广泰州金融支持产业转型升级改革创新试验区经验,高质量建设昆山金融支持两岸产业合作改革创新试验区。

支持银行等金融机构开发个性化、差异化、定制化金融产品,切实改进支农支小金融服务。落实金融机构监管考核和内部激励机制,着力解决中小微企业金融服务中不敢贷、不愿贷的问题。支持金融机构综合运用再贷款、再贴现、普惠小微企业信用贷款支持计划等货币政策工具,发挥省级普惠金融发展风险补偿基金政策功能,增加小微企业信用贷款、首贷,推动普惠金融服务增量、扩面、提质、降本。完善省综合金融服务平台功能,更好发挥普惠金融重要阵地作用。提升省级企业征信平台服务能力,推进全省企业征信服务体系建设。完善中小企业债券融资增信机制,强化政府性融资担保体系作用,鼓励更多中小企业发行债券,扩大优质中小企业债券融资规模。严格规范各类金融组织及中介服务机构收费行为,进一步降低中小微企业的融资成本。

（七）释放最终消费潜能,培育多元消费业态

实施国内消费振兴计划和海外消费回流计划,引导市场主体精准对接居民多元消费需求,保障绿色健康安全消费,拓展中高端消费市场,提高居民消费率。推进幸福产业培育工程,加快衣食住行等实物消费提升品质,促进文旅休闲、健康养老、家政托幼、教育培训等服务消费提质扩容。合理增加公共消费,加大政府采购公共服务力度,提高教育、医疗、养老、育幼等公共服务支出效率。深挖网络消费、绿色消费、智能消费、时尚消费等新型消费潜力,鼓励线上线下消费融合互动,发展首店经济、首发经济、夜间经济、无接触经济、网红经济等新模式。全面提振历史经典产业,保护、促进和引导老字号升级发展,实现消费动能与文化价值协同拓展。引导培育健康的消费习惯。

完善消费平台载体。强化城市功能建设,完善配套设施,推动文商体旅会深度融合,培育打造南京、苏州、徐州、无锡等国际消费中心城市和扬州等区域消费中心城市,加强中小型消费城市建设。优化城市综合性消费载体布局,建设高品质步行街和放心消费示范街区,鼓励新零售业态发展,形成多层次便民生活服务圈。充分挖掘县乡消费潜力,合理引导连锁商业品牌向中小城市延伸,扩大消费品质供给。强化农村消费网络建设,实施"互联网＋"农产品出村进城工程,畅通农产品和消费品双向流通渠道。大力发展跨境电商、保税展示销售、进口商品直销等业态,打造国际消费综合平台,支持符合条件的地区发展免税经济。

优化消费促进机制。多措并举增加居民收入,重点降低中低收入群体刚性支出压力,合理引导消费预期。完善消费领域信用体系建设,推行诚信经营,规范信用消费,促进消费市场持续健康向好发展。健全质量安全风险监测评估制度,构建重大风险快速预警响应体系。完善产品、服务跟踪反馈评估体系,实行评价信息公开。强化消费市场监管,健全线上线下一体化监管机制,开展重要产品追溯创新示范升级并适时调整扩大追溯范围,畅通消费者维权通道。有序取消制约优质高端消费产品和服务发展的行政性规定,推动汽车等消费品由购买管理向使用管理转变。强化支持扩大消费的产业政策导向,引导社会资本进入服务消费领域,健全废旧家电等耐用消费品回收处理激励体系。落实带薪休假制度,扩大节假日消费。

参考文献

［1］李冠霖,任旺兵.用科学发展观推进服务业全面发展［J］.宏观经济管理,2004(16).

［2］王小鲁,樊纲.中国地区差距变动趋势和影响因素［J］.经济研究,2004(1).

［3］刘志彪.现代服务业的发展:决定因素与政策［J］.江苏社会科学,2005(6).

［4］李琪等.新经济环境下我国现代服务业的发展策略［J］.生产力研究,2006(8).

［5］白仲尧,依绍华.服务业与综合国力的关系［J］.财贸经济,2011(3).

［6］李庆杨,吕瑶.论现代服务业的作用及发展对策［J］.集团经济研究,2006(8).

［7］魏作磊.美国第三产业内部结构的演变规律［J］.改革,2003(4).

［8］刘重.论现代服务业的理论内涵与发展环境［J］.理论与现代化,2005(6).

［9］曹静.关于我国第三产业发展的战略思考［J］.生产力研究,2006(3).

［10］李松庆.加快发展我国服务业的战略选择［J］.中国第三产业,2002(7).

［11］邓于君.发达国家现代服务业发展策略及启示［J］.环球瞭望,2008(9).

［12］张楠.日本现代服务业发展经验及对中国的启示［J］.现代财经,2011(2).

［13］葛坚松.美国现代服务业发展经验及其启示［J］.江南论坛,2007(3).

［14］曹邦宇,姚洋洋.美国城市群服务业空间布局研究［J］.当代经济管理,2013(8).

［15］薛莉.现代服务业发展的国际比较［J］.全球视域与中国实践,2005(10).

［16］李秀文.美国服务业集聚实证研究［J］.世界经济研究,2008(1).

［17］李克强.把服务业打造成经济社会可持续发展的新引擎［J］.中国产经,2013(5).

［18］弓龙值.发展吉林省服务业的问题与对策［J］.新长征,2001(1).

［19］服务经济发展与服务经济理论研究课题组.西方服务经济理论回溯［J］.财贸经济,2004(4).

［20］Hill, T. P. On Goods and Services［J］. *The Review of Income and Wealth*, 2004(23):315-338.

第二章　中国现代服务业发展报告

2020 年,面对新冠肺炎疫情的巨大冲击和严峻复杂的国际形势,在以习近平同志为核心的党中央坚强领导下,我国率先克服疫情影响,统筹疫情防控和经济社会发展取得重大成果。服务业生产经营在年初大幅下滑后,下半年实现稳步复苏,主要经济指标持续改善,新动能表现活跃,幸福产业较快发展,市场信心不断增强,全年呈稳定恢复态势。

一、中国现代服务业发展的现状解构与趋势分析

(一)现状结构

1. 持续恢复,服务业逐步回归常态

服务业持续稳步恢复。初步核算,2020 年服务业增加值 553977 亿元,比上年增长 2.1%。服务业增加值占国内生产总值比重为 54.5%,较上年提高 0.2 个百分点。其中,四季度服务业增加值 152728 亿元,同比增长 6.7%,增速已恢复至上年同期水平。

企业生产经营继续复苏。12 月份,全国服务业生产指数同比增长 7.7%,较上年同期加快 0.9 个百分点,当月增速连续 3 个月高于上年同期。1—11 月份,规模以上服务业企业营业收入同比增长 1.6%,较 1—10 月份加快 1.3 个百分点,当月增速连续 2 个月保持两位数增长;规模以上服务业企业利润总额同比下降 8.4%,降幅较 1—10 月份收窄 4.3 个百分点。

服务业投资逐步回升。2020 年,服务业完成固定资产投资比上年增长 3.6%,较前三季度加快 1.3 个百分点。1—11 月份,服务业实际使用外资 7044.6 亿元,同比增长 16.1%,占全国实际使用外资的比重为 78.3%。

服务贸易逆差大幅减少。1—11 月份,受疫情等因素影响,我国服务贸易规模下降,但服务出口表现明显好于进口,服务出口 17005.9 亿元,同比下降 2.3%;服务进口 23776 亿元,同比下降 24.0%;服务贸易逆差同比大幅减少 7129.6 亿元。其中,知识密集型服务贸易逆势增长,进出口总额 18006.1 亿元,同比增长 8.0%,占服务进出口总额的比重达 44.2%,较上年同期提高 9.9 个百分点。

2. 结构优化,新动能支撑作用凸显

现代服务业发展活力不断释放。从增加值看,2020 年,信息传输、软件和信息技术服务业,金融业,房地产业增加值比上年分别增长 16.9%、7.0%和 2.9%,合计拉动服务业增加值增长 2.7 个百分点,有力地支撑了总体经济的恢复。从生产指数看,12 月份,信息传输、软件和信息技术服务业,金融业,房地产业生产指数同比分别增长 16.4%、8.0%和 8.2%,合计拉动当月服务业生产指数增长 4.1 个百分点,对当月服务业生产指数贡献率达 53.2%。

服务业转型升级态势稳健。数字变革加速了新消费行为和新经济形态的涌现,为抵御疫情冲击、释放经济活力发挥了显著作用。线上购物、直播带货、网上外卖等新消费模式强势增长,2020年实物商品网上零售额比上年增长14.8%,高于社会消费品零售总额增速18.7个百分点,占社会消费品零售总额的比重为24.9%;线上交易的火爆拉动快递业务量大幅增长,全国快递服务企业业务量累计完成833.6亿件,比上年增长31.2%。在线办公、在线教育、远程问诊等新消费需求持续旺盛,带动相关服务业快速增长。1—11月份,全国移动互联网累计流量达1495.0亿GB,同比增长35.1%;规模以上互联网和相关服务、软件和信息技术服务业企业营业收入同比分别增长20.7%、15.7%,增速分别快于规模以上服务业企业19.1、14.1个百分点。

重点服务业领域发展动能强劲。2020年,高技术服务业投资保持较快增长,比上年增长9.1%,增速高出全部服务业投资5.5个百分点。1—11月份,高技术服务业实际使用外资同比增长31.6%,其中,电子商务服务、专业技术服务、研发与设计服务、科技成果转化服务同比分别增长43.9%、35.1%、93.6%和53.0%。1—11月份,规模以上高技术服务业、科技服务业和战略性新兴服务业企业营业收入同比分别增长12.0%、11.0%和8.6%,增速分别快于规模以上服务业企业10.4、9.4和7.0个百分点。

3. 逆势扩张,幸福产业较快发展

幸福产业发展提速。作为人民群众美好生活需要的重要组成部分,健康、养老等"幸福产业"顺应需求升级新变化,行业快速发展,有力提升了人民的幸福感。2020年,疫情使得全民生命健康意识全面提升,"互联网＋问诊"、健康大数据与云计算等加速了医疗健康需求的快速增长。京东大数据研究院发布的数据显示,56岁以上用户增强免疫消费、"95后"养生消费增长均超2倍。养老服务向智慧化、多元化、市场化、社区化发展,其中涵盖居家安全、餐饮、康复等的居家养老服务成为有效破解养老服务发展难题的突破口。1—11月份,规模以上服务业企业中社会工作、家庭服务营业收入同比分别增长6.3%、5.7%,增速分别快于规模以上服务业企业4.7、4.1个百分点。

4. 信心提振,服务业景气稳定扩张

服务业景气保持较高水平。服务业商务活动指数自3月份起连续10个月位于荣枯线以上。12月份,服务业商务活动指数为54.8%;在调查的21个行业中,有17个行业商务活动指数位于扩张区间,服务业向好势头进一步巩固。从市场预期看,服务业业务活动预期指数为60.1%,连续6个月位于高位景气区间,反映出企业对市场稳定恢复持续看好。

居民消费热情不减。"十一"黄金周双节叠加,"出行、聚会"再次成为关键词,经中国旅游研究院测算,8天长假期间,全国共接待国内游客6.4亿人次,同比恢复近八成;实现国内旅游收入4665.6亿元,同比恢复近七成。"双十一"进入第12个年头,居民消费热度空前高涨,星图发布的数据显示,各大平台销售额再创新高,"双十一"期间合计实现销售额5249亿元,同比增长28%。2021年元旦3天假期,全国重点零售企业日均销售额同比增长6.2%;全国电影票房达13.0亿元,元旦当日票房6.0亿元,同比增长107.1%。

（二）新时代中国现代服务业发展的新趋势

随着经济发展的阶段性转换,我国经济社会发展正经历一系列不同于以往的深刻调整。对于服务业发展而言,面临很多新的发展机遇,产业融合、技术创新和数字经济发展、消费结构升级都是

当前和未来五年中国服务业增长的主要动力。

1. 服务业与其他产业深度融合的趋势,使得生产性服务业发展面临诸多挑战

随着科学技术的发展,生产性服务业与制造业的工作内涵具有了越来越多的相似性。智能制造不断发展和企业对价值共创的日益重视,使得制造企业中越来越多的岗位并不直接参加生产活动,而是为制造过程提供服务,包括管理、商业和金融业务、销售相关服务、行政支持、法律及会计、计算机和数学相关服务、研发设计和工程技术等岗位。美国国际贸易委员会(USITC)数据显示,2012 年,美国制造企业中从事生产性服务业的岗位大约占到 1/3,在计算机及电器相关行业,这个比例更高;技术进步已经使得制造业和服务业之间的产业界限日益模糊。进入工业 4.0 阶段,制造业面向市场提供的更多是产品全生命周期价值最大化的整体解决方案,即实物产品与全面服务产品的"泛产品"综合体。基于分工协同的价值链分割与整合,使生产性服务业融合至制造业发展的各个环节,数字技术渗透到制造业价值创造的全过程,制造业和服务业深度融合将成为常态。加之我国制造企业"大而全""小而全"的现象较为严重,部分生产性服务在制造企业内部自我循环,未能剥离出来成为社会性的服务业,制造业和服务业"你中有我、我中有你"的情况就更为普遍了。目前,全球制造业所处的经济和社会环境正在发生深刻变化,发展的不确定性明显上升,技术和知识发展对经济增长方式带来根本变革,有形产品或无形服务的价值创造将更多地取决于服务要素的投入力度。然而我们也应清醒地认识到,支撑我国制造强国建设的生产性服务业整体水平不高,标准、计量等国家质量基础设施从数量和质量上看,同产业高质量发展的要求还有较大差距,表现在检验检测和认证认可领域,检测设备依赖进口、检测结果缺乏公信力、检测数据无法互认、社会资源无法有效共享等问题较为突出。作为全球唯一一个拥有完整工业体系的国家,本土工业软件市场规模仅占全球的 5.73%;我国工业软件基本依赖进口,研发设计类软件国产化率不到 10%,中低端生产管控类软件国产化率仅为 50%,高端生产管控类软件的国产化率只有不到 30%,威胁产业体系安全[1]。

2. 服务业 4.0 时代为服务业的智能化发展拓展了想象空间

过去的几十年中,我们见证了服务业从手动服务的 1.0 时代发展到有效利用互联网支持服务的 2.0 时代,再到由移动和云技术支持更高连接性的自助服务 3.0 时代。未来,随着新兴技术特别是大数据、人工智能、物联网、认知计算、增强现实和人机协作的发展,服务企业将改变传统交付服务的方式,由新兴技术和产品服务化的融合向"无缝服务"演进,通过多种渠道和共享的开放式基础架构提供以主动、无摩擦、共情、端到端为特征的智能化服务,即服务业 4.0 时代。具体而言,在主动服务方面,以往服务企业在应用技术提高运营效率和提高客户满意度方面远落后于制造企业。以电信服务为例,根据波士顿咨询公司(BCG)的调查,电信是效率最低的服务行业之一,多达 50%的基础成本被浪费掉了。为了提高满意度并减轻呼叫中心的压力,电信服务企业可以通过对传感器收集的数据进行挖掘和分析,实现对设备的远程监控和故障检测,从而在最大程度减少服务成本和停机时间的基础上,实现从通过远程服务中心提供服务到无缝的全渠道体验的过渡。在无摩擦服务方面,适应消费者对于服务交互简单、直观、主动和个性化的需求,未来的服务将向着能够实时访问多个服务提供商,并跨多个渠道进行无缝交互的方向发展。在共情服务方面,人工智能在服务

---

① 刘奕."十四五"时期我国服务业发展的新变化和新趋势.财经智库 CASS.

领域的广泛使用,意味着服务业将向更多共情和认知的方向发展。零售、金融和物流是大量利用人工智能的三个行业。在零售领域,人工智能已用于个性化推荐,执行店铺和人群分析以及管理定价;在物流领域,人工智能可用于管理库存,优化分销路线、任务分配、调度和运输;在金融领域,人工智能已经应用于身份认证和验证、银行交易和支付等领域。在一些服务领域,AI助手正在接受培训,以更好地检测和理解消费者的情绪,分析情绪和情感以便更好地与客户建立联系,并在客户服务方面做出更快响应。在端到端服务方面,各种应用程序中使用的多云组件服务以及应用程序编程接口(API),以及基于云原生架构的技术生态系统,使服务企业可从一流的提供商处获得组件服务,或为外部各方提供新服务,从而形成一个能够按需提供服务的动态供应商和外包合作伙伴网络。这意味着服务组织可以变得更加敏捷和灵活,可以访问更广泛的资源生态系统,并能更快地交付新服务。而且在服务领域,通过从无线接入网(RAN)到核心网完全实现虚拟化,可以摆脱对专用硬件和传统基础设施的依赖,使网络和服务提供实现端到端自动化;而通过采用多接入边缘计算(MEC),把类似服务器的设备放在更靠近网络边缘的地方,则意味着更快的速度、几乎无延迟的应用和丰富的媒体内容。

　　3. 消费结构升级,对服务业的质量和品质提出了更高要求

《中共中央关于制定国民经济和社会发展第十四个五年规划和二〇三五年远景目标的建议》明确指出,应坚持扩大内需这个战略基点,加快培育完整的内需体系,以创新驱动、高质量供给引领和创造新需求。畅通国内大循环、增加需求的内生动力,应紧紧围绕居民消费升级趋势展开。随着经济社会不断发展,中国中等收入群体日益壮大,2015年已接近3.3亿人,预计2030年将超过10.4亿人;新生代年轻人尽管总量略有减少,但到2030年仍将在2亿人以上。这两大群体的消费结构正由商品消费向更多的服务消费过渡,对服务体验及质量提出了越来越高的要求。加之老龄化进程的加快,低龄老年人更加重视生命和生活质量,对新型服务消费的接受能力也较强。在这样的大背景下,人们的消费观念和消费方式出现了个性化、体验化、社交化和价值化等新的特征和趋势,发展型、享受型的服务消费支出有望快速增长,品质消费将成为未来服务消费的重要方向。而新技术在服务领域的广泛应用,也有望在增加服务的复杂性和IT密集度的同时,显著提升服务业的质量和服务效率。典型工业化国家和地区的发展经验表明,服务消费占整个消费支出的比重与人均GDP呈现显著的正相关关系;与典型工业化国家和地区相比,中国在相同发展阶段的服务消费支出比重相对偏低,未来还有很大潜力可以释放。

　　4. 加大对外开放力度,增强"中国服务"品牌影响力

对外开放力度不够、参与全球化程度不足将直接造成服务业竞争力缺乏。在WTO框架下,日本开放领域覆盖率为73%,其他发达国家约为62%,我国仅为54%,差距明显。随着我国经济发展进入新常态和新一轮改革开放的深入推进,以及国际知名服务品牌商的进入,我国服务业将面临更激烈的竞争,亟待加强供给侧结构性改革,大力发展高技术服务、品牌设计及推广服务、知识产权保护等现代服务业,提升传统服务业专业化、规范化、品牌化水平,对标国际先进水平提升自身发展。

提高品牌意识,提倡工匠精神,打造"中国服务"品牌,围绕"一带一路"倡议,积极"走出去",增强品牌影响力。鼓励国内企业、科研院所、大专院校、社会团体积极参与服务业质量相关国际和区域性标准、规则的制定,促进我国服务标准、计量、认证认可体系与国际接轨,并起到引领作用。

专栏 1 北京成全球服务业发展领先城市

2020 - 09 - 03   07:22:23   来源:经济日报

2020 年中国国际服务贸易交易会将于 9 月 4 日在北京开幕。回望北京服务业的发展历程,令人倍感振奋。

2015 年,国务院批复北京市开展服务业扩大开放综合试点,北京成为全国首个服务业扩大开放综合试点城市。试点 5 年多来,北京在全市范围内围绕服务业重点领域先行先试,形成一批可复制可推广经验,已累计向全国推广了 6 批 25 项创新经验。北京市委常委、副市长殷勇说,北京在开放创新上,为国家构建开放型经济体制探索了新路径;在制度创新上,为构建与国际接轨的开放体系探索了新经验。

"北京去年服务业增加值占 GDP 的比重是 83.5%,比全国平均水平高出近 30 个百分点,已经达到全球服务业发展领先城市水平。"北京市商务局局长闫立刚告诉经济日报记者。

一、产业转型,服务升级

老旧厂房变成了文化创意产业园;冒烟点火的首钢高炉成了冬奥会的场馆;脏乱差的市场改造为居民休闲的绿色公园……近年来,随着疏解非首都功能的推进,北京加快城市产业结构调整,服务业蓬勃发展。

"2019 年,北京服务贸易进出口额 1543.4 亿美元。无论从产业角度还是开放程度,北京发展服务业都有优势。在 2018 年度中国服务外包示范城市综合评价中,北京以 71.04 综合得分位列第一名。"商务部国际贸易经济合作研究院服贸所所长李俊介绍。

走进即将开幕的 2020 服贸会展馆,世界贸易组织界定的服务贸易的十二大领域产品及相关技术应有尽有,包括商务服务、通信服务、建筑及相关工程服务、金融服务、旅游及旅行相关服务、娱乐文化与体育服务、运输服务、健康与社会服务、教育服务、分销服务、环境服务及其他服务。

2019 年,北京市服务业利用外资占比达到 95%;服务贸易进出口额占全国的五分之一,服务贸易发展水平全国领先。

今年 6 月,商务部印发《北京市服务业扩大开放综合试点第三批最佳实践案例》。其中,北京融商"一带一路"法律与商事服务中心暨"一带一路"国际商事调解中心作为最佳实践获评入选。

这只是商务服务中跨境服务贸易的一个缩影。在北京,有大量类似的国际化服务贸易机构。

北京市地方金融监督管理局党组书记、局长霍学文介绍,当前,以金融业为代表的服务贸易正成为未来全球贸易增长的重点。上半年,北京金融业实现增加值 3433.5 亿元,增长 5.7%,对稳定全市经济发挥了重要支撑作用。本届服贸会金融服务专题展已有世界 500 强中的 26 家金融企业应邀参展,综合展区国际化率超过 60%。

二、数字赋能,加速融合

今年以来,以 5G 为代表的新一代数字技术已成为缓解疫情冲击、带动经济增长的重要因素。眼下,5G 科技正加速与各行各业的融合发展。

在北京,交通出行是 5G 行业落地的重要先发领域。本届服贸会上,北汽集团将在"5G 智行"板块全面展示智能网联汽车领域的最新技术成果;产业服务方面,中兴通讯依托工业精准云网结合 XR、物联网、人工智能、大数据等技术,秀出"5G 企业虚拟专网＋协同制造云平台＋工业应用"的"5G 新工业"综合方案。

在位于北京市海淀区中关村东升国际科学园的中瑞福宁机器人有限公司,外形酷似"孙悟空"的机器人 PCare 双臂灵活转动完成着递送物品任务——这是一款适合在老年人家中和养老院使用的服务型机器人。中瑞福宁机器人有限公司行政总监林昱告诉记者,"除了这款机器人外,中瑞福宁还将携带 3 款医学机器人产品赴服贸会参展"。

走进中关村软件园,记者看到,这里已成为前沿技术突破的策源地。在数字服务技术创新上,中关村软件园通过打造关键技术协同攻关机制,建成了聚合云计算、5G 与边缘计算等共性技术平台。同时,与多方共建中关村开放实验室、IPV6 重点工程实验室、深度学习技术及应用国家工程实验室、北京量子信息科学研究院等在内的十几家国家级重点实验室和科研院所。

三、文化贸易,走向世界

近年来,作为全国文化中心的北京,加快培育了一批具有较强国际竞争力的文化企业。中国文化正加速"走出去""引进来",全球化思维让中国文化产业更加丰富多元。

四达时代集团是一家植根撒哈拉以南非洲市场的中国文化企业,目前在当地打造了 630 多个频道,拥有数字电视用户 1300 万、互联网视频移动端用户 2000 万、社交媒体粉丝数量超过 1000 万,已成为在非洲影响最大的数字电视运营商。在该公司北京总部的译制配音中心,记者看到运营平台上,中、英、法、葡、斯瓦斯里、豪萨语等 6 种语言制成的上百个节目,正通过地面电视、直播卫星、互联网等方式在非洲播出。

同样,华韵尚德国际文化传播有限公司也是推动中国文化"走出去"的第一方阵企业。"希望通过这次服贸会的平台优势,展现我们在德国开播十年的德语日播中国专题栏目《来看吧》、金树国际纪录片节等跨文化传播交流领域的成熟品牌,与更多国内外企业交流合作。"华韵尚德董事长王立滨表示。

作为文化板块亮相的第十五届中国北京国际文化产业博览会,是本届服贸会的重头戏。届时,一场围绕文化与科技、旅游、金融、体育等领域融合的国际性文化盛宴将呈现在人们面前。

四、政策突破,打造高地

北京市在开展服务业扩大开放的综合试点工作中,改革、创新、开放是贯穿始终的"基因"。打造服务业开放创新制度高地,政策突破渐呈常态化。三轮试点方案推出了 403 项试点举措。

"经第三方机构评估,试点形成 122 项全国首创政策或创新制度安排,政策引领的服务业发展环境持续向好。"闫立刚介绍说。

试点建立了推动项目落地的"一库四机制",即试点项目库,服务管家机制、定期调度机制、政企对接机制、市场化督查机制。今年以来,新入库项目 238 个,累计入库项目 697 个,其中在推项目 434 个。

即将召开的服贸会以"全球服务、互惠共享"为主题,不仅搭建了全球服务业交流合作的平台,也是我国积极推动贸易高质量发展的重要举措。北京服务贸易需要 2020 年服贸会这样一个国际化的舞台来展示自己。正如李俊所言,"要通过服贸会这个载体,打开中国市场,扩大中国服务业的开放,让世界各国的企业在中国有更多的机遇"。

5. 服务创新重要性凸显,包括顾客参与的全员创新是趋势

目前,服务同质化严重,缺乏服务特色和服务创新。从结构视角看,批发零售、交运仓储、住宿

餐饮等传统服务业在全部服务业中所占比重仍然较大。代表经济转型未来方向的生产性服务业发展不足,缺乏服务特色和服务创新,具体表现为:一是有利于创新的服务行业的发展不足,如科学研究和技术服务业、软件和信息技术服务业、品牌策划和营销咨询服务业等发展极为不充分,严重制约了国家的自主创新能力提升;二是服务企业内部缺乏创新意识和体制机制,许多服务企业甚至没有研发部门,造成服务创新不足,供给与需求不匹配。

在我国工业化、信息化、城镇化、市场化、国际化进程加快的背景下,新技术、新形势使服务创新重要性凸显。由于服务的生产与消费的同时性,即顾客的参与性,包括顾客在内的全员创新是未来服务创新的趋势。

① 提高服务企业基础创新能力。服务业中小企业较多,基础能力薄弱,加上服务业流程工艺创新比较复杂,且没有国外现成的经验可以学习、借鉴,基础创新能力愈加重要。② 提高服务人员创新能力,并鼓励顾客参与服务创新。鉴于服务人员在服务供给中的重要作用,应提高服务人员的创新能力。服务业从业人员专业水平和综合素质参差不齐,如餐饮、物流等行业从业人员的专业水平和综合素质有待提高,而研发设计、互联网服务、教育、医疗等高科技公司的从业人员专业水平和综合素质较高。各行业从业人员专业水平和综合素质相差较大,增加了服务人员创新能力管理的复杂性、艰巨性,而顾客参与服务创新的过程管理则更加具有挑战性。

二、中国现代服务业发展的制约因素

1. 高端、高品质服务领域发育不足

随着居民收入水平的持续提升,居民对高品质生活服务需求越来越多。但从服务领域的供给来看,在高品质旅游、教育、医疗等诸多方面,供给仍有所不足,导致这部分需求外溢。2018年,中国公民出境旅游人数14972万人,比2017年同期增长14.7%,消费总额超过1200亿美元。虽然出境游人数只占旅游总人数的比重不到3%,但出境游消费额占到中国旅游消费额的16%。如果加上购物,则数据更大。据《福布斯》网站报道,Get Going Travel Insurance 发布的一项报告显示,2018年,中国人在出境旅游上的花销总计为2580亿美元,排名全球第一,比排名紧跟其后的美、德两国国民出境游总花销之和的两倍还要多。2018年中国出国留学的人数达到66.21万人,其中,自费留学59.63万人,占总留学人数的90%。因国内高品质医疗健康服务供给不足,一些人选择跨国享受医疗健康服务。2016年通过携程报名海外体检等医疗旅游的人数是2015年的5倍,在50万人左右,人均订单费用超过5万元。可以看出,居民对高品质旅游、教育、医疗健康等需求非常旺盛,而国内的相关供给有待进一步发展。在高端生产性服务领域,我国在研发、设计、检测、咨询、审计、物流、信息等方面仍有较大的发展空间。例如,我国现有的科技研发服务、设计服务等,均与产业联系的紧密性不够。以工业设计为例,一些设计企业都是以其自身的美学观点为出发点设计产品,而不是立足于企业的需求。一些研发机构都是从科学原理出发进行研发,而不是从企业所面临的技术问题出发,这使得研发、设计等方面的生产性服务无法完全满足企业的需求。第三方物流方面,真正能够切入企业供应链提供无缝服务的机构还不多。在信息技术方面,能够为企业量身打造工业互联网以及工业大数据体系的服务企业不多,现有的服务企业系统并没有把企业的潜力完全挖掘出来。

2. 服务业国际竞争力有待进一步提升

"十三五"时期,我国服务贸易进出口规模持续增长,一直保持全球第二。从服务贸易总体来看,我国服务贸易逆差一直在高位徘徊,并在 2018 年达到创纪录的 2582 亿美元,我国服务贸易虽然规模增长较快,但整体竞争力有待进一步提升。从服务贸易的结构来看,我国服务贸易顺差行业包括货物相关、计算机信息与通讯、建筑等,而旅游、运输、保险、个人文化娱乐、特许权使用及专利等方面保持着逆差。在知识密集型领域,我国服务业竞争力仍然比较弱。从国际发展趋势来看,全球产业链的知识密集度越来越高。我国研发和无形资产的资本支出占收入的比重由 2000 年的 5％上升到 2016 年的 13％,制药和医疗设备行业的这一比重甚至高达 80％。由于虚拟制造企业(专注于开发商品并将实际生产外包给合约商的企业)的崛起,商品生产的增加值占比下降,相应的研发和设计等上游活动以及分销、营销和售后服务等下游活动创造的增加值占比上升。而这些领域都是我国目前相对较弱的领域。即使在我国硬件设施相对具有优势的运输等领域,服务贸易竞争力仍然较弱。

3. 体制束缚是制约服务业发展的重要因素

(1)市场机制的作用没有充分发挥出来。在市场经济条件下,市场机制理应是配置资源的基础性手段,在服务业领域也不例外。尽管改革已走过 40 年的历程,但中国不少服务业领域垄断色彩十分强烈,一些部门对某些领域过分看重其兼有的属性,如:银行作为调节经济手段的属性,科教卫体等领域作为公益性、福利性事业的属性,文化、传媒等作为意识形态的属性等,导致了银行、证券、保险、电信、民航、铁路、教育卫生、新闻出版、广播电视等领域,至今仍保留着十分严格的市场准入限制,政府或国有经济垄断经营严重。比如,在服务业固定资产投资中,国有经济投资仍占 50％以上,大大高于工业的同一比重,而且多数服务产品的价格还是由政府制定和管理的,市场竞争很不充分。其结果是,服务业的发展远远适应不了中国经济的发展和人民群众的需求,提供效率低下,降低了净社会福利,也影响服务企业的经营和机制创新,不利于服务业的成长。

(2)行政审批环节过多且多头管理。主要表现为行政审批环节过多、效率不高,行政执法尺度宽严不一、收费过多。据国家发展和改革委员会产业政策司等 2005 年对服务业前置审批项目的不完全统计,除涉及国家法律 17 部、国务院行政法规 33 部、国务院政策文件 20 件外,涉及中央和国务院有关部门的部门规章、文件 106 件。各地方依据这些法律、法规和规章、文件制定的地方性规定就可以成为一个庞大的集合。由于修订机制不够有效,法律、法规和规章、文件存在着修改不及时、废止退出滞后的问题,成为体制创新的障碍。各政府部门之间的政策和管理办法存在许多不衔接和不配套之处,为企业带来很多困扰。行政执法中广泛存在的重复检查、重复收费、行为不规范等现象也妨碍了服务企业特别是中小企业的生存与发展。

(3)事业单位改革滞后和国有企业改革的不彻底严重制约了服务业的发展。产业化、社会化、专业化是服务业发展的方向,但我国长期以来把不少服务业当作是事业单位和国有企业内部的事情,没有把它剥离出来,这在很大程度上影响了我国服务业的发展规模和效率。

中国的事业单位承担了较多的公共服务或准公共服务职能,但有一些本可以产业化或市场化的服务业也存在于其中。其中比较典型的有各种应用开发性科研机构、职业培训机构、社会中介机构、一般性艺术表演团体、新闻出版机构乃至部分宾馆、招待所等,该市场化的没有市场化。公共支出越位挤占了稀缺的公共资源,分散了财力,使得社会急需的公共服务供给不足或无力供给。各类事业费供给范围庞杂及财政供养人员负担过重,造成一方面存在不合理的越位供给或过度供给的状况,另一方面又存在着应当由公共部门保障的事业存在资金供给短缺、保障乏力的问题。国有企业是市场经营主体,理应全力以赴地参与市场竞争。但中国的国有企业改革很不彻底,不少大企业出于自身利益和安置富余人员等方面的考虑,至今仍保留了大量的非核心业务,如车队、法律事务、后勤等。

三、中国现代服务业发展的对策建议

(一)重点任务

"十四五"时期是我国全面建设社会主义现代化强国新征程的重要开端,是我国第二个百年奋斗目标的重要时期、实施创新强国阶段的开局时期、加快形成双循环新发展格局的关键时期。根据"十四五"时期服务业发展的新环境和新趋势,服务业发展应以深入贯彻落实新发展理念为主题,以推动构建现代产业体系和经济体系优化升级为主线,加快实施服务业融合发展和创新驱动战略,不断推动服务业数字化、品质化转型,积极培育新的增长动力,进一步推进服务业的高质量发展。

首先,应抓住新一轮科技革命和产业变革所带来的服务业深度融合的重大变革机遇,以用户需求为导向,从促进科技渗透和两业融合入手,形成服务业与各行业深度融合、互促共进的新局面。一方面,依托科技服务推动服务业与农业、工业、社会、文化在更高水平与更高层次上有机融合,大力构建适应产业间融合协同的生态。以产业升级需求为导向,培育发展工业设计、研究开发、检验检测、认证认可、技术转移、科技咨询等专业科技服务和综合科技服务业,发展壮大高技术服务业,推动生产性服务业专业化、高端化发展,提升产业体系整体素质和竞争力。大力发展工业软件产业,引导工程经验代码化;依托协会、联盟搭建行业云平台和行业大数据应用平台,形成多方参与的可持续发展机制,实现资源共享、数据互认。推动工业互联网创新发展应用,引导企业针对生产全流程向智能化生产、网络化协同等模式转变。另一方面,应推动生产性服务业与制造业跨界融合,引导制造业服务化、服务业制造化、服务外包、智能制造等模式驱动的全产业链创新,培育发展两业融合新业态新模式,实现制造业和服务业耦合共生、协同共进。鼓励有条件、有实力的制造企业与服务企业突破边界,搭建创业孵化平台和协同创新平台,并与中小企业建立协同创新的产业生态环境。以智能制造系统集成和行业综合集成解决方案为重点,推动行业综合解决方案向服务化、平台化与智能化方向转型。在一些产业基础较好的、创新要素集聚的地区,重点打造一批制造业和服务业融合的平台和载体,提升集群内部两业融合协同水平。着眼于构建两业融合的生态体系,从生产要素、行业、区域、空间和制度等方面采取措施,形成制造企业、制造服务企业、新兴技术服务机构与各级政府协同发展、良性互动的产业生态系统。

其次,应把握新技术向新服务转化的大趋势,加快实施创新驱动发展战略,以数据为关键生产要素,推动数字技术与服务业深度融合,培育新模式、新业态,着力推动服务理念、商业模式和服务技术创新,培育服务创新主体,促进服务业结构优化和效率提升。一方面,应以市场需求为依托,以新一代信息技术在服务领域的创新应用为基础,推动服务与技术的深度融合和迭代创新。大力发展供应链管理、企业流程再造和精益服务,加快由单一服务环节向提供全过程服务转变,由提供一般服务向多层次、综合性服务转变。打破垂直分布的产业链及价值链,推动交叉领域多点突破、融合互动和跨界发展。另一方面,应培育服务创新主体,推动商业模式创新。鼓励服务提供商采用生态系统方法,为客户提供全渠道、端到端和无缝的服务体验。支持服务企业利用大数据分析和人工智能技术开展用户消费行为分析,提升精准营销、精细服务水平;引导企业从被动服务转向主动服务。适应消费结构升级,鼓励服务企业开展沉浸式体验服务、无人服务、定制服务,推动形成多层次的服务市场;支持利用 AI 技术开发虚拟服务平台,全方位提升服务能力和用户体验。引导服务企业利用高新技术优化组织结构、再造业务流程,提升跨平台、跨场景综合服务能力。鼓励服务企业利用 XaaS 构建基于自身价值链的服务提供商生态系统。在整体解决方案、技术服务运营、内容提供和定制服务领域重点培育一批服务企业,带动服务业新领域的拓展和新业态的成长。

最后,应围绕营造有利于服务业品质化发展的市场环境、法治环境和文化环境,在持续扩大优质服务供给规模的基础上,完善国家质量基础设施,发挥标准引领作用,提高服务供给体系的质量和品质,增加品牌对服务业发展的贡献度,进一步夯实服务业高质量发展的基础。第一,围绕提升产业竞争力和民生福祉,合理规划服务业标准化体系布局,完善标准化法制、体制和机制。创新评价技术,加强认证认可体系建设。健全服务质量治理与促进体系,推广优质服务承诺标志与管理制度,建立企业服务标准自我声明公开和监督制度。健全涉及人身健康与财产安全的关键标准制修订、服务检验和质量监管。组织开展服务行业数字化相关标准制定,形成对行业数字化转型的路径指导。整合优化全国服务标准信息网络平台,加大标准实施、监督和服务力度,提高标准化效益,推进服务业规范化、标准化,提升服务质量水平。第二,应培育形成以质量取胜、优胜劣汰、激励相容的良性发展机制。健全消费者维权机制、畅通投诉举报渠道、降低维权成本。完善服务业质量协同处理机制,建立服务质量风险监测机制,鼓励第三方服务质量调查。重视构建信用信息共享机制,积极运用大数据技术为征信体系提供多方面的信息来源。加强服务质量诚信制度建设,推行从业机构信息公示和公开承诺制度,建设服务企业及从业人员诚信档案并推动信息共享,引导行业组织开展诚信自律等行业信用建设。第三,推动服务业品牌化建设。引入第三方评价机制,制定"中国服务"系列标准,推进企业自愿认证试点。在各行业培育现代服务业和新兴服务业品牌,围绕"中国服务"品牌建设,大力推进增品种、提品质、创品牌专项行动。强化质量责任意识,鼓励服务企业将服务质量作为立业之本;开展服务品牌培育试点、示范工作,鼓励服务企业建立品牌培育管理体系。

(二)对策建议

1. 加强内外兼顾的布局,提升服务业对外开放度

经济服务化是大势所趋,我国应顺应形势,不断加大服务业对外开放的力度。

一是推动服务业供给侧结构性改革,提高服务业发展水平,夯实服务业开放基础。中国服务业发展进步显著,但服务业整体发展水平和西方发达国家相比还有较大差距,面临诸多挑战。例如,行业附加值率偏低,以劳动密集型服务业为主,传统服务业比重偏高,附加值高的知识密集型服务业和专业服务业严重滞后;制造业和生产性服务业发展严重脱节,生产性服务业对制造业转型升级的推动不足;服务业领域竞争不够充分,服务业管制过多,监管与治理不能适应新经济新服务的发展等。积极推进服务业领域的供给侧结构性改革,补齐发展短板,提高服务业供给水平,增加服务业知识含量和附加值,推动服务业高质量发展,是摆脱高端服务业被发达国家和跨国巨头掌控局

面,扭转服务贸易低端锁定的根本出路。

二是确立"服务先行"的对外贸易战略。从对外贸易的发展历程来看,中国虽然早已制定了较为完善的对外贸易发展战略,但对服务出口的重视程度还不够,在服务贸易领域,缺乏纲领性发展规划。基于中国服务贸易逆差不断扩大的严峻形势,应把发展服务贸易放在整个对外贸易的优先地位,制定"服务先行"战略,就服务贸易发展战略目标、方针、原则、任务、保障等予以明确。

三是健全服务业开放的相关法律制度。当前,中国服务业相关法律法规还不够健全,尤其是入世时所承诺的部分尚未立法,因此,亟待根据服务业相关部门的重要性,结合时刻表进度,早日健全中国服务业相关法律制度。探索服务业利用外资新模式,在外国企业和外资项目投资过程中实行完全的国民待遇。同时,应放宽银行类金融机构、证券公司、证券投资基金管理公司、期货公司、保险机构、保险中介机构外资准入限制,放开会计审计、建筑设计、评级服务等领域外资准入限制,推进电信、互联网、文化、教育、交通运输等领域的有序开放。

四是寻求中国服务业在全球价值链中的合理定位。世界经济进入服务经济时代,服务经济正成为世界经济的主导,国际分工当然也由此进入全球价值链分工的新阶段。过去服务在贸易中的作用一直被忽略,从全球价值链的视角看,利用最新的增加值贸易测算和分解方法,重新测算分析中国服务业在出口贸易中的作用可以发现,服务业增加值占出口比重达31.32%,比传统总值贸易方法计算的服务业比重(13.92%)高17.4个百分点。显然,服务业在国际贸易中发挥的作用被低估了。

五是增强外资企业与国内购买方和服务供应商之间的关联度。中国服务业发展和开放相对滞后,一个重要的原因是在中国境内投资的制造业企业与本地的生产性服务业缺乏强关联度,这在很大程度上抑制了中国服务业特别是高端服务业的发展和开放。广大服务业企业既有机会引进新的技术,学习先进的管理模式和专业服务经验,激发成长动力,同时又面临着更加激烈的竞争环境。在国内服务市场,可能面临"外来的和尚好念经"的压力;在国际市场,可能会受困于外资所能提供的全球体系化服务的掣肘,从而面临对外开拓的困境。服务业企业要尽快补足短板,在鲶鱼效应中"与狼共舞",加快成为全球服务贸易的重要参与者。

2. 做好产业组织的赋能

面对新冠肺炎疫情对全球产业链和供应链造成的破坏,各个国家都空前重视这一问题。不断壮大起来的服务业企业要以"生产/服务的组织者"的角色,以强大的支撑能力畅通供应链,赋能产业链。

一方面,构建有机开放的组织体系,做好底层架构,形成协同网络,为广大中小制造企业做好组织生产的角色。宁波的"生意帮"帮助那些规模较小、独立接单和议价能力不足的制造企业走上专业化发展的道路,并用共享理念盘活工厂的闲置资源。这将探索出中国制造转型升级的另一种可能。

另一方面,提升"三链"的整合能力,打造综合服务体系。服务业决定经济运转的效率,主要方式在于强化服务的渠道和流通功能,如交通运输和金融服务可以让商品的传输更加高效、便捷、低成本。交通运输行业的整合联盟和多式联运、供应链行业的"四流合一"(物流、商流、资金流和信息流),使流通渠道扁平化。这些都是有益的尝试。

3. 加快服务业的协同融合发展能力

加快发展现代服务业一定要明确服务对象。只有紧紧围绕服务对象开展业务,现代服务业发展的基础才会更牢固,前景才会更光明。基于此,加快发展现代服务业,要同产业升级、消费升级、科技创新相融合。

加快发展现代服务业要同产业升级相融合。产业升级是指制造业、农业等实体产业的现代化、高端化。在产业升级过程中,相关的服务环节被剥离出来。金融、物流、研发、设计、营销、检验检测、认证等生产性服务产业要聚焦专业,提升服务能力,为实体产业的产品质量变革、生产效率变革、品牌价值打造等提供精准化、精细化服务,进而向专业化和价值链高端延伸。

加快发展现代服务业要同消费升级相融合。我国人均 GDP 已经突破 1 万美元,人们的消费能力不断增强,消费品质持续提升,消费需求也进一步多样化,新一轮消费升级将在"十四五"期间表现得更为明显。文化、旅游、体育、康养、家政、育幼等生活性服务业要顺应消费升级大势,紧扣满足人民日益增长的美好生活需要,不断创新服务产品、提升服务品质、便捷服务渠道,从而给人们提供更好的消费体验,激活更大的消费市场。

加快发展现代服务业要同科技创新相融合。新冠肺炎疫情进一步激活了"宅经济",让人们看到网络信息技术在促进服务业发展中的巨大作用。未来,随着移动互联网技术的进步、5G 商用步伐的加快、大数据规范而广泛的使用,科技创新将会在更深层次、更高水平上为现代服务业发展赋能。

4. 加快服务业体制机制的改革

一是持续放宽市场准入,进一步破除隐性壁垒。消除体制机制约束和障碍,促进服务业有序开放和公平竞争。探索通过负面清单方式建立健全公开透明、平等规范的准入制度,由准入管理职能向促进职能、事后管理职能等转变;清理整顿各项涉及行业许可的规章和规范性文件,规范审批许可行为,避免出现准入后的"弹簧门"和"玻璃门"问题。加快垄断性行业改革,特别是在自然垄断行业的可竞争环节引入竞争机制。以打破垄断为重点推进服务业市场对内开放,生活性服务业领域对社会资本全面放开市场准入;非基本公共服务领域如文化、健康、教育、医疗、养老等对社会资本全面放开市场准入,基本公共服务领域以扩大竞争倒逼品质提升;生产性服务业领域如融资租赁、商务咨询、检验检测、信息技术、研发设计、电子商务、第三方物流、节能环保服务等全面放开市场准入,取消不合理的经营范围限制;进一步放宽融合性服务市场对内对外行业准入。彻底打破服务业的地方保护和市场分割,对本地企业和外地企业一视同仁;把国有民营平等对待的政策落到实处,清理地方政府对民营服务企业在资质、经验、人员等方面设置的隐形门槛和歧视性政策,建立全国统一开放、竞争有序的市场体系。

二是创新监管方式,推动多利益相关方协同共治。按照"鼓励创新、包容审慎"的原则,发展与监管并重,加强分类指导,创新监管模式。树立依法依规、独立专业、程序透明、结果公开的现代监管理念,推动监管方式由按行业归属监管向功能性监管转变、由具体事项的细则式监管向事先设置安全阀及红线的触发式监管转变、由分散多头监管向综合协同监管转变、由行政主导监管向依法多元监管转变。推动部门间资源共享、信息互通,促进跨部门、跨行业主管部门的联合协同共治,推进服务业跨界融合监管的信息互换、监管互认、执法互助。顺应服务业数字化发展趋势,着力转变监管理念,构建数字化治理体系模式,以信息和技术为政府的监管赋能。平衡规模效应和竞争效应之间的关系,合理制定相关产业政策,为产业高质量发展提供可竞争的市场环境。充分发挥信用体系的约束作用、行业组织的自律作用和消费者组织及社会舆论的监督作用,推动社会共治。

三是总结推广改革试点经验,构建公平竞争的市场环境。加强对服务业综合改革试点普遍性和共性问题的协调,提出加快开展国家服务业综合改革试点的政策意见,支持在试点区域推广国家在特殊区域开展改革试点的成功经验,复制在特殊区域的试点政策。支持试点地区率先承接当前在自贸区以及各专项改革试点区的改革创新举措,形成一批支持国家服务业综合改革试点的具体措施,先行先试突破服务业体制机制瓶颈,树立一批全国服务业发展改革的示范区域。由国家发展改革委牵头,对现有服务业优惠政策进行梳理,为服务业发展营造公平规范的市场环境;完善试点城市的管理体制,最大限度下放权力,给予试点城市在国土、投融资、工商、财税等发展要素方面更大的管理权限,拓宽改革创新空间。进一步深化服务业统计改革创新,研究制定"一张表"的统计机制,从制度源头上解决服务业统计"错统""漏统"等问题;加强对新兴服务业统计制度的研究和实施,完善信息服务、服务贸易、大健康、专业服务等新兴服务业指标设置及统计体系,做到应统尽统、科学规范,真实反映、科学评价服务业新业态、新模式企业的经济社会贡献;支持利用多渠道多来源大数据对服务业总体规模、行业结构、区域分布、经济效益等进行实时追踪和综合研判,及时开展服务业及各重点行业形势分析和预测预警。落实大数据法律监管,积极出台保护数据隐私及信息安全的措施,明确数据安全的保护范围、主体、责任和措施,确保涉及国家利益、社会安全、商业秘密、个人隐私等信息受到合理保护。

四是强化要素支撑,夯实服务业高质量发展的政策基础。首先,提高技术支撑保障。加强前瞻性基础研究,增加源头技术供给,鼓励支持 5G、云计算、边缘计算、大数据、区块链、人工智能等技术在服务业落地应用,形成基于云的低成本数字化解决方案供给能力,降低企业转型壁垒。其次,加大对服务业供给侧数字化财政支持力度,对企业上云、数字化设备/服务购买等进行补贴,提高数字化转型资金保障,精准解决中小企业资金短缺难题。再次,推进政务数据整合与开放共享,大力推进公共信息资源开放试点建设。制定公开标准和技术规范,落实数据开放和维护责任,稳步推动公共数据资源开放共享。加快各相关领域数据资源的开发利用,引导企业合法合规开展数据资产流通。最后,在公共治理中购买数字化服务,加快培育数字化人才。通过政府购买服务、开放政府资源等为服务业数字化转型提供新的应用场景。强化基层社区就业人员数字化赋能,开设线上线下结合课程,提高服务从业人员的数字化技能。

5. 调整优化形成灵活高效的服务业新结构

首先,灵活配置工作时间,减少工作人员的现场工作量。当前我国服务业(包括传统服务业和新兴服务业)绝大部分采取固定工时制度,生产机制和人员配置方式过于固化,就业灵活性不足。在疫情发生时,生产和服务人员需要尽量避免聚集工作,尽量错开工作时间,而传统的固定工时制难以实现这一要求,这大大抑制了服务业就业灵活反应、快速反弹和柔性生长的能力,急需通过机制调整和政策辅助,改变固定工时制的限制,更为灵活、科学地配置从业人员的工作时间。在经济较发达、技术较先进的地区,可以考虑建立"服务业人工智能提升实验区/示范区",大力降低服务业从业人员的重复劳动和现场工作量。其次,大力发展创意经济,创造就业岗位。包括新兴服务业(比如在线旅游和在线预订)在内的中国服务业,目前都主要依靠资本投入和人力投入的增长来实现产出的增长,在疫情等突发情况出现时,投资骤降、就业人员减少,服务业发展就会受到资本匮乏和人员稀缺的制约。事实上,先进的服务业,无论是线上还是线下,都需依靠内容创新和产品创新来实现产出增长。中国服务业需要根据特有的国情和产业特点,寻求迅速提高服务业内容创新和产品创新的方式,摆脱传统的资本投入和人力投入的发展路径,提升发展质量,才能在疫情之类的外部冲击下提高抗危机、快回升的能力。可以考虑在文旅、商务和人社等部门的领导和支持下,展开国家级和省市级的服务创新能力培训和教育体系重构,大力培养创新创意方面的人才;通过给予专项奖励、稳岗补贴等方式,鼓励服务业领域相关企业创新就业岗位。最后,推动产业融合,鼓励服务业与相关产业融合互动发展,寻找新的成长空间。尤其要强化生活性服务业和生产性服务业的融合,打造在线式、定制化、专业化、信息化为特征的现代生活服务业。

通过智能化创新提升服务业的多样性。一是引导物联网、5G 和区块链技术进入服务业领域,改造提升服务业尤其是生活性服务业的发展水平。当前,互联网等技术和中国的市场规模及应用场景已经为经济向智能化转型创造了条件。此次疫情的出现,进一步强化了国民经济向"互联网＋"的网络化、数字化和智能化方向发展的力度。在宏观政策上,要优先引导以物联网、5G 和区块链技术来改造提升生活性服务业,推广服务业的迅捷生产模式和现代物流体系(包括线上线下协同的生产体系和灵敏化的物流体系)。二是开启人工智能服务。智能服务正逐渐扩展到物业等服务业领域,在疫情等特殊时期,服务业企业可以建立智能信息沟通机制,在提高服务效果的同时实现疫情的实时通报。例如,基于 3D 激光导航系统和视觉分析的机器人,能够自主巡逻、自动充电、检测周围环境、与业主及物业服务人员互动等,配合机器人平台使用可以进行车辆、人员、保洁、绿化、环境等方面的管理和风险预警。三是加快服务职能转变。服务业应与政府有关部门对接,形成支持"互联网＋生活性服务业"发展的可推广、可复制的经验。初步形成"商品＋服务""线上＋线下""体验＋零售""品牌＋场景"等全方位生活性服务应对格局,加快推进生活性服务业向智能化、在线化、清洁化方向发展,提高服务效率,更好地应对新冠疫情。

参考文献

[1] 莫万贵,袁佳,王清.全球服务贸易发展趋势及我国应对浅析[J].清华金融评论,2020(1):49－53.

[2] 董小君,郭晓婧.后疫情时代全球服务业的演变趋势及中国的应对策略[J].改革与战略,2021(2):58－64.

[3] 怀进鹏.打造数字贸易新引擎服务构建新发展格局[J].中国科技产业,2020(9):6－6.

[4] 陈伟,李柏松,薛志波.服务贸易现状及发展趋势[J].经贸实践,2018(9):83－83.

[5] 李俊,张谋明.全球服务贸易发展:回顾与展望[J].海外投资与出口信贷,2021(1):4－7.

[7] 桑百川,郑伟,谭辉.金砖国家服务贸易发展比较研究[J].经济学家,2014(3):93－100.

[8] 王迎冬,王富祥,黄月月.中美两国服务贸易出口结构及其变动的比较研究[J].齐齐哈尔大学学报(哲学社会科学版),2019(10):97－101.

[6] 郭芳.服务贸易:经济增长新动力[J].中国经济周刊,2020(24):58－59.

[9] 柏文喜.后疫情时代的企业发展策略选择[J].产业创新研究,2020(19):10－12.

[10] 周晶.后疫情时代"一带一路"合作发展研究[J].学术交流,2020(8):96－104.

第三章　后疫情时代全球服务贸易的发展研究

一、服务经济崛起，服务贸易增速超越货物贸易

在过去十年间，全球服务贸易的迅速发展。2010 年至 2019 年，国际服务贸易的价值增加了接近 50%，增速是货物贸易的两倍。根据预测，至 2025 年，全球服务贸易的价值将达到 8 万亿美元。其中，B2B、ICT 及金融服务将成为全球服务贸易增长的主要动力。从地理细分来看，当前发达经济体在全球服务贸易领域占据优势地位。从国家来看，美国是全球最大的服务出口国；从区域来看，欧洲是最大的服务出口地区。不过，近年来一些发展中国家也在服务贸易领域有亮眼表现。例如，印度已经成为全世界最大的 ICT 服务出口国，其服务出口市场份额占全球市场的 4%；而中国的服务出口于 2019 年增长到占全球市场的 5%[①]。

贸易格局正形成三个区域性自贸协定为核心的贸易圈：以中日韩为中心的亚洲贸易圈，以美国为中心的北美贸易圈，以德国和法国为中心的欧洲贸易圈，东亚、北美、欧洲的 GDP 占全球 GDP 总量的 75%，而人口只占 32.4%。市场规则嵌入更多的地缘政治色彩。拜登政府实质上继续了"美国优先"，只是表现形式不同罢了。美国以符合自我国家利益的价值观扭曲市场规则和行为，所谓公平公正、竞争中性的游戏规则在发生变化。在这种挤压下，中国为了适应发展，也在不断调整应对策略。

后疫情时代服务贸易实现路径也发生了变化。特别是数字技术引领线上活动飞速发展，贸易领域跨境电商改变了商业模式和消费行为，成为国际贸易的重要流通方式。传统产业被数字产业所颠覆，2019 年数字经济占全球经济的总量已经达到 41.5%，中国数字经济占 GDP 总量的 34.8%，而且这一趋势还会增大。一些产业已完全被颠覆，比如过去的电话电信产业被互联网替代，胶片相机被数码相机替代。

二、疫情时代的服务贸易：机遇与挑战并存

全球新冠肺炎疫情大流行，致使世界经济陷入衰退。世界银行于 2021 年 1 月发布的《全球经济展望》报告显示，全球经济 2020 年萎缩 4.3%；不包括中国在内，新兴市场和发展中经济体在 2020 年萎缩了 5%。新兴市场和发展中经济体人均收入在疫情中下降程度达 90%，数百万人陷入贫困，投资者信心下降，失业率上升。美日欧经济虽然在 2021 年将实现正增长，但仍难以恢复至疫

[①] 数据来源于 2021 年西联汇款公司与牛津经济研究院联合发布的《全球服务贸易革命：推动疫情后经济复苏与增长》。

情前的水平。尽管疫情造成的经济萎缩程度比以前的预测要轻一些,但复苏速度更慢,仍存在很大的下行风险。根据 2020 年 10 月联合国贸易和发展会议发布的全球贸易季度报告,全年平均贸易额与上年相比将减少 7％—9％左右。

新冠疫情爆发给全球经济造成了巨大的冲击,在这样的背景下,服务贸易也承受着巨大的压力。2020 年各服务贸易板块都出现了不同程度的收缩,全球服务贸易总价值下降了 19.8％,其中仅旅游一项的损失就超过了 1 万亿美元。即便是在这样的背景下,现代数字服务贸易仍体现出较强的韧性,2020 年全球数字服务贸易出口高达 31900 多亿美元,占全球服务贸易总额的比重由 2010 年度额的 47.3％上升到 2020 年的 52％。

但是随着服务经济的快速成长,服务业已成为各国国民经济的重要支撑。1980—2019 年,发达经济体的服务业占 GDP 的比重由 61％上升到 76％,新兴经济体也由 42％增长到 55％。作为世界工厂的中国,服务业占比也超过了 52％,高于制造业,服务业创造了全球三分之二以上的经济产出,吸引了三分之二以上的外国直接投资,并提供了发展中经济体近三分之二的就业机会和发达经济体 80％的就业机会。

据 WTO 测算,到 2040 年,服务业在全球贸易中的份额可能增加 50％,总额将达到世界贸易的三分之一。这将对传统服务贸易带来四方面的改变:第一,传统服务贸易项目数字化、线上化的特征日益突出。第二,传统服务的可贸易性得到极大的拓展。第三,新技术的应用催生了新的服务贸易业态。第四,服务外包为更多的主体参与全球市场创造了可能。这对各国政府、服务贸易商提出了新的要求:第一,需要顺应制造业、服务业新趋势,推动制造业与服务业相互促进。第二,利用技术进步带来的机遇,推动服务贸易基础设施建设。第三,加强各国政策协调,推动服务贸易国际规则融合。

我国发展服务贸易的机遇主要有:

（一）高质量发展阶段为服务贸易培育新的发展动力

我国经济已由高速增长阶段转向高质量发展阶段。服务业和服务贸易是高质量发展的重要体现。发展高附加值服务业顺应了由"高速度"到"高质量"发展的战略转变。随着人均收入水平的提高,人民需求偏好升级,服务消费日益成为居民消费的主力。旅游、医疗服务、快递服务、养老服务、教育服务等领域都将迎来快速发展的机遇期。服务业将是今后一个时期消费升级的主要方向。国内服务业的成长将进一步夯实服务贸易发展的产业基础,而国内消费升级的旺盛需求将进一步扩大海外高端服务的进口①。

（二）服务业扩大开放为服务贸易释放新的发展空间

我国坚定不移继续扩大对外开放,积极主动扩大进口,其中,服务业是扩大开放的重点领域。2020 年 8 月,国务院正式批复同意并印发了《全面深化服务贸易创新发展试点总体方案》,新一轮试点从原有的 17 个试点地区扩展至 28 个,试点内容也在前两轮基础上"全面深化"。我国在服务业市场准入、外商投资管理制度、国内服务业规则改革等领域的持续改革开放举措为服务贸易发展创造了自由化、便利化的发展环境。我国服务业开放水平的不断提高将有效促进服务贸易的高质

---

① 秦国骏.我国服务贸易发展的特点、机遇与展望[N].光明日报,2021-7-30.

量发展。

（三）"一带一路"建设为服务贸易发展带来新的机遇

自"一带一路"倡议提出以来，我国与相关国家和地区的服务贸易合作持续推进、势头良好。我国与"一带一路"沿线国家和地区在服务贸易领域具有较强的互补性，拥有巨大的发展空间与潜力。我国经济富有活力，科技创新实力较强，旅游与教育资源丰富，在计算机信息、通讯、金融、建筑等领域竞争优势比较明显。同时，"一带一路"沿线国家和地区在一些领域也具有比较优势。中东欧国家地理位置优越，是连接亚洲和欧洲的交通要道，同时人力资源素质高、成本相对较低，信息通信等行业技术研发创新能力较强；东盟旅游文化资源丰富，港口运输领域较为发达。我国与"一带一路"沿线国家和地区在服务贸易领域的合作将持续深化拓展，成为推动全球服务贸易繁荣发展的重要力量。

（四）数字贸易成为服务贸易发展的新趋势

随着各国数字经济的发展，数字贸易引领全球贸易的升级迭代，贸易方式与贸易对象的数字化逐渐成为新趋势。从具体的领域看，数字贸易包括软件、社交媒体、搜索引擎、通讯、云计算、卫星定位等信息技术服务，数字传媒、数字娱乐、数字学习、数字出版等数字内容服务以及通过数字交付的服务外包等三大类。数字贸易将继续呈现高速增长态势，服务贸易将日益智能化、数字化、网络化，制造业服务化趋势也逐步明显。2019 年，我国数字贸易进出口规模达到 1.4 万亿元，同比增长 19.0%，占整体服务贸易比重达 25.6%。贸易顺差约为 1873.9 亿元，同比增长 46.1%。我国数据资源丰富，发展数字贸易既是我国推进供给侧结构性改革和实现新旧动能转换的重要抓手，更是我国扩大对外开放、构建更高水平开放型经济和国内国际双循环相互促进的新发展格局的战略选择。

三、后疫情时代，全球服务贸易发展趋势

（一）全球服务贸易规模扩张的同时结构将更加优化

随着服务全球化的深入发展，服务业在全球跨国投资中逐渐占据主导地位，国际贸易的重心也逐渐从货物贸易向服务贸易转移，服务贸易将成为国际贸易中最具活力的组成部分。据统计，过去 10 年服务贸易的增长速度比货物贸易快 60%。WTO 数据显示，按收支平衡（BOP）方式统计，1970 年服务贸易占全球贸易占比仅为 9%，2017 年该比重上升为 23%，预计全球服务贸易占比在 2030 年将上升为 25%，并且电子商务可能刺激 1.3—2.1 万亿美元的增量贸易。此外，信息技术、物流服务、商务服务、知识产权等新兴领域将成为增长的重要动力，推动国际贸易从劳动力主导的传统比较优势向创新主导的技术比较优势转换，服务贸易结构将持续优化[①]。

（二）服务贸易在全球价值链中的作用将更加重要

一方面，服务在全球价值链中日益处于主导地位。随着全球价值链的产业分工的深化与广化，

① 王栋.全球服务贸易发展趋势和中国机遇[J].对外贸易实务,2021(6).

制造业服务化成为全球服务贸易发展的重要因素。将价值链由以制造为中心转向以服务为中心成为企业获取全球竞争优势的必然选择。价值增值环节将继续向生产前的研发、设计阶段与生产后的市场嵌入服务阶段转移,整个价值链条中,服务增加值将日益成为企业利润的主要来源。特别是制造业服务化趋势带来服务要素的不断提升,将带动研发、金融、专业服务等生产性服务贸易快速发展,未来制造业的竞争在很大程度上是其背后的服务竞争。另一方面,服务对各大产业的整合提升作用也越发明显。随着数字技术的广泛应用,服务业的产业黏合剂作用更加突出,制造业服务化进程加快,个性化定制、智能制造等新型组织方式不断推动产业融合创新,对传统行业转型升级起了很大的作用。

(三)技术创新有望成为服务贸易发展新引擎

大数据、云计算、物联网等新技术在服务业领域的广泛应用,跨越了服务生产与消费不可分离的障碍,为服务业全球拓展和服务贸易发展提供了技术条件,也使教育、健康、医疗、文化等传统不可贸易的服务逐渐变得可贸易,服务贸易种类不断增加、范围不断扩大。例如,疫情期间催生了大量"在线化"与"无接触"服务模式,大幅刺激居家办公、在线教育、线上娱乐、线上医疗健康等服务的需求和供给,加速了传统服务贸易由线下经营向"互联网+"线上模式的转变。未来,随着新一代云计算、区块链和人工智能技术的问世,还将持续改变信息通信服务的提供方式,推动商品与服务的生产和支付方式产生变革,数字技术与零售、娱乐、出版、休闲、金融、卫生、教育等行业的融合将日益加深,并衍生出更多服务新业态与新模式,从而不断拓展服务贸易的新领域和新内容。

(四)服务贸易规则谈判成为国际经贸规则重构的重点

随着服务业业态的大幅拓展及重要性的日益凸显,全球国际贸易规则谈判的重点逐步集中在服务业领域。据WTO统计,目前全球范围内大概有290项特惠贸易安排,其中服务贸易内容占了近一半。并且,随着数字经济驱动的创新全球化深入发展,服务贸易在各国开放型经济中的战略地位越来越显著,已成为贸易战略竞争、贸易规则竞争、贸易利益竞争的核心,也是重塑未来全球贸易新版图的关键因素,因此,世界主要大国都更加重视发展服务贸易。服务市场准入、边境后措施、跨境数据流动、知识产权保护等相关规则成为国际经贸谈判的重要议题,推动服务贸易自由化与便利化成为签署多双边自由贸易协定的核心内容。

(五)全球产业链发展将兼顾稳定性与效率性的双元驱动

(1)对地区隔离与地缘政治敏感的企业,将出现寻求将各环节逐渐迁移至相对环境更稳定与产业链完整的地区。根据摩根士丹利发布的报告,具有这一特点的典型行业即为半导体、电子设备等行业。此类企业的特点是具有技术敏感性,同时十分依赖全球产业链布局,即消费与生产环节显著地分布在不同国家和地区。这使得这些企业在诸如疫情和国际地缘政治局势紧张等特殊的外界环境影响下,其全球产业链很容易受到重大冲击。因此,这些企业有动力将分散的产业环节逐渐迁移,目的地将是能够提供稳定的生产消费环境、完整的上下游产业链供给的地区。

(2)对于高度依赖全球产业链的一般企业,将有可能在未来响应越来越突出的"生产本地化"需求,向消费者所在地进行产业环节迁移。一方面,在机器人与自动化技术不断发展的过程中,生产成本低廉对于企业的吸引力本在不断下降;另一方面,经过疫情的冲击,企业的客户和所在国政府都在不断强化对于"生产本地化"的需求。对于企业客户来说,生产本地化可以使客户更快捷、可靠地获得产品,不会受到国际产业形势的干扰;对于各国政府来说,制定吸引生产环节迁入的产业政策将显著有利于构建本国完整产业链体系,维护本国经济稳定和"内循环"之需。企业通过响应这样的需求,一方面可以更及时地应对客户不断变化的需求,另一方面也可以享受当地政府提供的产业回流补贴,兼顾了生产的稳定性与经济性。

(3)全球产业链风控模式将出现巨大转变。在这次新冠疫情大流行之前,全球产业链风险管理原则架构往往只适用于或侧重链内顶端供应商,而忽略在链内那些表面看起来无足轻重但在特殊疫情中起着关键作用的低端、小型的供应商。这一点对于高价值的制造业来说尤为明显;在最坏的情况下,缺少任何一个关键部件都可能导致全球性停产,甚至产业链中断。新的风控体系应当是数据为基础全覆盖的治理架构,这类信息管理系统有助于企业对于自己所处的全球供应链有一幅清晰的图像,所有信息覆盖关键联系人、供应商和供应链上的利益相关者,并具体到每个公司,实现信息的穿透式覆盖。

(4)企业将重视产业链相关的数字化建设,增强全球产业链的稳定性。此次疫情的一个重要影响是打乱了现行全球供应链的物流与信息交流模式。对一个供应链来说,一个上游供应商制造一个中间产品,该中间产品被运送到下游买方公司,下游买方公司随后又利用该中间产品来生产自己的产出。在疫情的冲击之下,两家公司所处的社会和经济环境不断发生意外变化,上游公司按照约定做好计划安排或者完成生产中间产品后,下游公司的需求条件已经改变,从而导致全球很多地方价值链运行体系的崩塌。

实现全球供应链的数字化可以使企业从战略的高度防御未来类似供应链断裂的情形发生。在数字化的环境下,企业进一步通过大数据分析来有效地简化潜在供应商的甄选过程,提高风控能力;通过云计算有效管理供应商;通过自动化、物联网大大提高物流和运输的效率。最后,这次疫情也让跨国企业认识到了生产自动化的重要性。疫情后,机器人技术将会被更广泛地运用,来减轻因人员流动限制对供应链产生的负面影响。

随着国内开展"以国内大循环为主体、国内国际双循环相互促进"的"内外双循环新发展格局",着力开展国内完整产业网络的建设,凭借国内优越的市场空间,势必将对准备进行产业环节迁移的企业产生巨大的吸引力,企业只有提前把握好上述趋势才能不输在起跑线上。

四、新冠疫情对中国服务贸易的影响

当前,新冠肺炎疫情的全球蔓延对服务贸易的影响有别于货物贸易,呈现一正一反两种结果。一方面,服务贸易是高度依赖人员等要素国际流动的贸易形态,各国为防范疫情加强出入境管制措施,传统服务领域尤其是旅游业成为受疫情影响的重灾区。2020年1—4月我国服务进出口总额15144.3亿元,同比下降13.2%。另一方面,服务贸易对需求冲击的敏感性和对供应链的依赖程度较低,可能对经济发展起到稳定器的作用。据世贸组织2020年6月发布的报告显示,零售、卫生、教育、电信和视听等行业更加注重在线服务,大量的中小微企业提供无数工作岗位,这类服务业及其贸易对连接供应链和促进商业活动起着重要作用。因此,如何应对疫情以及后疫情阶段把握好服务贸易发展的有利方面,使之成为提振国际贸易和经济复苏的积极因素,是我们面对的重要而又紧迫的研究课题。

疫情期间,服务贸易中的境外消费、商业存在和自然人移动提供方式所受影响较大,尤其是旅游、运输等传统服务贸易领域;新兴服务贸易受疫情影响相对可控,有的还得到了进一步发展,比如跨境支付。疫情对商业存在提供方式服务贸易也构成了一定的不利影响,部分跨国公司可能调整、缩减在华投资或生产。

（一）跨境交付

跨境交付主要是指通过计算机网络或通讯、邮电等方式实现的服务贸易,比如视听、金融和信息等部门。该方式服务贸易呈现明显的"在线化""零接触"特点,很多技术服务、金融服务、保险服务、咨询服务等都属于这类服务贸易。

疫情期间,跨境交付服务贸易受影响较小,甚至迎来了新的发展契机,线上医疗、线上教育、线上展览、线上旅游、线上办公、线上娱乐等新兴领域得到了进一步的开发、应用和普及。《中国数字贸易发展报告2020》显示,2016年以来,数字化服务出口占全球服务出口比重稳步提升至50%以上,中国的数字贸易发展势头良好,相关跨境交付服务贸易业态增长迅速。2021年1月据商务部服贸司负责人介绍,2020年1—11月,我国知识密集型服务贸易占比提高,出口增长较快的领域是知识产权使用费、保险服务、电信计算机和信息服务,分别增长25.1%、15%、13.1%;进口增长较快的领域是金融服务、电信计算机和信息服务,分别增长36.4%、23.2%。

展望未来,大数据、信息技术、5G等新兴技术的快速发展会对我国服务贸易生态造成较大改变,云办公、云娱乐、云教育等将进一步普及,跨境交付服务贸易会在促进我国外贸发展方面持续发挥重要作用。

（二）境外消费

出国旅游是境外消费服务贸易的典型代表。据商务部数据显示,旅游常年占据我国服务贸易总额的30%左右;2019年旅游进出口总额近2万亿人民币,对服务贸易增长贡献最大。

2020年由于疫情防控对于人员流动的直接限制,不仅使得旅游消费需求锐减,旅游服务的跨国供给能力更显不足,旅游服务贸易受疫情影响严重。根据商务部数据,2020年前11个月我国旅行服务进出口9371.6亿元,下降47.8%,其中,出口下降50.8%,进口下降47.4%;剔除旅行服务,前11个月我国服务进出口增长2.2%,其中,出口增长4.6%,进口基本持平。在此次疫情较为严重的1—8月,我国旅行服务进出口下降45.8%,降幅比1—7月扩大1.2个百分点;剔除旅行服务,1—8月,我国服务进出口与上年同期基本持平,可见本次疫情对旅游业带来了较大冲击。

（三）商业存在

跨国公司是全球重要的服务提供者与引领者,由其推动的商业存在服务贸易已成为全球服务贸易最重要的提供方式之一。

疫情期间,大量跨国公司在华业务受阻,然而大部分企业仍然看好中国经济,目前恢复情况良好。2020 年 5 月 6 日,美国财经杂志《巴伦》周刊(*Barron's*)刊文称,近几周许多跨国公司高管表示,尽管尚未完全恢复到疫情前的水平,但中国的经济正在强劲反弹,他们对公司在华发展前景充满信心。上海美国商会在去年 6 月中旬至 7 月中旬进行的一项调查显示,71% 的会员没有转移在华生产活动的计划,这一比例比前年上升了 5 个百分点,仅有 4.3% 的公司计划将部分业务迁回美国。目前,大量跨国公司加大在中国市场的投资,43.2% 的在华日资企业有意在接下来的 1—2 年扩大业务,超六成受访在华欧盟企业表示中国仍是其前三位投资目的地之一。

牛津经济研究院亚洲经济研究主任高路易(Louis Kuijs)称,中国推进改革开放的步伐从未停止,未来几十年中国经济将继续显著增长。2020 年外部条件的恶化程度超出了预期,部分原因是新冠肺炎疫情在全球流行,但牛津经济研究院只是在一定程度下调了中国经济的长期增长预期。同时,中国新出台的《外商投资法》及相关条例的实施,大幅压缩了外商投资准入负面清单,进一步优化了外商投资环境。对金融机构外资所有权的限制和境外机构投资者的配额限制正在取消,沪港通、债券通等内地与香港资本市场之间的联动也在扩大,外国资金流入未来将大幅增加,为跨国公司在中国的发展创造更温和、适宜的"土壤"。

(四)自然人移动

整体来看,疫情期间中国出入境活动受到严格限制。2020 年 3 月,国家移民管理局边防检查管理司司长刘海涛介绍,自世卫组织 3 月 11 日宣布新冠肺炎疫情为全球大流行以来,全国陆地口岸、海港、空港入境日均 12 万人次,与去年同期相比下降了八成多;其中,乘国际航班入境人员日均 2 万人次,外国人占比一成左右。在 4 月 6 日国家移民管理局的统计中,境外人员包括边民出入境的人员数量已降到每日 1 万余人次。随着疫情在中国的平息和稳定,中国出入境限制逐渐放开。5 月中国外交部发言人耿爽表示,中国将与新加坡、韩国等国进一步商讨,为新冠肺炎疫情中关键商务和技术人员跨境旅行设立"快车道"。9 月,中国外交部和国家移民管理局联合发布公告,允许持有效中国工作类、私人事务类和团聚类居留许可的外国人入境。

技术密集型或者人力资本密集型的服务部门,比如工程、教育、技术服务等部门,在疫情中受到较大的不利影响。2020 年 1—9 月,我国对外承包工程业务完成营业额 6381.3 亿元人民币,同比下降 8.8%;对外劳务合作派出各类劳务人员 20.8 万人,较上年同期减少 14.8 万人。随着疫情缓和,传统形式的服务贸易得到一定程度的恢复。

五、疫情时代服务贸易发展的对策建议

面对突如其来的新冠病毒肺炎疫情,全球经济或陷入二战以来最严重的衰退,同时疫情中长期影响深远,一方面,全球疫情演进及防控措施对供应链、产业链的冲击具有较大不确定性;另一方面,疫情导致逆全球化根源性动因得到进一步强化、多边合作和全球治理体系中的已有"裂缝"可能加大加深,世界经济正面临百年未有之大变局。中国经济韧性强劲,经济稳步恢复,但作为全球第二大开放型经济体,在世界经济衰退和治理体系重构风险加剧的大环境下,中国经济难以独善其身,必须加强前瞻性思考,坚定不移推进改革,继续扩大开放,持续增强自身发展动力和活力。

（一）做好自己的事情，以不变应万变

未来很长一个时期，我国面临国内新旧动能转换期和全球治理新旧体系转换期，为有效应对各种不确定性，做好自己的事情是关键。根据唯物辩证法，事物的发展是内外因共同起作用的结果，内因是事物发展的根据，是第一位的，它决定着事物发展的基本趋向；外因是事物发展的外部条件，是第二位的，它对事物的发展起着加速或延缓的作用；外因必须通过内因而起作用。因此，我们一方面要对逆全球化中的波动有充分的认识和心理准备，不抱有侥幸心理，坚持底线思维；另一方面更重要的是加快国内新动能发展，促进经济高质量发展，抢占第四次工业革命科技制高点，用硬实力说话，进攻是最好的防守①。

（二）加强公平竞争、减少壁垒的政策措施

一是强化服务业领域的竞争政策基础性地位。比如，全面清理服务业领域妨碍公平竞争的产业政策，减少选择性补贴、投资补助等举措，建议将产业政策严格限定在具有重大外溢效应或关键核心技术的领域；更多采用普惠性减税、政府采购、消费者补贴等手段，维护市场公平竞争；加强服务业领域的公平竞争审查，重点强化要素获取、准入许可、经营运行、政府采购和招投标等方面的公平竞争审查。二是清理并大幅削减服务业领域边境内壁垒。建议在有条件的地区率先引入相关发达国家对旅游娱乐、体育养老等重点生活性服务业的管理标准，并实现资格互认；建议全面推广跨境服务贸易负面清单，允许负面清单外的境外企业在我国提供相关服务，逐步在人员流动、资格互认、市场监管等领域实现与国际接轨。

（三）利用好现有多边"舞台"，积极参与国际规则的制定，坚持多边主义，重建国际秩序，承担合作型大国责任

全球治理赤字的存在，导致国际乱象层出不穷，各国深受其害。我国应坚持多边主义旗帜，积极参与和推动多边体系建设，如提升联合国作用，加快联合国改革，用中国的"进"应对美国的"退"，维系全球化势头和国际秩序稳定。在能力承受范围之内向全球"赋能"，提供更多国际公共产品，承担更多合作型大国责任。

（四）着力形成以服务贸易为重点的开放新格局

一是要进一步优化服务贸易结构。努力提升我国知识密集型服务贸易占服务贸易的比重，尤其是保险、计算机和信息、知识产权等高端生产性服务贸易的比重。二是要明显提升服务贸易国际竞争力。进一步降低我国服务贸易逆差占服务贸易额的比重；在保持制造服务、建筑服务、计算机与信息服务等优势的基础上，明显提升我国知识产权、金融等生产性服务贸易以及旅游等生活性服务贸易的国际竞争力。

---

① 金观平.着力为市场主体纾困解难[N].经济日报，2021－07－20.

（五）抓住数字经济等新兴行业发展机遇

鼓励服务贸易数字化转型,积极拓展数字服务贸易。疫情催生了一大批数字服务贸易新业态,在线教育、远程医疗、网络办公、视频会议、大数据分析、云服务等领域发展迅猛。因此,要积极挖掘具有"零接触"特征的数字服务贸易发展潜力。广泛应用移动互联技术,拓宽线上服务贸易边界。利用好跨境电商平台,发展大数据营销、电子支付、网络广告等数字服务贸易。

（六）加快推进区域性自由贸易进程

在疫情冲击下,以共同维护供应链安全稳定为目标,推动形成双边多边贸易优势互补的分工合作新机制的迫切性和现实性全面增强。一是以《中欧投资协定》和《区域全面经济伙伴关系协定》(RCEP)的签署为契机,我国各级政府应提前谋划,找准相关协定给本地区和企业的服务贸易带来的发展机遇,形成中国对外经贸合作新局面,同时要提高对区域服务贸易产业链和供应链调整变化的认识,提升本地区内可能面临风险的服务贸易领域的竞争力。二是尽快实现关键区域服务贸易发展新突破。建议以服务贸易为重点率先打造中韩自贸区升级版。在这一过程中,既要进一步降低货物贸易关税,还要逐步推进双边服务标准的对接、服务市场的融合。

参考文献

[1] 蒙英华,黄建忠.经济危机下服务贸易的弱周期性研究:以美国为例[J].经济管理,2009,31(11):26-31.

[2] 唐海燕,蒙英华.服务贸易能平缓经济冲击吗——基于美国经济波动跨国传导的研究[J].国际贸易问题,2010(12):61-69.

[3] IMF,世界经济展望,2020 年.https://www.imf.org/external/chinese.

[4] Lennon, C., D. Mirza & G. Nicoletti, "Complementarity of Inputs across Countries in Services Trade", Annals of Economics and Statistics, GENES, 2009, 93-94:161-182.

[5] WTO, Services Trade Barometer, 11 March 2020.

[6] Ariu A. Crisis-proof services:Why trade in services did not suffer during the 2008—2009 collapse[J]. *Journal of International Economics*, 2016, 98:138-149.

[7] World Trade Report 2019 [R]. WTO. November, 2019.

[8] Christine Zhenwei Qiang, Yan Liu, Monica Paganini, Victor Steenbergen, Foreign direct investment and global value chains in the wake of COVID-19 [R]. The World Bank. May, 2020.

区　域　篇

第一章 苏南现代服务业发展报告

十九大报告提出,建设现代化经济体系,必须把提高供给体系质量作为主攻方向,显著增强我国经济质量优势。习总书记指出"产业结构优化升级是提高我国经济综合竞争力的关键举措。要加快改造提升传统产业,深入推进信息化与工业化深度融合,着力培育战略性新兴产业,大力发展服务业特别是现代服务业,积极培育新业态和新商业模式,构建现代产业发展新体系。"现阶段,现代服务业已成为苏南经济发展的主要组成部分之一。在企业越来越依靠服务维持市场地位、产业越来越趋向服务引领制造的新趋势下,生产性服务业加快发展,生活性服务业有效供给不足、质量不高的问题有所改善。数据表明,近几年苏南产业结构调整步伐在加快,三次产业结构从 2012 年的 6.3∶50.2∶43.5 调整至 2020 年的 1.6∶43.7∶54.7,服务业增加值占 GDP 比重年均提升 1.4 个百分点。

一、苏南现代服务业的发展现状

在研究苏南、苏中和苏北地区现代服务业发展状况之前,我们首先简要分析一下江苏省现代服务业的状况。作为制造业大省,江苏省正处于经济转型的关键点,产业结构调整升级取得重要进展,服务经济为主导的产业体系正在逐步形成。近年来,江苏省服务业稳步发展,尤其在 2010 年之后对地区生产总的贡献保持增速增长;2020 年江苏第三产业增加值 53955.8 亿元,增长 3.8%。全省人均地区生产总值 12.2 万元,全员劳动生产率 21.6 万元/人。产业结构加快调整,全年三次产

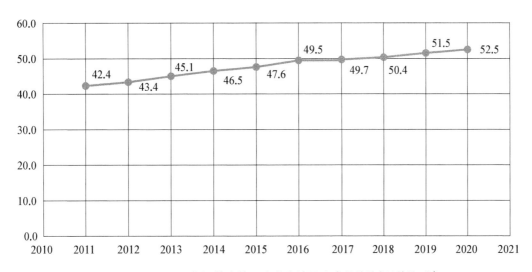

图 1 2011—2020 年江苏省第三产业占地区生产总值比例(单位:%)

数据来源:《江苏统计年鉴 2021》

业增加值比例调整为 4.4∶43.1∶52.5,服务业增加值占 GDP 比重比上年提高 1.0 个百分点。限额以上批发和零售业通过公共网络实现零售额比上年增长 24.7%;住宿和餐饮业通过公共网络实现餐费收入增长 191.9%。规上服务业中软件和信息技术服务业、互联网和相关服务业营业收入比上年分别增长 17.5% 和 23.5%。

(一)服务业总量规模绩效保持快速增长

江苏省总体上已经实现向"三二一"结构形态的标志性转变,但是就区域发展而言,苏南、苏中、苏北仍然存在地区差异。作为经济发展先驱,苏南地区产业结构相对领先,已经实现了向服务型经济转型的第一步。苏中和苏北地区发展相对缓慢,产业升级滞后。从设区市情况看,2020 年南京、苏州、无锡、常州四市服务业增加值占 GDP 比重超过 50%,分别达到 62.8%、52.5%、52.5% 和 51.6%,均实现了"三二一"转型。仅就产业结构而言,苏中和苏北地区的发展滞后于苏南地区四到五年。

2020 年,面对错综复杂的内外部环境,南京市顶住持续加大的经济下行压力,坚定不移地推进转型升级、培育主导产业持续向中高端迈进,第三产业增加值 9306.80 亿元,增长 4.1%。三次产业结构调整为 2.0∶35.2∶62.8,第三产业增加值占地区生产总值比重比上年提高 0.8 个百分点;镇江市 2020 年第三产业增加值 2081.96 亿元,增长 3.5%。三次产业比例调整为 3.5∶47.2∶49.3,服务业增加值占 GDP 比重比上年提高 0.7 个百分点;常州市服务业增加值达 4024.9 亿元,按可比价增长 4.9%,占地区生产总值的比重达 51.6%,服务业稳步复苏为常州经济转型升级、行稳致远打下坚实基础;苏州 2020 年实现服务业增加值首次突破万亿大关,达到 10588.5 亿元,占地区生产总值的比重为 52.5%;2020 年,无锡市实现服务业增加值 6491.19 亿元,同比增长 3.2%,占 GDP 比重 52.5%,比 2019 年提升 1 个百分点,创历史新高。

表 1 2010—2020 年江苏省 13 个地级市第三产业占 GDP 的比重(%)

按地区分	2010 年	2015 年	2016 年	2017 年	2018 年	2019 年	2020 年
南 京	51.8	57.9	59.1	60.4	61.2	62.1	62.8
无 锡	42.2	51.1	51.2	51.6	51.5	51.7	52.5
徐 州	39.5	45.7	47.4	48.6	50.1	50.1	50.1
常 州	40.9	47.6	49.3	49.5	50.1	50.2	51.6
苏 州	40.1	48.4	50.4	50.3	50.0	51.6	52.5
南 通	37.1	43.6	45.4	45.7	46.1	46.5	47.9
连云港	38.8	42.7	43.3	43.9	45.1	45.2	46.3
淮 安	39.1	45.9	47.2	47.5	47.9	48.6	49.3
盐 城	38.3	43.3	44.8	46.1	46.1	47.9	48.9
扬 州	37.2	44.1	44.5	46.0	47.0	47.9	48.9
镇 江	39.5	46.2	47.5	47.5	47.9	48.6	49.3
泰 州	34.8	41.8	43.8	44.4	43.7	45.3	46.4
宿 迁	37.4	43.0	43.3	44.4	45.7	46.8	47.6

	2010 年	2015 年	2016 年	2017 年	2018 年	2019 年	2020 年
按区域分							
苏 南	43.0	51.0	52.3	52.7	52.9	53.8	54.7
苏 中	36.5	43.3	44.7	45.5	45.8	46.6	47.8
苏 北	38.8	44.3	45.6	46.6	47.4	48.2	48.8

数据来源:《江苏统计年鉴2021》

(二)产业结构不断优化

三大区域加大结构调整力度,产业升级成效明显。苏南三次产业结构由2012年的2.3∶51.5∶46.2调整为2020年的1.6∶43.7∶54.7,三产比重提高8.5个百分点,成为区域经济增长的主要力量,特别是金融、信息、广告、公用事业、咨询服务等新兴服务业发展最快。苏中三次产业结构由2012年的7.0∶53.0∶40.0调整为2020年的5.0∶47.2∶47.8,苏北三次产业结构由2012年的12.7∶47.5∶39.8调整为2020年的10.6∶40.6∶48.8,苏中、苏北三产比重分别提高7.87个和9个百分点。苏中、苏北工业化水平进一步提升,第三产业迅速发展,二、三产业比重差距逐步缩小。

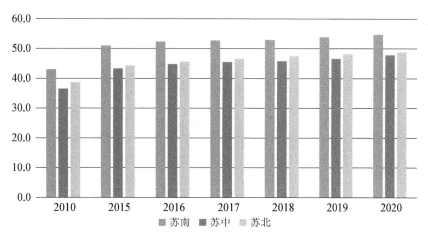

图2　2010—2020年江苏三大区域的三次产业结构情况(单位:%)

(三)新兴服务业呈现快速发展态势

2020年,苏南整体服务业产业结构不断优化,数字经济、平台经济、共享经济等新业态新模式不断涌现,现代服务业成为发展接续动力。2020年,南京市服务业紧紧围绕"4+4+1"主导产业发展方向,以产业优化升级为主线,以政策创新、服务升级为着力点,突出推进产业地标打造和产业集聚,服务业四大主导产业发展稳中有进、布局更加合理、结构持续优化、发展动能显著增强,产业引领及辐射带动作用进一步显现。全年规模以上服务业实现营业收入5862.95亿元,比上年增长2.1%,其中,高技术服务业、科技服务业营业收入分别增长11.8%、16.5%。分行业看,信息传输软件和信息技术服务业增长14.1%,交通运输仓储和邮政业下降3.1%,科学研究和技术服务业增长 9.4%,租赁和商务服务业营业收入下降 12.2%。与数字经济相关的互联网和相关服务、软件和信息技术服务业营业收入分别增长 28.3%、13.3%。全年货物运输总量 48100.4 万吨,比上年增长 1.2%。货物周转量 3728.2 亿吨公里,增长 2.8%。2020 年,无锡市规上服务业营业收入 1194.16 亿元,同比增长 6.6%。其中,房地产业增长 20.6%,居民服务、修理和其他服务业增长 19.0%,信息传输、软件和信息技术服务业增长 11.7%,增长较快。2020 年,社会消费品零售总额 2994.36 亿元,环比上升 1.2 个百分点,增幅全省排第四;限上批零业商品零售额 1114.11 亿元,同比增长 5.7%,从分类零售情况来看,在有零售的 23 大类商品中,处于正增长的有 17 类;电子商务网上零售额突破 868.4 亿元,位列全省第三。服务业投资小幅增长,同比增长 1%,高出上年 0.7 个百分点。2020 年,苏州市规模以上信息传输、软件和信息技术服务业、科学研究和技术服务业营业收入分别比上年增长 15.5%、14.9%,分别快于规模以上服务业 9.7、9.1 个百分点。生产性服务业发展态势良好,新增省生产性服务业集聚示范区 6 家、领军企业 4 家,获评省级先进制造业和现代服务业深度融合发展龙头骨干企业试点 30 家、产业集群试点 5 家、区域集聚发展试点 2 家。

(四)集聚功能显著,有效整合资源

顺应产业结构优化升级要求,苏南集聚示范区产业业态不断丰富多元,新业态、新模式和新技术不断涌现,结构优化、特色鲜明、支撑有力、创新引领的生产性服务业产业体系正在逐步形成。现代服务业集聚区在构建现代化产业体系中持续发挥作用,促进资源整合、要素集聚,对培育城市经济发展新动能、推动服务业高质量发展具有重要意义。南京市在服务业综合改革工作中不断探索,梳理总结典型经验和先进做法,形成一批竞争力强、经济社会效益显著的服务机构和产业集群,加快推进全市服务业高质量发展,为全省乃至全国服务业发展带来先进示范经验。南京软件园服务业集聚区北园集聚华为、中兴、三星等一批领军型企业,致力建设成为具有全球竞争力的通信软件及智能移动终端产业研发基地;南园聚焦发展云计算、人工智能、虚拟现实等新兴领域,成为软件谷未来产业发展的重要承载地。无锡(国家)工业设计园依托制造业与设计融合发展,着力培育工业设计和集成电路产业,初步形成以工业设计、集成电路设计、交通工程设计等为主的设计产业格局。南京无线谷科技产业集聚区立足苏南国家自主创新示范区中的功能定位,以国家重大科技基础设施——未来网络试验设施(CENI)项目和网络通信与安全紫金山实验室的全面实施为引领,努力成为国家新一代移动通信和未来网络技术与产业的策源地,全面实现通信与网络产业跨越发展,为软件信息产业的发展注入了新的活力。镇江国家大学科技园依托再生医学创新研究院,着力构建以再生医学研发、高端检验检测、现代健康养生为支撑的产业体系。丹阳眼镜城加快眼镜博物馆、眼视光设计中心及配套基础设施建设,并发布国内首个眼镜行业指数,全面提升集聚服务功能。大禹山创意新社区打造产业资本与优质初创项目集聚地、校地合作发展示范地,发挥孵化器作用,重点孵化、发展动漫游戏、电子商务、新一代信息技术等生产性服务业。润州区商务金融服务集聚区重点打造以商务服务为特色、金融服务为支撑、科技服务为亮点的生产性服务业集聚区。

专栏 1 无锡深耕总部经济 激活高质量发展新引擎

发布时间:2020-12-31 来源:新华日报

吹响总部经济"集结号",启动高质量发展"新引擎"。2020年,无锡坚持稳中求进总基调,统筹推进疫情防控和经济社会发展,加快推动总部经济高质量发展工作取得明显成效。据统计,2020年,无锡认定市级总部企业52家,2019年总营业收入达到2228.96亿元,户均营业收入42.86亿元,总税收66亿元,占全市税收收入7.6%,户均税收贡献近1.3亿元,为全市经济高质量发展带来新气象、新动能。

一、引培总部企业工作成效显著

无锡建立了准总部企业培育机制。定期开展重点企业摸排,建立准总部企业培育库。如新吴区建立总部企业"培育池",实行"一个领导挂钩、一个部门牵头、一个专人联络、一个平台管理"的推进机制,培育壮大潜在总部。

招引总部项目纷纷落地生根。2020年,引进总投资80亿元的模架产业总部集聚项目、总投资8亿美元的叮咚买菜八千里路总部项目、总投资10亿元的美好房屋智造江苏公司总部经济项目、投资10亿元的无锡蓝沛新材料总部项目、总投资1.2亿美元的鹰普集团中国总部产能升级等项目。总投资51亿元的智建美住江阴总部基地项目正在加快建设中,建成后可形成年产25万间智慧移动建筑的产能,实现销售收入80亿元。总投资20亿元的鹏鹞环保智能制造总部基地正在加快建设中。

二、在锡总部企业能级不断增强

加速推动功能型总部向综合型总部升级,形成研发、生产、销售、服务的全链发展格局,不断向产业链、价值链、技术链微笑曲线两端延伸。海澜之家股份有限公司克服疫情影响,加速推进数字化、多样化的新零售渠道布局,联合线上各业务平台持续发力。企业"走出去"步伐不断加快。通过深化简政放权、用好金融工具、加大信保力度等举措,为"走出去"总部企业提供项目审批、项目融资、风险防范、法律援助等方面切实有效的帮助,激励企业拓展新兴市场。云蝠集团在洛杉矶设立公共海外仓,成为开拓美国本土市场的"桥头堡"。模塑科技在德国、美国都设有研发机构,与宝马公司形成战略合作同盟,在墨西哥、美国设立公司,与特斯拉建立全面战略合作关系,海外供应链持续延伸。

三、加快总部企业集聚赋能发展

继续优化产业空间布局,统筹功能区域分布,打造总部经济集聚区。如锡山区目前有包括红豆财富广场、兖矿信达大厦、创融大厦、雅迪总部大厦等在内的11个总部经济项目的15栋商务楼宇在锡东商务区落地,总投资超50亿元,华夏、红豆、宁泰等一批总部楼宇投用,总投资8.5亿元的大明集团总部科创中心项目启动建设,估值5亿元的伯科生物在商务区设立研发制造销售及上市总部,估值8.4亿元的宽岳生物在商务区设立全球总部及销售中心。

四、进一步优化总部企业各项服务

成立市委常委、常务副市长任组长的总部经济发展专项工作组,建立上下协同、部门联动的总部经济发展协调机制,着力解决总部经济发展过程中遇到的问题。如新吴区发挥"一站式"服务中心作用,开展综合集成服务和个性化对接服务,在全市率先推进总部项目"拿地即开工"审批服务模式,利用"一网通办"、AI审批、"办照即营业"等创新举措,提高总部项目服务效率。

2021年,无锡将立足新发展阶段,贯彻新发展理念,全面统筹推进,推动总部经济跨越发展,支撑经济高质量发展。推动总部经济集聚集群。按照聚焦优势、展现特色的原则,根据规划布局和行动计划,突出重点领域、重点区域,瞄准核心产业、特色产业、前沿产业,积极推动各板块总部经济因地制宜发展,努力建设一批总部经济集聚区。推动总部项目招引培育。对业态模式新、发展潜力好的成长型企业进行筛选,建立总部企业储备库,加大在库企业培育力度。组织开展总部项目专题招商活动,进行总部经济政策宣传,努力让总部项目引得进、留得住、发展好。优化总部经济发展环境。发挥总部经济对"产业强市"建设的支撑作用,对符合总部经济政策奖励的企业予以资金支持。继续全力打造国际化、法治化、便利化的营商环境,与出台的总部经济优惠政策形成叠加效应,吸引更多总部项目落地。

(五)服务业龙头企业带动效应明显提升

2020年,无锡坚持稳中求进总基调,统筹推进疫情防控和经济社会发展,加快推动总部经济高质量发展工作取得明显成效。据统计,2020年无锡认定市级总部企业52家,2019年总营业收入达到2228.96亿元,户均营业收入42.86亿元,总税收66亿元,占全市税收收入7.6%,户均税收贡献近1.3亿元,为全市经济高质量发展带来新气象、新动能。2020年,苏州市相城区着力将培育领军企业作为促进全区产业结构调整和转型升级、强化企业创新主体地位和主导作用的重要抓手,新增华测检测、仕净环保2家省级生产性服务业领军企业,紫光数码、中亿丰等13家营收超10亿元企业,泰丰文化、德邦物流等10家总部企业。布瑞克入选商务部"数字商务企业名单",集萃托普索获认定"江苏省技术先进型服务业企业"。同时,相城区积极培育壮大新经济产业,涌现出初速度、同济区块链等智能车联网、区块链领域的前沿研发企业。相城区领军企业的培育和新兴企业的集聚,得益于"三个着力"。

专栏2 坚持创新导向 加快三个融合——常州打造现代服务业发展新高地
发布时间:2021-03-17 来源:新华日报

2020年,面对疫情带来的严峻考验,常州现代服务业迎难而上,带动全市经济持续回暖,全市服务业增加值达4024.9亿元,按可比价增长4.9%,占地区生产总值的比重达51.6%,服务业稳步复苏为常州经济转型升级、行稳致远打下坚实基础。2021年新春伊始,常州市委、市政府召开全市创新发展大会,吹响了创新再出发的号角,将现代服务业作为全市经济高质量发展的重要引擎,通过坚持创新导向,加快"三个融合",打造产业发展新高地,推动国家创新型城市建设走在前列。

一、加快现代服务业与科技创新融合

"十三五"以来,常州现代服务业产业规模实现新跨越,2019年科技服务业增加值达195.5亿元,是2015年的近3倍。2020年规模以上科学研究和技术服务业、信息传输软件和信息技术服务业分别实现营业收入263.5亿元和166.9亿元,增长13.1%和15.0%,两大行业合计拉动规模以上服务业增长6.0个百分点。中以常州创新园、中德创新园等一批科创载体建设取得新进展,建成市级以上孵化器 62 个,新增孵化总面积达 106 万平方米,常州高铁新城正式挂牌成为江苏省科技服务业特色基地。常州已连续 15 年开展科技长征,以科学研究和技术服务业为代表的高端生产性服务业占比明显提升,科技创新成为现代服务业发展的第一动力。

下一步,常州将对标国际先进,高标准研究建设"智能制造龙城实验室",争取更多重大设施、重大项目、重大政策落户常州,让科技创新既有"高原"更有"高峰"。更大力度建设新型研发机构,在股权架构、运营方式、孵化模式、融资体系等方面大胆创新,打通科、技、产"回路",实现"从 0 到 1 再到 N"的产业化裂变。高水平建设高铁新城国际创新先导区,加快建设西太湖"长三角青年创新创业港",积极盘活各板块闲置厂房、商务楼宇等资源,打造升级版创新综合体,集聚公共服务、科技金融、孵化加速、成果转化等功能,实现"邻居就是客户""上下楼就是上下游"。

二、加快现代服务业与产业创新融合

深化产业创新升级,推动更多现代服务业与其他产业深度融合、耦合共生,日益成为培育经济发展新动能的重要途径。近年来,常州全面探索产业创新,推动现代服务业与先进制造业深度融合发展,全市共有 20 家单位入选全省首批两业深度融合试点,其中龙头骨干企业试点 14 家,试点数量全省第三;产业集群试点 5 家,试点数量并列全省第一;区域集聚发展试点 1 家。2020 年 7 月,全市 8 家单位被省发改委评为两业深度融合优秀试点,优秀试点总数居全省第二,产业集群和区域集聚发展优秀试点数量并列全省第一。

下一步,常州将不断拓展重点行业重点领域融合发展的创新路径。推动先进制造业与金融、物流等生产性服务业深度融合发展,培育形成一批集"智能制造＋增值服务"功能为一体的标杆企业,打造两业深度融合的优势产业链条、新型产业集群、融合示范载体和产业生态圈。

三、加快现代服务业与业态创新融合

创新不仅有科技创新,还有思维创新、模式创新、业态创新。当前,新经济迭代浪潮扑面而来,直播带货、网红打卡、在线消费等新消费业态蓬勃兴起。2021 年春节期间,常州各大服务业市场主体发挥多业态聚集、多元化消费的优势,开展形式多样、创意新颖以及融购物消费、休闲娱乐于一体的营销活动,以体验式消费吸引了大批市民和游客。苏宁、欧尚、瑞和泰等传统零售企业开启直播销售,通过引流私域流量,弥补实体店线下客流不足现状。环球恐龙城夜间文旅集聚区联合携程BOSS 直播,举行抖音中华恐龙园线上大促,发放惠民补贴 866 万元,惠及消费者超 5 万人次。据统计,2021 年春节期间,全市 51 家大中型零售/餐饮企业、9 家城市综合体共实现销售额 5.98 亿元,较 2020 年同期增长 189.5%。春节假期前 4 天,三大 5A 级旅游景区接待游客 35 万人次,实现营业收入近 4000 万元。

下一步,常州将抢抓流通环节新变革、消费模式新变化以及消费内容新升级的机遇,积极利用新一代信息技术,发展"流量经济""网红经济""首店经济""宅生活""智慧医疗""智慧教育"等服务模式,创新直播带货、线上采买、生鲜电商、远程医疗、网上办公、在线教育、在线研发设计等应用场景,促进社会生产服务活动加速"触网"。

（六）现代服务业保持高水平对外开放

服务业"走出去"成为境外投资主要方式,层次不断提升。近年来,苏南服务业境外投资数量迅猛增长,开放水平不断提升。服务业实际利用外资增长迅速。如苏州市 2020 年服务贸易进出口 231.12 亿美元。跨境电商 B2B 出口额、市场采购贸易、外贸综合服务等新业态出口分别比上年增长 13.3%、9.1% 和 1.2%。全市服务外包接包合同额 133.7 亿美元,比上年增长 8.9%,服务外包离岸执行额 51.5 亿美元,增长 2.6%,新设外资项目 1256 个,比上年增长 26.4%;新增注册外资 189.1 亿美元,比上年增长 66.8%。实际使用外资 55.4 亿美元,比上年增长 20%。新引进和形成的具有地区总部特征或共享功能的外资企业 35 家,累计超过 330 家。4 个案例入选国家服务贸易创新发展试点"最佳实践案例"。南京市进一步强化政策支撑,加强部门联动,积极组织企业参加境内外相关展会,并鼓励企业发展众包、云外包、平台分包等新业态、新模式,积极发展高附加值服务外包,推进外包产业高质量发展。2020 年,南京承接服务外包合同额 206.9 亿美元,同比增长 12%,执行额 181.9 亿美元,同比增长 5%,合同额和执行额均位列示范城市之首。重要项目不断落地生根。

专栏 3   2020 全球服务贸易大会在南京成功举行

发布时间:2020 - 09 - 18   来源:产经圈

9 月 17 日,以"创新发展　数造未来"为主题的 2020 全球服务贸易大会在南京开幕。此次大会由商务部国际贸易经济合作研究院和南京市人民政府共同主办,商务部研究院国际服务贸易研究所与南京市商务局共同承办。会议采取"线下+线上"的形式举办。

本届大会邀请了包括福特汽车、SAP、戴尔集团、特斯拉、索尼、菲尼克斯、德勤、丸红株式会社、康宝莱、凯那瑞集团、东软集团、软通动力、浩鲸云计算等国内外知名跨国公司高管,部分国家数字服务出口基地以及中医药服务贸易出口基地代表等线下参会。WTO 等国际组织代表,欧洲、东南亚以及"一带一路"沿线国家和地区的海外嘉宾及客商,通过线上直播互动参与大会各项活动。

商务部副部长钱克明、江苏省副省长马秋林等领导出席大会并致辞。WTO 副总干事易小准通过视频为大会致辞。商务部国际贸易经济合作研究院院长顾学明,商务部驻南京特派办特派员王选庆,商务部国际贸易经济合作研究院副院长张威,江苏省政府副秘书长黄澜,江苏省商务厅副厅长姜昕,南京市委常委、市委秘书长蒋跃建,南京市政府副秘书长包洪新等领导出席大会。南京市副市长沈剑荣主持大会开幕式。

一、服务贸易成为全球经济走出阴霾的重要推动力

钱克明指出,服务贸易日益成为国际贸易的重要组成部分和各国经贸合作的重要领域,为世界经济增长持续注入新动能。受疫情影响,全球服务贸易供给与需求都遭遇较大冲击,但疫情也催生了大量"在线化"与"无接触"服务模式,创造了新的发展契机。

钱克明表示,中国已成为全球第二大服务贸易国,未来中国将坚定不移扩大改革开放,进一步放宽服务领域市场准入,围绕"六稳""六保"工作任务,着力抓好"一试点、一示范、多基地"服务贸易发展平台等工作,全面推进特色服务出口基地建设,扎实推进服务贸易高质量发展,努力稳住外贸外资基本盘,为全球经贸早日走出衰退阴霾贡献力量。

易小准在视频致辞中表示,2019 世界贸易报告显示,服务业已经成为世界经济发展的支柱产业。服务贸易在世界 GDP 中所占比重近几年持续稳步增长。而服务贸易额增长多来自高附加值和高产能服务业,如信息与通信产业和多种商贸服务业。外商直接投资资金的绝大部分流向服务业,占外商直接投资总额的三分之二。服务贸易的增长成为带动其他行业增长的重要推力。

易小准指出,服务贸易促进了全球价值链的升级,由此为世界贸易格局带来了革新。技术进步和创新将会解锁未来服务贸易更多的潜能。而创造有利于服务贸易发展的环境,将成为帮助各国从经济下滑中复苏的关键之举。

二、南京服务贸易高质量发展综合优势明显

作为全球服务贸易领域最具影响力的大会之一,本届大会在服贸会和《全面深化服务贸易创新发展试点总体方案》发布这两个重要节点之后举办,有助于充分展示大会主办地南京在数字经济、软件信息技术和中医药服务等领域的发展成果和投资环境,展示南京市企业服务全球的能力和水平,吸引更多的海内外服务经济向南京转移,提升"创新南京,服务全球"的国际影响力和城市品牌竞争力。

南京是长三角经济核心区的重要区域中心城市,文化科教资源丰富,服务业和服务贸易保持良好发展势头。南京是"软件名城",也是服务贸易创新发展试点、中国服务外包示范城市,在软件和信息服务、数字贸易、文化贸易、生物医药、中医药服务等领域都取得了令人瞩目的成绩,具备发展数字服务贸易的人才与技术基础,实现服务贸易高质量发展的综合优势明显。

近年来,南京紧紧抓住全面深化贸易服务试点的机遇,深入融入全球贸易服务体系,积极推进更高水平的开放合作,全力打造服务贸易的发展高地。南京服务的硬实力,在迅速地提升。2019年全市GDP超过1.4万亿元,连续11个季度保持8%左右的增速,今年上半年增长2.2%,改革开放以来首次跻身全国十强。这当中,全市服务业占GDP比重达到60%以上,高技术服务业保持两位数增长,成为南京服务贸易发展壮大的坚实支撑。

南京服务业的竞争力也在快速地提升,全市服务贸易进出口总额连续两年保持在12%以上的增长速度,新兴服务领域占比超过了50%。

南京将牢牢把握进入新发展阶段、构建新发展格局的战略机遇,始终秉持开放包容、创新引领、互利共赢的合作原则,开拓进取、乘势而上,加快建设服务贸易强市,打造国际合作竞争新优势。

三、中国连续三年服务贸易发展指数保持全球第20位

在大会高峰论坛上,国家高端智库商务部研究院还隆重发布了以"疫情之下全球服务贸易变局,以及在变局之下开创我国'十四五'服务贸易发展新局的思路与建议"为主题的《全球服务贸易发展指数报告2020》(以下简称《报告》)。

《报告》指出,2017年至2019年,中国服务贸易发展指数排名连续三年保持在全球第20位,整体保持稳定。从服务贸易规模来看,2019年,中国服务贸易额为7850亿美元,位居世界第二。从服务贸易发展指数来看,其中,规模指数方面,中国从第7位略下降至第8位;结构指数从2018年第72位上升至第67位;地位指数位从2018年第6位略有下降,至第8位;产业基础指数提升较大,从2018年第41位上升至第20位;环境指数从2018年第59位上升至第41位。

《报告》认为,这些指数的变动主要源于两方面:一是我国持续深化改革开放,推动自由贸易试验区建设,营商环境不断优化成为我国环境指数快速提升的主要内因;二是全球竞争日益激烈,世界局势复杂多变,主要发达经济体之间的贸易摩擦影响我国服务贸易发展的国际环境,外部因素影响我国服务产业国际化进程。因此导致我国各个指数有升有降,服务贸易发展指数整体保持不变。

在国内服务贸易发展指数方面,东部地区居于领先地位,尤其是北京和上海,两地服务贸易发展指数在70左右,成为引领全国服务贸易发展的龙头。广东和江苏发展指数在50以上,分别位居第三和第四。它们共同构成第一梯队。

《报告》发布人、商务部研究院国际服务贸易研究所所长李俊表示,综合环境是江苏省整体排名靠前的重要原因。江苏、广东、山东和北京在服务贸易综合环境指数位居前四名。江苏省服务贸易综合发展环境指数实力较强,在全国排名第一。其服务外包示范城市和服务贸易创新试点数量为全国最多,同时实际利用外资额位居全国第一。

值得一提的是,《报告》还为中国开创服务贸易"十四五"发展新格局提出了思路与建议:一是以开放促服贸新发展,共同营造开放包容的合作环境;二是以数字新技术赋能服务贸易,共同激活创新引领的合作动能;三是以"一带一路"为重点,共同开创互利共赢的合作局面;四是以服贸创新试点为依托,构建国际国内循环相互促进的新发展格局;五是完善法律法规,探索建立适应新时代服务贸易发展治理体系;六是完善促进体系,加大对服务贸易发展的支持;七是创新统计方法,完善统计及监测分析体系;八是建立监测预警制度,加大服务贸易风险防范及监管。

据悉,在为期两天的会议中,还同时举行了高峰论坛、数字服务与数字贸易创新发展专题论坛、服务贸易发展"十四五"形势分析会(闭门会)、国际服务外包创新发展论坛、国际合作项目对接洽谈会、中医药服务贸易合作交流会等多场专场活动,为南京服务贸易发展提供新思路和新路径。

二、苏南现代服务业发展的问题剖析

(一)现代服务业与制造业发展不均衡

新环境下江苏现代服务业发展的制约因素之一则是制造业供给相对严重过剩,与服务业许多行业的投资不足和产出瓶颈现象同时并存,表现为"总需求向服务业集中而总供给向制造业倾斜"的结构性矛盾。由此,一方面由于缺少作为知识资本、技术资本和人力资本密集的现代生产性服务业投入,使制造业呈现出"大而不强"的特征,缺乏竞争力;另一方面,也因与民生直接相关的服务业,如住宅、教育、医疗、养老等不够发达。

同时,江苏制造业企业虽然有的发展较好,已经有独立的品牌和知识产权,但大部分企业还处于"微笑曲线"底端的"制造"层面,离"设计""创造"与"自创品牌"层面还有一定的距离。无论是以加工贸易为指向的FDI企业(外商直接投资),还是为FDI企业提供配套的本土加工企业,其制造环节所带来的中间服务需求绝大多数并不在国内,甚至在国内就没有产生对高端服务的需求,因为研发设计、资金融通和销售等服务基本都是由跨国公司的母国企业提供的。加工贸易主导的贸易结构割裂了制造业和生产性服务业的产业关联,代工制造业的发展不但没有形成对生产性服务的有效需求,反而在要素获取方面与生产性服务业形成竞争。由此可见,虽然江苏制造业的总量很大,但是对生产性服务的有效需求较为有限,无法形成有力的市场支撑。

（二）传统服务业过剩与现代服务业不足并存

传统服务业进入过度与现代服务业进入不足同时并存,表现为传统服务企业的低利润甚至亏损倒闭,与一些垄断性的现代服务企业获取暴利的现象同时并存。进入过度的是那些与城市和农村的剩余劳动力就业有关的低技能的劳动密集型行业,而进入不足的是那些技术资本密集的现代服务业,如"流通、交通、通信、融通"等,这些行业普遍与政府管制和行政垄断密切联系。例如,据中国 626 家上市公司披露的年报计算,无论是毛利率、净资产收益率,还是管理层薪酬均值(行业薪酬合计除以公司家数)最高的五大行业,金融服务业位居暴利行业之首,其他还包括竞争严重不足的交通运输、房地产、信息服务等。

（三）现代服务业发展的动力较为单一

江苏制造业的全球化与服务业的本地化同时并存,发展动力不对称。过去,江苏的制造业在经济全球化动力驱使下,增长受全球市场需求的支持,但是服务业的发展方式因受其技术特征的影响和制约,基本上还是本地化的,受制于本地的消费市场。尤其是在过去人均收入较低和劳动收入占国民收入的份额有所下降的情境下,由于本地化的市场需求不振,因此,服务业的比重就难以有突破性的提升。相反,有的地区服务业的比重还随着制造业的快速增长而呈现下降的趋势。由此看来,转变服务业的发展方式,必须基于江苏加入全球产品内分工的特征,突破服务业在技术上不可贸易的初级特征,在信息技术等支撑下寻求全球化发展的理念和手段,大力发展服务贸易和国际服务外包。

（四）知名企业、品牌企业与上海等地相比较少

江苏知名企业、品牌企业与上海、广东等服务业发展较好的地区相比相对较少,导致现代服务业发展的主体支撑较为薄弱。江苏作为制造业大省,涌现出了一批在国内具有较强品牌效应的知名企业,但现代服务业领域的规模企业、知名企业和品牌企业相对较少。2018 年中国服务业企业100 强中,江苏仅有苏宁控股集团、三胞集团和福中集团上榜,分别以 5578 亿元、1460 亿元和 827 亿元的营业收入位列第 9、52 和 78 位,苏宁和三胞集团的业务范围虽然涉及金融、物流、信息等生产性服务领域,但主营业务仍以零售为主。

三、苏南现代服务业发展的对策建议

（一）发展背景

1. 现代服务业是助力数字经济腾飞跨越的动力源泉

服务业作为衡量现代经济社会发达程度的重要标志,是促进经济转型升级、调整三次产业结构的关键载体。当前在全球数字经济发展大背景下,新的数字技术的创新突破正在不断创造着新的产业形式和服务形态,从而催生和引领新兴服务业的发展,科技创新服务业、电子商务服务业、大数据服务业等新兴服务业快速发展,并由此衍生出如新媒体营销、电子商务代运营等诸多细分行业,

逐步发展成为成熟的产业链条,孵化出一批如腾讯、百度、阿里巴巴等国家级甚至世界级的服务性品牌,成为拉动高新技术产业发展、推动中国经济转型升级的重要引擎。未来随着数字经济的飞跃创新发展,将进一步推动传统产业数字化转型,并将逐步融合在传统产业的每一个场景与业务中。通过物联网技术,实现人、物、机的互联,提供数据采集的基础设施,借助人工智能的机器学习算法,以生产设计、批发销售、金融营销等全流程的数字化,实现供应链协同服务的专业化和智能化。区块链技术通过多终端信息协同、智能合约机制,打通从设计、采购、生产、销售到协同合作等在内的整条产业链,全方位提高生产和交易效率,推动生产性服务业向价值链高端转移。"十四五"期间现代服务业将成为中国经济发展的支柱产业,助力中国数字经济腾飞跨越,加快中国经济转型升级步伐。

2. 消费性服务业成为新时代消费增长的新引擎

根据国际经验,当一国人均GDP达到3000美元至1万美元,是消费升级加速期,消费升级总体路径为"非耐用品消费—耐用品消费—服务消费",消费升级将带动不同产业错峰崛起、优化升级,特别是将带动服务业快速发展、经济贡献持续提升,目前发达国家服务业占GDP比重约70%—80%。现阶段苏南人均GDP突破1万美元,居民生活水平不断提高,消费观念逐步从"购买商品"转向"享受服务",从"满足日常需求"转向"改善生活品质",服务性消费需求将迎来发展黄金周期,消费性服务业迈进创新发展新阶段。大数据、人工智能、物联网等数字技术创新应用加快,消费领域新业态、新模式不断涌现,为居民生活服务业提质升级增添了新动能,提供了新手段。当前居民消费结构升级呈现圈层化、梯次性特点,城市便民服务性消费、文旅休闲、互联网医疗、在线养老、在线教育、泛娱乐消费等增长迅猛,特别是农村服务性消费贡献持续提升。"十四五"期间,随着数字技术进一步深化应用,商贸流通服务形态更加丰富,生态体系越来越成熟,消费性服务业将成为消费增长的新引擎。

3. 生产性服务业与制造业融合加深

长期以来,中国制造业处于全球产业链的中低端,上游原材料供给严重不足,进口依存度持续偏高,下游产成品集中在中低端市场,产能过剩严重。这种"中间大、两头小"的产业格局,导致我国工业结构不合理、供求矛盾失衡等问题长期存在,没有得到根本解决。"十三五"时期,在国家大力实施"互联网+"行动、"中国制造2025"、大数据等战略背景下,数字经济政策红利持续释放,以科技创新为引领的生产性服务业正加速从制造环节过渡到研发设计、销售流通、金融营销等全产业链条,涌现出一批如海尔COSMOPlat、青岛红岭等工业互联网平台,推动制造业生产链创新和协同发展,优质制造向增值服务形态转变,以物质主导的产业体系向"物质+服务"的双轮驱动的产业体系转变,中国制造业已从粗放增长期进入成熟发展期,并加速从"微笑曲线"中间过渡到两端,进一步巩固中国经济可持续高质量发展的根基。"十四五"期间,数字经济对经济贡献将从需求侧向供给侧转移,生产性服务业数字化转型进一步加快,将引领传统产业数字化转型,也将引领数字产业不断向实体产业融合转化,演变成"物质+服务"双轮驱动的经济实体,助力中国经济迈向数字经济的新轨道。

(二)对策建议

在知识经济时代,服务业属于知识经济范畴,服务业现代化和结构优化才是高质量发展的关键。从效率改进与福利相互促进的角度看,创新潜力、就业质量、城市化可持续等新发展要求,都与服务业发展水平有着直接关联,服务业质量决定了发展质量。促进服务业升级的政策措施可从以下几方面着力。

1. 加强"云十网十端"的新型基础设施和服务平台建设

数字经济是未来发展的重要方向,十九届五中全会《建议》提出加快数字化发展,推进数字经济和实体经济深度融合。在新冠疫情冲击之下,企业更加认识到数字化转型发展的重要性,未来服务业的发展离不开数字经济的发展。一是加快 5G、数据中心、智能化、科技创新等新型基础设施建设,为服务型业发展创造良好的基础环境。二是完善公共服务平台建设。针对不同模式搭建相应的公共服务平台,比如网络化的设计协同平台、供应链协同平台。建设面向服务型的专业服务平台、综合服务平台和共性技术平台,培育服务业的解决方案供应商和咨询服务机构。三是发挥大企业在技术、协作能力等优势引领作用,引导其与中小企业合作。同时,加强对中小服务业企业的转型支持,通过专项扶持资金、培育中小企业公共服务体系建设等方式,帮助解决数字化成本高、基础差等难题。

2. 不断完善政策环境和市场环境

伴随服务业的不断发展,要制定和完善与其发展相适应的政策。适当放宽市场准入,破除专业领域的壁垒,支持服务业务在优惠政策和资源使用上与一般工业同价。通过政府采购政策引导和鼓励企业提供个性化定制、产品升级改造等。积极参与服务业相关国际标准和规则的制定,推动服务标准、认证等国际互认。西方学者把服务领域的人力资源优厚程度和服务链的关联完整性,看作影响服务业投资的首要因素。因此要吸引更多投资,必须把开发和储备人才资源作为发展现代服务业的基本方略,纳入经济社会发展的总体规划。要注重服务型人才培养,根据市场需求,通过大专院校或培训机构开设服务课程,加强相关人才队伍建设,并在服务链薄弱领域设立创业政策奖励,逐步形成有利于加快现代服务业发展的社会运行体系。

3. 发挥政府引导基金或专项支持资金作用,加大融资支持

一方面,发挥好政府资金的引导作用,通过设立专项引导基金或专项支持资金,鼓励和支持企业延伸服务。同时,通过以园区、项目为场景等方式,加强产融信息对接服务平台建设,解决融资过程中的信息不对称问题。另一方面,进一步完善有关金融政策,引导金融机构在风险可控、商业可持续的前提下创新机制和产品,按照市场化、商业化原则拓展企业融资渠道。鼓励金融机构积极运用互联网技术,打通企业融资"最后一公里",更好地满足中小企业的融资需求。探索通过新技术、新模式,进一步优化中小企业银行账户服务。发展动产融资,依托现有交易市场,合规开展轻资产交易,缓解中小服务业企业融资难题。引导创业投资,加大对中小服务业企业的融资支持,支持符合条件的技术先进型服务业企业上市融资,支持科技型企业利用资本市场做大做强。针对服务不同模式的特点,鼓励金融机构创新金融产品和服务。比如,针对信息增值服务、创新设计、定制化服务等模式,推动在手订单的质押、担保,知识产权、应收账款等质押贷款业务发展;针对总集成总承包等模式,围绕核心企业创新发展供应链融资,提供项目融资担保、咨询等综合金融服务。

4. 推动现代服务业融合创新发展

现代服务业跨界融合是新经济的重要特征之一。随着新兴技术的快速发展和应用,产业边界日益模糊,跨界融合已经成为新一轮产业升级的大趋势。产业跨界融合是以创新供给为导向,以新

科技和新平台为依托,以现有产业类别和资源要素的相互渗透、融合或裂变为形式,重新整合利用,实现产业价值链的延伸或突破。推进产业智慧化、智慧产业化、产业融合化、品牌高端化,加快新旧动能转换,推进服务经济高质量发展。现代服务业要在跨界融合发展思维的引领下,不断依靠市场机制改革和市场主体创新来培育形成新的增长点,以一、二、三产业和服务业内部融合渗透发展为主线,营造更宽松的政策环境和制度环境,推广"互联网＋""文化＋""旅游＋"等产业融合发展模式,着力推动产业向高端化、高质化和高效化转型。

5. 扩大现代服务业的对外开放水平

随着经济全球化的发展,发达国家重新调整其全球产业布局,发起新一轮服务业产业转移,服务业开放发展的重要性不断上升。对外开放是中国经济社会发展取得成功的重要法宝,江苏以制造业开放为重点构筑了开放型经济优势。"十四五"期间乃至更长时间是江苏省扩大对外开放的关键时期,一方面要顺应国内服务贸易快速发展和国际服务贸易跨国转移加速的趋势,把握发展新机遇,逐步扩大服务贸易比重;另一方面要加快实施企业"走出去"战略,尤其是以生产性服务业"走出去"为重点推动制造业全球化布局,加快融入全球产业链分工体系。推进苏南质量提升行动,努力打造更多走出国门的"江苏制造""江苏建造""江苏服务""江苏创造"品牌。

参考文献

[1] 郭庆旺,贾俊雪.中国全要素生产率的估算:1979—2004[J].经济研究,2005(06):51-60.

[2] 原毅军,宋洋.服务业产业集聚与劳动生产率增长——基于中国省级面板数据的实证研究[J].产业经济评论,2011(02):50-61.

[3] 谭洪波,郑江淮.中国经济高速增长与服务业滞后并存之谜——基于部门全要素生产率的研究[J].中国工业经济,2012(09):5-17.

[4] 户艳辉.服务业全要素生产率及影响因素分析[J].统计与决策,2013(05):103-106.

[5] 李程骅.探索服务业引领城市转型的"江苏路径"[J].唯实,2013(04):58-61.

[6] 吴福象,朱蕾.技术进步、结构转换与区域经济增长——基于全国、广东和江苏投入—产出表数据的实证研究[J].上海经济研究,2014(01):18-28.

[7] 郑江淮.收敛性与异质性:服务业发展趋势[J].北京工商大学学报(社会科学版),2015,30(06):12-21.

[8] 刘志彪.现代服务业发展与供给侧结构改革[J].南京社会科学,2016(05):10-15+21.

[9] 成刚.数据包络分析方法与MaxDEA软件[M].北京:知识产权出版社,2017.

[10] 吴清华,周晓时,朱兰.工业机器人对就业的异质性影响——基于发展阶段与行业的分析[J].中国科技论坛,2020(04).

[11] 魏后凯."十四五"时期中国农村发展若干重大问题[J].中国农村经济,2020(01).

[12] 韩民春,韩青江,夏蕾.工业机器人应用对制造业就业的影响——基于中国地级市数据的实证研究[J].改革,2020(03).

[13] 盛朝迅.推进我国产业链现代化的思路与方略[J].改革,2019(10).

[14] 罗连发,储梦洁,刘俊俊.机器人的发展:中国与国际的比较[J].宏观质量研究,2019(03).

[15] 姜长云.服务业高质量发展的内涵界定与推进策略[J].改革,2019(06):31-39.

第二章 苏中现代服务业发展报告

现阶段,苏中处于加快构以服务经济为主的现代产业体系、推进产业结构调整走向纵深发展的关键时期。2020 年,面对严峻复杂的国内外环境,特别是新冠肺炎疫情的严重冲击,苏中三市坚持以习近平新时代中国特色社会主义思想为指导,坚决贯彻落实中央、省委和市委各项决策部署,统筹疫情防控和经济社会发展工作,扎实做好"六稳"工作、全面落实"六保"任务,经济运行恢复向好,现代服务业交出了较为满意的答卷。2020 年,苏中服务业规模扩增、比重提高、层次跃升,服务业总量和增幅连年攀升,发展水平不断提升,结构不断优化,如今已成长为拉动苏中经济高质量发展的强大引擎。

一、苏中现代服务业的发展现状

(一)服务业增速稳步提升,经济拉动能力明显提高

随着沿江战略和沿海开发战略的不断实施,地区经济的不断腾飞,为苏中地区的现代服务业发展提供了良好的机遇。苏中三市服务业都呈现出良好的发展态势,发展提速,占 GDP 比重稳步提升,拉动经济能力提高。表 1 显示了 2014 年以来苏中地区各市服务业增加值状况,相比 2014 年,2020 年南通、扬州和泰州服务业名义增加值增加了近 2 倍,平均每年增长率保持两位数以上。在苏中三市中,南通规模最大,扬州、泰州次之。2020 年,南通市第三产业增加值 4811.8 亿元,增长5.1%。全年三次产业结构 4.6∶47.5∶47.9,服务业增加值占 GDP 比重比上年提高 1.4 个百分点;2020 年,扬州市第三产业实现增加值 2954.88 亿元,增长 3.5%。三次产业结构调整为 5∶46.1∶48.9,第三产业增加值占地区生产总值的比重比上年提高 0.9 个百分点。2002 年,泰州市第三产业增加值 2464.57 亿元,增长 4.1%,产业结构持续优化。全年三次产业增加值比重调整为5.8∶47.8∶46.4,服务业增加值占 GDP 比重比上年提高 1.3 个百分点。

表 1 2014—2020 年苏中地区服务业增加值(单位:亿元)

地区＼年份	2014	2015	2016	2017	2018	2019	2020
南　通	2500.78	2815.97	3231.8		4081.35	4352.5	4811.76
扬　州	1584.80	1762.88	1927.89	2327.02	2569.59	2779.07	2954.88
泰　州	1464.19	1657.93	2000.26	2242.32	2393.57	2314.88	2464.57
苏　中	5549.77	6236.78	7159.95	8281.49	9044.51	9446.45	10231.21

数据来源:《江苏统计年鉴 2021》

随着服务业占 GDP 比重的提高,服务业的带动作用不断增强,拉动经济能力不断提升。整体来看,苏中地区服务业占 GDP 比重由 2010 年的 37.2% 提升至 2020 年的 47.8%,提高了 10.6 个百分点。具体来看,2020 年,扬州服务业增加值占比 48.9%,服务业提高 1 个百分点,居苏中第一位;南通市服务业占 GDP 比重为 47.9%,比上年提高 1.4 个百分点;泰州服务业增加值占 GDP 比重达到 46.4%,上升 1.1 个百分点,占比排名苏中第二位。

表 2　2010—2020 年苏中各市服务业占 GDP 比重　(单位:%)

年份 按地区分	2014	2015	2016	2017	2018	2019	2020
南　通	44.1	45.7	47.6	48.0	48.4	46.5	47.9
扬　州	42.4	43.4	44.4	45.9	47.0	47.9	48.9
泰　州	43.1	44.7	46.7	47.3	46.9	45.3	46.4
苏　中	43.3	44.7	46.5	47.2	47.6	46.6	47.8

数据来源:《江苏统计年鉴 2021》

表 3　苏中地区服务业增加值指数(%)(按可比价计算,上年=100)

年份 按地区分	2010	2015	2016	2017	2018	2019	2020
南　通	113.0	109.6	109.3	107.8	107.2	106.1	104.7
扬　州	113.5	110.3	109.4	108.0	106.7	106.6	103.5
泰　州	113.5	110.2	109.5	108.2	106.7	106.2	103.6
苏　中	113.3	110.0	109.4	107.9	106.9	106.3	104.1

数据来源:《江苏统计年鉴 2021》

(二)税收收入稳定增长,投资增速渐趋上行

苏中三市 2020 年服务业增加值都获得了较快发展,同时税收支撑作用较为显著,服务业成为地方税收的主要来源。2020 年,南通服务业实现税收 502.5 亿元,增长 5.1%,服务业税收占南通市税收总量比重达 53.5%,较 2019 年提升 1.5 个百分点,成为经济建设持续发展的重要财源。2020 年泰州市第三产业投资增长 7.6%,水利、环境和公共设施管理业增长 64.1%,教育投资增长 20.7%,科学研究和技术服务业增长 13.3%。基础设施投资对固定资产投资的支撑强劲,全年增长 44.6%。2020 年,扬州市服务业投资同比增长 28.4%,较 2020 年 1—2 月提升 55.5 个百分点。其中,房地产开发投资同比增长 19.8%,较 2020 年 1—2 月提升 37.1 个百分点。

(三)服务业集聚区示范与带动效应明显

省级生产性服务业集聚示范区在苏中服务业发展中充分发挥产业集聚和示范引领重要作用,对服务业带动贡献作用不断增强,为苏中服务业经济高质量发展提供了强有力支撑。2020 年,扬州市聚力打造集聚区公共服务平台,省级服务业集聚区(示范区)共建成公共服务平台 62 个,占全

市服务业集聚区公共服务平台的43%。江苏信息服务产业基地(扬州)先后打造"零点电商孵化园""地理信息产业园""广陵开发区孵化园""微软创新中心"等6个特色孵化平台。双东文化创意产业集聚区"一号一网一区"公共服务平台基本建成。江苏(扬州)汽车科技园着力推动汽车电子研究院、二手车交易自有平台、江苏省特检院扬州综合检测基地等公共服务平台建设。2020年,南通逐步优化省级示范园区的培育梯队,成功指导并推动南通综合电商园、南通智慧产业园、苏通人力资源服务产业园、海安软件科技园等4家集聚区(累计16家)成功获评省级生产性服务业集聚示范区,新获评数、累计获评数均居全省第二。同时,制定个性化目标考评办法,引导18家市级重点集聚区加快引进一批行业领军企业、加快建设一批重点项目和公共服务平台,带动区内亩均投资稳步攀升。到2020年底,57家市级服务业集聚区实现营收4396.5亿元、缴纳税收91.7亿元。2020年,泰州市发挥沿江物流业发展具备较好基础的优势,引导沿江地区物流企业探索新模式,尝试新做法,不断做大做强。其中,江苏三江物流园区培育壮大江苏万林现代物流股份有限公司和江苏金马运业有限公司成为省级生产性服务业领军企业。江苏万林现代物流股份有限公司以木材供应链升级为主线,依托已有的龙头地位,集成服务能力与竞争优势,利用国际化市场优势资源配置,致力于为国内木材行业提供最为专业的现代物流服务;加大资本运作和品牌运作力度,由传统物流商业模式向"互联网＋供应链"方向转型,构建覆盖全国的木材物流网络体系,打造木材供应链一体化服务平台。江苏金马运业有限公司本着"互联网＋物流"的理念,投资新建的金马云物流2.0版本已成功上线运行满一年,包含船盘信息、货盘信息、供油业务、保险业务、船舶交易、货运结算、水文气象、货物追踪等功能模块,实现线上支付。

专栏1　扬州市:推动转型升级,聚力打造服务业发展主阵地

发布时间:2021-01-04　来源:新华日报

近年来,扬州市坚持以省、市级服务业集聚区作为推动服务业转型升级的载体,狠抓平台打造、招商引资、项目建设、企业服务、人才引进和政策落实,服务业集聚区成为全市服务业发展的主阵地。

目前,扬州市共有省级服务业集聚区(示范区)14个,占全市集聚区比重为26%,其中,省级现代服务业集聚区8个,省级生产性服务业集聚示范区6个。按产业类型划分,商务服务类1个、文化创意类3个、现代物流类3个、科技服务类5个、节能环保类1个、商贸流通类1个。

一、特色鲜明,产业效益显著提升

支撑作用明显。2019年,全市省级服务业集聚区(示范区)实现营业收入435亿元,占全市服务业集聚区总营业收入43.5%;实现利润102.3亿元,占全市服务业集聚区总营业收入44%;上缴税款20.4亿元,占全市服务业集聚区税收的44%;集聚企业3766家,占全市服务业集聚区集聚企业的17%;吸纳就业人数6.37万人,占全市服务业集聚区就业总人数的26%。省级服务业集聚区在全市集聚区中,以较少的企业规模实现了较高的产业效益。

主导产业特色鲜明。省级服务业集聚区主导产业集聚度高,其主导产业营业收入占营业收入的比重达85%。省级服务业集聚区已成为扬州市文化创意、软件信息等服务业主导产业集聚高地。从已入驻企业的规模和性质看,扬州工艺美术集聚区集聚了全市44%的工艺美术企业及个体工商户,主导产业涵括了十余种传统工艺品种;江苏信息服务产业基地(扬州)是扬州市作为全国首批国家信息消费试点市(县、区)的产业集中区和核心产品源;扬州五亭龙国际玩具礼品城毛绒玩具成交量约占全市的 80%；长江石化物流中心为全市唯一石化物流中心。各集聚区核心产业定位清晰，上下游产业不断集聚，产业链不断延伸，产业发展新高地正在形成。

载体建设日趋完善。目前，全市省级服务业集聚区（示范区）共建成近 2000 万平方米建筑面积，其中，扬州京华城商务集聚区建筑面积占比达 70% 以上，正逐步成为扬州商贸、商务副中心。

二、功能提升，省级占比近半

基于功能提升，近年来扬州市发改委逐步聚力集聚区公共服务平台打造，省级服务业集聚区（示范区）共建成公共服务平台 62 个，占全市服务业集聚区公共服务平台的 43%。

江苏信息服务产业基地（扬州）先后打造"零点电商孵化园""地理信息产业园""广陵开发区孵化园""微软创新中心"等 6 个特色孵化平台。双东文化创意产业集聚区"一号一网一区"公共服务平台基本建成。江苏（扬州）汽车科技园着力推动汽车电子千人计划研究院、二手车交易自有平台、江苏省特检院扬州综合检测基地等公共服务平台建设。

扬州工艺美术集聚区构筑了集"创意研发、产品展销、人才培育、价值评估、质量检测、金融服务、创业孵化"等功能于一体的、在国内外有影响力的工艺美术品产业发展平台，进一步促进并带动扬州工艺美术乃至文化创意产业再迈新台阶。

三、龙头引领，全面推动平台建设

接下来，为了进一步加强服务业集聚集约发展，质态优化得到明显提升，扬州市将全面推动公共服务平台建设工程。

完善平台服务功能。充分发挥公共服务平台对集聚区产业培育和发展的支撑作用，突出重点，分类指导，鼓励支持各服务业集聚区面向集聚企业共性需求，围绕科技研发、创业孵化、信息服务等领域，加快建设专业化公共服务平台，扩大平台服务范围和服务能力，形成功能完善、企业需求基本得到满足的集聚区公共服务平台体系。

开展星级公共服务平台评定。制定《扬州市服务业集聚区公共服务平台星级评定办法》，培育认定星级公共服务平台 30 个。创新平台运作机制。积极创新公司化运作机制，鼓励采取"民建公助"模式。

培育龙头企业。开展扬州市服务业集聚区骨干企业培育计划，每个集聚区遴选认定 10 家左右重点企业，鼓励引导做大做强，带动相关产业加速集聚。扶持小微企业。引导中小微服务企业通过联合采购、共同配送、平台集聚、设立联盟等方式，提高组织化程度，实现协作协同发展，积极打造一批服务业"小巨人"。

（四）主导产业继续发挥引领作用

南通市 2020 年限额以上批发和零售业通过网络实现零售额 58.1 亿元，比上年增长 61.7%，占零售额的比重为 5.6%，比上年提升 2.1 个百分点。规模以上租赁和商务服务业、信息传输软件和信息技术服务业营业收入比上年分别增长 17.1% 和 26.8%。2020 年，扬州市规上服务业实现营业收入 482.77 亿元，同比增长 4.9%，增幅较前三季度提高 4.3 个百分点，已回升至 2019 年的水平。2020 年，规上服务业企业实现营业利润 21.99 亿元，同比下降 2.6%，降幅较 1—11 月收窄 10.1 个百分点。自 7 月份以后，全市规上服务业营业利润降幅连续 5 个月收窄。重点企业支撑作用明显。88家亿元以上规上服务业企业去年共实现营业收入309.1亿元,占全市规上服务业企业比重达64％,同比增长12.3％,增幅高于全市平均水平7.4个百分点。2020年泰州市邮政行业业务总量49.66亿元,比上年增长31.2％,其中,快递业务量1.73亿件,增长42.7％;邮政行业业务收入29.45亿元,增长16.9％,其中,快递业务收入18.33亿元,增长22.6％。全年电信业务总量301.70亿元,比上年增长11.6％;电信业务收入45.54亿元,增长6.6％。年末移动电话用户477.96万户,电话普及率103.14户/百人;年末互联网用户207.88万户,增长5.3％。

（五）重大项目投资质态提升

2020年,根据《进一步加大招商引资攻坚力度促进经济社会高质量发展的意见》,扬州市印发《2020年市发改委招商引资工作方案》和《2020年市发改系统招商引资活动安排》,组建服务业、战略性新兴产业、航空产业、"一带一路"4个招商工作专班和1个项目落地服务工作专班。扬州市共有356个项目列入市级重大项目,总投资约4505亿元,年度投资约1131亿元。列入今年计划的重大项目,着重体现产业项目引导作用,聚焦战略性新兴产业、先进制造业、现代服务业等发展,产业层次进一步提高,项目质态更具含金量,将有力增强扬州市发展后劲。

2020年,南通服务业投资增长4.6％,高出全省平均水平0.5个百分点;服务业投资占全社会固定资产投资比重超过50％,成为固定资产投资的重要方向。2019年,泰州市新开工项目稳中有升,共认定亿元以上新开工项目436个,完成年度计划的108.5％,超过序时进度8.5个百分点。从产业结构看,服务业项目81个,占比为18.6％,计划总投资236亿元,占比为22.2％。从项目规模看,认定项目计划总投资1063亿元,平均规模2.44亿元,其中,服务业项目平均规模2.9亿元。

2020年7月底,泰州市共开发实施亿元以上服务业项目51个,总投资136.22亿元。其中,新开工亿元以上项目11个,新竣工亿元以上项目12个。该市按照补短板、强弱项、亮特色的要求,规划招引公路港物流园、阳江路市场群仓储物流中心、儿童乐园等现代服务业项目。同时,重点推进五星级酒店、汽贸城二期建设,确保中南商业中心、金融商务中心、二手车市场等项目年内竣工并对外营业。

专栏2　江苏省重大项目中远海运物流南通通海物流园今日奠基

发布时间:2020-11-12　来源:掌上南通客户端

作为2020年江苏省重大项目,世界500强、特大型央企中远海运集团全资子公司中远海运物流有限公司在南通开发区投资建设的第一个承载现代物流理念的综合物流园区——中远海运物流南通通海物流园项目奠基仪式今天上午在开发区综保区举行。

据悉,该项目总投资13.86亿元,用地面积约484亩,总建筑面积约23万平方米,计划建设智慧港口物流中心、工业品区域分拨中心、制造业智能库存中心、期货交割库、定制化立体库、供应链金融及信息服务中心。中远海运物流有限公司党委书记、董事长韩骏介绍,项目将充分发挥中远海运集团协同效应,以港口、航运等集团核心业务及仓储资源为依托,集成优势,建设以5G数字化技术为支撑的立体化运营管理、客户服务、物联应用、监控安防的智慧物流园区。

韩骏表示,该项目属于南通市重点鼓励发展的服务于江海联运的集装箱物流、多式联运物流以及服务于现代制造业的供应链物流项目。它的开工建设对于进一步丰富开发区现代物流业态、打造现代物流分拨中心和销售中心、提升南通市物流产业能级、彰显南通物流枢纽经济新优势都具有积极的推动作用,同时也必将协同助力港口、航运及广大生产制造企业的发展。"要建一个以港口物流、航运物流为核心的物流供应链枢纽,这个枢纽主要是服务我们南通的产业,围绕产业链打造供应链,我们努力要把这个项目打造长江经济带、长三角区的物流供应链的枢纽,打造成为我们集团全球物流网络的一个重要节点,助力我们南通的产业升级和经济的高质量发展。"

南通开发区党工委书记羌强表示,此次在开发区投资建设的中远海运物流南通通海物流园项目作为 2020 年省重大项目,一直受到市、区两级的高度重视和大力支持,自项目落户以来双方秉持着互利共赢、精诚合作的理念,有力、有序地推进项目建设,开发区将始终如一、坚定不移地支持项目建设,提供最优服务,营造最佳环境,全力以赴为项目推进给予最强保障,努力推进项目建设早建设、早竣工、早运营。

(六)服务业企业发展势头良好

2020 年,南通市引导服务业企业利用互联网、云计算等新一代信息技术,实现创新发展,提升竞争力,成功培育京源环保、慧聚药业 2 家省级服务业领军企业和华东煤炭交易中心、苏洪农业科技 2 家省级互联网平台经济示范企业。尽力服务重点企业。建立服务业百强企业发展库并按月跟踪推进;认真落实《建立挂钩联系重点企业工作制度》,建立 15 家服务业重点企业立体化联络网,跟踪协调解决企业发展难题。制定出台《全市规上服务业企业培育实施方案》,建立增量企业培育库等三类发展库,实施个转企申报代办机制等五类工作机制,推动全市规上服务业企业单位综合指数全省第一。2020 年,扬州市积极培育产业主体,新增规上服务业企业 181 家,同比增长 69.2%;560 家规上生产性服务业企业实现营业收入 420.44 亿元,同比增长 6.9%,增速高于全部规上服务业 2 个百分点,较前三季度提高 5 个百分点。分产业看,研发设计服务业、信息服务业实现两位数增长,分别为 14.6%、11.1%;货运仓储和邮政业增速于四季度转正,全年增长 5.8%;商务服务业增速自 7 月以来,11 月首次浮出水面,全年增长 6.3%。2020 年 1—10 月,泰州市规模以上服务业部分行业(参与核算)实现营业收入 152.6 亿元,同比增长 19.6%,居全省第 3 位,排名较上月前移 2 位。

二、苏中现代服务业发展的问题剖析

(一)先进制造业和现代服务业融合发展范围不够广、程度不够深、水平不够高

行业龙头、骨干企业融合发展初见成效,但量大面广的中小企业鲜有突破;装备制造、家电等行业融合发展起步较早,其他行业发展相对滞后。一些领域融合发展主要沿袭模仿发达国家、跨国企业的既有模式,创新性、灵活性不够,不能很好地适应客户需求和市场变化。从更深层次来看,两业融合发展在认识上还不到位,有的认为两业融合发展就是发展生产性服务业,有的把两业融合简单等同于企业主辅分离和多元化,或者就制造谈制造、就服务谈服务;在发展路径上还存在惯性依赖,由于相当长一段时间国内企业在国际分工体系被锁定在加工组装环节,向高端服务拓展的路径转换风险高、投入大、见效慢,有的企业则习惯于"服务内置化"的封闭式发展路径,改变"大而全""小而全"的生产经营模式尚需时日;在政策环境上还不完善,如行业资质管理方式滞后、标准不健全、

数据不开放等,给企业跨界融合发展造成障碍。

(二) 制造业处于价值链低端,制约生产性服务业发展

制造业和服务业的平衡同时体现在政策层面和产业发展层面。从政策层面而言,两个产业政策的不兼容问题严重影响了产业结构的调整。尽管政府已经从战略高度强调发展生产性服务业的重要性,并将它上升到实施"扩内需、调结构、稳增长、促就业"战略的主要突破口和关键点高度来推进。然而,一些政府部门尤其是基层政府领导,也许不少还陶醉在兴办工业园区、招商引资上项目以及围绕产品生产安排政策的思维之中。或者说,刚刚熟悉如何围绕工业制造"抓GDP"这一中心工作,对于开始重视服务业的发展,至少在政策设计和理念上还难以转变。于是,一方面,一些政府部门开始用"抓生产"的办法来抓服务业,上各类服务业项目;另一方面,面对政策冲突常常左右为难,摇摆不定。例如,对于商业网点布局的用地政策问题。可以说,这是未来相当长时期内,发展生产性服务业的最大难点,即"发展生产"与"发展服务业"两类政策的普遍性"不兼容"问题。从产业发展角度而言,制造业和服务业的发展是平衡进行、相互带动的,目前苏中制造产业的一些问题影响了服务业的提升。近二三十年,苏中第三产业增长并不慢,但由于第二产业体量太大,增速也很快,从"二三一"调整为"三二一"是一种不同寻常的结构优化。这个不同寻常的优化背后是潜在的两大产业的平衡问题,在全球经济下行、外商投资下降、贸易增速减缓,同时国内经济也步入增速下降的新常态形势下,一方面有保持制造业的规模优势、提升制造业价值链地位、改善制造业供给效率的改革任务,另一方面要全面提高服务业在促进经济增长、吸收就业方面的贡献,加速向服务业型经济转变。这两个方面结构性地结合在一起,要一起抓才能一起发展。

一直以来,苏中传统制造业比重较高,部分高新技术产业缺乏核心技术、处于价值链中低端的行业较多的现实客观存在,产业层次需要进一步提升。苏中传统制造产业占经济总量比重较大,纺织、化工、电力设备制造、机车设备、造船、光电等产业的规模在全国处于领先地位,但是普遍存在价值转换率偏低、产品附加值不高、不能占据价值链中高端等问题。部分制造业行业出现了结构性产能过剩的现象,库存率急剧上升、产销率快速下降、大面积企业亏损,给苏中经济带来了巨大的发展压力。制造业的产业问题制约了服务业的发展,以及产业结构整体升级。国内外实践表明,服务业特别是生产性服务业均以制造业为依托和根基,但江苏制造业长期精于制造不善服务,往往处于产业链中低端。同时,创新转化率低影响了产业升级进程,尽管区域创新能力不断提高,但是科技成果转化能力不强,创新投入产出率不高,这些成为制约苏中创新驱动发展的短板,也成了制衡服务业发展,尤其生产性服务发展的重要因素。

(三) 传统服务业和现代服务业资源竞争,挤出效应明显

从服务业成长的逻辑上看,只有充分地发展基础性服务业之后,才有利于发展所谓的"现代服务业"。尽管基础性服务业与现代服务业可以兼容、不矛盾,但在现实决策时往往出现矛盾。一谈到发展现代服务业,我们往往就把零售业、批发业、旅游业、酒店业、餐饮业等纳入"传统服务业"范围。这样的误解导致了在发展服务业时将二者位于此消彼长的关系,实际上,传统服务业也可以通过纳入现代服务业要素来提升附加值,比如电子商务、现代物流。近年来,餐饮业也在运用现代管理和科学技术手段,有效实施和运用连锁经营、网络营销、集中采购、统一配送等现代经营方式,现

代化程度不断提升。

在传统的割裂的视角下,在资源分配、政策支持以及市场反应方面,传统服务业和现代服务业的竞争关系导致了一定的挤出效应。近几年,苏中地区从政策层面上的确在大力扶持现代服务业的发展,但如果忽略传统服务业和现代服务业之间的相辅相成关系,以及传统服务业向现代服务业发展的轨迹,挤出效应形成,并不利于整个服务业的产业结构升级。比如债权融资方面,可以看到传统服务业和现代服务业之间的平衡问题,2011 年之后政府对现代服务业的补贴和财务支持力度加大,行业对债权融资依赖度下降,而传统服务业恰恰相反。这种此消彼长的关系,反映了传统服务业和现代服务业资源竞争方面的问题,也是服务业向高端价值链升级过程中遇到的资源问题。

(四)要素配置行政干预较强,供给缺乏市场效率

要素市场的不完善会直接或间接增加现代服务业企业的要素投入成本。历经多年改革开放,市场机制在苏中地区许多领域已经开始发挥决定性作用。但值得注意的是,虽然产出品的价格已经基本市场化,但是各类投入品市场(要素市场)仍然存在较强的政府干预,要素价格被人为扭曲,市场在配置资源过程中的"决定性作用"尚未充分发挥,包括土地、资本和人力在内的要素市场机制还不完善:

一是土地市场不完整。苏中地区虽然在土地制度方面不断改革,但仍然存在着土地经营分散、土地资源闲置、农民收入单一等问题。当前,限制土地市场发展的主要障碍在于没有广泛对土地进行确权,尚未建立相应的土地产权市场,这容易导致在土地征用时对于征地补偿、征用标准、征地程序等方面无法遵循土地市场的供求规律和价格决定机制。

二是资本金融市场不健全。苏中地区资本金融市场发展取得了一定进展,股权交易中心和产权市场在业内有较大影响,但规模相对偏小,且存在区域内各市各自为政、散而小等一系列问题。整体而言,苏中地区资本金融市场的现代化进程较为缓慢,金融资本市场还不够健全,目前还没有全国性的金融交易市场,这与苏中地区经济发展不相匹配。

三是劳动力市场不完善。在中共十四大确立社会主义市场经济地位以后,劳动力市场进入快速发展时期,劳动力流动障碍有所减少。苏中地区劳动力市场经过多年发展,虽然取得了较大进展,但由于客观上仍然存在着诸如户籍制度限制、就业歧视等一系列障碍,仍然存在着地域分割、行业分割、城乡分割、"同工不同酬"、进城务工人员社会保障不健全等诸多不良现象,导致市场机制尚难以有效在劳动力资源配置中发挥决定性作用。人力市场结构性问题明显,而现代服务业在快速增长的过程中,面临的人才短缺问题相对于制造业更为严重。

(五)开放程度不足,产业融合度低,全要素贡献率不高

目前,包括江苏在内的我国现代服务业效率处于较低水平,全要素生产率对服务业增长的贡献非常小。研究指出,体制、政府规模、外贸依存度、对外开放、人力资本、信息化、财政支出、市场化和工业化都是影响现代服务业效率的重要因素。苏中虽然在市场化、对外开放、工业化等方面都不断前进,但仍存在一些弊病限制了服务业生产效率的提高,概括而言,包括市场开放程度、产业融合程度、全要素贡献程度等几个方面。

首先,体制方面有待为企业提供新的市场活力,服务业的对外开放程度尤其需要提高。苏中开

放型经济起步较早、发展较快,虽然发展迅速,但也存在着一些问题,突出表现在两大方面:一是开放型经济规模开始下降。2016 年,占出口近七成的八大重点行业中七大行业出口下降。利用外资也受到较大影响。二是开放型经济结构有待改善。在对外贸易方面,存在着服务贸易占比较小、高新技术产品出口比重不高,新兴市场开拓力度不足等问题;在利用外资方面,存在着服务业外商投资比重仍较低、高端制造环节外商投资较少等问题;在开放的区域结构上,仍存在较为明显的差距,而且区域内部的开放程度不高,各行政区之间存在一定的贸易壁垒。

其次,产业融合的程度有待提高,融合行业范围有待拓展。产业融合是现代产业发展的新趋势,并逐渐成为产业发展和经济增长的新动力。事实上,伴随着经济的发展,服务业与制造业的关系表现出较强的产业关联性,而传统意义上的"此消彼长"产业转移关系逐渐弱化。"服务"以技术、知识和人力资本等高级要素大量地投入到制造业生产活动中,与此同时,服务业生产过程中来自制造业的投入逐渐增加。传统意义上的服务业与制造业之间的边界越来越模糊,而更多地表现出一种互相融合的趋势,融合方向可以是正向,也可以是负向,或者双向耦合的融合形式。产业融合一方面会促进制造业的升级,通过服务业服务制造业,进而"补强制造业",另一方面会提高服务业的生产效率和交易效率,促进服务业,尤其是生产性服务业的发展。目前而言,苏中地区的制造和服务产业融合集中在低附加值的交通运输等行业,在与发达国家的产业融合程度方面还有一定距离。

第三,全要素生产率需要为现代服务业效率提供动力。全要素生产率,是指在各种生产要素的投入水平既定的条件下,所达到的额外生产效率。比如,一个企业也好,一个国家也好,如果资本、劳动力和其他生产要素投入的增长率分别都是 5%,如果没有生产率的进步,正常情况下产出或 GDP 增长也应该是 5%。如果显示出的产出或 GDP 增长大于 5%,譬如说是 8%,这多出来的 3 个百分点在统计学意义上表现为一个"残差",在经济学意义上就是全要素生产率对产出或经济增长的贡献。国家之间的总体经济增长差异很大程度上体现在服务业生产率的差异上,服务业全要素生产率可以在很大程度上解释这种增长差异。苏中地区目前的增长更多建立在资本等要素的投入方面,服务业增长模式仍然以粗放型增长为主,今后应转变服务业增长模式,由现在的依靠要素投入转变为依靠生产率提高来促进服务业增长和发展的集约型增长模式。

三、苏中现代服务业发展的对策建议

新冠肺炎疫情对中国生活服务业冲击影响巨大,体现在消费和供给两端。目前各地虽然积极推进复工复市,但尚未恢复到正常经营水平。另一方面,疫情期间,生活服务业也产生大量创新,在维持老百姓正常生活的同时,扩宽发展空间。大量的生活服务向线上延伸,线上消费是最大的拓展领域。

(一)后疫情时代现代服务业发展的趋势

1. 服务业成为经济结构调整的主要趋势

中国现代服务业进入快速发展关键时期,比重已经接近 60%。服务业发展有其自身内在规律。当前,全球服务业发展的主要支柱是生产性服务和生活性服务。在中等收入阶段向高收入迈进的过程中,服务业成为社会经济发展的主要动力,生产性服务和生活性服务发展成为服务业乃至经济结构调整升级的主要趋势。

2. 生活服务业在国民经济循环中地位非常重要

服务业在满足消费、保障就业、稳定增长以及支撑创新方面不可忽略。新冠疫情期间,创新凸显着信息技术的不断变革。服务业过去高度依赖于人工,疫情过程中智能化服务不断涌现,生活服务业数字化、信息化、智能化正成为大趋势。生活服务业数字化不是单纯的线上创新,它是线上和线下结合的创新,从早期的线上引流、线下实现开始,到目前的很多消费创新、服务创新,实际上都是线下和线上的结合,而且更大的可能是线上推动了线下的创新,拥抱数字经济才能实现服务的创新和商业模式的创新。

3. 数字经济时代下服务业涌现更多新业态、新模式

当前,全球产业结构由"工业型经济"向"服务型经济"加速转型,现代服务业的面貌日新月异。以云计算、大数据、移动互联网、物联网、务联网和新型终端技术等为代表的新一代信息技术正带动服务计算、知识图谱等技术的深入研究和应用,为现代服务业发展提供了更好的技术基础和更大的发展空间。新材料、装备、能源及生物技术等领域不断取得突破,信息技术与各个领域交叉融合的速度正在加快,促使第一、二产业与现代服务业更加深度融合,催生云制造、数字医疗等新业态,现代服务业呈现出"跨界融合"的新态势与新特征。疫情期间,餐饮、娱乐、旅游、教育等服务行业的供应链加快重塑,新的产业分工合作关系在快速重组,正冲破过去边界。过去十年,服务业信息化、数字化、智能化与生产性服务业更为紧密,比如金融服务、专业服务、信息服务等行业,与生活性服务关联不够紧密。现代信息技术方兴未艾,数字化水平将从标准化高的产品向标准化低的产品延伸,从商品领域向生活服务领域拓展,从而实现消费互联网向产业互联网延伸和发展。

4. 创新要素将转向以技术、资金、大数据和高素质的软资源为主

大型企业与中小微企业需要协同创新,通过平台运营的方式带动众多的小微企业共同创新。此外,从覆盖的市场范围看,服务业的创新将从城市扩展到农村、从国内实现跨境发展。对于加快创新驱动,壮大数字经济新动能,可以从以下几方面着手。一是要注重预期引导和加强数字经济解读,注意做好国内外信息公开和经济数据解读工作。二是要加强基础设施的建设,除了基础设施支撑,更重要的是通过互联网平台,搭建在平台上的技术和能力建设。三是要在政策上给予生活服务业创新支持。四是政府要提升现代化监管能力,着力服务创新发展。

5. 服务业与制造业融合、互动成为全球产业发展的主流和趋势

当前,全球价值链的调整与重构给发展中国家通过参与全球价值链来实现赶超和产业升级带来了巨大的机遇和挑战。在此背景下,由于现代服务业具有专业化程度高、知识密集等特点,而先进制造业兼具智能化、集约高效发展的特点,现代服务业和制造业之间存在协同与竞争关系,也因此导致现代服务业与制造业价值链高度相关,而价值链上两个产业的融合发展有利于促进产业协同效应,突破产业间的条块分割,进一步减少产业进入壁垒,放大技术创新的溢出效应,从而提高产业核心竞争力,占据产业链中具有高附加值的环节。这也成为产业结构演变的一般规律。随着服务业分工深化与服务创新,服务业领域不断拓宽,服务业与制造业实现融合发展的趋势日渐明显。可以说,两业融合是科技革命、产业变革和消费升级的必然产物,两业融合的业态、模式是在市场竞争中不断催生、经过检验而逐步形成的。

（二）对策建议

1. 推动生产性服务业向专业化和价值链高端延伸

大力发展现代物流、科技服务、信息与软件服务、服务外包、工业设计等服务业，推动现代服务业同先进制造业、现代农业深度融合。推动生活性服务业向高品质和多样化升级，加快发展旅游、健康、文体、家政、养老等服务业，加强公益性、基础性服务业供给。促进服务业发展标准化、品牌化、数字化。推动现代服务业集聚区和主题楼宇提档升级，加快培育总部经济。大力发展枢纽经济、会展经济。

2. 推进数字建设

加快发展数字经济，推进数字产业化和产业数字化，推动数字经济与实体经济深度融合，构建一批行业领先的工业互联网平台，推进企业"上云"和标杆工厂建设。建设数字社会、数字政府，强化基础数据库建设，推进数据资源汇聚、安全管理和开放共享，提高数据支撑能力，拓展智慧交通、智慧农业、智慧水利、智慧政法、智慧医疗、智慧教育、智慧家居等应用。建立数据资源产权、交易流通、跨域传输和安全保护等基础制度和标准规范，推动数据资源开发利用。保障国家数据安全，加强个人信息保护。

3. 围绕建设现代流通体系，加快构建内外联通、安全高效的物流网络，完善现代商贸流通体系

加强能源、粮食等战略物资循环支点建设，加快从有形市场为主向线上线下市场为主转变，促进内需和外需、进口和出口协调发展。落实统一的市场准入负面清单制度，建立完善土地、劳动力、资本、技术、数据等要素市场，做优市场化交易平台，推动要素配置依据市场规则、市场价格、市场竞争实现效益最大化和效率最优化。

4. 发展高层次开放型经济

积极推进制度型开放，深入贯彻外商投资法，引导和推动外资深度参与先进制造业集群建设。深化市场采购贸易方式试点，支持中国（南通）跨境电商综合试验区建设，培育一批数字服务贸易集聚区。加快海关特殊监管区域转型发展，依托综合保税区打造内外贸协同发展高地。推动国际贸易"单一窗口"功能由口岸通关执法向口岸物流、贸易服务等全链条拓展，建设全国一流特色电子口岸。放大品牌活动影响力，拓展多元化国际市场。推动省级以上开发园区在全国、全省争先进位，打造一批具有鲜明标识度、较强竞争力的现代产业园区，支持创建国家级开发区、科技产业园。推进苏锡通科技产业园区高质量发展，深化中国（江苏）自由贸易试验区联动创新区建设。加快国际家纺产业园区建设，打造世界级家纺产业集群和产城融合示范新城。

5. 创新发展模式

生产性服务业具有地理聚集性，可以适当引导制造业的集聚发展，通过产业集聚效应和规模经济的发挥扩大对生产性服务业的有效需求。搭建企业交流平台，推动企业进行管理、业务流程创新，扩大企业对市场需求、新技术、新理念的了解。同时，加大土地供给和投资等方面的支持力度，推动发展服务型制造，帮助建立和发展特色鲜明、集聚效应大的生产性服务业集聚区。此外，生产性服务业包含的行业门类较多，要打破各自孤立发展局面，推动不同类型的生产性服务业企业协同发展、降低经营成本，吸引对生产性服务业的有效需求。

6. 加强人才供给

企业自身依托新一代信息技术创新创优,政府为生产性服务业企业培养适配人才,双向发力,培育一批专业性强的研发设计、现代物流、商务咨询等生产性服务企业,推动产业向专业化和价值链高端延伸。生产性服务业应通过各种形式健全完善从研发、转化、生产到管理的多层次人才培养体系:首先,应采取措施充分调动大专院校、各类职业教育学校参与培训生产性服务业人才的积极性,鼓励相关专业开展相应的学历教育和专项培训;其次,要鼓励社会相关的职业教育和培训机构举办各种类型的中短期培训班,使正规教育、职业教育和短期培训相结合,尽快形成具有特色、适应今后发展需要的生产性服务业人才培训体系;最后,要推进"双创"示范基地建设,鼓励大学毕业生、归国留学生在生产性服务业领域创业。

7. 完善政策支撑

有竞争力,才能突出重围,提升竞争力,方能突破生产性服务业的发展桎梏。对此,政府除继续推进供给侧结构性改革外,还应加大财政对生产性服务业的资金投入,综合运用贷款贴息、经费补助和奖励等多种方式支持生产性服务业相关环节。结合增值税改革、个人所得税改革,降低企业、高端人才税费等成本,对增值税专用发票取得困难的高研发投入的轻资产服务业企业,加大税费优惠,优化生产性服务业税收支持政策。根据生产性服务业轻资产、知识密集特点,调整相关准入门槛,支持更多符合条件的生产性服务企业申请成为高新技术企业,增强生产性服务业市场活力。

参考文献

[1] 晁刚令.服务业分类统计核算研究[J].科学发展,2010(10).

[2] 江小涓,李辉.服务业与中国经济:相关性和加快增长的潜力[J].经济研究,2004(1).

[3] 江波,李江帆.政府规模、劳动—资源密集型产业与生产服务业发展滞后:机理与实证研究[J].中国工业经济,2013(10).

[4] 江静,刘志彪.政府公共职能缺失视角下的现代服务业发展探析[J].经济学家,2009(9).

[5] 黄繁华,洪银兴.加快江苏现代服务业发展路径研究[J].南京社会科学,2007(7).

[6] 李华.人口老龄化对中国服务业发展的影响研究[J].上海经济研究,2015(5).

[7] 李江帆.中国第三产业的战略地位与发展方向[J].财贸经济,2004(1).

[8] 李红梅.论生产服务业发展中的政府角色[J].统计研究,2002(8).

[9] 李眺.服务业开放与我国服务业的生产效率研究[J].产业经济研究,2016(3).

[10] 刘丹鹭,夏杰长.供给侧改革的增长效应:以生产者服务业减税为例[J].广东财经大学学报,2016(4).

[11] 刘恩初,李江帆.发展生产服务业核心层推动广东产业高端化[J].南方经济,2015(1).

[12] 刘志彪.现代服务业发展与供给侧结构改革[J].南京社会科学,2016(5).

[13] 刘志国,李丹.供给侧改革与我国经济的有效增长策略[J].马克思主义研究,2016(6).

[14] 卢云卿,孔群喜等.需求、供给和创新,谁是推动服务业发展核心动力?[J].南京财经大学学报,2015(3).

[15] 钱纳里.工业化和经济增长的比较研究[M].上海:格致出版社,2015 年.

[16] 邱瑾,戚振江.基于 MESS 模型的服务业影响因素及空间溢出效应分析[J].财经研究,2012(1).

[17] 孙爱军,刘生龙.人口结构变迁的经济增长效应分析[J].人口与经济,2014(1).

[18] 邵骏,张捷.中国服务业增长的制度因素分析[J].南开经济研究,2013(2).

[19] 汪德华,张再金,白重恩.政府规模、法治水平与服务业发展[J].经济研究,2007(6).

[20] 王志明,张斌等.现代服务业的内涵界定与分类[J].上海商业,2009(6).

第三章　苏北服务业发展报告

根据第四次经济普查数据分析,苏北经济快速增长的同时,产业结构也在不断优化升级。第一产业所占比重持续下降,第二产业占比变化不大,第三产业占比明显上升。近三次经济普查显示,苏北五市第一产业产值趋势与地区生产总值高度一致。2016年以来,苏南经济所占比重有缩小的趋势,与此同时,苏北占比明显上升,而苏中变化不大。苏北发展强劲,地区差异有了一定程度的缩小,苏北总体在全省经济占比明显增加。苏北产业结构较为传统,以农业为主的第一产业始终保持着全省一半的占比。苏北由于各种因素,工业相对苏南并不发达,第二产业与苏中不相上下。苏北近些年第二产业发展强劲,占比有较为明显的增加。虽然苏北第三产业基础较为薄弱,但仍积极推进现代服务业的发展,处在上升通道,有较大的发展空间。

一、苏北现代服务业的发展现状

(一)服务业总量稳步增长,占 GDP 比重逐年提升

苏北地区经济的快速增长为苏北五市现代服务业的发展提供了重要基础,服务业规模不断扩大,质效不断提升。从表1可以看到,苏北作为一个整体,服务业增加值从2014年的6455.58亿元增加到2020年的11639.21亿元,增长了80.3%。苏北五市中,服务业增加值规模最大的为徐州,其次是盐城和淮安。2020年,徐州市第三产业增加值3669.48亿元,增长3.0%,全市人均地区生产总值达到8.28万元,三次产业结构调整为9.8:40.1:50.1。2020年,盐城市第三产业实现增加值2912.8亿元,比上年增长4.3%。产业结构持续优化,三次产业增加值比例调整为11.1:40.0:48.9,第三产业比重比上年提高了1个百分点。2020年,淮安市第三产业增加值1984.69亿元,增长3.2%。三次产业结构比例为10.2:40.5:49.3,第三产业增加值占GDP比重较上年提升0.7个百分点。2020年,连云港市第三产业增加值1518.62亿元,增长3.8%。三次产业结构调整为11.8:41.9:46.3,第三产业占比较上年提高1.3个百分点。2020年,宿迁市第三产业增加值1553.63亿元,增长4.9%,三次产业结构调整为10.5:41.9:47.6,第三产业比重提升0.8个百分点。

表1　2014—2020年苏北地区第三产业增加值(亿元)

	2014年	2015年	2016年	2017年	2018年	2019年	2020年
苏　北	6455.58	7249.03	8159.42	9178.25	9932.57	11024.67	11639.21
徐　州	2244.13	2460.07	2751.78	3121.41	3311.82	3582.36	3669.48
连云港	814.23	918.95	1025.02	1147.03	1238.74	1413.44	1518.62
淮　安	1082.44	1260.76	1455.24	1583.05	1734.44	1867.82	1984.69

续表

	2014 年	2015 年	2016 年	2017 年	2018 年	2019 年	2020 年
盐 城	1563.71	1772.50	1992.2	2261.8	2477.23	2710.77	2912.79
宿 迁	751.07	836.75	935.52	1065.32	1170.34	1450.29	1553.63

资料来源:《江苏统计年鉴 2021》

表 2　苏北服务业增加值指数

	2013 年	2014 年	2015 年	2016 年	2017 年	2018 年	2019 年	2020 年
徐 州	112.8	109.2	110.2	109.1	109.9	107.0	106	103.4
连云港	113.1	112.8	112.3	109.8	108.9	108.2	104.6	103.0
淮 安	113.3	112.3	111.3	110.6	109.2	108.8	106.9	103.2
盐 城	113.4	112.5	112.5	110.8	110.1	108.1	107.5	103.5
宿 迁	113.0	113.7	111.1	110.2	108.5	107.3	108.3	104.5
苏 南	111.6	107.7	110.6	109.7	108.9	107.8	106.9	103.9
苏 中	112.8	111.2	110.7	111.2	109.6	108.0	106.4	104.1
苏 北	113.1	111.5	111.3	110.1	109.6	107.8	106.6	103.5

资料来源:《江苏统计年鉴 2021》

　　由于服务业规模的快速发展,服务业占 GDP 的比例不断提高,从表 3 可以看到,苏北服务业占 GDP 的比例从 2013 年的 40.6% 增加到 2020 年的 48.8%,提高了 8.2 个百分点,接近苏中的水平,但是和苏南 54.7% 的水平还有一定的差距。从苏北五市来看,徐州的服务业比重最高,其次是淮安和盐城,以及连云港与宿迁,这和该地区的经济发展水平是一致的。除了服务业总体发展迅速之外,服务业大部分主要行业也呈较快增长态势,新兴服务业开始出现明显增长。

表 3　2013—2020 年苏北地区服务业占 GDP 比重(%)

	2013 年	2014 年	2015 年	2016 年	2017 年	2018 年	2019 年	2020 年
徐 州	43.4	45.2	46.2	47.4	47.2	49.0	50.1	50.1
连云港	40.3	41.4	42.5	43.1	43.4	44.7	45.0	46.3
淮 安	41.8	44.1	45.9	47.7	47.6	48.2	48.2	49.3
盐 城	38.9	40.7	42.1	43.5	44.5	45.1	47.5	48.9
宿 迁	38.4	38.9	39.4	39.8	40.8	42.5	46.8	47.6
苏 南	47.4	50.0	51.2	52.7	52.9	53.2	53.7	54.7
苏 中	41.0	43.6	45.0	46.7	47.2	47.6	46.4	47.8
苏 北	40.6	42.6	43.8	44.9	45.3	46.5	48	48.8

资料来源:《江苏统计年鉴 2021》

(二)规上服务业企业成为拉动经济增长的主要力量

　　规模以上服务业共包括 10 个门类计 28 个行业,综合反映了现代服务业发展实际。如 2020 年盐城市规上服务业实现营业收入同比增长 2.2%,增速较前三个季度分别回升 21.4、11.5 和 7.4 个百分点,完成服务业税收 319.4 亿元,增长 5.8%。2020 年,徐州市新兴服务业快速成长,现代生产性服务业、现代技术与创新服务业、互联网与现代信息技术服务业营业收入增长较快,徐州市规上服务业中软件和信息技术服务业、互联网和相关服务业营业收入分别增长 26.3%、24.8%,分别高于全部规上服务业 25.1、23.6 个百分点。2020 年 1—11 月,连云港市规模以上服务业十个门类营业收入达到 513.65 亿元,其中规模最大的是交通运输和仓储及邮政业,营业收入达到 219.70 亿元,占全部规上服务业的比重达 42.8%;其次是租赁和商务服务业,营业收入实现 98.95 亿元,占规上服务业的比重为 19.3%;位居第三的是科研和技术服务业,营业收入完成 58.29 亿元,占规上服务业的比重为 11.3%。与上年同期比较,1—11 月份规上服务业营业收入增长 15.6%,为今年以来各月累计增长新高。

(三)服务业新业态、新模式不断涌现

2020 年是"十三五"发展的最后一年,也是苏北产业机构调整的重要时期,五市服务业都在努力调整服务业发展的内部结构,全面提升主导产业能级水平。盐城市发改委组织实施《加快全市物流业发展行动计划》,大力发展港口物流、航空物流,推进港口物流园建设,加快空港经济区规划建设,增强城市物流服务功能。加快推进"五大组团"建设,压茬推进建军路商圈改造、高铁枢纽片区开发等项目;以规划建设盐城(上海)优质农产品供应基地为切入点,打造盐城农产品区域销售平台。积极推进金融城二期建设,有序开展银行分支机构引入筹建工作;持续推动金融机构接入综合金融服务平台,提高中小微企业接入平台覆盖面。围绕争创国家全域旅游示范区,建设一批精品线路、特色景区,打造一系列旅游景观带;紧扣打造上海生态旅游康养基地,深耕长三角客源市场;积极筹办世界湿地生态旅游大会等活动,提升盐城生态旅游品牌影响力。

2020 年,连云港市金融业保持较快增长,社会融资规模增量首次突破 1000 亿元,银行存贷款高速增长,增速分别达 17.6%、23.1%。信息产业集群集聚发展,高新区获评省级大数据产业园,电子口岸获评省级软件企业技术中心,"一带一路"互联网数据开放交换共享试验区、移动大数据中心、电信天翼云中心、联通大数据中心等项目顺利推进。科技服务业稳步推进,森空间获批省级众创空间,省产业技术研究院与连云港市企业联合创新中心、南京工业大学连云港石化产业研究院、北京大学分子工程研究院连云港单分子研究中心正式设立,连云港科技大市场多功能综合服务平台在科创城正式上线试运行。金港湾物流集聚区项目通过构筑时尚活力、文化创意、创新创业相结合的开放式创业生态系统,让创业者在与消费者相联系的条件下享受商业街区、众创空间、孵化器、创投服务、展示培训等便利,全力打造"大众创业、万众创新"的新高地。

2020 年,淮安市规模以上服务业扣除中储智运业务转移因素,营业收入比上年增长 6.9%,其中,电信广播电视和卫星传输服务业、互联网和相关服务、专业技术服务业等现代服务业保持良好增长势头,分别增长 13.4%、3.5%、6.4%。航空运输业、邮政业、电信业、房地产业等行业保持健康发展,淮安涟水国际机场完成货邮吞吐量 1.23 万吨,比上年增长 20.3%;实现邮政业务收入 25.22 亿元,增长 11.2%;实现电信业务收入 34.45 亿元,增长 4.7%;商品房销售面积增长 12.2%。

宿迁把电商产业纳入全市现代服务业发展重要产业,有序谋划、提速发展。从出台《加快推进

网络创业的实施意见》《加快电子商务发展的实施意见》到"十三五"电商产业规划,再到"电商新七条",政策支持持续发力。2020 年,宿迁全年实现网络零售额 470 亿元,同比增速 16.56%;完成快递业务量 44575.1 万件,同比增长 36.6%。全市现有活跃网店数突破 10 万家,每 60 人就有 1 家网店,每 10 人中就有 1 人"吃网络饭",每秒钟有 14.09 件快递从这里发往世界各地。

（四）服务业创新力不断提升

2020 年,盐城环保科技城智慧谷不断加快跨越发展步伐,培植环保产业新兴增长点。目前已形成集工程总包、设计研发、检测认证、工程运营、展示交易、环境金融、信息服务、教育培训等于一体的现代高端环境服务业全产业链,实现从单一产品制造到综合解决方案提供的转变。盐城大数据产业园"十三五"期间加快大数据与经济转型、社会治理、民生服务的深度融合,重点发展数据存储、数据应用、数据交易、数字创意产业,积极抢占数字经济发展阵地,已实现大数据载体面积超100 万平方米、大数据重点项目数量超 100 个、总投资额超 100 亿元的"三个 100"目标,是江苏省唯一由部省市合作共建的国家级大数据产业基地。2020 年上半年,园区内天达微电子、艾格信航空、霆善 AI 视觉终端、3D 打印国际科创园、天眼查、云洲无人船等项目陆续开工建设,已完成投资3.03 亿元。

2020 年,宿迁市百盟物流产业园依托特色优势产业基础和园区线下物流网络优势,以园区物资交易中心建设为基础,以物流为助推器,整合周边特色交易市场的物流需求,大力发展"物流＋商贸""物流＋电商""仓储加工＋展示交易"等模式推进物流商贸融合发展。加强与物流信息网络平台合作,引进德邦、顺丰、邮政等大型物流企业,融入全国公路干线运输网络,与其他公路港、物流园实现互联互通。运河宿迁港产业园物流园规划面积为 3.12 平方公里,在空间布局方面分为 6 个功能区域,分别为港口物流区、公共智能仓储区、传化智能公路港、物流交易区、配套加工区和区域配送区。同时,以京杭大运河主航道、高速公路、铁路站场为依托,着力打造内河港、公路港、铁路港、信息港"四港合一"的综合物流枢纽。

专栏 1　连云港自贸区 2020 年发展"计划书"

随着连云港进入"自贸区时代",20.27 平方公里连云港片区成为投资创新的热土。现在 2020年的春天已然到来,港城将如何行动?

今天,据连云港市自贸办消息,今年中国(江苏)自由贸易试验区连云港片区将新增注册市场主体 6000 家以上,完成产业投资 200 亿元,形成市级及以上创新案例不少于 50 项。连云港市已分解梳理 92 项具体工作目标任务,重点对创新实践案例、配套政策举措等进行细化。

当前国内外经济形势复杂多变,如何借助自贸区优势,寻求开放新机遇呢?全力攻坚重点任务,强推制度创新全面突破。自贸区建设关键是制度创新。今年,连云港市将在原有基础上,建成企业需求征集平台和办理信息反馈制度,围绕企业需求开展制度创新设计项目不少于 20 项。同时,连云港市将激发各类社会群体主动性和创造性,为港城自贸区建设提供制度创新诉求和建议。通过强化"典型案例"培育,引入第三方评估机构,提升典型案例的可复制、可推广性。

制度创新为的是吸引更好的项目落户港城,项目依旧是自贸区发展的关键所在。全力抓好重大项目,强推产业集聚全面突破。今年,我们将完成连云港片区产业发展规划、产业地图编制,明确产业

发展任务和产业载体配套。规划布局金融街区,引导金融企业集聚发展。力争新引进10亿元以上产业投资项目20个,并形成投资协议正式文本。

今年连云港将继续坚持推动对外开放,自贸区将推进系列工程提升城市开放程度,全力提升港口功能,做强服务开放能力。港口是自贸区最重要的基础设施,今年连云港将加快推进30万吨级航道二期工程建设,加快集装箱干线港建设,提升上合组织(连云港)国际物流园、中哈(连云港)物流合作基地建设水平,推进上合组织(连云港)国际物流园铁路专用线、汽车物流中心等基础设施建设。推进"霍尔果斯—东门"经济特区无水港建设。积极培育全程物流供应链企业,深入推进中外运物流中心、连云港—里海供应链基地项目。中欧班列(连云港)纳入中欧安全智能贸易航线试点计划。推进建设国家级多式联运示范工程。建设连云港片区铁路对外开放口岸。加快铁路集装箱中心站规划建设。

港城的特色产业一定要做大做强,强化产业特色,增强开放能级。在产业方面,今年热点依旧围绕主导产业发力。在医药方面,连云港市将围绕医药产品进出口、医疗器械出口进口、国际多中心临床试验等开展制度创新。在大宗商品方面,连云港人期待许久的大宗商品交易中心有望取得突破,同时探索设立能源交易中心,建设区域混矿中心。此外,连云港市还将加快"一带一路"大数据中心建设。

围绕这些,连云港市将有哪些亮点工程呢?今年,连云港市计划将争取建设省级以上新医药、新材料领域产业(制造业)创新中心、海外人才离岸创新创业基地,设立药品和医疗器械检查服务机构、中国(连云港)知识产权保护中心、大宗商品交易中心、海产品综合性交易市场等。

"中华药港"核心区,"自贸区"也将深刻影响港城人的日常生活。免税购物中心、日韩化妆品交易平台……这些都已经计划好了。

今年连云港市将争取邮轮旅游游客入境免签政策,开发近海、沿海及无目的地邮轮、游艇旅游项目。申建国家文化和旅游消费试点城市。开通以连云港为母港的国际邮轮项目。建设邮轮旅游岸上国际配送中心。拓展二手车出口运输业务。建成国际邮件互换局(交换站)和国际快件监管中心。

建设免税购物中心。建设红酒等酒类现货代理进口平台,打造区域性直销中心。培育美容医疗、旅游医疗和康复医疗等医养业,打造日韩化妆品交易平台。港城市民的"自贸区生活"值得期待!

(五)集聚区的集聚效应和示范效应显著提高

苏北现代服务业集聚示范区呈现出良好发展态势,在总量规模持续扩大、发展后劲不断增强基础上,各集聚示范区结合自身目标定位加速推进创意设计、金融服务、商务服务、科技服务等各类生产性服务业的数字化转型、特色化培育、高端要素集聚,其产业集群的核心竞争力正在不断增强。2020年,盐城市以重点产业、龙头企业和重大项目为抓手,不断加大现代服务业集聚区建设力度,通过统筹布局、分类引导、梯度推进,强化省级服务业集聚区引领作用,提升市、县级服务业集聚区发展水平,形成规模和品牌效应。目前盐城市已创建省级服务业集聚区12家(省级生产性服务业集聚示范区9家),纳入2020年全市开发园区"等级创建"考核的25家服务业集聚区实现营业收入超千亿元。盐城市聚龙湖商务服务业集聚区、盐城大数据产业园、国际汽车服务试验中心、大丰港现代物流中心等一批现代服务业集聚区已成为展示盐城服务业品牌形象的重要平台和窗口,为促进全市服务业高质量发展提供了有力支撑。

2020年,连云港现代科技服务产业园重点发展研发外包、软件开发、电子商务、文化创意、工业设计、物联网、科技服务等产业,以集聚区的科技服务实现对连云港高新区制造业的科技融合,形成智能制造与生产服务之间的良性发展。东海水晶集聚区以水晶特色产业集群为引领,深化"一城一区一中心一基地"(水晶城、B型保税物流区、跨境电商孵化中心、直播电商基地)建设,促进产城融合,不断优化特色产业供应链、产业链和价值链。"一带一路"国际商务中心产业集聚效应不断显现,主导产业蓬勃发展,形成了以港口集团、中国外运、中远海运、中源船务等为代表的一批知名物流企业;商贸流通行业发展迅猛,形成了以秦江集团、福瑞鑫实业、立恒国际等为代表的商贸流通企业,有力提升了集聚区产业集聚水平。杰瑞科技创意产业园打造了全市首家以科技创新、文化创意为主要特色的服务业集聚区,重点发展以电子商务、科技研发、创意设计、艺术培训、文化休闲为主要方向的创新创意产业,汇聚了两业融合龙头企业江苏天马网络集团、杰瑞深软等现代服务业企业近百家,不断向园区聚集的良好氛围。连云港汽车产业服务集聚区以汽车文化、服务、线上线下汽车交易为主,加快构建现代产业发展体系,建设完善汽车产业集群的生产供应链等设施。

2020年,宿迁市新增沭阳苏奥电子商务产业园等2家省级服务业集聚区(示范区),新增江苏传智播客教育科技股份有限公司等4家省级生产性服务业领军企业,新增1家省级互联网平台经济重点企业。6家企业列入省级两业融合试点单位,其中,江苏阿尔法药业有限公司获得省级两业融合试点单位阶段性绩效评价优秀等次。

2020年,淮安市共有6家省级现代服务业集聚区、31家市级服务业集聚区。各集聚区围绕主导产业,积极搭建发展平台,集聚生产要素,延伸产业链条,已成为淮安服务业新的经济增长点。37家省市服务业集聚区按照行业类别可大致分为:现代商贸类10家、现代物流类7家、电子商务类6家、文化旅游类6家、信息科技服务类5家、商务服务类3家。园区建设有进展:淮安电商物流园1—9月在建项目14个,总投资81.3亿元。宝立丰物流、宜泰服饰项目已竣工营业;福兴祥物流总部及仓储、富春华东网营物联项目主体竣工,正在进行内外装饰;中通三期项目、圆通三期项目、天马电商运营及仓储项目正在加快建设。

(六)积极推动服务业重大项目建设和招商力度

2020年,徐州市现代服务业项目包括现代物流、商务商贸、文化旅游3类项目,共安排项目47个,年度计划投资205.5亿元,包括鼓楼极地海洋馆、云龙中川万达广场、泉山国际青年艺术街区、贾汪潘安湖奥特莱斯购物中心、徐州方特乐园等项目;平台载体围绕产业集聚、功能性平台建设安排项目20个,年度计划投资143.3亿元,重点推进实施淮海经济区金融服务中心、淮海国际博览中心、徐州经开区东湖医药产业园、徐州高新区生物医药基地等项目。

物流业是连云港服务业三大主要产业之一。沿海港口形成了"连云、徐圩、赣榆、灌河"共同构成的"一港四区"格局,拥有30万吨级航道、码头和万吨级以上泊位70个。2019年港口累计完成集装箱运量478万标箱,海河联运量完成1000万吨,其中,海河联运集装箱完成3.3万标箱,同比增长34%。连云港新亚欧大陆桥多式联运示范项目顺利获批全国首批"国家多式联运示范工程"。

连淮扬镇铁路的全线贯通、连云港新机场的开工建设、市域列车的开通运营以及基本形成的"两纵一横"高速公路网,使得连云港大陆桥陆海联运优势进一步显现,为港城物流业乃至服务业的发展增添了强劲动能。

2020年,淮安市200个5000万元以上服务业特色产业项目已超额完成年度投资计划。金融中心一期投入使用、二期基本建成,高铁商务区基础设施建设全面推进,白马湖湿地公园、中国水工科技馆等项目加快推进。

2020年,宿迁市对服务业十大重点领域当年投资前2位的企业,分别给予财政资金奖励,对列入重点项目投资计划的企业和项目优先申报认定省市级各类服务业政策资金和荣誉称号。截至2020年12月,全市列入投资提速计划的当年计划投资400亿元的153个重点项目均超过投资进度,完成率达114.5%。

专栏2　中韩盐城产业园基金提前完成首轮投资　成效显著

这是一只顺应新时代要求、以服务和促进中韩(盐城)产业园乃至盐城市高质量发展为使命的政府引导基金。

中韩盐城产业园基金,作为"全省组建最早、落地最快、运营最稳"的政府引导基金,锚定新发展阶段时代坐标,笃行不怠,仅用4年左右就完成全部投资计划。数据显示,基金管理团队已在盐城市内外累计研究产业项目900多个,邀请组织200多个项目到盐城市各园区洽谈,成功招引50多个项目在盐城落地,投资带动项目落地总规模超过146亿元,重点领域项目占比超95%。所投项目总体质态良好,2020年在盐开票超过92亿元,纳税超1.9亿元,累计带动就业超6000人,一批项目推进资本运作,基金运作成效显著。在极不平凡的2020年,基金管理团队牢记使命,在危机中育先机,于变局中开新局,统筹做好疫情防控和经济发展工作,不断扩大招商引资战果、加速项目落地,注重投后管理和服务,成为区域产业高质量发展的重要力量。

一、砥砺担当,助力企业做大做强

中韩盐城产业园基金于2016年4月由江苏省政府投资基金、盐城市财政局、江苏黄海金融控股集团有限公司、盐城东方投资开发集团有限公司、盐城市城南新区开发建设投资有限公司、盐城市大丰区城市建设集团有限公司六方共同发起设立,实缴规模20亿元,授权委托于江苏悦达金泰基金管理有限公司管理,首开江苏省、市、区三级出资设立区域引导母基金先河。

作为落实中韩自贸协定深化两国经贸合作的重要载体之一,2017年底国务院批复设立中韩(盐城)产业园。2018年9月,《中韩(盐城)产业园建设实施方案》获江苏省政府批准。按照省委、省政府部署,中韩(盐城)产业园重点发展汽车(包括新能源汽车、智能网联汽车)、电子信息和新能源装备产业,积极培育临港产业和现代服务业,以新技术、新产业、新模式、新业态为核心,加快建设实体经济、科技创新、现代金融、人力资源协同发展的产业体系,为全省经济高质量发展和"一带一路"交汇点建设提供有力支撑。

从精准有效服务和促进中韩(盐城)产业园乃至盐城市经济高质量发展出发,江苏省财政厅、盐城市财政局创新提出"财政＋金融"发展新路径。自此,中韩盐城产业园基金履方致远,踔厉奋发。中韩盐城产业园基金管理团队在省市区各级领导、股东和合作伙伴的支持指导下,探索形成政府、资金、企业三方"基地＋基金＋基业"紧密结合的新模式,践行政府基金闭环运作,促进产投融可循环发展,特别是以产业项目为核心的"盐城模式"声名鹊起,成为中韩(盐城)产业园乃至盐城市经济高质量发展的强劲动力和重要支撑。

2020年11月30日,润阳光伏IPO材料上报江苏省证监局,成功备案,正式开启进军资本市场之路。这是中韩盐城产业园基金恪守政府基金职责,全力帮助企业做大做强、提升行业影响力的一个缩影。

2018年光伏行业遭遇"531"政策影响,当时正处高速发展时期的润阳光伏二期项目推进缓慢。中韩盐城产业园基金在行业阴霾中看准润阳团队的核心价值与发展潜力,充分发挥政府引导基金支持实体经济发展职能,充分调研后投资助其逆势扩张,顺利度过低洼时期。随后,项目进入业绩爆发期,目前经开区三期9GW项目已经建成即将投产,产能从第一年的2GW向20GW＋陆续扩产落地,年产值近50亿元。

润阳光伏董秘王建介绍,公司坚持走自主创新发展之路,高效单晶PERC电池转化率达到23.5％,处于同行业领先水平。目前公司总部迁至盐城,并推进润阳光伏研究院的建设。

股改上市,是企业做大做强、转型升级的重要途径之一。中韩盐城产业园基金积极培育、加强服务,不拘一格探索上市之路。

江苏星月测绘科技股份有限公司是中韩盐城产业园基金最先投资的项目。2017年落户中韩(盐城)产业园后,得益于中韩盐城产业园基金的支持帮助,企业发展顺风顺水。公司董事长季顺海说,最近五年销售年均增幅不低于30％,2020年虽受疫情影响前11个月销售就差不多完成了上年全年水平。公司综合实力进入全国测绘行业前70强。

这段时间,星月测绘正紧锣密鼓冲刺新三板精选层,募集资金主要用于"三维全息服务平台建设及产业化应用开发项目"建设,加速企业的数字化测绘服务发展,切入美丽乡村建设、智慧城市规划、智慧园区管理、地下管网、建筑物透明化、建筑分层等新的应用场景,找准新赛道,拓展产业新蓝海。

截至目前,中韩盐城产业园基金投资引入的阿特斯、捷威动力、丰华生物、云端网络、昆仑绿建、中交兴路、灵动电子、画你科技、睿昕汽配等公司,都已有了两年内申报IPO的计划。

跬步千里,笃行致远。在四年多的探索实践中,中韩盐城产业园基金管理团队始终牢记政府基金使命,不急功近利一味只追求财务回报,坚持以发展产业、促进转型升级为己任,甚至以"让利于企"的方式,加快各种要素资源集聚融合。中韩盐城产业园基金2017年投资支持中汽研汽车试验场(原中汽中心汽车试验场)项目,及时助力项目完成多条测试条线配套建设,已于2020年12月30日向深交所提交IPO申请。

基金管理团队负责人伍长春坦言,政府基金管理人需充分掌握政府的核心诉求和基金的市场属性之间的平衡。政府全力推动区域经济高质量发展,重视经济和社会效益,而纯市场化基金主要追求投资收益。中韩盐城产业园基金牢记政府引导基金使命,既是产业招引的抓手,更强调项目真实有效落地,高度重视投后管理,通过建立规范的治理机制,提供后续资金融通、市场化基金投资并购、政府关系协调、品牌宣传、市场机会导入等,帮助企业融入上下游供应链体系,提高企业应对市场风险挑战的能力,推动企业向资本市场迈进。

四年多来,中韩盐城产业园基金紧密围绕盐城市产业规划,积极对接各园区,利用上海在产业资源的集聚优势,在全国各地及韩、日等地调研大批产业项目,以配套盐城市各区域的产业招商。资金投资着眼盐城区域,以支持科技型企业投资为导向,重点招引投向汽车及零部件、新能源、电子信息、新基建等领域项目,支持形成千亿光伏、电子信息等新的产业集群。

霆善科技,原本是一家小型软件企业,专业从事以人工智能及视觉为核心技术的软硬件一体化解决方案提供商。获得中韩盐城产业园基金子基金盐南大数据基金投资后落户盐城,几年来不断调整转型升级步伐,如今已由做软件的轻资产互联网企业转型发展为有自动化生产线从事智能硬件制造的高科技企业。项目新研发制造的热成像测温仪在抗疫斗争中崭露头角,为夺取抗疫斗争胜利发挥作用的同时,企业自身也获得很好发展,投资后销售逐年增长率超 60%。

二、发挥优势,开拓创新招引项目

产业项目事关园区建设与发展,也是中韩盐城产业园基金工作的重中之重。基金成立以来,紧紧围绕园区产业定位,发挥专业优势,通过产业链摸排精准招商引资,真正做到强链补链。

2018 年 8 月,盐城阿特斯阳光能源科技有限公司一期开工建设,9 月一车间试生产,3 个月后,850 兆瓦满产。阿特斯总部随后决定把最新推出的电池片产品放在中韩(盐城)产业园生产,实现盐城造、全球销。如今,自产订单已不能满足阿特斯海外电站采购用量,去年开展二期项目扩建,新增产能 2.5GW。以盐城阿特斯为龙头,一大批产业配套企业纷纷跟进落地。

作为全国太阳能光伏行业头部企业之一,阿特斯成功落户中韩(盐城)产业园,中韩盐城产业园基金功不可没。企业负责人说,当初项目投资有很多备选地,最终看中这里,既是受当地政府高效服务、亲商环境的感召,更是被基金管理团队耐心执着的精神所感动。"为了说服我们落户中韩(盐城)产业园,他们盯着我们公司整整半年,进行多轮谈判,不仅不与企业争利,还协调自有合作金融机构提供全方位资金支持,让我们有了足够的投资信心。"

二、苏北现代服务业发展的问题剖析

(一)体制和机制障碍制约了服务业发展

有关产业的改革历程中,服务业体制改革最为落后。苏北服务业发展面临的体制障碍之一是市场准入的门槛还比较高,尤其是对民营企业的门槛比较高,除了餐饮、商贸等传统服务业外,其他服务业的市场准入门槛比较高,如银行、保险的经营牌照,很多新兴服务业限制民营企业介入。服务业管理体制比较落后,与市场经济的要求存在一些差距,与工业企业相比,缺乏具有国际竞争力、符合现代企业制度要求的大型企业。服务业的服务标准、服务品牌缺失,严重影响了服务业的竞争力。其中,服务标准法律地位缺失,缺少政策引导。有全国人大代表在两会上提案称,现行标准化法中未明确标准化服务业法律地位,尚未包含标准化服务相关内容,未明确服务类型、内容及相关要求,使得服务行业缺乏整体规划和系统管理,影响服务市场秩序,市场纠纷增加。

(二)整体市场化程度不高

发展服务业离不开健全的市场机制与规范的市场秩序。与农业和制造业的发展方式不同,服务业发展需要更加完善的市场机制和制度,更加依赖知识、创新等高级生产要素和无形资产。除了餐饮、商贸等传统服务业外,我国许多现代服务业领域的体制机制,比如准入机制、定价机制还是有着较浓厚的计划经济色彩,市场机制的作用发挥得很不够。这就使得本应具有广阔市场和极具潜力的现代服务业缺乏足够的发展动力和活力,效率低下。

(三)社会分工程度较低,服务业发展需求不足

分工是技术进步、效率提高和经济增长的重要条件。但长期以来,我国的企业组织是"大而全""小而全",大量的服务业或服务环节被内置在制造企业内部,由制造企业提供服务生产和服务产品。这样的结果,使得大量本应市场化服务的生产性服务业变成了制造企业自我提供服务,既严重压抑了生产性服务业的需求,又降低了服务业效率和质量,因为制造企业毕竟不是专业的服务产品供应商。人民群众对美好生活的需要由基本生存型为主向中高端发展,向享受型延伸,但教育、医疗、养老等诸多领域社会服务供给数量不足,优质服务资源尤其短缺,供需结构性失衡矛盾凸显。

(四)国际代工模式较短时间内难以改变,制造业与服务业关联度比较低

产业链普遍偏短,生产性服务业缺乏发展空间。这些年外贸增长方式还是没有真正转变过来,基本上依赖初级产品出口和国际代工带动国际贸易增长。也就是说,在产业链的国际分工上,主要是在做低端的加工制造,是"微笑曲线"中间低端的那一段,而附加值较高的产品研发与设计、品牌营销等很少涉及。江苏是制造业大省,有很好的生产性服务业发展基础和市场需求,但制造业大而不强,在国内的产业链很短,对生产性服务业的需求大都在境外,从而使得苏北生产性服务业找不到依托和市场,发展空间貌似很大实则很小。

三、苏北服务业发展的对策建议

当今世界正面临百年未有之大变局,和平与发展仍然是时代主题,我国发展仍处于重要战略机遇期,但机遇和挑战都有新的发展变化,这必将深刻影响苏北现代化建设的战略抉择和路径选择。新一轮科技革命和产业变革处于重要关口,如火如荼的数字经济将成为推动发展的重要力量,为苏北纵深推进创新驱动战略、借势借力后发先至提供了难得的机遇。我国已进入高质量发展阶段,积极实施支持新型基础设施、新型城镇化以及交通、水利重大工程建设等一系列重大政策,正在加速构建"双循环"新发展格局,尤其是签署区域全面经济伙伴关系协定,为苏北融入更大范围经济循环、实现更高水平对外开放、激发更深层次发展动能创造了有利条件。区域协调发展战略正在深刻重塑区域经济地理版图,特别是长三角一体化发展、大运河文化带、淮河生态经济带建设等国家战略纵深推进,以及徐宿淮盐、连淮扬镇、宁淮城际等多条高铁项目相继实施,为苏北在更高层面集聚优质资源要素、深化区域合作交流创造了广阔空间。

(一)优化服务业投资结构,推动服务业集群发展

扩大内需是苏北服务业的基本战略政策取向,但投资重点应该转向战略新兴产业、先进制造业、现代服务业等。在扩大服务业投资规模的同时,更要重视优化服务业投资结构问题。适度减少交通运输、餐饮住宿等传统服务业投资,增加高技术服务业、软件与信息服务业、电子商务、人力资

源服务业、文化创意产业、节能环保服务业等领域的投资。这些服务业基础薄弱,但市场潜力大、发展前景较为广阔,是服务业投资的重点领域。充分发挥政府投资对社会投资的引领带动作用,吸引社会资本进入,实现"以政府投资为主"向"以社会投资为主"的有序转换。政府对服务业的投资重在引导和带动,服务业发展的资金主要还是依靠市场力量解决。通过改善投资环境,创造公平准入条件,吸引社会资本、民间资本投资服务业,是解决服务业发展资金问题的根本途径。健全完善研发设计、信息服务、金融服务、专业技术服务、展示交易、中介服务六大公共服务平台功能,增强现代服务业集聚区要素吸附能力、产业支撑能力和辐射带动能力。加强市县区联动共推,大力支持现有优秀市级集聚区申报省级服务业集聚区,推动现代服务业集聚区由规模扩张向质量提升转变,努力增强集聚区在现代服务业发展中的承载主体功能。放大电商园区、物流园区等产业集聚效应,拓宽业务范围,拉长产业链条,形成服务业集聚发展新高地。

(二)积极稳妥推进金融创新

金融是服务业的重要组成部分,即支持服务生产,也可以通过金融创新,比如消费金融业务就可以让人们提前消费,扩大服务消费需求。许多服务业的核心资本是人力资本,没有多少可以抵押的实物资产,迫切需要金融提供适合的融资方式助力其起步和发展。国务院副秘书长江小涓同志曾经设想通过开展各种形式的"倒按揭"业务推动养老服务业发展,就是一个很好的启发。当然,这只是一个例子。在发展现代服务业过程中,金融创新有许多方式和途径。比如,拓宽机构对现代服务业企业贷款抵押、质押及担保的种类和范围,加大金融创新对现代服务业的支持力度,破解服务业融资难的"瓶颈";积极发展包括中小企业集合债券、短期融资券、中期票据等各类债务融资工具,为现代服务业企业提供灵活的融资方式。对受疫情影响较大的行业企业,要灵活运用无还本续贷、应急转贷等措施,支持相关企业特别是中小微企业稳定授信,银行机构要对其到期贷款予以展期或续贷。优化业务流程,开辟服务绿色通道,加大线上业务办理力度,简化授信申请材料,压缩授信审批时间,及时为企业提供优质快捷高效的金融服务。提供优惠政策,降低企业运营成本。适当减免一季度受疫情影响严重的服务业部门(交运、旅游、餐饮、住宿等行业等)的增值税,亏损金额抵减盈利月份的金额以降低所得税。连续两个季度给予受损服务行业以财政贴息,纾解企业困境。

(三)推进苏北五市共建园区,推动先进制造业与现代服务业的融合发展

积极打造服务业园区特色产业。强化特色开发、错位发展,园区之间加强资源互通、优势互补、功能整合,促进同类或相互关联企业集聚,协同推进各类园区的整体发展,达到园区布局最优化、区域效益最大化。各共建园区要进一步明确产业定位,确定招商引资重点,大力发展已形成的优势产业,积极培育新兴产业。把产业聚集与发展名企、塑造名牌结合起来,把做大特色产业、做强主导产业与培植龙头企业结合起来,形成园区整体优势,提高产业竞争力。中国制造和中国服务,都是现代产业体系不可或缺的重要组成部分,两者不可偏废。服务业的突破,既依赖于强大的国内市场,也依托并服务于制造业。强大的制造业,是服务业特别是生产性服务业发展的基础,生产性服务业的发展与突破又是制造业转型升级的重要利器,二者相得益彰并行不悖。要做到这一点,就必须重视产业融合,竭力推进制造业的服务化和服务型制造。制造服务化,就是要鼓励制造业把自身的产业链条向服务业延伸,提供更多增值服务。而服务型制造主要是指面向服务的制造,比如通过对消

费者需求的快速反应,进行定制化、精准化、高效化的生产,实现生产和消费的有效整合。

（四）进一步优化现代服务业的营商环境

转变思想,从被动式服务企业转变为主动式"店小二"服务,为企业提供工商、税务、政策、物业等咨询服务,提升企业抗击风险能力,联系相关服务机构来园区辅导培训,营造稳定和谐的园区发展氛围。在公共服务方面,深入实施创新驱动发展战略,整合区域产业和配套资源,推动实现"政、产、研、金、介"五位一体要素集聚发展。大力促进园区和本地区中小企业自主创新、产业结构优化升级和区域经济发展。坚持载体建设和服务配套作为发展重点,在载体建设上,全面实施园区配套的绿化提升工程。在服务配套上,主动作为,为企业提供优厚的发展环境。出台相应政策,从物业费减免、房租减免、用工招聘等方面入手,培育企业发展、产业壮大。

（五）聚焦发展生态文旅、现代物流、现代商贸等服务业主导产业

构建结构优化、布局合理、跨界融合的现代服务业体系。积极推动以科技服务、商务服务、研发设计等为重点的生产性服务业向专业化和价值链高端延伸,促进现代服务业与先进制造业、现代农业深度融合。健全物流网络体系,加快淮安高铁快运物流基地和区域智慧物流、冷链物流仓配一体化中心建设,打造长三角北部区域物流中心。加快推动健康、养老、育幼、家政等生活性服务业向高品质和多样化升级,优化提升全市商贸布局和业态,创新发展电子商务新模式,打造苏北区域性现代商贸中心。坚持扩大内需战略基点,全面释放消费潜力,大力培育新兴服务业态,培育做大旅游经济、夜间经济,鼓励发展体验经济、创意经济等新业态,以高质量供给引领新消费、创造新需求。

（六）推动智能化创新,提升服务业多样性

在技术进步特别是新一代信息技术驱动下,国民经济数字化、网络化、智能化水平不断攀升,在新旧动能转换中的战略地位和引擎作用不断凸显。新一代信息技术正全面嵌入服务业领域,将打破我国传统封闭的服务业业态,促进服务业与相关产业融合互动发展,推动线上服务和线下服务交融互补,不断拓展服务业发展空间,为服务业发展赢得新的机遇和潜能。优先引导物联网、5G 和区块链技术改造提升生活性服务业,建设服务业的迅捷生产模式和现代物流体系,包括线上线下协同的生产体系和灵敏化物流体系等。积极开启人工智能的社会治理服务。智能服务领域正逐渐扩展到物业等服务业领域,例如基于 3D 激光导航系统和视觉分析的机器人,能够自主巡逻、自动充电、检测周围环境、与业主及物业服务人员互动等,配合机器人平台使用可以进行车辆、人员、保洁、绿化、环境等方面的管理和风险预警。在疫情特殊时期,服务企业可建立智能信息沟通机制,利用已有的自助入住登记系统和机器人,减少人与人的接触,通过智能化转型来安全经营。

（七）加大对现代服务业数字化转型的支持力度

加快推进现代服务业数字化转型,不仅对当前做好"六稳"工作、落实"六保"任务有十分重要的意义,而且将为"十四五"时期服务经济转型升级和高质量发展注入新动力。为此,应加大政策支持力度,推动服务业数字化转型取得新进展。第一,加强全产业链视角的顶层设计。建立数据规范和标准,推动企业从物料采购、物流、加工、零售、配送和服务等业务流程全链条数字化,打通上下游企

业数据通道,形成服务业数字化产业链生态。为此,有关部门应加强规划和引导,制定服务业数字化的专项行动方案,提升政策的精准度,力求落地见效。第二,加快服务企业"上云用数赋智"。加大财政支持力度,对企业上云、数字化转型设备、服务购买给予支持,提高数字化转型资金保障,精准解决中小企业资金短缺难题。如针对苏北大多数餐饮企业信息化管理水平较低等问题,可通过财政专项补贴等方式,推广 SaaS 等系统在中小餐饮企业的普及使用,让更多企业加入数字化转型进程中。第三,加强新型基础设施的支撑。将服务业数据基础设施纳入新基建之中,在发展即时配送网络、培育智慧生活服务企业等领域给予更多资源投入,以带动生活服务行业的全面数字化。鼓励电商平台龙头企业通过 PPP 合作模式,参与到新基建中,促进新基建与终端需求的有效对接。第四,推动政府、企业形成合力。发挥生活服务平台数据、科技等优势,助力政府提振消费,构建"互联网+"消费生态体系。加强职业技能培训,提高生现代服务从业人员的数字化技能,提升生活服务企业数字化转型能力。发挥政府、第三方机构、产业联盟、协会、龙头企业等的作用,组织开展行业相关标准制定,制定行业数字化转型的路线图。

参考文献

[1] 于倩,陈传明,胡国建.福州市餐饮业空间分布特征及其影响因素研究[J].闽南师范大学学报(自然科学版),2020(04).

[2] 熊伟,刘家汝,邓继莹.旅游转型升级背景下传统干栏的民宿式更新——以龙脊景区的金竹寨为例[J].信阳师范学院学报(自然科学版),2021(01).

[3] 王宏起,王冕,李玥.生态关系视角下区域科技服务业构成及持续发展研究[J].中国科技论坛,2021(01).

[4] 李晓慧,刘满成.中国服务业全要素生产率的测度[J].统计与决策,2020(22).

[5] 夏馨颖,张宏磊,田原,杨怡馨,徐俐.北京市 Airbnb 时空演变特征及其影响因素[J].经济地理,2020(11).

[6] 王兆峰,史伟杰,苏昌贵.中国康养旅游地空间分布格局及其影响因素[J].经济地理,2020c.

[7] 黄楚山.中国服务业全要素生产率的增长测算——于 2007—2017 年的数据分析[J].对外经贸,2020(12).

[8] 赵高伟.森林康养带来"绿"生活——许昌市建安区生态旅游养生产业园建设纪实[J].资源导刊.2020(12).

[9] 刘旺盛,吴球军,严浩洲,敬添俊.带硬时间窗的外卖配送车辆路径问题[J].集美大学学报(自然科学版),2020(06).

[10] 西桂权,魏晨,付宏.面向科技服务业的四螺旋协同创新发展模型研究[J].科技管理研究,2020(23).

[11] 刘恩初,李江帆.发展生产服务业核心层推动广东产业高端化[J].南方经济,2015(1).

[12] 刘志彪.现代服务业发展与供给侧结构改革[J].南京社会科学,2016(5).

[13] 刘志国,李丹.供给侧改革与我国经济的有效增长策略[J].马克思主义研究,2016(3).

[14] 卢云卿,孔群喜等.需求、供给和创新,谁是推动服务业发展核心动力?[J].南京财经大学学报,2015(3).

[15] 钱纳里.工业化和经济增长的比较研究[M].上海:格致出版社,2015 年.

[16] 邱瑾,戚振江.基于 MESS 模型的服务业影响因素及空间溢出效应分析[J].财经研究,2012(1).

[17] 孙爱军,刘生龙.人口结构变迁的经济增长效应分析[J].人口与经济,2014(1).

[18] 邵骏,张捷.中国服务业增长的制度因素分析[J].南开经济研究,2013(2).

[19] 汪德华,张再金,白重恩.政府规模、法治水平与服务业发展[J].经济研究,2007(6).

[20] 王志明,张斌等.现代服务业的内涵界定与分类[J].上海商业,2009(6).

行业篇

第一章 江苏省软件与信息技术 服务业发展报告

"十二五"以来,我国软件和信息技术服务业持续快速发展,产业规模迅速扩大,技术创新和应用水平大幅提升,对经济社会发展的支撑和引领作用显著增强。"十三五"时期是我国全面建成小康社会决胜阶段,全球新一轮科技革命和产业变革持续深入,国内经济发展方式加快转变,软件和信息服务业是关系国民经济和社会发展全局的基础性、战略性、先导性产业,具有技术更新快、产品附加值高、应用领域广、渗透能力强、资源消耗低、人力资源利用充分等突出特点,对经济社会发展具有重要的支撑和引领作用。发展和提升软件与信息技术服务业,对于推动信息化和工业化深度融合,培育和发展战略性新兴产业,建设创新型国家,加快经济发展方式转变和产业结构调整,提高国家信息安全保障能力和国际竞争力具有重要意义。

一、江苏省软件与信息服务业发展现状

(一)产业规模不断增大、业务收入增速逐年减缓

根据江苏省官方统计年鉴,目前,江苏省在境内外主板和科创板上市的软件企业已有 34 家,新三板企业 85 家。南瑞集团、润和软件等 9 家企业入选中国软件业务收入百强。苏宁、同程、汇通达、华云数据、无锡市不锈钢电子交易中心、江苏零浩网络科技 6 家单位上榜。

2020 年前三季度,全省规模以上服务业中信息传输、软件和信息技术服务业完成营业收入 7741 亿元,比上年同期增长 7.5%,增速比上半年提高 2.4 个百分点,保持稳定增长的态势。从全年来看,虽然 2020 年软件与信息技术服务业总的增速较 2019 年回落 0.32 个百分点,有增速减缓的趋势,但总的来说,全省业务收入仍在增加。

在信息传输、软件和信息技术服务业三个行业大类中,2020 年 1—9 月,全省软件和信息技术服务业完成营业收入 7741 亿元,同比增长 7.5%;2020 年 1—11 月,全省软件和信息技术服务业累计完成业务收入 9695.8 亿元,同比增长 10.9%。其中,软件产品、信息技术服务和嵌入式系统软件三大类中,信息技术服务收入增长最快(14.5%),占比达到最高(56.93%),充分说明江苏省软件产业平台化、服务化转型在加速。

表 1 2013—2020 年全国及江苏软件与信息服务主营业务收入与增速情况

全国	2013 年	2014 年	2015 年	2016 年	2017 年	2018 年	2019 年	2020 年
主营业收入(亿元)	30587	37235	43249	48511	55037	63061	71768	81586
增速(%)	22.19	21.73	16.15	12.17	13.45	14.48	14.29	13.3

续表

江 苏	2013 年	2014 年	2015 年	2016 年	2017 年	2018 年	2019 年	2020 年
主营业务收入（亿元）	5177	6439	7062	8324	8936	9892	9779	10818
增速（%）	20.25	24.4	9.68	17.87	7.35	10.7	13.0	10.6
江苏省占全国的比重（%）	16.93	17.29	16.3	17.2	16.24	15.69	15.5	15.14

数据来源：江苏经信委、中国工业与信息化部

图 1 和图 2 分别是 2013—2020 年全国和江苏省软件与信息服务业主营业收入、增速及占比的变化情况。2013—2017 年，不管是全国还是江苏，软件与信息服务业的收入增速呈现出明显下降的趋势。2016 年，全国增速最低，下降到 12.17% 的水平，对江苏省来说，2017 年增速最为缓慢，仅占 7.35%，但是在 2017—2019 年又出现了缓慢上升的趋势，2020 年小幅度下降至 10.6%。从图 2 可以看到，江苏省软件与信息服务业每年的业务收入占全国的比重呈现微幅上升并趋缓的形势。在 2014 年，该占比达到近几年最大 17.29%，2016—2020 年呈现缓慢下降的趋势最终基本维持在 15% 以上。总的来说，虽然在 2013—2020 年间江苏省软件与信息服务业整个行业的发展趋势有所波动，但在全国的地位始终稳定，保持平稳发展的状态，充分说明江苏省软件与信息服务业的发展已经步入良性发展的状态，对社会生活和生产各个领域的渗透和关联带动作用非常稳定，经过前期政策的消化作用，其经济效果也相应有所体现。

图 1 2013—2020 年全国信息与软件服务业收入与增速情况
数据来源：江苏经信委、中国工业与信息化部

图 2 2013—2020 年江苏省信息与软件服务业务收入与增速情况
数据来源：江苏经信委、中国工业与信息化部

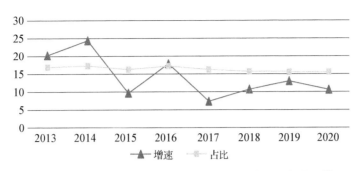

图 3 2013—2020 年江苏省信息与软件服务业务增速与占比情况

（二）产业结构

1. 综合实力持续增强

经济总量再上新台阶，经济总量突破 10 万亿元。根据江苏省统计局初步核算，全年实现地区生产总值 102719.0 亿元，比上年增长 3.7％。其中，第一产业增加值 4536.7 亿元，增长 1.7％；第二产业增加值 44226.4 亿元，增长 3.7％；第三产业增加值 53955.8 亿元，增长 3.8％，全省人均地区生产总值 12.2 万元，全员劳动生产率 21.6 万元/人。产业结构加快调整，全年三次产业增加值比例调整为 4.4：43.1：52.5，服务业增加值占 GDP 比重比上年提高 1.0 个百分点。软件与信息技术服务业、互联网和相关服务业营业收入比上年分别增长 17.5％和 23.5％。

2. 软件产品收入实现较快增长

2020 年，全行业实现软件产品收入 22757.7 亿元，同比增长 10.1％，占全行业比重为 27.9％。其中，工业软件产品实现收入 1974 亿元，增长 11.2％，为支撑工业领域的自主可控发展发挥重要作用。

3. 信息技术服务加快云化发展

2020 年，信息技术服务实现收入 49868 亿元，同比增长 15.2％，增速高出全行业平均水平 1.9 个百分点，占全行业收入比重为 61.1％。其中，电子商务平台技术服务收入 9095 亿元，同比增长 10.5％；云服务、大数据服务共实现收入 4116 亿元，同比增长 11.1％。

4. 嵌入式系统软件收入增长加快

2020 年嵌入式系统软件实现收入 7492 亿元，同比增长 12.0％，增速较上年提高 4.2 个百分点，占全行业收入比重为 9.2％。嵌入式系统软件已成为产品和装备数字化改造、各领域智能化增值的关键性带动技术；江苏省实现嵌入式软件收入 1698.3 亿元，占软件业务收入 15.73％。嵌入式系统软件已成为产品和装备数字化改造、各领域智能化增值的关键性的带动技术。

表 2 全国及江苏省 2020 年企业个数及软件业务收入

指标名称	单 位	全 国	江 苏
		2020 年	2020 年
企业个数	个	40308	6183
软件业务收入	亿元	81616	10800

续表

指标名称	单 位	全 国	江 苏
		2020 年	2020 年
其中:1. 软件产品收入	亿元	22757.7	3040
2. 信息技术服务	亿元	49867.7	5976.8
3. 嵌入式系统软件	亿元	7492.3	1698.3

数据来源:中国工信厅及江苏省工信厅

(三) 产业成果

1. 江苏省成果

2020 年 12 月 22 日,国家发改委、科技部、财政部、海关总署、税务总局联合发文,公布了第 27 批新认定国家企业技术中心名单,江苏有 7 家企业上榜。截至目前,江苏共有国家企业技术中心 129 家,在全国排名第三。其中,浩鲸云计算科技股份有限公司、江苏铁锚玻璃股份有限公司、无锡宝通科技股份有限公司、信达生物制药(苏州)有限公司新增为国家企业技术中心,苏州旭创科技有限公司、中天科技海缆股份有限公司新增为国家技术分中心。

产业规模稳步上升,2020 年软件业务收入已经超过一万亿元,达到了 1.08 万亿元,其中大数据和云计算的收入已经达到 4116 亿元。

转型升级趋势比较明显,软件产业向服务化、平台化转变的趋势比较明显。

创新能力显著增强,2020 年全省新增省级软件企业技术中心 26 家,累计已经达到 207 家,软件企业的研发投入强度达到了 6%。截止到 2020 年 12 月底,江苏省在境内外主板和科创板上市的软件企业已有 34 家,新三板企业 85 家。发展环境不断优化,省大数据发展联盟相继成立,南京软博会、互联网创新发展大赛、中国软件杯大学生软件设计大赛,以及江苏省互联网风云人物和风云企业评选等重大活动相继举办,形成了全省大数据、互联网等新一代软件发展的新浪潮。

科技创新能力不断增强。全省专利申请量、授权量分别达 75.2 万件、49.9 万件,其中发明专利申请量 18.9 万件,比上年增长 9.5%;发明专利授权量 4.6 万件,增长 15.9%。全省 PCT 专利申请量达 9606 件,增长 44.8%。全省企业共申请专利 61.2 万件。万人发明专利拥有量达 36.1 件,同比增加 6 件;科技进步贡献率 65.1%,比上年提高 0.9 个百分点。全年共签订各类技术合同 5.7 万项,技术合同成交额达 2335.8 亿元,比上年增长 39.4%。全年省级以上众创空间达 922 家。

高新技术产业发展加快。组织实施前沿引领技术基础研究专项、前瞻性产业技术创新专项和重大科技成果转化专项共 209 项,省级拨款 10.5 亿元。当年认定高新技术企业 13042 家,大中型工业企业和规模以上高新技术企业研发机构建有率保持在 90% 左右,国家级企业研发机构达 163 家,位居全国前列。全省已建国家级高新技术特色产业基地 172 个。

2. 特色城市成果

(1) 盐城中润普达开创的大数据产业发展模式

2018 年 3 月 6 日,盐城城南新区下发文件将中润普达纳入园区重点扶持培育的上市公司名单,积极配合进行上市培育计划,以上市的条件和政策对接中润普达的需求。

　　江苏中润普达信息技术有限公司(以下简称:江苏中润普达)作为2015年江苏省大数据产业园引入的园区落地的第一家大数据企业,经过近三年的发展,取得的成果令人瞩目。在北京中润普达(集团)有限公司的大数据、人工智能产业布局中,江苏中润普达作为中润普达体系底层技术研发中心之一,不仅聚焦于人工智能中文认知核心技术突破,也是江苏省大数据、人工智能领域中不可忽视的力量。

　　江苏中润普达开创的大数据产业发展模式,即建设一个大数据流通和交易工程实验室＋一个全省大数据交易中心＋一个省级政务数据中心＋一个关键技术研发中心＋N个产业大数据创新中心＋一个孵化基地(部省市共建大数据产业园和大数据国家自主创新试验区)。该模式正在逐步被全国其他省市所借鉴,为推动当地大数据产业的发展贡献智慧和力量。

　　(2)南京软博会开启软件行业盛宴

　　9月6日,2020年第十六届中国(南京)国际软件产品和信息服务交易展览会(以下简称南京软博会)开幕,持续4天。南京软博会上届展会总面积10万平方米,来自30多个国家和地区的1200多家企业参展,举办1场主题论坛、1场创新创业大赛、1场项目签约仪式及20多场相关专题论坛和对接交易活动,参观人数超过12万人。展会更加突出交易性,软件产品和信息服务现场交易额超过30亿元,500多名软件人才与招聘企业达成就业意向。展会期间共达成签约项目86项,总投资额达到337亿元,再创历史新高。历届知名参展企业:IBM、甲骨文、联创集团、方正集团、ZTE、华为、中国电信、交通银行、中国通信服务、宝信软件、中创软件、清华同方、文思海辉、大连华信、神州数码、泰通科技、南瑞继保等。

　　(3)无锡世界物联网博览会联动相关产业发展

　　11月18日,2020世界物联网博览会收官活动——2020世界物联网博览会创新成果发布会暨中国企业战略投资峰会在无锡举行。会上,重量级嘉宾进行了主题交流。大会现场还举行了"海创江南"物联网创新创业大赛、物联网"新技术、新产品、新应用"成果评选颁奖仪式,以及大赛获奖项目落地意向签约仪式,无锡物联网创新促进中心与企业创投联盟达成了相关战略合作。

　　2020物博会以"物联新世界·5G赢未来"为主题,历时104天,采取双线互融的会展新模式,通过"云展览、云论坛、云发布、云技术"等新形式,打造了一场全景式、全天候、多维度、立体化的物联网领域行业盛会,吸引了30余位国内外院士、4000余位企业高管参会,1053家国内外企业、128家物联网重点企业参展。"海创江南"物联网创新创业大赛则是首次亮相物博会,来自15个国家30余个省市的481个项目报名参赛,其中,海归创业项目占比超40%,曾获机构投资或市级以上双创奖项的项目占比超75%,累计融资额超28亿元。

　　3. 特色产业成果

　　(1)科技成果转化推动产业集聚发展

　　"十三五"期间,省科技厅大力培育推动全省高新技术产业开发区"一区一战略产业"发展,集中支持国家级高新区处于高端环节和关键节点的科技成果转化,有力促进了产业集聚发展和高端攀升,引领带动高新区相关产业转型升级,在推动全省创新驱动发展上发挥重要引领作用。2016年以来,省科技厅会同12个国家级高新区,采取联合招标、高新区专题组织等方式,先后在生物医药、新一代信息技术、海工装备、先进材料等重点领域联合布局省地联合招标项目158项,省地联合资助10.43亿元,在医药与医疗器械、未来网络、纳米材料等战略新兴领域形成了一批标志性成果,推动苏州纳米、无锡物联网成为全球创新中心,南京未来网络、扬州数控机床成为国内产业创新高地。

（2）科技服务业发展迅速

"十三五"以来,全省科技系统牢固树立"企业是主体、产业是方向、人才是支撑、环境是保障"的工作理念,大力推进"一深化四提升"专项行动,坚定打好五个攻坚仗,创新型省份建设取得了明显进展。全社会研发投入强度接近创新型国家和地区中等水平,高新区高新技术产业产值、科技服务业总收入跨上新的万亿元台阶,技术合同成交额突破2000亿元大关,企业科技税收减免额连跨四个百亿元台阶,万人发明专利拥有量、有研发活动的规模以上企业占比分别是全国平均水平的2.3倍、1.7倍,创业类国家重大人才工程入选数占全国的30%以上,国家高新技术特色产业基地占全国的20%以上,研发投入、研发人员、专利申请授权、国家级科技企业孵化器等均占全国的12%以上。江苏省在改善地方科研基础条件、优化科技创新环境、促进科技成果转移转化以及落实国家科技改革与发展重大政策等方面,多次获国务院督查激励通报表扬。

（3）技术交易活跃度不断提升

科技部火炬中心公布了2020年度全国技术合同交易数据,江苏省技术合同登记57412项,成交额2335.81亿元,持续保持全国第三。2020年,江苏省深入贯彻落实《中共中央国务院关于构建更加完善的要素市场化配置体制机制的意见》《国家技术转移体系建设方案》和省政府《关于深化科技体制机制改革推动高质量发展若干政策》,进一步健全完善全省技术转移体系,充分发挥省技术产权交易市场桥梁纽带作用,大力培育技术经纪（经理）人,持续实施技术转移奖补政策,充分激发各类创新主体的活力,加快科技成果转移转化,全省技术交易活跃度不断提升。一是四类技术合同中技术开发、技术服务合同成交额占总成交额八成以上,达1945.86亿元,同比增长40.79%;二是涉及知识产权的技术合同成交达1194.26亿元,占总成交额的51.13%,同比增长50.08%,其中涉及专利的成交额605.84亿元,同比增长59.84%;三是成交额排名前三的技术领域分别为先进制造632.95亿元、电子信息555.39亿元、生物医药315.11亿元,占比分别达到27.10%、23.78%和13.49%,与江苏省重点发展的产业高度契合;四是成交额排名前三的设区市为南京市686.82亿元、苏州市493.22亿元和无锡市294.04亿元,占比分别达到29.40%、21.12%和12.59%,三市合计占比达63.11%。

（4）科技型中小企业数量不断增加

2020年,省科技厅认真落实省委省政府关于夺取疫情防控和经济社会发展"双胜利"等各项决策部署,大力推进科技型中小企业评价工作,积极采取便利化服务举措,实行科技型中小企业评价全流程网上办理,挖掘、推动符合条件的科技型中小企业"应评尽评",科技型中小企业队伍不断壮大。截至目前,全省先后组织开展了七个批次的科技型中小企业评价工作,累计有40294家科技型中小企业取得入库登记编号,较上年增长73.8%,成为全国首个突破4万家的省份,总数跃居全国第一。

（5）新高区成为创新型科技企业发展主阵地

近年来,全省高新区坚持创新引领,多措并举鼓励引导企业增加研发投入、增强自主创新能力,涌现出一批科技含量高、市场前景好、行业带动力强的创新型企业。据省科技发展战略研究院"2020年全省创新型企业100强榜单"显示,全省创新型企业100强中,共有66家来自省级以上高新区。从2016—2020年发布的历届榜单来看,全省累计有290家企业上榜,其中有187家来自高新区,占比达到64.5%,苏州工业园区、江宁高新区上榜企业超20家,南京高新区、无锡高新区、常州高新区、连云港高新区上榜企业超10家,高新区已成为创新型科技企业发展主阵地。

(四)主要企业情况概述

据工信部网站消息,工信部近日发布2019年(第18届)中国软件业务收入前百家企业名单,江苏省共有9家企业入选。其中,南瑞集团在入选的江苏企业中排名最高。科技领先是南瑞发展之本,通过持续自主创新,南瑞取得了大量高水平、具有自主知识产权的科技成果。

表3 2019年江苏软件收入全国百强名单

企业名称	全国百强排名	所在城市
南瑞集团有限公司	9	南京
熊猫电子集团有限公司	29	南京
江苏省通信服务有限公司	30	南京
国电南京自动化股份有限公司	52	南京
南京联创科技集团股份有限公司	60	南京
江苏金智集团有限公司	64	南京
江苏润和科技投资集团有限公司	72	徐州
浩鲸云计算科技股份有限公司	89	南京
无锡华云数据技术服务有限公司	95	无锡

数据来源:中国工业与信息化部

2020年江苏省软件与信息技术服务业继续保持平稳增长,累计实现软件与信息技术服务业收入8939.5亿元,同比增长9.4%,其中,软件产品实现收入2243.3亿元,同比增长21.2%,信息技术服务实现收入49868亿元,同比增长15.2%,增速高出全行业平均水平1.9个百分点,占全行业收入比重为61.1%。嵌入式系统软件实现收入7492亿元,同比增长12.0%,增速较上年提高4.2个百分点,占全行业收入比重为9.2%。为鼓励全省信息技术服务企业做大做强,江苏省软件行业协会从全省年报数据、企业资质情况、行业影响等方面综合评估产生"2020年度江苏省信息技术服务企业十强",并予以公布。

表4 2020年度江苏省信息技术服务企业十强名单

企业排名	企业名称	所在城市
1	苏宁控股集团有限公司	南京
2	同城集团	苏州
3	汇通达网络股份有限公司	南京
4	华云数据控股集团有限公司	无锡
5	无锡市不锈钢电子交易中心有限公司	无锡
6	江苏零浩网络科技有限公司	南京
7	江苏号百信息服务有限公司	南京

企业排名	企业名称	所在城市
8	企查查科技有限公司	苏州
9	南京首屏科技集团有限公司	南京
10	江苏邦宁科技有限公司	南京

数据来源：江苏工业与信息化部

中国互联网协会、工业和信息化部信息中心日前联合发布 2020 年中国互联网企业 100 强榜单，江苏苏宁控股集团有限公司、同程旅游集团、汇通达网络股份有限公司、华云数据控股集团有限公司、无锡市不锈钢电子交易中心有限公司、江苏零浩网络科技有限公司等 6 家单位上榜。

二、江苏省软件与信息技术服务业存在的问题

（一）江苏省软件与信息技术服务业面临的形势

1. 以"技术＋模式＋生态"为核心的协同创新持续深化产业变革

软件和信息服务业已经进入加速创新、快速迭代、群体突破的爆发式增长阶段，快速向网络化、平台化、服务化、智能化、生态化演变推进。云计算、大数据、移动互联网、物联网等快速发展和融合创新，先进计算、高端存储、人工智能、虚拟现实、神经科学等新技术加速突破和应用，进一步重塑软件的技术架构、计算模式、开发模式、产品形态和商务模式，新技术、新产品、新模式、新业态日益成熟，使得江苏省软件和信息服务业进入质变期的速度加快。开源、众包等群智化研发模式成为技术创新的主流方向，单一技术、单一产品、单一模式的产业竞争向多技术、集成化、融合化、平台系统、生态系统的竞争加快转变。软件企业通过云计算、大数据等技术平台，整合技术、产品、内容和服务等核心要素，强化创新机制，重构、优化业务流程，提升服务质量，加速实现转型发展。

2. 以"软件定义"为特征的融合应用开启信息经济新图景

以数据驱动的"软件定义"正在成为融合应用的显著特征。一方面，数据驱动信息技术产业变革，加速新一代信息技术的跨界融合和创新发展，通过软件定义硬件、软件定义存储、软件定义网络、软件定义系统等，带来更多的新产品、服务和模式创新，催生新的业态和经济增长点，推动数据成为战略资产。另一方面，"软件定义"加速各行业领域的融合创新和转型升级。软件定义制造激发了研发设计、仿真验证、生产制造、经营管理等环节的创新活力，加快了个性化定制、网络化协同、服务型制造、云制造等新模式的发展，推动生产型制造向生产服务型制造转变。软件定义服务深刻影响了金融、物流、交通、文化、旅游等服务业的发展，催生了一批新的产业主体、业务平台、融合性业态和新型消费，引发了居民消费、民生服务、社会治理等领域多维度、深层次的变革，涌现出分享经济、平台经济、算法经济等众多新型网络经济模式，培育、壮大了发展新动能。

3. 全球产业竞争和国家战略实施对产业发展提出新任务、新要求

世界产业格局正在发生深刻变化，围绕技术路线主导权、价值链分工、产业生态的竞争日益激烈，发达国家在工业互联网、智能制造、人工智能、大数据等领域加速战略布局，抢占未来发展主导

权,给我国软件和信息技术服务业跨越发展带来深刻影响。中国制造 2025、"一带一路"倡议、"互联网＋"行动计划、大数据、军民融合发展等国家战略的推进实施,以及国家网络安全保障的战略需求,赋予软件和信息技术服务业新的使命和任务;强化科技创新引领作用,着力推进供给侧结构性改革,深入推进大众创业万众创新,加快推动服务业优质高效发展等,对进一步激活软件和信息技术服务业市场主体、提升产业层级提出新的更高要求。

（二）存在的问题

1. 信息资源深度开发不足

我国软件和信息技术服务业通过多年的发展,基础设施建设方面呈现良好的发展态势,但在信息资源深度开发方面还存在一定的滞后性。相较于发达国家,我国信息数据库建设较晚,再加上缺少统一的协调规划,信息数据库建设方面存在数量少、投入少的问题。根据相关统计,现阶段我国大约八成的信息资源基本都集中在国家机关,信息资源共享性极差。与此同时,因为没有统一的规划与标准,各个软件和信息技术服务企业存在各自为政的情况,对外发布与提供的信息存在过多的重复现象,信息针对性与时效性不高,信息资源的利用效率极为低下。

2. 信息服务市场亟待完善

软件和信息技术服务业是市场经济下的产物,要想保证其健康、有序发展,就必须要构建一套系统、完善的信息服务法律体系。然而,我国当前有关软件和信息技术服务业的政策法规体系还不够完善,立法工作基本都是集中于地方、部门规章,相应的效力明显不足。因此,约束效力不足,导致软件和信息技术服务业缺乏统一的规范,信息产业部门没有标准可以参照,导致信息资源组织不规范、技术与语言不兼容等现象常发,信息横向交流受到极大的影响。此外,由于法律法规方面的缺失,社会中信息欺诈、知识产权侵权以及不良信息等现象层出不穷。

3. 综合型人才缺乏

由于软件和信息服务行业在我国的发展时间相对较短,导致我国信息技术服务人才在经验方面的缺失。从整体层面来看,软件和信息技术服务业的从业人员存在综合素质参差不齐的情况;从结构层面来看,专业化的管理型人才、高层次的技术人才以及市场经营整合型人才较为缺乏。

三、推动江苏省软件与信息服务业发展的建议与对策

（一）主要任务

1. 加大信息资源的开发力度

软件和信息服务业的发展要避免"重硬轻软"的现状,应当在进一步建立健全基础设施的同时,基于信息资源开发利用核心技术,坚持以咨询、软件与系统以及数据库集成为核心的发展途径。对政府来说,应当基于资源共享、信息公开的基本原则来加强电子政务建设,除了直接投资以外,还应当积极利用保护政策、倾斜政策主动引导社会各界参与信息资源的开发工作,通过市场机制的引导与政府的协调,逐步在社会中构建覆盖各个行业的企业资信数据库与服务系统,以此来满足市场经济环境下各个企业之间合同、支付、信贷以及贸易等对资信方面的需求。此外,对软件和信息技术

服务企业来说,应当在明确客户目的、需求以及背景的前提下,针对各方面信息进行综合性判断、取舍以及组合,保障信息资源的开发更为深入,有效彰显信息服务的价值。

2. 建立健全信息服务市场体系

正如上文所述,软件和信息技术服务业的发展需要一套完善的法律法规体系与公平的市场环境作为保障。这就需要我国吸收借鉴发展国家相关的经验教训,综合参考我国软件和信息技术服务业的现状,建立健全相关的法律法规体系,针对软件和信息技术服务业的技术标准实施调整优化,使相关的市场行为得到有效的规范,打造公平、公开的竞争环境。与此同时,知识产权是软件和信息技术服务业发展的核心竞争力,这就需要在建立健全相关法律法规体系的同时,完善知识产权法律法规体系,高度重视软件、信息产品的知识产权保护,加大盗版打击力度,进一步规范知识产权市场。

鼓励利用大数据、云计算等新技术,探索加强行业运行监测分析、预警预判以及事中事后监管的新模式新方法,提升行业管理和服务水平。进一步完善行业标准体系建设,强化标准对行业发展的促进作用。开展行业知识产权分析评议,加强行业态势分析和预警预判,深入推进软件正版化,鼓励企业联合建设软件专利池、知识产权联盟,提升知识产权创造、运用、保护、管理和服务的能力。加强软件资产管理和使用,开展软件价值评估和定价机制研究,探索建立科学合理的软件价值评估体系。鼓励研究建立云服务、数据服务等新兴领域交易机制和定价机制。顺应产业发展新趋势、新特点,加强产业收入计量标准的研究,完善产业统计制度。强化行业自律,完善行业信用评价体系,进一步规范市场秩序。加强行业智库建设,提升发展决策支撑能力。

3. 加大人才培养和引进力度

要想提升软件和信息技术服务业从业人员的综合素质,就需要逐步构建软件人才评估标准,建立相应的人才信息库。对信息技术服务企业来说,还应当建立健全人才引入体系与培养体系,通过整合人才培养与产业创新,使得企业在软件和信息技术服务业创新实践过程中发现人才、引入人才、培养人才。针对软件人才流动方面,政府应当积极制定对应的政策,不仅要加大国外优秀人才的引进工作,还应当主动解决国内人才工作待遇、科研条件等方面的问题,保证软件人才的合理流动。

实施人才优先发展战略,加快建设满足产业发展需求的人才队伍。强化人才培养链与产业链、创新链有机衔接。依托重大人才工程,加强"高精尖缺"软件人才的引进和培养。鼓励有条件的地区设立软件和信息技术服务业人才培养基金,重点培养技术领军人才、企业家人才、高技能人才及复合型人才。以学校教育为基础、在职培训为重点,建立健全产教融合、校企合作的人才培养机制,探索建立人才培养的市场化机制,利用信息化手段创新教育教学方式。鼓励高校面向产业发展需求,优化专业设置和人才培养方案。推广首席信息官制度,鼓励企业加强复合型人才的培养和引进;深入实施人才引进政策,重点发挥企业在人才引进中的作用,吸引和集聚海外优秀人才,特别是高端人才回国就业、创业。建立完善以能力为核心、以业绩和贡献为导向的人才评价标准,大力弘扬新时期工匠精神。

4. 加大财政金融支持

创新财政资金支持政策,统筹利用现有资金资源,加大对软件和信息技术服务业发展的支持。采用政府引导、市场化运作方式,探索建立国家软件和信息技术服务业产业投资基金。支持有条件的地方、大企业和投资机构设立产业专项资金或产业基金、创新创业基金、天使创投、股权和并购等各类基金。鼓励运用政府和社会资本合作（PP）模式，引导社会资本参与重大项目建设。完善企业境外并购、跨境结算等相关金融服务政策。深化产融合作，在风险可控的前提下，推动商业银行创新信贷产品和金融服务，支持软件和信息技术服务企业创新发展，推动政策性银行在国家规定的业务范围内，根据自身职能定位为符合条件的企业提供信贷支持。健全融资担保体系，完善风险补偿机制，鼓励金融机构开展股权抵押、知识产权质押业务，试点信用保险、科技保险，研究合同质押、资质抵押的法律地位和可行性。鼓励企业扩大直接融资，支持具备条件的企业开展应收账款融资、公司信用债等新型融资方式。

5. 强化统筹协调

建立健全部门、行业、区域之间的协调推进机制，在协同创新、标准制定、行业管理、市场监管、资金保障等方面加强联动合作。引导和推动各地区、各部门因地制宜发展产业，合理布局重大应用示范和产业化项目，分工协作、有序推进。引导和鼓励企业与其他行业企业建立多层次合作创新机制，在技术研发、应用推广、安全保障、资源分配利用等方面实现协同发展。加强规划实施情况动态监测和评估，确保规划实施质量。

（二）对策建议

1. 全面提高创新发展能力

围绕产业链关键环节，加强基础技术攻关，超前布局前沿技术研究和发展，构建核心技术体系，加快信息技术服务创新，完善以企业为主体、应用为导向、政产学研用竞相结合的产业创新体系。

（1）加快共性基础技术突破

面向重大行业领域应用和信息安全保障需求，瞄准技术产业发展制高点，加大力度支持操作系统、数据库、中间件、办公软件等基础软件技术和产品研发和应用，大力发展面向新型智能终端、智能装备等的基础软件平台，以及面向各行业应用的重大集成应用平台。加快发展适应平台化、网络化和智能化趋势的软件工程方法、工具和环境，提升共性基础技术支撑能力。

（2）布局前沿技术研究和发展

围绕大数据理论与方法、计算系统与分析、关键应用技术及模型等方面开展研究，布局云计算和大数据前沿技术发展。支持开展人工智能基础理论、共性技术、应用技术研究，重点突破自然语言理解、计算机视听觉、新型人机交互、智能控制与决策等人工智能技术。加快无人驾驶、虚拟现实、3D打印、区块链、人机物融合计算等领域技术研究和创新。

（3）加强信息技术服务创新

面向重点行业领域应用需求，进一步增强信息技术服务基础能力，提升"互联网＋"综合集成应用水平。形成面向新型系统架构及应用场景的工程化、平台化、网络化信息技术服务能力，发展微服务、智能服务、开发运营一体化等新型服务模式，提升信息技术服务层级。加快发展面向移动智能终端、智能网联汽车、机器人等平台的移动支付、位置服务、社交网络服务、数字内容服务以及智能应用、虚拟现实等新型在线运营服务。加快培育面向数字化营销、互联网金融、电子商务、游戏动漫、人工智能等领域的技术服务平台和解决方案。大力发展基于新一代信息技术的高端外包服务。

（4）加强产业创新机制和载体建设

面向基础软件、高端工业软件、云计算、大数据、信息安全、人工智能等重点领域和重大需求,加强产学研用对接、布局国家级创新中心建设,建立以快速应用为导向的创新成果持续改进提高机制,加快核心技术成果的转化。突出企业技术创新主体地位,推进建设企业技术创新中心,不断提升企业创新能力。引导互联网大企业进一步通过市场化方式向社会提供优势平台资源和服务。加强产业联盟建设,探索完善共同参与、成果共享、风险共担机制,强化协同创新攻关。发挥开源社区对创新的支撑促进作用,强化开源技术成果在创新中的应用,构建有利于创新的开放式、协作化、国际化开源生态。

2. 积极培育壮大新兴业态

顺应新一代信息技术创新发展和变革趋势,着力研发云计算、大数据、移动互联网、物联网等新兴领域关键软件产品和解决方案,鼓励平台型企业、平台型产业发展,加快培育新业态和新模式,形成"平台、数据、应用、服务、安全"协同发展的格局。

（1）创新云计算应用和服务

支持发展云计算产品、服务和解决方案,推动各行业领域信息系统向云平台迁移,促进基于云计算的业务模式和商业模式创新。支持云计算与大数据、物联网、移动互联网等融合发展与创新应用,积极培育新产品、新业态。支持大企业开放云平台资源,推动中小企业采用云服务,打造协同共赢的云平台服务环境。发展安全可信的云计算外包服务,推动政府业务外包。引导建立面向个人信息存储、在线开发工具、学习娱乐的云服务平台,培育信息消费新热点。完善推广云计算综合标准体系,加强云计算测评工具研发和测评体系建设,提高云计算标准化水平和服务能力。

（2）加快大数据发展和应用

构建大数据产业体系。加强大数据关键技术研发和应用,培育大数据产品体系。发展大数据采集和资源建设、大数据资源流通交易、大数据成熟度评估等专业化数据服务新业态,推进大数据资源流通共享。培育大数据龙头企业和创新型中小企业,打造多层次、梯队化的产业创新主体。优化大数据产业布局,建设大数据产业集聚区和综合试验区。支持大数据公共服务平台建设,开展大数据标准验证、测评认证等服务,完善大数据产业公共服务体系。

发展工业大数据。支持研发面向研发设计、生产制造、经营管理、市场营销、运维服务等关键环节的大数据分析技术和平台,推动建立完善面向全产业链的大数据资源整合和分析平台,开展大数据在工业领域的应用创新和试点示范。依托高端装备、电子信息等数据密集型产业集聚区,支持建设一批工业大数据创新中心、行业平台和服务示范基地,丰富工业大数据服务内容,创新服务模式。

深化大数据应用服务。面向金融、能源、农业、物流、交通等重点行业领域,开发、推广大数据产品和解决方案,促进大数据跨行业融合应用,助力重点行业转型发展。以服务民生需求为导向,加快大数据在医疗教育、交通、旅游、就业、社保、环保、应急管理等领域的应用。支持建立面向政务、社会治理和网络安全领域的大数据平台,强化顶层设计、整合资源,推动大数据技术深入应用,提升政府治理能力和服务水平。

（3）深化移动互联网、物联网等领域软件创新应用

加快发展移动互联网应用软件和服务,面向新兴媒体、医疗健康、文化教育、交通出行、金融服务、商贸流通等领域创新发展需求,鼓励建立分享经济平台,支持发展基于软件和移动互联网的移

动化、社交化、个性化信息服务,积极培育新型网络经济模式。加强物联网运行支撑软件平台、应用开发环境等研发应用,进一步深化物联网软件技术在智能制造、智慧农业、交通运输等领域的融合应用。加快发展车联网、北斗导航等新型应用,支持智能网联汽车、北斗导航软件技术及应用平台发展。

3. 深入推进应用创新和融合发展

充分发挥软件的深度融合性、渗透性和耦合性作用,加速软件与各行业领域的融合应用,发展关键应用软件、行业解决方案和集成应用平台,强化应用创新和商业模式创新,提升服务型制造水平,培育扩大信息消费,强化对中国制造2025、"互联网＋"行动计划等的支撑服务。

(1) 支撑制造业与互联网融合发展

围绕制造业关键环节,重点支持高端工业软件、新型工业APP等研发和应用,发展工业操作系统及工业大数据管理系统,提高工业软件产品的供给能力,强化软件支撑和定义制造的基础性作用。培育一批系统解决方案提供商,研发面向重点行业智能制造单元、智能生产线、智能车间、智能工厂建设的系统解决方案,开展试点示范,提升智能制造系统解决方案能力。推进信息物理系统(CPS)关键技术研发及产业化,开展行业应用测试和试点示范。推动软件和信息技术服务企业与制造企业融合互动发展,打造新型研发设计模式、生产制造方式和服务管理模式。

(2) 支撑重点行业转型发展

面向"互联网＋"现代农业发展需求,围绕农业生产管理、经营管理、市场流通等环节,支持相关应用软件、智能控制系统、产品质量安全追溯系统,以及农业大数据应用、涉农电子商务等发展。面向"互联网＋"能源发展需求,支持发展能源行业关键应用软件及解决方案,推进能源生产和消费协调匹配。坚持鼓励创新和规范引导相结合,发展互联网金融相关软件产品、服务和解决方案,强化对"互联网＋"金融的支撑服务。支持物流信息服务平台、智能仓储体系建设,以及物流装备嵌入式软件等研发应用,提升物流智能化发展水平。支持面向交通的软件产品和系统研发,支撑智能交通建设,提高交通运输资源利用效率和管理精细化水平。

(3) 支撑政府管理和民生服务

围绕现代政府社会治理应用需求,鼓励和支持发展一批政府管理应用软件,利用云计算、大数据等新一代信息技术建立面向政府服务和社会治理的产品和服务体系。开展医疗、养老、教育、扶贫等领域民生服务类应用软件和信息技术服务的研发及示范应用,推动基于软件平台的民生服务应用创新。

4. 进一步提升信息安全保障能力

围绕信息安全发展新形势和安全保障需求,支持关键技术产品研发及产业化,发展安全测评与认证、咨询、预警响应等专业化服务,增强信息安全保障支撑能力。

发展信息安全产业。支持面向"云管端"环境下的基础类网络与边界安全类、终端与数字内容安全类、安全管理类等信息安全产品研发和产业化;支持安全咨询及集成、安全运维管理、安全测评和认证、安全风险评估、安全培训及新型信息安全服务发展。加快培育龙头企业,发展若干专业能力强、特色鲜明的优势企业。推动电子认证与云计算、大数据、移动互联网、生物识别等新技术的融合,加快可靠电子签名应用推广,创新电子认证服务模式。加强个人数据保护、可信身份标识保护、身份管理和验证系统等领域核心技术研发和应用推广。

完善工业信息安全保障体系。构建统筹设计、集智攻关、信息共享和协同防护的工业信息安全保障体系。以"小核心、大协作"为原则,建设国家级工业信息系统安全保障研究机构,开展国家级工业信息安全仿真测试、计算分析和大数据应用等技术平台建设,形成国家工业信息安全态势感知、安全防护、应急保障、安全预警、产业推进等保障功能。完善政策、标准、管理、技术、产业和服务体系,开展工业控制系统信息安全防护管理等政策及标准制定,加强工业控制安全检查评估,支持工业控制系统及其安全技术产品的研发,鼓励企业开展安全评估、风险验证、安全加固等服务。

5. 大力加强产业体系建设

加快构建产业生态,着力培育创新型企业,促进形成以创新为引领的发展模式,强化标准体系建设和公共服务能力提升,加强中央与地方协同,打造一批特色优势产业集群。

构建产业生态。面向重大应用需求,以构建基础软件平台为核心,逐步形成软件、硬件、应用和服务一体的安全、可靠关键软硬件产业生态。以高端工业软件及系统为核心,建立覆盖研发设计、生产制造、经营管理等智能制造关键环节的工业云、工业大数据平台,形成软件驱动制造业智能化发展的生态体系。围绕新型消费和应用,以智能终端操作系统、云操作系统等为核心,面向移动智能终端、智能家居、智能网联汽车等新兴领域,构建相应的产业生态体系。

培育创新型企业。支持行业领军企业牵头组织实施重大产品研发和创新成果转化,不断提高新型产品和服务的市场占有率和品牌影响力。支持企业面向云计算、大数据、移动互联等新技术、新环境,重塑业务流程、组织架构,创新研发模式、管理模式和商业模式,发展新技术、新产品和新服务。加强政策扶持、项目带动和示范引领,培育一批专业化程度、创新能力突出、发展潜力大的细分领域优势企业。支持建设创客空间、开源社区等新型众创空间,发展创业孵化、专业咨询、人才培训、检验检测、投融资等专业化服务,优化改善中小企业创新创业环境。

加强标准体系建设。面向工业软件、云计算、大数据、信息安全等重点领域,加快产业发展和行业管理急需标准的研制和实施。实施《信息技术服务标准化工作五年行动计划(2016—2020)》,完善和推广信息技术服务标准(ITS5)体系。开展标准验证和应用试点示范,建立标准符合性测试评估和认证体系。支持组建标准推进联盟,推动建立产品研发和标准制定协同推进机制。鼓励支持企业、科研院所、行业组织等参与或主导国际标准制定,提升国际话语权。

6. 加快提高国际化发展水平

坚持开放创新,把握"一带一路"倡议及其他国家战略实施机遇,统筹利用国内外创新要素和市场资源,加强技术、产业、人才、标准化等领域的国际交流与合作,以龙头企业为引领深度融入全球产业生态圈,提升国际化发展水平和层次。

提升产业国际化发展能力。支持龙头企业等建立完善海外运营机构、研发中心和服务体系,建设境外合作园区,鼓励发展跨境电子商务、服务外包等外向型业务,加快软件和信息技术服务业发展,打造国际品牌。依托双边、多边合作机制和平,加强政企联动,以龙头企业为主体开展重大合作示范项目建设,支持企业联合,发挥产业链协同竞争优势,集群化"走出去"。加强原创技术引进渠道和机制建设,深化与技术原创能力强的国家和地区的产业合作,加快引进人才、技术、知识产权等优势创新资源,提高产业"引进来"的合作层次和利用水平。

强化国际化服务支撑。鼓励地方从政策、资金、项目等方面加大对产业国际化发展的支持和推进力度。支持企业、科研机构等积极参与软件和信息技术服务领域国际规则制定和标准化工作,提升国际话语权。发挥行业协会、商会、产业联盟、开源联盟等中介组织的作用,为企业国际化发展提供市场化、社会化服务。充分发挥知识更新工程、海外人才培训等手段的作用,支持软件企业培养国际化人才和引进海外优秀人才。

参考文献

[1] 冯梅,王成静.我国各地区软件与信息技术服务业绩效评价研究[J].经济问题,2015(8):66-70.

[2] 傅家骥,仝允桓,高建,雷家骕.技术创新学[M].北京:清华大学出版社,1998:319.

[3] 李京文.迎接创新经济学发展[M].上海:上海远东出版社,1999:109.

[4] 柳卸林.技术创新经济学发展[J].数量经济技术经济研究,1993(4):67-76.

[5] 沈瑾秋.江苏省科技服务业发展现状及对策建议[J].江苏科技信息,2016(2):1-4.

[6] 阳军,吴东亚,徐洋,等.软件和信息技术服务业技术标准体系研究[J].信息技术与标准化,2014(11):4-10.

[7] 赵冬梅,陈前前,吴士健.双创环境下发展科技服务业助推经济转型升级问题研究——以江苏科技服务业为例[J].科技进步与对策,2016(7):41-46.

[8] 中华人民共和国工业和信息化部.软件和信息技术服务业"十二五"发展规划.2018.

[9] 中华人民共和国国家统计局.国民经济行业类.www.stats.gov.cn.2018.

[10] 赵伟,周智涛,火耀高.依托软件和信息技术服务业,助推大连经济转型升级[J].软件工程师,2014(2):29-30.

第二章　江苏省服务外包业务发展报告

随着全球数字经济和服务经济的迅速发展,服务外包行业正在全球范围内蓬勃发展,不少企业依托现代信息技术将企业生产经营中的非核心业务转交给公司外部的专业服务商来完成,以达到降低生产成本,优化生产价值链,提高资源的配置效率和提高核心竞争力等目标。国际服务外包在促进当代经济发展中的重要作用主要体现在加速服务要素在全球的流动,促进服务资源的优化配置,加速全球价值链的分解,重构与优化,促进全球产业生态体系的形成;优化全球创新链布局,推动创新全球化。其中,推动后发国家产业结构升级等诸多方面已经成为推动服务全球化与价值链攀升的重要动力,也是新兴服务贸易发展的主要方式,以服务外包、服务贸易以及高端制造业和技术研发环节转移为主要特征的新一轮世界产业结构调整正在全球范围蓬勃兴起,这无疑为我国发展面向国际市场的现代服务业带来了新的发展机遇。

目前,学术界对于服务外包尚未有完全统一的定义和内涵,但在一些比较重要的领域中广泛存在着以下三点共识:一是服务外包有别于制造外包。制造外包,比如货物贸易中的加工贸易,是产业链和价值链中制造环节的跨境延伸和外包,处于价值链微笑曲线的低端,通常以吸收蓝领工人为主要特点;而服务外包是除制造环节外,企业将部分内部业务和业务流程交由外部接包方来完成,主要为非核心业务,处于价值链微笑曲线中高端,通常以吸收白领职员为主要特征。二是交易方式有所不同。WTO界定的服务贸易主要有四种交易方式,而服务外包的交易方式主要分为两种,即离岸外包和在岸外包。其中,离岸外包与服务贸易重合,属于服务贸易的范畴,是服务贸易的重要组成部分;而在岸外包则不在服务贸易的范畴之内,但这类外包对产业结构的优化调整和企业的转型升级具有极其强大的推动作用,进而可以为离岸外包做大做强奠定更加坚实的基础。三是业务内容的分类不同。目前,服务外包按照内容分类主要有以下三种,即信息技术外包(ITO)、业务流程外包(BPO)和知识流程外包(KPO),同时还可以根据具体业务内容进行进一步细分,如研发外包、软件外包、设计外包、金融服务外包、财务管理外包、公共服务外包、人力资源管理外包、客户关系管理外包、物流外包、电子商务外包和销售外包等。

服务外包主要是指企业依据服务协议将信息服务、应用管理和商业流程等业务委托授权给第三方进行执行的一类业务,是一个以互联网信息技术发展作为重要支撑的新型服务业,也是现代高端服务业的重要组成部分。它具有科技含量高、国际化程度高、增长空间大、产业带动力强、吸纳大学生就业空间广阔、资源消耗低和环境友好性强等显著特征,顺应了当前中国产业结构转型升级的经济发展大趋势,具有光明且广阔的发展前景。因此,我国应当牢牢把握这一宝贵的发展机遇,大力承接离岸服务外包业务,努力转变我国对外贸易增长的发展方式,扩大知识密集型服务产品的出口,从而进一步优化外商在我国投资的产业结构,提高我国利用外资的质量和水平。在降低生产成本、寻求更优质的资源服务、规避经营风险等目标的共同驱动下,经济全球化正在逐渐演变并形成以服务外包为特色的产业升级的新浪潮。

一、江苏省服务外包的发展现状

随着我国经济发展进入新常态阶段,进一步推动产业结构的优化升级和转型是促进当前经济稳定健康增长的重要引擎,其中,服务业的优化升级对于推动整体产业结构的升级和转型影响重大,对促进国民经济健康发展具有重要意义。国际服务外包对于承接国际服务业结构升级有着重要影响,承接国际服务可以促进国内服务业技术水平的提升,有助于改造传统服务业,有利于发展现代服务业,并以此推动承接国内服务业结构的优化升级和转型。

近些年,江苏省产业结构不断优化。2020 年全省一、二、三产业的增加值占全省 GDP 的比重依次为 4.4%、43.06%、52.53%,第三产业继续领跑全省经济,具有良好的发展势头。与此同时,作为江苏省服务业重要组成部分的服务外包业也取得了良好的发展成绩。2020 年,江苏服务外包业务合同额 723.5 亿美元,同比增长 16.1%。业务执行额 556.2 亿美元,同比增长 8.5%,其中向境外提供服务的离岸服务外包执行额 274.8 亿美元,居全国首位,同比增长 13.3%。此外,江苏持续加大线上下业务培训、人才招引力度,截至 2020 年底,江苏服务外包企业 15838 家,同比增长 11.5%,累计吸纳从业人员达 232.2 万人,同比增长 17.9%。当前,江苏省需要通过积极承接国际服务外包的战略来进一步推动省内服务外包产业的持续发展和结构升级,进而推动省内产业优化升级与省内产业经济的健康发展。

（一）江苏省服务外包业的现状分析

1. 南京成为全国全面深化服务贸易创新发展的领军者

2020 年 8 月 2 日,根据商务部发布的《全面深化服务贸易创新发展试点总体方案》,南京已经被商务部认可并批准作为深化服务贸易创新发展试点地区,规定的深化试点期限为三年。全面深化试点期间,根据发展需要,暂时调整实施相关行政法规、国务院文件和经国务院批准的部门规章的部分规定,具体由国务院另行印发。国务院有关部门根据《总体方案》相应调整本部门制定的规章和规范性文件。试点中遇到的重大问题,商务部要及时向国务院请示报告。这次的试点工作主要内容包括:全面探索完善管理体制,深入推进"放管服"改革,努力形成职能更加优化、权责更加一致、统筹更加有力、服务更加到位的服务行业与贸易管理体制;全面探索扩大对外开放,坚持要素型开放与制度型开放相结合、开放与监管相协调、准入前与准入后相衔接,从制度层面和重点领域持续发力,提升开放水平;全面探索提升便利水平,树立"在发展中规范、在规范中发展"的理念,坚持包容审慎原则,构建有利于服务贸易自由化、便利化的营商环境,积极促进资金、技术、人员、货物等要素跨境流动;全面探索创新发展模式,努力形成有助于服务贸易业态创新的多元化、高效能、可持续发展模式和发展路径;全面探索健全促进体系,以高质量共建"一带一路"为重点,深化服务贸易对外交流与合作,推动建立政府市场高效协同、国内国外有机联动的服务贸易促进体系;全面探索优化政策体系,适应服务贸易发展新形势新任务,不断推进政策创新,推动建立系统性、机制化、全覆盖的政策体系;全面探索完善监管模式,探索符合新时期服务贸易发展特点的监管体系,在服务贸易高质量发展中实现监管职权规范、监管系统优化、监管效能提升;全面探索健全统计体系,推动完善服务贸易统计制度和方法,切实提升服务贸易统计的全面性、准确性和及时性。

江苏省作为全国服务外包行业的领军者,凭借自身独特的资源优势和雄厚的产业基础,南京将发展服务贸易、服务外包作为转变经济发展方式,推动全市经济型升级的重要抓手。目前,江苏省已经拥有5个全国性的服务外包示范城市和6个省级的服务外包示范城市,具有其他省难以匹敌的政策优势,进一步深入开发自身的资源优势,积极投入全国服务贸易蓬勃发展的巨大浪潮中。根据商务部最新公布的全国服务外包示范城市综合评价结果,2020年南京在全国31个服务外包示范城市和11个服务外包申请城市中排名第二,仅次于北京,但南京承接服务外包合同额206.9亿美元,同比增长12%,执行额181.9亿美元,同比增长5%,合同额和执行额均位列示范城市之首。

2. 基础设施不断完善,承接外包的规模和领域不断扩大

江苏省地处"一带一路"交汇点、长江经济带的龙头地带和长三角的核心区域,省内经济发达、人口密布、城镇化发展处于较高水平,交通便利且公铁水空运输方式齐全,具有发展服务外包业独特的区位优势。在政府财政的大力支持下,江苏省年度交通投资屡创新高,综合交通设施水平不断提升。2020年,江苏交通基础设施建设投资1576亿元,同比增长15%。着力推进高铁项目冲刺成网,加速推进过江通道建设,全力推动机场航线优化布局。

2020年的主要建设成果包括:全省公路里程达15.8万公里,其中,高速公路里程4925公里。全省高铁运行里程新增654公里,累计达2215公里。全省7个城市已拥有或在建轨道交通,城市轨道交通运营里程达797.8公里。全省拥有9个运输机场、11个通用机场。累计建成综合客运枢纽32个,设区市实现全覆盖。建成百亩以上货运场站100余个,其中,公铁、铁水、陆空型多式联运枢纽25个。四级以上内河高等级航道里程3197公里,县级节点覆盖率80%;省干线航道达标里程达2363公里,千吨级航道覆盖全省78%的县级及以上节点和50%的省级及以上开发区。拥有港口生产性泊位5684个,港口综合年通过能力达22.9亿吨。过江通道累计建成17座,在建6座,沿江两岸设区市之间均有过江通道直通。

水利重点工程完成投资130亿元,农村水利完成投资59.8亿元。全省现有注册登记水库952座,水库总集水面积2.09万平方千米,总库容35.20亿立方米,设计灌溉面积36.8万公顷,有效灌溉面积27.1万公顷,年供水量4.8亿立方米。全省共有泵站98779座,总装机功率401.48万千瓦。5级以上堤防51118千米,其中,1级、2级堤防总长5426千米。全省过闸流量1立方米/秒及以上水闸共36212座,橡胶坝51座。

建成5G基站7.1万座,基本实现全省各市县主城区和重点中心镇全覆盖。电力、天然气等能源保障能力进一步增强,海上风电、分布式光伏等新能源装机规模居全国前列。

江苏省企业"走出去"承接国际外包项目的步伐逐步加快,承接所涉及的领域也越来越多样,其中承接机场、港口、公路和铁路等建设的项目逐渐增多,对外投资和承接项目的领域逐渐扩展到矿产资源开发、新能源(太阳能、风能等)开发、房地产开发、农业项目开发、工业及生活垃圾发电、污水与污染处理、服装与印染行业、工业装备制造业等多个领域。

3. 国际服务外包承接地主要集中在苏南地区

江苏省服务外包业的发展排名一直位于全国前三的领先地位,发挥着模范带头作用。但是江苏省服务外包行业发展与区域经济发展不平衡相对应,存在着十分明显的区域发展不平衡现象。从苏南到苏中再到苏北地区,省内服务外包业的发展水平呈逐渐下降的显著趋势,苏南地区服务外包业的发展十分迅速且规模较大。迄今为止,全国共有31个国家级服务外包示范城市,其中江苏

有 5 个,分别为南京、无锡、苏州、南通和镇江,是全国示范城市最多的省份。2020 年,江苏五市全部实现服务外包离岸执行额正增长,合计离岸执行额约占全国示范城市总额三成。

这五个示范城市,以南京、苏州为首,带动全省服务外包业发展,形成产业聚集,其中,南京和苏州的各项指标一直在全国范围内名列前茅。2020 年,南京等国家级示范城市离岸执行额占全省比重约九成,支撑作用明显。苏南地区的制造业中外商直接投资金额总量较大、产业分布相对集中,经济基础较好,且交通方便、劳动力储备较为丰富,为国际服务外包的发展奠定了坚实的基础。然而苏北地区由于经济相对落后,缺乏相对完善的基础设施和人力资源,其服务外包行业的发展与苏南地区相比存在较大差距。

江苏省国家级示范城市整体实力无论数量上还是质量上都在全国处于领先地位,因此江苏也非常重视服务外包示范城市的支撑和辐射带动作用。新申请国家级示范城市徐州、常州等离岸执行额合计 27.9 亿美元,同比增长 71.2%,占比较 2019 年提升 3 个百分点。其中,徐州在 2020 年公布的新申请国家级示范城市综合评价中排名全国第一;常州结合自身产业优势,大力发展产业数字化,生产性离岸外包实现高速增长。

4. 离岸外包业务主要集中于信息技术外包,但结构在不断完善

2020 年,江苏省商务厅会同省发展改革委、省工信厅、省财政厅等八部门联合印发《关于推动服务外包加快转型升级的实施意见》,进一步明确了推动服务外包转型升级的总体要求、目标任务和政策举措,并把"大力推进数字化转型升级"作为主要任务之一提出。

在加强政策支持引导的同时,江苏还通过突出信息技术服务外包(ITO)业务支撑作用,挖掘知识流程服务外包(KPO)业务潜力,优化商业流程服务外包(BPO)业务内部结构等,取得积极成效。

2020 年,江苏离岸 ITO 业务执行额达 146.7 亿美元,占全省离岸外包执行额超一半,同比增长 13.3%。其中,以云计算、人工智能等为代表的新一代信息技术离岸业务执行额近 2 亿美元,同比增长 71.3%;离岸 KPO 业务执行额 104.5 亿美元,同比增长 12.0%。其中,生物医药领域离岸执行额 24.8 亿美元,同比增长 20.1%。数字技术和工业生产交汇领域的工业设计离岸外包执行额 29.3 亿美元,同比增长 33.7%,年净增量近 8 亿美元;BPO 业务离岸执行额约占全省离岸外包执行额 10%,其内部业务结构呈调整升级趋势:以营销服务和呼叫中心服务为代表的相对低端的业务运营服务离岸执行额,占 BPO 业务总比重从 2019 年底的 80% 下降到 62.3%,而数字化程度和附加值更高的维修维护服务离岸执行额占比则从 13.6% 上升到 30.6%。

5. 投资结构持续优化,为服务外包行业发展提高宝贵机遇

改革开放以来,伴随着经济体制的改革和省内经济的进一步发展,江苏省第一产业投资占比逐渐降低,第二产业投资的占比在小幅震荡减少,与此同时,第三产业的投资占比迅速提升。自党的十九大以来,江苏省进一步深入推进供给侧结构性改革,把发展先进制造业和现代服务业作为调结构、转方式、促升级的工作重点内容,优化全省的投资结构,努力推动省内经济实现高质量的增长。2020 年,江苏省第一产业、第二产业、第三产业的投资结构已经整体呈现二、三产业协调发展且第三产业占比逐步提高的良好态势。

服务外包行业作为当前第三产业中新兴服务贸易的代表性产业,在全省投资结构不断优化的大环境下可以为服务外包行业的发展提供宝贵的机遇。相对以往而言,可以获得更多的发展资金支持和政策鼓励,有利于进一步扩大省内服务外包行业的发展规模,拓展服务外包行业涉及行业领

域,完善服务外包行业的产业结构。

6. 高新技术产业蓬勃发展,为服务外包业增加资金支持

高新技术产业是国民经济中具有先导性和战略性的重要产业,加快发展高新技术产业,对于推动产业技术升级、构建现代产业体系具有重要作用,是提升经济发展质量水平和实现新型工业化的必然选择。2020年,江苏省组织实施前沿引领技术基础研究专项、前瞻性产业技术创新专项和重大科技成果转化专项共209项,省级拨款10.5亿元。当年认定高新技术企业13042家,大中型工业企业和规模以上高新技术企业研发机构建有率保持在90%左右,国家级企业研发机构达163家,位居全国前列。全省已建国家级高新技术特色产业基地172个。

高新技术产业产值平稳回升,运行质态好于全省工业水平。全省高新技术产业产值全年同比增长7.7%,高于全省工业平均水平2.2个百分点。其中,内资企业产值同比增长8.8%,增幅高于外资企业2.5个百分点,占比达60.1%,比2019年末提高3.1个百分点;苏南、苏中、苏北地区产值均继续保持增长,增幅达7.4%、8.0%、8.8%,分别比上年提高0.9、1.9、5.9个百分点。高新技术产业产值占规模以上工业比重达46.5%,比2019年末提高2.1个百分点。

服务外包行业作为以互联网信息技术发展作为支撑的新型服务业,是现代高端服务业的重要组成部分,具有科技含量较高的重要行业特征。省内高新技术产业的蓬勃发展可以为服务外包行业提供一定的技术和设备支持,有利于发展处于外包价值链较高端的知识流程外包和商业流程外包,提高省内服务外包的业务水平和优化省内服务外包的业务结构,有助于提高全省服务外包行业的市场竞争力和行业收益。

7. 教育事业的跨越发展,为服务外包业提供人才支撑

随着江苏省教育投入的持续增加,教育规模不断扩大,教育质量不断提升,教育改革不断深入发展。2020年全省共有普通高校167所。普通高等教育本专科招生67.4万人,在校生201.5万人,毕业生51.3万人。研究生教育招生9.0万人,在校生24.4万人,毕业生5.7万人。全省中等职业教育在校生62.5万人(不含技工学校)。特殊教育招生0.3万人,在校生2.0万人。全省共有幼儿园7903所,比上年增加3.9%;在园幼儿254.1万人,增长0.1%。2019年,全省地方教育经费总投入3109.33亿元,比上年增加281.69亿元,增长9.96%。其中,财政性教育经费2480.57亿元,占教育经费总投入的79.78%。

留学归国人员是宝贵的人才资源,为了更好地贯彻创新驱动发展战略,科教兴国、人才强省战略,以高精尖紧缺人才作为重点,出台了一系列吸引留学人员回国创业的相关战略举措。

江苏省教育事业蓬勃发展,为省内经济的蓬勃发展提供了优质的人力资源储备。服务外包行业作为以互联网信息技术发展为支撑的新型服务行业,是现代高端服务业的重要组成部分,具有科技含量高、国际化程度高和吸纳大学生就业空间广阔的显著特征,省内优质人才储备可以为服务外包行业的发展提供较为充足的人才支撑。

8. 创新搭建平台,助力企业开拓国际市场

在全球疫情持续蔓延、世界经济形势严峻复杂的2020年,江苏一方面"借台唱戏",一方面主动"搭台",全力协助外包企业开拓国际市场。

其中,在2020中国国际服务贸易交易会上,江苏以"数字驱动未来,创新引领发展"为主题,以"一展一会"的形式集结了107家企业,在国家最高平台上展示江苏数字服务实力,打响江苏数字服务品牌,同时也进一步扩大了国际"朋友圈"。与此同时,江苏还创新贸易促进方式,借助数字手段,首次举办"云聚江苏·服务全球"江苏服务贸易云上对接交流大会,组织外包企业抱团"云出海",意向成交超过 4 亿美元。

2020 年,在平台的推动下,江苏主要传统市场业务实现逆势增长,美国、欧盟、日本、韩国和中国香港、中国台湾仍为江苏离岸外包主要市场,占比达八成。美国依旧为江苏最大离岸业务发包国,全省承接美国业务执行额 60.7 亿美元,同比增长 33.7%;承接"一带一路"沿线国家(地区)业务执行额 42.7 亿美元,同比增长 14.3%,超过全省平均增幅。

此外,江苏在大力发展离岸外包业务的同时,进一步加快在岸外包业务的发展。2020 年,江苏离岸、在岸服务外包业务执行额分别为 274.8 亿美元和 278.2 亿美元,实现均衡发展。其中,信息技术研发服务业务、设计服务业务等重要业务领域离岸、在岸业务亦呈均衡发展态势。

9. 示范区集聚效应凸显,产业规模持续扩大

2020 年,中国(南京)软件谷中有 39 家服务外包企业完成执行额 36.2 亿美元。其中,执行额超过 1 亿美元的就有 3 家。

源于众多优秀服务外包企业的集聚发展,2020 年,商务部、中央网信办和工信部联合发布首批 12 家国家数字服务出口基地名单,软件谷是江苏省唯一入选单位;成功创建国家创新人才培养示范基地,新增培育"独角兽"、"瞪羚"企业 10 家,总数达 43 家,正是示范区集聚效应凸显、服务外包产业规模持续扩大后的强大数据回馈。

2020 年,软件谷软件业务同比增长 20.6%,占全市比重提升至 36%;新增软件产业建筑面积 98 万平方米,总量达到 1014 万平方米;新增涉软企业 370 家,总数达到 3142 家;新增涉软从业人员 3 万人,总数达到 30 万人,产业规模再上新台阶。

汇聚优势资源,精准服务企业,助推规模发展,正是南京服务外包产业的一大优势。包括软件谷在内,南京现有 5 个国家级和 2 个省级服务外包示范区。示范区内聚集了 1700 多家外包企业,占全市外包企业的七成;示范区内企业去年完成外包执行额 164.3 亿美元,占全市总执行额的 90.3%。

(二)江苏省服务外包发展的环境分析

1. 国际环境

(1)贸易保护主义抬头,世界经济复苏进程缓慢

2008 年世界金融危机给全球经济带来了巨大冲击,发达国家相继推出量化宽松政策,世界经济在重重艰难中缓慢复苏。随着发达经济体经济逐渐复苏,全球经济整体逐渐稳定。但世界经济的整体增长状况依旧十分缓慢,全球经济复苏的进程漫长而曲折。目前,世界经济仍处于全球金融危机之后的深度调整期,全球经济总体增长处于温和而不均衡的状态,结构性调整有待加快速度:一方面,发达经济体增长复苏的同时出现分化;另一方面,新兴经济体和发展中经济体面临本国经济结构的艰难调整,增长速度开始放缓,国际经济发展的前景不容乐观。

未来几年,全球产能过剩压力依然较大,发达经济体人口老龄化、高福利弊端、经济虚拟化问题依然存在,以金砖国家为首的经济体增长进一步放缓。与此同时,贸易保护主义在美国政府的作用下将进一步加剧,从而使世界经济复苏的步伐难以加快。全球经济增长有待各国政府进一步推进

国内产业的结构性改革,扩大基础设施投资,进一步推进贸易投资自由化并改善商业条件、提高生产率。服务外包行业发展的驱动力源自降低成本、提高效率和增加价值,金融危机对世界经济的打击固然在很大程度上影响我国服务外包行业的发展前景,对江苏省服务外包企业获得新的发包机会也会产生相应的阻碍。然而从某种程度上来看,机遇与挑战并存,经济不景气的时期也是服务外包行业发展难得的机遇期,面对国内如今相对低迷的外包行情,江苏省服务外包企业应当积极发挥自身的积极性,指定具有前瞻性和可行性的发展战略,充分利用自己资源优势并对企业进行创新升级,努力提高自身的实力,为企业能够在未来服务外包行业的繁荣市场中屹立不倒奠定坚实的实力基础。

（2）发达国家人口老龄化日趋严重,外包机会增多

根据联合国公布的《世界人口展望》报告,2020年全球总人口约为77亿,发展中国家的人口占据世界人口的绝大部分(超过80%)。其中,中国和印度依旧是全球人口最多的两个国家,分别占全球人口总数约19%和18%,预计2027年印度人口将超过中国成为世界第一人口大国。由于世界人均寿命延长和生育观念改变等原因,今后几十年全球人口老龄化程度将更加严重。据联合国预计,到2050年,世界人口总数将达到97亿,到2100年,全球人口将接近110亿,届时全球人口增长将降至零。全球平均生育水平从1990每名妇女平均生育3.2个孩子降为2020年每名妇女平均生育2.4个孩子,到2050年,这一数字将继续下降到2.2。与此同时,全球人均预期寿命已经从1990年的64.2岁增加到了2020年的72.6岁,到2050年可能增加到77.1岁。以日本为代表的发达国家面临严重的人口老龄化问题,据联合国统计,到2050年日本65岁以上的老年人数量将达到近4000万,每1.1个劳动力就要供养一名老年人,而目前这一比例是1.8,为全球最低。由此可见,发达国家的青壮年劳动力相对供应不足。发达国家劳动力市场目前所面临的这种现状无疑会对其承接离岸服务外包不利,有利于我国企业承接国际产业转移,促进国内产业结构优化升级。

（3）新一代信息技术为外包发展提供新动力

21世纪是信息科技的时代,信息技术成为当代世界经济增长的新动力。信息科技产业已成为世界各国,特别是众多发达国家竞相投资、重点发展的战略性产业部门,希望能够通过抢占科技信息高峰在未来的经济发展中继续保持领先地位。近十年来,以移动互联网、社交网络、云计算和大数据为特征的第三代信息技术蓬勃发展,为服务外包的发展提供新动力,由于网络互联的移动化和泛在化、信息处理的集中化和大数据化、信息服务的智能化和个性化,被称为"新一代信息技术"。未来信息网络发展的趋势之一是实现物与物、物与人、物与计算机的交互联系,将互联网拓展到物端。通过泛在网络形成人、机、物三元的完美融合,进入万物互联的新时代。

近期,第五代移动通信技术(5G)的诞生和推广在全球范围内引起了广泛关注,中国的科技实力得到了国际社会的广泛认可,也成为通信业、社会大众以及学术界探讨的热点话题。而5G网络的主要优势在于,数据传输速度远远高于以往的蜂窝网络,最高可达10Gbit/s,比当前的有线互联网都要快,比先前的4G LTE蜂窝网络要快100倍。另一个优点则是响应时间更快,低于1毫秒,而4G为30—70毫秒。由于数据传输的大幅增速,使世界范围内的信息交流将变得更加便利,可以为江苏省承接国际服务外包提供有力的技术支持,行业的工作效率也会因此得到有效提高,有利于服务外包行业在全球范围内的蓬勃展开。

商务部数据显示,2020年受新冠肺炎疫情等多种因素影响,我国实现服务进出口总额45642.7

万亿元人民币,同比下降 15.7%。在各方共同努力下,服务进出口增速降幅逐季收窄趋稳,服务出口明显好于进口,贸易逆差减少,知识密集型服务贸易占比提高。2009 年至 2019 年,我国服务业外包执行金额从 200.0 亿美元增至 1753.5 亿美元,年均增长率近 25%,加快产业向高端化、数字化、融合化、标准化方向创新发展,向高技术、高附加值、高品质、高效益方向转型升级,成为数字经济时代提升我国全球价值链层次的战略选择。

(4)离岸接包市场的国际竞争加剧

全球外包业务的离岸发包市场由美国、欧洲、日本等发达国家和地区主导,其中,美国是全球最大的离岸发包国,日本是亚太地区第一大离岸发包国,全球第五大发包国。这些国家和地区离岸业务发包规模占全球外包市场的近九成。而与之相对应,以中国、印度为代表的新兴经济体则是国际服务外包市场上的主要接包国。全球离岸接包市场竞争较为激烈,中国、爱尔兰和印度组成了软件接包国家的第一梯队,服务出口额分别为 2051.1 亿美元、2836.0 亿美元、2389.6 亿美元;菲律宾、墨西哥和俄罗斯组成了第二梯队;澳大利亚、新西兰和马来西亚等国家组成了第三梯队。根据管理咨询公司科尔尼以国家作为单位,分别从金融吸引力、劳动力人口技能水平及可获得性、综合营商环境和数字化能力这四大维度出发,对信息技术外包服务(ITO)、业务流程外包服务(BPO)和语言服务等服务领域进行综合评估,从而得出全球离岸服务目的地指数。

由于离岸外包是全球化的竞争,竞争的主体参与者虽然是企业,但国家的整体竞争力至关重要。很多发包商往往先考虑目的地国家,再考虑目标企业。由于相对低成本,发展中国家在全球竞争中具有一定的比较优势。与经济较为发达的国家相比,中国企业承接服务外包企业的国际化程度较低,全球化运营能力还不够强,因而承接离岸外包的能力较弱,国际市场开拓相对困难。与信息技术水平较高的印度等国相比,中国企业的国际化水平和技术水平还有一定差距。中国虽然正在逐渐丧失劳动力低成本优势,但是在东亚地区仍有一定的接包优势。中国与日本、韩国因为同在"东亚文化圈"内,有着相对深厚的历史渊源,兼具地理相近、文化相通等优势。独有的学习日韩语言文化的优势是中国相对于其他竞争国家,如印度、菲律宾、俄罗斯、波兰、越南等国所无法企及的。随着中日韩等国之间经贸合作日益深化,人文交流日益频繁,中国相对拥有较多的通晓日语、韩语和软件的复合型人才,人力资源的成本较低,合作优势十分明显。因此,即使中日韩关系由于政治因素降温,但中国仍是日本、韩国的服务外包产业的发包首选。事实上,在日本的软件产业中,60%以上的离岸服务外包业务由中国企业进行承接。当前,印度、俄罗斯、韩国、菲律宾、新加坡和泰国等新兴经济体均在一定程度上放松了对服务业的管制,纷纷采取措施为承接国际服务外包创造有利的国内发展条件。与此同时,美国、德国以及其他发达国家凭借其资金、技术、人才、管理和地理交通等各方面的优势,也积极参与到承接国际服务外包业务的竞争中来,市场竞争进一步加剧。

(5)"一带一路"倡议为发展服务外包提供新空间

"一带一路"倡议提出以来,"一带一路"沿线国家已逐渐成为中国服务外包合作的重要区域,并日益成为中国离岸服务外包的新增长点。中国承接"一带一路"服务外包业务主要集中在东南亚11 国(即东盟 11 国)、西亚北非 16 国和南亚 8 国,三者占比超过 85%。2014—2019 年,中国承接"一带一路"服务外包合同额从 125.1 亿美元增长至 317.3 亿美元,年均增长 20.5%,比同期中国离岸服务外包合同额增速高 6.4 个百分点,占中国离岸服务外包合同额的比例从 17.4% 增长至22.8%;执行额从 98.4 亿美元增长至 185.0 亿美元,年均增长 13.4%,比同期中国离岸服务外包执行额增速高 1.8 个百分点,占中国离岸服务外包执行额的比例从 17.6% 增长至 19.1%。加强基础设施和加工制造领域合作是"一带一路"建设的重要方面,由此推动以工业设计外包、工程技术外包为主的知识流程外包领域合作大力发展。2019 年,中国承接"一带一路"沿线国家知识流程服务外包执行额 89.5 亿美元,同比增长 11.7%,占承接"一带一路"沿线国家服务外包执行额的 48.4%。其中,工业设计服务外包执行额 35.4 亿美元,增长 24.2%;工程技术外包执行额 33.6 亿美元,增长 22.8%。

(6) 全球服务外包发展不确定因素增加

一方面,全球经济增速出现持续放缓。当前全球经济仍处在长周期的深度调整阶段,新冠肺炎疫情冲击进一步加大全球经济下行压力,IMF、世界银行、OECD 等国际组织纷纷下调全球经济增长预期。根据世界银行在 2020 年 6 月份发布的《全球经济展望》,2020 年全球经济增速预期下降 5.2%,90% 以上经济体增速预期为负;发达经济体增速预期下降 7.0%,新兴市场和发展中经济体增速预期下降 2.5%。另一方面,逆全球化趋势加剧。当前多边贸易规则和国际经济秩序遭受挑战,单边主义、贸易保护主义有所抬头。2020 年 1 月,中美签署第一阶段经贸协议,为恢复互利共赢的中美经贸关系打下基石,但中美贸易摩擦具有长期性和复杂性,不确定性依然很大。在逆全球化背景下,承接国际服务外包不确定性增加。

(7) 新冠肺炎疫情促进生物医药和线上经济发展

新冠疫情将显著提升医药健康产业的战略价值。为应对疫情,各国政府大力支持生物医药企业加快研发,开展快速检测、临床诊治、疫苗研发等科技攻关,与疫情相关的中药研发及产业链、新药研发生态体系及产业集群、医疗器械和诊断技术、基于人工智能和 5G 技术的医疗信息化技术等领域迎来重大发展机遇。此外,疫情激发线上经济需求迸发。疫情对线下经济的冲击,反过来激发了对线上经济的替代需求,以"互联网+"为代表的新兴消费模式在极短时间内得到前所未有的发展和普及。后疫情时代,生物医药研发服务外包和信息技术服务外包具有广阔的发展前景。

(8) 亚洲地区服务外包发包规模增长迅速

美欧依然是全球服务外包最重要的发包区域,但随着全球经济中心逐渐向亚洲地区转移,亚洲地区尤其是东南亚地区服务外包活跃,是最为重要的增量市场。2010—2019 年,亚洲地区服务进口年均增长 5.9%,比同期欧洲地区服务进口年均增速高 1.2 个百分点,比同期北美地区服务进口年均增速高 2.8 个百分点。2019 年,亚洲地区 GDP 实际增长率达 3.9%,其中,东南亚地区 GDP 增速达 4.3%,高于欧洲地区 1.4% 的增速,高于北美洲 2.3% 的增速;2019 年,中国承接东南亚国家服务外包 99.0 亿美元,同比增长 8.6%。

2. 国内环境

(1) 国民经济发展进入"新常态"阶段

中国经济在经历十多年的经济高速增长后,经济总量大幅度增加,引起了世界的瞩目,然而近几年 GDP 的增速却逐渐放缓,经济发展由高速增长转为中高速增长,从 2010 年的 10.6% 下降到 2018 年的 6.6%。2020 年,新冠肺炎疫情百年不遇,世界经济深度衰退,多重冲击前所未有。与此同时,我国经济总量突破百万亿大关。全年国内生产总值达 101.6 万亿元,比上年增长 2.3%,是全球唯一实现经济正增长的主要经济体经济,按年平均汇率折算,2020 年我国经济总量占世界经济的比重预计超过 17%。与此同时,结构不断优化,逐步由要素驱动和投资驱动转为创新驱动,经济发展步入新常态阶段,是中国经济结构转换的关键期。在此背景下,服务外包行业作为新型服务业的代表,应当抓住宝贵的历史机遇大力发展服务外包,并以此推进产业结构的优化升级,为经济发展贡献力量。在新发展理念下,江苏全面落实供给侧改革的部署,全省固定资产投资的增幅稳中趋缓,进入中高速的稳定增长阶段,更加注重投资结构、质量和效益。

目前,中国正处于产业转移升级,结构调整的关键时期。尽管目前我国仍然处于工业化发展阶段,科技进步对经济增长的支撑作用不断增长,服务业对 GDP 增长的贡献率已经超过制造业,我国产业结构正在逐渐由工业主导型向服务员主导型转变进行转变,2020 年全国服务业生产指数与上年持平。信息传输、软件和信息技术服务业,金融业增加值分别增长 16.9%、7.0%,增速分别快于第三产业 14.8、4.9 个百分点。

根据商务部数据显示,2020 年,全国实际使用外资 9999.8 亿元人民币,同比增长 6.2%,规模再创历史新高。引资结构进一步优化。服务业实际使用外资 7767.7 亿元人民币,增长 13.9%,占比 77.7%。高技术产业吸收外资增长 11.4%,高技术服务业增长 28.5%,其中,研发与设计服务、科技成果转化服务、电子商务服务、信息服务分别增长 78.8%、52.7%、15.1% 和 11.6%。主要来源地保持稳定,对华投资前 15 位国家和地区,投资增长 6.4%,占比 98%,其中荷兰、英国分别增长 47.6%、30.7%。东盟对华投资增长 0.7%。在全球经济下行趋势和国内经济增速放缓的双重压力下,服务贸易成为我国经济新的增长点和重要突破口。随着我国经济发展阶段的逐步演变和国家产业结构的有序调整,我国服务业的发展必将迎来蓬勃发展的美好春天,而代表新型服务业发展方向的服务外包行业也将因为置身其中而有机会获得突破性的发展机遇。

(2)人口红利逐渐丧失,成本优势不再凸显

2020 年,我国总人口达到 14.1 亿人,约占全球总人口的 18%,仍然是世界第一人口大国。过去十年间,我国人口实现了从 13 亿人到 14 亿人的跨越,人口总量增加了 7206 万人,比 2010 年增长了 5.38%,年均增长 0.53%,略低于上一个十年 0.57% 的平均增长率。“人口红利”在很长一段时间是中国经济增长发动机之一,但如今这个发动机正在“老化”。目前我国 60 岁以上人口数接近 2.5 亿,65 岁以上人口数约 1.75 亿,预计到 2025 年,65 岁以上人口数会超过 2.5 亿。按照联合国的标准,65 岁以上人口占比超过 7% 即进入老龄化社会,超过 14% 即进入老龄社会。这意味着,到 2025 年,我国就将进入老龄社会。

新常态下的中国经济增长同时面临着劳动生产率效应和人口红利效应下降的双重挑战,其中,劳动生产率降低使得我国总体经济增长乏力,且人口红利下降早已对我国经济增长造成较大的抑制作用。

在人口红利的支持下,廉价而丰富的劳动力资源为我国经济曾经的高速发展贡献了不容忽视的重要力量。然而随着我国经济发展水平的不断提高,生活成本的逐渐上升和文化教育的广泛普及,职工的工资水平也随之上升,企业的劳动力成本较以往大幅提高,企业的劳动力成本优势逐渐式微。与此同时,我国人民币经历了持续多年的升值过程,这些因素使得我国劳动力的平均成本较以往大幅提高,在国际社会上的人口优势逐渐消失。正是在这一大背景下,不少原本在中国设立工厂的外国劳动力密集型企业,甚至本国的一些劳动力密集型企业为了节约劳动力成本,开始将战略目光转向经济发展水平较低、劳动力成本较低的东南亚地区。

目前,江苏省服务外包企业的业务以劳动密集型的服务外包为主,一旦劳动力成本显著增加,

原本的竞争优势就很难凸显,进而导致省内服务外包行业的国际竞争力下降。

(3) 丰裕的人才储备为服务外包升级奠定基础

中国作为世界人口最多的国家,人力资源非常丰富。随着中国义务教育的全国普及和高等教育的不断发展,2020 年九年义务教育巩固率为 95.2%,比上年提高 0.4 个百分点,高等教育的毛入学率达到了 54.4%,即将由高等教育大众化阶段进入普及阶段,大学毕业生人数逐年增加,持续增长的高校毕业生将为服务外包产业的发展提供充足的人才支撑。

全球教育实力较强的院校主要聚集在美国、欧洲等地,短期内非中国能望其项背,因而更多人选择留学获得更好的教育资源。中国出国留学人数逐年增长,而且这些留学归来的学生绝大多数选择回国择业,这些同时拥有语言和技能优势的国际化人才具备从事服务外包工作的独特优势。数据显示,2013—2019 年,中国出国留学人数逐年增长,增速波动较大。2019 年,中国留学人口规模已经突破 70 万人,达到 70.35 万人,各类留学回国人员总数为 58.03 万人,留学市场持续扩大。其中,2020 年在疫情的影响下,大部分中国计划留学的学生选择推迟留学。

与此同时,国内经济的繁荣吸引了一些长期移居海外的华人归国发展。这些在欧美等发达国家已经站稳脚跟,甚至成功创办自己公司的优秀华人,不仅拥有拓展国内外市场所需要的技能、人脉和国际交流能力,还为我国带来了丰裕的外商直接投资,给中国企业带来了宝贵的知识资本和管理经验。

二、江苏省服务外包发展中存在的问题

(一)服务外包规模不断扩大,但发展速度逐渐放缓

江苏省服务外包行业从 2007 年开始起步,由于国内经济发展的利好环境以及国家和省级政策的大力支持,近年来发展趋势十分迅猛,在全国范围内处于领先地位。2008 年全球金融危机爆发后,江苏省服务外包行业依旧保持着高速发展的利好态势,2020 年,江苏省服务外包业务合同额723.5 亿美元,同比增长 16.1%。业务执行额 556.2 亿美元,同比增长 8.5%,其中向境外提供服务的离岸服务外包执行额 274.8 亿美元,居全国首位,同比增长 13.3%。外包规模不断扩大,这说明了江苏省服务外包能力有了大幅度提升。虽然外包业务总量逐年提升,但增速连年下降,在2013 年之前,江苏省外包增速始终保持在 30% 以上,而从 2014 年开始,江苏省服务外包的发展增速始终保持在 30% 以下,到 2020 年降至 16.1%。究其原因,一方面,由于江苏省服务外包规模不断扩大,使得服务外包合同额的基数不断扩大,外包增长的剩余空间相对缩小,进而导致增速相对下降。另一方面,全球经济增速出现持续放缓。当前全球经济仍处在长周期的深度调整阶段,新冠肺炎疫情的冲击进一步加大全球经济下行压力,IMF、世界银行、OECD 等国际组织纷纷下调全球经济增长预期,使得世界发展的前景并不明朗,发达国家出于国内经济发展、促进就业等考虑,发包与以往相比并不积极,同时,来自国内其他地区强有力的服务外包竞争者以及其他发展中国家接包的低成本优势也不同程度地分割了国际外包市场的份额,综上,在这些因素的共同作用下,江苏省服务外包的增速逐渐下滑。

（二）外包结构不断优化，但业务主要集中在中低端

江苏省服务外包近些年不仅在总量上取得了快速发展，同时服务外包业务的质量水平也在逐步稳定提升，承接服务外包的业务结构不断优化。信息技术外包(ITO)、知识流程外包(KPO)、商业流程外包(BPO)的离岸合同执行额一直维持着稳定上升的状况，ITO、BPO 发展状况良好。以BPO 为例，2013 年 BPO 离岸执行额占全国离岸服务外包总额的 14.0%，到 2020 年全国占比上升至 16%。而江苏省作为全国服务外包发展较快的一个省份，其发展结构、发展速度紧紧跟随着国家的脚步，也更加注重知识流程外包和商业流程外包这类高附加值的服务外包模式的开发与发展。以知识流程外包为例，2017 年、2018 年、2019 年的全省知识流程外包额分别占省内服务外包总额的 38.1%、40.4%、37.4%，说明江苏省外包产业的结构总体呈现不断优化的良好态势。

目前，服务外包业务主要分为 ITO、BPO、KPO 三类，相比较来看，KPO 业务的技术要求和附加值含量最高，BPO 业务次之，ITO 业务在三类中最低。在服务外包领域，中低端业务竞争最为激烈，主要依靠低劳动力成本优势取胜。就江苏省服务外包产业结构来看，依旧以中低端产业为主。虽然商业流程外包(BPO)和知识流程外包(KPO)近几年也在维持着快速发展的趋势，但在服务外包总量中的占比依旧过低，信息技术外包(ITO)依旧占据着主要地位。从近几年的数据来看，两者相加的数量额依旧没有超过信息技术外包的数额。虽然江苏省开始慢慢从中低端外包向高端服务外包转型，但就服务外包业这类知识密集型产业的需求来看，服务外包业整体的创新能力和知识技术水平还是有所欠缺的。而这些局限性因素往往会影响省内 BPO 和 KPO 的发展，这也是 BPO 和 KPO 占比过低的主要原因之一。随着服务业技术水平的进一步提升和创新优势的不断突显，江苏省服务外包的发展会更加趋向高技术知识密集型的中高端业务。

江苏省突出信息技术服务外包(ITO)业务支撑作用，挖掘知识流程服务外包(KPO)业务潜力，重点发展以生物医药研发、工业设计等业务为主的 KPO 业务。其中，生物医药领域离岸执行额24.8 亿美元，同比增长 20.1%。2020 年，作为数字技术和工业生产交汇领域的工业设计离岸外包执行额 29.3 亿美元，同比增长 33.7%，年净增量近 8 亿美元。优化商业流程服务外包(BPO)业务内部结构。BPO 业务离岸执行额约占全省离岸外包执行额 10%，其内部业务结构呈调整升级趋势。数字化程度和附加值更高的维修维护服务离岸执行额 8.1 亿美元，为去年同期的 1.6 倍，占BPO 业务总比重由 2019 年底的 13.6% 上升到 30.6%。

（三）外包产业集聚在苏南地区，区域发展十分不均衡

江苏省服务外包业常年位于全国前三的区间内，具有领头军的作用。迄今为止，江苏省已经拥有五个国家级别的服务外包示范城市，分别为南京、苏州、无锡、南通、镇江。五个示范城市以南京、苏州为首，带动全省服务外包业发展，形成产业集聚。南京和苏州的各项指标一直名列前茅。2016年的全球服务外包大会上，南京市与北京市被评为服务外包行业最具影响力城市。2018 年，南京以 60.67 亿美元的服务外包离岸执行额位列全国之首。江苏省服务外包行业存在着较为明显的区域发展不平衡，从苏南到苏中、苏北，全省服务外包业水平呈现逐渐下降的显著趋势。苏南地区服务外包业发展十分迅速，苏南五市中的南京、苏州、无锡、镇江就占据了江苏省五个国家级服务外包城市中的四个名额。据商务部数据显示，2020 年，江苏省南京、无锡、苏州、南通、镇江服务外包离

岸执行额分别为68.6亿美元、77.7亿美元、52.4亿美元、34.4亿美元、10.3亿美元,五市合计离岸执行额243.4亿美元,占全国示范城市总额约三成,五市全部实现服务外包离岸执行额正增长。其中,无锡市服务外包离岸执行额仅次于上海、杭州两市,位列全国第三,南京市仅次于北京市,位列全国第五。2020年,南京等国家级示范城市占全省比重约九成,支撑作用明显。新申请的国家级示范城市徐州、常州等离岸执行额合计27.9亿美元,同比增长71.2%,占比较2019年提升3个百分点。其中,徐州在2020年公布的新申请国家级示范城市综合评价中排名全国第一;常州结合自身产业优势,大力发展产业数字化,生产性离岸外包实现高速增长。另一外包示范城市——南通位于苏中,而苏中也只有南通的服务外包业处于较好状态,其余城市服务外包的发展仍处于较低水平。而就苏北的服务外包业整体发展来看,远远低于苏南地区,据统计,苏北的服务外包接包金额只占据了全省服务外包接总量的5%左右。

(四)外包业务市场国过于集中,"一带一路"市场开拓仍不足

随着国家"一带一路"相关政策的不断推进,为我国发展服务外包进一步拓宽了市场。2020年,江苏承接"一带一路"沿线国家和地区的离岸业务执行额同比增长14.3%。"一带一路"沿线国家和地区外包业务市场的开拓为江苏省服务外包市场多元化的发展奠定了良好的基础。但是,长期以来,江苏省离岸外包业务的发包国以欧美国家为主。2020年,美国、欧盟、中国香港、中国台湾、韩国和日本仍为江苏省离岸外包主要市场,离岸业务额占比达80%,由此可见,江苏服务外包的发包国家过于集中,是省内外包业速度有所下滑的重要原因之一。因此,江苏省不仅仅要努力维护已有的主要欧美外包市场,还要进一步加大对"一带一路"国家服务外包市场的开拓,努力形成服务外包行业多元化市场的发展格局。

(五)缺乏承接国际服务外包的高素质专业人才

服务外包业作为知识密集型产业,对劳动力的教育水平、知识和创新等方面有着较高要求,高素质的人才投入对整个产业的发展起着积极的促进作用,而服务业、服务外包业的快速发展,同时也有效促进了劳动力水平的提升,两者之间是相辅相成的关系。

江苏省作为全国知名的教育大省,拥有的高等院校数量排名全国第一。从理论上来看,理应具有比较充足的高质量人才储备。但事实上,省内服务外包行业的人才结构不尽完善,比例失调,尤其是擅长外语和具备实践操作能力的复合型人才严重缺乏,大部分从业人员由于知识能力限制,只适合从事中低层次的非核心软件外包业务,导致服务外包的整体水平较为低下。

(六)承接服务外包的企业实力有限

目前,江苏省服务外包相关企业的国际化水平较低,全球化的运营能力较弱,承接离岸外包的能力较低,国际市场开拓困难,相关设备也不够完备。本土实力不强的服务外包企业一般难以走出国门,需要积极依托省内部分企业对世界各国和地区的直接投资,借助其资源网络,通过承接跨国公司业务,同时掌握国际市场信息,汲取更多国际服务外包的承接经验以增强竞争力。综合来看,要提高省内服务外包产业的国际竞争力需要接包企业在参与国际服务外包业务竞争时,做到有效借助省内资源建立接包企业、省内高校和科研院所的发展联盟,实现大学与科研机构的创新研发资

源和企业的经营管理资源的优势互补以及研发链和产业链的有机结合,还需要接包企业运用知识产权规则保护属于自己的知识产权,建立企业自主创新发展体系。

（七）承接国际服务外包的企业融资困难

事实上,江苏省各地区的服务外包产业整体还处于全球价值链比较低端的不利位置,跨行业整合水平还不够,企业的优势和竞争力相对有限。而企业对于高附加值环节的开拓升级以及行业合作共赢需要通过加大资金投入来进行进一步的探索发展。省内的服务外包企业绝大多数是中小型企业,资产规模较小、运营管理制度存在缺陷、社会诚信体系建设相对滞后以及缺乏资产和其他实物抵押品等原因,行业内较为普遍存在着"融资难、融资贵"的问题。如何通过金融手段创新和政府财政支持,促进省内服务外包企业的融资信息与金融机构提供的金融服务进行快速对接,加大金融支持服务外包产业发展的力度、构建更加完善有效的服务外包产业投融资体系,已经成为江苏省发展壮大服务外包产业、推动服务外包产业升级优化的重要问题。

（八）知识产权保护环境仍不理想

服务外包产业的发展与知识产权保护力度密切相关,我国的知识产权保护力度虽然与过去相比提升不少,但社会上仍存在着很多侵占他人创意成果的剽窃行为,与发达国家相比知识产权保护的环境不甚理想。由于离岸外包是全球化的竞争,竞争的主体参与者虽然是企业,但国家的整体竞争力至关重要,很多发包商往往先考虑目的地国家,再考虑目标企业。我国对于知识产权保护的相对疏忽无疑在某种程度上影响我国服务外包企业在国际市场上的形象和接包合同额,从而制约了我国服务外包产业的发展。

三、推动江苏省发展服务外包的建议与对策

近几年,国际贸易和投资的发展前景不甚乐观,服务外包逐渐成为当前跨国投资领域的新趋势,这是当前江苏省经济发展中一个难得的机遇。而抓住这个机遇,需要江苏省政府充分重视服务外包行业的发展,从实际出发来制定相关的政策安排,为全省服务外包行业的发展指引方向、保驾护航,对此应当做到以下几点:

（一）加强服务外包人才培养,引进专业人才

由于服务外包行业发展的国际性、多样性和快速性,服务外包行业对人才在技能和素质等方面的要求也越来越高,服务外包人才的培养和积累对于促进服务外包发展、推动服务业结构升级起着重要的作用。虽然江苏省一直致力于人才培养的投入,不断增添相关的培训机构单位和聘用相关的专业人才教学,但当前江苏省服务外包行业的人才结构不尽合理,尤其是中高端从业人才和复合型人才相对匮乏。服务外包人才的培养方式需要一直不断改进。学校或机构可以提供相关的社会实践项目,理论与实践的结合式教育模式比传统的教育模式更贴合现代企业的真正需求,尤其是对于高端的服务外包人才来说。

对此,政府应当鼓励社会各界积极开展各式各样的服务外包专业人才培训活动。江苏省作为

文化名省,高等院校众多,其中不乏教学质量较高的知名高校,优秀人才储备较为丰富,但是缺少服务外包行业所亟需的复合型优秀人才。因此,江苏省政府和相关教育部门应当加大对服务外包人员教育培训的支持力度。其中,各大高校也应当为相关专业的在校大学生进行服务外包有关的培训交流,支持高校以人才需求为导向,调整和优化服务外包专业教学和人才结构,依照服务外包人才相关标准有的放矢地组织实施相应的教学活动,进行课程体系设置改革试点,鼓励高校和企业创新合作模式,积极开展互动式人才培养,共建实践教育基地,加强高校教师与企业资深工程师的双向交流,形成江苏省服务外包人才定制化培养"升级版"。在社会上,政府要支持省内服务外包培训机构开展大学生岗前培训,鼓励省内服务外包培训机构积极开展具有国际认可资质的服务外包中高端人才培训,从而能够让更多的有志于从事服务外包行业的社会群体了解和掌握服务外包行业的专业知识技能,为江苏省服务外包行业的发展贡献智慧和力量。此外,江苏省政府有关部门应该制定具有足够吸引力的优秀人才引进政策,加大服务外包行业的宣传力度,加速引进其他地区高质量的高端服务外包人才和来自其他国家具有国际服务外包从业经验的人才,吸引鼓励海外留学人员回国从事服务外包产业相关工作。

(二)解决企业融资问题,加快服务外包企业发展步伐

从全省来看,省内接包企业的固定资产比重小,可供抵押和担保的资产少,但接包的前期研发费用较大,资金回收期较长,企业资金压力大、融资需求强。而商业银行风险投资体系的不完善以及缺乏对服务外包企业的了解,使得企业在融资方面存在许多障碍,加之风险投资机制不健全,企业融资渠道狭窄,制约企业发展。为了促进我国服务外包产业的健康迅速发展,江苏省政府不断加大财政扶持力度,改善财政资金政策结构,提高资金使用的效率,从实质上加速产业发展壮大,改善全省服务业指引资金支出结构,促进相关企业大力开展国际服务外包业务的研究、人才培训、公共服务、资格认证等。提高财政资金的运营效率,通过发展全球服务外包产业将江苏基础服务外包指引到正确的发展道路上来,促使服务外包不断扩大。

此外,政府应当为具有发展潜力的中小型服务外包企业提供相应的信用担保,加强基金建设,鼓励优质的服务外包企业发展,对发展迅速的服务外包企业给予一定的政策支持和资金奖励。在调控方面,政府可以健全税务政策,发挥税收的杠杆作用,对跨国企业、中小型企业适当减免税务,以此来增加江苏省服务外包业的吸引力。针对全省服务外包行业中的成熟企业数量偏少的问题,政府应该努力发挥政策和政府投资型基金的作用。

在"一带一路"政策下,江苏省应继续加强省内"一带一路"建设规划,并由政府出面,抓住国际合作机会,鼓励外商投资,积极引进外资,以此来解决中小企业前期资金短缺的问题。另外,包括江苏"一带一路"投资基金在内的政府型投资基金,也可以解决一部分中小企业资金短缺的问题,对有潜力的企业注入资金援助,使企业度过研发前期,帮助企业模式升级,加快企业发展步伐。如此一来,省内成熟企业的数量和质量都会有所提升,从而能够推动服务外包行业的发展。与此同时,省政府应当通过完善规章制度和提高行政效率,适当降低服务外包企业的获得资金的门槛来鼓励省内服务外包企业的发展,相关服务外包登记注册部门对于从事服务外包的企业在进行审核和登记时,可以在不违背国家现有法律法规的基本前提下,给予一定程度的手续便利,为服务外包企业的发展保驾护航。

（三）发挥产业集聚效应和学习效应，促进区域产业平衡发展

江苏省以南京和苏州的服务外包园区作为中心，形成了服务外包行业的产业集聚。南京和苏州的工业园区发展速度较快，因而，所处的产业链位置也较为高端，知识产权保护等法律意识也较为强烈。就全省区域发展不平衡的现状来看，相关管理部门可以借助苏南产业链的力量，发挥产业集聚效应，通过园区合作来实现园区间的二包、三包，这样既能带动苏中、苏北落后园区的发展，也使得较为先进的园区能够专注于高端外包业务。另外，政府也可以出台相关的帮扶政策，加强园区间的交流与学习，让先进的园区有对象、有目的地来帮助落后地区的园区建设，落后园区学习先进园区相关管理、生产、法律等方面的模式，以此来解决苏北、苏中服务外包园区落后的问题，推动区域平衡发展。

与此同时，不同区域的服务外包企业应充分发挥各自的比较优势，积极开展服务外包业务，把江苏建成我国乃至世界发展服务外包的重要承接地。首先，江苏应认真总结苏州、无锡、南京服务外包发展的经验，尽快向其他城市进行试点推广。其次，重点鼓励苏中、苏北地区积极举办各种形式的专题招商活动，宣传投资环境，提高知名度。其中，可以学习无锡的招商经验，在班加罗尔、孟买、东京设立商务代表处，宣传无锡的投资环境和优惠政策。最后，各地采取差别化策略。江苏各个城市在发展服务外包的时候应采取差异化、专业化的发展道路，发挥区域优势，形成特色鲜明的产业，整合载体及服务资源，推动各区域服务外包协调健康发展。

（四）加强科技研发投入，充分利用技术溢出效应

1. 加强科技研发投入，提高自主创新能力

为提高江苏省服务外包行业的发展水平，政府需要完善相关政策，鼓励服务外包企业进行自主创新。政府鼓励与推动服务外包企业通过自主创新从"中国制造"到"中国创造"转变。政府可以通过设立消化吸收专项基金等方式推动企业做好引进与消化、吸收、创新、再出口工作，鼓励和支持服务外包企业依靠自主创新实现转型升级，制定对自主创新企业的金融扶持政策，实行税收优惠政策，鼓励有能力的企业积极上市获得创新资本，还应当建立多重融资渠道，保障研发项目有持续的资金投入，通过资本市场的进入为自主创新能力提供必要的财力支持。

与此同时，企业应当加强创新文化建设，重视创新意识培养。建立符合科学发展规律的创新意识，营造宽松自由的创新环境，强化创新意识的培养，加强企业创新文化的积淀与传承。服务外包企业可在观念和制度上推动自主创新文化建设，建立"产权清晰、责权明确、政企分开、管理科学"的现代企业制度，以企业使命与愿景目的驱动自主创新能力。

2. 加强国际交流合作，充分利用技术溢出效应

作为服务外包的发包方，相对接包方来说，具有较为先进的管理经验和技术水平，通过加大与发包方的关联度，可以更有效地促进发包方的技术溢出，从而更有利于服务业技术进步，推动服务业结构升级。对此，省内服务外包的接包企业应当与发包企业建立长期信任的合作机制，要努力做到保质保量地完成所承接的服务外包业务。这意味着，不仅要加强承包企业和发包企业在原材料采购等方面的后向关联度，更应当加强在技术和创新方面的前向关联度，如技术研发和创新等。此外，江苏省政府应实施相应的积极政策措施来吸引跨国公司的研发中心进驻江苏，从根本上提高省

内服务外包行业整体的技术水平,促进省内服务业结构优化升级。

(五)加大知识产权的保护力度,打造江苏服务外包品牌

1. 加大知识产权保护力度

国际服务外包是知识密集型行业,不尊重知识产权就没有服务外包,跨国公司在考虑外包服务时,对承接地的知识产权保护状况十分看重,因此一定要重视知识产权和信息安全保护工作,努力营造有利于服务外包企业健康发展的优良环境。虽然近年来江苏知识产权保护工作取得了很大成效,但仍需要进一步完善相关工作,切实保护服务外包过程中涉及的知识产权,解除国际发包商的后顾之忧,促进江苏国际服务外包产业的快速发展。

为此,首先,要增强全民知识产权保护意识,尤其是要加强对员工的知识产权保护和保密的教育,在全省营造诚信为本的良好氛围。其次,完善知识产权保护法规体系。各地应该积极宣传《专利法》《著作权法》《商标法》《省软件产业发展促进条例》等法律法规,学习昆山制定的《昆山市软件服务外包知识产权保护的若干意见》,指导服务外包企业建立完善的知识产权管理与保密制度,鼓励企业申请知识产权,帮助企业规避知识产权风险。最后,加大对侵权行为的打击力度。加强知识产权保护工作,建立知识产权举报投诉服务点,受理服务外包知识产权侵权的举报投诉,依法规范市场经营秩序,打击各类侵犯知识产权的违法行为,为服务外包企业创造良好的经营环境。

2. 打造江苏服务外包品牌

在世界经济一体化和全球化建设的大背景下,服务外包企业一般很难从战略高度上认识到树立品牌的必要性与紧迫性。也鲜有企业将品牌打造与推广放在企业整体发展战略的重要位置,难以直接感觉到利用服务外包品牌去拓展市场的力量,大部分企业只是被动地承接业务。江苏省接包企业在参与国际服务外包业务竞争时的实力不强,没有有效借助外部资源建立接包企业、省内高校和科研院所的发展联盟,使大学与科研机构的创新研发资源和企业的经营管理资源没有形成优势互补,实现研发链和产业链的有机结合,运用知识产权规则保护属于自己的知识产权,建立企业自主创新发展体系。本土实力不强的服务外包企业往往难以走出国门,为提高省内服务外包企业的竞争力,政府需要通过制定相关政策支持具有潜力的服务外包企业发展,争取打造出国家级的知名品牌。比如,对获得"中国优秀软件产品"称号和对通过 CMM/CMMI 认证的服务外包企业给予一定的政策支持,还可以对企业的名称认定及相关专利著作权认定费用予以贴补。扩大外包企业总体规模,打造服务外包旗舰企业,形成承接服务外包的品牌优势。江苏应支持服务外包企业扩大规模,鼓励服务外包企业通过资产重组、收购、兼并和境内外上市,打造出一批有规模、有影响力的区域性服务外包龙头企业,带动江苏企业在服务外包市场中参与竞争。

(六)加快服务外包转型升级,推动服务业优化结构

1. 运用信息技术推进"服务+"

加快服务外包转型升级,首先要运用信息技术推进"服务+",坚持包容审慎原则,支持发展众包、云外包、平台分包等新模式和服务型制造等新业态。提升医药研发、设计、会计、法律等领域承接服务外包竞争力,提高"接单"能力和"交单"水平。由于云计算、大数据、物联网、人工智能等新一

代信息技术的融合应用,服务外包出现了新内涵、新模式、新业态,如众包、云外包、平台分包等新模式的出现,加速与传统产业,尤其是传统制造业的融合发展,为传统产业转型升级赋能。"服务＋"实际上是"服务外包＋",通过服务外包拓展传统产业的产业边界,增加传统产业如研发设计、专业咨询等"微笑曲线"两端的业态和产业附加值,构建新型的现代服务化产业体系。

2. 深化"放管服"改革

深化服务外包领域"放管服"改革是指逐步将服务外包纳入国际贸易"单一窗口"。对服务外包示范城市研发、设计、检测、维修等行业提供服务出口所需进口料件开展保税监管试点。服务外包领域的"放管服"改革与服务贸易创新发展的内在需求是一致的,重点在口岸监管领域优化服务,对服务外包示范城市研发、设计、检测、维修等行业提供服务出口所需进口料件开展保税监管试点,建立符合服务外包和服务贸易特点的海关监管模式,有利于通过示范城市试点并加以复制推广,使得更多城市和地区享受海关便利化措施的政策红利,促进离岸服务外包和跨境服务贸易发展。

3. 深化服务外包产业开放

深化服务外包产业开放要从广度和深度两方面共同发力,从内部和外部两个维度同步进行。从对内看,围绕服务外包重点发展领域,面向国民经济各行各业提供高质量服务,构建服务外包与传统产业协同发展新格局;从对外看,配合新一轮服务业扩大开放和服务外包发展自身需要,以国际先进规则为主要方向,以服务外包示范城市、服务贸易深化创新试点地区和自贸试验区为主要载体,构建一套服务外包深化开放制度体系,推动在服务外包领域实行高水平通关便利化、贸易自由化措施,着力推动建设服务外包海外研发中心、交付中心、共享中心,推进"一带一路"等重点市场服务外包创新合作。

（七）以数字化转型培育提升竞争新优势

突出创新的核心地位,推动云计算、基础软件、集成电路设计、区块链等信息技术研发和应用纳入国家科技计划支持范围,夯实转型升级的技术支撑。大力培育以数字技术为支撑、以高端服务为先导的"服务＋"新业态、新模式,加速数字化转型步伐。推动领军型企业提升对价值链、供应链、服务链掌控能力,支持有条件的企业建设全球服务交付中心,带动中小企业融入全球分工体系。积极参与国际服务外包标准体系和全球数字贸易规则制定,鼓励向"一带一路"相关国家和地区市场发包,带动中国技术和标准"走出去",加快提升服务外包产业竞争力。

（八）以需求侧政策创新加快拓展在岸市场空间

鼓励企业特别是国有企业依法合规剥离非核心业务,购买供应链、呼叫中心、互联网营销推广、金融后台、采购等运营服务,引领打破"大而全""小而全"经营模式。不断拓宽政府部门购买服务领域,加速释放在岸服务外包市场潜力。发挥离岸服务外包的技术外溢效应,鼓励服务外包向国民经济各行业深度拓展,重塑价值链、产业链和服务链,拓宽在岸服务外包市场空间。发挥中国服务外包示范城市动态调整的激励作用,有序增加服务外包示范城市,鼓励总部在一线城市的企业到中西部和东北地区设立服务交付基地,进一步优化服务外包产业区域布局,激发服务外包产业发展新活力。

（九）以协同联动优化产业综合发展环境

把握制造服务化、服务外包化、贸易数字化新趋势，协调推动货物贸易、服务贸易、数字贸易和服务外包发展。加强中国服务外包示范城市、国家数字服务出口基地与自贸试验区、服务贸易创新发展试点等开放平台联动，营造国际化、法治化、便利化的营商环境。培养与引进并举，深化产教融合，打造可持续的服务外包人才供应链。加强财税、投融资、便利化、贸易与产业等政策协同，扩大政策支持综合效应。加强服务外包领域知识产权保护及信息安全保障，加快推进服务外包企业信用记录和信用评价体系建设。支持服务外包智库建设，建立健全行业协会等中介组织，建设一批辐射全国的服务外包公共服务平台，培育国际知名度高、影响力大的服务外包论坛和展会，合力为服务外包产业高质量发展创造更优环境。

参考文献

[1] 江苏省统计局.江苏统计年鉴2021[EB/OL].江苏省统计局网站,2021.

[2] 江苏省统计局.2021年江苏省国民经济和社会发展统计公报[EB/OL].江苏省统计局网站,2021.

[3] 武红阵.江苏服务外包产业转型升级策略研究[J].唯实(现代管理),2018(6):17-21.

[4] 狄昌娅,徐颖.江苏省服务外包竞争力与影响因素研究[J].市场周刊,2018,12(64):64-68.

[5] 黄鹤.中国承接离岸服务外包影响因素研究[J].改革与战略,2017,33(2):147-150.

[6] 戴军,韩振.新常态下承接"一带一路"服务外包的竞争力研究——基于八大经济区域面板数据的分析[J].技术经济与管理研究,2016(2):104-109.

[7] 朱福林,夏杰长,王晓红.中国离岸服务外包国家竞争力及促进效应实证研究[J].商业研究,2015(1):78-84.

[8] 赵进,史成日.江苏省服务外包产业发展的现状路径探讨[J].对外经贸实务,2013(12):82-84.

[9] 中国服务贸易指南网.http://tradeinservices.mofcom.gov.cn/

[10] 中华人民共和国商务部.www.mofcom.gov.cn/

第三章　江苏省旅游业发展研究

　　2020年是"十三五"收官之年,面对突如其来的新冠肺炎疫情,江苏全力打好疫情防控"阻击战"和文旅发展"主动仗",旅游业发展特色优势日益彰显,动力、活力不断迸发,整体实力明显增强,在经济社会发展全局中的地位作用愈加凸显,为高水平全面建成小康社会提供了强有力的支撑。展望"十四五"时期,江苏旅游业要立足新发展阶段,贯彻新发展理念,服务新发展格局,把握"五大发展潜力",深化旅游供给侧改革,加强旅游需求侧管理,着力实现需求牵引供给、供给创造需求的高水平动态平衡,推动旅游产业质量、效率、动力的变革,创新推进现代旅游业体系建设,实现高质量发展。

一、江苏省旅游业发展的现状分析

(一)"十四五"文化和旅游业发展的潜力与增长点

1. 潜力来自融合发展新局面

　　旅游产业与文化事业、文化产业的深度融合是满足消费者需求、推动旅游产业转型、实现文化传承与发展的重要手段。融合发展的关键是文旅一体。按照"宜融则融,能融尽融"的工作思路,以文塑旅、以旅彰文,推动文化和旅游深度融合,强化各类旅游企业与文化、教育和科研机构的战略合作,推动文化和旅游产业在对接需求、盘活存量、创新业态和提升服务等更广范围、更深层次、更高水平实现融合发展,推进文化和旅游产业领域供给侧结构性改革,提升、打造一批兼具地方特色、文化内涵和服务品质的世界级、国家级旅游景区和度假区,培育催生新业态和新模式,延伸产业链,创造新价值,推动传统旅游从单纯的"观山看水"向在旅游过程中获取知识和体验生活方向转变,赋能传统旅游业态转型升级,形成新增长点和增长极。

2. 潜力来自休闲度假新机遇

　　随着我国全面建成小康社会,现代人的刚性生活需求已从最基本的吃穿住行逐步提升和进化到精神层面,旅游日益成为人们日常生活的重要组成部分,成为全新的生活方式、学习方式和成长方式。新时代我国社会的主要矛盾是人民日益增长的美好生活需要和不平衡不充分的发展之间的矛盾。品质提升是任何一个产业永恒的话题。随着我国大众旅游时代的来临和人均GDP突破1万美元,人们对品质旅游的需求更加突出,旅游消费进入快速升级的阶段,尤其是精神性的消费需求快速升级。回溯行业发展史,在相当长的一段时间内,传统的观光旅游支撑了我国旅游业发展的首个"黄金岁月"。但伴随人们消费理念的进阶,传统旅游业供需错位导致人民群众的精神文化需求得不到满足。休闲度假作为人民群众美好生活的重要组成部分,正从中国老百姓的"调味盐"变成生活常态和"刚需"。新冠肺炎疫情对全球旅游业造成巨大冲击的同时,也为以休闲度假为代表的旅游新业态、新产品的跨越发展和创新变革提供了难得的机遇。休闲度假作为高频次、低密度的消费方式,正在成为疫情防控常态化下旅游业发展的"定心丸"和"基本盘",也将成为未来一段时间旅游业转型的"引爆点"和"先行者",并将在未来中国以国内大循环为主体、国内国际双循环相互促进的新发展格局中发挥更大的作用。

3. 潜力来自产业融合新领域

产业融合是全球经济发展的大趋势,也是世界各国推动产业发展的新选择,并逐渐成为产业提高生产能力和竞争力的重要方式之一。融合性是旅游业的本质属性。在文化和旅游一体化发展背景下,以传统观光游览为主要特征的景点旅游模式已难以满足多元化的旅游需求,未来文化和旅游产业发展将向跨界融合的纵深方向迈进。2019年以来,国务院、国家发展和改革委员会、文化和旅游部、农业农村部、民政部等各部委陆续发文,鼓励支持交通、体育、养老、健康、教育等产业与文旅融合发展,在消费、用地、金融等方面为产业融合发展提供政策支持和保障措施。文化和旅游与健康、养老、交通、科技等行业的深度融合,将促进低空旅游、游轮旅游、房车旅游、康养旅游、体育旅游、医疗旅游、研学旅游、虚拟旅游等一批新兴旅游业态发展。具有极强包容性、产业带动性特点的文化和旅游产业正在成为多个产业发展的"增效器"。未来这类多样化、特色化、定制化、全域化的旅游项目将会越来越受到市场的认可与接受,是未来投资发展旅游业的重点方向。

4. 潜力来自乡村振兴新空间

2021年2月国家乡村振兴局正式挂牌,这既是我国脱贫攻坚战取得全面胜利的一个标志,也是全面实施乡村振兴,奔向新生活、开始新奋斗的起点。新时代,要破解"三农问题",扭转农村"空心化"倾向,集聚人气、财气,激发经济活力,关键在产业振兴。只有产业蓬勃发展才能带来农村经济的繁荣,而乡村旅游是新时代促进居民消费扩大升级的重要途径,是农村经济发展的新动能,是当前实施乡村振兴战略的突破口。作为旅游业的一个分支,乡村旅游市场需求旺盛、富民效果突出、跨界融合显著、发展潜力巨大,既融合三产,又紧密连接农业生产、农产品加工业、农村服务业。近年来,乡村旅游适应了上班族和城市家庭短期度假的需求,已经成为我国旅游经济一个非常重要的增长点。未来十年,作为经济发展新动能,在六大推手(政策支持、城镇化、投资拉动、创新驱动、汽车普及、新消费革命)的合力推动下,乡村旅游将迎来最好的历史机遇。

5. 潜力来自数字科技新动能

随着数字产业化和产业数字化的蓬勃发展,数字经济已经成为我国发展的新引擎。2020年11月,国务院总理李克强主持召开的国务院常务会议,确定了支持"互联网+旅游"发展的措施,提出支持建设智慧旅游景区,普及电子地图、语音导览等服务,打造特色景区数字展览馆等,推动道路、旅游厕所等数字化建设。当前,文化和旅游技术创新的数字商业基础设施条件已经具备,数字文旅发展正从政策驱动走向创新驱动。抗击新冠肺炎疫情期间,预约旅游成为常态,"云旅游"得到了更大范围的市场认同,场景化成为科技创新和旅游投资的新共识。以智慧旅游为核心的现代旅游体系建设进程进一步加快,游客的安全感和获得感得到进一步提升。在线OTA的崛起、新媒体的应用、科技公司的跨界进入……这些年旅游业的发展历程都在诠释着"科学技术是第一生产力"的真理。移动互联网、大数据终结了信息高度不对称的旧旅游市场,把我们带入今天散客化、个性化的新旅游市场。随着以大数据、云计算、移动互联网、物联网为代表的新一代信息技术的进一步发展,数字科技的应用将带来文化和旅游产品生产方式、产品形态、消费模式、营销模式、管理模式等全方位的革新,未来中国文化和旅游行业的数字化进程将迎来又一次升级与提速。

（二）2020 年江苏省旅游业发展突出成绩

2020 年,面对突如其来的新冠肺炎疫情,全省全力打好疫情防控"阻击战"和文旅发展"主动仗",旅游业发展特色优势日益彰显,动力活力不断迸发,整体实力明显增强,在经济社会发展全局中的地位作用愈加凸显,为高水平全面建成小康社会提供了强有力的支撑。

1. 疫情防控和纾困惠企坚实有力

一是精准抓好疫情防控和恢复开放。文旅领域人员聚集性强、流动性大,是疫情防控的重点和难点。疫情发生后,江苏第一时间在全省紧急实行"八个暂停"防控举措,有效防止了疫情通过文旅活动传播扩散。根据疫情形势变化及时调整防控措施,按照"限量、预约、错峰"要求,推动旅游景区、演出场所、上网服务场所、娱乐场所、文博场馆等有序恢复开放,以"防得住"保障"放得开"。二是有针对性地推出"1＋6＋18＋12"纾困惠企政策措施。及时落实暂退质保金"救急"措施,全省有2065 家旅行社企业获得暂退质保金 4.62 亿元,同时在省级层面迅速出台包括调剂安排 1 亿元资金在内的纾困政策"苏六条",研究出台促进文旅产业平稳健康发展"江苏文旅 18 条"和促进文旅消费12 条措施,提前下达省级文旅产业发展专项资金 6000 万元支持 82 个项目,安排 3794 万元对293 家旅行社企业择优分类奖补,举办文旅融资项目集中签约,开展送政策进企业活动,用"真金白银"加"贴心服务"为文旅企业送上"及时雨",注入"强心剂"。

2. 旅游产业恢复呈现良好态势

随着政策举措"组合拳"效应释放,江苏省旅游业恢复发展呈现良好态势。2020 年江苏国内旅游收入为 8136.31 亿元,旅游外汇收入 165672 万美元,分别恢复到 2019 年的 58.9％和 34.9％。全省接待境内外游客 4.73 亿人次,恢复到 2019 年的 53.7％。接待国内旅游人次、国内旅游收入恢复程度分别高出全国 5.9、19.6 个百分点。采取省市联动、线上线下融合方式,创新举办"水韵江苏·又见美好"主题游、第 11 届乡村旅游节、首届文旅消费季、非遗购物节、"畅游长三角·美好新感受"主题游等活动,组织征集并发布 30 条"治愈系"、10 条运河主题游、10 条入境游、50 条乡村游精品线路。在全国率先出台省级夜间文旅消费集聚区建设指南和评价指标,遴选确定首批 30 家建设单位,全省涌现出南京"夜之金陵"、苏州"姑苏八点半"、无锡"今夜'梁'宵"、常州"龙城夜未央"等夜经济品牌。

表 1　江苏旅游业主要指标

	2016 年	2017 年	2018 年	2019 年	2020 年
国内旅游接待人数(万人次)	67779.99	74287.31	81422.84	87611.7	47174.12
接待海外旅游者人数(人次)	3297735	3701038	4008509	3994629	770316
国内旅游收入(亿元)	9952.47	11307.51	12851.3	13902.21	8136.31
旅游外汇收入(万美元)	380362	419472	464836	474356	165672

数据来源:《江苏统计年鉴(2021)》

3. 文化和旅游融合发展形成江苏探索

依托江苏深厚文化底蕴和丰富旅游资源,推动文旅融合发展从理念走向行动,用文化的理念发展旅游,让旅游更有"诗意";用旅游的载体传播文化,让文化走向"远方"。创新举办大运河文化旅游博览会,江苏省与文化和旅游部连续三年联合举办戏曲百戏(昆山)盛典并完成全国 348 个剧种集中展演,在全国率先出台促进文化和旅游产业融合发展指导意见,省级 11 部门联合出台推动旅游民宿高质量发展指导意见。南京、苏州入选首批 15 家国家文化和旅游消费示范城市,常州成为首批国家文化和旅游消费试点城市,扬州、南京市秦淮区入选全国旅游标准化示范单位。2020 年,新增 2 家国家 5A 级旅游景区,共 25 家,成为全国第一个设区市国家 5A 级旅游景区全覆盖的省份。国家 5A 级旅游景区数(25 家)、国家全域旅游示范区数(8 家)位居全国第一。拥有国家级旅游度假区 5 家,数量居全国第二。全国乡村旅游重点村 39 个、省级旅游风情小镇创建单位 18 家,江苏文旅创建尤其是全域旅游示范区创建和乡村旅游发展经验在全国推广。

表 2   江苏省 5A 景点及地区分布

常州	常州市中国春秋淹城旅游区	5A
常州	常州天目湖旅游区	5A
常州	常州市环球恐龙城休闲旅游区	5A
淮安	淮安市周恩来故里旅游景区	5A
连云港	连云港市花果山风景区	5A
南京	南京钟山风景名胜区—中山陵园风景区	5A
南京	南京夫子庙秦淮风光带	5A
南通	南通市濠河景区	5A
苏州	苏州园林景区	5A
苏州	苏州市周庄古镇景区	5A
苏州	苏州市同里古镇景区	5A
苏州	苏州市金鸡湖景区	5A
苏州	苏州市吴中太湖旅游区	5A
苏州	苏州市沙家浜·虞山尚湖旅游区	5A
泰州	泰州姜堰溱湖旅游景区	5A
无锡	中央电视台无锡影视基地三国水浒景区	5A
无锡	无锡灵山景区	5A
无锡	无锡市太湖鼋头渚景区	5A
无锡	无锡市惠山古镇景区	5A
宿迁	宿迁市洪泽湖湿地景区	5A
徐州	徐州市云龙湖景区	5A
盐城	盐城市大丰中华麋鹿园景区	5A
扬州	扬州瘦西湖风景区	5A
镇江	镇江市金山·焦山·北固山景区	5A
镇江	镇江市句容茅山风景区	5A

资料来源:江苏省文化和旅游厅

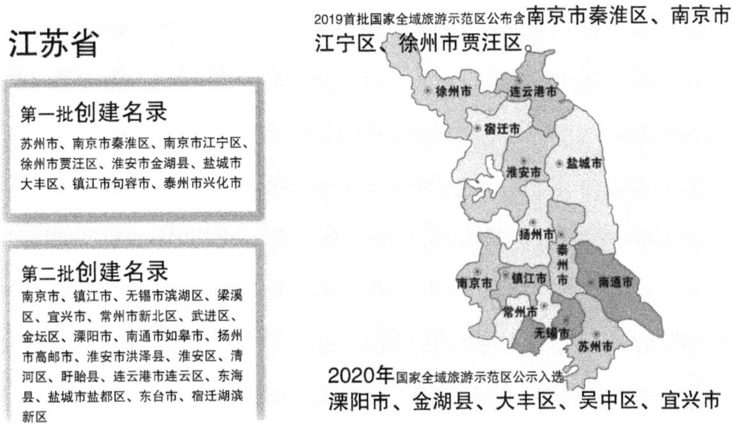

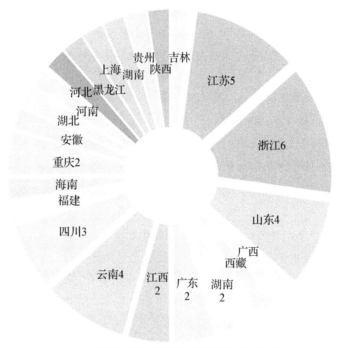

图1 国家全域旅游示范区江苏分布

资料来源:江苏省文化和旅游厅

各省的国家级旅游度假区数量(截至2020.11.30)

图2 国家级旅游度假区地域分布

资料来源:江苏省文化和旅游厅

4.游客满意度指数保持稳定

2020年,江苏省文化和旅游厅委托第三方机构开展江苏省游客满意度调查研究工作。结合当前文旅市场实际情况,2020年全省游客满意度调研对调查对象、调查范围、调查内容以及评价体系等作出相应调整,在"旅游大环境""旅游景区服务""旅游要素""游客忠诚度"等指标基础上,新增"文旅融合""智慧旅游""安全保障""疫情防控"和"文明旅游"等方面内容,形成9项主要指标考评体系,更加客观全面地反映全省文旅市场发展和旅游服务质量水平。经过综合测评,全省游客满意度综合指数为83.38分,继续保持在"满意"水平。从各设区市满意度评价得分情况来看,南京、无锡、苏州、常州、扬州五市达到85分以上,处于"满意度高"水平,全省其余设区市综合满意度均达到80分以上,处于"满意"水平。

+--+

专栏1 2020年江苏省游客满意度调查解读

旅游大环境满意度总体评价得分为84.45分,包括城市形象和公共服务两项三级指标。其中,城市形象得分为87.15分,公共服务得分为82.58分。从各设区市得分情况来看,无锡、苏州、南京、扬州、常州五市的旅游大环境满意度超过85分,表现突出。在旅游大环境的12大要素中,所有指标均达80分以上,旅游宣传、整体形象、城市治安等5项指标的满意度达到85分以上。其中,"旅游宣传"得分最高,为88.77分,第二届大运河文化旅游博览会、第十一届乡村旅游节等文旅节庆活动的举办,持续提升"水韵江苏"文化旅游品牌形象的知名度和美誉度。泰州、南通、盐城、连云港四市合力举办了江苏旅游新干线推介会,推出了新华东旅游线路——"神山·仙鹤·长寿·慢生活之旅",提升了区域文旅品牌影响力。

旅游景区服务满意度总体评价得分为81.93分,包括景区硬件服务和景区软件服务两项三级指标。其中,景区硬件服务得分为82.46分,景区软件服务得分为81.53分。从各设区市得分情况来看,南京、无锡、扬州、苏州、常州五市排名前列。旅游景区服务的9项细分指标中,景区吸引力满意度最高,为85.93分。近年来,各地不断加大景区建设开发投入,传统经典与现代新潮交相辉映。南京夫子庙—秦淮河风光带景区里的中国科举博物馆、牛首山文化旅游区的佛顶宫、无锡灵山胜境的拈花湾禅意小镇、扬州瘦西湖、苏州博物馆、常州中华恐龙园等不同类型的旅游景点应有尽有,带给游客丰富的出游体验,成为各大新媒体平台推荐的网红和打卡必到之处。

旅游要素满意度总体评价得分为82.35分,包括旅游产品和旅游相关要素两项三级指标。其中,旅游产品得分为84.82分,旅游相关要素得分为81.44分。从各设区市得分情况来看,南京、无锡、扬州、苏州、常州五市排名靠前。旅游要素8项细分指标中,夜间旅游的满意度得分最高,为85.30分。江苏在全国率先出台夜间文旅消费集聚区建设指南和评价指标,助力市场复苏和繁荣发展。南京的"夜之金陵"、苏州的"姑苏八点半"、常州的"龙城夜未央"、无锡的"今夜'梁'宵"、扬州的"二分明月"、徐州的"国潮汉风·夜彭城"、泰州的"凤城河夜泰美"等夜间旅游品牌先后涌现,受到本地市民和外地游客喜爱。

智慧旅游满意度总体评价得分为84.03分,包括公共智慧服务和个性化服务两项三级指标。其中公共智慧服务得分为84.17分,个性化服务为83.87分。苏州、无锡、常州、南京、扬州五市满意度均超过85分,达到"满意度高"水平。智慧旅游服务的10项细分指标中,门票预约得分较高,为84.65分,获得游客较高赞誉。各市积极推进智慧文旅建设,公共智慧服务和个性化服务水平不断提升,尤其是以5A级景区为代表的高等级景区在门票预约、支付手段、客流发布、电子票务系统建设方面表现突出,使游客体验"一部手机游景区"成为现实。

文旅融合满意度总体评价得分为83.07分,分别包括文化活动及服务设施和文化遗产两项三级指标,其中文化活动及服务设施得分为83.38分,文化遗产得分为82.47分。从各设区市得分情况来看,苏州、无锡、南京、扬州、常州五市满意度排名靠前。在文旅融合的9项细分指标中,地方文化旅游节庆活动(85.49分)和文化旅游演艺节目(84.37分)得分较高。在文旅节庆活动和文旅演艺节目方面,省文旅厅组织策划"看百戏,游江苏"的文旅融合主题活动,为游客带来沉浸式文旅体验;

+--+

同时鼓励各地规划建设小剧场,创作高品质旅游演艺节目,涌现出了苏州《虎阜传奇》、扬州"百年音韵——清曲表演"、盐城《只有爱·戏剧幻城》等优质作品。

安全保障满意度总体评价得分为83.85分,包括设施保障和服务保障两项三级指标,设施保障(84.52分)评价高于服务保障(83.15分)。其中,常州、南京、镇江、连云港、无锡五市得分排名靠前。在安全保障的8个细分指标中,消防救援设施得分最高,为85.52分。各地高度重视文化和旅游市场安全生产工作,定期开展文旅场所安全专项检查和安全隐患整治工作,确保了文旅市场安全有序运行。南京推出"旅运金陵"3.0平台,助力旅游包车安全监管;镇江通过抖音、微信等平台发布旅游安全顺口溜、安全科普视频等,广泛宣传旅游安全知识。

疫情防控满意度总体评价得分为83.94分,包括防控措施和防控管理两项三级指标。防控管理得分为85.22分,防控措施为82.76分。从各设区市得分情况来看,苏州、常州、南京、无锡、镇江五市的满意度总体评价得分排名靠前,在智慧旅游与疫情防控相结合方面表现突出,门票预约和分时预约制度落实执行到位。疫情防控6项细分指标评价中,所有指标均达80分以上,其中日常消毒得分最高,为86.11分。连云港、泰州、宿迁、镇江和盐城五市在防控管理方面表现突出,各文旅场所防疫物资完备、日常消毒工作到位,游客出游安心、放心。

文明旅游满意度总体评价得分为83.89分,包括文明旅游宣传与提示、文明旅游管理两项三级指标,其中文明旅游宣传与提示满意度为86.00分,游客认可满意程度较高。从各设区市得分情况来看,南京、无锡、苏州、常州、扬州五市满意度均达到85分以上,处在"满意度高"水平。文明旅游5项细分评价指标中,所有指标均达80分以上,其中文明旅游提示得分最高,为86.50分。各地在文明城市创建工作中不断加强文明旅游推广,12个设区市通过全国文明城市评选或复核。扬州全面实施《扬州文明行为促进条例》,宣传倡导文明旅游、光盘行动、公筷行动以及扬州文明有礼二十四条;淮安制作发布了"淮小布"图集和西游MG微动漫,高频次播放《淮安文明市民12条》公益广告。各类文旅场所通过文明旅游宣传、文明旅游志愿者服务、文明旅游工作督查等措施,深入推进文明旅游工作,使文明出游成为最美风景。

游客忠诚度满意度总体评价得分为83.17分,包括重游意愿和推荐意愿两项指标。其中,重游意愿得分为83.30分,推荐意愿得分为83.03分。从各设区市得分情况来看,无锡、南京、苏州、扬州、常州排名靠前。"水韵江苏,有你会更美"的宣传推广拉近游客与江苏的距离,吸引游客主动为江苏旅游代言,形成良好的口碑效应,并出现大量重游客人和"自来水"(自发推荐的忠实粉丝)。在游客忠诚度的各项细分指标中,南京在重游意愿方面居于全省之首,无锡在推荐意愿方面领先其他设区市。

资料来源:江苏省文化和旅游厅

二、江苏省旅游业发展中存在的问题

(一)旅游产业区域发展不均衡

江苏的三个区域(苏南、苏中、苏北)经济发展和资源禀赋差异带来了旅游产业发展的不均衡。

根据《江苏统计年鉴 2021》统计得出,2020 年江苏共有旅行社 3066 家,其中,苏南占比 60.8%;2020 年江苏共有星级饭店 399 个,其中,苏南占比 54.1%。5A 级景区苏南共有 17 家,占比 68%。由此可见,苏南地区在旅行社、星级饭店和 4A 级以上景区数量方面处于明显优势,远远领先于其他两大区域,导致江苏三大区域在国内旅游收入和旅游外汇收入方面存在显著差距。

表 4   江苏旅行社和星级饭店数量分布

	2016 年	2017 年	2018 年	2019 年	2020 年		2016 年	2017 年	2018 年	2019 年	2020 年
旅行社数(个)	2469	2593	2779	2954	3066	星级饭店数(个)	696	649	551	482	399
南京市	609	628	700	747	774	南京市	91	83	76	72	61
无锡市	186	207	221	241	251	无锡市	42	42	39	34	29
徐州市	200	207	210	210	211	徐州市	73	63	50	37	19
常州市	145	161	175	193	201	常州市	42	44	38	38	33
苏州市	354	387	438	478	514	苏州市	116	112	95	77	68
南通市	162	175	188	204	213	南通市	80	80	63	54	47
连云港市	110	112	116	118	119	连云港市	34	26	20	17	12
淮安市	110	110	110	114	116	淮安市	48	36	29	27	21
盐城市	139	146	137	142	148	盐城市	36	34	32	32	27
扬州市	138	147	158	167	168	扬州市	48	43	37	36	25
镇江市	109	110	112	120	123	镇江市	34	32	30	26	25
泰州市	128	122	126	131	136	泰州市	28	30	22	16	17
宿迁市	79	81	88	89	92	宿迁市	24	24	20	16	15

数据来源:《江苏统计年鉴(2021)》

(二)旅游产品结构层次不高

随着民众生活水平的不断提升,旅游者的需求更加趋于多元化、个性化、精细化,传统观光型旅游的吸引力正逐渐下降,而休闲类的度假旅游、娱乐类的邮轮旅游以及探索类的研学旅游等新型旅游模式越来越受到游客的追捧。近年来,虽然江苏在开发各种旅游新业态、拓展旅游产业种类方面做出一些尝试和努力,但是旅游新业态仍开发不足,旅游产品的种类还不够丰富。基础观光型旅游产品占整个旅游产品种类比重的 50% 以上,依然是现有旅游产品的"主力军"。这些观光型旅游产业由于创新不足,存在雷同开发、重复建设等问题,同质化现象较为普遍。如江苏虽然开发了无锡"梵宫"、常州"嬉戏谷"等类似新产品,但从全局角度来说,产品的开发与创新依然不够。新兴业态旅游及休闲度假类旅游产品,如自驾游、探险游、健康游、游轮游、私人订制游、体育游、分时度假游等相关旅游产品开发不足,难以满足游客多元化、个性化、精细化的需求。

(三)旅游服务链供给结构失衡

"吃、住、行、游、娱、购"等一系列产业端构成了一个完整的旅游产业服务链。就江苏旅游产业服务链发展现状而言,产业链发展不均衡,"食""住""游"基础层面的供给相对过剩,而购物、娱乐、康体等方面的供给则明显不足。例如,购物方面,除部分土特产品具有地方特色外,其他大多数旅游产品存在旅游纪念物品种单一、文创产品品牌缺失等问题,与国内其他景区的旅游产品同质化严重,吸引力不足。在休闲娱乐方面,供给数量较少且发展较滞后。在康体产品方面,江苏的康体产业依然滞后,旅游产业服务链中各板块要素缺乏有效整合、协调联动。

（四）旅游公共服务供给不足

在传统模式下,政府供给的旅游公共服务具有行政主导的色彩。这种模式主要是政府根据某一地区在一定时期内的旅游发展需求来提供的,比较典型的,旅游发展初期一些旅游公共设施错峰供给。然而,在现代条件下,民众的旅游已经呈现常态化的特征,淡旺季之间的界限逐渐模糊,因此传统的旅游公共服务供给模式难以满足现代化的需求。尽管近年来江苏改善了旅游集散中心、交通标识、停车位、旅游公厕、WIFI等旅游公共服务设施建设,但是面对日益增长的旅游需求仍显得捉襟见肘。如一些旅游集散中心配套设施有待完善,很多景区旺季停车位紧张,一些地方旅游公厕还存在脏、乱、差、少等问题。此外,旅游基础设施服务、旅游信息咨询服务、旅游产业指导服务、旅游安全保障服务等旅游公共服务体系尚不完善。一方面,对于旅游企业的投资引导、行业监管、市场营销、诚信建设等方面存在缺失;另一方面,对于游客信息引导、秩序维护、安全防范、投诉处理等方面还存在不足。

三、江苏省旅游业发展的建议与对策

（一）经验借鉴

1. 上海市

上海市文化和旅游局局长方世忠在首届上海旅游产业博览会上介绍,"十四五"期间,上海将实施"上海旅游"倍增计划。在畅通内循环方面,以庆祝建党百年为契机,以红色文化、海派文化、江南文化为基底,全面推进文旅深度融合,全面提升"红色经典游""浦江游览""建筑可阅读"等文旅精品,结合城市微更新打造更多主客共享的旅游新空间。上海市政府官网发布《上海市"十四五"时期深化世界著名旅游城市建设规划》提出,力争到"十四五"期末,上海实现旅游年总收入7000亿元,占全市GDP比重达到6%。

2. 浙江省

《浙江省旅游业发展"十四五"规划》提出,"十四五"期间浙江将推进文化和旅游深度融合,构建现代旅游业体系,把浙江人文优势与生态优势转化为旅游发展优势,优化产品结构、提升旅游品质、拓展旅游市场、扩大旅游消费、壮大旅游经济,用旅游载体讲好浙江故事,促进共同富裕,努力为争创社会主义现代化先行省贡献力量,为全国旅游现代化建设贡献经验。到2025年,全省接待国内过夜游客达4亿人次以上,旅游产业总产出1.78万亿元,增加值占地区生产总值的比重达8%以上,旅游业对国民经济的综合贡献达19%以上。

（二）发展路径

1. 坚持创新引领

全面推进模式创新、业态创新、产品创新,科学把握社会主要矛盾转化、现代化建设、文旅融合发展等规律,深化文化和旅游领域体制机制改革和高水平对外开放,充分发挥科技赋能文化和旅游高质量发展的作用。

2. 坚持融合发展

强化以文塑旅、以旅彰文,优化文化和旅游融合发展体制机制,推进文化和旅游更广范围、更深层次、更高水平融合发展,实现文化创造活力持续迸发、旅游发展质量持续提升,推动文化和旅游与其他领域融合互促,不断激发新动能、开辟新空间。

3. 坚持因地制宜

强化系统观念,引导各地立足区位特点,找准定位、错位发展,构建体现资源禀赋、适应高质量发展要求的文化和旅游发展布局,创造各具魅力的文化旅游体验,形成更多有特色、可借鉴的路径模式,在全省构建"各美其美、美美与共"的发展格局。

（三）政策举措

1. 搭建融合发展平台载体

着力优化产业发展格局。抓住用好大运河文化带建设、长江经济带发展、长三角区域一体化发展、向海发展和苏北高铁贯通等重大机遇,谋划和推进沿大运河、沿江、沿海、沿湖地区文旅联动发展,推进沿江城市群、大运河特色文化产业带、滨海旅游发展带建设,建设长三角文旅一体化先导实验区,拓展文化产业和旅游产业融合发展新空间。

专栏2　特色文旅产业空间板块

培育打造世界级运河文化遗产旅游廊道。依托江苏在大运河全线数量最多的世界文化遗产点段和类型最全、密度最高的文旅资源,通过文化遗产活化利用、文化展示载体搭建、旅游精品线路推介、特色节庆活动举办,展现沿线流蕴风物、亲水人居、漕运盐利、名人故事、市井生活、民间技艺,把大运河江苏段建设成具有世界眼光、中国气派、江苏特色的文旅"美丽中轴",使之成为令人向往的中国大运河旅游首选地。

培育打造世界级滨海生态旅游廊道。依托中国黄(渤)海候鸟栖息地世界自然遗产,立足千里海岸线和亚洲大陆边缘面积最大、生态保护最好的大美湿地,建设蔚蓝海洋、金色海岸、青葱大地、火红海滩立体呈现的滨海景区度假区、亲海风情镇、牧海渔家村、近海观光线,串联连云港"山海相拥、港城相依",盐城"壮美世遗、栖息天堂",南通"江海交汇、文旅融合"滨海精华段,形成最富人文魅力的文化海岸带、具有世界影响的滨海旅游景观带。

培育打造扬子江世界级城市休闲旅游带。守护传承生生不息的长江千年文脉,发挥长三角世界级城市群和滨江生态文化优势,推进沿江城市集群发展、融合发展,依托长江干流、众多支流和生态岸线,开发江畔休闲体验和江上游乐项目,展现城市山林、灯火沿流美好幸福生活图景,推动建设长江国际黄金旅游带。

　　培育打造陆桥东部世界级丝路旅游带。利用丝绸之路世界文化遗产和海上丝绸之路交汇的独特条件,传承弘扬丝绸之路精神,依托陆桥文化、楚汉文化、西游文化和微山湖、骆马湖、故黄河等资源禀赋,拓展文化旅游东西双向开放,增进沿线人文交流和文明互鉴,建设世界知名汉文化旅游目的地,构建丝路特色鲜明的"一带一路"人文交流深度融合区。

　　培育打造沿太湖世界级生态文化旅游区。发挥苏州古典园林世界文化遗产和国家5A级旅游景区、国家级旅游度假区集聚的优势,依托曲径通幽的古典园林、古朴明静的吴韵古镇、传统与创新融和共生的千年古城,发展彰显湖光山色旖旎魅力、展示枕河人家诗意生活的精品文化旅游,打造太湖流域长荡湖、阳澄湖、淀山湖等明珠镶嵌的世界级生态湖区,形成向世界展示中国"最江南"文化的重要窗口。

　　培育打造沿洪泽湖世界级生态文化旅游区。积极融入淮河生态经济带建设,彰显洪泽湖万顷碧波、千年古堰、河工奇观等特有资源禀赋,依托高邮湖、邵伯湖、白马湖、里下河湖荡群密布水网,塑造水乡景观空间肌理,挖掘利用水乡特色浓郁的农耕文化、乡土文化、民俗文化、小说文化等,凸显帆影苍茫、湖荡湿地、垛上水镇、垛田水村意境,打造富有水乡田园韵味的国际生态旅游目的地。

　　创新举办重大文旅活动。实施戏曲百戏(昆山)盛典"新三年计划",重点围绕经典剧目、原创剧目、戏曲绝活组织展演,策划推出"看百戏、游江苏"观演赏景精品线路,以"白天看景、晚上看戏"实现赏戏曲文化与游水乡古镇相得益彰。立足大运河全域,持续举办大运河文化旅游博览会,搭建大运河沿线城市文旅融合发展平台、文旅精品推广平台和美好生活共享平台。

　　进一步提升文化产业园区(基地)质量水平。规范文化产业示范园区(基地)认定管理,支持文化特色鲜明、产业优势突出的文化产业示范园区(基地)建设,在深入挖掘和充分彰显文化特色的同时,重点增强旅游休闲功能,打造一批文化和旅游产业融合发展示范区。

2. 延伸融合发展产业链条

　　培育发展文旅融合业态。加大文化和旅游资源普查、挖掘力度,打造彰显"水"和"文化"鲜明特质的文化旅游精品线路和项目,推进文化遗产旅游、展演旅游、旅游演艺、主题公园、旅游民宿等融合发展业态提质升级。促进文学、动漫、音乐、演艺、数字艺术、网络文化、创意设计向旅游内容领域延伸。支持开发以地域文化IP为引领,集文化创意、度假休闲等主题于一体的文化旅游综合体。

　　推动文旅产业与相关产业融合发展。实施"文旅+"战略,培育研学旅游、工业旅游、农业旅游、康养旅游、体育旅游、水利旅游、生态旅游等融合业态产品,发展"高铁+酒店""高铁+景区门票"、自驾车旅居车旅游、邮轮游艇旅游等新型旅游业态,以融合发展延伸文旅产业链。

专栏3　推出多产业融合发展的旅游产品

　　生态康养旅游:拓展山水林田湖草生态旅游发展空间,打造森林旅游、山地旅游、湿地旅游、乡村休闲等"养心润肺"产品,建设一批有代表性的生态旅游目的地和国家级、省级生态旅游示范区。创新旅游与康养休闲融合发展的生态旅游开发模式,提升温泉康养、湖滨康养、中医药养生、康疗保健等新业态,支持创建国家康养旅游示范基地、国家中医药健康旅游示范区(基地)。

　　工业旅游:鼓励利用生产工艺、企业风貌、工业产品、工业遗产等,积极发展工业生产体验游、厂区观光游和新能源、新医药、新材料等高科技工业旅游,支持无锡、常州、南通等建设近代民族工商业遗址旅游集聚区,宿迁建设酒文化旅游集聚区,连云港建设核电、太阳能、中医药高新产业旅游集聚区。到 2025 年,新增 30 家省级工业旅游区。

研学旅游:利用博物馆、世界遗产地、红色旅游景区、文学名著、农耕文化等资源,推动建立适合不同阶段、不同类型、不同层次需求的研学旅游产品体系和课程体系,培育深受大众欢迎的研学旅游目的地,推出一批主题鲜明、课程精良、运行规范的研学旅行示范基地。

影视旅游:以无锡华莱坞影都、常州西太湖影视基地、光线(扬州)中国电影世界等为重点,发展观光、娱乐、度假、商业等影视旅游多元业态,结合热门影视综艺 IP 开发专题旅游线路,推出网红影视取景地"打卡游"。

体育旅游:促进体育赛事、运动健身与旅游休闲融合发展,打造"一带一路""大运河""环太湖"等系列品牌赛事活动,拓展马拉松、自行车等群众参与广、旅游拉动功能强的赛事旅游,推出传统体育、游艺杂技等非遗专题体验游,开发水上、山地户外、冰雪、航空、汽摩等特色运动项目旅游产品。举办江苏运动休闲体验季活动,编制江苏体育旅游地图,培育体旅融合发展示范区和创新项目。

美食旅游:以淮扬菜、苏锡菜、徐海菜、金陵菜等菜系为主体,以"食不厌精、脍不厌细"的饮食传统和热爱生活、精致文雅的人文品位为内涵,在景区度假区、文化和旅游消费集聚区、高速公路服务区等打造美食文化体验场所,推出秦淮小吃、扬泰早茶、镇江醋宴、盐城八大碗等"寻味之旅"。建设扬州"世界美食之都"。

水上旅游:在确保安全的前提下,因地制宜地延伸拓展运河、滨海、扬子江、沿湖地区、里下河地区等重要区域的水上旅游功能,形成水上巴士、环形观光游船、特色游艇、内河游轮等多类型水上旅游方式,打造环湖环河亲水空间,论证开通一批地区间、城市内的水上旅游线路,让人们近水更亲水、依水更乐水。探索开发大运河—扬子江—黄海联动水上游线,协同打造跨区域邮轮旅游航线。积极发展水利旅游,推出一批江苏最美水上游地标。

自驾车旅居车旅游:推广自驾车旅居车生活新方式,发展近程游、周边游,在乡村、森林、湿地、海滨、湖畔等生态、景观、历史、民俗资源富集地建设一批自驾车旅居车营地,提供车辆停泊、住宿和附属休闲活动等公共设施和服务,设计推出一批精品自驾车旅居车旅游线路。到 2025 年,建成 15 个以上省级自驾车旅居车营地。

商务会展旅游:促进商务、会议、展览、论坛、节事等与旅游融合发展,提供定制化线路产品和观光体验服务,多渠道拓客导流。支持举办南京国际度假休闲及房车展览交易会、中国(无锡)国际文化艺术产业博览交易会、常州国际动漫艺术周、苏州文化创意设计产业交易博览会等,举办南京文化旅游节、中国(徐州)汉文化旅游节、南通江海国际文化旅游节、连云港之夏旅游节、扬州"烟花三月"国际经贸旅游节、中国镇江金山文化艺术·国际旅游节、中国酒都(宿迁)文化旅游节等特色节事活动,打造高品质、高人气、高端化展会。支持打造国际会展旅游目的地。

发挥全域旅游带动作用。把文化和旅游产业融合发展融入全域旅游示范创建,促进产业融合、景城融合、城乡融合。以全域旅游示范区创建为龙头,用文旅融合理念推进旅游景区、旅游度假区、旅游风情类特色小镇、乡村旅游重点村、非遗创意基地、非遗旅游体验基地等创建,创新举办无限定空间的非遗进景区活动,打造既有"颜值"又有"气质"的文旅体验新空间。

3. 优化文旅融合产品和服务供给

推进文旅资源开发利用。深入挖掘文化遗产价值内涵和文化元素，设计开发符合市场需求的文创产品和旅游商品。在加强文物保护的基础上，盘活用好各类文物资源，推动更多文化、文物资源纳入旅游线路，融入景区景点，创立一批文化主题鲜明、文化要素完备的特色旅游目的地，形成一批体现文旅融合特色的"网红"打卡地。加强革命文物和乡村人文资源保护利用，推出一批承载文化内涵、群众喜闻乐见的红色旅游和乡村旅游产品，促进红色旅游和乡村旅游精品化、特色化发展。

> **专栏4　搭建"文化遗产＋旅游"融合平台**
>
> 发展考古遗址遗迹游：依托考古遗址遗迹，设计开发"跟着考古去旅游"产品，开展公众考古、考古夏令营等活动，推动有条件的考古遗址在充分保护的前提下打造考古遗址公园、博物馆、景区景点等，成为满足大众探寻历史的重要载体和旅游名片。
>
> 发展红色旅游：统筹推进革命文物保护利用和红色旅游发展，把周恩来精神、雨花英烈精神、新四军铁军精神、淮海战役精神等融入红色旅游线路设计、展陈展示、讲解体验，推出一批承载革命文化内涵、群众喜闻乐见的红色旅游经典景区、精品线路和红色文化研学旅游项目，培育一批红色旅游融合发展示范区。实施名人故居爱国主义教育功能提升工程，打造一批江苏名人红色旅游地。
>
> 发展非物质文化遗产旅游：挖掘中国民间文化艺术之乡、传统村落、乡村旅游重点村镇、历史文化名城名镇名村中的非物质文化遗产资源，提升乡土文化内涵，支持非物质文化遗产有机融入景区、度假区，建设一批非物质文化遗产特色村镇、街区、景区。支持利用非物质文化遗产资源发展乡村旅游等业态，推出一批具有鲜明非物质文化遗产特色的主题旅游线路、研学旅游产品和演艺作品。

打造运河文化和长江文化主题产品。统筹推进大运河遗产保护传承利用，依托生态环境保护提升、沿线名城名镇保护修复扮靓运河文化景观，依托文化旅游融合发展打造有文化内涵的运河主题旅游产品，依托运河航运转型提升完善运河旅游功能，助力打造高品位的文化长廊、高颜值的生态长廊、高水平的旅游长廊。创新开展长江文化保护传承弘扬，推动长江历史文化、山水文化与城乡发展相融合，打造一批长江题材文艺精品，设计一批长江主题特色展览和文创产品，推出一批富有长江文化内涵的旅游精品线路。

深化文旅公共服务功能融合。协同推进公共文化服务和旅游公共服务、为居民服务和为游客服务，打造宜居宜业宜游的服务网络。统筹公共服务设施建设、管理和使用，建设和改造一批文旅综合服务设施，提高公共服务覆盖面、适用性。统筹公共服务机构功能设置，推动各类文博场馆提升展陈水平、增加智慧导览服务、创设互动体验项目，推动旅游公共服务设施增设文化展示、图书阅览、文化活动等功能，推动公共文化服务进入旅游景区、旅游度假区，在游客集聚区引入小剧场、影院、书店等文化设施。

4. 实施数字文旅产业提升行动

推动线上线下融合发展。顺应数字产业化和产业数字化发展趋势，引导文化场馆、文娱场所、景区景点开发数字化产品和服务，推动文物、非物质文化遗产通过创造性转化走进现代生活。促进数字文化与社交电商、网络直播、短视频等在线新经济结合，发展旅游直播、旅游带货等线上内容生产新模式。发挥线上交流互动、引客聚客、精准推送等优势，引导线上用户转化为实地体验、线下消费。

打造数字技术应用场景。推动5G、大数据、人工智能、物联网、云计算、北斗导航等新一代信息技术在文化和旅游领域应用,聚焦文化和旅游发展重大战略和现实需求,以企业为主体、市场为导向、产学研用相结合,实施文旅和科技融合关键技术突破,开展智能场景感知、用户行为分析、人机交互、混合现实、全息展演、沉浸式演出等体验互动与呈现技术研发,打造兼具文化和旅游特色的数字化新业态、新主体、新模式。鼓励利用数字技术打造夜间文化和旅游消费产品,以数字重构助力夜间经济智慧增长。

5. 促进文旅消费提质扩容

培育新型消费形态和模式。顺应商业变革和消费升级趋势,培育定制消费、智能消费、互动消费等新模式,发展云旅游、云演艺、云娱乐、云直播等新型消费形态,推广电子票、云排队等新方式,努力实现文旅消费更具多样、更有活力、更加便捷,形成需求牵引供给、供给创造需求的更高水平动态平衡。

激发文旅消费潜力。鼓励各类电子商务平台参与开发文旅产品服务、举办文旅消费活动,鼓励互联网平台企业与文化文物单位、旅游景区度假区合作,探索流量转化、体验付费、服务运营等新模式。鼓励各地搭建节庆、汇演、展览等文旅消费载体,推动旅游目的地建设小剧场、城市书房、文创空间等文旅消费场所。持续举办文化和旅游消费季活动,深入推进夜间文旅消费集聚区建设,支持有条件的地区创建全国文化和旅游消费试点示范城市。

6. 推动文旅市场繁荣有序发展

做大做强文旅市场主体。深化"放管服"改革,优化营商环境,促进各类文旅资源要素合理流动、高效配置,鼓励文化机构和旅游企业对接合作。培育一批以文化旅游为主业、融合发展为特色、具有较强竞争力的骨干文旅企业和大型文旅集团。引导中小文旅企业创新创业,走专业化、特色化、品牌化发展之路,提升发展活力和市场竞争力。

继续强化文旅市场监管。深入推进文化市场综合执法改革,进一步规范市场秩序。加强对新主体新业态新群体的引导、管理和服务,加快构建以信用为基础的文旅市场新型监管机制。推进基于智慧文旅平台的"互联网+监管",完善全省文旅场所线上巡查和实时调度机制,依托智慧监管提升监管效能,营造放心、安心消费的文旅市场环境。

7. 提升"水韵江苏"文旅品牌影响力

构建文旅融合品牌体系。坚持用文化的理念发展旅游,让旅游更有"诗意";用旅游的载体传播文化,让文化走向"远方"。依托江苏文旅资源优势,建设一批富有文化底蕴的世界级旅游景区和度假区,打造一批文化特色鲜明的国家级旅游休闲城市和街区,开发一批具有深度体验的经典文化旅游项目,推出一批红色旅游、乡村旅游、旅游演艺、旅游民宿等体现融合理念的文旅精品。

精准开展"水韵江苏"文旅资源推介。建立文旅市场大数据监测分析体系,科学研判发展趋势,精准投放旅游广告,提升旅游营销成效。以"水韵江苏、有你会更美"为主题,设计推出有针对性的文化旅游线路和项目,多渠道、多媒介开展宣传推介,全方位、多领域推进文化和旅游国际交流合作,以讲好中国故事江苏篇章,吸引更多人到江苏感受美的风光、美的人文、美的味道、美的生活,收获美的发现。进一步挖掘国内旅游市场潜力,深入开展省内城际互动游,深耕周边省市客源市场,拓展京津冀、广东、湖北、四川等中远程市场。利用微博、微信、抖音等新媒介以及民航、高铁等开展旅游营销,打造"高铁＋景区门票""高铁＋酒店"等产品,开发旅游专列。联合国内知名在线旅游企业、互联网平台建立江苏文旅互联网推广营销体系,开展重大主题旅游线上推广行动。实施网红培育计划,评选发布江苏文旅网红打卡地,发挥拥有私域流量网红达人影响力,用粉丝经济提升"水韵江苏"品牌曝光率和市场认知度。持续办好《游遍江苏》融媒体栏目。

8. 推动绿色低碳发展

践行"绿水青山就是金山银山"理念,在做好保护的前提下发展旅游,严守生态保护红线,对生态保护红线内允许的文化和旅游活动实施类型限制、空间管控和强度管制,严格开展旅游项目开发环境影响评估,将旅游活动对自然环境的影响降到最低。深入挖掘并科学利用生态资源、文化和旅游资源,构建全域旅游绿色富民产业链,让田园民宿、乡村旅游、文化景观成为生态产品价值实现的"转化器"和持续促进富民增收的"聚宝盆"。引导旅游企业绿色化低碳化发展,实现节水节电节能、绿色低碳标准达标。

参考文献

[1] 刘圣兰.新常态下江苏旅游业发展战略研究[J].江苏商论,2020(09):46-49.

[2] 陈丹临.长三角旅游一体化发展及对江苏旅游业的启示[J].淮阴工学院学报,2019,28(04):61-64.

[3] 龚艳.江苏旅游业效率发展类型及演化模式[J].商业经济研究,2016(20):208-210.

[4] 章迪平,蒋小艺.浙江省文化旅游业发展效率及影响因素研究[J].浙江科技学院学报,2021,33(06):509-518.

[5] 刘冰洁,赵彦云,李倩.中国旅游业发展的时空演化及其影响因素分析[J].统计与决策,2021,37(23):106-110.

[6] 李志远,夏赞才.长江经济带旅游业高质量发展水平测度及失配度时空格局探究[J].南京师大学报(自然科学版),2021,44(04):33-42.

[7] 田磊,张宗斌,孙凤芝.乡村非物质文化遗产与旅游业融合研究[J].山东社会科学,2021(05):123-128.

[8] 王安平,杨可.新时代乡村旅游业与乡村振兴融合发展途径研究[J].重庆社会科学,2020(12):99-107.

[9] 殷杰,杨艺同.我国展览业与旅游业协调发展的时空演化特征及其驱动因子[J].经济地理,2020,40(08):194-202.

[10] 夏杰长,毛丽娟,陈琳琳.外部冲击下旅游业的演化与变革——以新冠肺炎疫情为例[J].新疆师范大学学报(哲学社会科学版),2020,41(06):43-54+2.

第四章　江苏省科技服务业发展研究

科技服务业是促进科技经济结合的关键环节和经济提质增效的重要引擎,已成为衡量一个地区经济发达程度和竞争力的重要指标。新形势下,发展科技服务业对江苏推动自主创新、培育新经济增长点、促进高质量发展都具有重要意义。应当着力推动科技服务业向市场化、专业化、规模化、体系化发展,构建特色突出、布局合理、投入多元的科技服务体系,推动创新链与产业链深度融合。

一、江苏省科技服务业发展的现状分析

(一)发展形势

1. 世界创新重心逐步东移,科技服务业发展的新空间不断拓展

当今世界正经历百年未有之大变局,新一轮科技革命和产业变革深入发展,国际力量对比深刻调整。以欧美发达国家为主角的全球创新版图也相应发生变化,部分研发和创新活动逐渐向新兴经济体转移。这一趋势自进入 21 世纪就已经出现,未来还将延续。科技创新投入的不断增加引发新兴经济体的创新能力大幅上升,亚洲成为全球高端生产要素和创新要素转移的重要目的地,特别是中国将成为全球研发和创新密集区,未来很可能产生若干具有世界影响力的创新中心。据中研普华预测,随着科技产业越来越强大,中国科技活动的强度同样会不断加大,科技服务业市场需求将不断增加,到 2023 年会增加到 2.71 万亿元。在新兴经济体对科技合作需求持续上升的背景下,科技服务业发展的新空间将不断拓展,更加多元化的开放局面正在形成。

2. 开放式创新蓬勃发展,科技服务业成为创新创业生态重要组成部分

以用户为中心、多元主体参与、在更大范围合作的开放式创新蓬勃发展,创新要素和资源更易于被获取,创新创业门槛降低,产业组织和社会分工持续深化。在这一过程中,如何营造主体协同互动、要素顺畅流动、资源高效配置的良好创新创业生态成为引领区域跨越发展的关键。科技服务业是创新创业生态中技术供给方与需求方之间的纽带,专业性、市场化的科技服务机构越多,科技服务能力越发达,标志着生态越成熟。科技服务凭借产业技术研究院、技术转移中心、知识产权运营平台、知识产权服务机构、检验检测服务平台、第三方智库、风险投资、天使投资金融机构等服务主体弥合从应用到中试环节的断线,推动科技成果转移转化,为创新创业提供服务,促进新企业、新产业形成。

3. 新发展格局加速形成,科技服务业高质量发展任务紧迫、责任重大

构建以国内大循环为主体、国内国际双循环相互促进的新发展格局,是以习近平同志为核心的党中央根据我国发展阶段、环境、条件变化,特别是基于我国比较优势变化,审时度势作出的重大决策。推动国内大循环,必须坚持供给侧结构性改革这一主线,提高供给体系质量和水平,以新供给

创造新需求,科技创新是关键。首先,研发与创新服务把创新资源对接给实体产业的同时,把创新需求反馈给科研机构,是产业链创新链融合循环的关键环节,是双循环发展新格局下现代产业体系的重要组成部分。其次,数字赋能生活、生产和公共服务,将有力实现高质量供给,引领和创造新需求,形成宏大顺畅的国内经济循环,从而更好地吸引全球资源要素,促进发展新格局的形成。另外,我国在全球价值链分工中长期处于价值低端的制造环节,而数字技术赋能使得我国制造业规模化优势成倍放大。依此发展数字赋能的制造服务,可顺势抢占全球价值链的服务增值环节,促进我国在外循环体系中的高价值占位和高质量发展。最后,畅通国内国际双循环也需要科技实力,保障产业链供应链安全稳定。江苏制造业规模居全国首位,产业门类齐全,不少已具备集群化发展基础,迫切需要整体提升。通过综合考虑产业影响力、集群化特征、发展基础与潜力,兼顾传统行业和战略性新兴产业,正在着力打造新型电力(新能源)装备、工程机械、物联网、前沿新材料、生物医药和新型医疗器械、纺织服装、集成电路、海工装备和高技术船舶、高端装备、节能环保、核心信息技术、汽车及零部件、新型显示等13个产业集群。展望"十四五",江苏要围绕先进制造业的产业链供应链加快布局创新链,通过科技服务业高质量发展破解科技创新和科技成果转化难题,撬起创新驱动的"杠杆",进一步提升产业能级层次,提升综合竞争力。

4. 平台化是科技服务业发展的重要趋势,数据化、智能化是科技服务未来发展的方向

新经济时代产业跨界融合发展,科技服务逐步向平台化、数据化、智能化发展。平台化是科技服务业发展的重要趋势。随着互联网与科技服务产业融合程度逐步加深,对资源的组织能力越来越强,线上线下融合模式(O2O)、第三方云平台、服务外包/云外包、众创、众包、众筹等科技服务平台模式不断涌现,诞生了西安科技大市场、科集网等众多平台化企业。数据化和智能化是科技服务未来发展方向,科技资源通过云服务方式,由静态、孤立的要素资源变成一种可在线、共享、交易的服务资源,科技资源数据相对标准化,随时在线可以实现调用、共享;大数据、人工智能技术加速与科技服务融合,基于海量科技资源大数据,推动数据资源汇聚、整合、共享,实现科技服务资源数据资源标准化,在专利智能分析、智能投顾、专利智能撰写等领域涌现若干智能化科技服务模式,诞生了墨丘科技、摩羯智投和文先科技等智能化科技服务机构。

5. 新旧生产方式面临换场,独角兽、场景的主动培育是科技服务业发展的新竞争点

新经济是一场生产方式的革命,未来将进入新经济建设阶段,将完成新旧生产方式的转化,在这一转化过程中,"换场思维"起到关键性的作用,而"独角兽"、场景是未来生产方式换场的标志。"独角兽"引领新经济,成为生产方式先进性的直接体现。在新经济时代,企业发展呈现"创业企业—瞪羚—独角兽—龙"跃迁式、非线性、爆发式成长路径,在科技服务业领域诞生出创新工厂、汇桔网、36氪、猪八戒网等一批爆发式成长的"独角兽"。场景取代传统实验室,成为新经济创新创业重要站点。场景是新技术产业基础设施,吸引众多的类型企业集聚;是新技术创新中心,集聚产业链,促成跨界创新;是新技术的价值网络,支撑产业的商业模式创新;是成就高科技"独角兽"企业的重要利器。

(二)发展基础

1. 科技创新能力不断增强

全省专利申请量、授权量分别达75.2万件、49.9万件,其中,发明专利申请量18.9万件,比上年增长9.5%;发明专利授权量4.6万件,增长15.9%。全省PCT专利申请量达9606件,增长

44.8%。全省企业共申请专利 61.2 万件。万人发明专利拥有量达 36.1 件,同比增加 6 件;科技进步贡献率 65.1%,比上年提高 0.9 个百分点。全年共签订各类技术合同 5.7 万项,技术合同成交额达 2335.8 亿元,比上年增长 39.4%。全年省级以上众创空间达 922 家。

表1　全省专利申请量、授权量情况　（单位:件）

项　　目	2000 年	2010 年	2015 年	2017 年	2018 年	2019 年	2020 年
申请受理量合计	8210	235873	428337	514402	600306	594249	751654
♯ 发　明	1159	50298	154608	187005	198801	172409	188757
授权量合计	6432	138382	250290	227187	306996	314395	499167
♯ 发　明	341	7210	36015	41518	42019	39681	45975

资料来源:《江苏统计年鉴(2021)》

2. 高新技术产业发展加快

组织实施前沿引领技术基础研究专项、前瞻性产业技术创新专项和重大科技成果转化专项共 209 项,省级拨款 10.5 亿元。当年认定高新技术企业 13042 家,大中型工业企业和规模以上高新技术企业研发机构建有率保持在 90% 左右,国家级企业研发机构达 163 家,位居全国前列。全省已建国家级高新技术特色产业基地 172 个。

3. 科研投入力度加大

全社会研究与试验发展(R&D)活动经费占地区生产总值比重达 2.85%,R&D 人员 8 万人。全省拥有中国科学院和中国工程院院士 105 人。各类科学研究与技术开发机构中,政府部门属独立研究与开发机构达 435 个。建设国家和省级重点实验室 190 个、科技服务平台 276 个、工程技术研究中心 3978 个、企业院士工作站 126 个,获批建设综合类国家技术创新中心 1 家。

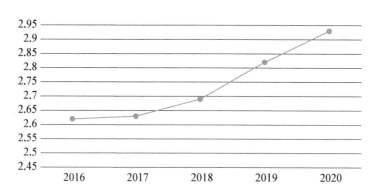

图1　江苏研究与试验发展经费支出占地区生产总值比重
资料来源:《江苏统计年鉴(2021)》

（三）发展回顾

1. 总量规模保持稳定,高能级服务主体陆续涌现

科技服务业快速稳步发展。2020 年,全省科技服务业增加值达到 2320.54 亿元,占 GDP 比重稳定在 2.3%。在科技服务业领域,中国上市服务业企业共 77 家。从地域层面来看,77 家上市企业中,广东省有企业 20 家(26%),北京市有企业 17 家(22.1%),江苏省有企业 12 家(15.6%),上海市有企业 9 家(11.7%),浙江省有企业 3 家(3.9%)。江苏科技服务业上市公司中,民营企业 10 家,公众企业 2 家。从所属地市来看,属于苏州市企业 6 家,南京市企业 3 家,无锡市企业 2 家,张家港市企业 1 家。排名前 10 位的江苏企业共有 3 家,分别位于第 1、5 和 6 位。

表 2　分行业地区生产总值　(单位:亿元)

行　业	2015 年	2017 年	2018 年	2019 年	2020 年
批发和零售业	7829.76	9197.46	10139.27	10836.58	11108.67
交通运输、仓储和邮政业	2435.34	2743.41	2964.41	3170.03	3239.92
住宿和餐饮业	1112.55	1302.85	1413.43	1531.39	1427.38
信息传输、软件和信息技术服务业	1685.12	2172.79	2409.97	2599.64	2998.3
金融业	4914.55	6215.65	6846.88	7435.7	8405.79
房地产业	4954.09	6907.75	7467.17	7925.85	8944.94
租赁和商务服务业	1958.03	2524.68	2800.26	2972.56	2981.48
科学研究和技术服务业	1413.53	1822.59	2021.53	2253.72	2320.54
水利、环境和公共设施管理业	395.22	509.61	565.21	650.55	669.68
居民服务、修理和其他服务业	742.71	957.65	1062.17	1160.21	1195.02
教育	1807.68	2330.82	2585.24	2903.77	3015.27
卫生和社会工作	1155.06	1489.34	1651.91	1806.98	1891
文化、体育和娱乐业	406.75	524.46	581.71	602.25	601.06
公共管理、社会保障和社会组织	2859.93	3687.59	4090.1	4639.33	4776.65

资料来源:《江苏统计年鉴(2021)》

表 3　分行业地区生产总值构成　(单位:%)

行　业	2015 年	2017 年	2018 年	2019 年	2020 年
批发和零售业	11	10.7	10.9	11	10.8
交通运输、仓储和邮政业	3.4	3.2	3.2	3.2	3.2
住宿和餐饮业	1.6	1.5	1.5	1.6	1.4
信息传输、软件和信息技术服务业	2.4	2.5	2.6	2.6	2.9
金融业	6.9	7.2	7.3	7.5	8.2
房地产业	7	8	8	8	8.7
租赁和商务服务业	2.7	2.9	3	3	2.9
科学研究和技术服务业	2	2.1	2.2	2.3	2.3
水利、环境和公共设施管理业	0.6	0.6	0.6	0.7	0.7
居民服务、修理和其他服务业	1	1.1	1.1	1.2	1.2
教育	2.5	2.7	2.8	2.9	2.9
卫生和社会工作	1.6	1.7	1.8	1.8	1.8

续表

行 业	2015 年	2017 年	2018 年	2019 年	2020 年
文化、体育和娱乐业	0.6	0.6	0.6	0.6	0.6
公共管理、社会保障和社会组织	4	4.3	4.4	4.7	4.7

资料来源:《江苏统计年鉴(2021)》

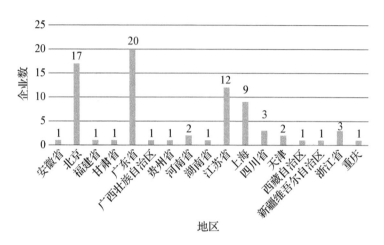

图 2　2020 年科技服务业上市企业地区分布

资料来源:wind 数据库整理

表 4　2020 年江苏省科技服务业上市企业基本情况

公司名称	城 市	企业属性	排 名
无锡药明康德新药开发股份有限公司	无锡市	民营企业	1
苏交科集团股份有限公司	南京市	民营企业	5
华设设计集团股份有限公司	南京市	公众企业	6
启迪设计集团股份有限公司	苏州市	公众企业	21
中衡设计集团股份有限公司	苏州市	民营企业	23
江苏利柏特股份有限公司	张家港市	民营企业	27
苏州苏试试验集团股份有限公司	苏州市	民营企业	34
永安行科技股份有限公司	常州市	民营企业	42
苏州市建筑科学研究院集团股份有限公司	苏州市	民营企业	46
苏州电器科学研究院股份有限公司	苏州市	民营企业	48
南京市测绘勘察研究院股份有限公司	南京市	民营企业	56
江苏中设集团股份有限公司	无锡市	民营企业	61

资料来源:wind 数据库整理

2. 空间集聚特征凸显,对企业创新能力提升效应明显

在集聚区发展实践中,各设区市依托生产要素资源优势,厘定优势行业发展方向,着重打造现代物流、科技服务、软件和信息服务、文化创意等专业性集聚区。到 2020 年末,省级现代服务业集

聚区中共有现代物流集聚区 32 个、科技服务集聚区 24 个、软件和信息服务集聚区 17 个、创意设计产业集聚区 13 个、商贸流通集聚区 13 个、商务服务集聚区 8 个、电子商务集聚区 5 个、金融服务集聚区 2 个、健康养老集聚区 1 个。省级生产性服务业集聚示范区共有现代物流集聚示范区 32 个、科技服务集聚示范区 32 个、软件和信息服务集聚示范 9 个、电子商务集聚示范区 8 家、商贸流通集聚示范区 7 家、创意设计集群示范区 7 家、人力资源服务集聚示范区 4 家等。科技服务业集聚示范载体依托城市发展规划,在空间布局上促进要素资源集聚共享,引导产业集聚、集约发展;在产业布局上力促产业链高效衔接,实现互补发展,促进多业态协同发展。

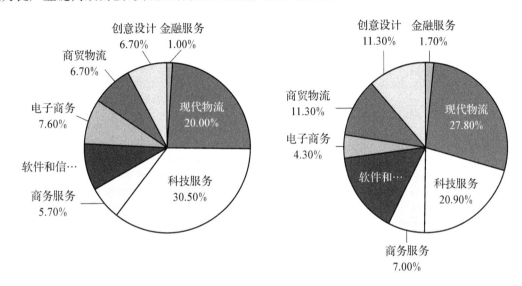

图 3　2020 年省级现代服务业集聚示范载体行业分布情况

注:左图为省级现代服务业集聚区,右图为省级生产性服务业集聚示范区

资料来源:江苏省服务业公共服务云平台

二、江苏省科技服务业发展中存在的问题

(一)总体规模仍偏低,地区发展不均衡

2020 年江苏省科技服务业总收入首次突破 1 万亿元,而北京已突破 1.5 万亿元。对比发达国家和国内先进地区,江苏还存在较大差距,科技服务业的发展程度与江苏经济大省的地位不够匹配。从省内来看,目前科技服务业主要集中在苏南,苏南五市服务收入占全省的 64.7%,苏北五市服务收入总和仅占全省的约 16.1%。

表 5　2020 年江苏分地区科技服务业增加值　(单位:亿元)

苏　南	南　京	无　锡	镇　江	常　州	苏　州
1466.63	575.33	161.48	99.64	204.21	425.97
苏　中	扬　州	南　通	泰　州		
436.82	130.72	228.64	77.46		

苏　北	徐　州	连云港	淮　安	盐　城	宿　迁
364.53	83.21	54.12	72.37	126.97	27.86

资料来源:《江苏统计年鉴(2021)》

(二)机构品牌影响力还不强

江苏科技服务业主体众多,但普遍存在规模较小、服务内容单一、核心竞争力不强和缺乏持续稳定的特色业务等问题,在研发设计、检验检测等领域缺少国内知名、国际一流的大型专业科技服务机构中,特别是标志性、引领性的龙头科技服务企业、能够"走出去"的国际知名品牌和有较强影响力的自主品牌相对较少。

(三)新兴领域竞争优势还未形成

江苏科技服务业领域新技术、新业态、新模式涌现不够多、不够快,在数字经济、共享经济等新兴服务经济领域,相较广东、浙江、上海等地存在一定差距,缺乏阿里巴巴、华为、腾讯等行业领军企业,在互联网数字服务、大数据应用等方面尚未形成较强竞争优势。尤其是互联网、大数据、人工智能等新一代信息技术与传统服务业融合发展不够充分,虽然软件和信息技术服务研发设计等业态增长速度较快,但企业数字化转型基础较为薄弱,需要进一步明确数字经济在江苏省经济发展中引领性、主导性、支柱性作用和战略定位。

(四)科技服务业市场化程度偏低,运行机制尚不健全

部分科技服务机构尚未建立起适应市场经济要求的运行机制,部分专业技术服务机构、技术转移服务机构仍依附于政府或国有企业,以公益性或半公益为主提供服务,社会化与市场化程度较低。同时,受体制机制的制约,部分掌握科技服务资源、具备科技服务能力的机构或人员并没有实现与市场接轨。虽已布局研究开发、检验检测、知识产权等各类科技服务机构,尚未形成综合化、专业化、网络化的科技服务平台。

三、江苏省科技服务业发展的建议与对策

(一)国际经验

1. 硅谷:高度市场化分工的科技服务业策动创新创业集聚

硅谷位于美国西部旧金山南端面积约 48 万公顷的狭长谷地,汇集了惠普、英特尔、苹果、思科、雅虎、eBay 等世界一流公司,2015 年人口约 300 万,占加州的 7.7%,GDP 占加州的 10.3%,是全球高科技创业的伊甸园。高度发达与市场化的金融服务业与配套服务的第三产业公司集群,是硅谷形成创新创业集聚的重要支撑,健全的银行体系、专业的服务企业构成了促进硅谷发展的"X＋ABC"的综合服务创新体系。

一是科技银行体系提供综合金融服务。硅谷银行是世界上最著名的科技银行。硅谷银行为硅谷地区 70% 以上的风险投资支持的企业、全美 50% 以上的风险投资支持的企业提供服务。硅谷银行只专注于为高科技、生命科学、私募股权和高端葡萄酒市场的企业提供金融服务。风险控制方面,硅谷银行在创业投资公司投资之后再参与,从与风投合作中获得高科技产业的真实信息以及庞大的客户关系网络。盈利模式方面,除了利息收入之外,通过认股权证来获得高科技企业成长所带来的收益。金融服务方面,针对初创企业需求,提供知识产权质押贷款等金融产品,派遣专门的服务代表,与初创者在一起工作,帮助企业家扩展网络,为创业者找到潜在投资者。二是市场导向下的科技服务业分工。硅谷地区的科技服务业在高度市场化情况下形成了详细分工,硅谷 40% 的企业是为研究开发、生产销售提供各种配套服务的第三产业公司,包括金融、中介、生活等各个领域。在硅谷,科技人员通过专门公司只要 1—2 周时间就可做出符合规定的产品,并且提供全套的生产工艺、质量检测和成本核算资料,为研发者降低成本、率先抓住商机发挥了十分重要的作用。硅谷诞生了一批各具特色的世界知名的明星机构,依靠特有的资源优势不断为高科技企业提供专业化服务。知识产权专营公司"高智发明":通过专利集中战略,以信息的汇集以及路径的构建获得规模效益进行专利风险管理而获利。特色孵化器 YC 公司:通过密集的信息交流和针对性的推介,帮助团队形成具有吸引力的投资点,并全力赢得各类投资人的后续跟进投资,形成信息高度集中的"批发式孵化"。提供综合服务、对接供求双方的孵化与技术转移一体机构"即插即用中心":以"单层加速模式"为高科技企业提供服务和指导,有针对性地为这些大企业在特定领域进行与创业公司的对接。红杉资本:瞄准"思维模式迁转"下小公司的机会,进行呈链条式的技术追踪式投资,推动了硅谷整个科技产业特别是互联网产业的全面发展。

2. 以色列:多主体参与的科技服务体系孵化高科技公司

被誉为"中东硅谷"的以色列平均每 2000 人就拥有一家企业,密度全球最高,以色列由政府牵头、多主体参与的科技服务体系对高科技公司的孵化起到了关键作用。

一是 PPP 模式的人才服务吸引全球高端人才。2006 年的"回家"(Come Home Program)项目,2009 年的人才回流项目(Brain Return Program),总理办公室和 Bio Abroad 组织的合作伙伴关系协议,都采取了 PPP 的模式为高端人才提供多种服务,非政府组织和部门全程参与政策制定、实施和评估过程,充当着咨询者、资助者、雇主以及合约方等多种角色,在提高人才政策针对性和有效性方面发挥着重要的作用。政府则牵头利用公共资源,在雇主、市场与人才之间建立精准的匹配关系。二是政府搭建、多方参与的国际化营销平台。以色列在特拉维夫建设了特拉维夫国际媒体枢纽空间,为国际记者特别是短期采访的记者提供交流、沟通与思想对话的空间,并定期组织以"创业、创新"为主题的城市旅游和考察,由记者将特拉维夫的最内在、最真实的创业、工作、休闲状态传播到世界。以色列外交部还长期邀请世界各国影视媒体前往创新创业重点城市特拉维夫报道城市的文化设施、饮食、戏剧、海滩生活等。并以此为基础,由政府牵头,多组织参与,在世界各国重点城市进行游说和招商。三是综合集成化的数据库信息服务。政府利用地方网数字化建设的基础设施,将各种有利于创业的信息都公开,比如特拉维夫创业政策网站等,详细罗列了各种服务创业的政策。特别关注本地初创科技企业信息数据采集与利用。建立了非常详细的各类企业发展情况的数据库,涉及企业规模、人数、区位、产品市场、发展阶段、生产规模、主要融资形式、当前的主要问题等。不仅定期对现有数据库进行更新,还对各类企业进行最有效融资模式和发展阶段规模需求的匹配分析。四是政府资本引导风险投资模式。以色列的科技金融结合机制建设在全球独树一帜,政府直接参与科技企业孵化的全过程,通过种子基金与政府引导的风险投资基金,为初创期的科技型中小企业提供充分的金融服务与管理帮助。完善的进入与退出机制是以色列种子基金与政府引导基金的共同特点,以色列通过法律法规的形式规定了政府的无条件退出原则,确保了以市场为主体、政府重点解决市场失灵的模式。种子基金计划、YOZMA 计划是其中的典型代表。

3. 索菲亚科技园:公共科技服务体系推动区域升级转型

索菲亚高科技园区是法国创办最早、规模最大、最有影响力的一个高科技园区,与英国的剑桥科技区和芬兰的赫尔辛基高科技区并称为欧洲三大科技园区。索菲亚通过大量引入国家研究机构与中介服务机构形成了公共科技服务体系,不断承接高新技术资源落地。改变了以往"科技飞地"问题,将过去二十年积累的技术资源充分利用,形成了辐射全球的创新发源地——"电信谷"。

一是国家基础研究机构集聚高素质专业化人才。在园区建立之初,索菲亚地区就引入了巴黎矿业学校、尼斯地区商会、电信学校、法国石油研究院、国家科研中心等国家级高校院所,后来园区又组建引进了法国国立计算器及自动化研究院、"欧洲技术研究所"等机构。在索菲亚地区,科研培训机构占比超过了 3.17%,提供了超过 3000 个工作岗位。同时,法国第二大综合性大学尼斯大学针对索菲亚地区产业的博士研究项目,加强了工程师与科研人员之间的交流和联系,每年大约为园区培训 4000 名左右的毕业生。学校的教学、科技研究与其产业市场建立和保持了非常密切的联系,促进了科研成果的商业化。二是国家基础技术转移机构促进创业型中小企业发展。以自动化研究院为基础成立了法国国家级技术移转中心,以自动化研究院提供的基础研究成果为服务对象加快进行技术转移,促进园区内的中小企业成立。并且为进一步鼓励中小企业创业,成立了智能源管理机构。当中小企业成功获得自动化研究院输出的技术移转后,进一步进行风险投资评估。获得评估后的企业可得到智能源管理机构企业资金补助贷款 30 个月。进一步引进商学院,成立校级孵化中心。鼓励学生在园区创业,形成学校与园区企业的合作关系。

(二)相关启示

1. 政府支持、引导提升科技金融服务能力

借鉴硅谷银行科技金融服务模式,鼓励商业银行建立科技金融专营部门或机构,为创新创业提供针对性的差异化、多样化金融服务。通过多业经营提升机构自身的风险识别与抵抗能力,同时拓宽科技型中小企业的融资通道。借鉴以色列政府资本引导发展科技金融模式,通过国家融资的担保基金有序开展融资担保业务,形成以科技型企业为主要对象、科技成果为主要标的物的无形资产担保、保险、估价、征信新模式。为战略性新兴产业提供定向的科技贷款贴息,天使投资、风险投资风险补偿机制。重点探索科技成果转化中间环节的融资新模式,进一步发挥政府在科技金融服务引领双创升级过程中的支持作用。

2. 依托科技服务明星企业促进科技成果转化

借鉴美国硅谷科技服务业态发展模式,发挥市场资源导向与分工作用,将部分科研机构转制成"独立自主、自负盈亏"的科技服务企业,真正推向市场,引导科技服务机构借助自身优势实现差异化发展,从"大而全"发展理念转换为"多而精"。在发达城市重点扶持一批起点高、发展快的科技服务机构,逐步提高科技服务对科技成果转化的服务能力和影响力。

3. 以公共服务平台搭建促进企业融通发展

借鉴索菲亚科技园公共服务体系建设经验,由政府牵头,高校院所、国有机构为主体,社会多方参与的形式搭建科技公共服务平台,包括大数据平台、开放实验室平台、共性技术研发平台等。营造竞争性的市场环境,充分发挥科技资源的溢出作用,在平台上科技服务的供需双方能够快速有效匹配,推动科技服务有效供给。为创新创业提供先进的实验研发设备共享、科技技术知识交流、资金与技术合作流转载体,促进企业融通发展。

4. 通过科技服务业集成发展优化双创生态

借鉴以色列政府综合信息服务体系建设经验,通过建设数字化信息化的综合数据库与政产学研四方参与的创新中心,实现科技服务业集成发展。整合区域高校、科研院所、事业单位、行业内龙头企业的科技资源,建立多维度资源数据库,包括科技人才数据库、大型试验设备库、科技成果数据库、重点企业名录等。基于产业创新中心,利用多方参与的资源优势,为市场提供包括科技研发服务、孵化服务、知识产权服务、科技金融服务、技术转移转化服务等创新创业全链条综合服务。

（三）政策建议

1. 抢抓技术转移、数字经济科技服务业新机遇

（1）技术转移服务。围绕长三角先进制造业基地建设,完善技术转移服务网络,建立市县(区)全覆盖、多层次技术(产权)交易市场架构,形成政府扶持、市场引导、依托机构、服务行业的特色技术市场服务体系。创新服务模式,积极探索基于互联网的在线技术交易模式,完善线上、线下技术交易形式,为企业提供跨领域、跨区域、全过程的技术转移集成服务,推动技术转移服务机构从"点对点"服务向综合服务模式升级,加快推动技术成果从转移向转化演进,实现技术成果产业化。培育技术转移服务机构,引导和支持社会第三方机构开展技术转移服务,引导市外高校、科研院所在苏北设立技术转移分中心,打通高校、科研院所的技术成果向苏北转移转化渠道。

（2）数字经济服务。顺应数字技术在地区经济社会治理中广泛运用的趋势,充分利用数字技术在人工智能、大数据分析、云计算、物联网、先进机器人等方面的应用,支持企事业单位深化物联网、云计算、大数据、区块链等信息技术在各环节的应用,向新型数字消费、数字生产、制造业服务业数字化融合、数字化网链、数字化产业生态、数字化资源配置等领域延伸。着力运用数字技术,整合开放相关科技服务资源,推动实施一批数字技术应用示范项目,积极发展新型科技服务业态。

2. 打造研发设计、检验检测、创业孵化和科技金融科技服务业新优势

（1）研发设计服务。以强化知识和技术密集型服务为重点,推动研发设计服务产业链向高端环节延伸。引导国内外知名科学家、高层次人才团队、著名高校院所和科研机构在江苏发起设立新型研发机构,加强产业共性技术研究及服务。发展专业研发类企业,积极培育新型研发组织、研发中介和研发服务外包新业态。引导江苏省创新型领军企业面向自身和行业需求,加快主辅分离,建设各类高水平企业研发机构,推动离岸研发机构建设,探索"飞地"经济模式,推动协同创新,为行业提供集成化研发服务。促进服务外包、工业设计、工程技术等专业服务机构发展,鼓励发展市场化运作的研发设计中介和服务外包机构,采用众筹、众包等多种形式开展研发设计服务。加快工业创意设计园区建设,加强设计基础研究和设计工具研发,支持建设工业设计公共服务平台,强化工业设计在传统优势产业和新兴产业中的应用。

（2）检验检测服务。依托各市检验检测标准认证公共服务平台，以集聚服务主体、延伸服务链条为重点，推动检验检测认证服务由单一的测试、分析和认证，向全产业链、产品全生命周期的检测技术集成延伸。鼓励各检验检测认证机构市场化、特色化发展，面向设计开发、生产制造、售后服务等全过程提供观测、分析、测试、检验、标准、认证等服务；支持技术标准研发、信息咨询等服务发展。着力集聚一批国内外第三方检验检测认证机构，推动形成面向全国、多元并存、错位发展、覆盖全面的检验检测认证服务体系。鼓励检验检测认证机构积极参与地方、行业、国家及国际标准制订，推进资质标准和检验检测结果互认。

（3）创业孵化服务。大力促进创新创业平台服务升级，引导创业孵化机构专业化、精细化发展。围绕江苏主导产业，支持各地、各园区引进专业创业孵化机构，建设运营民营或混合所有制的专业众创空间、孵化器。鼓励创业孵化机构围绕高精尖产业领域，开展创新创业孵化服务。鼓励有条件的大中型企业充分发挥高水平管理团队、较强专业辅导能力、雄厚资金资源等优势，牵头与地方、科研院所共建企业孵化器，建立创意征集、资源共享、平台扶持的良性发展运营模式，吸引人才、强化创新、延伸产业链条。探索推动众包、众筹、众创、众扶等模式创新，促进新技术、新服务、新产品、新产业快速发展。鼓励创业孵化机构开展国际合作。优化创业培训和创业指导服务，创新孵化模式，不断提升服务能力。

（4）科技金融服务。建设科技金融服务平台，优化整合现有科技类贷款，创新科技金融服务产品，鼓励金融机构探索发展知识产权质押贷款、科技担保、科技保险、产业链融资等新型融资服务。支持天使投资、创业投资等对江苏科技企业进行直接股权投资和增值服务，探索投贷联动的融资模式。鼓励民营企业通过股权、债权及证券化融资，支持发展潜力好但尚未盈利的创新型企业在江苏股权交易中心挂牌。

3. 促进科技咨询、科技普及新发展

（1）科技咨询服务。大力发展战略咨询、管理咨询、工程咨询、信息咨询等专业化服务，积极培育管理服务外包、项目管理外包等新业态。鼓励科技咨询机构不断创新服务模式，探索运用新技术、新方法、新模型，开展网络化、集成化的科技咨询和知识服务，为经济社会发展提供高质量咨询服务。

（2）科学技术普及服务。以推动科普服务活动常态化、品牌化为重点，提高科普公共服务水平。推动各种形式的科普教育基地建设。加强科普作品创作，推进多渠道全媒体科学传播，办好全国科普日、科技活动周等主题科普活动。推动科普工作重心下移，着力提升青少年科学素养。

4. 实施重点产业链赋能计划

围绕重点产业链培育发展的痛点、难点、堵点，发挥科技服务专业化、体系化的优势，实施服务产业高质量发展赋能计划。围绕产业链前端开展研发设计服务，提供全产业链的设计服务，提升产品技术水平。强化技术转移服务，推动技术成果落地转化。完善检验检测手段，开展全领域检验检测服务，提高产品质量和安全水平。提供专业化孵化运营服务，营造全省创新创业氛围。完善科技金融产品服务，助力产业创新发展。大力发展数字技术服务，以数字经济服务推动制造业数字化转型。聚焦重点产业链培育，以科技服务业催化制造业创新发展，推进科技服务业与实体经济深度融合。

5. 加快科技服务业企业引培

（1）开展科技服务业初创企业培育。实施初创企业培育计划，每年遴选成长空间大、发展潜力优的本地优质科技服务业创业企业进入初创企业培育库。建立科技服务业初创企业数据库，强化初创企业的动态管理和考核机制，实时关注初创企业的成长发展。建立和优化初创企业的服务体系，为初创企业提供创业辅助、技术咨询、项目资助、配套扶持等完整科技创业服务，打造初创企业成长良好环境。

（2）开展科技服务业"瞪羚"企业培育。开展资本推介、项目展示、创业辅导、政策宣讲等活动，增强瞪羚企业市场拓展力和影响力。鼓励各类金融机构为"瞪羚"企业提供信用贷款、知识产权质押贷款等无抵押贷款。发挥科技服务业联盟作用，组织瞪羚企业负责人到国内知名科技服务企业交流学习，借鉴创新发展、管理模式和经营理念。

（3）开展科技服务业"独角兽"企业培育。开展"独角兽"、潜在"独角兽"政策需求研究。针对"独角兽"企业提供包含人才招聘培训、企业经营管理、政策咨询等方面的一对一专业化技术服务，重点从品牌创建、项目建设等方面进行指导。

6. 塑造高端科技服务品牌

（1）发挥联盟支撑品牌建设作用。以联盟为载体，推动联盟内企业联合共建科技服务业相关国家标准的制定、通过自主创新解决检验检测设备研发、知识产权保护、科技成果转移转化落地机制等科技服务业关键、共性技术问题攻关。

（2）对接北上广深推动品牌做强。精准链接北上广深等创新高地的科研机构、产业联盟、行业协会等组织，吸引研究开发、检验检测、技术转移等领域优秀团队与重点项目落地江苏。以常态化项目路演形式举办高端专场投融资对接活动，遴选一批具备市场潜力的优势项目以及潜在"瞪羚""独角兽"等高成长性科技企业。加深与国内一流科技服务业创新高地科技交流合作，联合举办论坛、峰会，打造具有影响力的江苏科技服务业品牌。

（3）加强国际交流打造优势品牌。发挥江苏海外人才智力资源优势，通过技术引进、合作转化等方式引进国外优秀科研项目成果落地江苏。围绕新一代信息技术、生物医药等产业领域，举办辐射全国、面向全球的创业大赛，全球范围内征集契合江苏先进制造业产业集群发展导向的前瞻性、创新性科技成果与项目，吸引参赛者落户江苏。

7. 健全市场机制

抓住技术研发、技术转移和知识产权等关键环节精准发力，有序放开市场准入，引导社会资本积极参与，支持合伙制、有限合伙制科技服务企业发展。鼓励政府部门将可外包业务发包给专业服务企业，实现服务提供主体和提供方式多元化。开展科技服务业标准建设与推广，鼓励科技服务企业主导或参与制定国家标准、行业标准，实现优质服务的标准化、可复制和大规模市场应用。

8. 强化资金支持

建立多渠道的资金投入体系，发挥财政资金的引导作用，运用阶段参股、风险补助和投资保障等方式，提升社会资本参与积极性，鼓励大企业、产业组织、个人资本投入到科技服务业发展中来；鼓励科技企业积极申报国家中小企业创新基金、国家科技成果转化引导基金，提升国家相关资金在科技服务业发展中的功能作用。

9. 推进智库建设

建立开放的公共决策体制,聘请科技服务领域研究专家、产业发展研究专家、业内知名企业家、行业协会代表等方面人才,推进江苏省科技服务专家智库建设,为制定科技发展战略、规划、政策等重大事项提供支撑。

10. 完善统计调查

依据国家科技服务业分类标准和指标体系,统计部门会同相关部门和行业协会建立完善科技服务业统计报表制度,按照国家统一部署组织实施。将本地科技服务业发展水平作为衡量科技创新能力的重要指标,强化支持科技服务业发展的工作导向。

参考文献

[1] 罗扬,熊素兰.江苏省科技服务业发展策略研究[J].江苏科技信息,2021,38(12):1-4.

[2] 袁汝华,马城楠.江苏省科技服务业创新生态系统适宜度评价——基于 Vague 集理论[J].科技管理研究,2020,40(06):75-82.

[3] 李昌峰,刘筱天.基于产业协同演进的高新技术产业和科技服务业发展研究——以江苏省为例[J].江苏科技信息,2018,35(25):1-5+10.

[4] 祖明,朱建涛.2018 年江苏省科技服务业实现高质量发展[J].华东科技,2019(04):14.

[5] 祖明,朱建涛.面向 2035 年中国科技服务业发展建议[J].中国科技论坛,2020(12):6-8.

[6] 王霄琼.科技服务业若干基本问题探析——兼论中国情境下科技服务业研究趋势[J].科学管理研究,2020,38(03):61-66.

[7] 张骁,周霞,王亚丹.中国科技服务业政策的量化与演变——基于扎根理论和文本挖掘分析[J].中国科技论坛,2018(06):6-13.

[8] 王康,杜崇东,周淑芬,唐敏,张婉琳.科技服务业带动产业转型升级发展路径研究——以河北省为例[J].河北青年管理干部学院学报,2021,33(05):89-92.

[9] 彭晓静.京津冀科技服务业发展效率及影响因素研究[J].时代经贸,2021,18(08):113-118.

[10] 李一凰.科技创新治理下的科技服务业发展路径[J].科技与创新,2021(16):121-122.

第五章　江苏省物流业发展报告

物流业,既是经济的组成部分,又是经济状况的晴雨表。物流连接生产、流通和消费,高度集成和深度融合运输、仓储、配送、信息、金融等服务功能,是延伸产业链、打造供应链、提升价值链和发展现代产业体系的重要支撑,在统筹推进现代流通体系建设、促进形成强大国内市场、提升国民经济循环效能中发挥着基础性、战略性、先导性作用。2020年,江苏物流业呈现平稳健康的发展态势,物流需求稳中有进,运行效率继续提高,衡量社会物流行业发展的三方面指数全线增长。

2020年,面对宏观经济下行压力加大和国内外各种风险挑战明显增多的复杂局面,全省上下坚持以习近平新时代中国特色社会主义思想为指导,按照省委、省政府统一部署,加快推进物流业供给侧改革,切实推动物流业高质量发展。全年实现物流相关行业增加值6145.12亿元,占全省GDP比重达6%。2020年江苏省以供给侧结构性改革为主线,全面推进物流降本增效,物流业高质量发展成效显著,坚持以市场为导向、企业为主体、先进技术为支撑,坚持规模与质量并重、效率与效益并进,加快物流模式创新,着力促进产业融合,着力提升物流业规模化、集约化、国际化、现代化水平,着力构建标准化、一体化、智慧化、绿色化现代物流服务体系,促进产业结构调整和经济提质增效升级,物流业对国民经济的支撑保障作用显著增强。

一、江苏省物流业发展现状分析

2020年社会物流总额进一步扩大,全省社会物流总额达32.88万亿元;社会物流总费用有所下降,2020年全省社会物流总费用与GDP的比率降至13.8%;物流业增加值进一步提高,2020年全省实现物流业增加值6145.12亿元。

当前,新冠肺炎疫情在全球蔓延扩散,世界经济遭受冲击,短期内江苏省物流业受到一定影响,同时全球空运、海运等通道受阻,物流成本上升导致供应链风险加大。

(一)江苏省物流业的现状

1. 物流规模、效率全国领先

2020年全省社会物流总额达32.88万亿元,占全国比重11%左右,"十三五"期间年均增速7.4%;实现物流业增加值6145.12亿元,占全省GDP比重6%。2020年全省公铁水空完成货运量27.5亿吨,"十三五"期间年均增速6.7%;港口完成货物吞吐量29.7亿吨,居全国第一位。物流效率持续提升,2020年全省社会物流总费用与GDP的比率降至13.8%,较2015年末下降1个百分点,低于全国0.9个百分点。

2. 物流供需结构加快调整

内需驱动的民生物流提速发展。"十三五"期间单位与居民物品物流总额年均增速51.7%,比社会物流总额增速高44.3个百分点。2020年全省快递业务量达69.8亿件,"十三五"期间年均增速25%。运输结构调整成效显现。2020年,全省水路货运周转量占比达到62%,居全国前列。江苏新亚欧大陆桥集装箱多式联运示范工程等4个项目成功创建国家级多式联运示范工程项目。南京、苏州、常州、无锡、海安等相继开通海铁联运班列,无接触配送、统仓共配等新业态、新模式加速崛起,仓储结构持续加快优化,高标准仓储设施比例明显上升。

3. 平台主体建设成效显著

2020年枢纽建设取得新突破,成功创建南京港口型(生产服务型)国家物流枢纽、苏州(太仓)港口型国家物流枢纽、苏州国家骨干冷链物流基地,6个城市入选国家物流枢纽承载城市。连云港海港、徐州淮海国际陆港、淮安空港互为支撑的现代物流"金三角"建设加快。持续推进示范物流园区创建工作,省级示范物流园区达60家,其中,6家入选国家级示范物流园区。大型骨干物流企业服务供给能力不断增强,全省4A级及以上物流企业达274家,居全国第一位。在统筹推进疫情防控和复工复产中,物流主体在保障全国防控救援物资运输、生产生活物资流通等方面发挥了巨大作用。

4. 智慧绿色态势加速形成

移动互联网、物联网、云计算、大数据等新一代信息技术在物流领域加快应用。2020年智慧物流园区、智慧港口、数字仓库、大数据中心等一批物流新基建投入使用。传统物流业务向线上线下融合转变,物流全程数字化、在线化和可视化渐成趋势。平台经济创新发展,2020年全省网络货运平台达83家,整合车辆59.8万辆,运输货物达1.7亿吨,交易额达202亿元,处于全国领先地位。绿色物流取得新进展,全省5个城市入选国家绿色货运配送示范工程,居全国第一位;托盘循环共用、挂车交换共享、仓库太阳能屋顶日益普及,快递企业探索使用可回收包装和可循环材料,电子面单普及率达99%以上。

5. 国际服务能力不断增强

2020年江苏省国际航运、航空能力逐步提升,全省开辟集装箱近远洋航线72条,国际及地区通航城市达52个。至2020年,"江苏号"中欧班列开通25条线路,累计开行5254列。"连新亚""苏满欧""宁新亚"成为具有较大影响力的国际班列品牌线路。国际物流服务功能不断完善,拥有10个国家级跨境电商综合试验区、20个综合保税区,数量均居全国前列。南京中国邮政国际货邮综合核心口岸、中哈(连云港)物流合作基地等标志性工程取得积极进展,东西双向开放大通道正递进形成。

6. 行业营商环境持续改善

物流政策环境持续优化,全面推进国家赋予的降本增效综合改革试点任务,推动以智慧物流发展促进物流降本增效。围绕物流高质量发展、降本增效、冷链物流、物流园区创新等出台了一系列政策文件。国家和省各项降本增效改革措施加速落地,物流企业获得感显著提升,减税降费取得实效。"十三五"期间全省累计优惠公路水路通行费达147亿元,形成了可复制、可推广的"江苏经验"和"江苏模式"。

(二)江苏省物流业的发展趋势

当今世界正经历百年未有之大变局。全球产业链、供应链加速重构,国内外经济格局发生深刻复杂变化,不确定性和风险挑战进一步增多,统筹稳与进、质与量、内与外的各项任务依然艰巨。当前和今后一个时期,全省发展仍然处于重要战略机遇期,江苏物流业发展面临的机遇和挑战都有新的变化。

1."争当表率、争做示范、走在前列"为江苏物流高质量发展赋予新使命

江苏作为物流大省,基础设施完备,平台经济发达,智慧物流水平高,人才资源富集,逐步形成了以枢纽经济为牵引、多业融合发展的物流产业集群,具有开放和创新先发先行优势。2020年,江苏物流业发展迈入枢纽能级加速提升期、物流体系关键成形期、物流主体国际竞争力培育期,要紧扣"强富美高"的总目标、总定位,在打造"具有全球影响力的产业科技创新中心、具有国际竞争力的先进制造业基地、具有世界聚合力的双向开放枢纽"中发挥现代物流重要支撑和引领作用。聚焦高质量发展、高品质服务、高效能治理,着力激发新动能、开辟新空间、塑造新优势,在降本增效、改革创新、产业融合、区域协同等方面形成引领示范,为江苏高质量发展贡献物流力量和物流智慧。

2.新发展格局为江苏现代物流体系建设明确新方位

构建新发展格局是应对新发展阶段机遇和挑战、贯彻新发展理念的战略选择。新发展格局下,扩大内需特别是消费需求成为基本立足点,国内超大规模市场的供需高效对接,产品面向国内、国际市场进行辐射,均需要物流进行有机串接和高效协同,将推动物流辐射范围、流量流向、网络布局、服务组织的变革重构。物流流向由外循环单环流动为主转向内循环—外循环双向流动,物流服务网络更多面向服务强大国内市场进行布局,对物流通道和枢纽布局提出新的要求。货物规模扩张增速放缓,物流需求结构向个性化、品质化、精益化转变,对物流服务供给结构和质量提出更高要求。江苏作为国内众多产业循环发起点、联结点和融入国际循环的重要通道有力支点,要顺应国家产业布局、内需消费和物流空间融合重构发展态势,优化物流空间布局和服务组织方式,加快构建内外联通、高效运作的"通道＋枢纽＋网络"现代物流运行体系,扩大高质量物流服务供给,增强需求适配性,推动物流体系向以服务国内大循环为主体、国内国际双循环相互促进的海陆统筹方向转变。

3.多重国家战略叠加实施为江苏物流业开放协同发展创造新机遇

"一带一路"倡议、长江经济带发展、长三角区域一体化等多重战略叠加交汇,为江苏参与全球合作竞争、加强区域协作和创新协同发展拓展了新空间,经济集聚度、区域联通性、政策协同效率进一步提升,将推动物流形成跨区域联通、一体化协作的发展格局。内陆枢纽规模化布局、沿海沿江港口竞争,对江苏物流枢纽地位、跨区域物流服务能力等带来挑战。江苏作为"一带一路"交汇点、长江经济带重要枢纽和长三角区域一体化核心区域,要充分发挥物流比较优势,消除跨区域物流堵点和断点,打破区域内部和跨区域物流服务的体制机制障碍,加快推进物流跨区域设施联通、资源共享、协同运作、区域共治。推进高能级物流枢纽网络建设,加快物流要素资源合理配置和规模集聚,提升跨区域物流服务能力。拓展国际物流通道服务网络,提升现代物流企业国际竞争力,推动物流企业、标准、技术、品牌走出去,培育国际合作和竞争新优势,为构建陆海内外联动、东西双向互济的开放格局提供支撑。

4.新一轮科技革命加速推进为江苏物流业创新发展提供新动能

以互联网、物联网、大数据、云计算、人工智能等现代信息技术为代表的新一轮科技革命正在重构全球创新版图,重塑全球经济结构。新一代信息技术在物流业广泛应用,智能物流装备和技术加

速迭代,推动物流资源要素的数字化改造、在线化汇聚和平台化共享,物流人员、装备设施以及货物将全面接入互联网,呈现指数级增长趋势,形成全覆盖、广连接的物流互联网,将实现物流作业流程、技术应用、组织运作、经营管理、业态模式的全面创新。江苏作为数字经济和科技创新发展高地,要抓住数字经济发展机遇,加快物流业数字化、智能化赋能,全面推进物流技术、业态、模式和管理创新。加快物流创新主体培育,推进物流关键核心技术突破,强化智慧物流平台建设,全方位提升管理效能和现代化治理水平,打造科技含量高、创新能力强的智慧物流产业体系,形成万物互联的数字物流新生态。

5. 现代产业体系迈向价值链中高端对江苏物流供应链优势重塑提出新要求

江苏拥有较为完整的产业体系和全国规模最大的制造业集群,在全球产业链、供应链、价值链中的位势和能级不断提升。物流是提升产业运行效率和价值创造能力的保障环节。现代产业体系迈向价值链中高端,将推动生产物流和城乡消费物流服务体系重构,推动供应链管理、精益物流以及快递快运、即时物流、冷链物流等细分领域快速发展。要充分发挥物流在塑造供应链竞争优势上的关键作用,深化与实体经济链条的高效协同,按照现代产业体系建设要求,加快构建创新引领、要素协同、安全高效、竞争力强的现代供应链,提升供应链服务水平和价值创造能力。妥善应对错综复杂国际环境带来的新矛盾、新挑战,加强供应链安全国际合作,增强产业链、供应链安全韧性。进一步增强物流业在制造、商贸、农业等产业体系重构中的战略引领能力,实现江苏产业基础高级化、产业链现代化、价值链高端化。

二、江苏省物流发展中存在的问题

(一)存在问题

2020 年,江苏省统筹推进物流业稳增长、调结构、惠民生和降本增效,物流业发展基础日益巩固。但同时,全省物流业与构建新发展格局和满足人民日益增长的美好生活需要的要求相比仍存在一定差距。

1. 物流业集聚集约水平仍需提升,现代物流业服务功能不完善

部分物流园区对建设发展规划不够重视,规划水平不高,存在规划落实不到位、项目布局不合理等问题,造成物流资源分散、集聚化程度不高,土地集约利用水平有待进一步加强。部分物流项目投产不达预期,存量物流资源有待整合优化。物流园区同质化、重复建设现象依然存在,部分物流园区规划建设脱离实际市场需求,造成较大的资金压力和运营风险。部分物流园区用地受限,发展受到制约,需要与互联网结合提升园区单位土地产出效率,提高园区集聚集约水平。现代物流业提供的物流服务功能不仅包括传统的仓储、存货管理、发送、配送和运输等,还包括对服务对象进行订货处理、采购等信息处理和质量控制等功能。江苏具有雄厚的工业基础,机械、电子、化工、汽车等支柱产业在全省工业增加值中占有较高的比例,这符合江苏省制造业发达的特点,但从物流服务提供商的物流服务来看,主要是传统的运输、仓储、配送等传统物流服务功能,增值服务如订货处理、采购等较少,现代物流业服务功能还不完善。此外有资料显示,根据对江苏部分工商企业的典型调查,尽管江苏省外包比例高于全国的平均水平,但仍说明由于现代物流业服务功能不完善,企

业自营物流占较大比重。

2. 物流业区域发展不平衡,缺乏先进的物流理念

江苏省虽然总体上属于经济发达省份,但省内苏南、苏中、苏北三大区域经济发展不平衡现象比较突出,这不仅表现在经济发展总量上的差别,在物流业发展方面也有明显表现,高质量发展环境还需改善。部分地市物流降本增效工作推进缓慢,物流降本增效政策措施的落实工作有待进一步加强。通过问卷调查反映,"放管服"改革、降税清费、发展要素保障等方面的物流降本增效措施存在落实不到位的情况。随着中美贸易摩擦逐步加剧,国际环境不稳定性、不确定性有所上升,加之物流行业发展不平衡、不充分的问题仍然存在,推动物流高质量发展的任务仍然繁重。江苏省对于现代物流业的重要性认识不足,主要体现在:① 对于现代物流业的重要性的忽视,缺乏相应的政策激励电子商务物流这个行业;② 因为政府的不重视使得许多企业对于电子商务物流缺乏重视,不能促进产业发展;③ 对于了解电子商务物流这一概念的公司也只重视硬件而忽视了软件部分。

3. 物流业人才稀缺,缺乏专业性指导

人才的缺少也是大大阻碍江苏省物流业发展的一个因素。近年来,由于全国物流业的快速迅速,物流专业人的需求日益增长,在物流相对发达的长江三角洲等地区,物流专业人才的缺乏更加明显。由于我国在物流研究和教育方面还非常落后,物流知识远未得到普及,物流企业对人才也未予以足够重视,人才缺口明显。随着我国逐步成为世界制造中心,江苏省发达的制造业必将由于全球采购与销售网络的形成带动形成庞大的国际物流系统,而目前江苏物流方面从业人员主要是从传统运输、仓储行业转变而来的,大部分未受过物流业务知识、业务技能的系统学习与训练,缺乏熟悉现代物流理念和现代物流管理,精通国际法、进出口贸易业务、采购系统、供应链管理的物流专业人才。在江苏,为了能招聘到高级的物流人才,个别公司甚至给出 30 万元的年薪以及一些福利待遇。根据相关网站的统计表示,在掌握物流知识的人才中,物流规划、管理、研究员和物流师是最稀缺的。在这些人员中,掌握英语、现代贸易运输理论和技术的人才最受欢迎。

4. 物流业产业分散,缺乏健全法律

江苏作为一个经济大省,资源过剩导致浪费,从而与许多机会失之交臂。现在的江苏乃至全国目前最需要的就是领头的大企业带头引导中小企业,改善电子商务流产业结构的不合理。相信随着物流政策进一步规划与实施会带给中国或者江苏机遇与挑战,把握住机遇迎接挑战是江苏省的当务之急,这样才能促进电子商务物流产业的发展,从而促进经济的发展,相信下个经济发展期就会来临。国内对电子商务物流没有一个统一的标准,江苏省当然也没有。任何行业缺乏标准都会影响其进步以及相关企业的发展。没有相关法律保护,电子商务物流企业的权益得不到保护,这个行业的新鲜度就会降低,这一点会大大阻碍电子商务物流的发展。

5. 物流业门槛过高,缺乏良性竞争

物流运输的主要方式有铁路、公路、水运、航空、管道等,物流运输市场的绝大部分份额是铁路和水运。而江苏省内,国家铁道部大力度管制铁路运输市场,国家铁道部是经营主体,铁路运输市场不存在来自铁路部门以外的竞争。水运业尤其是外贸远洋运输,其运输市场门槛高,实际上就是介于垄断竞争与完全垄断之间的一种比较现实的混合市场。因为垄断和分割长期以来存在于物流运输市场,良性竞争较难在物流企业中开展,因此,物流运输业的成长受到了很大阻碍。

6. 物流成本依然偏高,行业盈利能力下降

江苏省目前物流成本依然偏高,导致物流行业盈利能力下降。受产业结构、运输方式、组织化程度等因素的影响,江苏省物流成本依然居高不下,影响了企业的盈利能力和经济效益。物流设施之间不衔接、不配套、信息不通畅等问题还比较突出,都直接拉高了物流业运营成本。全省社会物流总费用与GDP的比率虽然低于全国平均水平,但与发达国家相比仍存在较大差距,不仅高于美国、日本、德国等发达国家,也高于印度、巴西等新兴市场国家。

7. 物流设施、设备有待于进一步改善

由于现代物流业发时间较短,江苏省除少数新建的一些大型物流企业有较先进的物流设施、设备,大多数物流企业是从运输、仓储等传统业务起步的,先进的物流技术、设备、设施使用较少,普遍存在仓储设施陈旧、货物混堆、人力搬运、篷货车等现象,专用物流设施、设备和工具比较落后,全自动立体仓库、托盘、货架、集装箱、机动工业车辆、自动拣选设备、一体化的配送信息系统、条形码、磁卡、RFID等先进的物流设施、设备与技术尚未普及使用,搬运系统尚未实现机械化、半自动化或自动化。

8. 物流运输管理效率低

以尽可能少的资源投入,在节约成本和环境负担的管制下达到顾客满意的服务为宗旨的一项管理活动就是物流管理。因为江苏省物流业相对于欧美国家及先进城市而言,还在低级发展水平,物流管理还是较为粗放的经营布局,多数物流运输企业管理机制仍不够先进,甚至还是较为低端的机制,服务机制依然低端化。首先是物流设施配备整体低端化,基本凭借廉价人力资源作为劳动力来做成的各项物流活动。其次是较为落后的物流信息系统功能,没有办法来实现现代物流所需的信息一体化的需求。最后是统一的物流管理机制的缺少,延迟了物流活动各个环节的交接和物流信息的传递,导致物流运输的管理效率和物流管理水平低下。

9. 物流运作时间过长

江苏省传统的仓库、运输企业成功地转型成现在的物流运输企业。与现代物流业的需求还有较大距离的是技术能力、服务范围和管理水平。物流企业不但普遍有经营规模小,所占市场份额少,服务项目单一信息化程度较低,高素质管理人才大量缺失等问题,而且物流企业整体运行水平低,缺乏高科技辅助的管理模式。除此之外,因为以低水平运行的物流企业,物流运输时间得不到保障,致使企业可以用来流动的资金很少,甚至物流运输交通事故层出不穷,更是导致物流企业入不敷出,严重缺乏周转金。

(二)江苏省物流业发展基础

随着江苏省综合经济实力的不断增强,社会物流需求快速增长,物流规模不断扩大,物流业对经济发展的支撑作用不断增强。

1. 地理优势

江苏处于我国交通枢纽中心,地理环境优越,例如南通、连云港、盐城等沿海城市的交通基础设施良好。江苏是北煤南运和南粮北运的通道,是中西部和长江中下游地区的出海口,是上海对内辐射的必经之地。而良好的交通运输系统体系离不开良好的基础设施,江苏的交通结构和功能在全国都是数一数二的,因此,这是江苏省在这一方面的一大优势。

2．人才优势

江苏省作为全国闻名的教育大省,拥有许多著名的高等学府,这些高等学府使得江苏省的人才队伍异常庞大。并且,其中拥有从业资格证书的人才比例也不容小觑。电子商务物流的发展很需要懂得专业知识并且拥有技能认证的人才的支撑,江苏省正好具备这一点。

3．技术优势

江苏省电子商务物流人才繁多,技术演变领先于他省。在拥有众多人才的基础下,技术的发展也领先于他省,再加上地理环境的优势,使得技术更新也快于他省。创新永远是一个行业不断前进的动力,江苏省鼓励创新的政策使行业发展得以顺利开展。

4．经济优势

在地理优势的基础上,江苏省拥有许多其他省没有的贸易机会。发达的交通,如港口运输和内陆运输等都为江苏提供了许多发展的机遇,而众多的人口数量也为江苏提供了可靠稳定的购买力,这使经济发展也变得稳健。再加上江苏其他产业的支持如旅游业、制造业等都为电子商务产业经济提供了厚实的基础。

5．外部环境优势

近年来,现代物流业发展受到政府重视。经国务院批准,国家发改委等9部门陆续出台了多项物流业法制法规,提出了促进现代物流业发展的一系列政策措施,从税收、投融资、通关等方面对尚处于起步阶段的物流企业给予政策倾斜。随后各市政府相关部门亦出台了一系列的扶持物流业发展的政策措施,总体来看,目前江苏省物流业发展的外部环境在逐步完善。

6．市场需求优势

随着江苏省经济的快速发展,物流市场需求逐步扩大,社会经济发展对现代物流业需求有继续增大的趋势,由于物流需求的增加,全省社会物流总额也有较快增长。此外,随着江苏各地开发区和工业园区的迅猛发展,企业物流业务外包促进了提供第三方物流服务的集运输、仓储、配送、加工等功能的物流企业的发展。

（三）江苏省物流业发展原则、目标和发展重点

1．基本原则

市场主导,政府引导。发挥市场在资源配置中的决定性作用,激发市场主体活力,提高物流要素配置效率。更好发挥政府作用,加强规划引导,完善政策法规体系,优化营商环境,推进建立区域协调发展机制,全面提升现代化治理能力。

统筹兼顾,区域协同。统筹国内、国际两个大局,深入推进国家重大战略实施,建立跨区域物流协同机制,提升跨区域物流合作层次和水平。统筹城乡发展,坚持以人民为中心,加快城乡物流一体化建设,大力发展农村物流,稳步提升物流均等化水平,强化社会民生物流保障。

重点突破,系统推进。坚持补短板与锻长板相结合,推进物流新型基础设施建设,在航空物流、高铁物流、冷链物流、农村物流等重点领域取得突破性发展。坚持系统性思维,全局性谋划降本增效综合改革、物流设施建设、服务体系构建、业态模式创新等,全面推进现代物流高质量发展。

开放共享,融合创新。提高对外开放水平,充分利用国内、国际两个市场两种资源,构筑互利共赢的物流与供应链合作体系。推进物流数据资源共享、共用,提升社会数据资源价值。深化物流与先进

制造、现代商贸、现代农业的深度融合,加强供应链创新应用,提升产业链的供应链现代化水平。

智慧绿色,安全可控。以科技赋能促进物流业创新发展,加快物流数字化转型和智慧化改造。坚持绿色低碳,深入推进现代物流节能减排,完善逆向物流体系,实现物流全链条绿色化发展。坚持自主可控、安全高效,完善应急物流体系,强化粮食、能源等战略物资保障能力,增强供应链安全韧性。

2. 发展目标

到 2025 年,基本形成枢纽引领、内联外通、集约高效、智慧共享、绿色安全的现代物流体系,努力把江苏打造成为全国物流高质量发展示范区、物流数字化建设先行区、物流降本增效综合改革试验区。

现代物流枢纽网络建设取得新突破。形成了以国家物流枢纽为骨干、以省级物流枢纽和省级示范物流园区为支撑的物流枢纽体系,新增 5 家国家物流枢纽、5 家国家骨干冷链物流基地、40 家省级示范物流园区,建设 28 家省级物流枢纽。物流网络通达能力显著增强,便捷化程度居全国前列,货物经由江苏口岸到达主要发达国家和"一带一路"沿线主要国家的国际物流通达性进一步增强。城市、农村配送网络不断完善,建成城市快递服务中心(公共服务站)15000 个,建制村主要品牌快递通达率 100%。

物流服务质量效率实现新跃升。系统性物流降本增效取得新突破,社会物流总费用与 GDP 的比率降至 11.8% 左右。货物运输结构明显优化,大宗货物实施"公转铁""公转水"成效明显,铁路货运量占比较 2020 年末提升 3 个百分点,集装箱多式联运货运量年均增长 10%。多式联运、高铁物流、航空物流、冷链物流等重点领域的服务品质明显提升。物流主体服务能力明显增强,培育壮大一批具有国际竞争力的现代物流领军企业。

智慧绿色发展增添新动力。5G、大数据中心、人工智能等新型基础设施在物流领域的覆盖率大幅提升,物联网、大数据、区块链等技术和智能装备在物流领域广泛应用。省级重点物流企业应用数字技术的比例达到 80% 以上,省级示范物流园区智慧化率达到 80% 以上。物流绿色化水平明显提升,逆向物流体系基本建成,邮政快递全面使用循环中转袋(箱),电商快件基本不再使用二次包装,邮政快递网点包装废弃物回收装置覆盖率达到 90% 以上,城市新增和更新的邮政快递新能源车比例达到 80%。

现代化管理体制释放新效能。物流行业"放管服"改革深入推进,建成线上线下深度融合、高效便捷的政务服务体系,"互联网+政务服务"实现全面应用。政府创新监管取得突破,跨部门、跨区域、跨层级政务信息开放共享机制基本建成,智慧物流公共信息平台在公共物流信息发布、统计直报、信用体系、行业监测等方面发挥新成效。

3. 发展重点

"十四五"时期,在新的起点上实现江苏现代物流业更高质量、更有效率、更加公平、更可持续、更为安全的发展,全面推进"三个转变"。一是从数量降本向系统增效转变。巩固和深化物流降本增效综合改革试点的江苏成果,进一步破除"中梗阻",打通微循环,完善物流运行体系,创新组织方式,提升综合服务效率,系统性降低经济循环成本。二是从要素驱动向创新驱动转变。把创新作为推动江苏现代物流业高质量发展的第一动力,加大物流技术、管理、组织、服务和体制机制等创新力度,打造创新赋能的物流经济。三是从基础支撑向价值创造转变。在发挥好物流业基础性作用的同时,突出强化现代物流价值创造能力,提升现代物流在产业转型升级中的引领性作用,推进江苏物流业向集成产业供应链、塑造竞争新优势、实现价值创造的方向发展。

重点围绕"一个方向、两大体系、三个高地"推进实施,提升江苏现代物流高质量发展水平。

(1) 聚焦一个主攻方向。聚焦物流业"降本、增效、提质",坚持目标导向、问题导向和结果导向相统一,以结构性调整、技术性创新、制度性改革为路径,加快质量变革、效率变革、动力变革,系统性推进物流改革创新,激发现代物流发展内生动力。加快补齐物流枢纽设施网络建设短板,进一步优化物流空间布局,推动解决设施衔接不畅、信息不共享等问题,提升多式联运衔接效率,高质量推进运输结构调整。加快推进物流业态模式创新和服务领域拓展,加大智慧物流技术应用,创新物流服务组织方式,发展平台化服务组织模式。强化物流高质量服务供给,延伸物流服务价值链条,探索物流业价值创造的基本路径。着力深化物流"放管服"改革,进一步简化行政审批、推进降税清费、优化监管服务、强化部门协同,提升现代化治理能力。

(2) 完善两大支撑体系。一是聚力打造"通道+枢纽+网络"物流运行体系。持续放大江苏综合交通物流畅通循环效应,进一步完善物流基础设施网络,加强与国内物流通道网络的一体衔接、与国际物流基础设施的互联互通,着力推进物流枢纽、物流园区联通成网,全面提升物流枢纽服务效能,在更大范围内促进经济循环流转和产业关联畅通,有力支撑江苏建设"具有世界聚合力的双向开放枢纽"。二是着力构建安全可靠的现代供应链体系。发挥"链主"企业与供应链服务商的引导辐射作用,以物流为牵引,加快推动供应链各主体各环节设施设备衔接、数据交互顺畅、资源协同共享,促进资源要素跨产业、跨区域流动和合理配置,提升产业链供应链自主可控水平。

(3) 加快三个高地建设。一是智慧物流创新高地。构建"数字驱动、协同共享"的智慧物流创新发展新生态,加强新型物流基础设施建设,加快智能物流装备应用,推进相关领域信息技术应用创新,大幅度提升物流数字化、安全性水平。加大物流科技创新与人才集聚,加强关键核心技术攻关与成果转化,推进具有全国影响力的物流产业科技创新中心建设,加速形成引领行业发展的技术标准体系、大数据中心、智慧物流云平台和应用新场景,抢占智慧物流发展战略制高点。二是产业物流融合高地。大力提升产业物流服务实体经济能力,加速高端化、品牌化、高附加值化,形成产业物流融合发展的示范效应。提升制造业供应链协同发展水平,大力发展以柔性化生产、资源高度共享为特征的精细化、高品质现代供应链服务,形成引领行业发展、具有典型示范效应的融合模式和标杆主体,增强物流业核心竞争力,促进产业升级、消费规模及品质双升级。三是民生物流品质高地。适应内需扩张、消费升级,提升民生物流运行水平和服务品质。强化城乡双向物流服务能力,推进形成全域覆盖、普惠共享、城乡一体,立足江苏、辐射全国的物流基础设施和服务网络。适应新零售、新消费等模式崛起,激发民生物流业态模式创新活力,以高质量供给激发消费需求,进一步提升邮政快递、冷链物流、跨境电商、绿色物流等民生物流品质化、便利化水平,满足人民日益增长的美好生活需要。

三、江苏省物流业发展的建议与对策

(一)聚焦能级提升,推进枢纽经济跨越发展

1. 提升枢纽集聚辐射能力

推进要素资源向国家和省级物流枢纽集聚,补齐铁路专用线、多式联运转运设施、应急物流设

施等基础设施短板,提高干线运输规模和支线运输密度,整合专业化仓储、区域分拨配送、通关保税等设施。推进物流枢纽综合信息服务平台建设,推动枢纽内企业、供应链上下游企业信息共享。打通多式联运"中梗阻",加强干支衔接、标准对接和组织协同,切实解决跨运输方式、跨作业环节"卡脖子"问题。推进既有货运铁路连线成网,加快苏州(太仓)港、连云港徐圩港、南通通州湾港、常州综合港务区、盐城大丰港和滨海港等港区铁路专(支)线建设,打通铁路货运干线通道与重点港区的"最后一公里"。提高海河联运内河航道等级,提升多式联运网络化运作水平。提升枢纽一体化组织运营能力。通过战略联盟、资本合作、功能联合、平台对接、资源共享等市场化方式,培育形成优势互补、业务协同、开放高效的物流枢纽运营主体,进一步提升组织运营、资本运作和资源配置能力。

2. 打造多元协同的枢纽体系

推进建立协同高效的物流枢纽联盟机制,加强枢纽间功能协同和业务对接,形成多层次、立体化、广覆盖的物流枢纽网络体系。强化水空中转、水陆联运有机衔接,进一步发展壮大淮安港、徐州港、宿迁港、苏州港、无锡港等内河集装箱港,推进江海河一体化的港口型物流枢纽网络建设。强化干支运输、区域分拨、中转集散等功能,推进干支配一体化的陆港型物流枢纽网络建设。强化全货机航线直达、跨境物流和联运服务,推进内外联通、快捷高效的空港型物流枢纽网络建设。强化供应链管理、干支联运、分拨配送等物流功能,推进与重点制造业和商贸集聚区深度融合的生产服务型和商贸服务型物流枢纽网络建设。以国家物流枢纽为核心载体,串接不同地区、不同城市、不同类型的物流枢纽,有效联结物流园区、货运场站、配送中心、仓储基地等物流设施,加快推进物流枢纽间开行"钟摆式""点对点"直达货运专线、班列班轮、卡车航班。

3. 培育发展枢纽经济

统筹枢纽与城市、产业协同发展,强化枢纽综合竞争和规模经济优势,打造要素集聚全、流通效率高、业态模式新、聚合能力强的枢纽经济增长极。强化"枢纽＋企业""枢纽＋平台",提升枢纽组织能力,放大集聚发展辐射效应。重点吸引企业总部和研发、销售、物流、结算、营运中心等功能性机构落户,培育引进一批全球领先的平台型供应链企业,做大做强区域分销分拨、大宗物资交易、跨境贸易、保税通关、产业金融、创新协同等平台服务功能,形成枢纽发展与企业成长的共赢格局。强化"枢纽＋产业""枢纽＋城市",构建枢纽经济产业体系,推动港产城互动融合发展。发挥物流枢纽产业链供应链的组织功能,推动现代物流和先进制造、现代商贸等产业深度融合,发展枢纽紧密型、偏好型、关联型产业,促进资本、技术、管理、人才等各类资源和生产要素集聚,推动发展航空经济、临港经济、高铁经济等,提高城市经济发展能级和产业竞争力。

(二)强化供应链创新,推进物流与产业深度融合

1. 推进供应链管理模式创新

发挥物流在供应链管理上的关键作用,提升物流企业的供应链组织管理能力,培育壮大一批现代化、专业化的供应链企业。强化供应链技术应用和服务模式创新,进一步增强供应链金融、采购执行、分销执行、质量追溯、商检报关等增值服务能力;推进供应链企业加大数字化投入力度,提升供应链要素数据化、数据业务化和信息安全化水平,加强数据标准统一、信息互联和数据共享,推动供应链全流程业务上云,打造数字供应链和产业新生态圈。加快建设技术水平高、集成能力强的一

体化供应链组织中枢,聚合链主企业、物流企业、金融机构、增值服务商等,推动供应链系统化组织、专业化分工、协同化合作,实现集中采购、共同库存、支付结算、物流配送、金融服务等功能集成,提高供应链快速响应能力。

2. 提升重点产业供应链竞争力

提升现代供应链战略地位。紧扣江苏省"531"产业链递进培育工程和"产业强链"三年行动计划,完善重点产业供应链政策规划体系,推进分行业供应链战略规划设计和精准施策,加大供应链重大基础设施、服务平台建设力度。提升重点产业供应链协同和集成能力。围绕全产业链整合优化,创新供应链组织模式,强化制造企业供应链组织和要素资源整合能力,提升物流自动化、智能化水平,带动制造业流程再造、模式创新、质态提升。围绕智能制造,打造一批具有订单管理、库存管理、数据辅助决策等功能的协同管理平台。提升重点产业供应链弹性。加强供应链安全国际合作,提升国际运输通道安全风险防控和应急保障能力。推进与跨国物流集团、龙头供应链企业建立战略协作,提高全球供应链协同和配置资源的能力,促进重要资源能源、关键零部件来源的多元化和目标市场的多样化。研究建立重点产业供应链风险监测、预警、应对工作机制,引导行业、企业间加强关键零部件供应链中断风险信息共享和互助协同,分散化解潜在风险。

3. 创新产业融合发展

依托重点产业集聚区,加快布局与产业发展紧密关联的一站式联托运、公共外库、分拨配送等设施,推进完善保税、冷链、快递、云仓等物流服务功能。推进物流企业与制造企业、商贸企业加强信息编码等基础类、质量控制等服务类、托盘等装备类的标准统一和衔接。推进工业供应链管理平台建设,推动物流企业深度参与制造企业资源计划、制造执行系统等关键管控软件开发,复制推广先进的信息融合模式,实现采购、生产、流通等上下游环节信息实时采集、互联共享。实施"快递进厂"工程,拓展邮政快递企业与制造企业融合发展深度,大力发展线边物流、逆向物流、准时物流等嵌入式驻厂服务,以"项目制管理"方式与先进制造企业建立长期稳定的战略合作关系。依托重点商圈、商贸集聚区、跨境电商平台,推动物流企业与商贸流通企业共同打造一体化供应链服务体系,强化集中采购、统仓共配、邮政快递、保税通关、支付结汇等物流服务功能。引导传统流通企业向供应链服务企业转型,推进现代物流与新型末端商业模式融合,加快完善直达社区、村镇的共同配送物流网络,提升末端物流服务效率。依托大型农产品批发市场、农产品电商、农业龙头企业、农民合作社、家庭农场等,加快构建农产品物流服务网络,完善基于农产品流通大数据的产销对接机制,拓展加工配送、安全检测、溯源查询等服务功能,延伸农产品加工链条,提升农产品冷链物流服务能力。推进物流与金融产业融合发展,探索利用物联网、区块链等技术创新物流金融服务模式,为物流企业提供融资、结算、保险等服务,进一步激发物流市场主体活力。

(三)加快数字转型,积极推动物流改革创新

1. 加快推进物流数智化应用

推动5G、大数据、云计算、工业互联网、人工智能、区块链等新一代信息技术在物流领域的应用。加快货、车(船、飞机)、场、物流器具等物流要素数字化转型升级。推动物流枢纽、物流园区(基地)、港口码头、货运场站等物流基础设施数字化改造升级,打造一批智慧物流园区、全自动化码头、无人场站、口岸智能通关、数字仓库等。推进智能化多式联运场站、短驳及转运设施建设。加快运

用无人机、无人驾驶货车、可穿戴设备、智能快件箱、自动分拣机器人等智能化装备,推进数字化终端设备的普及应用。加快推广"信息系统＋货架、托盘、叉车"仓库基本配置技术,推进传统仓储设施的数字化转型。

2. 全面推进物流数字化管理

加快推进物流业务的数字化转型,推动企业在车(船)货智能配载、多式联运、安全运输、信用监管、路径优化等方面实现全流程数字化改造,建立物流业务基础数据的采集管理系统。推动企业开展数据"上云"行动,鼓励具备条件的企业挖掘、应用物流大数据价值,提高物流大数据在风险识别、网络优化、市场预测、客户管理等领域的应用水平。培育基于"数据＋算力＋算法"的核心能力。推进基于数据驱动的车货匹配、运力优化和车路协同等模式创新。推进智能物联网在运输风险管控、安全管理领域的应用,提升运输精细化运营和主动安全管理能力。以数据集中和共享为重点,打通信息壁垒,构建安全高效的政企数据共享机制,不断完善安全监管标准。探索建立基于区块链技术汇集运输、仓储、交通、税务、银行、保险等多方信息的物流公共"数据池",推进物流数据资源跨地区、跨行业互联共享。加快推进物流领域的"互联网＋政务服务",构建基于大数据的信用约束、精准实施、分类扶持、协同监管的智慧化治理体系。

3. 进一步深化智慧物流综合改革

推进智慧物流降本增效综合改革试点成果的集成应用。围绕城市物流智慧化治理,打造一批智慧物流发展体制机制完善、智慧技术应用广泛、物流枢纽智慧互联、智慧物流主体集聚效应显著的智慧物流示范城市。围绕园区智慧化改造,建成一批作业自动化、过程可视化、产品追溯化、设施数字化、管理智能化、运营网络化的智慧物流示范园区。围绕智慧物流关键场景,推进物联网感知、物流仿真、车路协同、大数据挖掘算法等的研究应用。培养一批技术先进、模式新颖、服务高效的智慧物流示范企业和智慧物流信息平台,建设一批引领江苏智慧物流快速发展的智力引擎载体。结合物流降本增效试点任务,进一步完善智慧物流发展体制机制,构建技术、装备集成应用的智慧物流产业生态,推进制定适用于智慧物流企业的管理标准和办法,建立智慧物流企业评估和评价体系。

（四）强化协同联动,加快区域物流一体化发展

1. 深化都市圈物流一体化发展

围绕物流设施共建共享、网络互联互通、行业共管共治,统筹布局物流枢纽节点,优化配置物流资源,推进都市圈物流设施网络建设,加快构建区域分拨、城市配送服务体系,提升都市圈物流一体化组织服务效能。发挥南京国家物流枢纽承载城市的聚合辐射作用,突出周边城市比较优势,构建枢纽引领、分工协作、层次分明的都市圈物流体系,合力推进都市圈物流一体化先行示范。强化南京海港、空港、陆港、商贸服务、生产服务等物流枢纽功能,提升多式联运、中转集散、供应链组织能力,加快推进南京全国航空货物和快件集散中心、区域性航运物流中心建设。发挥周边城市产业承接优势,在镇江、扬州、马鞍山、滁州等城市布局建设一批干支衔接、智慧高效的城际配送中心,探索跨区域同城化的共同配送组织协作模式,创新配送车辆同城化通行管理举措,加快形成1小时物流配送圈。推动苏锡常海陆空物流枢纽资源共享共用,做强苏州江海转运,做大无锡航空货运,做优常州公铁水联运,推进无锡、常州打造陆港型物流枢纽。加快物流"金三角"建设,完善徐州陆港、连

云港海港、淮安空港枢纽设施功能,建立枢纽建设协调推进机制,加强物流设施互联、信息互通、业务联动,推进徐州都市圈其他城市物流协同发展。

2. 加强长三角城市群物流协同

立足长三角产业经济规模大、开放创新水平高、综合交通网络发达等基础,充分发挥上海长三角区域一体化龙头带动作用,放大江苏产业链供应链组织能力强、开放口岸平台众多、科教创新资源丰富等比较优势,强化物流分工协作、优势互补、错位发展,推进建立苏浙沪皖物流一体化协作机制。推进枢纽共建、设施联通、资源共享、创新协同,营造市场统一开放、规则标准互认、要素自由流动的物流业发展环境,共同打造区域物流一体化示范标杆。统筹规划物流基础设施布局,推进物流枢纽共建和设施联通。依托世界级港口群建设,加强港航物流合作,高水平推进苏州(太仓)港近洋集装箱枢纽港和远洋集装箱喂给港、长江南京以下江海联运港区、南通通州湾长江集装箱运输新出海口共建共享和业务融合。提升南京、无锡、盐城和南通等城市机场物流服务能力,有效承接上海国际航空枢纽资源溢出。深化口岸合作,提升通关一体化水平,复制推广"沪太通"集装箱多式联运模式,推进常州、苏州、无锡等地布局内河集装箱中心(ICT),开发直通上海港、宁波港的海铁联运班列。聚焦关键前沿技术,开展物流科技创新联合攻关,建设开放、协同、高效的物流技术研发应用平台。依托中国国际进口博览会,共同打造国际供应链组织和物流总部经济聚集区,推进建设一批集贸易分销、区域分拨、综合服务等功能于一体的线下展示交易与分销分拨平台。发挥江苏民生物流资源集聚优势,提升农产品冷链物流、粮食物流、邮政快递、应急物流等服务水平,扩大面向长三角的优质民生物流服务供给。

3. 推动跨区域物流联动发展

立足国内大循环,推进建立跨区域物流联动机制,加快形成便捷通畅、经济高效、协同运作的物流服务网络体系。围绕大宗商品、生产资料、特色农产品、工业品等跨区域流通,推进与重要资源基地和消费市场的高效物流通道建设,加快发展枢纽间铁路干线运输,增开一批双向铁路货运班列,优化物流组织模式,提高跨区域物流运行效率。推进建立与陕西、甘肃、新疆等中西部省份物流协作机制,强化江苏省重要物流枢纽节点跨区域中转集散、联运转运、交易交割等功能,加强物流枢纽间基础设施联通对接。围绕集装箱、件杂货、大宗散货的跨区域流通,有序推进港口型物流枢纽班轮航线建设,加快推进与武汉、重庆等长江中上游港口城市建立物流联动合作机制。提升江海河联运、水水中转、铁水联运等服务功能,加强长江支线"班轮化"运作,增强航运资源交易、大宗商品交易平台的集聚力和影响力,提升长江黄金水道物流运输效能。围绕国际航运、航空货运、供应链管理、冷链物流、跨境物流、人才培训等重点领域,建立完善与香港、澳门、台湾地区以及广州、深圳等城市物流联动机制,密切与粤港澳大湾区物流联系,加强物流标准对接,推进政府、行业组织和企业间的交流,深化拓展业务合作,提升跨区域物流合作层次和水平。

(五)加强统筹推进,提升城乡配送循环效能

1. 加快城市配送网络一体化

立足城市经济循环,加快完善布局合理、有机衔接、层次分明的城市配送网络体系。优化城市物流空间布局,推进物流资源集聚集约发展,构建形成"物流园区(分拨中心)—配送中心—末端网点"三级城市配送网络。充分发挥商贸物流枢纽核心辐射作用,适应本地电商、直播带货等新零售

发展,推进建设以商贸物流枢纽为核心的配送网络,引导生产和商贸流通企业合理布局产地仓、前置仓、配送站、快递驿站、自提点和社区门店,高效衔接即时配送、网店配送、门店自提等模式,提高"最后一公里"本地配送效率和服务质量。布局建设一批集运输、仓储、加工、包装、分拨等功能于一体的公共配送中心,强化统一存储、集中分拣、共同配送等功能。围绕城市商圈、景区、客运站等,完善快递揽收网点布局。结合城市更新、老旧小区改造等,完善城市快递末端服务体系,加强邮政、交通、电商、快递等资源整合,推进设施共享共用,推广智能快件箱(信报箱)等新型设施建设。

2. 创新集约高效的城市共配模式

立足资源协同共享,推动城市共同配送组织模式创新。强化城市货运配送统一管理,加快建立城市配送公共信息平台,发展"互联网＋同城配送",推动平台型企业整合同城货源和物流运力资源,加强配送车辆的统筹调配和返程调度。推进快递末端配送资源整合优化,大力推广统仓共配、分时配送等先进物流组织方式,引导快递企业通过联盟、合资等方式建立共同配送平台,建立统一品牌、统一管理、统一数据、统一分拣的共同配送体系。引导城市农产品流通由供应原料为主向供应成品、半成品为主转变,建设面向城市的低温加工处理中心,发展"生鲜电商＋冷链宅配""中央厨房＋食材冷链配送"等新模式。

3. 建立健全农村物流服务体系

立足乡村经济循环,加快完善县乡村三级物流配送网络,建设一批县域物流园区、公共配送(分拨)中心、镇级配送站和村级公共服务网点,健全乡到村工业品、消费品下行"最后一公里"和农产品上行"最初一公里"的双向物流服务网络。全面实施"快递进村",整合社会资源推动农村快递服务网络建设,推动交通运输与邮政快递融合发展,利用客运车辆开展代运邮件和快件。完善农村物流公共服务站点,促进农村物流"最后一公里"节点网络共享、运力资源共用。推进大型商贸流通企业、电商快递供应链网络下沉乡村,布局建设冷链物流产地仓、田头小型仓储保鲜冷链设施、产地低温直销配送中心。实施"互联网＋农产品"出村进城工程,推进交通运输、邮政快递与农业生产、加工、流通企业组建产业联盟,建立"种植养殖基地＋生产加工(仓储保鲜)＋电商平台＋快递物流"一体化的供应链体系,完善产运销一体化的农村物流服务网络。围绕省内特色产业集群和特色农产品产地,推进直播电商与邮政快递融合发展,发展"直播电商＋产地仓＋快递共配"模式,推动物流赋能乡村发展。

(六)培育竞争优势,提升国际物流服务能力

1. 强化国际物流通道建设

立足国际循环,适应全球产业链深入融合和跨国供应链加速重构趋势,以"三横三纵"物流通道为基础,强化物流枢纽的国际物流设施建设,推进国际物流通道布局优化,加快构建便捷畅通、多向立体、内联外通的国际物流通道网络。加强"一带一路"国际物流通道建设。强化新亚欧东向出海通道建设,深化与国际重要港口协作联动,推进开辟至重要战略性物资基地的海运直达航线。拓展加密面向"一带一路"沿线及重要贸易国家重点产能合作地区的国际空运航线、航班,重点开发日韩、东南亚、欧美、港澳台等方向航线,大力发展国际全货机航线。强化经苏州(太仓)港至东亚、南亚,经连云港、盐城至日韩的通道建设。进一步畅通西向陆路国际物流通道,优化南京、苏州、徐州、连云港四市中欧班列国际铁路运输组织,增强铁路集装箱集结能力,支持在沿线重要节点布局加工

组装基地和物流枢纽,进一步完善中欧班列通道线路布局和境内外揽货体系。围绕东亚小循环,重点加密至日韩等近洋航线,提高全货机航线直达率和航班密度。加强南京龙潭港、苏州(太仓)港等江海联运枢纽与上海国际航运中心以及香港、新加坡等国际航运枢纽联动,优化至美西、中东、西非等远洋航线运输布局。推进连云港港、通州湾新出海口建设,强化集装箱远洋航运功能。

2. 提升国际物流综合服务能力

强化物流枢纽通关保税和全球要素集聚等功能,打造内外有机联动、多运输方式协同的国际物流服务体系,提高服务国内国际市场能力。推进省市级公共海外仓建设,引导省内有实力的企业通过资本运作、业务合作等方式,围绕美国、欧盟、东盟等主销市场和"一带一路"沿线等新兴市场的港口、铁路和航空枢纽,布局一批配套服务功能完善的公共海外仓,为外贸企业提供通关、仓储配送、营销展示、退换货和售后维修等服务。推动省国际货运班列公司、跨境寄递服务企业在国际物流重要节点区域设置海外仓,完善境外物流和寄递服务网络。大力发展海运快船、国际铁路定制班列、集并运输等模式,推进海铁联运和江海联运发展,进一步增强国际航运和铁路物流服务能力。增强全货机定班国际航线和包机组织能力,完善国际航空货运服务关口前移、空陆联运等服务,提升国际货源和运力资源组织水平。加快发展国际寄递物流服务,实施"快递出海",鼓励有条件的地市规划建设快件监管中心,增强进出境邮件、快件及货物的国际集散能力。适应跨境贸易碎片化新趋势,紧抓区域全面经济伙伴关系协定(RCEP)的跨境物流发展新机遇,加大对东南亚的物流布局与整合,推进具有跨境出口、海外仓配、全程追踪、金融融资等服务功能的跨境物流综合服务平台建设,为跨境电商发展提供全链路一站式跨境物流服务。

3. 培育壮大国际物流服务主体

发展物流总部经济,加快推进具有全球供应链运营能力的航运企业、供应链管理企业、跨国公司采购分销中心在江苏设立高能级物流总部。推动省级龙头企业牵头组建大型跨国物流集团,建设一批骨干海运企业、航空物流企业和中欧班列运营企业,提升江苏省物流企业在全球物流产业价值链中的地位和影响力。推动省内企业通过投资并购、战略联盟、业务合作等方式整合境内外国际运输、通关、境外预分拣、海外仓等资源,提高到岸物流与境外落地配送服务能力。推进江苏省物流企业加强与"一带一路"沿线国家物流交流合作,跟随产业投资、重大工程项目走出去,提供配套国际物流服务,拓展全球物流网络。

(七)坚持低碳环保,推动物流全链绿色发展

1. 营造绿色物流发展新生态

全面提升物流设施、技术、模式绿色化发展水平。推进绿色物流枢纽、园区和基地建设,加强土地和存量资源的集约利用,推广应用绿色节能物流技术装备,提升绿色化发展水平。加大货运车辆(船)适用的 LNG 加气站、充电桩、岸电设施等配套基础设施建设。推动仓储设施的节能降耗与绿色发展,引导企业规划和建设绿色仓储新设施,推动企业对旧有的仓储设施实现绿色化升级改造。推广绿色低碳运输工具,淘汰更新或改造老旧车船,推进内河船型标准化,加大新能源或清洁能源汽车在枢纽园区、城市配送、邮政快递等领域应用。积极推进运输结构调整,推动大宗货物运输由公路转向铁路和水路,推动形成公路与铁路、水路合理的比价关系,加快发展铁水、公铁、公水等多式联运。探索建立物流领域碳排放监测体系,开展物流领域碳达峰、碳中和研究。

2. 发展绿色物流新模式

推动绿色运输、仓储和包装等环节协同运行,实现物流全链条绿色化发展。推广先进运输组织模式,推进公共"挂车池""运力池""托盘池"等共享模式和甩挂运输等绿色运输方式发展。推广应用装箱算法、智能路径规划、大数据分析等技术,科学配置运输装备,合理布局仓储配送设施。推动物流枢纽、示范物流园区等采用能源合同管理等节能管理模式。推广普及电子面单、环保袋、循环箱、绿色回收箱,推进物流企业与制造、商贸流通企业包装循环共用,推广使用循环包装和生物降解包装材料,推行实施货物包装和物流器具绿色化、减量化。

3. 构建逆向物流新体系

优化城市逆向物流网点布局,完善城市社区废旧物资回收网络。创新逆向物流回收模式,围绕家用电器、电子产品、汽车、快递包装等废旧物资,构建线上线下融合的逆向物流服务平台和回收网络。加快落实生产者责任延伸制度,引导生产企业建立逆向物流回收体系,推动汽车、工程机械、电子产品等生产企业利用售后服务体系建立再制造逆向物流回收网络。培育一批逆向物流服务主体,推动第三方物流开展逆向物流业务,提供个性化和专业化物流服务。

(八)健全相关体系,夯实物流工作基础

1. 健全物流领域标准体系

强化国家标准、行业标准和地方标准规范指导行业发展,推动与国际国内物流标准接轨。依托物流行业协会、科研院所、示范物流园区、行业龙头企业等,在冷链物流、物流园区、智慧物流等领域开展物流标准化试点示范工作,率先形成一批引领行业发展的团体标准和企业标准。

2. 完善物流统计体系

依托江苏省物流统计直报系统,推进建设全省物流大数据应用库,加强对物流重点领域、重点环节监测,建立全省示范物流园区、重点物流基地、重点物流企业的竞争力考核评价体系。研究制定制造业内部物流成本核算体系,开展企业物流成本统计调查试点。优化江苏物流景气指数、物流仓储指数,研究编制江苏物流业发展指数、供应链发展指数和各设区市制造业采购经理人指数(PMI),建立健全科学反映全省物流高质量发展的监测指标体系。

3. 加强物流人才支撑

坚持产才融合、以产聚才、以才兴产,优化物流人才培养开发体系。综合采取专业培训、校企协同等模式,引育一批掌握现代物流技术、熟悉物流业务管理、具备国际化视野的创新型物流人才。加大职业人才教育投入,强化继续教育制度,开展物流管理"1+X"证书制度试点。加大对海外高端物流人才引进力度,改革完善人才培养、使用、评价机制。

(九)加大物流政策支持,优化物流营商环境

1. 加强物流用地支持

完善物流设施用地规划,促进物流规划与国土空间规划的衔接,重点保障国家物流枢纽、骨干冷链物流基地、示范物流园区等重大物流基础设施项目用地。研究合理设置物流用地绩效考核指标。支持通过弹性年期出让、长期租赁、先租后让、租让结合等多种方式供应物流企业用地;支持利用工业企业旧厂房、仓库等存量土地建设物流设施或提供物流服务。

2. 加强财税扶持

巩固减税降费成果,严格落实物流行业税费优惠政策,加大物流领域收费行为监管力度。深化收费公路制度改革,推广高速公路差异化收费,降低通行成本。发挥中央和省专项资金作用,支持物流枢纽、智慧物流、冷链物流、供应链管理、应急物流等领域建设,优先支持列入"十四五"物流业规划的重大项目。加大物流标准制定支持力度,对符合要求的国际标准、国家标准和地方标准项目编制单位予以一定的财政补助。

3. 加大金融支持力度

鼓励符合条件的金融机构、大型物流企业集团设立物流产业发展投资基金。发挥政策性金融机构作用,加大对物流领军企业信贷支持力度,引导和支持资金流向创新型物流企业。引导金融机构开发更多符合物流企业融资特点和融资需求的金融产品,用好人民银行普惠小微信用贷款专项政策。开展物流基础设施领域不动产投资信托基金试点。支持符合条件的物流企业发行各类债务融资工具,拓展市场化主动融资渠道,稳定企业融资链条。

4. 深化物流领域"放管服"改革,放宽物流相关市场准入

推动物流领域资质证照电子化,加快电子政务系统建设,实现注册、审批、变更、注销等政务服务"一网通办"。深入推进通关一体化改革,优化通关流程,提升通关效率。研究制定政府物流数据开放清单,推动跨部门、跨区域、跨层级政务信息开放共享。加强物流信用体系建设,建立健全物流行业经营主体和从业人员守信激励对象名单、严重失信主体名单制度,研究制定守信联合激励和失信联合惩戒措施。加强物流行业安全建设,严格落实企业主体责任。推行包容审慎监管,预防和制止物流领域平台经济垄断行为,为物流新业态、新模式营造规范适度的发展环境。

参考文献

[1] 张敏洁."万众创新"背景下江苏物流业新业态发展路径研究[J].江苏科技信息,2020,37(28):4-9.

[2] 梁子婧.江苏区域物流空间非均衡态势及演变机制研究[D].中国矿业大学,2020.

[3] 伏小良.供给侧改革背景下江苏物流业发展对策研究[J].中外企业家,2019(24):56-57.

[4] 尹新,李梦媛,雷玲.建设生态文明的江苏物流业新体系研究[J].市场周刊(理论研究),2017(09):39-42.

[5] 白元龙,杨柔坚."一带一路"战略下江苏物流业发展研究[J].宏观经济管理,2017(01):79-82.

[6] 孔继利,朱翔宇.物流业高质量发展路径探索研究[J].物流研究,2021(02):66-79.

[7] 董千里.两业联动布局与物流业高质量发展[J].中国流通经济,2021,35(04):3-12.

[8] 王颢澎,赵振智.新发展格局下我国物流业发展的国际比较[J].山东社会科学,2021(02):168-173.

[9] 刘连花,陈岫,平海.新冠肺炎疫情对物流业的影响及应对策略[J].供应链管理,2021,2(01):97-106.

[10] 张兵.长三角一体化背景下区域物流业发展的联动效应研究[J].商业经济研究,2020(22):88-91.

第六章　江苏省公共服务业发展报告

公共服务是指为了满足公民进行社会发展活动的直接需求而通过国家权力介入或公共资源的投入所提供的服务,如教育、医疗保健、社会保障以及生态环境保护等。它具备非营利性、非排他性以及非竞争性等特点。公共服务可以根据其内容和形式分为基础公共服务,经济公共服务,社会公共服务,公共安全服务。此外,公共服务有以下四项职能:公共服务与经济调节、市场监管、社会管理。根据我国国民经济行业分类,公共服务业包括以下五个方面:科学研究、技术服务业,水利、环境和公共设施管理业,教育,卫生、社会保障和社会福利业,公共管理和社会组织。

2020年,面对新冠肺炎疫情带来的严峻考验和复杂多变的国内外环境,全省上下坚持以习近平新时代中国特色社会主义思想为指导,全面贯彻党的十九大和十九届二中、三中、四中、五中全会精神,认真落实习近平总书记对江苏工作的重要指示要求。按照党中央、国务院和省委省政府决策部署,江苏省全力以赴统筹推进疫情防控和经济社会发展,坚持稳中求进工作总基调,扎实推进"六稳"工作,全面落实"六保"任务,精准有序推动服务业复工复业、达产达效,努力保持产业链循环畅通和经济持续平稳发展。全省服务业生产经营稳步复苏,重点行业发展态势较好,新动能加速积聚,韧性与活力共同彰显。

一、江苏省公共服务业发展现状

江苏省服务业发展较为缓慢,但总体来看,其增长率仍要高于GDP的增长率,并且江苏省服务业随着近些年的发展总体规模不断扩大,从中获得的经济效应也在不断上升。服务业在提高质量、促进就业、拉动消费、改善民生等方面起着重要作用,是拉动国民经济增长的主动力和新引擎。

公共服务业作为服务业的第三类产业,其对经济的发展也至关重要,是国民经济发展的基础。从江苏省近些年的统计年鉴来看,公共服务业取得了飞速发展,获得了一定的成效,且产值与规模不断扩大,并保持了较稳定的增速。

(一)公共服务业各行业发展成效显著

1. 科学研究和技术服务业

党的十八大以来,以习近平同志为核心的党中央全面实施创新驱动发展战略,江苏各地坚持科学发展,锐意改革,开拓进取,实现了科技、经济、社会发展的历史性跨越,朝着"两聚一高"的战略目标迈进。全省科技创新和科技体制改革全面推进,至今也有一定的成效,使江苏省基础研究得到加强,高新技术产业快速发展,技术市场规模稳步扩大;科技投入持续增加,企业创新活力竞相迸发,科技产出成果丰硕,科技实力不断增强,科学技术事业突飞猛进,科技创新为转型升级、经济高质量发展提供强力支撑。

（1）科技创新能力不断增强

全省专利申请量、授权量分别达75.2万件、49.9万件,其中,发明专利申请量18.9万件,比上年增长9.5%;发明专利授权量4.6万件,增长15.9%。全省PCT专利申请量达9606件,增长44.8%。全省企业共申请专利61.2万件。万人发明专利拥有量达36.1件,同比增加6件;科技进步贡献率65.1%,比上年提高0.9个百分点。全年共签订各类技术合同5.7万项,技术合同成交额达2335.8亿元,比上年增长39.4%。全年省级以上众创空间达922家。

（2）高新技术产业发展加快

组织实施前沿引领技术基础研究专项、前瞻性产业技术创新专项和重大科技成果转化专项共209项,省级拨款10.5亿元。当年认定高新技术企业13042家,大中型工业企业和规模以上高新技术企业研发机构建有率保持在90%左右,国家级企业研发机构达163家,位居全国前列。全省已建国家级高新技术特色产业基地172个。

（3）科研投入力度加大

全社会研究与试验发展（R&D）活动经费占地区生产总值比重达2.85%,研究与试验发展（R&D）人员89.0万人。全省拥有中国科学院和中国工程院院士105人。各类科学研究与技术开发机构中,政府部门属独立研究与开发机构达435个。建设国家和省级重点实验室190个,科技服务平台276个,工程技术研究中心3978个,企业院士工作站126个,获批建设综合类国家技术创新中心1家。

表1　2011—2020年江苏省科技活动基本情况

指　标	2011年	2012年	2014年	2015年	2016年	2017年	2018年	2019年	2020年
科技机构数（个）	9061	17776	21844	23101	25402	24112	24728	26087	20457
科研单位	148	148	144	142	135	133	130	128	123
规模以上工业企业	6518	16417	20411	21542	24074	22687	23220	24432	18747
大中型工业企业	3166	7395	7538	7432	7816	7204			
高等院校	647	761	854	971	1055	1133	1219	1369	1484
其他	1748	450	435	446	138	159	159	158	103
科技活动人员数（万人）	81.62	98.23	115	111.99	117				
大学本科及以上学历	32.72	44.96	53.61	54.84	70.16				
研究与发展经费内部支出（亿元）	1071.96	1288.02	1630	1801.23	2026.87	2260.06	2504.43	2779.52	3005.93
R&D经费支出占国内生产总值比重（%）	2.2	2.33	2.5	2.57	2.66	2.63	2.7	2.79	2.93
三种专利申请受理量（件）	348381	472656	421907	428337	521429	514402	600306	594249	751654
发明专利申请受理量（件）	84678	110091	146660	154608	184632	187005	198801	172409	188757

续表

指 标	2011年	2012年	2014年	2015年	2016年	2017年	2018年	2019年	2020年
三种专利授权量(件)	199814	269944	200032	250290	231033	227187	306996	314395	499167
发明专利授权量(件)	11043	16242	19671	36015	40952	41518	42019	39681	45975

数据来源:江苏省统计局,历年《江苏统计年鉴》

2. 教育

全省共有普通高校 167 所。普通高等教育本专科招生 67.4 万人,在校生 201.5 万人,毕业生 51.3 万人。研究生教育招生 9.0 万人,在校生 24.4 万人,毕业生 5.7 万人。全省中等职业教育在校生 62.5 万人(不含技工学校)。特殊教育招生 0.3 万人,在校生 2.0 万人。全省共有幼儿园 7903 所,比上年增加 3.9%;在园幼儿 254.1 万人,增长 0.1%。

表 2 各阶段教育学生情况

指 标	招生数		在校生数		毕业生数	
	绝对数(万人)	比上年增长(%)	绝对数(万人)	比上年增长(%)	绝对数(万人)	比上年增长(%)
普通高等教育	67.4	15.1	201.5	7.5	51.3	5.0
研究生教育	9.0	21.8	24.4	13.6	5.7	13.8
普通高中教育	42.3	9.2	115.5	10.0	31.1	−0.8
普通初中教育	87.5	1.5	254.3	4.9	74.8	7.8
小学教育	97.1	−3.0	580.8	1.4	88.7	1.2

数据来源:《2020 年江苏省国民经济和社会发展统计公报》

3. 水利、环境和社会保障

(1) 水利规模扩大

2020 年,江苏省水利重点工程完成投资 130 亿元、农村水利完成投资 59.8 亿元。长江干流崩岸应急治理、黄墩湖滞洪区建设等一批重点工程全面完成,新孟河延伸拓浚工程具备应急通水条件,新沟河延伸拓浚工程完成竣工验收,淮河流域平原洼地治理、病险水利工程除险加固等加快推进,南水北调完成 5 个单项年度竣工验收。

全省现有注册登记水库 952 座,水库总集水面积 2.09 万平方千米,约占全省面积的 20%,总库容 35.20 亿立方米,设计灌溉面积 36.8 万公顷,有效灌溉面积 27.1 万公顷,年供水量 4.8 亿立方米。全省共有泵站 98779 座,总装机功率 401.48 万千瓦,其中,大型泵站 61 处(71 座),总装机功率 40.11 万千瓦。

全省现有 5 级以上堤防 51118 公里,其中,1 级、2 级堤防总长 5426 公里,主要是流域性河道、湖泊堤防以及海堤。全省过闸流量 1 立方米/秒及以上水闸共 36212 座,橡胶坝 51 座,其中,省管水闸 112 座,是水利工程体系中重要的控制性建筑物。

(2) 污染防治力度加大

认真落实"共抓大保护、不搞大开发"战略要求,长江经济带生态环境质量发生转折性变化。全省 PM2.5 平均浓度 38 微克/立方米,空气质量优良率达 81%,完成国家考核目标。水环境国考断面优Ⅲ类比例 86.5%,同比提高 8.6 个百分点,主要入江支流和入海河流断面全面消除劣Ⅴ类,长江、淮河等重点流域水质明显改善,太湖治理连续 13 年实现"两个确保"。土壤保护和污染治理修复工作有力推进。化学需氧量、二氧化硫、氨氮、氮氧化物四项主要污染物减排和碳排放强度下降完成国家下达任务。全省林木覆盖率达 24%,累计建成国家生态园林城市 9 个,国家生态工业示范园区 23 个,国家生态文明建设示范市县 22 个。

(3)节能减排成效显著

关停低端落后化工企业 995 家。钢铁、水泥等行业完成去产能任务。规模以上工业综合能源消费量比上年下降 0.4%。

(4)社会保障体系更加完善

城乡基本养老保险制度更加健全,医保市级统筹制度基本建立。年末全省城乡基本养老、城乡基本医疗、失业、工伤、生育保险参保人数分别为 5940.7 万人、7967.7 万人、1887.0 万人、2130.8 万人和 1987.1 万人,比上年末分别增加 185.5 万人、118.9 万人、92.8 万人、114.5 万人和 118.4 万人,退休人员基本养老金人均增长 5.0%。为 344.4 万名困难人员参保个人缴费部分实行全额资助,资助金额达 11.5 亿元,特困群众基本生活得到有力保障。

4. 卫生

改革开放以来,江苏卫生医疗机构经历了从小到大、从弱到强的发展历程,覆盖城乡居民的 15 分钟健康服务圈已经建成,全民医保体系基本形成,基本医疗卫生制度、疾病预防控制体系和突发公共卫生事件医疗救治体系基本建成,城乡卫生服务体系逐步完善,人民群众健康得到了有效保障。

(1)医疗体制机制不断健全

江苏省积极推进医疗卫生体制改革,卫生事业发展取得突破性进展,卫生资源进一步整合,卫生服务效率进一步提高,卫生力量、医疗服务能力和人民群众健康水平在全国均处领先位置。形成了县乡两级、乡村一体、防治结合、多元投资、分工合理的新型农村卫生服务体系;构建以社区卫生服务中心为主体、社区卫生服务站及其他具有社区特色的专业服务机构为补充的社区卫生服务网络,形成了社区卫生服务中心与医院和预防保健机构合理分工、双向转诊的两级新型城市卫生服务体系,实现了"小病在社区、大病到医院"的目标。截止到 2020 年底,江苏省所有县(市、区)建立了新型农村合作医疗制度,基本覆盖了全部人口。推进优质服务基层行,61.19% 的乡镇卫生院、社区卫生服务中心达到国家基本以上标准,建成农村区域医疗卫生中心 80 家,新增社区医院 64 家、社区医院示范县区 9 家。医疗服务持续改善。江苏省在全国省级层面率先建立城镇居民基本医疗保险稳定增长的筹集机制。加强突发公共卫生事件应急防治体系建设,县以上疾病预防控制体系已全面建成。

(2)卫生事业稳步推进

年末全省共有各类卫生机构 35746 个。其中,医院 1996 个,疾病预防控制中心 118 个,妇幼卫生保健机构 116 个。各类卫生机构拥有病床 53.5 万张,其中,医院拥有病床 42.2 万张。共有卫生技术人员 66.5 万人,其中,执业医师、执业助理医师 26.8 万人,注册护士 29.4 万人,疾病预防控制中心卫生技术人员 0.8 万人,妇幼卫生保健机构卫生技术人员 1.3 万人。

表 3 2014—2020 年江苏省卫生机构、床位及卫生技术人员情况

分 类	2014 年	2015 年	2016 年	2017 年	2018 年	2019 年	2020 年
卫生机构数(个)	32000	31925	32135	32037	33254	34796	35746
卫生机构床位数(万张)	39.23	41.36	44.31	27	49.08	51.59	53.50
卫生技术人员数(人)	45.85	48.70	51.71	32.8	59.0	63.3	66.5

数据来源:江苏省历年统计年鉴

（3）卫生服务水平不断提升

妇幼保健工作不断加强。2020 年,全省妇幼保健院(所、站)116 所,比 1978 年增加了 32 所;2020 年,孕产妇产前检查率和产后访视率分别为 98.67% 和 97.49%,与上年相比,产前检查率和产后访视率仍处在较高水平;落实孕前预防措施,2020 年,全省共为 42.0 万名计划怀孕夫妇提供免费孕前优生健康检查服务,目标人群覆盖率达 100%,筛查出的高风险人群全部获得针对性的咨询指导和治疗转诊等服务,有效降低了出生缺陷的发生风险;住院分娩率为 100%(城市 100%、农村 100%),稳定在 100%;孕产妇系统管理率为 93.35%;3 岁以下儿童系统管理率 95.75%。

疾病预防控制成效显著。2020 年末,全省有疾病预防控制中心 118 个(含开发区和系统外疾病预防控制中心),其中,省级 1 个、市级 13 个、县(市、区)级 99 个;疾病预防控制中心人员 10179 人,其中,省级 502 人,市级中心平均 195.5 人,县(市、区)级中心平均 70.3 人。2020 年末,全省有专科疾病防治院(所、站)39 个,有卫生人员 1540 人。2020 年末,全省每千人口疾病预防控制人员数为 0.12 人。

人口健康状况普遍改善,生命质量显著提升。居民健康水平总体处于全国前列,接近高收入国家水平。2020 年,5 岁以下儿童死亡率 3.69‰,其中,城市 3.42‰、农村 4.78‰;婴儿死亡率 2.44‰,其中,城市 2.31‰、农村 2.96‰;新生儿死亡率 1.60‰,其中,城市 1.53‰、农村 1.87‰。2020 年,孕产妇死亡率为 5.09/10 万,其中,城市 4.77/10 万、农村 6.36/10 万。

（4）新冠肺炎疫情防控得当

坚持"四早"原则,强化预检分诊、发热门诊监测,设立 72 家哨点医院加强呼吸道传染病监测,最早推出基层防控 10 条举措。发动 15 万基层医卫人员参与社区防控,出动 29.2 万人次开展 20 轮专项督查,组织实施隔离观察 33.6 万人、冷链食品等样本检测 17.8 万份、核酸检测 2500 多万份,为江苏省在全国率先复工复产、恢复正常生产生活秩序提供坚强保障。统筹资源、全力救治。坚持"四集中"、中西医结合,统筹调度专家等资源进驻定点医院,建立"专综结合"、分片包干等 10 项制度,用不到两个月时间实现本地确诊病例全部治愈出院。在全国确诊病例 200 人以上的省区市中,唯一保持患者"零病亡"、医务人员"零感染"。心怀全局、倾情支援。江苏先后派出 2813 人驰援湖北,在全国各省份中是人数最多、参战最早、战线最长、坚守最久、执行国家任务最不讲条件的。医疗队共收治患者 5500 余人,实现"打胜仗、零感染"目标。派出 306 人支援黑龙江、吉林、北京、新疆等多地,30 名专家赴委内瑞拉、巴基斯坦等国指导抗疫,承办 24 场次国际抗疫交流会。

5. 文化和体育

（1）公共文化服务水平提升

城乡公共文化服务体系不断完善。全省共有文化馆、群众艺术馆 115 个,公共图书馆 117 个,

博物馆 345 个，美术馆 42 个。全省共有广播电台 8 座，中短波广播发射台和转播台 21 座，电视台 8 座，广播综合人口覆盖率和电视综合人口覆盖率均达 100%。全省有线电视用户 1522.4 万户。全年出版报纸 18.8 亿份，出版杂志 1.1 亿册，出版图书 6.9 亿册。

（2）体育事业成绩斐然

2020 年，为贯彻落实《江苏省贯彻体育强国建设纲要实施方案》，加快推动体育强省建设，江苏省提出《体育强省建设三年行动计划》，按照体育强国建设部署要求，坚持以人民为中心的发展思想，坚持新发展理念，坚持推动高质量发展走在前列，坚持开放融合守正创新，聚焦增强人民体质、健全促进全民健身制度性举措，持续提升体育发展质量和效益，不断满足人民对美好生活的需要，为服务"五位一体"总体布局、建设"强富美高"新江苏发挥积极作用，为推动体育强国建设、让体育成为中华民族伟大复兴的标志性事业做出江苏贡献。

（3）竞技体育实力突出

江苏省以承办十运会为契机，加大大型体育赛事申办力度，提高竞赛组织水平。先后成功承办、举办了第十届全国运动会、第六届全国残疾人运动会、世界女篮锦标赛、世界青年女子垒球锦标赛、亚青会、青奥会等世界高水平比赛，充分展示了江苏承办大型赛事的能力和水平，受到国际和社会各界的广泛好评。

竞技体育硕果累累，竞技水平保持全国前列。2004 年雅典奥运会，江苏 4 人获金牌，1 人获银牌，1 人获铜牌；2008 年北京奥运会，江苏共获得 8 枚金牌，2 人获得 1.5 枚银牌，2 人获得 2 枚铜牌，奖牌总数位居全国前列；2012 年伦敦奥运会，5 人获得 23.5 枚金牌，2 人获得 1.5 枚银牌，2 人获得 2 枚铜牌，取得江苏境外参加奥运会的最好成绩，获国家体育总局颁发的"2012 年伦敦第三十届夏季奥运会重大贡献奖"和"特殊贡献奖"；2013 年，第二届亚青会江苏运动员有 34 名运动员参赛，同年第十二届全运会上共获得 45 枚奖牌，与上海并列第四；2014 年青年奥林匹克运动会，获得金牌 14 项次、银牌 5 项次、铜牌 3 项次，同年仁川亚运会上，获金牌 22 项次、银牌 13 项次、铜牌 18 项次，破 3 项赛会纪录，金牌数列全国第三、奖牌数位居全国第 1 位；在 2016 年里约奥运会上，江苏 33 名运动员入选中国体育代表团，5 人获得 3 枚金牌，4 人获得 2 枚银牌，3 人获得 3 枚铜牌。与国家体育总局相关项目管理中心和单项体育协会联办共建 6 个夏季项目国家队和 4 个冬季项目国家集训队；全省共有 21 家职业体育俱乐部，其中，女排、男排、女足、男足"十三五"期间均在国内联赛中获得过优异成绩；江苏运动健儿在第 31 届奥运会上获得 3 金 2 银 3 铜，在第 18 届亚运会上获得 15 金 14 银 12 铜，在第 13 届全运会上获得 35 金 26 银 45 铜和"体育道德风尚奖"。2020 年，江苏积极做好东京奥运会争入选工作，有 24 名运动员获得东京奥运会参赛资格。2020 年共举办国际赛事 1 项次、全国赛事 68 项次、省级赛事 161 项次，马拉松赛事 18 项次。

2020 年江苏省认真贯彻体育强国建设纲要，促进群众体育和竞技体育、体育事业和体育产业协调发展，江苏健儿在年度最高水平比赛中，获得金牌 25 枚，获银牌 26 枚，获铜牌 41 枚，金牌数列全国第四位，奖牌数列全国第三位。

（4）群众体育蓬勃开展

江苏全面实施《全民健身计划纲要》，不断完善全民健身服务体系，深入开展群众体育活动。群众体育方面，新建体育公园 111 个、健身步道 500 余公里，122 个大型体育场馆向社会免费或低收费开放，人均体育场地面积达 3.15 平方米。组织开展体育职业技能鉴定工作，完成 12333 人次鉴定。成功举办第八届全民健身运动会、首届网络全民健身运动会。由各级体育组织举办的、规模50 人以上的赛事 12975 场。

2020 年,在省级体彩公益金支持下,江苏成功举办第八届全民健身运动会、首届网络全民健身运动会,其中,全民健身网络运动会参与人数近 400 万人。举办了全民健身日启动仪式、省第十五届"长江经济带"全民健身大联动、第三届健康江苏健步走、省级机关健身气功、八段锦网络达标赛、全省《国家体育锻炼标准》达标赛等活动,广泛开展群众喜闻乐见的体育赛事和活动。发放 5000 万元体育消费券,激励群众参与体育健身活动。

2020 年,我们把握产业数字化、智能化的发展趋势,加快发展网上赛事活动、线上健身消费等新模式、新业态。为期三个月的"云跑江苏"线上马拉松活动实现全省 13 个设区市联动,参与人数14.3 万,总打卡数超过 118 万人次。

青少年体育方面,"十三五"期间,江苏共创建国家级高水平后备人才基地 26 家,国家级体育传统项目学校 23 家,国家级青少年体育俱乐部 250 家,遴选 722 所体育特色传统学校。《规划》提出,体教融合将持续深化,制度机制将不断健全。青少年健康素养、运动技能和体质健康水平普遍提升,掌握 1 至 2 项运动技能,学生体质健康测试合格率达 95% 以上。省级体育传统特色学校达1500 所,省级青少年体育俱乐部达 1000 家。

(5) 体育环境明显改善

全民健身公共体育服务方面,全省目前建成健身步道 1.2 万余公里,体育公园 1016 个,室内外冰雪场地面积近 40 万平方米,全省人均体育场地面积 3.15 平方米,全省经常参加体育锻炼人数比例达 40.3%。

截止到 2020 年,江苏建成省级以上体质测定与运动健身指导站 134 个,全年为 30 多万人次免费进行体质测定、运动能力评估、科学健身指导等服务。会同省卫健委联合培训了 200 名运动处方师。

(6) 体育产业快速发展

体育产业体系逐步健全,规模逐年壮大。全省体育产业在国民经济发展中的地位和作用不断提升,基本形成以健身休闲、竞赛表演、体育用品、场馆服务、体彩销售、体育旅游为主的体育产业体系。

体育产业方面,2016—2020 年期间,创建了 28 个国家级体育产业基地、102 个省级体育产业基地、4 个国家级运动休闲特色小镇试点项目、3 个体育类省级特色小镇。认定三批 43 家体育服务综合体。南京、苏州、常州成功入选首批国家体育消费试点城市。体育产业总规模从 2016 年的3154.09 亿元增长到 2020 年的 4881.80 亿元,年均增长率为 11.7%。2020 年全省体育产业增加值 1641.79 亿元,占全省 GDP 的 1.60%。

改革开放四十多年以来,江苏文教卫体等社会事业取得巨大成就,但与"强富美高"新江苏建设目标及人民群众对美好生活的向往还有一定的距离,一些薄弱环节尚需解决。如:整体实力尚需加强;教育现代化、优质资源均衡化有待进一步提升;卫生与健康服务结构不够合理、分布不够均衡、基层服务能力相对薄弱等问题还比较突出;城乡居民体育需求日趋个性化、多元化,公共体育服务的内涵和空间还需拓展等。

（二）公共服务业产值规模持续扩大

改革开放以来,江苏省积极发展经济,注重经济的增长方式,持续推进产业结构的优化,总体表现在三大产业占比的变化中,第一产业的占比不断下降,且第二产业在经过迅速发展之后也呈下降趋势,然而第三产业的比重逐渐上升。2020年,产业结构加快调整,全年三次产业增加值比例调整为4.4∶43.1∶52.5,服务业增加值占GDP比重比上年提高1.0个百分点。

2010—2020年,江苏省公共服务业的总产值逐年增长,从2010年的3543.86亿元增加到2020年的13274.2亿元,增长了374.36%,并且公共服务业各行业的产值均呈现出增长的态势:2020年科学研究和技术服务业产值达到了2320.54亿元,较上年增长4.86%;水利、环境和公共设施管理业产值为669.68亿元,较上年增长3.66%,是增速最快的公共服务业;教育产值为3015.27亿元,较上年增长3.68%;卫生和社会工作总产值为1891.00亿元,较上年增长2.63%;文化、体育和娱乐业总产值为601.06亿元,较上年增长1.15%;公共管理、社会保障和社会组织总产值为4776.65亿元,较上年增长3.47%。江苏省公共服务业发展呈现出蓬勃发展、整体推进的良好势头,进入了重要发展期,并且公共服务业总产值占第三产业的比重每年均维持在20%以上,保持了平稳增长。

表4 2010—2020年江苏省公共服务业发展情况 （单元：亿元）

项　　目	2010年	2015年	2016年	2017年	2018年	2019年	2020年
科学研究和技术服务业	405.46	1413.53	1645.10	1822.59	2021.53	2212.91	2320.54
水利、环境和公共设施管理业	208.28	395.22	459.97	509.61	565.21	646.01	669.68
教育	1022.58	1807.68	2103.83	2330.82	2585.24	2908.01	3015.27
卫生和社会工作	484.64	1155.06	1344.30	1489.34	1651.91	1842.58	1891.00
文化、体育和娱乐业	213.38	406.75	473.38	524.46	581.71	594.23	601.06
公共管理、社会保障和社会组织	1209.52	2859.93	3328.48	3687.59	4090.10	4616.52	4776.65
公共服务业总产值	3543.86	8038.17	9355.06	10364.41	11495.7	12820.26	13274.2
第三产业总产值	16991.45	33931.69	38269.57	42700.49	46936.47	51064.73	53955.8
公共服务业产值占第三产业比重(%)	20.86%	23.69%	24.45%	24.27%	24.49%	25.11%	24.60%

数据来源:历年《江苏统计年鉴》

（三）公共服务业增速趋于稳定

2011—2020年,江苏省公共服务业各行业产值的增长速度波动较大,几乎呈现出正的波浪形,并且各个行业的增长速度也表现出一定的差异性。2013年,文化、体育和娱乐业的增长速度达到38.24%,而公共管理和社会组织的增长速度仅仅3.60%。而2014年,各细分行业的增速恢复到10%以上。2016年,公共服务业各细分行业的增速都有所下降,但文化、体育和娱乐业的增长速度再次突破20%,达到25.2%。文化、娱乐和体育业增速保持了一贯的较高水平,成为近年来江苏公共服务业发展中的亮点。2017年水利、环境和公共设施管理业、文化、体育和娱乐业以及公共管理、社会保障和社会组织增长率在下降,低于10%。2018年公共服务业各行业增速较为稳定,均在

10%左右。2020年公共服务业各行业增速较为缓慢,增速最高的为科学研究和技术服务业,达4.86%;而文化、体育和娱乐业增速仅为1.15%。公共服务业增长速度的不稳定性在一定程度上表现出江苏省公共服务业发展面临的经济社会环境依然错综复杂,可持续发展尚缺乏具有竞争力的有效依托,受政策变化等不确定因素的影响显著。

表5　2011—2020年江苏省公共服务业分行业速度增长　（单位:%）

项　　目	2011年	2012年	2013年	2014年	2015年	2016年	2017年	2018年	2019年	2020年
科学研究和技术服务业	35.94	23.39	26.40	14.24	12.91	9.92	23.05	10.92	9.47	4.86
水利、环境和公共设施管理业	30.38	14.68	18.92	11.85	15.97	11.12	7.19	10.91	14.30	3.66
教育	19.02	16.70	18.29	11.09	17.60	10.54	13.35	10.92	12.49	3.69
卫生和社会工作	32.72	10.09	21.37	14.36	21.22	14.63	14.72	10.92	11.54	2.63
文化、体育和娱乐业	21.38	13.05	38.24	28.10	18.47	25.20	8.50	10.92	2.15	1.15
公共管理、社会保障和社会组织	20.48	12.20	3.60	14.33	18.59	10.19	9.99	10.92	12.87	3.47
公共服务业总产值	24.01	14.58	16.05	14.22	17.79	12.32	12.92	10.92	11.52	3.54

数据来源:根据历年《江苏统计年鉴》整理及计算

二、江苏省公共服务业发展中存在的问题

在新的发展空间下,江苏社会性公共服务面临着新的机遇和挑战。江苏省政府通过完善社会性公共服务来促进民生幸福,提升了人民群众对政府的满意度,在社会性公共服务的构建上取得了量的进步。如何在其基础上实现质的飞跃,培育新的竞争优势,这就需要江苏省政府认清当前社会性公共服务发展过程中存在的制约因素。

(一)发展规模不大,总量偏低

江苏省既是我国经济大省,也是经济强省,但江苏社会性公共服务的发展目前仅处于全国中上等水平,与其整体经济水平的发展不相符。如江苏省信息服务增加值增速虽快,但2013年刚突破2000亿大关,而同期北京市信息服务增加值已达到2854.6亿元,且江苏社会性公共服务占GDP比重低于发达地区。从社会性公共服务与经济发展程度的相关性来看,江苏省社会性公共服务事业和北京市、上海市、浙江省还存在明显的发展差距。江苏省政府在做好做强社会性公共服务、提高政府影响力等方面还有漫长的路要走。

(二)公共服务业固定投资比例较低

2014—2020年江苏省公共服务业固定资产总额的比例一直处于波动状态。2014年,公共服务业各行业固定资产投资增速较快,均超过30%;2020年,文化、体育和娱乐业以及公共管理、社会保

障和社会组织出现负增长,其他行业增长比率也有所降低。

表6　2014—2020年江苏省公共服务业固定资产投资增长情况　(单位:%)

项　　目	2014年	2015年	2016年	2017年	2019年	2020年
科学研究和技术服务业	64.3	−2.4	7.9	20.2	8.6	9.9
水利、环境和公共设施管理业	37.7	9.2	2.5	18.3	−1.4	1.6
教育	45.3	13.2	8.6	14.8	30.8	16.4
卫生、社会保障和社会福利业	30.9	66.0	−0.9	19.7	−18.8	26
文化、体育和娱乐业	36.4	−3.2	14.7	−14.9	13.9	−21.9
公共管理、社会保障和社会组织	31.9	2.3	31.1	−1.7	15.0	−49.6

资料来源:根据历年《江苏统计年鉴》整理

(三)农村公共服务业发展仍然缓慢

近年来,尽管江苏省农村公共服务业取得了较好的成绩,但也面临着不少的问题。首先,城乡收入差距仍然较大。虽然从2010年以后,农村居民的人均收入增长率快于城镇居民人均可支配收入,但其绝对收入差距仍然较大,并且有递增的趋势。2011年农村居民人均可支配收入与城镇居民可支配收入绝对收入差距为15536元,而2020年为28904元。其次,农村公共服务业的发展理念和经营方式落后,规模小、专业化和社会水平低、竞争能力弱。有些地方对农村公共服务业发展的需求导向还不够重视,疏于培养农村公共服务业对农村发展的引领、支撑和适应能力。还有一些地方,农村公共服务业的发展片面追求区域自成体系,不重视区域分工协作、组织模式的创新、管理方式的再造和经营业态的创新。除此之外,农村公共服务业的统筹规划不足,重复投资、重复建设和恶性竞争的问题比较严重。农村公共服务业的发展长期缺乏区域总体规划,处于自然发展的状态,从而导致了在区域内部农村公共服务业不同行业之间缺乏协调整合,整体功能难以提高。

表7　2011—2020年江苏省城乡居民人均收入及增长率

	2011年	2012年	2013年	2014年	2015年	2016年	2017年	2018年	2019年	2020年
城镇居民家庭人均可支配收入(元)	26341	29677	31585	34346	37173	40369.88	43621.75	47200	51056	53102
增长率(%)	14.8	12.7	6.4	8.7	8.2	8.6	8.1	8.2	8.2	4.0
农村居民人均可支配收入(元)	10805	12202	13598	14958	16257	17703.87	19158.05	20845	22675	24198
增长率(%)	18.5	12.9	11.4	10.0	8.7	8.9	8.2	8.8	8.8	6.7

资料来源:根据历年《江苏统计年鉴》整理

(四)地区发展不平衡,南北差距较大

众所周知,江苏省南北部发展不均衡,优质资源高地重点集中在苏南地区,对社会性公共服务

空间均衡分布提出了严峻挑战。苏南地区在经济发展方面具有优势,2020年地区生产总值约占全省的56.76%,其社会性公共服务的建设已经形成城市农村共同发展共同进步的良好状态;而苏中、苏北地区因基础建设较差,农村地区的公共服务体系建设尤为薄弱,发展速度较慢、水平较低,故亟需加快缩小南北差异的步伐。推进全省的公共服务,保障人民的社会福利,缓解当前社会突出问题,加强和改进社会管理,促进南北区域的协调发展,最终实现公共利益最大化。

区域发展不平衡是江苏经济社会发展的典型特征,苏南、苏中、苏北三大区域发展的差距不仅体现在经济发展的水平上,在公共服务发展的领域上也有所体现。从表8中公共服务业的各项指标来看,2020年苏中、苏北公共服务业的发展明显落后于苏南地区。从公共服务业的生产总值来看,2020年苏南地区的生产总值为59384.29亿元,是苏中地区的2.76倍,苏北地区的2.49倍。在教育方面,苏南地区的普通高校在校生总数为155万人,苏中地区为29.97万人,苏北地区为40.87万人,与2019年相比均有增长,但幅度不大;普通高校专任教师数,苏南地区为8.93万人,苏中和苏北分别为1.52万人与2.15万人,从而可以看出苏南地区的教育水平明显高于苏中和苏北地区。公共卫生服务方面,每万人拥有医院、卫生院床位数以及卫生技术人员均表现为苏南地区高于苏中与苏北地区,卫生资源配置明显向苏南地区倾斜。但总的来说,2020年三个区域都有增长的趋势,幅度较小,而且有明显的地域差异,区域发展不平衡。

表 8　2020 年江苏省三大区域社会基本情况和公共服务业差异比较

项　　目	苏　南	苏　中	苏　北
年末常住人口(万人)	3802.39	1680.58	2994.29
地区生产总值(亿元)	59384.29	21397.41	23837.96
人均地区生产总值(元)	156393	127357	79568
第三产业占生产总值比重(%)	54.72	47.82	48.83
城镇化率(%)	82.3	70.0	64.1
普通高校在校学生数(万人)	155.00	29.97	40.87
普通高校专任教师数(万人)	8.93	1.52	2.15
卫生机构床位数(万张)	23.58	10.62	19.30
卫生技术人员(万人)	31.88	11.73	22.94

数据来源:《江苏统计年鉴 2021》及整理计算

(五)公共服务业市场化程度低

目前,江苏省公共服务业在生产和提供方面仍然以政府和事业单位为主导,而一些社会中介组织在公共服务资源配置方面的作用依然是有限的。江苏省公共服务业市场化程度低的具体表现是:公共服务资源的配置方式目前多通过计划而非市场,价格也并不是主要依靠市场来提供。总体来看,在多数公共服务的生产和提供领域,目前仍主要采取由政府和事业单位直接提供公共物品和服务的单一模式,市场机制在公共服务资源配置方面的作用仍然有限,导致从事公共产品生产的部门人员众多,但绩效低下。从总体格局上来说,公营部门仍是江苏省公共服务业的主力军,尤其是在具有非营利型的公共服务业当中,如公共管理和社会组织的国有单位比重接近100%。公营部门的比重过大,政府包揽公共服务生产和提供的绝大多数领域和环节,一方面,导致政府负担过重,公共投入不足;另一方面,政府对公共服务的垄断供给阻碍了竞争,也影响了公共服务绩效和质量的改善。此外,公共服务产品的价格大多由政府制定和管理,这就造成了服务产品的定价不能市场化,进而不能通过市场竞争来刺激企业提高生产效率、提升服务质量、增加服务产品种类等方式来满足消费者的需求。近年来,公共医疗、教育等领域的市场化改革不尽如人意,城市公交特许经营出现大规模回潮,市场化面临着责难与质疑。因此,正确认识公共服务的市场化提供机制,是江苏公共服务业健康发展的一个核心问题。

(六)人才就业公共服务管理体系建设有待完善

人才就业公共服务是政府公共服务的重要组成部分。建立和完善人才就业公共服务体系,更好地发挥政府人事部门、政府所属人才服务机构的作用,充分调动社会各方面的力量,积极采取多种形式,不断满足人民群众日益增长的人才就业公共服务的需要,既是人才就业与人才市场发展的内在要求,也是政府转变职能、更好地履行政府公共职能的客观需要。近年来,尽管江苏政府已经意识到加强人才就业公共服务管理的重要性,在立法、质量管理、标准化管理、人才队伍建设等方面采取了很多富有成效的举措,但与我国人才就业公共服务发展的要求相比还存在着亟待改善的地方,主要表现在立法与制度建设、规划、准入条件、标准化管理、监管和绩效管理等多个方面,其主要原因是政府职能转变尚未完成,政府人才就业公共服务职能界定不清,相关理论准备不足等。

(七)财政制度不完善

政府是实现公共服务均衡供给的主导力量。但就目前而言,江苏省乃至全国都存在着财政制度不完善,政府的财力和事权不匹配的问题。这是由于我国财税体制改革后,财权层层上移而事权逐级下放,中央政府与地方政府之间、地方不同层级政府之间的财权与事权不明确,省级以下政府的财政实力变得非常有限。省市县乡之间的财政关系尚未按照公共服务均等化的要求理顺,致使超越地方政府承担能力的事权安排加速了地区间公共服务供给的现实差距,这种省县财政之间非直接的关系削弱了省级财政保障基层公共服务供给的能力。虽然在服务型政府理念的指导下,江苏省财政体制也在向公共财政管理体制转型,目前以公共服务支出为主的财政支出框架已基本形成,但是江苏省财政资金的支出仍不能保障公共服务供给均等化。具体问题体现在财政结构不对称,政府间财政关系不对称,转移支付制度不够完善,尤其是省级以下的财政转移支付制度建设较为落后。这些极大地制约了我国公共服务的供给、普及和质量的提升。

三、江苏省公共服务业发展的建议与对策

(一)重视公共服务业发展

1. 打造扁平化公共服务的基层供体系

着力打造扁平化公共服务的基层供给体系。一方面,从执行人的角度看,要着眼于基层行政机

构工作能力和效率的提升,面向群众,面向基层需求,强化基层组织的执行力,让政策与资源落实到位,让基础设施真正发挥作用。另一方面,从组织结构看,要重点推进公共服务资源在基层的配置力度和范围,让资源配置扁平化,减少中间环节的损耗,提升公共服务供给效率。

2. 支持企业和社会组织开展公共服务

各级政府要从法律、制度、政策层面支持公共服务的社会化创新。第一,对于公共服务社会化的方法要借鉴吸收与摸索总结相结合,用于实践和创新。第二,政府要为支持企业和社会参与公共服务在软环境和硬环境上给予支持。第三,积极扶持参与公共服务的企业家成长,激励企业家的社会责任感,推动企业家社会责任机制实施。第四,让具备核心服务能力的企业参与公共服务,政府以外包的形式将非营利性质的公共服务发包,提升服务效率。

3. 通过创新实现公共服务供给的可持续性

公共服务的持续投入,既是提升人民生活质量的需求,也是消费驱动经济发展战略的需要,公共服务兼具双重使命。所以,公共服务的发展不仅起到为人民群众保障"兜底"的作用,还要引领经济的前行,这就需要以创新的思维开展公共品、公共服务的提供。公共服务的创新包括机制创新和产业创新,机制创新就是要设计出创新的公共服务治理机制,发挥政策的指导和调节作用;产业创新是指发挥市场主导作用,让市场参与公共服务的提供。

（二）创造良好的市场发展环境

对于公共服务业市场环境的营造,一是要注重营造良好的产业生态环境,促进中小企业实现集群发展。集群式发展模式是促进服务业与制造业融合、推动服务业快速发展、提高产业竞争力的重要途径。要以产业集聚区为依托通过在融资、税收、人才引进、信息平台建设等方面的支持,通过紧密的产业关联、共享的资源要素、有效的竞争机制、融合机制,培育和促进公共服务业产业集群。二是要加快推进城市化进程,活跃公共服务业市场供需环境。城市化水平的提高会促进产业、人才、信息、技术等资源的集聚,进而会为服务创造大量的需求和有效的供给。我国较低的城市化水平必然会阻碍公共服务业的发展,因此要通过提升城市基础设施建设、培养和吸引高素质的人才完善城市功能,为公共服务业的发展创造需求和提高供给能力,活跃市场供需环境。具体有以下几个方面:

1. 完善公共服务业的法律、法规体系

创造条件,扶持公共服务业中小企业的发展,改变企业"多而小"的局面。我们应突破一些体制性、政策性障碍,建立真正有利于公共服务业中小企业的政策体系,运行机制和咨询服务机构,为公共服务业中小企业创造良好的发展空间,从而促进公共服务业中小企业的发展壮大。要建立、健全法律支持体系,为公共服务业中小企业提供公平竞争的经营环境。特别是要加快制定涉及公共服务业中小企业产权和从业人员合法权益保护方面的相关法律法规。及时取消公共服务业发展的不合理规定和各项收费;应为服务业各行业确定合理的市场准入门槛,促进竞争,规范竞争;应积极推动服务业行业协会的发展,加强对企业的服务和管理;通过法规、政策等一系列行之有效的保护措施,加强知识产权保护;要积极发展社会信用中介服务业,建立健全社会信用评价评级体系,建设社会信用监管和立法执法体系等。

2. 加强社会价格、信用体系建设

相关政府部门要进一步减少政府定价,完善价格形成机制。由于市场机制的核心是价格机制,市场通过价格来配置资源,从而达到供求平衡。在价格形成过程,要尽力避免政府的介入,从而导致资源配置的低效。相关政府部门应及时制定信息传输、计算机服务和软件业,部分批发和零售业,金融业,科学研究、技术服务和地质勘探业等现代服务业的标准体系,从而充分发挥"科技外溢"的效益,实现同类行业不同企业间信息、服务等的共享。加快公共服务业的资源配置,实现要素在行业内的自由流动,鼓励其他新的市场主体参与到公共服务业的发展中来。

3. 破垄断、消除企业发展的壁垒

第一,清理服务业市场准入规定。公共服务业中许多行业是为居民生活提供服务的一般性行业。中央经济工作会议曾提出,放宽市场准入,凡是允许外资的领域应当允许国内各类资本进入。原则要求已经提出,关键在落实。行业协会在这方面有优势,希望行业协会高度重视这项工作,积极主动地对本行业现行的市场准入条件、资质及审批程序等进行调研评估,提出如何减少不必要的环节,简化前置审批,清理不合理收费的意见和建议,并把清理市场准入工作作为加强自身建设、更好地履行职能的重要基础工作抓紧抓好。

第二,维护公平竞争和市场秩序。放宽市场准入,必须同时加强监管。公共服务业的监管,应分门别类、区别对待。有些行业由政府执法部门直接监管;有些行业不涉及国民经济命脉和国家安全,可以由行业协会根据法律法规或行规行约负责监管。对适宜行业协会监管的,有关行业协会应抓紧研究提出或修订相关的行规行约和具体的监管办法;对适宜由行业协会监管、但目前仍由政府部门履行职能的,应积极向政府建议,提出改进和调整意见。

第三,加强对公共服务业发展的总体规划和统筹管理。制定促进服务业发展的财政、税收、金融、保险、外汇等优惠的政策环境。在资金支持上,要放宽对中小型企业、民营企业的信贷、融资、外汇管理的限制,解决服务业扩张时期的资金瓶颈问题;要积极发展信用担保机构,为服务企业承接大型国际项目解决资金需要;可设立服务发展专项资金;积极培育和扶持技术含量与附加值高、有市场潜力的龙头企业,在信贷、融资出口、品牌推广、项目招投标等方面给予重点支持。

（三）加强城乡基础建设

1. 推进农业服务业的集聚发展

现代农业与服务业的融合发展,需要构建适应农业服务业发展的环境。一方面,需要加快农业基础设施建设,健全农村土地流转制度,实现农业的集约化经营。引导农民走集约化经营,通过土地入股等方式自主开发经营农业项目,扩大经营规模。另一方面,有计划地吸引民营服务企业进入,推动现代农业与公共服务的融合发展,由单纯的农产品生产集聚转变为农业生产与服务功能集约的产业链集聚。

2. 制定惠农政策

农业服务业除了生产技术服务外,还包括资金服务、农副产品运输、加工和流通,等等,农业服务业大多是有偿服务。与其他产业相比,农业成本高、效益低,是弱质产业。因此,各部门要制定一系列的优惠政策,以促进农业公共服务业健康稳定的发展。

3. 推进政策性农业保险

加大宣传力度,提高农民对政策性农业保险的认识。大力宣传和积极引导农民参与农业险种,政府部门要充分利用电视、广播、报纸等各种媒体,加强政策性农业保险的宣传,让农民特别是龙头企业、种养殖大户、专业合作组织了解政策,用好保险;农业保险承保公司和相关部门通过对农户印发宣传资料,开展知识讲座等方式,让农民了解农业保险的相关知识,自愿参保投保;财政所要在服务大厅设立专门窗口,接受咨询并协助办理相关业务。加大财政补贴的力度。采取切实有效的措施,通过项目安排、资金分配、保费分担比例等配套组装整合各种支农政策手段和财政支农资金,完善农业风险保障专项补助资金,减少自然风险给农民造成的损失。强化政策引导,对参保农户在项目资金扶持、技术指导和培训、灾后重建等方面予以优先考虑安排。改进完善补贴方式,改革救灾救助方式,集中投放,优势互补,更好地发挥放大效应,重点支持优势产区和优势产业加速发展,率先突破。

4. 强化科技创新和人力资本支撑

科学技术是第一生产力。科技创新与人力资本对农业具有显著正向促进作用,因此要全力提高农业的科技创新能力。将科技含量高低、自主研发能力高低列为相关涉农企业的必审条件。充分利用现代信息技术和各种媒体力量,以各种形式推广普及农业技术,提高务农人员的科学素养。培育地方农业技术市场,为高等院校、科研院所、农业科技研发人员与农业专业合作社、农业专业大户之间建立技术合作关系牵线搭桥。设立地方农业科技创新基金,定期立项招标,组织农业科研技术人员攻关解决本区全局性制约性的生产实际技术难题。提高农业社会化服务中的技术含量,是提高服务水平的关键。充分运用高新技术促进现代农业服务业的发展,在提高现代农业与服务业融合发展的基础上,逐步建立现代农业服务业科技创新体系。逐步建立农业服务业科技创新体系,大力推进多元化的农业科技推广体系,并充分发挥农业企业、农村合作经济组织和农村中介组织等推广农业技术的作用,通过建设示范基地和农业科技示范园以点带面,全面推进农业技术利用水平的提高。制定各种激励政策,引导各种具备创意的人才和高技术人员、有战略思维和市场开拓能力的企业家,致力于农业服务业发展。建立有效的政产学研合作机制,加强人才队伍建设。通过构建多层次、多元化和市场化职业教育和培训体系,满足农业服务业人才素质提升需要。

5. 促进区域协调发展

江苏作为中国第一大省,包括苏南、苏中、苏北三部分。纵向比较,在时间轴上,江苏省 13 个地级市的基本公共服务均表现为持续上升的发展路径;横向比较,苏南的基本公共服务水平综合指数平均值仍然高于苏北的平均值。而江苏公共服务业存在区域条件差异、经济发展不平衡的问题,因此,公共服务业的发展要结合资源禀赋优势,因地制宜,统筹协调,促进区域间的协调发展。

苏南地区要根据工业化中后期城市化水平相对较高的特点,大力发展技术密集型与资金密集型的科学研究、技术服务、文化卫生教育等服务业,不断提高公共服务业的发展水平与质量。积极参与国际服务业分工的大格局,努力拓展国际服务贸易,使服务贸易与国际接轨,促使公共服务业的发展水平更上一个台阶。苏中地区应根据特大工业企业集中的特点,以提高工业化水平来带动公共服务业的发展。苏北地区现阶段应根据第二产业还不发达、服务业发育程度较低的特点,在注重保持区域公共服务业协调发展的基础上,充分利用该区域城市的聚集与辐射效应,实现城市公共服务业向农村公共服务业的有效带动,促进农村公共服务业的发展。

6. 联动其他省市发展

（1）提升医疗服务环境和服务水平

首先，推动江苏与长三角其他省市医疗卫生服务协同发展。加快长三角医联体建设，推动江苏与长三角其他省市在医政、疾病防控、采供血、卫生应急、综合监督、药品医用耗材集中采购等方面工作的协作。探索建立长三角地区分级诊疗、双向转诊机制，推进长三角地区异地结算便利化，实现跨省异地就医直接结算，使居民共享区域内优质医疗资源，同时有助于进一步提高江苏的卫生资源利用率和医疗机构服务效率。

其次，大力发展智慧医疗服务。依托"江苏省健康医疗大数据共享服务平台"，推动江苏与长三角其他省市在医疗卫生、药品、医保、养老、体育等健康医疗相关领域的数据资源开放共享。依靠人工智能、知识图谱、智能硬件、大数据等技术，提升远程医疗服务水平。强化智慧医疗的法律监管，完善相关法律法规，加强信息安全监管，维护好患者隐私权。

第三，为满足消费者多层次、多样化、个性化的健康需求，大力发展个性化治疗、第三方医学检查等高端医疗服务，个性化健康管理、个性化体检等特别医疗服务，力争在医疗前沿技术应用方面先行先试。

（2）推动体育健康产业快速发展

首先，深化与长三角其他省市体育健康产业的合作。体育健康产业专业技术性强、产业关联性强，蕴藏着巨大的消费需求。未来，江苏应发挥体育产业规模大、基础好的优势，推动与长三角其他省市体育设施、人才、资金、信息等资源的开放共享，加强体育赛事、市场开发等方面的合作，合理布局三省一市的体育产业空间。

其次，加大体育基础设施和人才投入力度。以社区为单位建设体育设施，鼓励学校、企事业单位的体育设施向公众免费或低收费开放，有效对接居民休闲健身实际需求，提高公共体育设施的利用率；推动社区配备体育健康辅导人员，为社区居民提供健身辅导、健康培训、体能测试、健康评估等服务。

第三，在发展过程中，注重体育与科技、休闲、旅游、养老、会展等产业的融合发展。利用互联网、大数据、云计算及物联网技术，推广智能体育公园、智能健身房、智能健身步道等体育健康新产品，在有条件的地区发展集体育运动、健康养生、医疗康养、休闲度假于一体的体育健康小镇，不断满足消费者的消费升级需要。

（四）完善科技服务体系和人才培养

江苏省是经济和科技大省，经济基础雄厚，科技力量强大。2011 年《江苏省"十二五"科技发展规划》提出大力发展科技服务业，满足产业技术创新、企业自主创新和公共科技服务的需求。江苏大力推动科技服务业发展和促进经济转型，注重发挥科技服务业集聚区特点，科技服务业发展快速，集聚程度呈现出递增趋势，处于全国前列。江苏以"研发设计、创业服务、成果转化转移、科技咨询"为中心任务，发展科技服务业龙头企业，进一步完善科技服务体系。

1. 推动科技服务业发展

（1）政府规划引导

政府考虑本地区的发展特点和产业发展需求，首选条件好、产业基础强的科技服务业务，积极引导资源有效配置和集约利用,同时吸收硅谷、班加罗尔等地的经验,探索特色创新体制机制,打造科技服务机构的品牌效应,逐步建成了具有本地特色、功能完善、结构合理的科技服务业集聚区。

（2）建立科技服务集聚区

科技服务集聚区集聚优质服务资源,探索科技服务业发展的新路径、新模式,培育科技服务新业态,打造科技服务生态系统。促进科技服务市场化水平提升,服务科技创新和转型发展能力大幅增强,基本形成覆盖科技创新全链条的科技服务体系。

（3）依托行业协会及商会组织

在科技服务机构发展中,政府依托行业协会,重视行业信誉和规范建设,提高行业信誉、规范行业行为,建立会员制,定期评价科技咨询企业信誉,规范科技咨询业发展。

（4）搭建国内外科技服务平台

政府引导社会各方面的力量,在科技服务业集聚区内搭建网络平台,促进区域内的交流和合作;在科技服务机构、政府和科技供需方之间提供平台,降低了科技服务机构成本,推进科技服务业集聚;打造国际平台,以消化吸收和引进的方式,实行对外开放,吸引国外投资,多方面引进国外科技服务机构或在当地建设分支机构,吸引人才、资金、技术等要素进入科技服务业集聚区,带动科技服务业发展。

（5）加大科技服务业投入

投入科研经费,拓展投融资渠道。科技服务业发展好的国家和地区具有强大的技术开发与创新能力,以及大量的研发投入。一是加大财政科技投,建立财政投入增长机制,优先支持重点投资项目等,探索地方配套资金机制,构建科技项目联动机制。二是拓宽投融资渠道,以多种融资方式实现政府、企业、资本资金的多元化投融资体系。三是建立风险投资机制,探索创业风险投资基金,鼓励风险投资机构参与科技项目。

2. 完善人才机制

2010 年,江苏省研究发展经费支出 857.95 亿元,占地区生产总值 2.1％;2020 年,研究发展经费支出 3005.93 亿元,占地区生产总值 2.93％,总数上涨显著但占地区生产总值比例增长不大。2020 年,江苏省增大科研投入比重,增加研发投入的规模,调整研发投入结构;2010 年江苏省研发人员 73.69 万人,2020 年 91.45 万人,从业人数增加,政府采用各种鼓励政策,加大对科技服务业领军人物的引进,同时加大培训力度,加强企业与高校、科研机构的合作。科技服务业发展好的国家和地区都重视人才培养和引进,拥有大量高端科技人才。近年来,江苏省政府日益重视科技人才队伍建设,但与经济社会发展需求还存在差距。未来,需要不断加强科技人才培养和完善人才机制。一是制定科技服务人才长期发展战略,注重人才储备,优化高端人才培养模式,统筹科技人才,加强区域人才交流合作。二是多渠道优化科技人才培育机制。积极依托中介机构,积极开展各种活动,加快发展职业技能教育。三是完善人才机制,积极构建合理的人才投入机制,合理强化人才保障。

（五）加大财政扶持力度

各级政府要进一步调整和优化财政支出结构,加大对公共服务领域的投入,将财政性资金重点投向"三农"和社会事业、社会保障等公共领域,以公共消费引导和拉动社会消费。同时,政府应该发掘有潜力做好提供公共服务的优质企业,给予财政优惠政策,壮大公共服务业的市场主体,为加速江苏省公共服务业市场化进程,确保公共服务业市场化水平稳步提高打下坚实基础。除此之外,政府还要加大投入和政策扶持力度。一是加大政策扶持力度,推动公共服务业加快发展。依据产业政策完善和细化公共服务业发展指导目录,从财税、信贷、土地和价格等方面进一步完善政策扶持体系。二是拓宽投融资渠道,加大对公共服务业的投入力度。重点支持公共服务业关键领域、薄弱环节发展,提高自主创新能力;积极调整政府投资结构,加大对社会资金投资公共服务业的引导力度;引导和鼓励金融机构对符合区域产业政策的公共服务企业予以信贷支持,在控制风险前提下,加快开发适应公共服务企业需要的金融产品;引进先进的服务理念、技术和管理经验,促进现代公共服务业的发展,提高公共服务业水平。

参考文献

[1] 江苏省统计局.江苏统计年鉴 2021[EB/OL].江苏省统计局网站,2021.

[2] 江苏省统计局.2020 年江苏省国民经济和社会发展统计公报[EB/OL].江苏省统计局网站,2021.

[3] 刘圣兰,孙燕,杨慧.江苏旅游公共服务质量提升策略研究[J].市场周刊,2020,33(12):46 - 48.

[4] 赵慧娣.推动江苏公共体育服务高质量发展[J].群众,2020(14):45 - 46.

[5] 梁琳.江苏公共服务 PPP 模式可持续发展的路径研究[J].财经界,2019(22):46 - 48.

[6] 郑重,侯月丽,罗坤,钱荣富,张书.江苏农村公共服务标准化工作研究[J].中国标准化,2018(24):14 - 15.

[7] 王芳.江苏公共体育文化服务供给侧改革探讨[J].南京体育学院学报(自然科学版),2017,16(05):122 - 126.

[8] 樊娜娜.城镇化、公共服务水平与居民幸福感[J].经济问题探索,2017(09):86 - 93.

[9] 伍芳羽.基于 POI 大数据的南京公共服务业态空间布局均等化研究[J].建筑与文化,2017(06):43 - 45.

第七章　江苏商务服务发展研究

长期以来,服务业的概念常常被局限在消费服务和生产服务两大类。而高品质的商务服务(也称专业服务)虽然作为现代服务业内容的重要组成部分,却常被归于消费服务而未得到足够的重视。随着以全球资源配置为特征的第三次全球化到来,高端的商务服务已经成为经济发展的引擎,它对经济的带动作用通常比一般商业服务业高10—30倍。其领域包括科技、教育、总部经济、金融、三四方物流、休闲旅游业、医疗保健、文化娱乐、咨询信息、创意设计、节庆、展会、IT资讯、订单采购、商务活动、企业服务业(智力资本、商务活动)、专业中介等。商务服务业具有高智慧、高效率、高资本、高收益、高时尚的"五高"特征。

当前,新科技革命和产业变革孕育突破,以新一代移动互联网为代表的信息技术以及大数据、云计算等推动了服务业跨界融合发展,也催生出服务业新业态、新平台、新空间,专业服务业发展呈现出多元化、规范化、国际化等趋势。经济全球化不断深化,自贸区建设和服务贸易创新是我国服务业开放发展的重点,国际贸易投资规则正经历重大变革,为适应市场、科技、资源、文化、人才和国际规则影响力竞争的需要,必须大力发展国际化、高端化的商务服务业。在经济进入高质量发展的大背景下,江苏必须主动适应、深刻把握、积极引领发展阶段的变化,紧紧围绕"强富美高"新江苏建设的总体目标,大力发展高端商务服务业,为"两争一前列"的新要求提供动能。

一、江苏省商务服务业发展的现状分析

(一)充分认识发展商务服务业的重要性和紧迫性

近年来,商务服务业快速发展,在传统产业转型升级、产业链集成创新、新经济和"独角兽"企业培育、科技创新转化应用等领域都发挥了积极作用。进入新发展阶段,商务服务业专业性、成长性、创造性优势将更加凸显,加速成长为现代产业体系构建的"先行者"和"主力军"。首先是专业性优势。商务服务业企业能在某些领域,特别是核心经营领域,提供最具效率和效益的专业化服务,从而赢得市场青睐。例如,京东数科、京东物流、京东健康、京东工业品等4家企业从京东集团独立后,都快速发展成为各自垂直赛道的"独角兽"企业。其次是成长性优势。商务服务业企业不仅会在优势领域快速成长,而且会以优势领域为核心,不断拓展服务广度和深度,形成更加强大的竞争优势,甚至是"垄断性"的优势。例如,一达通被阿里巴巴收购后,快速强化了外贸综合服务的主业竞争力,并拓展了通关、退税、外汇、融资、结算等关联服务,构筑起以一达通为核心的外贸生态圈。再者是创造性优势。商务服务业企业会因专业能力或商业模式的升级而快速迭代,即便是龙头企业也需要持续创新并强化新的"技术—经济范式"。这使得商务服务业表现出越来越强的创造性。如,芯片设计已经成为独立产业,冷链配送随着物流行业集中度提升而快速发展,华强北电子市场、

百世快递等陈旧业态和落后企业被逐渐淘汰出局。

促进制造业转型升级、抢抓未来产业机遇都越来越离不开商务服务业的有力支撑,一些细分领域的需求尤为强烈。一是服务制造业转型升级的企业。重点关注促进政企联动的中介企业和咨询服务企业;服务制造业生产组织方式创新的企业,如园区专业运营商、分布式制造组织商等;服务制造企业现代化转型的供应链服务商、智能制造诊断服务商等。二是契合服务业细分专业化、一站式、全过程服务等创新趋势的企业。重点关注能巩固强化枢纽经济、外贸经济等优势的企业;传统服务业中萌生的新商业模式和新经营业态,如嵌入电商快递的退换货保险、专业老人洗澡服务(日本)等;提供一站式服务的平台商和全过程服务的系统集成商,如可满足全领域灵活用工需求的猪八戒网等。三是抢抓前沿科技成果转移转化机遇的企业。重点关注有能力搭建高水平"政产学研金"合作平台、提升城市抢抓未来产业"风口"能力的企业。

(二)发展现状

1. 产业规模稳步扩大

江苏省租赁和商务服务业 2020 年继续保持健康发展,行业增加值稳步提升为 2981.48 亿元。租赁和商务服务业占 GDP 比重稳定在 2.9% 左右,对经济的贡献度保持稳定。

表 1 江苏租赁和商务服务业增加值情况

行 业	2010 年	2015 年	2017 年	2018 年	2019 年	2020 年
增加值(亿元)	839.58	1958.03	2524.68	2800.26	2972.56	2981.48
占 GDP 比重(%)	2	2.7	2.9	3	3	2.9

资料来源:《江苏统计年鉴(2021)》

2. 吸纳就业作用突出

租赁和商务服务业吸纳就业人数为 45.73 万人,位列服务业各行业第 4 位,仅次于教育、卫生和社会工作及公共管理、社会保障和社会组织。

表 2 江苏服务业分行业城镇非私营单位就业人员数(2020 年) (单位:万人)

项 目	国 有单 位	城镇集体单 位	其 他单 位	总 计
交通运输、仓储和邮政业	5.99	1.36	38.14	45.49
住宿和餐饮业	1.41	0.12	18.21	19.74
信息传输、软件和信息技术服务业	1.96	0.07	30.82	32.85
金融业	4.72	0.08	35.61	40.41
房地产业	1.18	0.57	28.04	29.79
租赁和商务服务业	**7.54**	**2.2**	**35.99**	**45.73**
科学研究和技术服务业	7.57	0.91	18.13	26.61
水利、环境和公共设施管理业	6.41	1.57	5.73	13.71
居民服务、修理和其他服务业	0.68	0.85	3.72	5.25
教育	86.62	11.04	11.1	108.76

续表

项　目	国　有 单　位	城镇集体 单　位	其　他 单　位	总计
卫生和社会工作	43.98	7.4	8.51	59.89
文化、体育和娱乐业	4.22	0.38	4.34	8.94
公共管理、社会保障和社会组织	87.37	1.39	0.25	89.01

资料来源:《江苏统计年鉴(2021)》

3. 公共服务日趋完善

以加强平台建设为加强各集聚示范区运行管理的重要手段进行资源的有效整合、服务的深化提升,同时通过政企联动、举办竞赛、开展座谈会等多种方式提供研发、投融资、培训、招聘等多样化的公共服务,有效降低企业经营成本,扩大企业间信息交流,大大提高了集聚示范载体的整体发展层次。截至目前,全省服务业集聚示范载体共建成各类商务服务公共服务平台248个,已经形成一批功能相对完善、辐射带动作用比较强的综合服务平台,成为相关产业规模化、集约化、专业化发展的重要支撑,进一步实现了社会专业平台,以及入驻企业的多方共赢、协同发展。

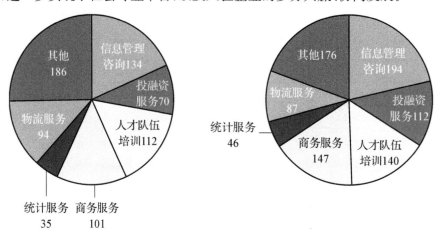

图1　省级现代服务业集聚示范载体公共服务平台类型
注:左图为省级现代服务业集聚区,右图为省级生产性服务业集聚示范区

4. 城市商务服务能级凸显

在GaWC世界级城市评估的全球361个城市中,从2020年的入围情况来看,Alpha等级城市中有4座中国大陆城市入围,其中,上海和北京同为Alpha+,广州和深圳2个城市入选Alpha-。位于Beta等级城市的中国大陆城市有13座,从细分等级来看,今年仅有成都一座城市位于Beta+;天津、南京、杭州、重庆4座城市同处Beta;武汉、长沙、厦门、郑州、沈阳、西安、大连和济南位列Beta-。另有青岛、苏州等8座城市属于Gamma级。江苏共有2个城市上榜。

专栏1　衡量全球城市高端商务服务能级和水平的GaWC榜单

世界城市研究权威组织全球化与世界级城市研究小组(GaWC)自1999年起发布全球城市排名,突破了对城市功能静态描述(如GDP、人口规模等统计指标)的传统局限,以跨国公司能够获得的服务集中度、便利度和效率情况动态刻画城市在全球经济体系中的角色。GaWC 的具体评价方法是找出五大领域内的全球性高端生产服务企业(会计、广告、法律和管理咨询领域选取全球排名前 25 的企业,金融/保险领域选取全球排名前 75 的企业,共 175 家企业,简称 GaWCl75)在哪些城市设立办公室/分支机构,以这些企业为该城市提供的服务价值进行评判。该服务价值包括两层含义:第一层为专业服务企业在该城市的办公室/分支机构数量值;第二层为该办公室/分支机构的重要程度(全球性、亚太区、全国性、区域性、分区等)。通过全球性生产服务企业可以推断城市间的联系程度,进而获得全球城市之间的连通性。以伦敦为例,由于其资源集聚度高,其他城市(如 alpha 级世界领先的十大城市)都试图与其保持通畅的联系,其在全球经济体系中拥有最多的连接节点,意味着在伦敦开展的业务,能够便捷地获得最多知名专业服务企业(如广告:美国 TMP 公司;金融:德国德累斯顿银行;法律:英国斯德利＆奥斯汀律所)为其提供高能级服务,使伦敦具有最强的连通性和支配力。

世界级城市共分为:最高层次为 alpha＋＋,即能够满足全球的高级服务需求,多年来只有伦敦和纽约两个城市入选;第一梯队为 alpha,包含 alpha＋、alpha、alpha－三级,即能够满足主要经济区域和国家的高级服务需求,在世界经济中连接着大的经济区或国家;第二梯队为 beta,包含 beta＋、beta、beta－三级,即能够满足较少地区和国家的高级服务需求,有助于将其地区或国家与世界经济联系;第三梯队为 gamma,包含 gamma＋、gamma、gamma－三级,先进的生产性服务业较弱,连接较小的地区或国家进入世界经济的城市;最后一档是"准世界城市",包括"高度自足""自足"两个级别,仅满足自身所需的服务,即较小的首府城市和传统的制造业中心。

二、江苏省商务服务业发展中存在的问题

(一)本地龙头企业较少,品牌培育力度亟待增强

在租赁和商务服务业领域,中国上市服务业企业共 66 家。从地域层面来看,66 家上市企业中,广东省有企业 20 家(30.3%),北京市、浙江省各有企业 12 家(18.2%),上海市有企业 9 家(13.6%),江苏省仅有 3 家(4.5%)。

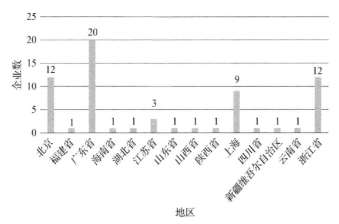

图 2　2020 年租赁和商务服务业上市企业地区分布
资料来源:wind 数据库

聚焦江苏省内，从企业属性来看，3 家上市企业全是民营企业，分别位于苏州市、如皋市和靖江市，在所有企业中排位于 16、38 和 49 位。

表 3　2020 年江苏省租赁和商务服务业上市企业基本情况

公司名称	城　市	企业属性	排　名
南极电商股份有限公司	苏州市	民营企业	16
江苏紫天传媒科技股份有限公司	如皋市	民营企业	38
江苏万林现代物流股份有限公司	靖江市	民营企业	49

资料来源：wind 数据库

（二）发展规划导向较为笼统，缺少精准的产业政策扶持

《江苏省"十四五"现代服务业发展规划》虽然将商务服务业列为七大主攻发展优势型服务业之一，但是对商务服务业所涉及的行业仅做了宽泛的提及，缺乏明确的导向和规划布局，难以凝聚合力。虽然明确要支持法律服务、评估检测、会计审计、税务服务、咨询评估、会展经济、楼宇经济等行业发展，但未明确出台具体实施细则，难以落地。

专栏 2　《江苏省"十四五"现代服务业发展规划》——商务服务部分

大力发展法律服务、评估检测、会计审计、税务服务、咨询评估、会展经济、楼宇经济等商务服务业，提升商务服务专业化、规模化、国际化水平。健全安全生产社会化服务体系，规范发展安全工程设计与监理、检测与认证、评估与评价等传统安全服务，积极发展安全管理与技术咨询、安全服务与产品交易电子商务、教育培训与体验等安全服务，重点发展智慧安全云服务，研发一批具有国际先进水平的安全与应急领域的产品和科技服务平台。培育一批具有国际影响力的商务服务机构，建设一批国际一流商务服务集聚区。鼓励有实力的会计师事务所、律师事务所参与国际行业标准制订。健全商务咨询服务的职业评价制度和信用管理体系。加快发展会展经济，积极引入国内外知名会展、大型会议、高端论坛，进一步提升江苏发展大会、世界物联网博览会、世界智能制造大会、全球苏商大会、东亚企业家太湖论坛等影响力，打造一批全国有影响力的综合性会展业发展平台，建设一批功能强、服务好、国际化水平高的会展中心城市。积极发展楼宇经济，优化总部经济发展布局，增强总部经济发展能级，全域联动促进总部经济集聚发展。到 2025 年，努力打造全国商务服务最好、商务成本最低、商务环境最优的省份。

资料来源：江苏省人民政府办公厅

（三）高能级载体偏少

到 2020 年末，省级现代服务业集聚区中共有现代物流集聚区 32 个、科技服务集聚区 24 个、软件和信息服务集聚区 17 个、创意设计产业集聚区 13 个、商贸流通集聚区 13 个、商务服务集聚区 8 个、电子商务集聚区 5 个、金融服务集聚区 2 个、健康养老集聚区 1 个。省级生产性服务业集聚示范区共有现代物流集聚示范区 32 个、科技服务集聚示范区 32 个、软件和信息服务集聚示范 9 个、电子商务集聚示范区 8 家、商贸流通集聚示范区 7 家、创意设计集群示范区 7 家、人力资源服务集

聚示范区 4 家等。可以发现,无论是省级现代服务业集聚区,还是省级生产性服务业集聚示范区,商务服务占比均靠后。

三、江苏省商务服务业发展的建议与对策

(一)发展路径

1. 因地制宜、优化资源配置

十九大的召开,开启了我国改革开放的新时代。国家战略性新兴产业规划及中央和地方的配套支持政策确定的 8 个领域(23 个重点方向):"节能环保、新能源、电动汽车、智能电网、新医药、新材料、生物育种和信息产业,成为经济发展的引擎。对江苏省而言,"一带一路"的建设,尤其作为"一路"的起点优势,为发展高品质的商务服务提供了无可比拟的机遇。高速发展的新兴产业同样也需要高品质的商务服务,以"一路"为基础,服务长三角一体化,推进商务服务业发展,打造江苏省新时代的服务业。在这一方面,新加坡的发展为我们提供了宝贵的借鉴。新加坡在 1965 年独立后也存在着缺乏资源、发展空间不足等问题,但具有连接南中国海和印度洋地理优势的新加坡,没有仅仅停留在这一优势带来发展上,而是在以发展加工业、提升贸易转口附加值为经济主导基础的同时,大力发展服务性行业,明确提出将商务服务业作为推动经济发展的"第二引擎"。特别是以金融和信息资讯为代表的商务服务业快速发展,把新加坡变成地区金融和信息中心,使其具有贸易和金融的吸纳和辐射能力。

2. 加快深化高端商务服务招商引资

习近平总书记指出:"产业结构优化升级是提高我国经济综合竞争力的关键举措。要加快改造提升传统产业,深入推进信息化与工业化深度融合,着力培育战略性新兴产业,大力发展服务业特别是现代服务业,积极培育新业态和新商业模式,构建现代产业发展新体系。"根据目前江苏省实际情况,还需深化招商引资,主动承接新一轮国际高端服务业转移,吸引国内外知名大企业集团来设立总部、地区总部、研发中心、采购中心、营销中心等,增强服务业的区域竞争力和影响力。积极引进国际高端服务业的先进技术和管理理念、经营方式、组织形式,促进高端服务业的全面提升,发挥高端服务的技术创新和市场扩张引领功能。坚持招大引强,以《指导目录》为依据,大力引入产业链龙头企业,壮大中间规模企业群,在引进国内外 500 强企业上有所突破。完善以经济贡献配置经济资源的引导机制,加快向"招商选资"转变,提高招商引资实效。

3. 敦实基础、推动创新

虽然在市场体系发育不全、企业资源供给不足的情况下,政府的介入确实有助于实现经济赶超。但是,在经济发展新常态下,政府保持过大的配置资源权力容易导致挤出效应,以及资源配置效率和生产效率低下。因此,政府应当秉承"有所为有所不为"的理念,改变过去惯用的行政性手段和计划经济思维。构建起有利于维护市场公平竞争、促进企业自主创新和提高产业竞争力的产业政策体系,从主导要素资源配置向注重市场监管、公共服务等转变。提升营商环境、夯实创新基础。具体来讲,就是要简政放权,加强激励创新的有效制度供给,制定有利于技术创新、市场竞争等的法律法规。培育高品质商务服务的市场,并提供必要的保障措施。

（二）产业方向

1. 大力发展"服务制造业转型升级"的商务服务业

（1）服务政企联动的专业企业。① 为企业提供专业化政策解读和跟踪服务的标杆型企业。鼓励各服务业集聚区构建中小企业公共服务平台，要在省级层面大力培育标杆型企业。② 为企业提供专业化审批服务的中介企业。旨在深化"最多跑一次"改革，为企业审批特别是项目审批提供更优服务。可借鉴上海市出台的《关于本市推进行政审批中介服务标准化建设的若干意见》。③ 为政企交换信息提供专业化对接服务的咨询企业。调研显示，企业找政府反映问题、部门掌握企业真实经营情况、提高企业数据采集质量的需求都非常旺盛，但很难得到满足。可借鉴省经信厅实施"工业经济运行企业监测及数据采集项目"的做法，在制造领域加大政府购买力度，培育优秀服务企业，支持商业模式创新。

（2）服务制造业生产组织方式创新的专业企业。① 园区专业运营商。把握传统园区改造提升和新园区开发建设契机，大力引进能提供"规划、建设、招商、管理、企业服务、园区更新"等全周期高品质服务的园区专业运营商，如上海市漕河泾新兴技术开发区发展总公司。② 服务型制造裂变形成的整体解决方案服务商。制造业发展已经表现出大规模定制、服务型制造、分布式制造三大趋势。大规模定制主要出现在大型制造企业，一条流水线同时生产多种产品，如犀牛制造（阿里）。服务型制造主要出现在大中型制造企业，有多种发展方向。江苏可重点培育整体解决方案服务商，支持服务型制造企业将相关部门独立运营，使之能够更加专注于发展整体解决方案，不断提升资源配置和个性化服务能力。③ 分布式制造组织商。分布式制造的实现有赖于"第三方"，即分布式制造组织商将中小型制造企业组织起来，一一转化为生产链上的功能节点，从而将单个企业的一技之长叠加为产业集群的综合优势，提升整体竞争力。对江苏而言，发展分布式制造机遇重大，但也存在不进则退的整体性风险，必须大力发展一批以"生意帮"为代表的企业，引导更多小微型制造企业"抱团竞争"，支持商业模式复制推广、培育总部经济。

（3）服务制造企业现代化转型的专业企业。① 供应链管理服务商。一方面支持已有的供应链管理平台做大做强，打造各自领域最具代表性的一站式综合服务平台；另一方面支持行业龙头企业或产业联盟向供应链上游发展，打造出更多的"众车联"。② 智能制造诊断服务商。大力发展智能制造咨询服务机构和系统解决方案供应商，为制造业企业开展智能制造诊断服务，并提供智能化改造规划设计、系统集成全过程咨询和总承包业务。③ 工业互联网服务商。以家电、纺织服装、汽车、塑机等行业平台建设为导向，以工业互联网开发服务平台（PaaS 平台）突破为支撑，支持徐工等龙头企业打造各自领域的工业互联网平台。④ 化工园区安全管理综合服务商。努力将优秀化工园区先进的安全监管与服务，转化为"整体解决方案＋可复制的商业模式"，向全国石化园区输出。⑤ 工业软件开发和安全服务商。大力补齐软件业突出短板，针对性引进龙头企业和高端人才，优化产业生态。⑥ 猎头平台公司。大力发展猎头众包平台，聚力壮大职业经理人队伍，化解民营企业代际传承难题。

专栏 3 "两业融合"国家试点典型经验

一、上海市

围绕提升产业链现代化水平，G60 的 9 城市（上海松江、嘉兴、湖州、杭州、金华、苏州、宣城、芜湖、

合肥)依托产业园区联盟,召开联合先进制造业产业协同发展推进会议,围绕场景链共享、产业链贯通、价值链互补、供应链对接、创新链整合等方面,率先探索跨产业协同发展路径。发布《长三角G60科创走廊智能制造评价规范》等一批先进制造业团体标准和《长三角G60科创走廊质量标准评价指标体系研究报告》。目前,G60产业园区联盟已成立了新材料、机器人、新能源和网联汽车、人工智能等12个行业产业联盟。共集聚重点企业1300余家,持续在固链、补链、强链上下功夫。

积极发挥启迪中山科技园、柯马(上海)工程有限公司等两业融合示范单位引领作用,带动制造服务业提质增效。上海市松江区牵头九城市协同制定并发布《关于支持长三角G60科创走廊以头部企业为引领推动产业链跨区域协同合作的实施意见》,主动对接中国商飞产业链配套,发挥恒大新能源汽车、腾讯长三角人工智能超算中心等区内龙头骨干企业带动作用,提升产业链供应链的稳定性和竞争力,推动产业联盟内企业产品为头部企业配套,带动产业联盟区域内企业进入头部企业产业链或配套体系。鼓励头部企业跨界融合发展,在数字化转型、衍生制造等新业态、新模式上有新的突破。发挥上海科技影都、佘山旅游度假区等特色平台优势,联通9城市,共同打造服务业区域品牌。

二、浙江省

杭州高新区充分发挥数字经济先发优势,在物联网、通信设备、智能制造、生命大健康、信息软件、研发设计、消费服务等领域,推动数字经济赋能制造和服务环节,促进产业链深度融合,形成"数字"赋能两业融合的"滨江模式"。

宁波北仑区以集成电路"万亩千亿"平台和灵峰现代产业园为载体,全面开展区域内试点企业建设。同时修订出台服务业发展专项政策2.0版,大力发展工业互联网创新应用、总集成总承包服务、供应链管理创新等,着力构建"聚合式、融通式"的两业融合发展生态,探索形成"机制+试点+平台+生态"的两业融合"北仑路径"。

网易严选从消费服务侧切入,利用大数据技术感知顾客消费需求,以需求引导生产,推广柔性化定制、优化供应链管理、发展服务衍生制造,构建高品质制造的完整生态圈,创新发展了基于互联网的新型制造服务模式——"严选模式"。

得力集团以办公文具综合供应商和服务商战略为牵引,大力推进"智能办公研发设计服务平台""智慧物流公共服务平台"建设,推动产业向创意研发设计和智慧物流服务拓展延伸,有效解决了中小企业研发难,以及自身配送成本高、效率低的难题,形成了龙头企业打造两业融合新样板的"智慧得力平台"。

精工钢构聚焦标准化、智能化、集成化,发布精工全生命周期BIM数字化协同管理平台,实现项目方案设计、采购、制作、施工、运维一体化管理,实现了从建筑施工企业向整体解决方案供应商的转变。同时,精工钢构加快推进管理模式输出服务同行业企业,加快推动了传统建筑业"互联网+"转型。

2. 大力发展"契合服务业创新趋势"的商务服务业

(1)服务港口和外贸功能提升的专业企业。① 航运龙头企业。争取全球班轮公司在江苏区域总部数量实现突破,做大做强江苏海运、江苏远洋本地港航物流总部企业。② 外贸综合服务商和跨境电商综合服务商。大力发展苏美达等龙头服务商,深度整合全产业链资源,提升综合服务能力。在跨境电商领域率先探索小批量货物快速通关、提高容错率等举措,化解平台企业发展堵点。

③ 海铁联运综合服务商。加快谋划推进进港铁路网、临港大型编组站、海铁联运产业园等一批功能性项目,创新"港口—集货商—铁路"的信息对称和议价机制,有力支持"铁大大"等龙头企业向综合服务商升级,培育壮大更多集货商。④ 海外仓专业运营企业。当前江苏企业多以单打独斗的方式建设海外仓,难度大、成本高、运营效率有待提升。可借鉴海外仓集团经验做法,引导龙头企业共同组建海外仓专业运营企业,规模化推进海外仓建设,降低成本,提升运营效率。⑤ 涉外法律服务业。或以"飞地"形式引入"上海服务"功能组团,补齐高端法律服务短板,提升城市对总部经济的吸引力,并助力江苏企业拓展"一带一路"市场。⑥ 大宗商品交易实体市场及网络市场的运营商和做市商。在能源贸易领域加快突破。

(2) 服务细分领域或一站式需求的专业企业。这两个方向的商务服务业企业往往是共生的,如民营医院会越来越像平台商,科室功能建设需要依靠专业化机构和团队,互为依存,共进共退。优先选择江苏有迫切需求或有比较优势的领域,加快推进。① 规划建设数字化发展的专业服务商。在城市数字化发展趋势下,相关企业应用建筑信息模型(BIM)、城市信息模型(CIM)的能力不足,已经成为非常突出的短板,亟待培育专业服务商。② 城市更新领域的专业服务商。未来城市更新中,电梯加装、停车位建设、屋顶改造等细分领域的专业服务商会越来越受欢迎,商业模式会随之不断创新。如,上海积极推动加装电梯的 BOT 模式,"房家美"应运而生。江苏亟待跟进,鼓励创新。③ 大健康领域的专业服务商。加快在家庭医生、慢性病恢复、用药管理等细分领域培育专业服务商,加快推进云医院建设运营的体制机制创新,全力抢抓总部经济发展机遇。④ 生活领域的专业服务商。

(3) 服务全过程需求的专业企业。选择市场前景好、江苏有一定比较优势的领域,加快突破。① "养老＋医疗＋关怀＋理财"的专业服务商。从一线城市探索经验看,提供专业养老、医疗、临终关怀等综合服务和优质金融解决方案的新型养老业态很受市场青睐,应作为江苏发展养老产业的主攻方向。为此,要加大基本养老服务采购力度,深入推进养老事业改革和医疗多点执业改革,努力构建养老事业和养老产业协同发展、错位竞争的养老服务体系。② "休闲＋康养＋文化"的专业服务商。高品质的休闲康养活动已经成为越来越多中青年的主要消费内容,海钓、定制旅游、高端民宿、养生地产、文化地产等新兴业态快速发展。加快引育专业服务商,组织形成一批业态丰富、各具特色的功能组团,共同打造长三角居民休闲康养活动的首选目的地。

3. 大力发展"促进前沿科技成果转移转化"的商务服务业

服务创业创新的专业企业。① 科技孵化器。强化以综合孵化器为支撑,专业和新型孵化器为重点的创业孵化体系。大力引进国内外有实力的孵化器,组建孵化器联盟,共建共享金融、管理、会计、审计、营销、法律等服务体系。② 科技金融的专业服务商。集聚更多市场化科创风投资金,打造科创生态共同体。支持银行设立科技支行,大力发展科技小额贷款、知识产权质押贷款等金融服务,促进投贷联动。支持保险机构发展科技保险。支持更多类型的金融机构发展,更好支持科技成果转化的企业利用多层次资本市场直接融资和发行公司债融资。③ 知识产权、科技中介、科技咨询、检验检测等领域的专业服务商。着力培育技术能力强、服务水平高、规模效益好的龙头企业。

4. 服务军民融合转化的专业机构

例如,绍兴以购买服务的形式引进军民融合(北京)装备技术研究院、飞天众智等专业机构共同成立绍兴军民深度融合服务中心,为民企参军提供信息发布、认证咨询、供需对接等帮助,为军工单位成果转化、项目落地等提供专业服务。江苏可借鉴绍兴经验，依托中物科技园等园区组建专业机构，支持军工研究机构提升军民融合技术供给能力，促进创新成果转移转化。

5. 服务未来产业发展的专业机构

力争在新能源、新材料、石油化工、海洋生物医药、基因技术等重点发展领域，引育若干对外能有效对接一流科研院所和领军人才、对内能精准掌握江苏行业龙头企业需求和能力的咨询服务（中介）机构，参照"招强商引大资"加大对省外重要研发技术来江苏转化和产业化奖励力度，充分发挥这类机构促进创新转移转化的积极作用。

（三）对策建议

1. 加快集聚国际高端商务服务机构

伦敦之所以能问鼎全球第一城市，在于其具有全球最高等级的商业连通度和高能级商务服务体系。与伦敦相比，江苏在高能级服务主体的数量、质量和服务能级方面都有较大差距，应对标纳入 GaWC 排名的金融、会计、广告、法律、咨询领域中的 175 家全球性生产服务机构，实施国际高端商务服务机构集聚专项行动，制定重点支持国际企业名录，细化年度目标和任务，引增量和提存量并举，在帮助已有机构提升等级的同时，大力吸引尚未在江苏开展业务的全球性生产服务巨头入驻江苏，加快补齐法律、广告等领域国际高端机构缺乏的短板，全面提升城市服务能级。同时，鼓励本地服务机构与全球知名商务服务机构开展多元化的业务合作，吸引高端商务服务领域的国际行业组织、协会等机构落户江苏。

2. 率先推进服务业，扩大对外开放

深化体制改革、扩大对外开放，是倒逼服务业提升能级、提高水平的重要途径。要抓住江苏自贸试验区新片区建设、国家进一步扩大对外开放等重大机遇，进一步缩减江苏自贸试验区负面清单，以 2020 年为开放节点目标，研究推进金融、教育、文化、医疗、育幼养老、建筑设计、会计审计、商贸物流、电子商务等领域在江苏自贸试验区率先开放的路线图和具体方案。借鉴国际最新多边贸易协定规则，如美国退出后的《跨太平洋贸易协定》（CPTPP）、欧盟与加拿大之间的综合性经贸协议（CETA）等对服务业开放的具体条款，探索会计、法律等职业资格在部分业务领域的国际互认，放宽服务业重点领域高层次和紧缺急需的外籍专业人才聘雇限制，允许符合条件的外籍人员在江苏执业提供商务服务。探索适当放宽境外毕业生实习签证的年限限制，扩大服务业对外开放。以改革推动服务业发展，打破制约服务业发展的体制机制障碍，顺应服务业发展规律创新经济治理，推动制度体系和发展环境优化；深度参与国际分工合作，在开放竞争中拓展空间、提升水平。

3. 充分发挥多主体市场的关键作用

商务服务品牌建设需要坚持以市场需求为导向，顺应消费升级趋势，提升服务品质，充分发挥市场主体在资源配置中的主导性、积极性和创造性，构建江苏服务业多元化生态体系。培育并吸引大型旗舰企业、"独角兽"企业入驻江苏，为江苏服务业提供坚实的内生动力；完善生产性服务业园区服务水平，扩大园区服务半径，鼓励园区服务品牌输出；建设重大项目、开展重大活动，激发江苏服务重点领域的动力和活力；加强"江苏服务"品牌宣传报道，提升各类媒体宣传力度与信息质量，争取更多舆论阵地，提高对外传播内力，为江苏服务品牌打造提供有力舆论保障。

4. 实施打响江苏高端商务服务品牌计划

着力提升城市能级和核心竞争力,实施打响江苏高端商务服务品牌计划,实施商务服务业培育"九大行动"。加快出台和落实一批江苏发展高端商务服务业的政策措施。制定江苏高端商务服务业行业分类标准,推进江苏高端商务服务品牌建设奖励细则的实施,对符合标准的重点企业获得全球性奖项或评级认定给予专项奖励。加大品牌宣传力度,在金融、会计、广告、法律、管理咨询领域,着力培育一批具有影响力的江苏本土商务服务品牌企业。按照进一步深化政策采购管理制度改革。

要求逐步加大政府购买会计审计、法律服务、资产评估、管理咨询等商务服务力度,拓展高端商务服务业发展市场需求空间。

专栏4 实施商务服务业培育"九大行动"

一是政府服务购买"三年倍增"行动。重点加大基本公共服务、社会管理性服务、行业管理与协调性服务和技术性服务的政府购买力度,以此为商务服务业发展创造巨大空间。

二是商务服务业"总部经济培育"行动。重点来抓服务业总部经济集聚专项行动,集中力量支持龙头企业和优秀企业快速做大,形成更为成熟的商业模式,在不断复制推广过程中形成核心竞争力。

三是商务服务业"标准化+"行动。支持龙头企业牵头制定专业服务的标准规范,以标准化促进服务质量提升,进一步提升龙头企业的核心竞争力。

四是商务服务业"补短板"行动。向全球发布商务服务业紧缺企业和人才公告,如班轮公司、高端法律服务业、BIM高端人才等,加快补齐产业链发展短板。

五是商务服务业"金融赋能"行动。积极引入国内外风投、创投、私募等金融机构,助力本土商务服务业企业发展。大力发展科技金融,政策支持科技保险发展,做强做活股权交易中心。

六是商务服务业"创业创新"行动。连续举办高水平、高影响力的创业创新大赛,邀请国内优秀商务服务业企业和创新团队参赛,为引进优秀企业和人才、本土企业学习借鉴先进经验、扩大合作创造有利条件。

七是商务服务业"三服务"行动。有选择地组织优秀商务服务业企业进园区、进企业、进市场,共同开展"三服务"活动,在帮助服务企业解决实际困难的同时,也帮助商务服务业企业拓展思路与市场。

八是商务服务业"行业对话"行动。以一系列"行业对话"活动,帮助行业间增进了解、促进互信,也帮助政府更多掌握发展瓶颈,政企合作深化体制机制改革。

九是商务服务业"全国征集令"行动。通过本地官微、官博、电视、报纸等媒介,并邀请全国知名媒体、自媒体前来参观,通过各种渠道、各种形态展示江苏优秀商务服务业企业的风采,借此扩大江苏商务服务业影响力,助力企业市场开拓和信用升级。

---

5. 制定国际领先的江苏"服务标准"

随着产业服务领域新业态、新模式不断涌现,"标准真空""标准不适"等问题严重制约了企业的规范发展和创新突破。标准服务是规范创新的基础,更是产业发展话语权和主导权的重要组成部分。为此,江苏应尽快梳理企业诉求,及时制定生产性、生活性服务业相关标准,填补新兴业态标准空白,做好原有标准更新,以高标准引领服务供给创新;结合对外开放不断扩大的时代背景,对标国外高水平服务业标准,加快制定对接国际的服务行业标准。同时,政府还须进一步引导、支持发展团体和企业标准,加强标准化工作宣传推广,将生活性服务业标准化成就传播到社会各个方面,扩大服务业标准化工作社会影响。

6. 完善高端商务服务人才扶持政策

借鉴广州经验,出台支持高端商务服务企业培育和吸引国际人才的扶持政策,完善对法律、管理咨询、广告等重点领域的境内外高层次人才和紧缺人才的认定及奖励体系,对于将亚洲总部设立在江苏的高端商务服务企业设立专项人才政策,对获得奖励的高端商务人才在申办人才公寓、人才落户、人才绿卡、出入境等方面享受与金融人才相同的待遇。

专栏5 《广州市人民政府办公厅关于加快发展高端专业服务业的意见》

一、支持引进国际国内优质企业

鼓励国内外知名品牌高端专业服务企业到我市发展。对2017年1月1日后新设立且达到《广州市高端专业服务业行业分类表》(以下简称《分类表》)确定营业收入标准的高端专业服务企业,连续3年按照企业地方经济社会贡献给予每年不超过1000万元的奖励,连续3年每年给予不超过200万元办公用房补助。对特别重大的高端专业服务业招商项目,由市政府按照"一企一策、一事一议"的方式给予扶持。原有企业新设分支机构、变更名称、分拆业务不属于本条款支持范畴。企业对外分租、转租的办公用房不得申请补助。(牵头部门:市发展改革委)

二、支持我市企业加强人才队伍建设

支持我市高端专业服务企业培养和吸引高端人才,提升市场竞争力。每年组织核定一批高端专业服务业重点企业,对企业年工资薪金应税收入达到60万元以上的高端人才给予每人6万—10万元的奖励,奖励名额不受限制;对全部高端人才均未达到年工资薪金应税收入60万元以上的重点企业,给予1个奖励名额,金额6万元。(牵头部门:市发展改革委)

获得上述奖励支持的高端人才申办人才公寓、子女入园入学、人才落户、人才绿卡、出入境、居留等,可按照《广州市促进总部经济发展暂行办法》,同等享受我市总部企业人才优惠政策。(牵头部门:各区政府、各有关部门)

三、支持我市企业加强品牌建设

加大品牌宣传力度,引导我市高端专业服务业企业强化品牌服务意识。支持鼓励我市高端专业服务企业争创各级品牌,对首次获得中国驰名商标、广东省著名商标、广州市著名商标的企业,分别给予一次性100万元、30万元、10万元的奖励。支持我市设计领域企业单位和工作室参与各类行业评定评价,获得广州市市长质量奖、美国普利兹克奖、德国IF设计奖、德国红点奖、中国广告长城奖、中国设计红星奖等重大奖项,按照《广州市高端专业服务业奖励项目表》标准给予每项3万—100万元的奖励。申请上述奖励的企业单位和工作室在我市注册成立时间必须达到1年以上,同一作品从高不重复奖励。(牵头部门:市发展改革委)

四、支持我市企业利用资本市场加快发展

支持我市高端专业服务企业利用多层次资本市场加快发展,对企业实施增资扩股、上市融资、挂牌交易、兼并重组过程中发生的费用,按照《关于支持广州区域金融中心建设的若干规定》给予补助和奖励。(牵头部门:市金融局)

支持广州地区商业银行、担保机构、融资租赁机构等融资服务机构开发面向我市高端专业服务业领域中小微企业融资产品,按照我市中小微企业融资风险补偿有关规定给予补助。(牵头部门:

市工业和信息化委、科技创新委）

五、加大对设计服务初创企业培育孵化力度

加大对国家广告产业园、市级以上文化产业示范园区设计类小型微型企业发展的培育力度，按照 50％的比例给予园区内创办不满 3 年、年营业收入少于 200 万元的广告设计类、工程设计类、工业设计类企业场地租金补助，每家小型微型企业每年补助不超过 10 万元，补助年限不超过 3 年，每个园区每年累计补助不超过 200 万元。（牵头部门：市发展改革委）

六、加大政府购买高端专业服务力度

按照进一步深化政府采购管理制度改革的要求，创新完善政府采购操作执行，提升政府采购信息公开共享水平，逐步加大政府购买会计审计、税务鉴证、法律服务、资产评估、工程咨询评估、城市规划和设计等专业服务力度，拓展高端专业服务业发展市场需求空间。（牵头部门：市财政局）

七、放宽企业名称登记限制

允许我市高端专业服务企业直接冠广州市名，不受注册资本数额限制；允许我市高端专业服务企业将行政区划置于字号之后、行业或组织形式之前，突出品牌效应。（牵头部门：市工商局）

八、营造行业发展氛围

加大宣传力度，提高全社会对发展高端专业服务业重要性的认识。建立通报机制，扩大高端专业服务业重点企业社会知名度。支持高端专业服务业领域行业协会、产业联盟等社会组织发展，鼓励龙头企业、行业协会等有关组织通过市场化方式在我市举办具有全球性和全国性的大赛、会议、论坛、展览等活动，对总开支超过 500 万元的大型活动，经审定后按照 30％的比例给予总额不超过300 万元的补助。申请补助的社会组织必须通过广州社会组织管理局登记备案，且成立 2 年以上。（牵头部门：市发展改革委）

九、加大统筹发展力度

充分发挥市服务业发展工作领导小组及其办公室的领导和协调推进作用，由市发展改革委牵头会同各区政府，市工业和信息化委、科技创新委、司法局、财政局、人力资源和社会保障局、住房城乡建设委、商务委、文化广电新闻出版局、工商局、统计局、知识产权局、法制办、金融局，广州市税务局等部门，协调推进高端专业服务业发展中的重大问题。（牵头部门：市发展改革委）

资料来源：广州市人民政府办公厅

7. 建立商务服务业发展促进机制

建立商务服务业的统计制度。根据商务服务业发展特点，建立并不断完善行业目录和统计指标体系，建立配套统计制度和调查方法。率先建立重点突破领域企业和其他领域高成长企业的常态化监测制度。配套建立"重点突破领域企业库"和"其他领域高成长企业库"，库内企业实施应统尽统、每季度一报，客观评价这些领域和企业的发展速度、质量、效益。根据实际情况，动态调整调查范围和企业。建立商务服务业企业普惠政策。对凡是纳入商务服务业行业目录的企业，给予一次性奖励建立重点突破领域的"再激励"政策。加强企业跟踪服务，或可参照高新技术企业相关政策。建立龙头企业和高成长型企业的"加速激励"政策。对带动力强、经济社会贡献突出、发展潜力大的优秀企业实行"一企一策"。建立商务服务业新兴企业发现培育机制。常态化受理企业自主申报，审核通过的，及时纳入对应企业库，落实政策激励。提高园区走访频率，深入开展针对龙头企业和高成长型企业的"三服务"工作，发掘并积极跟进新的商务服务业企业和新商业模式、新经营业态。

参考文献

[1] 刘红英,钟显龙.粤北地区农村电子商务服务业发展的战略与对策探析[J].科技和产业,2021,21(12):208-211.

[2] 王丽菊.沈阳市电子商务服务业空间集聚发展路径创新研究[J].农村经济与科技,2021,32(18):174-176.

[3] 王海波,关丽红,杨立娜.宁波先进制造业与商务服务业融合发展的对策研究[J].宁波经济(三江论坛),2020(07):18-21.

[4] 马子路,黄亚平.武汉都市区商务服务业空间格局及影响因素研究[J].现代城市研究,2020(04):68-73.

[5] 闫淑玲.北京商务服务业发展现状与趋势预测[J].商业经济研究,2019(18):157-160.

[6] 吕梦婕.供给侧结构改革下商务服务业发展机理研究[J].财会学习,2017(23):172.

[7] 苏丹.多媒体背景下商务服务行业绩效评价体系探讨[J].中国市场,2016(48):131-132.

[8] 李楠.吉林省电子商务服务业发展策略研究[J].长春金融高等专科学校学报,2016(06):81-87.

[9] 刘海波.我国现代商务服务业发展探析[J].现代经济信息,2016(04):336.

第八章 江苏省商贸流通业发展报告

2020年，突如其来的疫情对江苏消费市场造成严重冲击。在复杂严峻的国内外经济形势下，江苏上下围绕"双循环"新发展格局，紧扣"六稳、六保"工作任务，各部门协同推进，助推全省消费品市场快速复苏并步入正轨。展望"十四五"，全球化、网络化的新经济环境下，以数字化、智慧化、平台化为核心内容的商贸流通产业业态和模式变革；新格局、新需求的经济转型中，消费成为经济增长主动力，商贸流通业正迎来"蝶变"期；高水平、现代化的社会发展要求下，商贸流通业成为强省的重要着力点。与此同时，生产消费方式变革要求商贸流通增效能，数字商业发展倒逼商贸流通新一轮改革，国际形势给国际贸易与流通也带来新挑战。江苏商务流通业高质量发展任重道远。

一、江苏省商贸流通业发展的现状分析

（一）趋势研判

1. 全球化、网络化的新经济环境下，以数字化、智慧化、平台化为核心内容的商贸流通产业业态和模式变革

在全球化、数字化的新经济环境下，以平台化、定制化、智能化以及跨界化为核心内容的流通4.0正在兴起，全面驱动商贸业变革。从组织变革上，流通革命通过推动批零业态围绕产业链、供应链、服务链建立上下游企业与创业者间的纵深与横向一体化协作关系，平台经济、供应链等组织模式不断涌现。从业态变革上，流通革命通过推动商贸流通与服务消费深度融合，与信息、金融、物流、旅游、文体等产业联动发展，引导有条件的企业利用现有商业设施改造发展消费体验，增强实体店体验式、全程式服务能力，从而促成业态创新与复合业态发展，成为激发消费新动力的重要途径。从技术创新上，大数据、云计算、物联网乃至人工智能等新技术将打破传统商业的封闭界限，成为赋能商贸业主体的重要手段。对于江苏而言，新模式、新业态和新手段带来新的发展理念和组织方式的同时也带来了融合和创新的挑战。

> **专栏1 流通4.0**
>
> 在互联网、大数据、云计算等新技术的推动下，网络化交易智慧化物流为核心内容的新流通正在崛起。传统的流通业必须转型升级，找到与新实体经济相匹配的流通方式，从过去供应链时代转型到生态圈时代，在此背景下流通4.0应运而生。流通4.0版，其核心是通过互联网把供应商、制造商、消费者紧密联系在一起，实现以需求为导向，专业化分工细化，在为上下游客户创造价值中实现自身的价值。这是商业模式重大创新，是未来发展的目标。

2. 新格局、新需求的经济转型中,消费成为经济增长主动力,商贸流通业正迎来"蝶变"期

随着当前国际经济形势的日益复杂化,以及新冠肺炎疫情带来的复合影响,外贸对经济增长的带动作用受到了明显制约,部分国家贸易保护主义倾向,使得今后较长一段时间内对外贸易都会面临"外需不振,出口下滑"的严峻局面。为此,促进形成强大国内市场,努力满足最终需求,改善消费环境,增强消费能力将是未来中国商贸发展的主要方向。随着中国经济发展步入新常态,供给侧结构改革与消费升级加速推进,以国内大循环为主体、国内国际双循环相互促进的新发展格局逐步形成,国家明确提出"发挥消费对经济增长的基础作用",促消费扩内需成为构建"双循环"的主引擎。同时,品质化消费、体验型消费、个性化消费等新消费诉求,以及以网络技术、大数据云计算为代表的新流通技术快速发展,消费时空、消费渠道加速创新变化。对江苏而言,内需供给和供给侧结构性改革愈发重要,应积极应对,加速商贸流通产业成为融入双循环重要的环节。

专栏 2　新发展格局对商贸流通发展提出新要求

中央财经委员会第八次会议研究了畅通国民经济循环和现代流通体系建设问题,提出"建设现代流通体系对构建新发展格局具有重要意义"。国内循环和国际循环都离不开高效的现代流通体系,需要做好:

促进消费需求扩大。 要求更好建设现代化、高效率、低成本的现代商贸流通体系,充分满足居民多样化消费需求,挖掘消费潜力,引导消费创新,增强消费对经济发展基础性作用。

提升供需适配性。 要求较强的产业组织能力和市场适应能力,能够根据市场需求变化敏捷反应,推动商流、物流、信息流、资金流畅通,实现供需双方精准匹配和动态平衡。

推动产业结构升级。 充分发挥商贸流通对生产的服务、反哺和先导作用,增强投资的有效性。

融合国内国际循环。 需要构建内外贸深度融合的流通网络,推动实现国内国际流通主体和客体的自由、有序、高效流动,充分配置国内国际两个市场、两种资源。

提升抗风险能力。 需依托和服务于国内超大规模市场,提升产业链供应链发展水平,增强经济运行安全性和稳定性。

---

3. 高水平、现代化的社会发展要求下,商贸流通业成为强省的重要着力点

近年国家密集出台了《关于积极推进供应链创新与应用的指导意见(2017)》《关于进一步做好供应链创新与应用试点工作的通知(2020)》《关于加快发展流通促进商业消费的意见(2019)》《关于进一步落实城乡高效配送专项行动有关工作的通知(2020)》《关于推动农商互联完善农产品供应链的通知(2020)》《关于促进消费扩容提质加快形成强大国内市场的实施意见(2020)》等系列政策,基本给出商贸流通业转型发展思路和顶层设计,对推动商贸流通创新发展、优化消费环境、促进商业繁荣进行了全面部署。江苏省委提出经济发展等六个方面的高质量发展标准,着力推动江苏在高质量发展上走在全国前列。《关于印发绿色商场创建工作实施方案(2020—2022年度)的通知》《关于印发江苏省商务领域信用"红黑名单"管理办法(试行)的通知》《江苏省以新业态新模式引领新型消费加快发展实施意见》等系列政策,对商贸流通业营商环境优化做出具体部署。

（二）面临挑战

1. 生产消费方式变革要求商贸流通增效能

移动电子商务、农村电子商务、跨境电子商务等线上线下融合经济的高速发展,生产与消费方式发生变革,生产消费需求向品质化、个性化、多元化转变,呈现消费市场的消费升级,从而要求生产与消费方式相应变革,这就要求生产向精益制造、个性化制造、准时制造和供给侧进行结构性。而新冠疫情又一次"点火"电商和"电商＋",新型消费迸发出茁壮的生命力,涌现出"电商＋制造""电商＋农业""电商＋旅游""电商＋文化""电商＋直播"等多种跨界融合的数字经济态势。全球很多国家电子商务的成功经验与失败案例告诉我们,电子商务这个新商业业态的蓬勃发展,离不开新流通、新物流的同步高速发展。消费升级势必要求供给侧改革提质,快速推进构建"互联网＋""智能＋""智慧＋"商贸流通新格局,再生内生商贸流通业新发展潜能,加快转型的速度和程度,这也是推进江苏商贸流通现代化的重要任务。

2. 数字商业发展倒逼商贸流通新一轮改革

当今世界正在经历一场更大范围、更深层次的科技革命和产业变革,人工智能、大数据、物联网、区块链等现代信息技术不断取得突破,数字经济蓬勃发展,正在重塑国际竞争、制造产业、社会发展、国际贸易、消费结构新格局,盘活了供应链、流通链、生产链、销售链的要素。江苏积极响应数字经济发展要求,积极推动供应链创新与应用、城乡高效配送专项行动、物流标准化试点建设,深化体制机制综合改革,取得了一定的成效。但商贸流通改革的系统化、体系化还不够,改革的力度还不够,还存在"重制造轻流通"的状况。如何适应数字经济时代需求,整体推动商贸流通业供给侧、供应链结构性改革,主动对接科技发展趋势和市场需求,主动对接数字商业发展需要,是必须要破解的高质量发展难题,还需要深入思考和创新应对。

3. 国际形势对国际贸易与流通带来新挑战

2008年金融危机之后,全球贸易的增长就低于经济增长。中美贸易战带来逆全球化的兴起,全球贸易摩擦范围在2019年持续扩大,美国、欧盟、中国和日本等全球四大核心经济体卷入到了贸易纷争的旋涡,全球经济整体增速放缓。新冠疫情让我们深刻认识到外贸、外资和对外开放对中国经济发展的重要性。疫情对贸易结构和产业链的影响实质是对分工水平、产业升级以及资源配置效率等方面的影响。新冠疫情直接导致人流和物流的中断,国际贸易再次受冲击,国际运输等服务贸易势必会受影响。而这个冲击很有可能让以往的生产、生活方式和国际交往方式产生长期性、根本性的改变,以及导致产业链、供应链的重构和转移。这将对江苏的跨境贸易、对外投资、利用外资的发展带来新挑战。我们需要对疫情对外贸冲击的长期性做思想准备,需要对稳外贸和稳外资通盘地考虑。

（三）发展回顾

2020年,突如其来的疫情对江苏消费市场带来严重冲击。在复杂严峻的国内外经济形势下,全省上下围绕"双循环"新发展格局,紧扣"六稳、六保"工作任务,各部门协同推进,助推全省消费品市场快速复苏并步入正轨。

1. 消费市场稳定恢复,市场销售持续回升

2020年,全省实现社会消费品零售总额37086.1亿元,同比下降1.6%,好于全国2.3个百分点;降幅比今年上半年、前三季度分别收窄7.8、3.1个百分点,消费市场持续恢复;全省社会消费品零售总额占全国总规模的比重为9.5%,较上年提升0.9个百分点。按经营单位所在地分,城镇消费品零售额下降1.6%;农村消费品零售额下降1.3%。按行业分,批发和零售业零售额下降1.0%;住宿和餐饮业零售额下降7.9%。全省限额以上社会消费品零售总额比上年增长0.3%。从消费品类值看,基本生活类消费增长平稳,部分消费升级类商品零售额增长较快。在限额以上企业商品零售额中,粮油食品类、服装鞋帽针纺织品类、日用品类商品零售额分别增长13.3%、下降2.5%和增长10.0%。以智能手机、平板电脑等为代表的通讯器材类商品零售额增长6.2%;书报杂志类增长1.6%。

从季度运行看:一季度,江苏消费市场受到疫情冲击明显,社会消费品零售总额大幅下降18.1%;随着各项政策举措逐渐落地生效,市场主体有序复工复产,居民消费需求稳步释放,二季度社会消费品零售总额降幅明显收窄至0.9%;下半年消费品市场回暖趋势逐步明朗,社会消费品零售总额季度增速浮出水面,三、四季度分别增长4.8%、7.4%。从月度运行看,自2020年6月开始,全省社会消费品零售总额单月增速连续七个月保持正增长,12月当月增速回升至两位数,市场人气基本恢复常态。

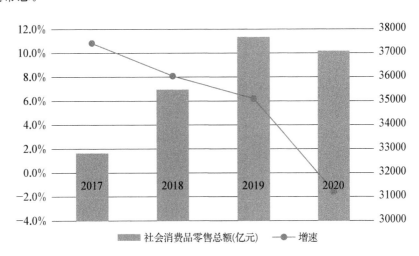

图1　江苏社会消费品零售总额变化图

资料来源:《江苏统计年鉴(2021)》

2. 各地消费市场稳定恢复,三市增速浮出水面

疫情以来,全省各地全面贯彻落实中央、省委、省政府决策部署,批量推出疫情防控、复工复产、援企稳岗、减负纾困、减税降费、促进消费等政策。全面推进"146消费提振行动",持续开展"品质生活、苏新消费"系列促进活动,突出省市县、政银企、线上下、内外贸"四个联动",实现覆盖全年度、全品类、全省域"三个覆盖",有力拉动各地消费市场快速复苏。

从社会消费品零售总额分地区看,一是3个设区市增速浮出水面。2020年,南京、常州、南通社会消费品零售总额分别增长0.9%、0.8%、0.3%。二是13个设区市累计增速均较前三季度有明显提升,其中,徐州、南通、盐城、泰州增速提升显著,分别比前三季度提升3.9、3.9、4.9、4.8个百

分点。从限上零售额分地区看,2020年,南京、无锡、常州、苏州、南通、连云港、镇江、泰州等八市实现正增长,且增速较前三季度均有所提升。

表1 分地区社会消费品零售总额变化 (单位:亿元)

	2019年	2020年	增速
南京市	7136.32	7203.03	0.9%
无锡市	3024.34	2994.36	−1.0%
徐州市	3533.19	3286.09	−7.0%
常州市	2401.68	2421.36	0.8%
苏州市	7813.4	7701.98	−1.4%
南通市	3361.68	3370.4	0.3%
连云港市	1162.82	1104.29	−5.0%
淮安市	1745.41	1675.85	−4.0%
盐城市	2241	2216.12	−1.1%
扬州市	1423.2	1379.29	−3.1%
镇江市	1158.49	1141.93	−1.4%
泰州市	1350.54	1333.26	−1.3%
宿迁市	1320.45	1258.08	−4.7%

资料来源:《江苏统计年鉴(2021)》

3. 电子商务发展迈上新台阶,网络交易模式不断优化

2020年江苏省网络零售额10678.2亿元,首次突破万亿元大关,占全国9.1%,同比增长10.2%,网络零售额继续排名全国第5位。2020年全省农村网络零售额2358.1亿元,同比增长7.6%,居全国第2位。实物商品网络零售额9198.4亿元,同比增长16.2%,高于全国平均增速1.4个百分点。按照江苏省统计局公布的2020年社会消费品零售总额37086.1亿元,实物商品网络零售额占社会消费品零售总额的比重为24.8%,同比增长2.1个百分点。在新冠疫情"大考"面前,电商行业迅速在加强抗疫物资对接调运、保障市场商品供给、解决农产品滞销等方面开展了大量工作,对于催生新型消费、促进消费回补、保持经济社会平稳健康发展,发挥了突出作用。2020年,江苏省全网网络零售额、实物商品网络零售额及农村网络零售额均继续保持了一定速度的增长,增幅分别高于同期社会消费品零售总额增幅11.8、17.8、9.2个百分点,尤其是实物商品网络零售,逆势实现16.2%的增幅,成为促进消费的重要力量。

网络零售带动消费复苏之际,网络交易模式不断优化。2020年全省B2C网络零售额8696.3亿元,同比增长16.9%,占全省网络零售额比重为81.4%;C2C网络零售额1981.9亿元,同比下降12.1个百分点,占全省网络零售额比重为18.6%。以注册企业为主体的B2C网络零售额增速,高于以个人店铺为主体的C2C网络零售额增速29个百分点,反映出江苏网络交易规模化发展程度大幅提升,企业型市场主体发展质量和效益进一步优化,更加有利于江苏网络交易市场规范化发展。过去的一年,一大批线下店铺通过与互联网结合,销售不断增长;线上产品也通过门店社群获得了新的增量,可以说线上线下加快融合发展。为克服疫情影响,宿迁市打造"网上南菜市"等特色农产品电商平台,将传统菜市场搬到网上,在疫情最吃紧期间累计售出食材超过20万斤,惠及市民20多万人次,切实发挥了稳产保供作用。南京古南都集团旗下7家餐饮企业,采取网格化订餐和社区团购,外卖同比上升440%。金陵饭店集团扩大网络分销,将到店购买的金陵大肉包等热门产品卖向全市,仅一季度就实现利润800万元。直播电商在提升流量、降低获客成本等方面效果突出,成为各大平台角逐的核心战场。据监测数据显示,2020年,江苏省各地组织淘宝直播累计247.7万场,观看者62亿人次。苏州推出"双十二购物节",采取线上线下24小时联动、网红直播苏州地产商品、举办"姑苏十二时辰"直播接力秀等方式,活动当天就实现线上消费84.6亿元。汇通达集团着力农村电商模式创新,通过互联网平台不断叠加多种业态,服务范围拓展到全国21个省、1.9万多个乡镇,销售额从不到20亿元跃升到突破500亿元大关。

4. 消费市场恢复基础牢靠,长期稳中向好趋势明显

党的十九届五中全会对扩内需、促消费工作作出明确部署,在着力提升传统消费的同时,培育壮大新型消费,推动线上线下消费融合发展,推动消费新业态向农村延伸。江苏省消保委发布的《2020年江苏省消费意愿及舆情分析报告》中指出,2020年全省居民消费的整体满意度接近七成。同时,线上消费渐成居民消费的主要渠道,新型线上消费渠道如外卖跑腿、拼购、社区团购等逐渐崛起。在各消费渠道中,五成以上居民通过传统电商平台(如淘宝、京东等)消费,四成以上通过外卖、跑腿代购平台和拼购平台等其他线上途径。随着疫情得到控制,传统线下渠道如大卖场/大型超市逐渐恢复,调查发现,47.3%的居民会选择大卖场、大型超市进行消费,40.1%的居民会选择周边小型超市、杂货店进行消费。随着疫情形势趋稳,在居民生活秩序逐步恢复以及各项促消费政策落地显效共同带动下,全省消费品市场快速回升,稳中向好态势有望进一步巩固。

二、江苏省商贸流通业发展中存在的问题

与北京、上海、广东、浙江等省市相比,江苏省新型消费发展相对滞后,实物商品网上零售额占社会消费品零售总额的比重仅与全国平均水平相当。新型消费领域还存在基础设施不足、服务能力偏弱、监管规范滞后等问题。

(一)城市商业布局亟待调整优化

现有商业网点、业态布局区域不平衡,业态转型力度速度不够,与相关规划的关联性还不强。市中心城区、重点商圈的商业设施增长很快,但存在部分商铺闲置和招商不足等情况,而远郊地区商业网点相对不足,业态质量和水平亟待提高。购物中心、城市综合体等大型业态供应较多,但同质化明显、高端化不明显、特色不"特"。社区超市、便利店、标准菜场等小型商业业态发展推进速度、力度还有待加强。在互联网商业环境下,体验中心、展示中心、时尚中心、配送中心、理货中心等网点业态的发展速度和建设规模还需加强。现行以行政区划为边界的商业规划体制,造成市、区、镇多级规划且相互衔接不畅,难以在各市尤其是中小城市汇聚资源、形成合力,真正打造出具有较大影响力的商业生态圈。

（二）商贸流通企业转型有待加强

数字商业快速发展趋势下,江苏商贸流通数字化、智能化、在线化核心技术能力、产业竞争力尚显不足,在应用广度、深度上,较发达地区明显滞后。商贸流通企业经营业务模式、业务场景的转型力度、速度均需强化,尚未实现与"新商贸"趋势的同频共振。商贸流通企业小、散、弱,特色品牌和特色商业综合体不够"特",具有较强资源整合能力和影响力的行业头部企业严重偏少。不少社区商业设施落后于城市建设,面临生活物资配置不足、业态单一等问题,社区居民生活配套服务亟待改善。传统第三方物流企业大多规模较小,管理粗放,向供应链服务商转型的意识不够、步伐不快,普遍缺乏竞争力,物流企业群体"小、散、差"劣势明显。在 2020 年"中国零售企业百强榜"中,仅苏宁易购一家企业入围前十,与前三销售规模差距明显。

表 2   2020 年度中国零售百强排行榜（前十名）

序　　号	企业名称	销售规模（万元）
1	天猫	320200000
2	京东	260000000
3	拼多多	166760000
4	苏宁易购集团股份有限公司	41631500
5	大商集团有限公司	32892947
6	唯品会	16500000
7	国美零售控股有限公司	14075200
8	永辉超市股份有限公司	10453915
9	高鑫零售有限公司	9548600
10	华润万家(控股)有限公司	8782800

资料来源:中国商业联合会、中华全国商业信息中心

（三）商贸流通体系亟需转型升级

数字商业的强势崛起以及新冠肺炎疫情,将加速传统实体商业主导向数字化商业转变的新一轮商贸流通大变革,越来越多的商贸活动将直接从消费端向生产端延伸,生产、消费、商贸、流通的边界将进一步模糊化,流通方式、流通结构、流通流向、流通形态等都将发生根本性变化,势必要求产业链供应链重构。而江苏商贸流通发展明显滞后于数字化、城市化、全球化进程,还存在不少堵点、痛点与盲点,在经济循环中的桥梁纽带作用难以充分发挥。由此,支撑数字商业高质量发展的商贸流通"新基建"还需加快步伐,"同城配送""统仓配送""城乡配送"等共同配送的软硬件设施还有较大改进空间,支撑"供需对接""农批对接""农超对接"的城乡物流和供应链还不顺畅。结合"5G+"、人工智能、区块链等技术应用的智慧物流系统、供应链管理平台等数字化商贸流通体系,还在探索、应用试点等初期发展阶段。

（四）消费促进潜力仍有挖掘空间

商业空间布局还不尽合理,新商业中心建设滞后,商业发展不均衡问题日渐突出。产业集聚区

商业不够灵活,交通设施配套不足,地铁商业发展层次还不充分。新商业业态发展缓慢,消费新业态、新模式、新场景普及应用程度还不充分,消费者体验业态竞争激烈,消费品质化、特色化、精细化特征还不明显,线上线下商贸融合深度不够、速度不快、范围不广。疫情后的商场、购物中心、商业街、批发市场、商贸园区、餐饮、住宿等实体店消费需求还有很大修复提升空间,城乡结合部和新扩城区、新开发建设的居民住宅小区等社区商业还不够齐全,居民日常消费不太便利。乡村尤其是边远乡村交通欠发达,商业设施不完善,居民消费难以满足。

(五)全球资源配置能力有待增强

大型综合电商平台缺乏,总部经济集聚效应偏低,金融市场话语权缺失,特殊经济功能区优势弱化,削弱了江苏的国际影响力和竞争力。与北京有京东、杭州有淘宝和天猫、上海有拼多多比较,江苏缺乏大型电商平台短板较突出。

三、江苏省商贸流通业发展的建议与对策

(一)经验借鉴

展望"十四五",在社会主要矛盾发生关系全局的历史性变化基础上,上海、浙江、广东等发达地区都在积极谋划推动商务流通高质量发展、引导消费转型升级,相关规划举措将为江苏商贸流通业发展提供有益借鉴。

1. 上海:推动消费持续提质扩容,建设国际消费中心城市

一是创新高端消费供给。提升高端商品和服务集聚能力。大力培育高端消费品牌跨国公司设立亚太和全球分拨中心,推动国际知名高端品牌、新兴时尚品牌集聚。发挥世界级口岸优势,建设一批进口消费品展示交易直销平台,多渠道扩大特色优质产品进口。推动首发经济发展。加快建设全球新品首发地,举办具有国际重大影响力的品牌首发活动,支持黄浦、静安、浦东、徐汇、虹口等区打造全球新品首发示范区,支持重点电商平台打造全球新品网络首发中心,支持国内外名家新品、名牌新品、老牌新品和新牌新品设立首店、旗舰店、体验店。深化品牌经济发展。培育本土品牌,鼓励发展城市定制商品和零售商自有品牌,支持外贸企业打造自有品牌,推进国产品牌入驻免税店,推动"上海制造"品牌建设。打造时尚品牌,引进培育一批知名独立设计师、品牌工作室、时尚买手。创新发展老字号,推动"一品一策一方案"落地,加快实施老字号"数字焕新工程""品牌保护工程""传人培养工程""国潮出海工程"。加快免退税经济发展。积极争取新设市内免税店,增加免税购物额度,培育本地免税品经营企业。推进重点商圈离境退税商店全覆盖,推广即买即退。二是打响"上海购物"品牌。提升"五五购物节"辐射力和影响力。推动消费内容、消费模式和消费场景全面创新升级,打造消费新理念、新模式、新业态、新品牌的试验田和竞技场。深化长三角联动,共同做大消费市场。推进中国国际零售创新大会、上海时装周等与"五五购物节"联动,不断提升国际影响力。构建"上海购物"品牌体系。制定实施打响"上海购物"品牌新一轮三年行动计划。加强"上海购物"城市公共品牌研究,探索形成与上海国际消费中心城市相匹配的形象设计和推广模式。打造本土消费内容创意产业,打响一批精品活动 IP,提升"上海购物"品牌和商

业文明的创造力与传播力。优化"上海购物"环境。提升上海商务服务水平,加快消费服务标准化建设。推进商业配套设施改造,在移动支付、导引标示、信息获取等多环节提升消费便利度。构建以信用为基础的新型监管机制,加强单用途预付卡等商务领域信用分类分级监管,推动行业协会、重点企业开展商户信用分类管理,归集市场信用信息。完善商务诚信平台功能,发布商圈诚信指数,持续推进线下零售企业七日无理由退货。加强国际消费中心城市全球推广,搭建宣传推广公共平台,打造上海消费地图。

2. 浙江:全面推进"四新"行动,打造新型消费中心

一是推进新基建。做好全省商业网点、物流中心等商贸基础设施规划建设。探索实施大型商业网点规划建设听证会制度。推动商贸基础设施数字化改造提升,加快核心商圈的5G网络、物联网等基础设施建设,打造一批多层次智慧商圈。加快车联网、新能源汽车充电桩等建设,发展新型汽车消费。推进快递服务站、多功能智能快件箱、无人售货机等智能终端设施建设和资源共享。鼓励消费领域智能化技术集成创新应用。二是拓展新场景。全面推进重点商圈、商品市场、步行街、商业街等"智慧商业+实体商业"融合发展。深化高品质步行街建设,支持有条件的市、县(区)打造高品质步行街,建设智慧商圈。开展夜间经济城市试点建设,形成一批夜间经济集聚区,培育夜间经济网红打卡点。大力提振文旅消费,挖掘体育赛事资源,推动商旅文体融合发展。营造周末消费新场景,实施周末文旅消费优惠制、周末交通便民服务、公共消费服务空间周末延时开放等。三是培育新消费。提升传统消费,发展新型消费,引导高端消费回流。培育新型消费示范城市、新零售标杆城市,促进乡村、社区商业消费。推动汽车等消费品由购买管理向使用管理转变,优化游艇、民用飞行器等的消费环境,促进住房消费健康发展。深化服务消费领域的准入和监管改革,实施服务消费负面清单制。发展"首发经济""首店经济",支持国内外知名品牌在浙设立首店、旗舰店、体验店。争取离境、离岛免税政策,优化全省免税店布局。支持发展社区电子商务、直播电子商务、网红电子商务等新业态新模式。加强老字号挖掘保护,开展浙江老字号认定。持续打响"浙里来消费"品牌,省市县三级联动办好消费促进活动。四是实施新服务。培育百家重点平台,实施千家企业云化、百万商家上线等十大行动,持续推进网上菜场、网上餐厅等项目建设,打造一批样板城镇和标杆区域,逐步形成以"一图两码三平台"为骨干的数字生活新服务生态体系。探索建立与商业变革相适应的新型消费统计监测指标体系。建立完善消费者权益保护体系。规范、有序发展消费金融。

3. 广东:积极融入全国统一大市场,全面营造良好消费环境

一是积极拓展国内销售渠道。加强广货优质品牌建设,举办广东品牌日活动,深入实施"粤贸全国"计划,支持内外贸企业利用国内重大经贸活动和专业展会平台拓展内销渠道。鼓励内外贸企业利用5G技术、"互联网+",依托专业化平台拓展销售模式,提升广货品牌价值。支持各类工厂、专业市场、档口店上线平台直播,参加电商平台招商会。支持外贸企业出口转内销,引导外贸企业结合国内需求积极转型、搭建内销渠道,对于出口转内销的生产线改造等技术改造给予专项支持。推动出口产品转内销标准转化与内销产品认证体系对接,将"同线同标同质"使用范围扩大到一般消费品、工业品领域。健全售后服务体系,探索"互联网+智能售后"模式。二是全面营造良好消费环境。健全消费领域信用体系和重要产品追溯体系,畅通消费者维权渠道。建立健全预防为主、防范在先的质量监管体系。发挥粤港澳大湾区联通内外的优势,加快制定和完善重点领域及新兴业态的相关标准,强化日用消费品、生活服务产品等领域关键标准制修订,促进与国际通用标准接轨,

提高消费品质量标准,引导消费品高端化特色化发展。完善节假日制度,落实带薪休假制度,扩大节假日消费。适当增加公共消费,提高教育、医疗等民生领域公共服务供给水平。

(二)相关举措

1. 加强商贸流通基础设施和载体建设

推进信息网络基础设施建设。推进 5G 精品网络建设,加快实现全省城乡 5G 网络全覆盖。推广千兆网速,加快提升"双千兆宽带城市"网络和服务能级。从市场需求出发,合理规划大中小型数据中心建设,统筹协调数据中心布局优化,支持绿色智能数据中心建设。加快推进国家、省车联网先导区建设,支持车载终端后装投放、充电桩建设,开发并优化车联网服务平台及 APP。支持各地建设城市信息模型和平台型人工智能中枢,全面提升智慧城市建设水平。

推进新型消费示范城市建设。支持南京、苏州、徐州、无锡建设国际消费中心城市,加强与消费领域知名创新型企业对接,引导其布局新零售项目,打造一批有影响力的智慧商圈(街)、商店和集市。引导传统商超努力向全渠道平台商、集成服务商、供应链服务商、定制化服务商等转型。支持南京、苏州、南通、徐州、无锡、常州、扬州等设区市打造全国性或区域性消费中心,支持盐城、淮安、泰州、宿迁、镇江、连云港等设区市及江阴等县级市打造地方特色消费中心。鼓励有条件的县(市、区)结合本地发展优势,因地制宜打造文旅、商务、健康、体育、养老等融合发展的新型消费集聚区。推动宁镇扬、苏锡常一体化提速增效,加快培育与北京、上海消费能级相当的新型消费都市圈。支持步行街改造提升,重点建设 21 个省级试点培育街区。完善教育、医疗、养老、文化、市政公用、生活服务等城乡社区服务设施,鼓励便利店品牌化、连锁化、智能化发展,打造 15 分钟便民生活服务圈。

补齐商贸流通基础设施短板。大力发展智慧物流,重点培育智慧物流城市、智慧物流园区和智慧物流主体,加快物流业数字化、网络化、智能化发展。建立健全应急物流分级响应和保障体系,支持专业化的供应链管理企业发展,提升风险应对和应急保障能力。完善农村物流网络节点体系建设,综合利用现有县级、乡镇客运站和村委会、村邮站、小超市等场地拓展农村物流服务功能,提升农村物流三级节点覆盖率。实施农产品仓储保鲜冷链设施建设工程,以农产品主产区、特色农产品优势区为重点,依托家庭农场、农民合作社等市场经营主体,新建或改扩建农产品仓储保鲜冷链设施,提升农产品仓储保鲜冷链物流水平。加强城乡快递服务网点、快递末端公共服务平台、智能快件箱、智能住宅信报箱的规划、建设、维护和管理,加快城乡快递共同配送体系建设,探索镇村公交车辆行李堆放区代运邮件快件和小件农产品,切实解决快递服务"最后一公里"问题。

2. 提升商贸流通现代化服务能力

培育多层级商贸流通企业。围绕文旅商贸、跨境电商、现代物流等专业性和综合实力要求较高的领域,积极引进国内外知名商贸企业和运营企业落户江苏,通过扶优扶强,着力培育一批规模大、档次高、特色突出的商贸流通龙头企业。鼓励和培育一批本土中小商贸流通企业,发挥其市场敏锐度和灵活性,重点发展特色餐饮、民宿、创意休闲、体验消费、定制消费等商业业态,打造多元化的城乡商贸市场。以便民化、特色化、数字化发展为主线,培育发展"产品优、服务好、环境美、营销广"为标准的特色小店,形成人气旺、"烟火气"浓的小店集聚区。推动小微商贸流通主体"个转企""小升规",推动个人独资和合伙商贸企业升级为股份制公司。

引培供应链综合服务商。引培一批供应链综合服务商,加快供应链上线、上云,助推整合行业供应链上下游资源,构建含供应链管理软件、资源交易与匹配平台、智能仓库和货柜、自动化和网络化的配送服务体系,为企业提供定制化供应链综合服务方案。到"十四五"末,争取培育120家以上供应链综合服务商。

引导传统商贸流通企业数字化转型。引导电商平台、供应链核心企业以数据赋能传统商贸流通企业,增强传统企业对市场需求的捕捉能力、快速响应能力和敏捷调整能力。推动传统优势商贸、流通企业向全渠道平台商、集成服务商、供应链服务商、定制化服务商等转型。推动商贸流通企业建立供应链服务平台,通过发挥平台集聚功能和整合线下的供求资源能力,整合上下游资源,带动产、供、销协同发展。

搭建商贸流通服务管理平台。应用互联网、物联网、大数据等技术,建设电商、物流供应链等智慧专业服务平台,建立政府部门专业服务智能监管平台、专业从业人员智慧管理子平台,通过数据采集、分析,为客户提供精准化、个性化专业服务,实现政府、服务机构、企业三方信息、服务、监管有效对接。

3. 促进线上线下消费有机融合

大力发展"互联网＋服务"消费。有序发展在线教育,推进江苏智慧教育云平台建设,促进名师空中课堂、城乡结对互动课堂、网络名师工作室常态化按需应用,支持各类优质教育资源开放共享。积极发展互联网健康医疗服务,打通互联网诊疗、在线审方、医保在线支付、电子处方外配、药品配送等全链条服务,推广慢性病长期处方送药到家服务,支持药品网络交易第三方平台企业发展,鼓励药品零售企业拓展线上业务。深入发展在线文娱,支持图书馆、美术馆、博物馆、电影院、剧院等传统文娱业态搭建线上运营体系,引导数字出版产业和网络视听产业集聚发展,鼓励数字精品内容创作生产,加快推动大运河国家文化公园数字云平台、国家文化大数据华东区域中心等数字传播平台建设。鼓励发展智慧旅游,加快推进全省旅游资源数字化,创新旅游消费场景,丰富和优化"云"上旅游产品供给,加快建设智慧旅游景区,打造一批标志性智慧旅游目的地,鼓励通过"苏心游"等云平台,加大旅游产品线上营销力度,积极培育旅游网络消费、定制消费、体验消费、智能消费等新热点、新模式。大力推进智慧体育建设,提升体育场馆数字化、智能化水平,培育发展数字体育、在线健身、网上赛事、线上培训等体育消费新业态。鼓励智能共享出行,进一步支持网约车、共享汽车、共享单车、住宿共享、即时递送等新业态发展,鼓励巡游出租车和网约车融合发展,支持企业提供一体化综合出行服务。加快建设智慧广电生态体系,开展5G＋超高清视频、5G＋AR/VR、5G＋云游戏等特色应用示范,推进智慧广电乡村工程建设,拓展多元化商业模式,提升新业态、新模式承载支撑能力。

推动电商消费线上线下加速融合。打造和完善全省电子商务公共服务平台,支持试点和应用,积极培育数字商务企业。顺应"宅消费"趋势,培育发展垂直电商、社区社群电商、微商电商、直播电商、O2O等新模式新业态,推动网络零售加速"下沉"。开展电子商务直播专项推进行动,大力支持直播基地建设,支持省电商直播基地联盟加快集聚优质直播资源,打造具有全国影响力的直播品牌。鼓励实体商业创新转型,开启社交营销、直播带货、"云逛街"等云端零售新模式。创新开展无接触购物、无接触配送等新模式,探索发展智慧超市、智慧商店、智慧餐厅等智慧零售新业态。实施"互联网＋"农产品出村进城工程,建立完善适应农产品网络销售的数字化供应链体系、运营服务体系和支撑保障体系。推广"网络化冷库＋生鲜加工配送""生鲜电商＋冷链宅配""生产基地＋中央厨房＋食材冷链配送"等新模式。

鼓励新型消费企业全面融入国际市场。推进"全程相伴"江苏走出去综合服务平台建设,打造全国领先的"走出去"服务支持体系,支持更多电子商务、数字服务、物流供应链等企业"走出去"。进一步完善中欧班列通道和线路布局,鼓励依托中欧班列线路开展跨境贸易,形成以物流带动贸易、以贸易带动产业的良性机制。大力发展"互联网＋外贸",支持跨境电商综合试验区发展。加快推进跨境电商 B2B 出口监管改革,全面复制推广跨境电商出口退货监管措施,优化跨境电商零售进口退货措施。推进网购保税进口模式试点,探索跨境电商零售进口退货中心仓模式以及内贸、跨境电商货物、保税货物"同仓存储、同车配送、同包发货"业务模式。支持各地推进进口商品指定口岸建设与发展跨境电商有机结合,探索发展 O2O、"网购保税进口新零售"等新模式。

4. 推动文商旅深度融合

构建文旅商贸新空间。以文旅商业综合体、特色文旅商业街区等载体建设为抓手,植入现代商贸业态,形成特色突出、优势互补的文商旅一体产品链,推进文旅商业化。文旅商业综合体。提升和谋划一批以文旅产业为导向,以互动发展的度假酒店集群、综合休闲项目、休闲地产等为架构,以现代休闲方式和消费模式为特色的旅游综合体。创新商业综合体新模式,将星级酒店群、民宿群、商业街区与旅游观光、休闲娱乐等旅游场所整合开发,激发旅游商贸功能,同时推动旅游业从观光型向休闲度假、旅游购物、旅游观光为一体的体验型发展。通过设计开发旅游产品和旅游线路来整合文化和商业资源,实现文商旅资源联动和旅游消费全产业链开发,推出"必吃""必住""必看""必购""必赏"等文化旅游消费产品,设计并推广精品旅游线路。支持特色文化主题酒店、支持驻区机构及社会组织参与文商旅融合项目建设。结合区域文化和特色旅游商品,在核心景区、文旅综合体及旅游集散中心,建设一批特色文旅商业街区,集成布局旅游住宿、餐饮美食、文化体验等旅游商贸功能。着力将地方文化、本土建筑特色等融入商业街区建设,强调差异化发展。

引导文旅商贸新消费。一是文旅住宿消费。依托文旅景区开发建设,培育引进一批中高端度假酒店、主题酒店、疗养酒店等;推进传统民宿提升发展,引导关联产业、新型业态进入乡村民宿,开发乡村音乐会、乡村书店、乡村工坊、自然课堂、场景体验等文旅融合的民宿产品,引导建设文化主题民宿、非遗文化主题民宿等民宿新业态。二是文旅节庆消费。发挥节庆活动在拉动山区城镇商贸发展的重要作用,持续打造特色文旅节庆品牌,注重培育长期、持久和本地的活动品牌,提升开放性和公众参与度。推动大型节庆活动的产业化,把"举办节庆活动"变为"经营节庆产业",从"办活动"向"办产业"转变。三是文旅月光消费。打造美丽"夜花园",开发夜间旅游精品项目,策划"月光景区"等夜游项目,带动夜餐、夜宿、夜休闲等过夜消费。强化城区、重点景区的夜间灯光景观设计,对主要道路、标志性景区、特色街区和"月光"经济重点区域进行美化、亮化,提升夜间休闲旅游环境。

培育文旅商贸新产品。将旅游商品开发与具有文成地方特色和民间特色的产品生产相结合,鼓励各地区结合实际谋划推出"地区印象"系列特色文旅商品,推动形成文旅新消费热点。依托有机农业产品、特色文化美食等,重点开发特色美食品牌体系,培育"网红美食特产"。谋划开展文旅伴手礼创意设计大赛,结合地域文化引导开发旅游纪念品、伴手礼等。依托高速公路服务区便利店、自助旅游营地驿站,构建覆盖面广的旅游商品销售网点网络,建设一批旅游商品专营店。鼓励将特色旅游商品展示基地、展销区纳入旅游线路,强化商品销售能力和服务水平。

5. 鼓励绿色低碳化转型

发展绿色低碳流通。发展绿色流通,促进商贸流通企业绿色升级,培育绿色商场、绿色仓库、绿色物流等一批绿色流通主体。鼓励商贸流通企业实施绿色采购,打造绿色仓储,推行绿色包装,开展绿色运输,支持清洁生产,做好废弃产品回收处理,实现流通全过程、闭环式绿色低碳运作。推广智慧仓储、智慧运输理念,优先使用新能源或清洁能源流通设施、设备。发展标准化托盘循环共用、甩挂运输、共同配送等节约化物流组织管理方式。深入开展绿色商场创建活动,推行绿色供应链创新与应用试点,选择有意愿、积极性高、影响力大、带动力强的商贸流通企业共同探索建立绿色供应链等绿色标准。

促进绿色健康消费。推广绿色消费、低碳出行,引导全社会提升节能、环保、生态、高效等绿色消费意识。引导企业和居民采购绿色产品,采取补贴、积分奖励等方式促进绿色消费。推动电商平台设立绿色产品销售专区,满足消费者绿色消费、品质消费、健康消费需求。倡导商场、酒店、超市、餐饮等企业不主动提供一次性用品。推行共享单车、共享仓库、共享金融、共享员工等共享经济,在出行、住宿等领域,规范发展闲置资源交易。融合推进垃圾分类回收与再生资源回收,鼓励具备条件的流通企业定点回收废旧产品,折价置换绿色产品,推进废弃物减量化、资源化,扩大绿色消费,将绿色发展理念融入生产、生活。

6. 健全安全保障体系

完善应急保供预警预案机制。建立健全生活必需品市场供应突发事件的预警和应急机制。按照"下级服从上级,专项、部门服从总体"的原则,制定总体应急预案和专项应急预案。自下而上构建企业、行业指导部门、统一领导小组组成的应急处置体系,完善应急物资和装备储备调拨、配送和使用联动机制,健全市级应急物资共用共享和协调,规范应急物资的规划、采购、管理、调配、运输、报废、使用等各环节程序。构建必需品应急投放网络,绘制调运流程图,加强应急保供体系的日常演练,提升应急保障联动能力,确保在紧急条件下的物资配送畅通。进一步扩大市场运行监测覆盖面,优化监测样本企业结构,增强商贸流通预警和调控。

完善市场信用体系。建立商贸流通信用数据库。实施市场准入负面清单制度,定期开展商务信用评级,开展商务信用"红黑名单"行动,记录损害消费者权益、违法违规失信信息,并公开、共享与应用。创新市场监管方式,深化"互联网+监管",推行"双随机、一公开"监管,对新技术、新产业、新业态、新模式实行包容审慎监管。加强对市场的监督和管理,推动成立行业自律组织,引导商贸、餐饮、住宿、文旅等企业依法经营、诚信经营,严厉打击线上线下销售侵权假冒商品、发布虚假广告等妨碍市场正常秩序的违法行为,营造良好竞争市场环境。畅通消费者维权渠道,建立和完善无理由退货承诺与公示反馈制度,推动形成线上线下互通有无的消费者维权服务体系。

推进重要商品追溯体系建设。推广追溯体系应用、推行标准化建设,运用"互联网+"等现代信息手段,创新信息监管。进一步扩大农产品、食品、药品、农业生产资料、特种设备等重要产品追溯体系建设,建立健全以信用为基础的新型监管机制,营造安全有序的消费环境。保障"菜篮子""米袋子"的供给安全,推进农业品牌建设,实施品牌发展战略,以品牌引领安全。落实粮食安全责任制,提升粮食收储调控能力。

7. 完善商贸流通发展保障机制

强化金融服务支撑。鼓励金融机构创新金融产品和服务,加强新型消费信贷支持。深入推进移动支付便民工程,进一步改善新型消费场景支付环境,降低企业和消费者支付成本。积极推进跨境移动支付应用,提升境外人员境内支付便利化水平。拓展新型消费相关企业融资渠道,支持符合条件的企业上市挂牌,积极对接多层次资本市场,通过股权融资、发行债券等方式开展直接融资。发展股权投资基金,引导商业银行理财子公司依法依规开展相关业务,增强对新型消费企业各发展阶段的金融服务支持。

优化劳动保障服务。积极扶持新就业形态发展,研究制定更有针对性的就业扶持和补贴政策。对符合条件的新就业形态从业人员参加职业培训的,按规定给予补贴。加强对共享用工、非全日制等灵活便利用工的指导和服务。加快完善灵活就业相关劳动保障制度。与用人单位建立劳动关系的新业态从业人员,应依法参加各项社会保险。鼓励未与用人单位建立劳动关系的新业态从业人员,以灵活就业人员身份参加企业职工基本养老保险和职工基本医疗保险。

提升科技服务能力。支持智能化技术集成创新应用,加快推动5G、大数据、云计算、人工智能、区块链等领域关键核心技术攻关,大力推进科技创新成果的集成应用和商业模式创新,不断丰富和优化应用场景,大力发展可穿戴设备、移动智能终端、超高清及高新视频终端、智能家居、智能教学、医疗机器人等智能产品。依法加强信息数据资源服务和监管,加大公共数据开放力度,探索构建多源数据流通共享规则制度,加快培育数据服务市场,支持各地探索发展消费大数据服务。

加大财政支持力度。省、设区市通过现有资金渠道、按照市场化方式,加大新型消费财政支持。鼓励各地在财政可承受范围内设立新型消费发展相关专项资金或产业基金,对符合条件的企业和项目给予支持,引导社会资本发展新业态、新模式。进一步优化税收征管措施,全面落实减税降费政策,确保各项政策直接惠及市场主体。鼓励运用大数据等技术将政策信息与企业信息匹配对接,实现政策精准、及时兑现。

参考文献

[1] 杜江,李晓超.新发展格局下商贸流通业结构优化与全要素生产率提升——基于长三角地区面板数据模型的实证[J].商业经济研究,2021(10):18 - 21.

[2] 江苏省商业经济学会课题组,王波.新冠肺炎对江苏省商贸流通业的影响与应对措施[J].江苏商论,2020(02):3 - 5.

[3] 马明龙,薛茂云,潘宪生,王波,居长志.江苏省商贸流通业改革开放40周年研究[J].江苏商论,2019(01):3 - 11.

[4] 马向阳.城镇化背景下江苏商贸流通业发展影响因素分析[J].现代商贸工业,2019,40(04):45 - 47.

[5] 张文军.商贸流通业经济效应区域差异研究[J].商业经济研究,2021(13):5 - 8.

[6] 高燕,徐政.我国商贸流通业发展区域差异分析[J].商业经济研究,2021(12):9 - 12.

[7] 潘宇峰.战略性新兴产业空间变动与商贸流通业结构升级的互动机制研究[J].商业经济研究,2021(12):17 - 21.

[8] 宋慧,张迺英.我国商贸流通业高质量发展评价——基于四大城市经济圈的比较分析[J].商业经济研究,2020(19):9 - 13.

[9] 徐吉霖.商贸流通业对区域经济发展的贡献及差异性分析——基于华东地区经验数据[J].商业经济研究,2020(17):160 - 163.

[10] 张诚.我国商贸流通业的经济效应及时空差异性分析[J].商业经济研究,2020(02):20 - 22.

第九章　江苏省金融业发展报告

一、江苏省金融业发展现状

2020年,江苏省金融系统认真贯彻落实党中央、国务院各项工作部署,攻坚克难,稳中求进,打赢了疫情防控、复工复产和防汛抗旱三场硬仗,全省地区生产总值历史性地跨上10万亿元台阶,为开启全面建设社会主义现代化新征程奠定了坚实基础。江苏深入推进金融供给侧结构性改革,全省金融业总体运行平稳,社会融资规模合理增长,信贷结构持续优化,融资成本显著下降,多层次资本市场健康发展,支持实体经济质效显著提升,有力地支持了疫情防控、复工复产和经济社会稳定发展。

(一)银行业资产增量提质,信贷支持实体经济力度持续增强

1. 银行业资产规模平稳较快增长,机构体系不断优化

2020年末全省银行业总资产21.9万亿元,同比增长13.6%,较上年同期提高5个百分点。其中,法人银行业金融机构总资产增速较上年提高4.4个百分点。

表1　2020年江苏省银行业金融机构情况统计表

机构类别	营业网点			法人机构(个)
	机构个数(个)	从业人数(人)	资产总额(亿元)	
一、大型商业银行	4858	107989	75488	0
二、国家开发银行和政策性银行	78	2477	11687	0
三、股份制商业银行	1091	35762	36784	0
四、城市商业银行	935	34853	44730	4
五、城市信用社	0	0	0	0
六、小型农村金融机构	3298	45811	32565	60
七、财务公司	0	474	1796	14
八、信托公司	0	676	453	4
九、邮政储蓄	2499	25989	9310	0
十、外资银行	35	2309	1784	3
十一、新型农村机构	196	4996	993	74

续表

机构类别	营业网点			法人机构（个）
	机构个数（个）	从业人数（人）	资产总额（亿元）	
十二、其他	0	2217	3164	9
合　计	12990	263553	218754	168

注:营业网点不包括国家开发银行和政策性银行、大型商业银行、股份制银行等金融机构总部数据;大型商业银行包括中国工商银行、中国农业银行、中国银行、中国建设银行和交通银行;小型农村金融机构包括农村商业银行、农村合作银行和农村信用社;新型农村机构包括村镇银行、贷款公司、农村资金互助社和小额贷款公司;"其他"包含金融租赁公司、汽车金融公司、货币经纪公司、消费金融公司等。

数据来源:江苏银保监局、中国人民银行南京分行

2. 各项存款增长有所加快

2020 年末,全省金融机构本外币存款余额 17.8 万亿元,同比增长 13.3%,较上年同期提高 4.3 个百分点;当年存款新增 2.1 万亿元,同比多增 7956.5 亿元。分部门看,住户存款、非金融企业存款、机关团体存款、财政性存款和非银行业金融机构存款余额分别增长 14.8%、16.5%、2.1%、−11.1% 和 22.9%。分币种看,人民币各项存款余额同比增长 12.9%,外汇存款余额同比增长 34.1%。

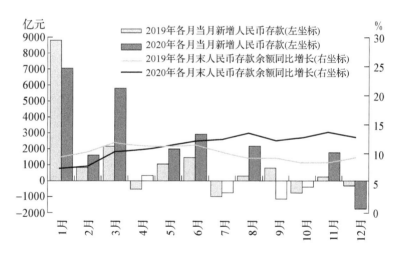

图 1　2019—2020 年江苏省金融机构人民币存款增长趋势图
数据来源:中国人民银行南京分行

3. 各项贷款平稳增长,对疫情防控和稳定经济社会发展支持力度较大

2020 年末,全省本外币各项贷款余额 15.7 万亿元,同比增长 15.9%,较上年同期提高 1.2 个百分点;比年初新增 2.1 万亿元,同比多增 4242.7 亿元。贷款余额居全国第 2 位,新增额居全国第 3 位。

从币种看,全省人民币贷款保持较快增长,余额同比增长 15.9%,较上年同期提高 0.7 个百分点。受出口信贷需求回升等因素影响,外汇贷款余额同比增长 21.4%,较上年同期提高 36.1 个百分点。

从期限看,短期类贷款余额 5.5 万亿,同比增长 9%,较上年少增 2091.2 亿元。银行业金融机构积极满足企业中长期融资需求,对重点领域的中长期贷款的资金支持力度不断加大,中长期贷款余额为 9.9 万亿元,同比增长 20.1%,较上年同期提高 7.3 个百分点。

从投向看,制造业信贷投放更加注重提质增效,本外币制造业贷款余额同比增长 10.3%,较上

年同期提高 7.5 个百分点,连续 45 个月保持同比正增长。其中,制造业中长期贷款同比增长 42.5%。制定出台《金融支持稳企业保就业工作实施方案》,以六大方面 23 条措施实施"8+10"专项行动,创新并在全省推广基于再贷款的"小微 e 贷"和基于再贴现的"小微 e 贴"模式,联合省地方金融监管局利用江苏省综合金融服务平台开通"小微企业融资线上绿色通道",普惠小微贷款增速较快。小微企业贷款余额(不含票据融资)同比增长 12.8%,较上年同期提高 6.6 个百分点;其中,普惠小微贷款余额同比增长 40.7%,高于各项贷款增速 24.8 个百分点。民营企业贷款余额同比增长 11.8%,较上年同期提高 6.8 个百分。涉农贷款余额同比增长 12%,较上年同期提高 1.5 个百分点。房地产贷款余额同比增长 13.5%,较上年同期下降 0.6 个百分点。

扎实推进"稳企业保就业"工作,用好两项直达实体经济货币政策工具。2020 年,普惠小微贷款延期金额 2801.5 亿元,延期率 64.1%;其中,地方法人机构延期金额 1621.4 亿元,延期率 75.7%。截至 2020 年末,全省地方法人金融机构普惠小微贷款新增额中信用贷款占比 51.2%,较 6 月末提高 33.7 个百分点。

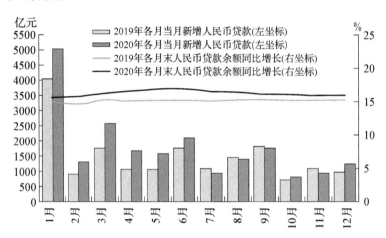

图 2 2019—2020 年江苏省金融机构外币存款余额及外币存款利率趋势图
数据来源:中国人民银行南京分行

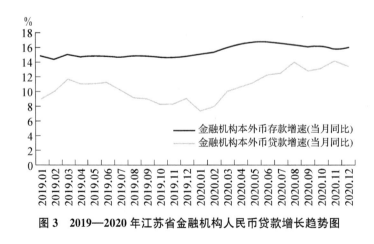

图 3 2019—2020 年江苏省金融机构人民币贷款增长趋势图

4. 深入推进利率市场化改革,贷款利率下降明显

在全国率先实现存量浮动利率贷款定价基准"应转尽转";发挥"大数据+网格化+铁脚板"方式优势,推动地方法人机构将 LPR 嵌入内部资金转移定价系统;着力规范金融机构信贷融资收费,

降低实体经济融资成本。2020年,全省银行业金融机构新发放的一般贷款、企业贷款、普惠小微贷款加权平均利率分别为5.29％、4.74％、5.42％,同比分别下降43、48、77个基点,降幅均超过同期LPR降幅,市场主体感受明显。

表2 2020年江苏省金融机构人民币贷款各利率区间占比情况统计表 (单位:%)

月　份		1月	2月	3月	4月	5月	6月
合　计		100.0	100.0	100.0	100.0	100.0	100.0
LPR减点		9.5	12.9	11.4	9.9	11.6	13.7
LPR		2.0	2.2	3.4	2.8	4.2	6.1
LPR加点	小　计	88.5	84.9	85.2	87.2	84.2	80.2
	(LPR,LPR+0.5％)	24.9	25.9	23.6	19.6	14.1	19.3
	[LPR+0.5％,LPR+1.5％)	36.3	33.5	33.9	38.6	42.2	38.1
	[LPR+1.5％,LPR+3％)	18.5	15.8	17.9	17.8	16.4	14.2
	[LPR+3％,LPR+5％)	5.6	5.5	6.3	7.0	7.0	5.2
	LPR+5％及以上	3.1	4.3	3.4	4.3	4.5	3.5
月　份		7月	8月	9月	10月	11月	12月
合　计		100.0	100.0	100.0	100.0	100.0	100.0
LPR减点		12.3	14.9	15.4	13.4	14.1	15.5
LPR		6.6	7.1	8.9	7.9	8.2	8.5
LPR加点	小　计	81.0	78.1	75.7	78.7	77.7	76.0
	(LPR,LPR+0.5％)	14.7	15.9	16.8	16.8	17.0	17.6
	[LPR+0.5％,LPR+1.5％)	39.5	36.0	35.9	36.5	36.4	37.1
	[LPR+1.5％,LPR+3％)	15.4	14.0	13.6	14.4	14.0	13.3
	[LPR+3％,LPR+5％)	6.4	6.3	5.1	5.5	5.1	4.4
	LPR+5％及以上	5.1	5.8	4.3	5.6	5.2	3.6

数据来源:中国人民银行南京分行

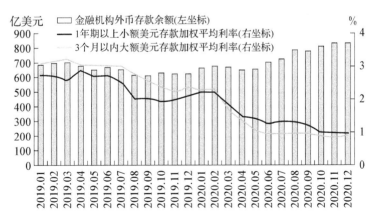

图4 2019—2020年江苏省金融机构本外币存、贷款增速变化趋势图
数据来源:中国人民银行南京分行

5. 银行业运行总体稳健，金融风险防控更加扎实

2020年末，全省银行业金融机构不良贷款余额1440.3亿元，不良率0.9%，同比下降0.1个百分点，全省法人银行业金融机构不良贷款余额587.6亿元，不良率1.4%，同比下降0.3个百分点；资本充足率14.7%，同比上升0.7个百分点；贷款拨备覆盖率280.5%，同比上升44个百分点，风险抵御能力增强。2020年，金融委办公室地方协调机制（江苏省）着力防范化解重大金融风险，防风险攻坚战圆满收官。强化金融风险监测预警，密切监测新冠肺炎疫情对实体经济和金融机构的影响，定期监测分析辖内金融运行和企业经营的风险状况。注重科技运用，强化应急管理，完善金融机构突发事件应急预案，组织法人银行实施实景演练。

专栏1　激发内生动力　确保落实直达实体政策

人民银行南京分行紧紧围绕"要干、会干、愿干、敢干"要求，结合地方实际高质量推动两项直达实体政策落实落地，以完善工作机制、提升服务能力、加强精准施策和强化改革创新为抓手，力争在贯彻执行中凝聚"江苏智慧"，为疫情防控、复工复产和稳企业保就业贡献了江苏的金融力量。

一、强化考核督办，健全"要干"的工作机制。压实金融机构执行两项政策的主体责任，将两项政策执行情况纳入2020年度金融机构执行人民银行政策综合评价、宏观审慎评估和央评的重点考核评价事项。建立"按周监测通报、按月现场督导"的工作制度，有力督促落实两项政策。做好政策传导，对辖内13个地市执行两项政策的情况进行督导调研，对金融机构和企业的疑惑和问题，及时予以答疑释惑。2020年6—12月，江苏银行业金融机构普惠小微贷款延期金额2801.5亿元，延期率64.1%，其中法人机构延期金额1621.4亿元，延期率75.7%，全国排名首位。

二、依托科技创新，提高"会干"的服务能力。指导和推动省内金融机构依托金融科技赋能，大力运用人工智能、大数据等技术，创新延期还本付息服务方式，推出线上纯信用产品。如，江苏银行充分运用金融科技，延期还本付息业务办理由"人工判断"转向"系统决策"；部分延期还本付息业务采用电子渠道"一键即转"的无还本续贷方式。2020年，全省金融机构运用在线信贷产品，解决小微企业融资需求超千亿元。年末，全省地方法人金融机构普惠小微贷款新增额中信用贷款占比51.2%，较6月末提高33.7个百分点。指导金融机构主动对接企业续贷需求，将还旧借新业务办理时间压缩到3个工作日以内。

三、加强政策引导，激发"愿干"的内生动力积极运用两项货币政策工具，对小微和民营企业金融服务成效突出的金融机构优先给予再贴现、再贷款支持。全年累计提供央行奖励资金8.1亿元和免息再贷款资金93.7亿元。注重发挥"几家抬"合力，协调省联合征信公司开发"金融顾问APP"，提高银企对接效率；推动地方政府转贷基金加强对普惠小微贷款的转贷服务，全省13个地市均设立了政府转贷基金。加强政策宣传，确保惠及各类市场主体的优惠政策应知尽知、应享尽享。全年全省金融系统共发布新闻稿件2000余篇，召开新闻发布会97次，召开线上线下政策座谈会273次。金融机构企业贷款利率和普惠小微贷款利率分别为4.74%和5.42%，同比分别降低48个和77个BP。企业家问卷调查显示，仅4.9%的企业认为"融资难、融资贵"是企业面临的主要问题，为近三年来最低。

四、完善工作制度，营造"敢干"的环境氛围。推动银行业金融机构针对两项直达实体政策建立专门工作制度，有效落实尽职免责要求，打消一线信贷人员后顾之忧。积极协调财政部门对金融

机构给予财政补贴和风险补偿,全年全省各类财政贴息和奖补资金共计 26.7 亿元。联合中国出口信用保险公司,创设"再贷款＋出口信用保险"助力外贸企业融资机制,引导辖内法人银行机构加大对外贸企业的信用贷款投放,目前已有 192 家外贸企业通过该模式获得资金 10.3 亿元,加权平均利率为 4％。推动法院设立金融审判庭或金融专业审判团队,提高金融案件审理效率,坚决打击逃废债行为,对失信行为实行惩戒,优化金融生态环境。

(二)证券业稳健发展,多层次资本市场体系建设更加完善

1. 证券机构体系加快培育,经营水平不断提升

2020 年末,全省共有法人证券公司 6 家,期货公司 9 家,证券期货分支机构 1243 家。2020 年全省证券公司通过发行公司债券等方式,保障了重点地区和行业的融资需求,共承销疫情防控债 438.8 亿元,为 117 家企业股权融资、380 只资产支持证券提供服务,承销各类债券 1898 只,总金额 7756.1 亿元。

2. 资本市场融资功能持续增强,上市公司总量、公司债券、新三板领先

2020 年末,全省境内上市公司数量 482 家,新增科创板上市公司 30 家,创业板注册制改革后新增上市公司 7 家,新三板挂牌公司 987 家,其中,精选层企业 6 家,均居全国前列。上市公司总市值 6.3 万亿元,同比增长 47％。存续 463 家发行人的 1484 只公司债券,金额 1.18 万亿元。2020 年,全省企业通过沪、深交易所融资 7620 亿元,同比增长 87.4％,通过新三板股权融资 41 亿元。

表3　2020 年江苏省证券业基本情况统计表

项　目	数　量
总部设在辖内的证券公司数(家)	46
总部设在辖内的基金公司数(家)	0
总部设在辖内的期货公司数(家)	9
年末国内上市公司数(家)	482
当年国内股票(A股)筹资(亿元)	524.5
当年发行 H 股筹资(亿元)	12.2
当年国内债券筹资(亿元)	14495.1
其中:短期融资券筹资额(亿元)	2081.5
中期票据筹资额(亿元)	4894.5

数据来源:江苏证监局、江苏省地方金融监管局、中国人民银行南京分行

(三)保险业运行平稳,风险保障能力稳步提升

1. 保险行业稳步发展,分支机构数量小幅增加

2020 年末,全省共有法人保险公司 5 家。其中,财产险公司 2 家,寿险公司 3 家,与上年同期

一致。共有保险公司分支机构 5960 家,较上年增加 238 家,同比增长 4.2％。其中,财产险公司分支机构 2498 家,较上年增加 148 家,同比增长 6.3％;寿险公司分支机构 3462 家,较上年增加 90 家,同比增长 2.7％。

2. 保费收入小幅增长,赔付增速高于保费增速

2020 年全省保险业实现原保费收入 4015. 亿元,较上年增加 264.9 亿元,同比增长 7.1％,较上年下降 6 个百分点。全年各类赔款给付首次突破 1 千亿元大关,达 1081.4 亿元,同比增长 8.3％。

3. 保险业社会服务范围扩大,保障功能进一步增强

为促进生猪稳产保供,创新推出非洲猪瘟疫病扑杀补偿保险,推动提高能繁母猪、育肥猪保额标准。设立江苏省普惠金融发展风险补偿基金,重点支持信用贷款方式和"首贷"企业。探索养老第三支柱建设,推动个税递延型商业养老保险试点。创新推广"适老""惠老"型意外伤害险,全省 60 岁以上老年人承保覆盖率达 70％。成立省市县三级农业保险工作小组,构建覆盖财政补贴基本险、商业险和附加险等险种的农业保险产品体系,对稻谷、小麦、玉米等三大主粮作物农业保险覆盖率达到 80％。

表 4 2020 年江苏省保险业基本情况统计表

项　目	数　量
总部设在辖内的保险公司数(家)	5
其中:财产险经营主体(家)	2
寿险经营主体(家)	3
保险公司分支机构(家)	5960
其中:财产险公司分支机构(家)	2498
寿险公司分支机构(家)	3462
保费收入(中外资,亿元)	4015.1
其中:财产险保费收入(亿元)	993.3
人身险保费收入(亿元)	3021.8
各类赔款给付(中外资,亿元)	1081.4

数据来源:江苏省银保监局,中国人民银行江苏分行

(四)融资总量合理增长,融资渠道日趋多元

1. 社会融资规模合理增长

2020 年,全省社会融资规模增量 3.4 万亿元,较上年多 9507.3 亿元。从融资结构看,贷款增量为 2.1 万亿元,较上年和 2015—2019 年同期平均增量分别多增 4242.7 亿元、8857.6 亿元,占社会融资规模增量的 63.8％,仍然是社会融资主要渠道。表外融资增量为 1605.6 亿元,较上年多增 1098.2 亿元,其中,委托贷款多增 480.6 亿元,信托贷款多增 11.2 亿元,银行承兑汇票多增 606.4 亿元。直接融资增量为 6730.6 亿元,较上年多增 4442.8 亿元,其中,债券融资多增 2721.6 亿元,

境内股票融资多增 580.8 亿元。政府债券增量为 2376.1 亿元,较上年多增 501.9 亿元。

2. 直接债务融资工具增量扩面

2020 年,非金融企业在银行间市场发行各类债务融资工具 8589 亿元,较上年多发 2256.5 亿元。发挥票据融资功能,全国首批供应链票据在苏落地,并已实现 13 个设区市全覆盖,签发企业数约占全国五分之一。

3. 票据市场需求稳定增加,供应链票据融资和票据标准化取得新突破

2020 年,全省金融机构累计签发银行承兑汇票、办理票据贴现金额同比分别增长 8.6%、19%,银行承兑汇票、贴现余额同比分别增长 14.1%、8.8%。全省 20 家企业累计签发 25 笔供应链票据、金额 6994.1 万元。省内金融机构作为存托人发行的标准化票据 8 单、金额 8 亿元。受央行公开市场操作净投放等因素影响,货币市场利率处于历史低位,带动票据贴现及转贴现利率均呈下降趋势。其中,12 月份全省票据贴现、转贴现加权平均利率分别为 3.1%、2.5%,比上年同期分别下降 18.1 个、36.8 个基点。

表5　2020 年江苏省金融机构票据业务量统计表　(单位:亿元)

季度	银行承兑汇票承兑		贴　现			
			银行承兑汇票		商业承兑汇票	
	余　额	累计发生额	余　额	累计发生额	余　额	累计发生额
1	18224.1	9851.4	7033.4	16049.5	399.2	1943.9
2	19421.2	15295	7637.1	27881.3	509.9	2942.4
3	17870.9	20001.1	6898.5	36961	653.3	3564.8
4	17792.5	25635.1	7086.1	47632.9	657.8	4566.7

数据来源:中国人民银行南京分行

表6　2020 年江苏省金融机构票据贴现、转贴现利率统计表　(单位:%)

季度	贴　现		转贴现	
	银行承兑汇票	商业承兑汇票	票据买断	票据回购
1	2.92	4.52	2.94	1.85
2	2.53	4.12	2.45	1.46
3	2.94	4.12	2.67	2.02
4	3.02	4.27	2.84	1.98

数据来源:中国人民银行南京分行

4. 银行间市场交易保持活跃

2020 年,全省共有 94 家市场成员参与同业拆借交易,累计拆借资金 11 万亿元,净拆入资金 8 万亿元,同比分别增加 2.4 万亿元和 3.9 万亿元。308 家市场成员参与质押式回购交易,累计成交 67.8 万亿元,较上年增加 9.6 万亿元。42 家市场成员参与买断式回购交易,累计成交 3022.9 亿元,同比增长 9%。383 家市场成员参加现券交易,累计交易额 27.9 万亿元,较上年增加 1.6 万亿元。

（五）涉外管理与服务先行先试，金融改革创新继续深化

1. 外汇管理改革不断深入

贸易外汇收支便利化试点增量扩面。2020年末，11家试点银行为132家企业办理试点业务。新政推广以来，资本项目便利化红利持续释放，4月至12月，全省共办理资本项目外汇收入支付便利化业务23369笔，涉及金额31.47亿美元。跨国公司跨境资金集中运营业务总量进一步扩大，全年新增备案企业30家，累计备案企业85家，成员企业借入外债增长82%、境外放款增长133%。资本市场双向开放稳步推进，支持红筹回归第一单"华润微"顺利登陆科创版，支持2家上市公司境外大股东认购可转债。

2. 跨境人民币业务稳步推进

2020年，全省跨境人民币收付总额8286.1亿元，规模居全国前列，同比增长25.7%。发挥跨境人民币结算便利化试点先发优势，为近300家企业办理跨境业务1200亿元，直接减少企业费用和创造经济效益超2亿元。探索为守法稳健的企业提供融资增信支持的新方式，审慎制发"稳健守法跨境人民币结算企业名单"，名单内企业已有2194家，新增授信310亿元。推动贸易新业态跨境人民币结算，全省跨境电商项下人民币结算从零迅速发展至200亿元规模，累计服务小微出口商户5.5万家。

3. 区域金融改革获得新突破

国家级金改试验区再添一城，昆山成功获批国内首家具有两岸特色的金融改革试验区。深入落实长三角一体化国家战略和创新驱动发展国家战略，推动南京联合东部四市申报长三角区域建设科创金融改革试验区。泰州金融支持产业转型升级改革创新试验区建设稳步推进，率先发布全国首个区域产业金融发展指数。

4. 金融支持自贸试验区建设呈现新亮点

江苏自由贸易试验区推出9项外汇创新试点业务、开展5项跨境人民币创新试点。积极推动贸易新业态跨境人民币结算，引进国内规模最大的跨境第三方支付机构PingPong落户江苏自贸区，打造省内跨境电商项下跨境人民币结算的基础设施。

（六）金融基础设施建设再上台阶，金融生态持续优化

1. 征信服务模式取得突破

合力推进长三角征信一体化纵深发展，长三角征信区块链成功上线，目前已在上海、南京等八地区完成11个节点部署，上链企业808万户。推动省内宿迁等地区因地制宜建设地方征信平台，打造"三农"征信服务模式，征信促融的基础性作用大大增强。2020年末，江苏省企业综合信息管理系统已为268万户企业建立信用档案，入库贷款余额9.2万亿元。持续强化农村信用体系建设，深入开展"三信"评定及成果应用，全省累计采集770万农户信用信息7867万条，15506户农村合作经济组织信用信息11万条；评定青年信用示范户9万户，其中有5.5万信用示范户获得信贷支持331亿元。

2. 支付管理水平持续提升

支付系统高效、安全运行。2020年，全省支付系统共处理人民币业务5.8亿笔、494万亿元，分

别同比增长 2.3%、14.7%。全省基础公共服务领域和便民服务场景基本实现移动支付全覆盖。顺利完成南京、苏州、常州同城业务承接和特色业务迁移工作。持续深化"政银易企通系统"二期建设,跨部门涉企信息实现 T+0.5 个工作日共享。

3. 金融消费权益有效保障

联合省高院推进金融纠纷多元化解机制建设,组织分支行与地方法院共建金融纠纷调解工作室,成功举办长三角地区首届金融消费纠纷处置会诊会。

二、江苏金融业发展中存在的问题

（一）江苏金融业发展的经济基础

2020 年,全省上下扎实做好"六稳"工作,全面落实"六保",坚持"两手抓、两手硬",大力推进复工复产复商复市,出台稳增长系列政策措施,经济社会发展加速复苏回升,高质量发展取得积极进展,全省经济实力跃上新台阶。地区生产总值突破 10 万亿元大关,达到 102719 亿元,同比增长 3.7%。

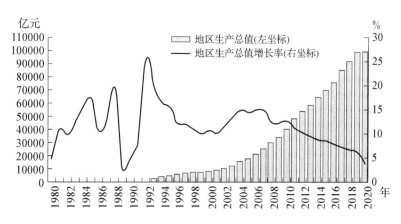

图 5　1978—2020 年江苏省地区生产总值及其增长率趋势图
数据来源:江苏省统计局

1. 内需增长较为稳定,外需保持较大规模

(1) 固定资产投资稳步回升,重大项目建设推进有力。2020 年,全省固定资产投资同比增长 0.3%。分产业看,第一产业投资增长 37%,第二产业投资下降 5.1%,第三产业投资增长 4.1%。基础设施投资不断发力,全省基础设施投资同比增长 9.4%;全省高铁运营里程累计达 2215 公里,跃升至第三位,"轨道上的江苏"主骨架基本形成。高技术产业投资拉动作用明显,高技术产业投资增长 8.4%;其中,航空航天器及设备、医药、计算机及办公设备制造业投资同比分别增长 44.3%、23.2%、19.1%,信息、环境监测及治理服务业投资增长 35.1%、34.3%。社会领域投资增长较快,文化、体育和娱乐业投资同比分别增长 49.0%、16.4%、12.4%。重大项目建设推进有力。全省列统的计划总投资 10 亿元以上项目达 2157 个,较上年增加 447 个,当年完成投资增长 23.2%。其中,新开工 10 亿元以上项目 617 个,较上年增加 218 个,完成投资额同比增长 51.1%。

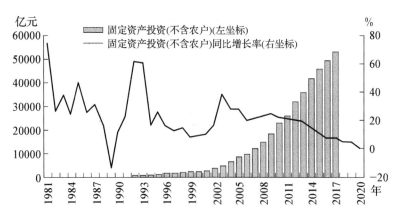

图 6　1978—2020 年江苏省固定资产投资(不含农户)及其增长率趋势图
数据来源:江苏省统计局

(2) 消费品市场逐步回稳,线上消费、"无接触配送"等消费新模式快速发展。2020 年全省实现社会消费品零售总额 37086.1 亿元,同比下降 1.6%,较上年回落 7.8 个百分点。随着社会生产和居民生活秩序的逐步恢复,各季度累计增速逐渐攀升,分别为 −18.1%、−9.4%、−4.7%、−1.6%。分消费形态看,批发和零售业实现收入 34348.3 亿元,全省限额以上 18 类主要商品零售类别中,有 11 类实现正增长。住宿和餐饮业实现收入 2737.8 亿元。线上选购兼"无接触配送"需求提升,网上零售、外卖等餐饮服务快速扩张。网上零售额同比增长 10%,其中,实物商品网上零售额同比增长 13.9%,较上年提高 5.2 个百分点。

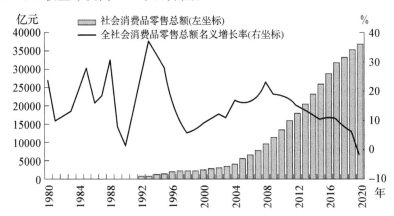

图 7　1978—2020 年江苏省社会消费品零售总额及其增长率趋势图
数据来源:江苏省统计局

(3) 对外贸易实现正增长,贸易结构持续优化。2020 年,全省外贸进出口逆势增长,人民币计价进出口总额达 44500.5 亿元,同比增长 2.6%。其中,出口增长 0.9%,进口增长 5.5%,进出口和出口规模均创历史新高,转型成效明显。民营企业进出口快速增长,占比 35.2%,较上年提高 3.8 个百分点,提高幅度为"十三五"以来最高值,成为稳定外贸的重要力量;贸易结构不断优化。一般贸易进出口占比同比提高 1.8 个百分点,高新技术产品出口占比提高 0.6 个百分点,机电产品出口增长 2.4%,占比提高 0.8 个百分点;新兴市场带动效应突出,出口占比 47.3%,较上年提高 0.9 个百分点,其中,对"一带一路"沿线国家地区出口增长 1.5%,占比 26.9%,提高 0.1 个百分点。

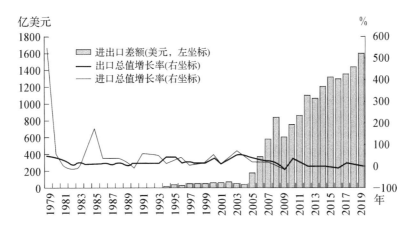

图 8　1978—2020 年江苏省外贸进出口变动情况趋势图

数据来源：江苏省统计局

（4）对外开放稳中有进，利用外资保持增长。2020 年，全省实际使用外资 283.8 亿美元，同比增长 8.6％，年度使用外资规模创"十三五"以来新高。外资总部加速集聚。全省新认定跨国公司地区总部和功能性机构 36 家。引资结构进一步优化。制造业实际使用外资 91.8 亿美元，占全省 39％，占比高出全国 17.5 个百分点；科学研究和技术服务业、科技推广和应用服务业同比分别增长 34.4％、51.1％。来自"一带一路"国家和地区的实际使用外资同比增长 12.8％，占比 5.7％。

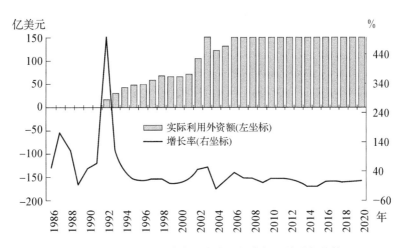

图 9　1978—2020 年江苏省外商直接投资额及其增长趋势图

数据来源：江苏省统计局

2. 产业结构优化提升，新发展动能显著增强

（1）农业农村经济运行平稳，重要农业物资实现稳产保供。2020 年，农林牧渔业实现增加值 4536.7 亿元，同比增长 1.7％，占全省 GDP 比重为 4.4％。重要农产品稳产保供任务全面完成。全年全省粮食产量再创新高，总产量达 745.8 亿斤，比上年增长 0.6％，增产 4.6 亿斤。主要农副产品生产稳定。蔬菜及食用菌、禽肉、水产品产量同比增长 1.5％、0.5％、1.2％。农业供给侧结构性改革深化。新建高标准农田 2070 万亩，农作物耕种收机械化率达到 80％，农业科技进步贡献率达到 70％，农业综合生产能力持续增强。

（2）工业生产快速回升，先进制造业增势良好。2020 年，全省工业经济呈现出"内快外暖""先抑后扬",全年工业增加值 44226.4 亿元,同比增长 3.7%,较上年回落 2.2 个百分点,占全省 GDP 比重为 43.1%;其中,全省规模以上工业实现增加值同比增长 6.1%,较上年回落 0.1 个百分点。分经济类型看,国有企业增加值增长 3.5%;股份制企业增长 6.7%,外商及港澳台商投资企业增长 4.3%;私营企业增长 10.1%。分行业看,全省 40 个行业大类中,有 31 个行业实现增加值同比增长。高技术行业和装备制造业增加值分别比上年增长 10.3%、8.9%,战略性新兴产业占规模以上工业产值比重较上年提高 5 个百分点。从产能利用率看,四季度全省工业产能利用率为 79.2%,已恢复到近年较高水平,26 个行业产能利用率超过上年同期水平。

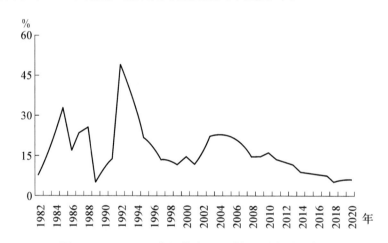

图 10　1978—2020 年江苏省工业增加值增长率趋势图

数据来源:江苏省统计局

(3) 服务业加快恢复,现代服务业较快增长。2020 年,全省服务业实现增加值 53955.8 亿元,同比增长 3.8%,较上年回落 2.8 个百分点,对 GDP 增长的贡献率达 52.2%。从结构上看,信息传输、软件和信息技术服务业以及金融业增加值同比分别增长 15.5%、7.7%,增速分别快于第三产业 11.7 个、3.9 个百分点。规模以上服务业企业研发费用同比增长 28.9%,产业转型升级持续推进。数字变革催生新消费行为和新经济形态,为抵御疫情冲击、释放经济活力发挥显著作用,线上购物、直播带货、网上外卖等新消费模式快速增长带动快递业强劲增长。2020 年全省快递服务企业业务量累计完成 69.8 亿件,较上年增长 21.5%。

(4) 市场经济活力持续激发,创新动力不断增强。深入实施创新驱动发展战略,创新支撑和引领发展的能力进一步增强。2020 年,全社会研发投入占比达 2.8%,高新技术企业总数超过 3.2 万家,万人发明专利拥有量 36.1 件,科技进步贡献率达 65%。全年净增高新技术企业超 8000 家,总数超过 3.2 万家,入库科技型中小企业 40294 家,成为全国首个突破 4 万家的省份。战略性新兴产业、高新技术产业产值占规上工业比重分别达到 37.8% 和 46.5%,数字经济规模超过 4 万亿元。持续深化"放管服"改革,全面落实惠企政策,全年减税降费达 2500 亿元以上。新登记市场主体 276.2 万户,同比增长 50%,累计达 1244.3 万户,比去年底增加 19%。

(5) 环境保护力度持续加大,节能减排取得显著成效。2020 年,全省累计关停取缔"散乱污"企业 57275 家,处置"僵尸企业"876 家,碳排放强度降低 24%,单位地区生产总值能耗下降 20% 以上,均超额完成国家下达的目标任务。坚决打好"蓝天、碧水、净土保卫战",生态环境质量持续好转。全省 PM2.5 平均浓度 38 微克/立方米,优良天数比率达 81%,13 个设区市 PM2.5 浓度和优良天数比率两项指标均有不同程度改善。南京、无锡、苏州、南通、盐城等 5 个设区市成为全省 PM2.5 平均浓度率先达到环境空气质量二级标准的城市,均创历史最好水平;水环境国考断面优 Ⅲ类比例达 86.5%,主要入江支流和入海河流断面全面消除劣Ⅴ类,创"十三五"以来最好水平。全省林木覆盖率由 22.5% 提高到 24%。太湖治理连续 13 年实现"两个确保"。生态文明建设示范市县数量居全国前列。

3. 财政收入平稳增长,民生保障力度加大

(1)一般公共预算收入稳步增长。2020 年,全省实现一般公共预算收入 15018.7 亿元,同比增长 1.7%,较上年提高 1.8 个百分点。其中,归属中央的一般预算收入 5959.7 亿元,同比下降 0.1%;归属地方的一般公共预算收入 9059 亿元,完成全年预算的 100.7%,同比增长 2.9%,较上年提高 0.9 个百分点。

(2)民生领域支出增长较快。2020 年,全省一般公共预算支出 13682.5 亿元,同比增长 8.8%,较上年提高 1 个百分点。民生领域财政支出增长较快,其中,住房保障、社会保障和就业、卫生健康支出同比分别增长 30.6%、25.9%、11.4%。

(3)地方政府债务风险总体可控。2020 年,江苏省发行地方政府债券 4181.2 亿元,同比增长 1328.9 亿元。地方政府债务余额 17227.7 亿元,低于财政部核定的债务限额 19007.14 亿元;债务率分别为 66.6%,低于国际通行的警戒线标准。

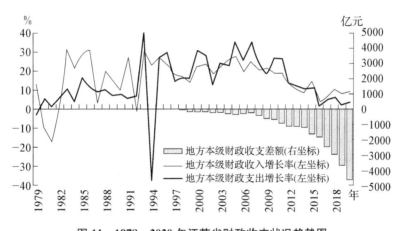

图 11　1978—2020 年江苏省财政收支状况趋势图
数据来源:江苏省统计局

4. 物价水平总体稳定,工业生产者价格小幅下降

(1)物价水平总体稳定。2020 年,全省居民消费价格同比上涨 2.5%,较上年收窄 0.6 个百分点;12 月当月,全省居民消费价格同比上涨 0.5%。分城乡看,城市上涨 2.4%,较上年收窄 0.7 个百分点;农村上涨 2.8%,较上年收窄 0.6 个百分点。分类别看,食品烟酒价格上涨 9.1%、生活用品及服务上涨 0.5%、教育文化和娱乐上涨 1.4%、医疗保健上涨 0.1%、其他用品和服务上涨 4.8%、衣着下降 0.3%、居住下降 0.1%、交通和通信下降 3.5%。受天气因素、供求关系等因素影响,监测的 8 种蔬菜同比价格全面上涨,涨幅均超过 10%。

(2)工业生产者价格指数持续回落。2020 年,全省工业生产者出厂价格同比下降 2.2%,降幅较上年扩大 1 个百分点;12 月份同比下降 0.7%。工业生产者购进价格同比下降 3.5%,降幅较上年扩大 0.7 个百分点;12 月份同比上涨 0.5%。

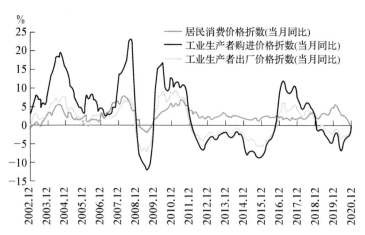

图 12　2001—2020 年江苏省居民消费价格和生产者价格变动趋势图
数据来源:江苏省统计局

5. 城乡收入差距继续缩小,就业形势保持稳定

(1) 居民收入持续增长,成效收入差距继续缩小。2020 年,全省居民人均可支配收入 43390 元,比上年增长 4.8%。其中,工资性收入 24657 元,比上年增长 3.4%;经营净收入 5703 元,比上年增长 1.2%;财产净收入 4737 元,比上年增长 8.3%;转移净收入 8294 元,比上年增长 9.8%。城镇居民人均可支配收入 53102 元,比上年增长 4%;农村居民人均可支配收入 24198 元,比上年增长 6.7%。城乡居民人均收入比为 2.2:1,较上年缩小 0.1。

(2) 就业形势保持稳定。2020 年,全省城镇新增就业 130 万人以上。年末,城镇登记失业率为 3.2%。

6. 房地产市场总体稳定,房地产贷款增速基本持平

(1) 房地产开发投资和新开工面积保持增长。2020 年,全省房地产投资低开高走,全年住房开发投资完成额为 13171.3 亿元,同比增长 9.7%,较上年下降 0.3 个百分点。全省商品房新开工面积 17672.8 亿元,同比增长 8.9%,较上年提高 12.4 个百分点。

(2) 商品房销售面积增长较快。2020 年,全省商品房销售面积 15427 亿元,同比增长 10.4%,较上年提高 6.8 个百分点。

(3) 房地产贷款增速基本持平,个人住房贷款增速下降。2020 年末,全省金融机构本外币房地产贷款余额 5.1 万亿元,同比增长 13.5%,较上年提高 1.1 个百分点。其中,全省普通住房开发贷款余额同比增长 30.3%,较上年同期提高 12.7 个百分点;全省个人住房贷款余额同比增长 14.3%,较上年同期下降 1.6 个百分点。

专栏 2　金融支持乡村振兴的江苏实践

近年来,人民银行南京分行组织、引导全省金融部门结合江苏实际深入推进金融精准扶贫,围绕"增总量、调结构、提效率、优环境",大力发展农村普惠金融,有效服务乡村振兴和农业农村现代化,形成金融支持脱贫攻坚和乡村振兴的"江苏经验"。

一、围绕"总量更多"，有效增加农村金融资源供给。健全银行支农组织体系，农业发展银行县域支行持续壮大，农业银行、邮储银行三农金融事业部改革基本到位，县域机构网点数量不断增加。积极运用再贷款、再贴现和落实存款准备金等货币政策工具，引导农村金融机构增加信贷投放，支持农村经济发展和乡村振兴。江苏地区的扶贫再贷款、支农再贷款的使用率显著高于全国平均水平。加大直接融资和保险支农力度，近五年上市涉农企业累计通过首发、增发募集资金 90 亿元。

二、围绕"结构更优"，有效满足农村各领域融资需求聚焦农业适度规模经营以及新型农业经营主体融资需求，创新推出"金融＋新型农业经营主体＋贫困户""金融＋特色产业＋贫困户"等模式，带动贫困农户脱贫致富。精准对接低收入人口就业创业融资需求，支持低收入农户就业创业、脱贫增收。近五年累放扶贫小额贷款 171.81 亿元，支持建档立卡低收入农户 86.7 万。助推农村三次产业融合发展，立足各地资源禀赋、产业特色，强化金融扶贫政策保障，积极满足农村电商、特色产业发展以及贫困地区基础设施建设金融需求。例如，泰州市采用"债、贷、投"相结合的创新模式，支持泰州全国首单高标准农田建设，覆盖多个扶贫重点地区。

三、围绕"效率更高"，有效深化农村金融改革创新推动农信社治理结构和经营机制改革，实现改制前资不抵债到资本实力明显增强的转变。深化利率市场化改革，全省农商行、村镇银行新发放贷款实现贷款市场报价利率（LPR）定价 100% 覆盖，率先基本完成存量贷款 LPR 改革。稳步推进"两权"抵押贷款试点，江苏"10＋3"个县（市、区）纳入全国试点范围，初步形成农地"金湖模式""沛县模式""太仓模式"和农房"泗洪模式"四种典型模式，累计惠及新型农业经营主体和农户 4.7 万户。推动农村金融机构新产品、新服务模式创新达 120 余种，首创"阳光信贷"模式并向全国推广。科技赋能农村金融服务，鼓励农村金融机构积极利用大数据、云计算、人工智能等技术，提升农村金融服务质效。如江南农商行与科技公司联合成立"新农村金融科技实验室"，通过科技创新高效发展农村普惠金融。

四、围绕"环境更优"，有效推进农村金融生态建设优化农村支付环境，推动现代化金融设施向乡镇延伸，推动农村普惠金融服务点提质增效，弥补偏僻乡村金融服务不足的短板。联合七部门印发《江苏省农村普惠金融服务点提质增效实施意见（2020—2022 年）》，为打造农村普惠金融服务点"江苏品牌"夯实基础。完善农村征信体系建设，逐步构建"征信＋评价＋信贷＋社会管理"的农村信用体系建设机制，初步建立覆盖全省的农村经济主体信用信息数据库。截至 2020 年末，为全省770 万农户和 15507 户农村合作经济组织建立了信用档案，累计采集各类信用信息 7879 余万条。率先探索开展县域金融生态环境建设，对全省 69 个设乡镇的县（市、区）金融生态环境进行综合评估，将金融生态县打造成为聚集金融资源的名片。稳住农业基本盘、全面推进乡村振兴是金融系统责无旁贷的政治任务和社会责任。人民银行南京分行将继续坚持农村金融服务三农定位，进一步深化金融供给侧结构性改革，增加农村金融有效供给，提升农村金融适应性、竞争性和普惠性，更好地服务于脱贫攻坚、乡村振兴战略和农业农村现代化。

（二）江苏金融业发展的问题分析

当前，中国经济已经进入"新常态"发展轨道，在经济增速放缓的同时全面优化经济结构、实现发展动力的转换是实现经济在中高速区间稳定增长的关键，也更加迫切需要金融对实体经济发展的有效支持。江苏近年来经济平稳增长,产业结构优化深入推进,多层次资本市场健康发展。金融业加大对产业结构升级的支持力度,推动江苏经济发展和产业升级。近年来,江苏金融业快速发展,银行业机构规模稳步增长,银行存贷款余额呈现加速上升态势,有力地推动江苏经济发展和产业结构调整。江苏注重发挥银行信贷的政策导向作用,信贷结构更加注重调结构、惠民生。在调结构方面金融业加大支持高新技术产业、战略性新兴产业和现代服务业发展,打造产业转型升级的新引擎。并且充分发挥再贷款、再贴现的结构引导功能,积极引导金融机构加大对小微企业和"三农"的支持力度。此外,多层次资本市场也健康发展,推动江苏经济发展和产业结构的优化。

从实际情况看,目前江苏省金融业发展尚未能充分反映和服务于实体经济转型升级以及转换动力的发展需要,面临结构性不匹配的矛盾,也制约了金融服务和支持实体经济发展的能力,主要表现为近年来直接反映实体经济融资量的社会融资规模增速的放缓,以及传统金融在支持不同规模企业发展上的不平衡。

首先,江苏的社会融资结构发展不平衡且金融创新不足,难以与产业结构优化升级的新需求相匹配。矛盾主要表现在两个方面:一方面,已经存在的满足于现有实体经济结构和技术的金融供给部分退出或局部过剩,使得部分金融资源闲置;另一方面,实体经济结构调整和技术升级所产生的对金融的新需求不能得到有效满足,需要通过适度的金融创新满足这种新的或者更高层次的需求。虽然江苏实体经济的融资渠道不断拓宽,但尚未建成一个健全的、多元化、多层次、多功能和稳健有力的金融组织体系,尤其是资本市场发展相对滞后,社会融资结构不平衡。长期以来,银行信贷在江苏社会融资中占据绝对主导地位,而以债券融资、股票融资的直接融资比重偏小、发展较为缓慢,难以满足产业升级、产业转移和技术创新带来的新的金融需求,不利于风险较大、投资回收期较长的高技术产业发展,制约了江苏产业结构调整。金融创新不足使得金融服务难以满足经济发展的需要,尤其是高新技术产业、战略性新兴产业发展的需要。

其次,区域金融效率提升动力不足。作为区域金融发展的软实力,长期以来,江苏省金融效率未见显著提升,且远落后于金融规模的扩张速度。具体地,以"储蓄存款/GDP"衡量地区内源资金的动员效率,发现近年来该指标序列波动明显,且整体呈现出下降趋势;以"存贷比"反映银行业间接融资的转化效率,由于监管当局的硬性规定,该比率一直被控制在 75% 以下,后期存在一定的改革空间;以"存款/资本形成额"主要衡量存款转化为资本的效率,数值越高则转化效率越低,江苏省存款—资本转化效率近年来同样呈现下降态势。江苏省资本形成率(资本形成额/GDP)长期维持在 50% 左右,如果金融效率不能显著提升,这种过度依赖投资拉动的经济增长模式同样是不可持续的。总体来看,江苏省区域金融效率不高,而且提升动力不足,这对未来江苏金融业发展和金融业支持实体经济发展和产业转型升级是不利的。

再次,江苏金融业高端人才相对短缺。根据最新《全球金融中心指数》报告公布的全球 77 个城市名单,中国共有 5 个城市上榜,香港、上海、北京、台北、深圳分别排在 3、8、26、27、32 位。截至 2020 年末,江苏城镇金融业从业人员达 28.94 万,分布于各类金融市场、金融机构以及金融监管和服务部门,涵盖银行、证券、保险、基金、信托和资产管理等金融业态。但同时应当清醒地认识到,与上海、北京、深圳等地金融发达城市相比,江苏金融人才在规模、结构、素质以及创新力、竞争力等方面还有一定差距。

此外,江苏省内区域间金融发展水平差异较大,影响产业结构协调发展。近年来,江苏通过不断优化金融产业的布局,区域金融发展的协调性有所增强,但区域间金融发展水平的差异依然较大,苏南地区集中较多的金融资源,各类金融组织较为齐全,金融发展水平较高,产业结构优化升级步伐较快;而苏北地区金融资源相对贫乏、金融组织结构单一,金融发展水平较低,导致金融对实体经济的支持力度相对不足,产业结构优化升级步伐相对缓慢,影响区域间产业结构的协调发展。

最后,江苏省区域金融中心建设进程缓慢。南京早在 20 世纪 90 年代就提出了建设区域金融中心的战略构想,直至 2011 年 8 月 10 日,江苏省金融办和南京市政府才正式签署共同建设南京区域金融中心合作协议,并提出要"打造一个错位上海、辐射中西部的泛长三角重要的区域金融中心"。虽然近年来江苏南京区域金融中心建设有了一定进展,但在经济金融指标以及金融中心指数等方面成效仍不明显,区域金融中心建设进程十分缓慢。江苏在建设区域金融中心前景上仍然面临金融总部集聚不突出、金融要素市场不健全等方面的瓶颈。

三、江苏省金融业发展的建议与对策

(一)借力上海国际金融中心建设,加强长三角区域金融合作

作为我国经济最为活跃的地区,长三角区域金融业发达,民间资本充裕,金融机构实力雄厚,具有同业合作的良好基础。江苏金融的发展离不开长三角区域整体金融体系的支撑。上海作为中国大陆地区国际金融中心的首位城市,能够通过国际化金融平台对接、要素流动、信息共享等溢出效应,对江苏金融发展带来显著的辐射作用。浙江作为民营经济最为活跃的地区,也是民间金融改革的排头兵。浙江省致力于"十二五"期间打造中小企业金融服务中心和民间财富管理中心"两个中心",实现从金融大省向金融强省跨越,温州金融综合改革试验区的确立无疑为其注入了更为强劲的推动力。江苏应当认真分析自身地理特点和产业特点,立足于长三角区域金融协调发展的战略视角,借力上海国际金融中心建设和温州民间金融改革的有利契机,承接上海,策应浙江,坚持差异化和互补化的金融发展道路,求同存异,形成层次分明、分工合理、公平竞争、联动发展的金融业战略布局。

(二)以创新驱动战略为指引,深化推进金融改革和创新

金融业自身同样需要改革创新。需要引导和鼓励银行业金融机构向县域和乡镇地区延伸服务网点,重点在苏北地区增设分支机构和营业网点,扩大金融覆盖度。强化城市商业银行、农村金融机构服务小型微型企业和"三农"的市场定位,推动农商行金融互联网化和各类机构融合创新,促进农村商业银行在业务、服务、产品及技术等方面实现移动互联网化升级,提升"三农"金融服务水平。大力发展村镇银行、小额贷款公司等新型金融组织,填补市场缺口,完善金融机构体系,尽快实现村镇银行县域全覆盖,扩大农村小额贷款公司乡镇覆盖面。适当放宽民间资本、外资和国际组织资金参股中小金融机构的条件。稳步推进金融服务创新。各金融机构要围绕服务实体经济,积极进行金融组织、产品和服务模式创新,提高金融产品多样化程度和金融服务个性化水平。要注重开发适合中小企业特点的金融产品和服务,采取商圈融资、供应链融资、应收账款融资等方式,帮助中小企业降低"两项资金"占用。充分增加金融机构对中小企业、节能减排、科技创新企业以及符合国家产

业政策且市场前景较好企业的信贷支持,扶持中小企业发展,加快支柱产业和新兴产业的发展。对高耗能、高污染产业的企业严控信贷资金流入,加强对国家产业政策和宏观调控限制或禁止发展产业的监测,适时做好"道义劝告",严控资金进入产能过剩、低效益的产业。充分运用现代科技成果,促进科技和金融紧密结合,建立健全多层次、多渠道的科技投融资体系,可以将"智能金融"作为全省金融业总体发展方向之一,明确地方主要法人金融机构在智能金融方面突破的重点和方向,形成一个机构一个特色,打造一批有核心竞争力的金融科技公司,培育出在全国有重要影响力的智能金融品牌。引导金融机构根据经济增长科学设定经营目标,加大对商业银行不规范经营和收费行为的查处力度,缩短企业融资链条,降低不合理融资成本;通过财政贴息、风险准备金等方式降低小微企业融资成本;加大投资人风险警示教育力度,引导投资人树立"风险自担"意识,降低社会无风险收益水平。

(三)继续推进融资结构优化,大力发展债券等直接融资方式

在不同的发展阶段下,最优金融结构中金融安排的特性也不同。金融结构安排需要与特定的经济发展阶段和实体经济产业结构特征相适应。为了适应我国产业层次的不断提升,实现经济发展模式由资源消耗、投资拉动向依靠创新、技术进步和效率提高转变,需要构建多元化的金融服务体系,优化金融结构,改善投融资过于依赖银行体系的情况。金融发展要以继续构建直接融资市场为基础,补充间接融资方式的不足,释放市场投融资压力。以完善股票市场为中心,加快风险投资基金建设,搭建产权交易平台,鼓励创业板市场、企业股权融资市场,形成多层次的资本市场。注重协调金融体系内部结构,针对不同的产业结构升级阶段与对象,有侧重地发挥各个金融机构和金融工具的作用,以多元化、全覆盖的金融体系为基础,创新资源配置方式,盘活货币信贷存量,提高资金效率,让金融切实、高效服务于实体经济与产业结构转型升级。

具体来说,一是加强对拟上市企业的跟踪服务,促进企业生产经营稳定增长,推动其尽快上市;支持中小企业在中小板、创业板和海外上市;支持南京、苏州、无锡 3 个国家级高新区进入新三板扩容试点,引导省内其他高新区内高新技术企业做好与新三板的对接。二是扩大直接债务工具融资规模。积极争取地方政府债券发行试点。组织重大基础设施、住房保障、生态环境等重点项目通过发行债券筹集建设资金,推动具备条件的企业充分利用企业债、短期融资券和中期票据等直接债务融资工具。三是鼓励创业投资和股权投资发展。积极有序发展私募股权投资和创业投资,促进股权投资和创业投资基金规范健康发展。着力引进海内外创业资本,鼓励民间资本设立创业投资机构,省辖市、省级以上高新区以及有条件的县、市、区要设立以支持初创期科技企业为主的创业投资机构。探索建立科技产权交易中心,推动场外市场建设,改善企业股权融资环境。积极发挥资本市场作用,扩大直接融资规模,鼓励符合条件的企业上市融资,尤其是重视科技性企业在创业板和中小板上市,降低企业发展的金融要素成本。扩大企业债券融资规模,在企业债券逐步"松绑"的政策环境下,引导和帮助企业通过发行企业债券、公司债券、短期融资券等方式解决资金不足和融资结构不合理的问题。

(四)坚定贯彻金融人才战略,打造金融人才集聚高地

一是加快多层次金融人才培养。充分利用江苏在教育资源上的优势,加强金融部门、教育部门

和人力资源管理部门的协作,积极引进国内外知名高校、研究生院与河西CBD联合办学,实现教学资源共享,设立金融教育与职业培训基地,争取与企业、高校合建金融专业博士后流动站。二是加强中高端金融人才引进。着力引进境内外金融创新领军人才、拔尖人才、紧缺人才和创新团队,制定完善中高端急需金融人才引进、培养、使用的优惠政策;对于海外熟悉资本运作、拥有行业背景、精通现代管理的创业投资人才到江苏省注册设立创投机构或管理机构者,符合相关条件的,可适当给予省对高层次创新创业人才的有关激励政策和各市、县对高级金融人才的优惠政策。三是优化金融人才的管理使用。建立创新型金融人才资源库,畅通金融机构与党政机关的人才双向交流机制,完善引进高层次金融人才的中介服务体系,规范金融人才流动市场,完善金融人才评价体系、考核激励机制和监督约束机制。

（五）及时创新金融监管,防范各类金融风险

改革开放以来,我国金融市场上存在金融抑制和信贷配给的现象,信贷资源配置带有浓重的政策意味,在银行业经营中也存在着滥用国家信用的现象,金融系统中存在潜在的道德风险,运行效率较低。伴随着金融创新,金融市场的风险也层出不穷,金融体制改革滞后于经济改革导致我国产业和金融结构双失衡,阻碍了产业结构的升级。金融创新是一把"双刃剑",积极创新会增强金融服务实体经济的活力和能力,但同时也蕴含着新的风险,这种风险累积到一定程度反而会危害实体经济的发展。

因此,在通过金融创新增强其服务实体经济能力的同时,要实施及时有效的金融监管。金融监管的"及时"是指金融监管应具有前瞻性,在把握金融业发展变化趋势的基础上,预见性地创新金融监管政策、措施和工具,建设金融风险预警机制和应急机制,以有效管控新的金融风险点,化解金融危机。例如,利用大数据技术持续完善企业和个人征信体系,并在确保安全的前提下利用网络技术在金融机构间实现信息共享,不但能直接帮助金融机构甄别客户,提高金融资源服务实体经济的有效性,为有效规避金融风险提供基础性保障,而且可以促进良好的金融环境和信用环境形成,改善金融服务实体经济的环境。提高金融市场化水平,提高资源配置的效率,打破金融垄断,加快金融体制改革,推进金融监管转型,构建市场化约束机制,防止监管落空。江苏省要推进征信体系健全的过程,选用重点人才为体系服务,加快归集和整合数据的速度,让金融机构和中小企业放心。金融机构要严格按照监管和宏观审慎管理要求,适当提高风险拨备水平和风险缓释金,同时密切关注房地产、产能过剩行业、政府融资平台、僵尸企业的偿债风险;金融机构要通过核销、资产证券化、转让、抵押品处置等方式,尽快压降已经形成的不良资产;引导金融机构严格审查企业互保、联保等情况,密切跟踪担保企业经营状况,及时发现担保信贷风险苗头;在加大优质企业信贷支持的同时,通过引入风投、债权转让等方式分散化解中小企业信贷风险;大力发展股权融资,提高自有资本水平以及风险防范能力。

（六）建设好中心城市的金融服务区,为服务实体经济打下基础

金融服务区是展示城市形象的重要载体,在金融改革中发挥着重要作用,因此,江苏省在明确功能定位外,还要加大招商力度,吸引更多的金融资源来投资。除此之外,更要有超前规划意识,提前规划城市商业布局、交通路线等,使金融服务区成为更加合理的中央商务区。合理划分地方金融

监管职责,在一行两会的监管无法覆盖的领域,地方政府要充分发挥作用,提高监管的透明度和公信力;推进区域金融生态建设,打击恶意逃废债行为,完善跨部门跨行业信用信息,鼓励征信公司发展,打造"诚信江苏",降低融资中的信息不对称程度;充分发挥担保公司的信任桥梁作用,加紧开展顶层设计工作,借鉴国外银行合作、政策性担保公司、担保资金注入、风险分担方面的经验教训,尽快推进政府主导的担保公司建设,为弱势群体提供增信服务。金融服务区内加快搭建综合金融服务平台进程,借鉴苏州综合金融服务平台的成熟经验和技术,搭建省级"母平台"和市级"子平台",面向符合条件的金融机构和省内所有中小企业开放;组建江苏省征信服务公司,由省属国有企业发起组建,有效整合企业信贷信用信息、社会信用信息等为全省企业提供全方位征信服务,努力打造全国一流的地方企业征信服务公司;设立中小企业信用保证引导基金。鼓励各设区市设立中小企业信用保证引导基金,为综合金融服务"子平台"融资企业贷款提供增信。

(七)把握金融服务实体经济发展核心,进一步支持产业转型升级

江苏省作为经济发达地区,金融发展更是重中之重,要把握住金融服务实体经济发展的核心。由于经济实体的主体是企业,因此,江苏省应该进一步确定自己的功能定位,打通金融机构与企业之间的屏障,着力解决中小微企业融资难的问题。发展壮大经济薄弱地区的金融业规模,优化金融业布局结构。对在苏北、苏中地区设立的县级银行及营业网点、保险业分支机构给予适当奖励,引导金融机构在网点布局上向苏北、苏中地区倾斜,扩大农村地区基础金融供给,促进区域金融协调发展。江苏可以在江北新区建设扬子江新金融集聚区,立足江苏、服务全国。建立省、市、新区共同参与的新金融中心建设联动机制,定期研究和推进重大问题、重点工作。与国内外知名机构合作,广泛吸引金融新业态、新工具、新技术的聚集和运用,支持省属非银行金融机构总部落户江北新区。支持江北新区的产业并购基金、资产证券化等金融业态和工具做大做强,将其投融资功能辐射到全省、长三角乃至全国。推动金融机构创新金融产品,改进服务模式,与江苏省先进制造业、生产性服务业等实体经济深度融合。

江苏还可以充分发挥政策性金融导向作用,促进产融有效结合。江苏金融业目前处于"供给引导"阶段,因此为了向"需求引致"的"产业—金融"高级发展模式推进,促使二者形成良性的互动发展,需要发挥政策性金融的导向作用。江苏省合理的政策导向可以加快产融结合的步伐,并在市场中起指示器作用,引导社会资本为具有社会正外部效应的项目融资,使资金支持更具针对性和有效性。首先,金融支持产业结构转型升级要坚持以市场化为原则,充分发挥政府引导基金、创业投资基金和产业投资基金的作用,结合财政手段促进金融发展和产业升级的衔接配合,让政府和市场成为金融资源向战略新兴产业、先进制造业等产业配置的有效运作平台。产业结构转型升级也要具备国际化视野,在全球范围内配置资源,通过金融资本的导向作用瞄准全球新兴产业和战略资源产业,为我国经济发展储备资源的同时,尽快占据全球产业链高位。其次,政策性金融的导向作用不但要体现在对服务行业、高新技术产业的支持,还要体现在化解产能过剩矛盾方面,消除制约产业结构升级、影响产融结合的羁绊。金融支持化解产能过剩矛盾,关键在于实施有差别的金融政策,对需要淘汰的过剩行业,通过不良资产剥离等方式帮助企业退市;对尚有竞争力的企业,或产品虽在国内出现滞销,但在国际市场上仍有市场的企业,运用多种融资方式改善其跨国经营。

参考文献

［1］王立国，赵婉妤.我国金融发展与产业结构升级研究［J］.财经问题研究,2015(01):22-29.

［2］袁林，王竹君.江苏省金融业发展的现状、问题及发展对策［J］.改革与开放,2013(09):27-29.

［3］中国人民银行南京分行货币政策分析小组,《江苏省金融运行报告2021》.

［4］江苏省金融办课题组，查斌仪,聂振平,颜咏.江苏新金融发展研究报告［J］.群众,2017(20):27-29.

［5］徐彬，周仕通.江苏金融支持对产业升级影响的实证分析［J］.商业经济研究,2016(20):205-207.

［6］殷小丽.江苏省金融发展和产业结构升级的互动机制研究——基于VAR模型［J］.三峡大学学报(人文社会科学版),2019,41(04):73-78.

［7］王林涵.金融服务实体经济发展的困境及应对建议［J］.河北金融,2015(12):20-22.

［8］周小柯，席艳玲,陈一.地方政府行为视角下金融发展与经济增长的关系——基于219个地市级及以上城市面板数据的实证研究［J］.金融与经济,2015(01):25-29+44.

［9］苏建军，徐璋勇.金融发展、产业结构升级与经济增长——理论与经验研究［J］.工业技术经济,2014,33(02):139-149.

第十章 江苏省文化创意产业发展报告

文化创意产业是一种个人或者团队通过技术、创意和产业化的方式来开发、营销知识产权的新兴产业,以创造力为核心,其本质是集文化、思想、知识、精神、创意等多种无形要素于一身的创意经济。当代文化创意产业主要包括影视、传媒、广播、动漫、音像、视觉艺术、表演艺术、工艺设计、雕塑、环境艺术、服装设计、广告装潢、软件和计算机服务等多种形式的创意产业。

与此同时,文化创意产业还需要糅合科技、媒体等现代因素才能得到健康发展。在知识经济以及后工业时代的大背景下,文化创意产业作为新兴朝阳产业,发展备受关注,已经成为国家供给侧结构性改革下区域经济战略调整的主打产业,文化创意产业竞争力已经成为国家或者地区综合竞争力的重要指标之一。大力发展文化创意产业,提升产业竞争力,是推动产业高质量发展的必然要求,不仅有利于提升传统产业的创新价值,实现产业结构优化升级,还有利于创造新的经济增长点,提升区域经济发展的质量。

江苏省作为全国经济发展的强省之一,历史文化悠久,文化底蕴深厚,有着丰富的传统文化和现代文化资源,具备发展文化创意产业的优势。江苏省内,多元性的区域文化各具特色,为江苏省发展文化创意产业提供了得天独厚的条件。例如,以南京、镇江为中心的金陵文化;以苏州、无锡、常州地区为中心的东吴文化;以徐州、淮安、宿迁为中心的楚汉文化;以扬州和泰州为核心的维扬文化;以南通、盐城以及连云港为中心的苏东海洋文化。除了物质文化遗产丰富,江苏也拥有许多宝贵的非物质文化遗产,如南京云锦、苏州刺绣、宜兴紫砂、无锡泥人等。近年来,江苏省文博事业蓬勃发展。以南京为例,南京市博物馆(朝天宫)、南京民俗博物馆、南京云锦博物馆的发展策略都注重和强调与文化创意产业之间的有机结合。

江苏省的经济发展在全国长期处于领先地位。"十三五"时期是江苏省全面建成小康社会并向基本实现社会主义现代化阶段迈进的关键时期,也是江苏省文化建设大有作为的重要战略机遇期和黄金发展时期。"十三五"规划中强调了经济增长、转变经济发展方式、调整优化产业结构和推动创新驱动发展,而在经济全球化进程中,文化创意产业对于转变经济增长方式、产业结构的优化升级和促进经济高质量增长具有十分重要的意义。江苏省把创新作为经济发展的重要战略,走创新经济之路,而文化创意产业的发展理念和发展模式正好与江苏省产业结构的调整升级以及发展创新型经济的策略不谋而合。因此,江苏省应当在全国范围内发挥表率作用,积极鼓励支持文化创意产业的发展,努力让文化创意产业成为现代经济体系中的重要组成部分。

2020年是极不平凡的一年,新冠肺炎疫情突袭,对我国各行业造成巨大影响,文化产业更是首当其冲。同时,2020年也是中央高度关注和支持文化产业发展的一年。财政部、文化和旅游部等国家部委出台了一系列文旅产业扶持政策。2021年是"十四五"开局之年,我国文化产业将沿着党的十九届五中全会绘制的蓝图向高质量发展迈进,为"文化强国"建设提供有力支撑。准确掌握我国文化产业发展的最新情况和发展态势,能为我国各省市、区县在政策与实践层面推进文化产业高质量发展提供决策参考。

2020年江苏省的GDP排名仍旧位居全国第二,与江苏省内经济蓬勃发展相对应的,全省居民的收入和消费水平也在不断提高。2020年全年江苏居民收入稳定增长,全省居民人均可支配收入达到了43390元,比去年提升了4.8%,平均每月3625.8元。进一步来看,全省城镇居民人均可支配收入达到了53102元,比去年增长了4.0%,平均每月4425.2元;与此同时,农村居民人均可支配收入达到24198元,平均每月2016.5元。从国际经验来看,当人均GDP超过3000美元后,人们对于文化产品的需求将开始加速增长,按此经验,江苏省居民对于精神文化产品和服务的需求将愈发迫切,而以创意为内核、休闲娱乐性比较强、科技含量较高、凸显消费个性的文化消费产品或者服务将逐渐成为人们所追求的消费主流方向。在如此巨大的消费需求潜力下,网络文化产业、旅游文化业、文化与休闲业等文化创意产业开始焕发新的生机,江苏省文化创意产业也因此逐渐在文化产业中崭露头角,引人注目。与此同时,按照江苏省文化产业发展规划,大力发展创意文化产业,对于促进江苏省经济结构调整,建设自主创新型省份,培育新的经济增长点,提高城市综合竞争力,进一步巩固江苏省在全国的经济强省地位和建设文化强省,具有十分重要的现实意义和战略意义。

一、江苏省文化创意产业发展的现状

江苏省文化产业的蓬勃发展离不开省内一大批优秀文化创意产业欣欣向荣的发展。目前,江苏省已经拥有不少具有代表性的优秀文化创意城市、文化创意基地和文化创意企业,逐渐形成一个以南京为中心,以苏州、无锡和常州为主体的文化创意城市群。

根据国家文化部和中国人民大学联合发布的2020年中国省市文化产业发展指数报告显示,江苏省文化产业发展实力排名位于强势的第一梯队。中国省市文化产业发展指数由产业的生产力、影响力和驱动力这三个分指数共同构成,其中,生产力指数是从投入的角度去评价文化产业人才、资本等要素和文化资源禀赋;影响力指数是从产出的角度来评价文化产业的经济效益和社会效益;驱动力指数是从外部环境的角度去评价文化产业发展的市场环境、政策环境和创新环境。江苏省文化产业的发展在全国范围内处于领先地位,其中,文化产业的综合指数位居全国第六,生产力指数位居全国第六,影响力指数位居全国第五,驱动力指数位居全国第六。总体来看,江苏文化产业在全国范围内虽然处于领先地位,但是生产力、影响力和驱动力以及综合指数均与北京、上海、浙江等地区有较大的发展差距(如表1所示)。

表1　2020年中国省市文化产业发展指数排名前十的省市数据

排　名	综合指数	生产力指数		影响力指数		驱动力指数	
1	北京	广东	33.81	北京	34.95	浙江	22.77
2	浙江	浙江	31.82	上海	34.85	北京	22.33
3	广东	北京	31.65	浙江	33.48	广东	21.49
4	上海	山东	28.61	广东	29.79	上海	19.58
5	山东	上海	26.27	江苏	29.23	山东	18.90
6	江苏	江苏	26.26	湖北	28.45	江苏	17.79

排　名	综合指数	生产力指数		影响力指数		驱动力指数	
7	湖北	河南	25.79	河南	27.26	湖北	17.59
8	河南	四川	25.34	贵州	27.19	河南	17.49
9	四川	湖北	24.99	安徽	27.06	重庆	17.46
10	安徽	福建	24.92	海南	26.92	四川	17.43

数据来源:《2020 年中国省市文化产业发展指数报告》

　　此外,在原有文化产业发展指数体系基础上,中国人民大学文化产业研究院遵循系统性、实时性和前瞻性的原则构建了 2020 新版中国省市文化产业发展指数体系:一是新增了文化企业合法诚信度、资本活跃度、投资吸引力、创新成效、融合能力等指标,更加关注社会效益与文化产业高质量发展的时代需求和趋势;二是扩大了数据来源,深度运用大数据技术,引入超过 1 万个维度的文化产业数据,综合计算得出指数结果;三是细化了评价对象,由省级文化产业指数评估下沉到对区县级文化产业发展状况的监测与指数评估,这对中央与地方政府制定文化产业政策具有"可量化"的重要现实参考意义。表 2 列出了 2020 年中国省市文化产业发展指数新增指标资本活跃度指数和产业投资吸引力指数排名前十的省市数据,2020 年在新冠肺炎疫情特殊背景下,各地资本活跃程度产生明显变化。从表 2 中可以看出,黑龙江省和重庆市分居全国第 1、第 2,江苏省位居全国第 3 位,文化产业市场的资本活跃度较高。虽然江苏的资本活跃度较高,但江苏文化产业的投资吸引力指数却不高,这代表着江苏文化产业跨省跨区域吸引投资的能力不高。

　　新中国成立以来,江苏文化体制改革深入发展,文化事业投入持续增长,公共文化服务体系建设不断完善,文化精品创作层出不穷,文化遗产保护传承有效推进,对外文化交流硕果累累,文化事业繁荣发展。

表 2　2020 年中国省市文化产业发展指数新增指标排名前十的省市数据

排　名	资本活跃度指数		产业投资吸引力指数	
1	黑龙江	62.08	广东	100.00
2	重庆	60.65	上海	96.65
3	江苏	57.02	浙江	95.22
4	山东	56.34	福建	94.60
5	海南	54.99	北京	94.49
6	陕西	53.36	西藏	93.58
7	广西	53.00	江西	92.51
8	山西	52.87	山东	92.10
9	天津	52.27	四川	92.07
10	湖南	52.21	湖北	91.96

数据来源:《2020 年中国省市文化产业发展指数报告》

（一）公共文化服务体系完善

江苏省委、省政府着力加快建设现代公共文化服务体系步伐,全面推动公共文化服务的标准化、均等化、社会化和数字化。积极落实文化领域改革发展重点任务,建设以江苏大剧院、扬州大运河博物馆等为代表的一批重点文化项目,推进基层公共文化服务标准化建设,实现了公共图书馆、文化馆、博物馆、美术馆、文化站免费向公众开放,江苏公共文化基础设施体系日趋完善。

1. 公共文化基础设施日趋完善

2020 年江苏省全省建有县级以上公共图书馆 117 个,文化馆 115 个,博物馆 345 个,乡镇街道文化站 841 个,行政村(社区)村村有文化室、农家书屋以及一定规模的文化广场,形成了省、市、县、镇、村五级公共文化设施网络。江苏基本建成与行政区划相适应的各级文化管理机构,同时积极推进文化服务单位的建设,其中,博物馆、公共图书馆、文化市场经营机构比 2001 年分别增长了7.13%、0.74%、4.48%。(如表 3 所示)

表 3　江苏省文化单位机构数 （单位:个）

文化机构	2001 年	2005 年	2010 年	2015 年	2020 年
文物保护管理机构	58	64	62	50	47
博物馆	87	99	213	312	345
公共图书馆	101	103	111	114	117
文化馆	120	117	118	113	115
文化站	1545	1417	1324	1282	1255
文化市场经营机构	7868	20611	15410	18831	18914

数据来源:江苏省统计局、江苏省文化厅

2. 公共图书馆规模逐年壮大

新中国建立以来,江苏省公共图书馆的规模逐年扩大,并向数字化、专业化方向不断发展,提供服务的能力也在不断提升,有效地满足了人民群众日益增长的文化和精神需求,全面且持续提高了江苏省内人民群众的文化素养和精神素养。截至 2020 年底,全省县级以上公共图书馆藏书量达到10546.1 万册,比 2001 年增加 7839 万册,年均增长 1.49%;公用房屋建筑面积 161.1 万平方米,比2001 年增加 130.1 万平方米,年均增长 8.59%;阅览座位数 7.67 万个,比 2001 年增加 5.47 万个,年均增长 6.44%;电子阅览室终端数量为 7658 个,少儿阅览室 10 个。(如表 4 所示)

表 4　江苏省公共图书馆基本情况

公共图书馆	2001 年	2005 年	2010 年	2015 年	2020 年
总藏书量(万册)	2707.1	3178.5	4370	6846.9	10546.3
公共房屋建筑面积(万平方米)	31	43.3	65.4	103.1	161.1
阅览座位数(万个)	2.2	2.5	3.9	5.1	7.67
电子阅览室终端数(个)	/	3246	4199	5810	7658
少儿阅览室(个)	4	5	6	8	10

数据来源:江苏省统计局、江苏省文化厅

3. 群众文化活动多姿多彩

江苏省通过扶持文艺团体、购买文艺演出服务等形式,开展群众文化活动,服务群众文化和精神需求。2020年江苏省拥有群众艺术馆和文化馆、文化站一共1371个,从业人员达7763人,覆盖各县(区)乡镇(街道);2020年群众文化活动产所建筑面积为161.09万平方米,比2005年的43.3万平方米年均增长9.15%;2020年组织文化活动83206次,比2001年的16069次年均增长8.57%;2020年收入文化馆等收入共计19.7亿元,比2001年的1.6亿元年均增长13.38%。(如表5所示)

表5 江苏省群众艺术馆、文化馆(站)情况

群众文化场所	2001年	2005年	2010年	2015年	2020年
机构数(个)	1665	1534	1442	1396	1371
从业人员(人)	6206	5542	6457	6980	7763
举办展览(个)	6023	6997	7235	8467	12565
组织文艺活动次数(次)	16069	20548	32586	55298	83206
总收入(亿元)	1.6	2.6	6.1	13.7	19.7
建筑面积(万平方米)	/	43.3	65.37	103.12	161.09

数据来源:江苏省统计局、江苏省文化厅

4. 广播电视覆盖率大幅度提升

江苏省积极通过推进广播电视"村村通""户户通"的工作,促使广播电视达到江苏省内人口全覆盖局面,有线电视数字化、网络化也得到快速推进。截至2020年底,江苏省全省广播电视台共有8个、电视转播发射台(座)21个、公共电视节目套数126套、电视传输网络干线总长达到4.4万公里,制作广播电视节目121套。与2001年相比,电视传输网络干线总长年均增长10.48%。(如表6所示)

表6 江苏省广播电视情况

广播电视	2001年	2005年	2010年	2015年	2020年
公共广播节目数(套)	110	120	126	123	121
公共电视节目数(套)	119	136	130	122	126
电视人口覆盖率(%)	99.5	99.5	99.9	100	100
电视传输网络干线总长(万公里)	0.6	2.3	3.6	3.9	4.4

数据来源:江苏省统计局、江苏省文化厅

(二)文化艺术创作精品纷呈

江苏省委鲜明地提出要构筑文艺精品创作高地,文化主管部门制定文艺精品战略,推进原创性文艺创意作品的创作和生产消费,重点打造一批在全国具有较大影响力、广受人民群众欢迎的文艺精品佳作。

1. 优秀出版物种类众多

截至 2020 年底,江苏省共有图书出版社 3743 个、书报刊零售单位 1180 个,出版图书 26940 种、总印数 6.9 亿册,出版期刊 450 种、总印张 4.75 亿,出版报纸 80 种、总印张 40.8 亿。新中国成立以来,江苏省各类出版物一直保持较快速度增长。此外,江苏省共出版杂志 1.1 亿册。大量品种多样的出版刊物满足了群众文化生活需求,同时也涌现出较多的精品佳作。凤凰出版传媒集团连续十届入选"全国文化企业 30 强",《钟山》《雨花》《扬子江》等期刊在全国享有较高声誉,《新华日报》《扬子晚报》同时入围"亚洲 500 最具价值品牌"排行榜。2020 年,11 种项目荣获第四届中国出版政府奖,56 种项目入选国家"十三五"重点出版物出版规划。11 种报刊入选全国"百强报刊",18 种期刊入选"中国最具国际影响力学术期刊""中国国际影响力优秀学术期刊",多项新闻出版评比位列全国各省市区第一。

2. 广播影视影响不断提升

江苏广播电视电影一直以内容生产为核心,创作了大量的优秀作品,在全国享有较强的影响力。江苏广电集团连续十二年入选"中国 500 最具有价值品牌排行榜",江苏有线连续多年入选全国文化企业 30 强,常州国际动漫周、中国(南京)动漫创意大会成为全国影响最大的动漫活动之一,幸福蓝海集团三度荣获"全国十佳电视剧出品单位",多部作品荣获"五个一工程"奖、飞天奖、金鹰奖、白玉兰奖等知名奖项,幸福蓝海院线的票房已经跻身全国前十。大量优秀作品中电视作品销售额增速较快,2020 年江苏省电视节目国内销售额达 497.66 亿元,电视播出部数为 6856 部。

3. 文艺创作精品丰富多彩

为丰富群众文化生活,江苏省大力开展文化基础设施建设,建成了江苏大剧院、紫金大戏院、江南剧院等为代表的一批文化艺术场馆;不断推进文化艺术团体体制改革,激发研制人员的活力,弘扬传统戏曲文化,创作大批文化精品力作;举办紫金文化艺术节、戏曲百戏(昆山)盛典、江苏文华奖评选、"五星工程奖"评选等活动,丰富群众文化生活;突出地域特色,注重扶持培育知名文艺团体和有代表性、示范性、保护性的文艺门类,继承和发展淮剧、昆剧、锡剧、扬剧等地方剧种,创作了昆剧《白蛇传》、淮剧《祥林嫂》、扬剧《衣冠风流》、歌舞剧《金陵十三钗》等一批有代表性的精品佳作。2020 年江苏共有 620 个艺术表演团体,演出 7.41 万次,吸引国内演出观众 3115 万人次,丰富群众文化生活。

4. 工艺美术生产传承创新

江苏省文化底蕴丰厚,传统工艺美术品生产历史悠久,江苏省委、省政府制定文化创意产业发展规划,加强对传统非遗技艺的传承发展,既能保护文化遗产、丰富文化市场,又可以带动江苏省内的大量就业。首批全国"打造非遗工匠"评选中江苏 19 位大师入选,南京云锦、无锡紫砂、扬州漆器、苏州苏绣等传统工艺品生产融合现代工艺和艺术审美,文化创意精品力作不断涌现。2005 年江苏省内艺术品经营机构只有一家,而截至 2020 年底,全省艺术品经营机构数量为 18914 个,工艺美术品经营机构数和生产交易实现快速发展。

(三)文化产业投入惠及民生

新中国成立以来,江苏省经济得到了快速的发展,江苏省委、省政府出台文化惠民政策,加大文化事业的投入,不断完善公共服务体系,保护和传承、利用文化遗产,融合发展文化旅游事业,文化市场得到持续的繁荣发展,人民群众的文化生活日益丰富。

1. 财政资金投入快速增长

江苏省委、省政府不断加大财政对文化事业的投入力度,积极推进文化体制改革,推动文化事业的蓬勃发展。2007年起,江苏省委、省政府设立文化发展专项基金,共安排19.4亿元,扶持文化项目1594个,带动项目投资总额达到1811多亿元,推动社会资本进入文化领域。截至2020年底,文化体育与传媒支出达到601.06亿元,位列全国各省市第三位,仅低于广东省和北京市,相比2006年的43.4亿元年均增长20.65%。

2. 文化遗产保护扎实有效

江苏省通过财政投入、基金扶持等多种手段,保护和继承并且利用各类文化遗产,积极参与全国重点文博单位申报评选工作,认真贯彻落实大运河文化带建设国家战略,启动实施大运河国家文化公园建设,打造了江南文化、大运河文化等江苏非遗品牌。2016年江苏文物保护支出为37148.4万元,举办文物陈列和展览活动2013个,参观人次8788.9万人次,相比2003年的年均增速分别为24.1%、9.3%、21.9%。

3. 文旅融合发展势头良好

江苏省注重利用和打造文化资源,重点开发相关旅游项目,紧紧围绕"以文化促进旅游品质提升、以旅游促进文化广泛传播"这一工作思路,推动文化产业和旅游业真融合。深融合,实现文旅相互促进、相辅相成的局面。江苏省目前拥有国家A级景区630家,其中,5A级景区23家、4A级景区200家,省级以上旅游度假区57家,其中,国家级旅游度假区6家,5A级景区和国家级旅游度假区数量位居全国第一。在文化创意产业发展过程中,各地依托独创性文化资源,形成了各具特色的创意基地、创意企业、创意产品:南京1912时尚街区通过开发民国文化资源,涉及的行业包括文化演艺、休闲娱乐等,被评为"中国创意产业最佳街区";常州中华恐龙园、春秋淹城、环球嬉戏谷创造了"无中生有""借题发挥""变虚为实"三大文化创意产业领域经典案例;苏州太仓LOFT工业设计园区一共孵化出70多家文化创意设计企业,涉及文化传媒、广告涉及、传媒咨询等多个门类,是江苏首个"工业设计创新与孵化基地"。截至2020年底,江苏省接待旅游47174.12万人次,实现国内旅游收入8136.31亿元,创造旅游外汇收入165672万美元,分别比2001年接待旅游8074.9万人次、国内旅游收入675.83亿元、创造旅游外汇收入82202万美元年均增长9.23%、13.25%、3.57%。

4. 文化市场发展繁荣有序

新中国成立以来经济快速发展,人民群众文化消费能力逐年攀升,文化消费新产品、新模式等不断涌现。江苏出台政策鼓励文化创意产业和旅游、互联网融合发展,采取财政补贴、财政购买文化服务等形式丰富、繁荣文化演艺市场,同时不断加大文化市场执法。江苏省文化市场繁荣有序,截至2020年底,全省文化市场经营机构18914个,居民人均教育文化娱乐消费支出呈现上升趋势。具体来说,2020年江苏城镇居民人均教育文化娱乐消费支出2728元/年,占总支出的8.8%;农村居民人均教育文化娱乐消费支出1448元/年,占总支出的8.5%。

党的十九大提出要建设中国特色社会主义文化强国,江苏省抓住文化事业大繁荣、大发展的良好时机,巩固新中国成立以来文化事业取得的巨大成就,进一步推进文化体制改革,激发文化团体活力,推进文化事业和文化产业双轮驱动,实现双效合一,并且深入实施文化精品战略和文化惠民工程,为广大人民群众提供更高品质的文化产品和精神食粮。

二、江苏省文化创意产业发展中存在的问题

2020年,江苏省文化创意产业大发展,取得了卓越的成绩,但与此同时,我们也应该意识到,在文化产业发展进程中仍然存在着亟需解决的棘手问题,如文化产业内部结构不合理,拥有知名度的江苏知名文化品牌较少,文化企业面临融资难、融资成本高的资金问题,优秀的文化人才相对匮乏,国际科技文化合作与交流不充分,等等,都在一定程度上抑制和影响了江苏省文化创意产业的健康发展。江苏省文化创意产业的发展目前处于全国前列,但与发达国家的文化创意产业相比,存在着起步较晚,起点较低,且发展过程中存在很多问题,这些都需要我们在实践中不断进行摸索,才能找到适合江苏文化创意产业发展的正确道路。

(一)产业发展区域失衡,产业竞争力水平参差不齐

1. 区域间经济水平和优势存在差异

江苏省经济发展水平存在着较为明显的区域差异。2020年,苏南、苏中、苏北的地区生产总值分别达到59384.29亿元、21397.41亿元、23837.96亿元。与此同时,2020年苏南地区的居民人均可支配收入为57991元,苏中地区的居民人均可支配收入为40721元,苏北地区的居民人均可支配收入为30869元。改革开放以来,"苏南模式"闻名全国,苏南地区的乡镇企业异军突起,发展迅速,农村工业化也同时在大力推进。截至2020年末,苏南地区的城镇化率达到82.3%,苏中地区为70.0%,苏北地区为64.1%,苏南地区城镇化率比苏中和苏北分别高12.3%和18.2%。苏南地区的经济发展水平和城镇化水平高于苏中和苏北地区的基本态势。从区位优势的角度来看,苏南地区区位优势明显,毗邻上海、浙江等文化创意产业发达的地区,能够有效地利用外部经济和知识溢出效应大力发展当地的文化创意产业;苏中地区由于毗邻苏锡常等经济较为发达的地区,也同样受到一定的正向外部性作用,为该地区发展文化创意产业提供较为良好的条件。相比之下,苏北地区与安徽、鲁南等经济较为落后、文化创意产业发展也较为落后的地区接壤,区位条件较差,因而某种程度上不利于文化创意产业的发展和壮大。

2. 区域间经济发展战略存在差异

根据弗农的产业生命周期理论,文化创意产业是在经济发展达到一定水平后才能有机会发展的新兴产业,而我国的文化创意产业当下仍处于增长期阶段。目前,苏南地区正处在产业结构优化升级的重要阶段,正在大力发展第三产业,转移第二产业;而苏中和苏北地区经济发展相较于苏南地区来说比较落后,需要通过承接苏南地区转移出来的制造业来振兴当地的经济发展,而文化创意产业的发展没有受到政府有关部门和社会大众足够的重视。为了缩小苏北与苏南地区、苏中地区的经济发展环境差异,江苏省政府近年来加大了对苏北地区发展经济的政策支持力度,努力为苏北地区提供良好的营商环境。与此同时,苏中地区逐渐处于一种相对薄弱的境地,既缺乏具有针对性的政策支持,又缺乏足够的竞争优势和资源,文化创意产业发展的处境也变得十分尴尬,需要适当调整经济发展战略来弥补产业存在的短板。

3. 人才吸引力和信息集聚能力存在差异

优秀的人才队伍和高效流通的信息能够有效促进文化创意产业链的优化升级,从而达到协调、

组织以及降低运营成本的目的。与此同时,文化创意产业作为以创造为核心,强调知识、创意、技术等元素的新兴产业,需要较多高素质文化创意人才的参与才能有效提升产业的活力和竞争力。江苏省自古以来文化昌盛,号称"天下文枢",拥有高等院校的数量排名位居全国第一。然而高素质专业人才在江苏省内分布却极为不均,江苏省高校主要集中在苏南地区,优秀的人才资源也主要集聚在经济较为发达的苏南地区,这无疑在一定程度上抑制了苏中地区和苏北地区文化创意产业的发展,这需要采取具有人才吸引力的引进战略来进行弥补和改善。

(二)企业规模偏小,融资困难限制发展

1. 企业规模整体偏小,缺乏具有代表性的龙头企业

虽然江苏省文化创意产业的发展势头良好,但综合来看,全省的文化产业发展水平与国内外的文化产业发展较为先进的地区仍然存在较大的差距,这尤其体现在以中小型文化企业为主体的文化产业中缺乏具有代表性的龙头企业,产业竞争力较弱。文化创意产业作为新兴产业,发展的时间较传统产业短,江苏省的文化创意企业规模总体偏小,且行业内存在企业同构、过度竞争等问题,跨行业、具有强劲带动力的龙头企业比较少。从产业结构来看,虽然以新闻、出版、广电、文化等艺术传统为主要内容的传统文化产业比重逐渐下降,而以网络文化、休闲娱乐、旅游文化、广告、会展以及文化商务代理等为主要内容的新兴文化产业的地位较以往显著提升,但总体来看,创意类文化产业的地位尚未超过传统产业。江苏省内文化创意产业应当增强知识产权保护意识,尤其是要加强对员工的知识产权保护和保密的教育,努力在全省营造诚信为本的良好行业氛围。与此同时,江苏省内文化创意产业应当加强行业间的交流与沟通,促进产业集聚和融合,积极提高管理水平,锐意创新,努力提升自身竞争力,争取成为行业内的龙头企业。

2. 企业融资难,限制企业发展

实际上,江苏省内各地区的文化创意企业有相当一部分还处于生产价值链低端的位置,跨行业整合水平还不够,而对于高附加值环节的开拓以及行业合作,还需要通过加大资金投入来进行下一步的探索。全省文化企业绝大多数都是小微型企业,由于资产规模小、运营不规范、社会诚信体系建设的滞后和缺乏实物抵押品等原因,普遍存在"融资难、融资贵"等问题。如何通过文化金融手段的创新来促进文化企业的融资信息与金融服务的快速对接,加大金融支持文化产业发展、构建完整的文化产业投融资体系,已经成为江苏省发展壮大文化产业、实现由文化大省向着文化强省转变的重要环节。

(三)区域间产品同质化严重,缺乏特色创意元素

1. 区域间产品同质化严重,企业间产品区分度不高

江苏省作为一个现代省级行政区域,其行政区划范围并不是一成不变的,例如20世纪50年代初,原本属于安徽的部分地区划归江苏;20世纪50年代末,原本属于江苏的松江地区被划分给上海。而文化是人们在长期劳动生活中逐渐形成的产物,有着稳定的地域文化底蕴,并不会因为人为的行政划分变更而在短时间内发生重大改变。文化本身具有一定的区域性,周边邻近地区的文化也会对当地文化产生影响和联系。以刺绣为例,苏南地区的很多城市在长期生产生活中形成了拥有地方特色的区域性刺绣产品,例如南通的仿真绣、苏州的苏绣、无锡的锡绣、常州的乱针绣等。同

时,刺绣工艺文化也在其他邻近地区间产生交流和沟通。上海的顾绣就是受到了江苏刺绣文化影响的最好例证,顾绣主要使用的针法为套针,而套针就是苏绣的传统针法之一。文化创意产品很多都植根于区域传统文化,加上文化产品的创新水平不够高,难以做到以新的高级形式展现传统文化,因此,江苏省文化创意产品所生产的产品与周边地区的产品同质化比较严重,产品区分度不高,企业的市场竞争力有限。

2. 文化产品缺乏创意元素

文化创意产业的发展和知识产权保护力度密切相关,我国的知识产权保护力度虽然与过去相比提升不少,但社会上仍然广泛存在着侵占他人创意成果的剽窃行为,导致文化创意产品同质化现象十分严重。与此同时,当代文化在某种程度上也具有同质性,以动漫产业为例,江苏省陆续建立了一批动漫基地,如南京软件园内的国家动漫产业基地、世界之窗文化产业园内的紫金山动漫一号、南京数码动漫创业园、苏州国家动画产业基地、无锡国家动画产业基地、常州国家动画基地等。虽然江苏全省已经有大大小小一百多个文化创意产业基地,但大多数产业基地的定位模糊,特征不够鲜明,重点发展的产业内容基本雷同,产业定位也不尽合理,甚至脱离实际的现象屡见不鲜。基地里的文化创意企业聚合度不够,没有充分发挥产业集聚效应,加上企业间的信息交流由于地理距离较近变得更加便利等原因,文化创意产业园区存在一定的同质化倾向,导致文化产品缺乏区分度的创意元素。此外,除了由于产品本身创意不足、制作不精良等因素,很多做工好的文化创意产品要么缺乏好的包装设计,要么是非知名品牌,因而文化创意产品很难在全国范围内引起广泛的消费关注。文化创意产品没有好销路,没有好销量,文化创意产品的生产者就会被迫减产甚至是停产。文化创意产品设计者的创新积极性就会受到严重打击,最终导致越来越多的优秀文化创意产品逐渐从市场上消失,产品承载的传统文化也因此丧失了现代社会继续发展和传递的宝贵机会。

(四)专业从业人员不足,高端创意人才相对匮乏

文化创意产业属于新兴产业,而我国传统的教育领域缺乏具有针对性的专门组织机构,导致从业人员往往通过自发自主进入该产业,从业人数较少,产生了供不应求的现象。江苏省文化创意产业普遍存在人才缺口较大的突出问题,其中以下三个方面人才的缺失情况较为严重:

1. 政府相关部门负责指导、统筹协调、科学管理全省文化创意产业发展的人才匮乏

文化创意产业的发展不能仅仅依靠民间群体自主自发,需要政府有关部门负责产业规划和引导,然而为了保证产业发展的健康合理,需要一批真正了解文化创意行业的专业人才参与顶层设计,进行统筹协调。

2. 缺乏文化创意产业所急需的高端人才

文化创意产业链中的创意、技术、营销和经营等专业人才十分匮乏,能够达到高端要求的创意和经营的专业人才则更加稀少。与此同时,北京、上海、深圳等一线城市对文化创意人才的超强吸引力导致江苏每年都在流失大量文化创意高端人才,这才是导致江苏省内文化创意产业人才匮乏的重要原因。

3. 从实践层面研究和探索加快发展文化创意产业的专业人才匮乏

由于高层次管理、策划和运营的专业人才相对匮乏,江苏省自身拥有极具文化底蕴和开发价值的文化资源并没有在文化创意产业的发展中得到充分的挖掘和使用,导致江苏省内文化创意旅游

产品的文化创意和经济效益的附加值较低,影响力也较为低下。甚至,江苏省内一些投入大量资金的文化创意项目,由于缺乏专业的经营管理文化创意产业的人才而最终导致项目的运营效果不尽如人意,甚至最后到了人不敷出的尴尬局面。

文化创意与文化旅游之间存在相辅相成、相互促进的密切关系,专业的文化创意实践人才能将文化创意产品服务与旅游文化紧密结合,合理定价,有效营销,最终促进形成具有代表性的文化创意品牌。然而,江苏省内文化创意产业实践人才相对匮乏,导致不少文化创意产品与当地旅游的关联度较低或者文化创意产品的外观质量欠佳,影响了游客的消费购买欲望。文化创意产业实践人才的匮乏是制约江苏文化创意产业与旅游产业有机融合的一个重要原因。

(五)专项产业发展规划缺位,产业标准体系缺失

1. 专项产业发展规划缺位,产业发展受到限制

文化创意产业的健康发展离不开政府的合理规划和政策支持。目前,江苏省的文化创意产业发展已经有了一些具有针对性的产业扶持政策。但是从整体性、系统性和前瞻性的视角来看,急需从省级层面制定专项产业发展规划,进一步明确江苏省内文化创意产业园区的发展思路、功能定位和空间布局,研究制定系统全面的政策支持体系,引导省内文化创意产业园区健康、有序、协调发展。

2. 产业标准体系缺失,市场发展杂乱

一个产业的健康发展离不开一系列产业标准体系的建立与支持。江苏省目前已经建成了一大批文化创意产业园区,文化创意产业标准化的相关研究也取得了一些成绩,但仍然存在一些严重的问题。没有引领文化创意产业标准化发展的技术组织——江苏省文化创意产业标准化技术委员会,文化创意产业标准体系尚未建立,园区建设在创意保护、企业认定、项目扶持、园区规划等方面仍然显得比较盲目,缺乏相应的标准支撑。江苏省内文化创意产业的发展缺乏规范体系和标准,导致文化创意产业总体呈现出一种杂乱无序的状态,这在一定程度上制约了文化创意产业的健康发展,也会对江苏省内生产的文化创意产品的质量产生一定的负面影响。因此,有关部门应当重视文化创意产业的产业标准体系,为江苏省内文化创意产业健康发展保驾护航。

三、江苏省文化创意产业发展的建议与对策

江苏省拥有雄厚的经济实力和丰富的文化资源,文化创意产业的发展已初具规模,当前正处于江苏省内文化创意产业发展难得的黄金时期,需要政府相关部门将文化创意产业发展所需要的生产要素整合起来,制定长远且具有可行性的产业发展规划,加快经济转型,推动文化创意产业的持久健康发展。

任何一个产业的发展都离不开政府的支持,无论是国内还是国外,政府对相关产业的发展起到了强大的推动作用,既能从宏观上政策引领,又能从微观上执法监管,可以说政府的所作所为直接影响到一个产业的兴衰。文化创意产业作为新兴的产业,得到了各地政府乃至国家的高度重视,作为经济增长的重点领域。然而,必须认识到在产业发展过程中会存在旧的文化体制或者机制的制约,相关政府的职能管理部门的功能和范围都需要进行调整,以前实行的一些政策法规不适应当下文化创意产业发展现状则同样需要与时俱进地进行修正。这就需要政府认识到营造良好的产业发

展环境,进一步深化改革,建立健全相关法律法规。江苏省文化创意产业的发展需要政府和企业共同努力。从政府方面来看,政府需要在未来的时间里进一步加大对江苏省内的文化创意产业发展的扶持力度,合理调整扶持方式,完善社会服务体系,使得文化创意产业能够健康有序地发展。从企业方面来看,企业需要完善经营管理制度,提高研发和创新能力,加强与其他优秀文化创意产业的交流与沟通,努力开发和创造出更多为人民大众所喜闻乐见的文化创意产品,使企业自身能够在激烈的市场竞争中存活下来并发展壮大,具体建议对策如下:

(一)完善相关产业政策,科学规划产业发展和布局

合理规划文化创意产业的空间布局是文化创意产业发展的关键,把文化创意产业园区用地的选址纳入地方总体规划。通过市场调查和评估,制定城市文化创意产业园区总体规划布局方案,根据文化创意产业的空间布局特征,制定空间发展战略,优化布局,推进产业梯度发展,动态把握产业发展态势。根据文化创意产业的分类特征,有步骤地实现产业集聚。布局的同时要注意将创意产业融入江苏城市文脉。江苏的诸多城市都是历史文化名城,要实现文化遗产保护中的创新,就必须将创意产业融入江苏城市文脉,通过发展文化创意产业保护城市的文化遗存,延续城市文脉,通过历史与未来、传统与现代的交叉融汇,为江苏的城市增添历史与现代交融的文化景观。政府方面,需要研究制定全省文化创意产业发展中的重大战略和政策,统筹协调解决全省的文化创意产业发展中存在的重大问题,协调推进重大项目的发展。并且,需要加紧研究建立符合江苏省实际文化创意产业统计评估体系,监测和评价江苏文化创意产业的发展情况。根据全省文化创意产业的发展规划,明确产业导向和发展空间。最后由江苏省文化创意产业发展领导小组牵头研究制定并不断完善市场准入、土地税费优惠、投融资便利、出口支持、中小企业扶持、鼓励创业等各项政策,形成系统而全面的文化创意产业政策体系。

(二)拓展中小企业融资渠道,鼓励发展龙头企业

1. 拓展中小型文化创意企业的融资渠道

资金问题是影响企业发展的重要问题,有效的资金可以为产业规模扩大、管理创新、技术研发、人才培养提供强力的支持,而产业融资困难则会制约产业的发展和竞争力水平提升。江苏省文化创意产业主要以中小型企业为主,由于资产、规模的限制,或多或少都存在一定的资金融通困难现象。为了让中小型文化创意企业不再因为企业融资限制企业发展,政府应当建立多元化、多渠道的投融资机制。首先,政府自身在财政支出上增加文化创意产业预算,加大资金投入力度,积极贯彻落实文化创意相关的产业政策,在产业发展较好的地区或者项目上给予相应的资金支持。其次,文化创意企业可以积极吸收民间资本,拓宽资金获得渠道,创新产业发展融资新模式,可以借鉴市政基础设施工程中的 PPP 模式,采取政府和社会资本合作,达到更加优异的效果。最后,完善担保机制,促进金融机构贷款向产业倾斜,将文化创意产业作为重点产业进行宣传推介,使得金融机构可以放心贷款,重点项目的融资贷款问题可以有效、快速解决。

政府鼓励金融机构搭建融资平台,形成多渠道、多元化的投融资机制,这对培育文化创意企业具有十分重要的作用。对此,可以从四个方面着手:一是加快引进风险投资公司,组建创业投资公司、担保公司和小额贷款公司等,提高扶持文化创意产业发展能力。二是开展融资洽谈活动,进一

步拓展企业与相关金融机构的联系渠道,促进银行等金融机构和企业之间建立战略合作关系,为企业融资创造更好的条件。三是设立文化创意产业发展基金,对列入国家及省的各类资金补助项目,按照国家和各省的相关规定予以优先配套支持。四是积极稳妥地开放文化创意市场,鼓励社会资本、外国资本进行文化创意产业领域里的投资,形成政府投入和社会投入相结合,国内外资本相融合,多元化、多渠道的文化创意产业投入机制。

当前,江苏全省范围内"文化金融三年行动计划"正在施行,一批文化金融合作试验区、特色机构和服务中心正在运行。全省共有 92 家文化类企业上市挂牌,其中,11 家主板上市公司总市值超740 亿元;2020 年全省 18 家文化类企业发行债券 47 支,金额超过 260 亿元。金融力量让江苏文化产业"血脉畅通,筋骨强壮"。

2. 鼓励发展文化创意龙头企业,打造品牌效应

重大项目在推动产业发展中具有明显的示范效应和功能性作用。实施文化创意产业重大项目工程,以打造国家数字出版基地、国家网络视听产业基地、国家动漫游戏产业示范区为契机,加大对骨干企业、龙头企业的政策扶持力度,引导企业自主创新和高端突破,鼓励骨干企业、龙头企业在研发投入占比、研发机构规模等方面增加投资,充分发挥这些企业的行业辐射、带动作用,提升产业链整体的技术水平。以"立足存量抓增量"为核心,鼓励支持创意性较强、有实力的企业跨行业跨所有者进行并购重组,加快企业规模化、集团化发展步伐,培植若干个超百亿元、超十亿元,且具有较大行业影响力的知名品牌和龙头企业,使其成为文化创意产业发展的中坚力量。与此同时,还应通过各种渠道对企业进行广告营销,提升企业知名度和品牌形象,在提升产品服务质量的同时提高企业的品牌口碑。

(三)扩充专业人才队伍,培育高端创意人才

文化创意产业是知识、技术、创新相互融合的新兴产业,其发展离不开文化创意产业人才。人力资本是产业发展的重要资本,人才对文化创意产业竞争力的提升具有关键作用。人才是文化产业发展的第一资源,人才的储备与培养成为引领文化产业高质量发展的关键。

截至 2020 年底,我国缴纳社保的文化产业从业人员超过 2000 万人,文化产业为吸纳就业做出了突出的贡献。从各省文化产业从业人员数据来看,2020 年文化产业强势区域在人才资源方面的优势较为明显,广东、江苏、山东、浙江、河南、北京等省市的数据位居前列,其中,广东、江苏两省数据遥遥领先,分别超过 300 万人和 200 万人。2020 年 8 月,江苏省委宣传部发布《关于做好 2020 年江苏紫金文化英才和优青推荐选拔工作的通知》,在文化艺术、新闻出版、文化创意等领域选拔 200名紫金文化英才和 600 名紫金文化优青来助力江苏省文化创意产业的发展。

但是实际上,与北京、上海、广东这类文化创意产业发展较快且规模较大的地区相比,江苏省在人才的培养、吸引力和引进方面存在较大的差距。因此,江苏省需要借助自身科学教育优势,面向产业培养和引进高端复合型文化创意人才。创新是文化创意产业的发展关键,而人才是创新的来源,发展文化创意产业,提高文化创意产品的质量需要大量的专业人才。首先,要多渠道培养人才。江苏作为教育大省,省内高校资源丰富,可以充分整合利用高校、科研院所资源,加强产学研融合发展,为文化创意产业输送更多的文化创意人才;其次,制定相关的产业人才引进计划。用优厚的条件吸引全国乃至海外的创新人才来江苏共同发展文化创意产业,为他们提供良好的平台和舒适的

环境,并建立多元化、完善的激励机制来使人才发挥自身聪明才智,为产业发展提供力量,使得江苏省成为一块创意人才聚集地,具体需要做到以下几点:

1. 建设文化创意产业人才培训基地,开设相关专业课程

文化创意产业园区与江苏省高等院校以及科研院所等进行互动,联合设立与文化创意产业相关的学院,建立文化创意产业人才培训基地,开设相关专业课程,着力加强对高端创意人才的教育和培养,将文化产业人才纳入本省人才分类评价评估体系,积极推动本省文化产业高质量发展储备高端人才。

2. 制定具有足够竞争力的优秀创意人才引进政策

文化创意产业的发展需要高层次、高技能、通晓国际通行规则和熟悉现代管理的高级文化创意产业人才。为此,江苏省需要加大文化产业人才培养引进力度,制定各种优惠政策,进行特殊扶持,吸引和留住高素质文化创意产业人才落户江苏,引进高端文化产业人才,优化文化产业人才结构,形成人才的集聚效应。

3. 增强国际合作,提高文化创意产业的国际化水平

通过加强文化创意产业从业人员的国际交流,开阔从业人员的国际视野,在选派人员出国研修,培养具有世界水准的专业人才的同时,还要重视引进国外优秀文化创意人才,提升和充实江苏省文化创意产业的人才队伍,包括引进一批海外专家和优秀团队来江苏省工作。此外,要加强与海外文化创意机构的合作,积极组织人才培训和交流,开展项目合作和举办研讨会等。

(四) 推动产业融合发展,发挥产业集聚效应

1. 推动产业融合,培育新的产业增长点

在各种产业中,文化产业是综合性、渗透性、关联性比较突出的产业,与多个产业存在天然的耦合关系,具有融合的深厚基础和广阔空间。农业、制造业、服务业、科技、旅游等相关产业都可以为文化的交流和传播提供平台,为文化资源的开发提供载体,实现文化产业的市场化和规模化。文化创意产业具有低能耗、高科技附加值、高相关产业融合度等特点,推动文化创意产业与相关产业融合,一方面可以为文化产业提供开发新产品、新服务、新业态等巨大商机,推动文化资源在更大范围内合理配置,进而促进文化产业跨越式发展;另一方面可以使文化创意嵌入相关产业的研发、设计、品牌营销等高端价值链环节,提升相关产业的附加值,推动相关产业的转型升级。推进文化创意产业的发展,促进其与实体经济深度融合,是培育国民经济新的增长点、提升国家文化软实力的重大举措。在文化创意产业与金融业的融合发展中,金融是现代经济的血液,以金融为抓手,推动银企对接,纾解文化企业特别是中小微企业的融资困难,是推进文化金融融合的重要命题。2019 年浙江成立全国首家文旅专营银行——农行杭州文旅支行,未来 5 年内将为重点文旅项目提供 1000 亿元意向性信用额度;2020 年,广州市文化金融服务中心设立 2 亿元"文化和旅游产业纾困基金",有力帮助受疫情影响严重的中小文化和旅游企业解决融资难问题。江苏省也需要加以借鉴以解决本省文化创意企业融资难、融资贵的问题。在文化创意产业和工业的融合发展中,要推动设计服务与工业的纵向产业链延伸与横向服务链的拓展,激发产业升级的动力;文化和旅游融合发展是文化产业融合发展的另一个重要方面。突发的新冠肺炎疫情使得文化旅游业遭遇巨大损失。为推动文化产业和旅游产业复工复产,2020 年各省市积极推介文旅融合重点项目,促进文化和旅游深度融合。

在文化创意与旅游业的融合发展中,要打造旅游魅力的智核,营造丰富的内容、多元的主体和动态的发展框架;在文化创意产业与农业的融合发展中,要结合中国的农业发展阶段性要求,以休闲农业项目为突破口,建立具有生态文化价值和现代服务业意义的农业形态。

2020 年 11 月,文化和旅游部出台了《文化和旅游部关于推动数字文化产业高质量发展的意见》,落实文化产业数字化战略,推进文化产业线上线下融合发展。数字文化产业用户数快速增长,数字文化产业发展空间巨大,前景广阔。文化产业的产业融合还需要运用互联网技术、大数据技术和多媒体技术提高产业的技术含量和科技附加值。江苏省以创新、跨界、融合思维谋划文化创意产业发展,坚持"文化创意产业＋互联网""文化创意产业＋资本市场""文化创意产业＋科技创新""文化创意产业＋文化消费""文化创意产业＋文化消费""文化创意产业＋文化贸易",走出文化创意与相关产业融合发展的新路径,抓创新驱动、抓需求培育、抓成果转化、抓重点突破,强化文化创意的先导作用,实现与相关产业全方位、深层次、宽领域的融合发展。

当前,江苏省面对文化产业重大需求,突破了无障碍智能手语交互技术、智慧电视关键技术、显示芯片技术等一批核心关键技术,提升了全省文化产业的整体创新能力。据统计,"十三五"以来全省认定文化类高新技术企业 600 多家,实施 330 多项省级文化科技项目,累计安排省拨科技经费达 7.8 亿元。江苏省美术馆水印版画材料与技术研究实验室被认定为文化和旅游部重点实验室,江苏有线下一代广播电视网络 HINOC 技术创新及成果转化实验室被认定为国家广电总局重点实验室。

2. 推动产业集聚,发挥规模经济效应

产业集聚日益成为提升产业竞争力的重要因素,对于产业的发展可以起到重要的推动作用。针对文化创意产业,重视集聚效应有助于形成地区文化品牌,促进产业内部的良性竞争。在品牌创建过程中,江苏省有关部门可以从财政资金、人才培养、项目推介等方面给予支持。例如,文化和旅游部开展了国家级文化产业园区服务能力提升计划,对文化产业园区的服务类项目给予资金支持;开展文化和旅游产业高级经营管理人才研修班,面向国家级文化产业园区、国家文化产业示范基地、重点旅游企业等单位的高级经营管理人才提供培训服务等。2020 年江苏省国家级文化产业品牌的数量为 55 个,包括国家级文化产业示范园区、国家级旅游度假区、国家文化和旅游消费示范城市、国家级文化与金融合作示范区、国家文化产业示范基地、国家文化和科技融合示范基地等。江苏省文化创意产业的发展虽然已经初具规模,但是还未发挥很好的集聚效应,市场占有率相对不够高,因此可以通过培育重点文化创意产业园区、龙头企业以及开发重点项目等形成产业集群和完整的产业链,提升产业的整体竞争力。通过产业集聚来加强产业的交流与沟通,扩大企业规模,有利于充分发挥规模经济效应,提高企业的实力和经济效益。

当前在江苏,文化产业集群正汇聚成一个个文化阵线,构筑着文化产业新版图:扬子江文化创意城市群群峰并峙,南京建设国家文化科技创新中心和文学之都,苏州打造全球文化创意设计之都,镇江打造全国数字内容创意基地,南通打造国际版权产业示范区。预计到 2022 年,扬子江文化创意城市群将成为全省文化产业发展先导区,所以需要平衡省内各地区的文化产业发展并着力打造文化创意产先导区来带动全省文化产业的发展。长三角文化产业发展示范区气象万千,放大江苏省出版内容生产、数字电影制作、广播电视、网络视听、创意设计服务、文化旅游发展、文化设备制造等相关文化产业领域领先优势,可以与沪、浙、皖协同打造中国文化产业高质量发展引领区。

（五）协调区域产业发展差异，发挥地区比较优势

1. 协调区域产业协调发展

江苏省在现有基础上已经发展了众多文化创意产业园区，包括江苏（国家）未来影视文化创意园区、苏州阳澄湖数字文化创意产业园、常州创意产业基地等，但是总体来看大多数集中于苏南地区以及南京，显然，文化创意产业在江苏省内的发展不够均衡，存在比较明显的区域差异。江苏省应该重视地区间的协调发展，出台相关政策引领江苏省内各地区文化创意产业集聚平衡，在苏北、苏中以及苏南三个地区都可以形成强有力的产业集聚现象，促进江苏省内文化创意产业空间布局合理化发展。同时，培育区域特色重点品牌，以重点大项目带动产业发展，发挥优势，促进共同发展，提升整个文化创意产业的竞争力水平。针对江苏省各地区文化创意产业发展差异性的问题，需要协调苏南地区、苏中地区和苏北地区的经济发展，缩小地区间的经济发展水平差异，进而带动整个江苏省文化创意产业的竞争力水平提升。

2. 培育创新环境，发挥地区比较优势

产业结构日渐趋同问题已经成为江苏省文化创意产业园区发展中急需解决的问题之一。长三角地区是中国文化创意产业发展的先行地区，江苏省应当紧随长三角地区的发展潮流，在把握长三角地区文化创意产业总体发展趋势的同时，还要挖掘苏南地区、苏中地区和苏北地区的城市文化内涵，结合自身优势确立自身独特的发展特色和方向。在传统产业内融入本地创意元素，并且提高文化创意在传统文化中的贡献率，把传统产业升级为文化创意产业，实现产业的创意化。为此，江苏省需要大力培育社会创新环境，重视文化创意人才的培养。创新环境建设对于文化创意产业的发展起到至关重要的作用，一个好的创新环境必然少不了对于创新的保护制度，因此首要工作就是开发和完善知识产权保护制度。另外，文化创意产业是一个知识密集型产业，归根结底创新人才是关键生产要素，因此要从个人、家庭、学校和社会全方位地加大创新型人才的培养，注重培育青少年文化艺术方面的特长。最后，加强文化创意产业集群发展，充分挖掘各地区的独特比较优势。文化创意产业集群的发展要综合考虑各地的比较优势和竞争优势。根据地方的资源禀赋进行定位，发挥比较优势，走特色化、差异化发展之路，推动文化产业在区域、城乡间的优势互补与协调发展。综合竞争力较强的南京、苏州、无锡和常州等城市可以优先发展影视和动漫制作、时尚设计等附加值较高的子产业中；苏中、苏北地区可以将文化创意与旅游业相结合，大力发展创意旅游，提升传统旅游业的活力，还可以将文化创意产业与农业相结合发展生态农业、观光农业等。另外，江苏有着深厚的历史文化底蕴，因此要充分挖掘传统优秀文化特色，例如"南京云锦""苏州刺绣""无锡泥人""扬州漆器"等地域文化资源。

（六）加强文化创意市场体系建设，拓展营销渠道

1. 开拓文化创意消费市场，提高市场占有率

构建以国内大循环为主体、国内国际双循环相互促进的新发展格局，势必要求形成强大国内市场，而扩大内需、促进消费则是重要支点。任何一个产业的发展离不开市场的作用，尤其是在中国社会主义市场经济制度下，文化创意产业的发展需要完善的产业市场体系。江苏省在现有产业规

模的基础上,应当充分拓展文化创意有关的消费市场。十八大后,我国进入了新时代,社会的主要矛盾转变为人民日益增长的美好生活需要和不平衡、不充分发展之间的矛盾。随着生活水平的提高,越来越多的人越发关注文化和精神的需求。因此,江苏省应当抓住现在的时机和机遇,研究开发符合大众审美和喜好的产品或者项目,大力宣传和推荐文化创意产品,提供安全高效的消费环境,扩大文化消费市场。此外,江苏省还要放眼全球,在法律、产业结构、投融资、税收、出口政策等方面给文化创意产业大力支持,使江苏省在全球激烈竞争环境中不仅能够站稳国内市场,还要积极拓展国外市场。"走出去"是江苏省文化创意产业发展的一大战略,这样在国际市场上能够更好地彰显中国文化的影响力,对品牌价值有巨大的提升作用。

2. 拓展文化创意产业营销渠道,提升企业综合竞争力

构建以国内大循环为主体、国内国际双循环相互促进的新发展格局,势必要求形成强大国内市场,而扩大内需、促进消费则是重要支点。2020年受到新冠疫情影响,人均文化消费支出和占比持续下滑,文化消费新场景亟需打造,文化消费水平亟待提升。随着互联网技术的发展,多媒体、自媒体等技术不断创新,传统的营销方式在文化创意产业的应用显得格格不入。为了更好地在文化创意市场中抢占份额,在注重内容和质量为王的基础上强调营销制胜。江苏省应当积极采用多种营销方法,线上利用新媒体中各类载体策划营销活动,建立文化创意网站、设置微信公众号、利用微博以及网站广告投放等多种方式;线下采用报纸、宣传海报、图书、杂志等纸质媒介进行宣传和营销,同时举办各类大型活动,如文化节、旅游节、美食节等主题活动,吸引更多的人参与进来,促进文化消费,取得较好的营销成效。

2020年12月,文化和旅游部通过评定确定了第一批国家文化和旅游消费示范城市15个、国家文化和旅游消费试点城市60个,以此为抓手挖掘文化消费潜力。江苏省也在扩大文化消费、打造文化消费新场景、促进文化消费增长方面也进行了许多有益尝试。例如,苏州市推出"姑苏八点半"系列文化消费活动和夜经济品牌,实施文化消费拉动战略,发展苏州夜经济,成功入选"2020夜间经济二十强城市"。建立多元化的营销渠道,扩大消费需求,完善文化创意产业市场体系,在业内形成良性竞争,有利于促进产业提质增效,实现企业综合竞争力水平的提升。

参考文献

[1] 江苏省统计局.江苏统计年鉴 2021[EB/OL].江苏省统计局网站,2021.

[2] 国家统计局,中国统计年鉴 2021[EB/OL].国家统计局网站,2021.

[3] 江苏省统计局.2020 年江苏省国民经济和社会发展统计公报[EB/OL].江苏省统计局网站,2021.

[4] 江苏省文化厅.2020 年度全省文化发展相关统计报表[EB/OL].江苏省文化厅网站,2021.

[5] 国家文化部.2020 年中国省市文化产业发展指数报告[EB/OL].国家文化厅网站,2021.

[6] 蒋园园,杨秀云,李敏.中国文化创意产业政策效果及其区域异质性[J].管理学刊,2019,32(05):9-19.

[7] 姜玲,王丽龄.文化创意产业集聚效益分析——以北京市文化创意产业发展为例[J].中国软科学,2016(04):176-183.

[8] 高秀艳,邵晨曦.区域文化创意产业竞争力评价与对策分析——以辽宁省为例[J].企业经济,2013,32(01):121-123.

[9] 王慧敏.文化创意产业集聚区发展的 3.0 理论模型与能级提升——以上海文化创意产业集聚区为例[J].社会科学,2012(07):31-39.

集聚区篇

2020年新增省级生产性服务业集聚区概况

一、苏州高新区狮山金融服务业集聚区

1. 园区概况

狮山金融服务业集聚示范区位于狮山商务创新区（筹）内，四至范围为西临长江路、北至金山东路、东临运河路、南至竹园路。走进狮山金融服务业集聚示范区，听不到隆隆的机器声，也见不到运转不息的流水线。集聚区规划有金融服务、商务服务、人力资源、生产性支持服务、信息技术服务5个功能区，总占地面积为1.54平方公里。

2. 园区定位

企业提供全方位的服务，助产业快速提升能级，狮山商务创新区（筹）的生产性服务业正异军突起。集聚区围绕狮山商务创新区"三中心、一标杆"建设目标，完善多元化金融服务体系，以狮山路沿线、金融商务广场楼宇为主要载体，重点吸引保险、创投、银行、证券等各类金融机构和金融监管部门，形成立足商务创新区、服务高新区、辐射苏南国家自主创新示范区、链接长三角，汇集以保险机构为主，各类金融、类金融以及金融科技企业协同发展的金融集聚区。

3. 园区优势

政策激励积蓄强大发展后劲。近两年，狮山金融服务业集聚示范区发展"一路向好"，金融服务、商务服务、人力资源、生产性支持服务、信息技术服务等生产性服务业项目不断涌现。时下，构建自主可控的现代产业体系，更要发挥好生产性服务业的"润滑剂"和"加速器"作用，推动创新链、资金链和产业链的精准对接、快速融合。

4. 远景规划

未来，狮山金融服务业集聚区将进一步发挥金融源头活水作用，营造有利于生产性服务业爆发式增长的营商环境，通过不断优化升级举措，为发展生产性服务业打造最舒心的环境，提供最广阔的舞台。

二、徐州科技创新谷

1. 园区概况

徐州科技创新谷位于云龙湖风景区南端大学路两侧，毗邻中国矿业大学。原规划面积约5.9平方公里，沿大学路自北向南规划布局起步区、核心区和拓展区三个科技创新功能区。徐州科技创新谷是徐州市委、市政府贯彻新理念、践行新理念，建设"一城一谷一区一院"战略决策的重要组成部分。

2. 园区定位

徐州科技创新谷主要定位为立足徐州高新区的优势创新资源集聚区、政产学研金深度融合发展示范区、区域性高新技术产业发展助推器。作为淮海经济区产业科技创新中心的重要载体之一，将努力打造区域性优势科技资源要素集聚的高地,高新技术产业、战略性新兴产业和"四新"经济的集聚高地和科技与产业相融合、产业与城市相融合的活力新城。完善功能配套,汇集创新要素,推动项目建设,壮大产业规模,为高标准建设区域性中心城市、实现经济高质量发展作出新的更大贡献。高标准打造各类创新中心和产业园区,推动中心城市的区位优势、科教优势、生态优势转化为产业发展优势。加快集聚各类创新要素,建好用好产业技术研究院,着力培养和引进科研团队,大力招引和培育科技型企业,以创新要素集聚形成产业转型发展的"强引擎"。加快创新成果产业化,通过构建成果转化平台,落实成果转化激励政策等,打通科技成果转化"最后一公里",为提升产业核心竞争力、推动产业迈向中高端提供有力支撑。

3. 园区优势

优化政务服务,精心组织好项目路演、投资推介等活动,优化科技金融服务,积极引进创投、风投和产业基金,出台优惠政策,帮助企业招引人才、引进技术,有效促进技术与产业对接、企业与资本对接。加强科技创新谷管理体制创新,合理确定属地、管理中心和国资公司的工作职责、服务事项和管理权限,按照市场化、实体化运作的要求,抓好日常建设运营工作,在打造一流营商环境、提升政务服务水平上下更大功夫,及时协调解决项目建设、园区运营、企业发展遇到的新情况、新问题,各司其职、形成合力,推动科技创新谷建设发展迈上新台阶,实现新跨越。

4. 远景规划

近年来,科技创新谷建设发展取得明显进展,功能设施配套不断完善,创新载体建设加速推进,科技成果转化成效显现,科技企业集聚初具规模,为深入实施创新驱动发展战略、加快推动高新技术产业发展提供了有力支撑。下一步,科技创新谷要全力以赴"固底板、补短板、树样板",进一步打造一流平台载体,集聚创新资源要素,构建创新生态系统,完善管理运营体制,努力实现项目与技术对接、人才与产业结合、研发与市场互动、创业与投资共赢,加快推动创新成果产业化,为老工业基地振兴转型汇聚新动能。

三、常州恒生科技园生产性服务业集聚示范区

1. 园区概况

常州恒生科技园经过不断改革发展,园区已经具备大规模开发建设的总体框架,形成了良性循环的软硬投资环境,吸引了多地区企业的投资。园区地理交通条件优越,区内交通四通八达,道路宽敞平坦。园区坚持按照"规划先导、基础先行、内外资并举、可持续发展"的要求,本着"外向型、高起点"和"持续、快速、安全、健康"的发展理念,充分发挥园区临海区位、原料丰富、设施齐备、物流便捷和贴近市场等方面的独特优势,通过完善基础设施配套、稳步推进产业链招商,全面提升管理服务水平。园区配套完善,基础设施完备。

2. 园区定位

常州恒生科技园规划以低层独立写字楼为主,倡导"双生态绿色园区"和"花园办公、绿地办公"

的发展理念,立足建设一个适合创新型中小企业成长发展的一流科学园区,以及引进一流的高科技企业成为常州创新产业的核心园地。建设创新型中小企业成长平台,建设一流的科技园区,引进一流的高科技企业。

3. 园区优势

依托恒生电子及关联企业的产业能力,建设中国一流的金融软件研发中心。安防产品集成中心及软件外包基地社会影响将给常州市的高科技产业的发展、产业结构升级带来巨大影响。

4. 远景规划

园区旨在鼓励和吸引国内外装备制造产业,促进装备制造产业高科技发展升级,重点加强水资源、工业废弃物、废气、生活垃圾的循环利用系统构建,引入先进的生产模式,根据产业特点,制定装备制造发展政策,促进产业发展升级,服务经济,为区域内装备制造产业的长远发展提供充分的技术支撑和项目支撑、人才支撑。建立港口机械、石油钻探机械、冶金设备、工程机械和汽车、船只修造产业基地。

四、太仓高新技术开发区总部企业集聚区

1. 园区概况

以万达商圈为核心 3 平方公里的中央商务区,集行政、商务办公、文化展览、商业和居住功能于一体,目前已完成太仓国际广场、高展商务大楼、国贸大厦、汇金大厦、东亭大厦、能源大厦等 9 个商务楼宇项目,总建筑面积 55 万平方米,总投资超 25 亿元。

2. 园区定位

太仓高新区紧紧围绕建设现代田园城市的目标,借势上海,主动承接区域高端资源,形成以总部经济为主,文化创意、工业设计、服务外包共同发展的蓬勃态势。以万达商圈为核心的 3 平方公里中央商务区,集行政、商务办公、文化展览、商业和居住功能于一体。

3. 园区优势

高新区中央商务区集聚耐克、国信等总部型企业 14 家,涌现讯唐物流、欧泰投资等高成长企业,对我市服务业集中、集聚、集约发展起到了很好的促进和推动作用。

4. 远景规划

打造一批新的城市地标,形成承接公司总部、金融中心和专业化生产服务机构的商务圈,为发展总部经济和现代服务业提供城市载体。

五、无锡惠山软件园现代服务业集聚发展区

1. 园区概况

无锡惠山软件园经过不断改革发展,已经具备大规模开发建设的总体框架,形成了良性循环的软硬投资环境,吸引了多地区企业的投资。

2. 园区定位

在产业培育中,惠山软件园以物联网为龙头的新一代信息技术产业、以智能制造解决方案为主

的智能装备产业、以信息服务外包为主的服务外包产业、以总部型服务贸易为主的现代服务产业等四大主导产业为核心,同时与传统制造企业形成联动,在区域内实现产业优势互补以及产业链的协同、升级。

促进差异化发展,惠山软件园从国家网络安全信息技术研发为主导的可信计算出发,以新落户园区的可信计算产业基地为抓手,将物联网、工业互联网等领域的专业人才逐步向网络信息安全靠拢,形成资源互补,全面推动可信计算技术在无锡各领域落地,为信息技术创新应用奠定基础。

3. 园区优势

无锡惠山软件园(以下简称"惠山软件园")是江苏典型的"小而精"软件名园代表之一,先后被认定为"国家科技企业孵化器""国家级小型微型企业创新创业示范基地""国家中小企业示范平台",获评中国科技园区最佳创业环境奖、江苏省互联网产业园、江苏省省级软件园、江苏省双创示范基地等 30 多项品牌荣誉。

4. 远景规划

园区围绕电子信息产业、生物医药研发、新能源新材料研发、装备制造研发、软件与信息服务等门类,全力打造科技研发产业集聚区,已形成涵盖人才、研发及产业化的全方位的扶持政策体系,积极吸引和支持海外人才创新创业,着力打造完整的电子研发产业链,并围绕产业链培育出一批富有竞争力的电子研发产业集群,建设产城融合发展的科技新区。

六、大丰港现代物流中心

1. 园区概况

大丰港现代物流中心项目由大丰港开发建设有限公司发起,联合多家企业共同投资兴建,预计总投资 25 亿元,近期投资 6 亿元。该项目远期规划 6 平方公里,近期实施 2 平方公里,大丰港是江苏省重点建设的三大深水海港之一,是国家一类对外开放口岸,已建成集装箱、粮食、散杂货、滚装等万吨级以上泊位 19 个,建成进口粮食指定口岸、全国沿海第二个进口粮食海进江减载口岸;开通集装箱直航航线 8 条,其中至韩国仁川港、釜山港和新万金群山港国际航线 2 条。

2. 园区定位

重点建设货运枢纽、国际中转、商品交易、配送中心等四个核心功能板块。

3. 园区优势

大丰港现代物流中心项目积极响应扩大内需政策导向的实际步骤,园区先后被评为江苏省"省级服务业集聚区""省级重点物流基地""省级示范物流园区"和"省级生产性服务业集聚示范区"。

4. 远景规划

今后将进一步完善大丰港集疏运体系,不断提升港口功能,增强货运能力,扩大营运效益。积极抢抓江苏沿海开发、长三角一体化发展机遇,主动策应该市国家海洋经济发展示范区建设,不断强化物流功能集聚,做足"港"的文章,推动现代物流业高质量发展,实现新跨越。

专栏　大丰港现代物流中心加快建成综合性现代化物流枢纽

发布时间：2020－07－22　　来源：新华日报

近年来，盐城大丰港现代物流中心积极抢抓江苏沿海开发、长三角一体化发展机遇，主动策应该市国家海洋经济发展示范区建设，不断强化物流功能集聚，做足"港"的文章，推动现代物流业高质量发展实现新跨越。园区先后被评为江苏省"省级服务业集聚区""省级重点物流基地""省级示范物流园区"和"省级生产性服务业集聚示范区"。

一、集疏运体系更趋完善

大丰港是江苏省重点建设的三大深水海港之一，是国家一类对外开放口岸，已建成集装箱、粮食、散杂货、滚装等万吨级以上泊位 19 个，建成进口粮食指定口岸、全国沿海第二个进口粮食海进江减载口岸；开通集装箱直航航线 8 条，其中至韩国仁川港、釜山港和新万金群山港国际航线 2 条；上海港与大丰港实现战略合作成立合资公司，大丰港引进上海港的资金、人才、管理、系统等，充分放大"沪丰通"通关模式优势，全力打造上海港北翼集装箱分拨中心，力争到 2022 年大丰港集装箱吞吐量突破 100 万 TEU。积极策应淮河生态经济带国家战略，加快内陆"无水港"布设，增强对内陆腹地辐射功能。大丰港已建成全国最大的风电装备出口基地之一、全省唯一的进口木材熏蒸基地、苏北地区首家县级保税物流中心，2020 年 1—6 月份完成货物吞吐量 2642 万吨、集装箱 12.4 万标箱。大丰港铁路支线全面开工建设，10 万吨级深水航道一期工程二阶段、海事监管码头、刘大线四级航道升三级等重大工程加快推进，"公铁水并进、江海河联通"的综合交通运输体系逐渐显现。

二、特色物流竞相发展

大丰港现代物流中心充分发挥省级现代服务业集聚区和重点物流基地载体品牌优势，依托大丰港保税物流中心（B 型）和国家级进口木材检验检疫处理中心，已初步形成以木材、粮食、煤炭、集装箱、风电、汽车等为重点，保税物流、粮油深加工及农产品冷链物流、风电大件、大宗散货集散中转、汽车整车运输为特色的物流产业体系，积极拓展专业仓储、加工定制、展示交易、期货交割等增值服务。2020 年 1—6 月份，园区实现营业收入 62 亿元、税收 1.08 亿元，入驻企业达 88 家。

三、项目建设如火如荼

始终坚持项目为王，突破重大项目，加快提升园区高质量发展新水平。至 2019 年底，大丰港现代物流中心已累计完成投资约 106 亿元。兴农大宗农产品保税仓二期、泰和 30 万吨储备粮库等项目开工建设；康启新粮食仓储及稻谷加工、国际集装箱物流中心等一批重点项目按序时加快推进。园区在建粮食仓储项目仓容达 120 万吨，建成后年周转粮食能力达到 300 万吨，将成为我国中部沿海重要的粮食物流节点；全年进口木材量将突破 100 万方，成为中国东部沿海重要的木材集散地。以中韩（盐城）产业园临港产业配套区建设为引领，以中国（盐城）跨境电子商务综合试验区建设为契机，发挥大丰港对韩港口通航优势，大力发展跨境电商产业，努力建设中韩产业合作的新高地和新通道。大丰港现代物流中心将牢固树立新发展理念，践行"两海两绿"发展新路径，进一步突出"港口、物流、仓储"核心主业，积极打造特色物流全程供应链，大力发展现代航运服务业，全面提升综合能级，推动产业转型升级，积极打造长三角北翼现代物流枢纽。

七、常州市科教城

1. 园区概况

常州科教城位于经济发达的江南历史文化名城——常州，分为高教园区、科技园区，是国家高职教育发展综合改革实验区、国家大学科技园和国家海外人才创新创业基地。园区现有科技人才 10000 多人，其中有高级职称或博士学位的 2400 多人，国家级高层次人才 59 人，海归创业团队 210 个。中科院、牛津、北大、清华、南大、东大、哈工大等著名大学、大院、大所在此设立分中心、研发机构和孵化基地。园区现有国家、省、市科技项目 547 项，产学研合作项目 556 项。

2. 园区定位

科教城着力打造教育、科技和社会开放共享的公共平台。集中建设设备先进、规模较大的现代工业中心、现代设计与制造中心和各类实验室；建设拥有 2 万 G 容量的图文信息系统和 300 余万册图书资源的信息平台；建设包括科技会堂、高职技能鉴定所、高技能人才交流中心、面向社会的培训中心、部分产业测试中心、技术产权交易市场、创新创业服务中心、后勤服务中心和科教创新联盟等科技中介服务体系。

3. 园区优势

常州凭借优越的地理区位，多次抓住历史上经济文化中心南移的机遇，以特有的文化底蕴，在不断发展和升华中创造了自成序列的马家浜文化、崧泽文化、良渚文化。常州区域文化内涵丰富、个性鲜明、充满生机。南宋大诗人陆游曾盛赞常州"儒风蔚然，为东南冠"。

常州科教城坐落的常州不仅是沪宁诸城市中的中心城市，更是京杭空间直线距离最短的直线枢纽城市。常州在苏南地区、江苏省乃至长江三角洲是其他城市不可比拟，有着绝对区位优势的城市。不可多得的地理位置，有着能方能圆、能多能少、相对富裕的土地资源，存在着社会和经济发展的巨大空间和构建城际经济、打造超大城市的天赐良机。

4. 远景规划

科教城将进一步加强科教技术平台的建设，为中小企业科技产品研发、成果转化提供装备和服务，为学校教师、学生参与创新创业提供良好的条件。

八、常州西太湖电子商务产业园

1. 园区概况

常州西太湖科技产业园（江苏武进经济开发区）规划面积 90 平方公里，紧邻湖水面积 164 平方公里的江苏南部第二大淡水湖——西太湖，近城临湖，风景优美，生态良好。开发区位于长三角城市群的中心位置，与南京、上海、杭州等距相望，交通十分便捷。沿江高速、常泰高速穿区而过，京沪高铁、沪宁城铁、沪宁高速、锡宜高速、312 国道、常州城市南北高架滨湖段、京杭大运河傍区而过。于 2015 年底正式动工的沿江城铁在常州西太湖科技产业园（江苏武进经济开发区）西太湖畔设有常州南站。

2．园区定位

园区主要引进电子商务、数据中心、呼叫中心、云计算、物联网、互联网、移动互联网、跨境电商等国内外行业知名企业，其中重点引进电商平台运营、代运营、平台服务、软件系统开发、数据分析、营销广告、渠道推广、专业咨询、仓储物流、视觉设计、网店摄影、人才培训等行业细分领域的知名或龙头企业。

3．园区优势

园区周边拥有20多所优质院校教育资源，可以方便入驻企业快速实现人才本土化。其中与园区相邻的常州科教城内有6所高校，现有在校学生8万人，每年毕业生2万人，各类人才资源较为丰富。

4．远景规划

将园区打造成中国电子商务配套服务产业集群发展示范基地、国家电子商务示范基地、国家电子商务创新试点区、国家国际服务外包示范区。

九、江苏省连云港杰瑞科技创意服务业集聚区

1．园区概况

杰瑞科技创意产业园位于连云港市新浦区海连东路42号，前身为中船重工集团公司第七一六研究所海连路工作区。2012年底，中船重工集团公司第七一六研究所响应国家大力发展文化产业的号召，利用军工科研院所现有优势资源和人才、产业优势，在市委市政府的支持下，联合市宣传、文化、科技、商务、工商、人社等主管部门共同打造杰瑞科技创意产业园。园区遵循"保留原有建筑，彰显科技特色，服务艺术创意"的原则，计划投资5亿元，充分利用七一六所老所区的资源优势，通过市场化运作，对园区进行统一规划、改造、招商及运营管理，建成占地100亩，建筑面积近6万平方米的园林式科技创意产业园。

2．园区定位

园区秉承"共享共赢、创意未来"的理念，依托国家、省、市有关部门的政策优势与研究所雄厚的科研实力，融合科技资源，整合服务功能，坚持"市场引导、科技支撑与社会参与相结合，公共服务与专业服务相结合，统一规划与分步实施相结合，市场运作与服务开放相结合"的建设原则，不断完善综合服务体系，拓展科技创新空间，努力创建苏北地区一流、面向全社会开放、特色鲜明的示范型园区。

按照"积聚发展、打造特色"的理念，园区重点发展以文化创意、软件开发、动漫网游、广告传媒、艺术设计与培训、文化交流与服务贸易、文化旅游等为主要方向的文化产业。园区空间布局，主要分为五个功能区。

3．园区优势

（1）产业优势。园区内现有高新科技类企业4家，依托杰瑞科技集团拥有的4个行业测试中心、4个研发制造中心和2个省级工程技术研究中心，以及硕士点、联合博士点和博士后科研工作站。园区可为科技型企业提供相关的技术支持和服务。

（2）政策优势。园区将集中科技研发、文化创意类企业的优质资源，申办省级科技示范园区，

为入园企业争取税收、专项资金和政策等各类优惠政策。园区依托江苏杰瑞科技集团开发区产业基地，为科技型企业预留广阔的发展空间。

4. 远景规划

园区将计划吸纳100家文化创意类企业，实现3000人以上的知识型人才就业，为连云港市首家规模最大的科技创意产业园区和现代服务业集聚区。

十、江苏数字信息产业园

1. 园区概况

江苏数字信息产业园坐落在美丽的太湖之畔——无锡惠山新城，由深圳清华大学研究院与无锡市政府于2008年9月合作设立，服务于清华的科技成果转化和无锡的社会经济发展。

2. 园区定位

十多年来，园区形成了"三大产业""五大核心""六大集聚""九大载体""十大目标"的发展格局。

三大主导产业：新一代数字信息技术、新一代数字信息技术，集物联网、高性能集成电路和云计算等先进技术为一体，园区通过孵化慧眼数据、闻心电子、神探电子等一大批优秀企业，建设数字信息企业集聚区，引领新一代数字信息产业发展。

智能制造产业，是新一代信息技术与先进制造技术的深度融合。园区通过引进博伊特、致惠航空、风谷节能等优质企业，推动无锡由"制造大市"向"智能强市"转变。

新材料产业是指主要产品是新材料和由新材料的性能、价值所主导的延伸产品的产业；新能源产业是指包括新能源技术和产品的科研、实验、推广、应用及其生产、经营活动的产业。园区通过引入石墨烯（2010年荣获诺贝尔物理学奖的前沿新材料，美国两大百亿扶持产业之一），孵化培育烯旺科技、第六元素、格菲电子等多家石墨烯企业，共同打造无锡"烯"望。

3. 园区优势

园区完全企业化运作，独立运营、自筹资金、自负盈亏，是以新一代数字信息技术、智能制造、新材料新能源产业为主导的集政、产、学、研、资于一体的创新型高科技园区。

远景规划

① 打造成为清华力合系长三角区域的"领头羊"；② 建设好特色鲜明、影响度高的数字信息研究院；③ 搭建离岸孵化器，每年引进1—2家国外高科技项目；④ 培养数字信息、新材料新能源、智能制造领域10家龙头企业；⑤ 成立风投公司和基金管理平台，整合调配20亿元风险投资基金；⑥ 累计孵化企业1500家，培育15家上市公司；⑦ 累计申请专利3000件，引进高层次人才300名；⑧ 实现园区年产值100亿元，地方税收10亿元；⑨ 建设好园区的培训学院，成为企业管理者接受继续教育的首要选择；⑩ 提升园区服务品质，打造民营高科产业园的行业标杆。

十一、镇江市润州区商务金融服务集聚区

1. 园区概况

润州区商务金融服务集聚区位于南徐板块，是润州大力发展城市型经济、产业集聚发展的重要

产物;是进一步优化润州产业结构,提升产业层次的主要抓手;是润州未来经济城市发展的政策高地。该集聚区规划面积1.45平方公里,主要载体建筑面积31.1万平方米。

2. 园区定位

以商务服务为特色、金融服务为支撑、科技服务为亮点。集聚区内拥有星云镇江创新中心、长江金融产业园、易创投资平台等7家公共服务平台,截止到2019年底,集聚企业383家,营业收入超50亿元。

3. 园区优势

为了更好地服务企业,积极创新运营管理策略,园区构建了"四大公共服务"体系,即投融资服务、行政事务服务、人员培训服务、市场接入服务等,涉及银企对接、人才交流、企业培训、政策申报、创业导师讲座、品牌策划、工商法税等全方位服务。

基于园区集聚优质企业的基础上,设立了镇江中小企业金融服务中心,集聚基金、科技孵化项目及服务型企业,整合金融产品资源及企业需求信息,打通产业链上下游通道,专项精准对接企业。此外,园区还与众多银行、保险、基金等资金方合作,为创新创业企业提供资金服务,助力中小微企业成长壮大。

4. 远景规划

重点引进与集聚保险、证券、基金等金融机构及律所、会所、评级等中介服务机构,整合金融产业上下游资源,服务地方实体经济,致力于打造金融产业链,建设金融生态圈。

镇江市润州区:打造有颜值、有内涵的城市服务业功能区

来源:新华日报 2020年12月26日

润州,是镇江行政中心所在地,是"山水镇江""生态镇江""人文镇江"的缩影。行政区划调整以后,润州区转换思路,积极探索发展城市经济的路径,在项目引育、产业转型、全域旅游、精细生活等方面进行改革和创新,并在实践中逐渐形成了具有鲜明导向的城市服务业功能区。

一、围绕"基金+人才+载体",建造创新驱动城市智慧库

探索"基金+人才+载体"的一体化运作,润州区推进政府和社会资本合作,由基金定投,并在创投机构和载体双轮驱动下引进和培育具有发展潜力的项目,提供从承接引进、落地建设到成果转化的一站式服务,实现了全区在智能制造研发领域的新突破。

发挥基金杠杆效应,设立首期1亿元规模的产业引导基金,并委托管理人镇江国投创业投资有限公司对项目资源进行筛选、评估,以项目为导向设立子基金,先后引进了树实科技、合达人工智能、中润梦田、虹湾威鹏无人船、上博智像等多个科技、人才项目,累计投入1549万元。

重视人才引领发展,建立了"人才+项目"联动招引机制,出台"润州英才"计划、新型企业家培育等系列人才新政,慧灵科技的创始人带着机器人项目从深圳到润州二次创业,落户仅一年实现销售超千万元。

加快服务业载体建设,打造了联想·星云镇江创新中心、长江金融产业园等孵化载体,为企业提供孵化加速和人才培育服务,在引进特色产业的同时积极承接上海、南京等地非核心功能转移,以楼宇为空间载体全面发展"立方经济"。

二、着眼新模式新业态，打造产业升级城市核心区

聚焦新产业、新业态、新模式，润州区助力企业在转型中抢抓新机遇，以楼宇经济纵向攀高撑起服务业发展新高地，增强城市发展的核心动力。

润州以制造服务业发展为突破口，在"智造"招商领域新引进了近 10 个优质项目落地。树实科技致力于开发以人工智能技术为核心的新型物联网产品，树立了全区智能制造产业新的标杆。润州鼓励区内工程服务业企业科技创新、构建全价值链专业服务体系，已拥有中谊抗震、建科工程、绿建工程等多个高新技术企业。

以传统商贸业转型为主抓手，聚焦"互联网＋商贸"，凭智慧新零售打通线上线下，培育长申、瑞祥全球购等智慧连锁超市，以及倍全便民、苏宁小店、京东今鲜汇等智慧社区便利店。与瑞祥科技集团合作为辖区居民发放电子消费券，促进消费升级。

以产业集聚区构建为着力点，重点打造了以商务服务、科技服务和金融服务为主的商务金融服务集聚区，集聚区规划面积 1.45 平方公里，主要载体建筑面积 31.1 万平方米，目前入驻企业近 400 家，年营业收入超 50 亿元。

三、立足旅游体验提升，塑造诗情山水城市休闲体

润州区以"旅游＋"开发旅游新业态，全面提升旅游品牌的美誉度。

以休闲旅游亮化了点睛之笔，创成"国家级城市中央休闲区"，这在全省有 4 家，全国仅 12 家。通过举办西津灯会、HIFI 音乐节、中秋晚会等活动打造夜游经济。以文化旅游延伸了产业链条，作为省级文化创意产业园和市级旅游风情特色小镇，立足古渡底蕴，对文化体验、文化创意等产品进行特色化引进和精细化运营，常态化举办文化活动，吸引大量外地游客慕名而来。以智慧旅游提升了服务品质，景区实现 WIFI 全覆盖，并通过"西津渡掌上社区""镇江西津渡"等微信平台，为游客提供线上景区引导、文化展示等服务。

四、基于社区服务升级，营造宜居幸福城市桃花源

将视线下移，润州通过微服务、微治理探索现代化城市品质发展的新模式。以万科社区为试点构建了一个功能相对完善的现代化综合社区，社区辖区总面积 1.5 平方公里，涉及 9 个住宅小区，拥有社区便民商圈、学校、文体卫生等完善的配套设施，并引进了万科、金港、润嘉、禾和等知名物业进行小区管理。以黎明社区卫生服务中心为试点创新基层卫生服务模式，黎明中心以分级诊疗为导向，与江苏康复医疗集团镇江市第一人民医院合作组建全市首家"联合病房"，并在全省创新设立全—专联合门诊和家庭医生工作室，实行家庭医生定人定点定时服务。此外，该中心还与镇江九久老年康复中心共同组建九久黎明医养中心，在老年公寓设置医疗服务点，积极探索民办公管医养新模式。

"镇江润州，和润之州"。随着更多的产业项目落户、更多的年轻人在此安居乐业、更多的人流连忘返，新的润州已成为"镇江很有前途"的一张个性名片。

十二、江苏徐州永嘉科技创业园生产性服务业集聚区

1. 园区概况

徐州永嘉科技园是由江苏永嘉投资控股集团投资、江苏永嘉工业科技发展有限公司建设、徐州

永嘉科技园管理有限公司运营的现代化科技园区,园区总规划面积 1000 亩,一期占地约 155 亩,规划建筑面积 10.2 万平方米,总投资 4 亿元。一期建成后可入驻大约 60 家中小科技企业,预计年产值 10 亿元,利税超亿元。

2. 园区定位

永嘉科技园的产业定位为节能环保、新材料、电子信息、医疗器械、智能制造、消防安全、互联网+等战略性新兴产业,主要吸纳从科技孵化器毕业的高成长性、年销售收入 1000—10000 万元之间的中小型科技企业。该园区独创了"622"运营模式,即:园区厂房 60%出售,20%出租,20%合作入股,以保证科技园的长期可持续发展。园区累计实现技工贸总收入 3.2 亿元,转化科技成果 11 项,申报国家专利 23 项。

3. 园区优势

永嘉科技园 2014 年获批"江苏省科技企业加速器""江苏省重点培育小企业创业基地"及"省信息基础设施建设试点项目",并获得"徐州市孵化器考核优秀"荣誉,2015 年获批"江苏省科技企业孵化器",并被列入"2015 年度智慧徐州重点项目""江苏省科技创业孵化链条建设试点单位"。

4. 远景规划

园区本着高起点规划、高标准建设、高效能管理的理念,打造一个集生产、研发、办公、商务、休闲、生活配套、娱乐为一体的综合性产业新城。

十三、江都沿江物流集聚区

1. 园区概况

江苏江都沿江物流产业园规划占地面积 12 平方公里,将依托 14 公里长江深水岸线和完善的口岸查验设施建设 16 座万吨级以上开放泊位,打造年吞吐量 1 亿吨的区域性物流中心,兼具进口铁矿石通关保税、中转加工以及钢铁制成品的采购仓储、定型配送等功能。目前,园区已引进中国远洋、中国海运、中信泰富、香港昌兴、安徽海螺等知名企业。

2. 园区定位

沿江物流产业园规划采用边建边投产的方式,随着中信泰富铁矿物流、中海船用钢材集配、江苏三汀(集团)钢材物流、扬州龙川钢管物流项目的建设,江都经济开发区沿江物流园将兼具进口铁矿石、通关保税、中转加工以及钢铁制成品的采购仓储、定型配送等功能。

3. 园区优势

江都沿江物流园最大的特色就是依托长江,依仗深水岸线,重点发展航运物流,再配合公路物流和即将建成的苏中机场,最终形成立体式的物流网络,将以扬州东翼为据点,辐射苏中、京沪走廊沿线。

4. 远景规划

江都拥有独特的物流优势,拥有宁通、京沪、海溧 3 条高速公路和宁启铁路,南濒长江,京杭大运河穿境而过。苏中机场也即将建设完工。江都港为国家一类对外开放港口,雄居长江之滨。沿长江逆流而上可直达安徽、江西、湖北等中上游地区,顺流而下可直抵上海,国际航班可直达世界各大港口。江都港拥有 3.5 万吨件杂货码头、1 万吨综合码头、3000 吨液化气码头、万吨舾装码头各一座,可常年停靠 5 万吨以下货轮,海关、检验检疫等口岸服务机构配套齐全。在苏中的区县中,江都区的工业规模企业多,工业门类齐全,特别是特钢加工、车船制造及配套件、机械电子三大千亿产业群,都是大运输量、适合发展物流业的产业。

十四、太仓市生物医药产业园

1. 园区概况

太仓市生物医药产业园成立于 2012 年 2 月,是太仓市委、市政府为大力发展战略性新兴产业,加快经济转型升级,统筹全市生物医药产业发展而成立的高科技产业园区。园区形态上实行"一园多区",核心区规划占地面积 9.73 平方公里,首期建设 2.9 平方公里启动区。拥有昭衍、中美冠科、雅本化学、致君万庆等 20 多家研发创新能力强、科技含量高、发展潜力巨大的规模生物医药企业。

2. 园区定位

园区将建设成为集研发、孵化和生产为一体的综合性园区。按照产业聚集、特色鲜明、功能完备、错位竞争的思路,重点构建生物医药、研发孵化评价和医疗器械三大基地,打造太仓市新的增长极,加快经济结构转型,对接上海,融入长三角经济圈,促进当地产业的升级,推进城乡一体化发展。

3. 园区优势

园区按照生物医药产业积聚、特色鲜明、功能完善、错位竞争的思路,积极推行引进政策为企业发展提供政策支撑,推动产业园快速发展。

4. 远景规划

园区按照产业集聚、特色鲜明、功能完备、错位竞争的思路,打造集研发、孵化和生产为一体,具备完整产业链,具有一定知名度,影响力的现代化生物医药产业园区,努力成为太仓新兴产业的重要增长板块。

专栏　太仓生物医药产业园揽资 33.45 亿元,其中外资 3.8 亿美元

太仓生物医药产业发展再迎强劲加速器。昨天(3 月 10 日)下午,10 个项目通过现场签约和视频签约形式,集中落户太仓市生物医药产业园,总投资达 33.45 亿元。其中,外资项目总投资 3.8 亿美元,进一步为太仓全市实现生物医药产业 500 亿级规模增强后劲、积蓄力量。

生物医药产业作为推动经济发展的重要增长点,是太仓支持发展的"1115"主导产业之一,也是苏州重点打造的地标产业。苏州明确提出要将生物医药产业作为"一号产业",打造唯一性、领先性、标志性的产业生态和创新生态。

沙溪镇作为太仓生物医药产业重镇,近年来紧紧抓牢招商引资和项目建设"生命线",纵深推进太仓市生物医药产业园开发建设,成功挂牌苏州市级生物医药产业园,引入了一批技术新、竞争力强的优质企业,建设了昭衍生物硅谷、星药港等一批定位高、投入大的载体项目,生物医药产业呈现集聚集群、高质量发展的良好势头。

疫情发生后，太仓市生物医药产业园全力以赴推进企业的复产、工地的复工、项目的落地，及时兑现落实太仓"惠企十二条"政策，为企业采购防疫物资提供补助，补贴企业房租 16 家。推行项目全过程、全链式服务，鼓励、帮助企业在做好疫情防控的前提下，及早复工复产，把耽误的时间抢回来，落下的进度赶上来。

目前，太仓市生物医药产业园的企业复产率达 100%。6 个省市重点项目在建工地已实现100% 复工，信立泰加班加点生产首支新药注射用重组特立帕肽，完成了第一批订单并进入医院销售；金普诺安加大蛋白酶 K 的生产力度，以确保新冠病毒核酸检测试剂盒重要原料的供应；昭衍新药作为国内药物非临床评价最完整的平台，正与研发企业共同承担起抗击新冠病毒药物的评价工作。

同时，太仓市生物医药产业园成功吸引一批优质项目落户。此次集中签约的 10 个生物医药项目，既有生物科技前沿的重大项目，又有代表全球领先水平的人才项目。总投资达 2 亿美元的聪明制药缓控释制剂产业化项目，将在产业园建设高端制剂药品的开发与产业化基地，致力于新型长效药物制剂开发，产品线涉及心脑血管、肿瘤等领域。该项目占地 95 亩，其中，一期注册资本 3500 万美元，将启动 600 平方米研发实验室及 40 亩供地建设，预计 3 年内实现销售额 10 亿元。

据了解，接下来，太仓市沙溪镇将继续努力在苏州打造生物医药产业地标中找准定位，用营商环境的"最舒心"、配套设施的"全方位"为项目落地按下"快进键"。

同时，太仓各相关部门将加强协作配合，强化业务指导，以政策的"连环招"、服务的"组合拳"让项目建设跑出"加速度"。

十五、沭阳苏奥电子商务产业园

1. 园区概况

沭阳苏奥电子商务产业园位于沭阳南部新城，由本地和外地的电商企业联合投资开发，项目规划用地约 253.8 亩，计划总投资 8 亿元，总建筑面积 32.34 万平方米，其中，商务办公（含商业服务配套部分）约 20 万平方米，住宅约 12 万平方米。园区面积 10 万平方米，成为电商产业新高地、城市经济新增长极。

2. 园区定位

形成集电商办公、小微创业的孵化、电商人才的输出、供应链的整合、产品的创新设计、工业品电商、本地特色农产品营销平台、金融服务为一体的产业互联网高地。

3. 园区优势

沭阳县委、县政府对本园区的大力扶持从政策支持到金融服务，为企业发展提供有力保障，苏奥电商产业园将入驻美工、运营等第三方机构，为电商企业提供运营、信息传播等全方位服务。

4. 远景规划

将逐步引领沭阳互联网＋传统企业的升级乃至转型，带动电商企业产业化、品牌化发展，促进县域经济的再次腾飞。

十六、徐州鼓楼云创科技园

1. 园区概况

云创科技园位于徐州市区西北部,占地面积 150 亩,建筑面积约 18 万平方米,由 30 栋建筑组成,是徐州鼓楼区高标准打造的重要科技创新载体,是优化重构鼓楼高科技产业的试验田和高端高新产业集聚区。

2. 园区定位

园区以人工智能、"互联网+"、智能制造、电竞动漫等新兴产业为主导,以打造集产业链、人才链、资金链、服务链于一体的创新创业生态系统为目标定位。

3. 园区优势

产业园在运行中实行统一的物业管理,有完善的配套服务。在园区内,建立有公共服务中心,为企业提供创新专业服务体系,包括人力资源、社会保障、金融服务、法律服务、入驻咨询、物业服务、项目服务、企业注册、商务服务、科技服务等服务。

4. 远景规划

云创科技园园以人工智能、"互联网+"、智能制造、电竞动漫等新兴产业为主导,着力引进知名企业、行业龙头企业以及新兴产业的领军企业入驻园区,最终打造成为一个集产业链、人才链、资金链、服务链于一体的创新创业生态系统。构建苗圃—孵化器—加速器—产业园"四位一体"的创新创业服务链条,完善"产业+企业+平台+人才+载体+金融+政策"区域创新体系,围绕"云物移大智""四新经济",把该园区打造成区域性产业科技创新中心的重要支撑板块。

十七、海安软件科技园服务外包集聚区

1. 园区概况

江苏海安软件科技园于 2007 年 8 月 28 日正式开园,成为苏中、苏北地区第一家县级软件园,坐落于国家级开发区——海安经济技术开发区东部产业新城,位于沈海高速出口和二级编组站海安火车站之间。沈海高速、江海高速将海安融入上海、南京"两小时都市圈";新长铁路、宁启铁路将海安与全国铁路网无缝对接,宁启铁路复线和沪通铁路把海安推向"高铁时代",届时 45 分钟到上海、1 小时达南京。

2. 园区定位

围绕"苏南同步、苏中一流""三年成形,五年成城"的目标,建设成集创新、创意、商业、商务、文化、休闲、居住一体化的创新高地、创业乐园,打造成综合型、创新型、生态型的百亿级软件和服务外包产业基地。依托"枢纽海安、物流天下"、千亿级装备制造业基地、万人呼叫中心等产业优势,重点招引物流软件和物流信息服务、呼叫中心、嵌入式软件等软件和服务外包项目。

3. 园区优势

园区为入驻企业提供办公用房房租减免、企业宽带费用补贴;企业增值税、营业税、所得税、个人所得税补贴;呼叫中心和客服中心运营补贴;企业各类认证、参展补贴;企业人才培训、招引补贴

等。为企业发展做好政策支持和服务。

4. 远景规划

园区规划建成"一心五园":高新技术创业服务中心(国家级)、科技孵化产业园、加速成长产业园、软件研发产业园、服务外包产业园、总部经济产业园。

专栏　海安软件科技园再次荣膺"中国数字服务暨服务外包领军企业特色园区"

来源:海安市商务局 发布时间:2020-10-20

近日,由中国商务部、中国国际投资促进会等共同举办的第十一届中国国际服务外包交易博览会在杭州如期举行。在会期首日下午举办的中国数字服务暨服务外包领军企业推介会上,海安软件科技园荣获"2020中国数字服务暨服务外包领军企业特色园区"奖项。

服务外包是指企业将其生产经营过程中的某些环节或流程交由专业企业提供,从而降低成本,提高效率,发挥各自优势。中国国际服务外包交易博览会是我国目前唯一一个国家级服务外包领域展会。本次大会以"推进万物互联,开拓数字化外包,构建智慧型社会"为主题,作为大会重要组成部分,中国数字服务暨服务外包领军企业推介活动是业内极具权威性和公信力的服务外包推介平台。

海安软件科技园成立于2007年10月,是江苏长江以北县级城市中起步最早的省级软件科技园,在全省省级服务外包示范区综合评价中列第18位。近年来,海安软件科技园紧紧围绕长三角一体化国家战略,充分转化枢纽优势为发展优势,全力打造产业平台,全面优化发展环境,成为长三角北翼县级城市中服务外包产业高质量发展的生力军、主阵地。

今年以来,东华软件培训中心的办学资质获批,园区7家企业入库省高新技术企业培育库,2家企业入围南通市工业互联网及智能制造服务资源池单位,5家企业项目在市以上创新创业大赛中获奖,入库省科技型中小企业库2家,新增南通市级服务业创新示范企业1家,江苏品德网络科技有限公司成为海安软件行业首家省三星级上云企业,南通东华软件有限公司开发的软件入围省互联网创新力产品前20强。园区顺利接受江苏省创业示范基地现场考核,被评为江苏省生产性服务业(服务外包)集聚示范区。继去年获得"2019中国数字服务暨服务外包领军企业特色园区"奖项后,园区今年再度蝉联该奖项,继续保持奖项江苏唯一。

十八、新弄里科创服务集聚区

1. 园区概况

新弄里科创服务集聚区紧紧围绕"科创新城、孵化高地"定位,把科创服务作为整合创新资源、集聚科技项目的"强磁场",重点建设集孵化器、科技人才服务、商务配套等功能分区,全力打造辐射全市、领先苏北的科创服务示范区,于本月成功跻身全区省级服务业集聚示范区"方阵"。目前,该集聚区拥有企业480家,已建成人力资源服务平台、可可空间科创服务平台、励行孵化器等公共服务平台3个。2019年底,实现营业收入25.3亿元,同比增长32.5%。现代服务业集聚区是加快服务业发展的重要抓手,对推动产业升级、优化产业结构、提升城市能级具有重要意义。

2. 园区定位

新弄里科创服务集聚区把科技创新和人才服务作为整合创新资源、集聚科技项目的"强磁场",

加快培育科技服务市场主体,落户水创环保科技、天网通信等检验检测、科技服务企业81家,创新型企业数量快速增长,新增高新技术企业1家,新入选市区两级高企培育库15家;随着江苏盐城人力资源服务产业园成功获批全省江北地区首家省级人力资源服务产业园,集聚区内优质人力资源服务渠道进一步畅通,已成功入驻博尔捷、新城人力资源、人才网、英思铂锐等人力资源服务企业25家,汇聚科技人才6800多人。

3. 园区优势

为更好地服务于集聚区的发展,营造良好的科创文化氛围,配套完善的创业灵动空间,集聚区全力打造融合主题街区、文化创意设计、运动休闲潮玩为一体的商业综合体。国家开放大学智慧健康研究中心、苏北首家国家级广告产业园、若贝特机器人、画你创意设计中心、蓝宙智慧教育等一批行业领军项目正全速推进。

4. 远景规划

新弄里科创服务集聚区项目将紧紧围绕"科创新城、孵化高地"定位,聚焦服务新高地、孵化新空间、潮玩新元素核心要点,致力于创成服务盐城、辐射苏北和全省的科创服务示范区。

十九、淮安电子商务现代物流园

1. 园区概况

淮安电子商务现代物流园是淮安区委、区政府积极顺应快速发展的互联网经济,从淮安区实际出发,通过强势招商引资而全力打造的以快递(快运)物流、电子商务、现代仓储(供应链)为主导产业的现代服务业园区。园区总规划面积5500亩,在建、建成面积近1700亩,距京沪高速淮安区出口约1公里,毗邻在建的淮安高铁枢纽站,区位优越,交通便捷。

2. 园区定位

园区内企业主要从事快件分拣配送、电子商务、仓储和呼叫中心等业务,服务苏北、鲁西南、皖北,已开通北京、上海、天津、长春等70多条直通线路,未来将逐步辐射全国各地。园区快递企业日均发件量达300万件,全年转运票件量近10亿件。

3. 园区优势

目前,已有圆通速递、中通速递、韵达快递、申通快递、天天快递等6家全国知名快递企业区域分拨中心和德邦快递、宅急送、百世汇通等快递公司落户园区。与此同时,围绕快递(快运)分拨上下游产业不断补链强链,大力发展电子商务和现代仓储业。目前,已集聚了包括康乃馨、威特、寒舟等淮安市电商网络销售额前三名在内的约百家电商企业在园区注册运营,菜鸟、百世、富春、利群等知名企业来园区建仓、设仓。

4. 远景规划

园区将继续围绕"扩量、提质、升级"的总体思路,加快促进电子商务与快递(快运)物流、现代仓储深度融合发展,进一步强化电商、物流、仓储产业链条,完善园区功能配套,加速产业集聚,壮大产业规模,提高运营质量,提升园区品牌形象。预计到今年底,园区实现开票销售18亿元,入库税收超亿元,力争把园区打造成苏北一流、全省前列、全国有重要影响的电子商务现代物流园区。

二十、苏州相城影视产业园

1. 园区概况

苏州相城影视产业园位于中国园林之城、人间天堂——苏州,坐落于苏州市高铁新城南天成路58号,于2016年07月19日在苏州市相城区市场监督管理局注册成立,注册资本为1200万元人民币。在发展壮大的五年多时间里,公司始终为客户提供好的产品和技术支持、健全的售后服务。

2. 园区定位

主要经营影视产业园的管理,影视企业孵化服务,网站建设,影视文化项目的投资、开发,广告制作,广播电视节目制作,电影制作,电影发行,演出经纪服务,表演培训(不含国家统一认可的职业证书类培训),文艺表演服务,文化艺术交流活动策划。

3. 园区优势

影视产业园区目前已成立苏州相城影视动漫产业协会,致力于联合长三角影视动漫资源,促成相城区影视动漫企业与国内一线平台及企业合作。同时,高水平举办各类动漫影视专场论坛,服务全国影视动漫类公司,全力打造影视动漫界的亚布力经济论坛。

4. 远景规划

影视产业园将导入企业60家,入驻影视动漫类企业人员规模超1200人。

专栏　相城携手山东艺术学院电影学院　共建"产教融合"影视新模式

来源:区新闻中心　发布日期:2020-06-11 17:32

6月11日,"山东艺术学院电影学院创作与社会实践基地"和"影族创制基地产学研科创中心"在苏州相城区影视产业园正式揭牌,为促进相城区影视产业集聚和人才培育注入新的活力。苏州市委宣传部副部长、市政府新闻办主任杨芳,山东艺术学院电影学院院长王坪,高铁新城党工委副书记、管委会主任、北河泾街道党工委副书记、办事处主任阳红卫,相城区委宣传部常务副部长王少辉等出席活动。

"山东艺术学院电影学院创作与社会实践基地落户相城,对产业园影视人才的集聚和产业的发展有着巨大的促进作用。"王少辉在现场表示。作为运营方的山东艺术学院电影学院、华皇电影将共同探索"校企合作、产教融合"的新模式,搭建集文化交流、专业人才培养、创新就业为一体的产学研中心和大学生双创平台,推动和实现学术与实践的市场转化。

据介绍,2014年底,基于相城重力打造文化产业的发展目标,电影频道制作基地落户苏州相城区影视产业园,华皇电影应运而生,主要专注全流程影视制作,其核心技术团队已完成近600部电影后期制作,是迄今国内电影后期制作完成最多的技术团队。

山东艺术学院电影学院是面向影视产业、行业培养影视高素质专业人才的本科院校,目前设有戏剧影视美术设计和影视摄影与制作两个本科专业。影视制作专业设有剪辑、录音、摄影三个方向,与以影视制作为抓手的相城区影视产业方向匹配。

活动现场,王坪、安吉等6名专家被聘请为"大学生创新创业导师",并颁发聘书;电影项目"苏州+泛娱乐"现场发布。

据悉,近年来,相城根植城市人文特质,整合区域内外资源,将"大文化"作为三大产业之一,予以重点扶持打造,吸引了紫光数码、泰丰文化、华皇电影、红鲸影视等一批知名企业扎根,目前已集聚文化产业经营单位3000多家,规模以上文化企业74家。除了苏州相城影视产业园外,还建有阳澄湖数字文化创意产业园、新门户众创空间等一批服务完善、特色鲜明的文化产业园区载体。2019年,相城区全区文化产业增加值达43.44亿元,同比增长17.60%,文化产业增加值占GDP比重达4.88%。(戚文丽)

二十一、江苏常州人力资源服务产业园

1. 园区概况

产业园坐落于常州新龙国际商务区人才广场,园区总面积约5.62万平方米,由主、副两栋楼组成,以人才市场为载体,基本形成以公共服务区、企业入驻区、人才交流区、园区服务区、创新创业基地、产业园线上平台为主要内容的"四区一基地一平台"的功能布局。整个园区规划可容纳50余家人力资源服务机构入驻办公,同时配套提供金融、商务、会务、客房、餐饮等服务。

2. 园区定位

产业园围绕民生为本、人才优先的发展目标,以产业引导、政策扶持和环境营造为重点,采用"政府主导、多方联动、市场化运作"的模式,业内品牌效应凸显,经济效益持续增长,运营的第一年就实现了当年运营、当年见效的目标。

3. 园区优势

产业园不仅为全区企事业单位用人服务、社会个人的就业创业等提供多方位、一体化的公共平台和市场化服务,也形成了人力资源服务产业集群,为常州国家高新区实施"人才强区"战略、优化发展环境奠定了坚实的基础。

4. 远景规划

奋进正当时,追梦再出发。产业园将以此次筹建省级人力资源服务产业园揭牌为契机,牢固树立新发展理念,完善政策体系,创新发展机制,充分发挥市场在人力资源配置中的决定性作用,不断增强园区的吸引力与凝聚力,提高园区的产业集聚能力和承载能力,努力建设成为集集聚、拓展、培育、孵化、展示、交易等功能于一体的现代化产业园,为推动区域经济社会发展和常州高质量发展走在全省前列,建设"强富美高"常州高新区提供人力资源服务保障。

二十二、南通市综合电子商务产业园

1. 园区概况

南通市综合电子商务产业园是南通市十大市级示范性服务业集聚区,也是南通市政府与崇川区政府共同打造的发展电商经济、促进产业集聚、培育特色楼宇的重要载体。园区以"一个园区、一个专业化运营管理团队、一个公共服务平台、一套扶持政策体系"的方式,构建专业服务网络,加快电商企业向园区集聚,通过搭建并植入专业化、功能化的公共服务平台,提供咨询、融资、培训、交流、知识产权交易等特色化服务,为电商企业发展提供环境优良、服务一流的创业空间。

2. 园区定位

依托南通家纺、服装、电动工具等本地优势产业,招引包括移动电商、数据应用、云计算、跨境贸易和电商培训、电商创业、电商实训以及金融物流等项目在内的电子商务企业及其配套企业的集聚,形成电商产业生态链,成为电子商务销售达百亿级的特色电商园区,发展成带动全市、辐射长三角的苏中电子商务服务集聚区。

3. 园区优势

园区设有科技金融服务平台、知识产权服务平台、第三方服务平台、公共研发服务平台、人才招聘和培训平台、一站式基础服务平台等六大平台,主要提供科技金融、政策咨询、科技创业、人才招聘和培训、公共研发、高研院科技成果转化、知识产权、一站式基础服务等服务,全力推动辖区中小企业健康快速成长。

4. 远景规划

南通市综合电子商务产业园一期入驻率达80%,招引企业超100家,门类涵盖电子商务平台、电子商务托管、电子商务人才培训、家纺、母婴用品、社区服务、餐饮娱乐等多个行业和领域。进一步优化功能,将园区建成中国家纺电子商务服务中心、中国电子商务创新发展示范基地、江苏省电子商务示范基地、省服务外包示范区等。

二十三、南通智慧产业园服务业集聚区

1. 园区概况

南通智慧产业园位于港闸经济开发区境内,总面积约1.4平方公里。

2. 园区定位

产业园成立于2014年,以物联网产业、软件研发、服务外包、金融科技为主导产业,努力打造南通智慧城市建设的先导区、江苏沿海科技创新的示范区、长三角北翼智慧产业发展的新高地。

3. 园区优势

通过集聚发展,增强南通产业核心竞争力和综合服务能力。目前,园区内不仅有天安数码城、金融科技城、研祥智谷、紫琅科创园等优质楼宇,也包含游加、广告牛、绿科船舶、时间环三维等科技领军企业,有效推动了科技与经济的发展。

4. 远景规划

努力打造南通智慧城市建设的先导区、江苏沿海科技创新的示范区、长三角北翼智慧产业发展的新高地。通过集聚发展,增强南通产业核心竞争力和综合服务能力。

二十四、江苏南通苏通人力资源服务产业园

1. 园区概况

苏通人力资源产业园筹建于2016年,2018年获批建成。产业园以建筑面积2.5万平方米的海伦生活广场为核心平台,联合周边园区和综合载体可用面积达30万平方米。目前,园区已经入

驻人力资源服务机构114家,涵盖人才数据、互联网招聘、猎头顾问、人才测评等领域。产业园计划建成产业化、市场化、信息化、专业化、国际化的人力资源服务体系。

2. 园区定位

园区立足南通、服务苏中、辐射长三角的功能定位,坚持面向载体、面向产业、面向行业的发展定位,坚持集聚企业、拓展服务、孵化产业、培育市场的产业定位,以高层次人才引进、高技能人才培育为重点,坚持以区域联动、协调发展为抓手,推进产业园周边区域人力资源服务业协同发展,形成南通经济新的增长点。

3. 园区优势

财政、国有控股公司专门安排了专项资金,用于产业园的环境提升和软件升级,有效保证了产业园运行工作的顺利推进。

4. 远景规划

园区紧紧围绕南通市经济社会发展的内在需要,立足建立国际化的职业教育园区,将从产业项目、产业联盟、专业化服务、国际化职业教育等角度助推苏通园区及南通市人力资源服务业发展。

二十五、江苏化工品交易所

1. 园区概况

江苏化工品交易所成立于2002年6月,注册资本5亿元,主要业务涵盖市场管理服务、化工贸易等,建有石化大厦、龙港大厦总面积约10万平方米的现代化办公大楼,是张家港保税区最早建办的专业市场。

2. 园区定位

目前,市场已经成为全国乃至亚洲地区最大的液体散化集聚区和分拨中心,被CCTV财经频道指定为"中国经济观测点",现货价格是全国液体化工价格的"晴雨表",先后荣获"中国最具竞争力化工交易市场第一名""全国十大专业市场""全国商品交易市场最佳诚信奖""全国诚信示范市场"等荣誉称号。

3. 园区优势

市场吸引了包括中石化等2000多家中外化工贸易企业,涉及芳烃、烯烃、醇类、酚酮、酸碱、增塑剂、聚酯等7大类35个交易品种,辐射长江上下游企业上万余家。

4. 远景规划

未来,公司将充分借助大宗商品交易流、资金流、货物流的三流合一优势,构建一个商品集散地与物流对接的服务平台,为集团打造"大宗商品智慧物流服务平台"助力护航。

二十六、扬州曹甸文体教玩具特色产业园

1. 园区概况

曹甸镇教玩具产区隶属于江苏省扬州市宝应县,建成面积2938亩,现有文体教玩具企业102家,其中规模以上企业11家,形成了江苏宝乐实业、江苏玉河教玩具、江苏米奇妙教玩具集团等一批龙头

企业,拥有各类文体教玩具机械设备5300多台套,从业人员12600人,产出规模已达50多亿元。

2. 园区定位

通过独立举办"中国曹甸文体教玩具展销会"和"中国曹甸文体教玩具发展研讨会"等多种形式,不断扩大产业影响力和品牌知名度,强化与国内主要文体教玩具展会的互动,促进业内的交流合作,打造具有市场竞争力和知名度的玩具品牌,实现产品研发、生产、销售的专业经营,企业品牌意识不断增强。

3. 园区优势

产业链条完整,产品竞争能力较强,主要有智力玩具、健身器材、游乐设施、教育教学器材、船艇五大系列,1000多个品种。集聚区内建有研发中心、展示中心、质量检测中心和公园体验广场。2017年4月,园区被江苏省工商局和江苏省商标协会确认为第二批江苏省产业集群品牌培育基地。

4. 远景规划

下一步,园区将发挥引领示范示范作用,积极加强研发能力提升、现代物流、售后服务等生产性服务业环节,突出地方特色产业,务求实效,为当地经济发展做出更大贡献。

二十七、国际汽车试验服务中心

1. 园区概况

由盐城市政府与中国汽车技术研究中心投资共建的盐城国际汽车试验场项目,坐落在盐城经济开发区,项目总投资额20亿元人民币,占地五千亩。建成后的试验场包括高速环道、动态广场、电池能源及管理系统等测试、试验和检测模块,将成为国内先进、世界一流的汽车试验基地。

2. 园区定位

该试验场核心服务为汽车产品道路试验解决和完善,涵盖机动车法规性试验与验证、整车及零部件研发道路试验验证以及底盘类工程技术开发和整车测试;延伸服务涉及场地类市场活动。盐城国际汽车试验场的建设对整体提升盐城汽车产业技术水平,延伸汽车产业链,优化盐城工业经济结构具有重要意义,将有力提升盐城乃至全国汽车产业自主研发创新能力和全球竞争力。

3. 园区优势

场内规划有满足验证试验和开发试验的各种道路设施,可满足汽车产品认证试验和研发试验的使用需求,必将成为国内汽车工程技术/产品优化升级和创新的基地。中汽中心盐城汽车试验场将以国内领先水平的试验场地设施为载体,借助科学先进的管理体系以及高水平的软服务能力,为汽车整车及零部件研发、生产工作提供全面、优质的技术服务。

4. 远景规划

国际汽车试验服务中心将建成立足长三角、服务全国、面向全球的世界一流的汽车试验基地。

二十八、连云港汽车服务业集聚区

1. 园区概况

该项目地处解放东路,未来将打造成为将商务办公、交易采购、信息服务、企业孵化、综合服务、包装加工等功能区。目前,连云港汽车产业聚集区及周边地区具有一定规模的汽车销售、维修等相关企业98家,交易额近70亿元。

2. 园区定位

连云港汽车产业服务集聚区以汽车文化、服务、线上线下汽车交易为主,是海州区重点规划的服务业项目。

3. 园区优势

连云港市将加快集聚区建设,主动适应经济发展新常态,紧抓"一带一路"交汇点核心区优势,强力推进"产业强市"战略,利用建设现代服务业先进理念和经验,提档、提级现代服务业集聚区水平。

4. 远景规划

连云港汽车产业服务集聚区以汽车文化、服务、线上线下汽车交易为主,加快构建现代产业发展体系,建设完善汽车产业集群的生产供应链等设施。

二十九、新沂市互联网集聚区

1. 园区概况

新沂市互联网集聚区,是近年来新沂市委、市政府重点打造的专业公益性互联网产业综合服务平台。

2. 园区定位

园区着力打造"内涵丰富、产业集聚、特色鲜明、优势突出"的县域互联网外包产业发展生态。园区主要功能为中小微企业孵化,传统企业转型升级,科技成果转化,文化创意设计、技术创新、培训咨询等为一体的服务外包专业园区。目前园区入驻企业近百家,2018年总产值突破3亿元,就业人数近2000人。

3. 园区优势

园区精准定位,发展与时俱进,形成了以文创设计为主,信息技术、软件研发、金融服务协同发展的产业特色。

4. 远景规划

下一步,园区将依托优势,进一步扩大内存,招财引智、招大引强,加强人才培养,发挥产业集聚优势,提升综合服务水平,为聚焦"两城一地",实现高质量发展做出贡献。

三十、江苏省金湖电子商务产业园

1. 园区概况

金湖电子商务产业园位于金湖县城东神华东路98号,金湖汽车客运站旁,是金湖县委县政府重点打造的专业公益性电子商务创业孵化园,是金湖首个功能电子商务产业园,是金湖县区域电商整体发展建设的配套载体。金湖电子商务产业园是由金湖县广聚电子商务创业孵化园有限公司承建,由国内知名电商运营公司——上海邑力电子商务有限公司负责运营,园区总建筑面积6.8万平方米。金湖电子商务产业园经过不断改革发展,已经具备大规模开发建设的总体框架,形成了良性循环的软硬投资环境,吸引了多地区企业的投资。

2. 园区定位

园区围绕电子信息产业、生物医药研发、新能源新材料研发、装备制造研发、软件与信息服务等门类,全力打造科技研发产业集聚区,已形成了涵盖人才、研发及产业化的全方位的扶持政策体系,积极吸引和支持海外人才创新创业,着力打造完整的电子研发产业链,并围绕产业链培育出一批富有竞争力的电子研发产业集群。建设产城融合发展的科技新区,为企业提供高效、周到、优质的服务。

3. 园区优势

园区坚持按照"规划先导、基础先行、内外资并举、可持续发展"的要求,本着"外向型、高起点"和"持续、快速、安全、健康"的发展理念,充分发挥园区临海区位、原料丰富、设施齐备、物流便捷和贴近市场等方面的独特优势,通过完善基础设施配套、稳步推进产业链招商、全面提升管理服务水平。园区配套完善,基础设施完备。

4. 远景规划

未来以打造一个集复合型电子商务人才培养与储备、产业集聚、创业孵化、仓储物流、一体化的综合性电子商务示范园区,构建完整的电子商务生态链条,形成产业集聚,提升企业信息化应用水平,促进区域经济发展,形成新经济模式下的现代化商圈。

三十一、江苏医疗器械科技产业园

1. 园区概况

江苏医疗器械科技产业园位于苏州国家高新技术产业开发区,东临绕城高速,南接玉屏山,西拥万顷太湖,北依太湖大道,交通便利,风景优美。总规划占地约2平方公里,分为南部1平方公里科研创新区、权威检测和评估机构区、综合配套区,北部1平方公里产业示范区。它是苏州科技城管委会、苏高新集团联合中国科学院苏州生物医学工程技术研究所共建的医疗器械产业园。园区由苏州科技城生物医学技术发展有限公司统筹负责规划、建设、招商和进驻企业服务等工作。

园区于2009年启动建设,总规划占地约2平方公里,以生物医学工程技术和医疗设备产业化为核心,汇集从事生物医学工程和生物医药研发的企业和工程技术中心,引进权威检测和评估机构,建设医疗技术服务平台,培养高级研究开发人才,聚集高科技医疗器械企业,打造辐射长三角地区的医疗器械产业基地。

2. 产业定位

江苏医疗器械科技产业园重点招引医学影像、体外诊断、生物耗材以及诊疗设备等医疗器械四大细分领域的企业,主要方向包括spect(单光子发射计算机断层成像术)、小动物PET(基于正电子发射断层显像临床诊断技术)、全自动生化分析仪、肝癌栓塞微球、人工晶体、三维影像术中导航系统等。

目前,园区入驻率超过90%,集聚了一大批医疗器械明星企业、行业龙头,实现了创业企业和科创人才的汇聚。从入驻企业的行业分布看,医疗仪器、医疗器械、医用材料占据绝大部分,还有少部分第三方服务机构和医药企业。迄今为止,已经集聚了上市公司鱼跃医疗、中生北控、恒瑞医药,国际著名齿科器械公司卡瓦科尔,全球科学服务领域的领导者赛默飞世尔,外科手术器械专家法兰克曼,以及国内专业医疗设备 ODM 服务提供商品诺维新等 200 多家企业,产品涵盖体外诊断(IVD)、生物医用材料、微创外科、家用医疗电子、医用影像服务配套领域等多个领域。

3. 园区优势

产学研合作,已与多个高校和科研院所形成合作。目前,江苏医疗器械科技产业园引进和建设了国内一流的中科院生物医学工程技术研究所、东南大学苏州医疗器械研究院、浙江大学苏州工研院、苏州协同创新医用机器人研究院、国仟医疗科技创新研究院等科研院所。中科院生物医学工程技术研究所(简称苏州医工所)是中国科学院唯一以生物医学仪器、试剂和生物材料为主要研发方向的研究所,占地 208 亩,围绕医用光学技术、医学检验技术、医学影像技术、医用声学技术、医用电子技术和康复工程技术等研究方向,设立了 9 个研究室。已建成中国科学院生物医学检验技术重点实验室、江苏省医用光学重点实验室和 9 个苏州市高技术研究重点实验室。

4. 远景规划

园区将以生物医学工程技术和先进医疗设备产业化为核心,汇集从事生物医学工程和生物医药研发的企业和工程技术中心,引进国家级权威检测和评估机构,建设高端医疗技术服务平台,培养高级研究开发人才,聚集高科技医疗器械企业,产生集群效应,打造长三角首屈一指的国家级医疗器械产业基地。

举 措 篇

一、江苏省推动生活服务业有力有序复工复业

中国江苏网讯 2020 年 3 月 3 日,省委常委、常务副省长樊金龙在南京走访调研部分企业,并召开座谈会听取意见建议,推动全省生活服务业有力有序复工复业。

樊金龙实地察看了古南都饭店、南京新百商场、绿柳居菜馆等防疫管控和生产经营情况,听取南京市政府、部分商贸住宿餐饮企业以及行业协会的情况介绍,现场宣传解读省委、省政府出台的扶持政策,鼓励大家坚定信心、共渡难关,努力争取疫情防控和经济发展的双胜利。樊金龙对企业在困难面前保持韧劲、全力做好疫情防控、千方百计恢复经营、积极履行社会责任表示充分肯定。他指出,生活服务业一头连着生产,一头连着消费,事关群众生活和稳定就业。省委、省政府高度重视生活服务业发展,就生活服务业领域疫情防控和恢复经营工作多次进行研究部署,出台了一系列政策举措。各级各相关部门要深入学习贯彻习近平总书记重要讲话精神,加快推动中央和省委、省政府扶持政策落地落实,在分区分级精准抓好疫情防控的同时,强化政策支持,做好服务引导,严格落实安全生产举措,有力有序推动生活服务业复工复业,有效引导生活消费市场预期,着力恢复生产生活秩序。要系统分析商贸住宿餐饮等企业的成本构成,围绕降低企业成本研究制定阶段性、针对性的举措,切实帮助企业纾困解难,努力把疫情影响降到最低,进一步活跃生活消费市场,为疫情防控和发展大局提供有力支撑。樊金龙强调,广大企业要主动应对、化危为机,积极适应乃至引领群众的消费新需求,创新商业模式,拓展新的业务增长点,推动生活服务业在攻坚克难中提质增效、转型升级。

二、苏州出台十条政策意见　力解服务业企业之所难

疫情来袭,批发零售、住宿餐饮、物流运输、文化旅游、教育培训等服务业企业受到较大影响。昨天,苏州市政府进一步深化拓展苏"惠"十条的覆盖面,结合疫情影响服务业的实际情况,出台了《关于应对新型冠状病毒感染的肺炎疫情支持服务业企业共渡难关的十条政策意见》。

该政策意见由市发改委牵头制定,也是十条,共五个方面,及时回应苏州市受疫情影响服务业企业的实际诉求。

(1)帮助企业规避失信方面:针对企业因疫情不可抗力造成的违约行为,优化企业信用信息报送流程。发挥信用正向激励作用,本次疫情期间表现突出的服务业企业将在今后各类评优评先中获得优先推荐,享受惠企便企政策。

(2)缓解企业经营压力方面:鼓励减免租金物业费用,实施部分行政事业收费补助,支持民生物资保障供应,鼓励提供团体餐饮保障,鼓励物业管理等企业积极参与疫情防控,各地政府应当以政府购买服务、补助等方式给予支持,鼓励提供集中监测服务。

(3)化解企业融资困难方面:加大困难企业融资担保力度,支持国家开发银行苏州分行提供优惠利率优先为相关企业提供融资服务,各银行机构要通过无还本续贷、减免逾期利息等方式帮助企业妥善处理到期贷款。

(4)科技助力防控疫情方面:加强防疫药品研发和技术攻关应用扶持,鼓励政府数据和社会数据融合共享、互动互用,加大政府采购力度,支持医疗人工智能关键技术研发和创新产品开发。

（5）企业职工稳岗帮扶方面：鼓励企业实施灵活用工，支持企业实行综合计算工时制度，尽量不裁员或者少裁员。

三、加快沿海地区服务业高质量发展

加强对江苏沿海地区服务业发展的规划引导和政策支持，进一步优化服务业空间布局，推进区域产业协同发展，加快建设沿海服务业产业带，着力发展以海洋经济为特色的科技服务、滨海旅游、多式联运等现代服务业，深化沿海地区先进制造业和现代服务业深度融合发展，切实提升沿海地区现代服务业发展水平和特色优势。

四、新格局下新发展，全省服务业高质量再启航

全省服务业工作将深入学习贯彻习近平总书记视察江苏重要讲话指示精神，紧扣高质量发展的重点领域、关键环节，更加彻底地推进改革，更高水平地推进创新，努力在推进要素市场化配置、创新链产业链融合、构建自主可控现代产业体系上取得实质性突破。

把发展经济着力点放在实体经济上，推动生产性服务业高效优质发展亟待进一步破题。针对产业链耦合互动尚不充分、服务业高端化智慧化程度还需提升等客观问题，江苏将着力强化现代服务业尤其是生产性服务业对先进制造业发展的引领和支撑功能，在思路谋划和举措落实中强化"四个坚持"：坚持两业融合与结构优化协同。一方面，要大力提升制造业服务化水平，加速先进制造业企业从提供单一产品向提供"智能产品＋增值服务"转变。另一方面，要深化服务业制造化程度，做优面向产品制造全流程的大数据、现代供应链、全生命周期管理等的生产性服务环节。坚持技术驱动与模式创新同步。做好前瞻性产业规划布局，着力提升科技研发、高端商务、数字经济、创意经济等新兴业态在生产性服务业中的比重。坚持平台共享与载体搭建并举。引导和加强各公共服务平台间服务资源、数据信息的互联互通和共建共享，放大产业链上下游资源汇聚能力，不断提升生产性服务业发展能级和质效。坚持深化改革与扩大开放结合。继续放宽服务业市场准入，持续推动现代服务业新一轮高水平对外开放，增强高端生产性服务业领域的国际交流与合作，推动现代服务业和先进制造业协同走出去，助推服务贸易数字化进程，共同激活创新引领的合作动能。

五、服务业改革开放发展工作座谈会召开

为进一步推进服务业改革开放，促进江苏省服务业高质量发展，2020 年 9 月 9 日，省服务业发展领导小组办公室召开推进服务业改革开放发展工作座谈会，邀请中国科技产业化促进会陈诗波主任和江苏现代服务业研究院宣烨院长一行参加座谈，各成员单位交流意见，提出建议，共商如何推进服务业改革开放，促进高质量发展。

会上，服务业处陆建康处长传达学习了国家相关文件精神，向各成员单位介绍江苏省服务业开放发展情况，经改处李君良处长、陈诗波主任和宣烨院长先后发言。座谈会重点从信息服务业、金融业、专业服务领域等讨论了深化服务业重点行业领域改革开放；从优先发展先导性服务业、发展

壮大优势型服务业、积极培育成长型服务业等方面探讨了如何推动服务经济高质量发展;从消除制约服务业发展的行政壁垒、强化知识产权保护与运用等方面商讨了如何提升服务与监管水平。各成员单位结合自身职能,在如何充分发挥市场配置资源决定性作用和更好发挥政府作用,加快转变服务业发展思路,放宽市场准入,提升监管能力,优化服务业发展结构等诸方面积极发言,提供了有益的意见和建议。

六、环保服务业高质量发展助力美丽江苏建设

江苏省委十三届八次全会强调,要深化"强富美高"创新实践,高起点推进美丽江苏建设,努力打造美丽中国的现实样板。大力推动环保服务业的高质量发展可以为生态环境保护和环境污染防治提供必要的资金、技术、市场和人才支持,也可以有效带动环保装备、环保产品制造业的可持续发展,有利于助力重化工等传统产业的绿色转型、推进"4+1"污染治理工程,对推动美丽江苏建设具有重要意义。

(1) 聚焦重点领域,助力传统产业绿色转型。将环保服务业作为破解"化工围江"难题、推动长江大保护的重要抓手。重点发展"一站式环保管家"服务。培育以重化工产业为对象的"一站式环保托管服务"企业,统筹解决企业环境问题;协助各类化工园区谋划产业定位及产业布局,开展环境风险隐患排查,指导园区完善环保管理制度体系,推进"绿岛"工程建设,最终帮助园区实现绿色发展。对重化工遗留地块实施治理修复。由省发改委、生态环境厅、省环保集团牵头,引进培育各类环境修复企业,因地制宜开展"场地修复+"模式探索,使污染地块创造出最大的价值。同时,将环境修复与生态空间价值提升相结合,推广南京燕子矶地区、南通滨江及五山地区打造"城市迎客厅"的经验,以"水景牌""生态牌""文化牌"打造出"新经济牌"。

(2) 提升创新能力,破解技术瓶颈。让科技创新在平衡江苏省经济发展速度与环境保护上起到至关重要的作用。制定关键核心技术突破路线图。由省发改委、科技厅、省产业技术研究院等合作,培育环保技术研发型企业,突破生态环境保护"卡脖子"的关键核心技术,打造引领产业发展的绿色核心技术体系。鼓励发展循环经济技术。充分发挥江苏科教优势,完善政产学研深度融合机制,开展循环经济技术基础性研究,不断探讨生产全周期全过程排放管理新模式;多措并举让南京成为绿色产业技术的科学研究及产业创新中心,促进政策、人才、技术、资金等创新要素集聚。做好生态环保与新基建的融合发展。加强生态环境科技创新基础设施建设,推进国家级、部级创新平台、大数据平台等建设和布局优化,做大做强江苏省"绿色技术知识产权公共服务平台",打造领域齐全、层次分明、布局合理的生态环境工程科技创新平台体系。

(3) 发展绿色金融,破解资金瓶颈。构建支持环保服务业发展和绿色技术创新的金融服务体系。组建专业化绿色金融机构。鼓励省内金融机构设立市场化运作的绿色产业担保基金或融资担保机构,与环保服务业行业协会合作共建银企对接平台,为环保服务业企业的融资项目提供增信服务;探索发起生态保护修复基金,支持以 PPP 模式规范操作生态保护修复项目;鼓励金融机构与环保咨询行业的企业开展深入合作,共同构建环境评估数据平台、统一绿色环保行业标准、打造并共享绿色信贷信息共享平台。鼓励金融机构开展产品与服务创新。以推进泰州国家级金融支持产业转型升级改革试验区建设为切入点,探索并推广"绿色融资租赁"模式,支持环保服务业中小微企业

设备租赁业务;鼓励省内金融机构研究设计出多样化金融产品,助力环保服务产业链并购整合,以此培育壮大龙头企业。在环境修复领域探索推广绿色债券。不断完善绿色债券标准和评估体系,有序扩大绿色债券的发行主体范围,全方位扶持绿色项目,提高绿色项目和绿色债券的吸引力,降低绿色融资成本。

(4)提升专业化水平,探索高质量发展路径。在做大增量的同时做优存量,重塑环保服务业新格局。强化顶层设计。制定"十四五"环保服务业发展规划,以破解突出环境问题为导向,强化供给侧结构性改革,积极培育新业态新模式,加快培育竞争新优势。发挥行业协会联系政府与企业的纽带作用。组建环保服务业行业协会,完善监管制度体系,提高全行业规范化运营水平;利用协会促进政府有关主管部门和环保服务企业之间的交流和合作、开展环境服务业的统计和信息收集工作、制订环保服务业相关标准体系等。推进高素质专业化人才队伍建设。以全球视野引进环保高新技术领域的"高精尖缺"人才,建立海外招才引智工作站,创建海外人才离岸双创基地,拓展海外引智渠道;在高浓度、难生化的有机废水处理技术、用于生化处理的高效菌种的研究应用、先进监测设备等领域,实施高端人才平台建设工程,加强高等院校、研究机构和重点实验室的建设;设立专业化智库,开展环保服务业共性关键技术研究开发以及发展战略研究;完善高职院校人才培育机制,加快培育环保工程和环保咨询实用型人才。

七、江苏服务业标准化建设和品牌培育再提速

9月1日,2020年江苏省"质量月"活动启动仪式在南通举行。国家市场监管总局、省政府领导出席仪式,并与上海交通大学、省市场监管局、南通市领导等一起启动"质量月"活动。"质量月"是一项重要的群众性质量活动,自1978年在全国范围开展以来,已历时42年,有力见证并推动了质量振兴和质量发展。今年,江苏省"质量月"以"建设质量强省,助推高质量发展"为主题,安排了质量宣传、质量交流、质量提升、质量监管、质量维权、质量基础六大类别多场活动,力图办成质量提升月、诚信经营月、维护消费者权益月。

(一)服务业质量广受关注

服务业是国民经济的重要组成部分,而江苏省现代服务业发展一直走在全国前列。服务业标准化建设和品牌培育作为服务业质量提升的重点工作,一直为主管部门和企业所关注。酒店、养老、健身、旅游等服务业行业的质量,也事关消费者切身感受,直接影响服务对象的满足感和获得感。"十三五"以来,江苏省发展改革委安排省级服务业发展专项资金2140万元支持服务业品牌和标准化建设,奖励70个项目。在今年省市场监管局和省发展改革委共同确定的44项标准化试点项目中,服务业占了12项,涉及会议型酒店服务、全民健身场馆服务、二手车交易市场服务、高品质养老服务、现代农牧物流服务等标准化试点。服务业标准化建设和品牌培育既对全省质量工作做出了贡献,也有效提升了服务业质量。

(二)四大引擎助推服务业质量提升

江苏省服务业质量提升主要有政策扶持、人才支撑、企业培育、舆论宣传四大措施,有效促进了

服务业品牌和标准化建设。

一是加大政策扶持。把服务业品牌和标准化建设作为省级现代服务业引导资金的重点扶持方向,省级现代服务业引导资金对于获得驰名商标的服务业企业以及实施省级以上标准化项目的企业给予一定扶持,重点培育金融、物流、商务服务等生产性服务业品牌,壮大生态旅游、健康养老等生活性服务业品牌,创建电子商务、云计算、物联网等新兴服务业品牌,有力提升现代服务业发展质效。二是加大人才支撑。鼓励服务业企业引进国际知名品牌以及相关的研发、设计、营销等核心环节和高端人才,促进江苏品牌高端化发展。对品牌企业的创新和管理人才,优先组织参加在清华大学、北京大学、中山大学的省现代服务业人才培训,持续提供智力支撑。三是加大企业培育。鼓励引导企业积极参与服务业品牌和标准化建设,加快传统产业升级和新兴产业发展,通过自主品牌开发和营销管理创新,运用与推广,促进品牌升级,撬动产业升级,为经济发展提供新动能。继续实施全省"生产性服务业双百工程"和"互联网平台经济'百千万'工程",加快生产性服务业集聚区提档升级,加快培育省级生产性服务业和互联网平台领军企业。"十三五"以来共认定 107 家生产性服务业集聚示范区、138 家生产性服务业领军企业、113 家互联网平台重点企业和 38 家养老示范企业(基地)。四是加大舆论宣传。依托在省级党报开设的"江苏服务业"专刊以及江苏发改、江苏市场监管、江苏服务业等微信公众号,加大质量品牌建设宣传力度,扩大商标品牌战略实施效应,扩大社会影响力。

(三)五大举措优化服务业质量工作

未来,江苏省服务业条线将紧紧围绕省委、省政府高质量发展的部署要求,着眼于"支撑江苏制造业高端攀升"和"满足群众高品质生活需求"两大目标,进一步加强服务业标准化和品牌培育工作,以大力发展生产性服务业、推动先进制造业与现代服务业深度融合为主攻方向,不断优化全省服务业发展的产业生态、动力机制和保障措施。

一是加大政策支持力度。继续把服务业品牌和标准化建设作为省级现代服务业发展专项资金的扶持重点,省级现代服务业发展专项资金对于实施省级以上品牌和标准化项目的企业给予重点扶持。二是加强重点企业培育。加快发展生产性服务业,继续扩大互联网平台经济优势,打造一批具有国际或区域影响力的平台型交易中心,培育一批特色鲜明、竞争力强的平台经济品牌企业,集聚一批高能级、有活力的市场主体。三是加快推进"两业"深度融合发展。聚焦深度融合的重点领域和关键环节先行先试,以龙头骨干企业、智能工厂为重要载体,使"两业"融合企业的标准化建设和品牌培育迈上新台阶。四是加强服务业品牌建设所需人才培养。贯彻落实省"双创计划"、产业人才高峰计划、服务业人才境内外培训计划,组织好现代服务业海外人才引进、现代服务业企业家创新创业沙龙等活动,培养或引进服务业标准化和品牌工作所需人才。五是继续做好服务业质量工作的宣传。

八、省级服务业专项资金助推服务业高质量发展

现代服务业是江苏产业升级的重要着力点、发力点。"十三五"期间,江苏现代服务业不断领跑经济增长,并实现突破全省经济总量的半壁江山,为江苏走向更"轻"更"优"更"绿"发展夯实基础。

为进一步推动江苏服务业高质量发展,省级服务业专项资金规模和支持方式不断升级,聚焦发展重点领域,加大多维度支持力度,形成优势导向、示范引领,提升服务业创新品格,撬动江苏服务业升级"强势能"。

"一花独放不是春,百花齐放春满园。"省级服务业专项资金全面"灌溉"江苏13个设区市,培育出一批批领军企业、一家家优势平台、一个个创新产业集聚区,加速两业深度融合,铺就"江苏转型发展"新篇章。

面向"十四五",省级服务业专项资金续发"四两拨千斤"之力,助推江苏服务业以更高质量发展的脚步前行,为经济大省江苏书写"强富美高"时代答卷,投身"长三角一体化"发展、"一带一路"交汇点建设提供江苏服务之力。

九、省级专项资金撬动江苏服务业大发展

先进制造业、战略性新兴产业突飞猛进,江苏正从"数量型经济"迈向"质量型经济"。对标更高水平发展要求,2005年江苏设立省级现代服务业专项资金,由省级财政预算安排,专项用于支持江苏现代服务业发展。

多年来,省级现代服务业发展专项资金积极发挥对全省服务业项目建设的导向、示范和引领作用,大力支持符合服务业发展规划明确的重点发展领域和项目建设,带动社会投资,显著拉动了全省服务业投资,增强了服务业综合实力和发展后劲,有力推动了服务业高质量发展。

"十二五"期间,省级现代服务业发展专项资金安排了17.3亿元用于支持服务业发展。"十三五"以来,省级现代服务业发展专项资金已安排20.07亿元,支持江苏服务业项目建设和企业发展。具体为专项资金采取投资补助、贷款贴息、财政奖励、切块扶持等多种方式,用于支持两业融合试点、服务业重点项目、服务业集聚区建设、服务业综合改革试点。对于符合支持方向的两业融合项目、现代服务业重点项目、省级服务业集聚区和综合改革试点区域的公共服务平台建设项目,给予项目总投资一定比例的资金补助。对于符合支持方向、使用1000万元以上金融机构贷款用于项目固定资产投资(非商业地产)的服务业重点项目,给予不超过一年期银行贷款基准利率的贴息补助。对省级生产性服务业集聚示范区、省级生产性服务业领军企业、省级互联网平台经济重点企业、省级养老服务示范企业(基地)、省级物流示范园区各奖励100万元;对获得国家级物流示范园区称号的奖励200万元;对省级以上服务业标准化试点企业奖励20万元。对两业融合试点阶段性绩效评价靠前的区域(企业)给予财政奖励。对省级集聚区综合评价、省级服务业综合改革试点评估靠前的试点区域安排切块资金支持。

省三大服务业高地发展成效显著。南京市服务型经济总量不断提升、结构不断优化、功能不断完善,突出领军企业、平台企业、集聚区培育,加快重点项目推进,激励服务业创新发展,期间共获得省现代服务业发展专项资金扶持(含企业、园区)225项,特别是今年上半年,战疫情、扩内需、稳增长,切实把疫情冲击影响降到最低,全市服务业增加值4251.2亿元,同比增长2.9%,占GDP比重64.3%,增速居经济总量超万亿元城市第2位。"十三五"期间,苏州市累计获评21家省级生产性服务业集聚示范区,涵盖现代物流、商贸流通、科技服务、商务服务、金融服务、人力资源服务等领域,数量位居全省第一,仅集聚示范区这一领域共计获得扶持资金3100万元(含省级现代服务业集

聚区综合评价奖励)。省级服务业资金支持徐州市金驹物流园转型提档升级。金驹物流园目前已成为淮海经济区龙头钢铁物流企业,入驻企业 266 家,现有从业人数 1600 余人,2019 年主导产业营业收入 300 亿元,单位面积产出超过 3500 万元/亩。

近日,2020 年省级服务业发展专项资金投资计划下达,共 253 个项目,支持资金 38765 万元,带动社会投资 1262365 万元,形成了 1∶33 的引导带动效果,投资"杠杆效应"明显。省级服务业发展专项资金赋能成绩显著,撬动江苏服务大发展。

(一)多维发力推动江苏服务质态大提升

潮起海天阔,扬帆正当时。江苏是全国发展的排头兵、先行者,江苏服务业高质量发展正刷新江苏经济发展面貌,为全国发展带来生动实践经验。

今年,无锡正则重大疫情防控高通量快速检测服务平台、阿里巴巴江苏云计算数据中心南通综合保税区一期项目等 16 个服务业重大项目,共获得省级专项资金 5422 万用于固定资产贷款贴息;南京"云尚律政"法律服务共享平台、南通"链睿通"数据智能服务平台等 33 个服务业公共服务平台建设,共获得投资补助 5987 万元;苏州太湖云谷新一代信息技术产业园、江苏康缘区域医药产业供应链等 33 个服务业重点项目建设,共获得投资补助 5527 万元;生产性服务业"双百"工程、互联网平台经济"百千万"工程、养老综合性示范企业(基地)、服务业标准化试点、省级物流示范园区等认定获财政奖励 11680 万元。对全省 51 家省级先进制造业和现代服务业深度融合试点阶段性绩效评价排名靠前的单位实施财政奖励 5100 万元。

同时,为扎实推进省级服务业综合改革试点工作,确保试点任务圆满完成,今年组织对全省 16 个试点单位进行系统全过程检查和评估,省级专项资金专门给予切块扶持,共安排 3500 万元支持评估排名靠前的南京市雨花台区、徐州市泉山区等 7 个试点区域,每个试点区域支持 500 万元。

"十三五"时期,现代服务业升级渲染下的江苏大地锦绣万千。无锡,共获得省级现代服务业资金 6284 万元,强劲带动了服务业的有效投资,相关的企业和项目起到了重要的示范效应,相关园区进一步优化了载体服务能级,现代服务业创新发展氛围日益浓厚。南通,物流、养老、商贸、电子商务等众多服务业行业在升级引导资金的杠杆作用下快速转型升级,林森物流中心三期项目成功打造长三角区域内物流仓储、中转、甩挂和配送枢纽。常州,服务业增加值逐年提升,2019 年全市实现服务业增加值 3714.7 亿元,比 2016 年增长 26.4%,年均增长 8.1%,积极对接国家及省重点支持领域和方向,项目数量以每年 30% 以上的速度增长,引导资金撬动服务业发展作用明显。扬州,虽然"十三五"期间获得补助或贴息的项目仅有 7 个,扶持资金共计 1280 万元,但带动社会资本投资 40.65 亿元,财政资金撬动率达 317.6 倍。宿迁,江苏百盟投资有限公司在 2019 年度获得"省级生产性服务业领军企业"扶持资金,促使园区税收大幅增长,同时新增就业人数 1500 人,为沭阳物流业发展提供了强有力的支持。盐城,累计有 33 个服务业项目获得省级服务业专项资金支持,共获补助资金 4022 万元,在省级服务业专项资金的引导支持下,现代服务业综合实力和发展后劲得到增强,发展层次不断提升。淮安,软件园获得切块扶持资金 1000 万元,搭建企业发展服务中心、人才服务信息港等各类公共服务平台,创建集软件研发、技术支撑、信息服务、教育培训、生活配套和商务服务功能于一体的现代化软件互联网产业集聚区。镇江,专项资金在培育服务业新业态新模式,实现服务业转型发展、集聚发展、融合发展、创新发展发挥了巨大作用,支持 19 个项目,共撬动全市社会投资 40 多亿元,推动服务业重点项目建设,优化产业布局,增加服务业税收。泰州,三江现代物流园区获省级示范物流园政策奖励,聚力项目建设,攻坚克难,综合施策,精准发力,项目招引建设稳中有进,特色园区建设初见成效,截至 2019 年底,园区入驻企业总数达到 448 家,2019 全年实现开票销售 282.69 亿元,入库税收 6.27 亿元。连云港,获得省级专项资金支持逐年加大,2016 年至 2020 年增幅分别为 22.4%、123.7%、121.2%、59%,全市服务业占比已由 2016 年的 42.8%、2017 年的 43.4%、2018 年的 44.7%提高至 2019 年的 45%,并高于当年第二产业增加值占比 1.3 个百分点。该市经济开始进入先进制造业和现代服务业双轮驱动的新时期。

(二)创新改革打造江苏服务发展新标杆

抓创新就是抓发展,谋创新就是谋未来。江苏服务立足高地再出发,创新改革省级服务业专项资金使用,新增融资增信风险准备金及创业发展投资基金,为发展寻新高地、新势能。

"十三五"期间,为帮助中小型服务业企业解决融资难、融资贵问题,省发改委会同省财政厅从省级服务业发展专项资金里共安排 3 亿元设立省现代服务业风险准备金,作为融资增信资金,分别委托江苏银行"服务之星"、工商银行"财服贷"、招商银行"服贸贷"、民生银行"惠服贷"对中小型服务业企业开展融资增信服务。2020 年疫情发生以来,为贯彻落实《关于支持中小企业缓解新型冠状病毒肺炎疫情影响保持平稳健康发展的政策措施》,省财政厅会同省发改委联合印发了《江苏省现代服务业融资增信业务考核办法》,将各合作银行在应对疫情期间新增贷款情况作为考核加分事项。5 月 18 日,召开合作银行融资增信工作座谈会,要求合作银行加大信贷投放力度,优化融资增信服务,缩短备案时间,加快通过业务线上办理,对受疫情影响严重、到期还款困难的企业,优先给予贷款展期或续贷。截至目前,贷款余额总计 51.74 亿元,户数 1834 户,达到了提供不低于 10 倍(30 亿元)、不超过 20 倍(60 亿元)的授信额度要求,稳住了中小微服务企业发展,为激活江苏经济加码。

另外,为更好地帮助一批符合现代服务业业态及发展技术、模式先进的成长型、骨干型企业健康快速发展,加大培育产业龙头企业力度,助力江苏省现代服务业创新发展。省级专项资金累计安排 5 亿元,设立江苏省现代服务业发展创业投资基金,参与服务业企业股权投资,目前服务业基金总规模达 15.85 亿元,已投资车置宝、随易信息、南京贝迪等 32 个项目,合计投资金额 10.45 亿元,在大力扶持具有创新价值和发展潜力现代服务业项目的同时,并取得较高的投资回报。

十、服务业处在苏州组织召开部分总部企业座谈会

2020 年 1 月 7 日下午,服务业处在苏州组织召开部分总部企业座谈会,征求对《关于进一步促进总部经济高质量发展的意见》的修改建议,听取企业家对发展总部经济的政策诉求。会上,恒力集团、盛虹控股、波司登集团等 14 家总部企业作了发言。

企业家们反映,企业用人成本逐年攀高,建议能够加强人才扶持力度,帮助企业留住人才,对企业高管给予一定的薪资或住房等补贴,对其子女入学入托提供便利;企业总体税负目前偏高,建议能够通过奖励、补贴等方式给予一定的税收返还,落实研发费用加计扣除优惠政策,企业总部能够享受子公司高新企业税率;民营企业融资仍存在着融资成本高、融资难的问题,希望在帮助企业融

资方面出台相关政策;建议除了物质上的奖励扶持外,能够更侧重于优化服务,尤其是在企业上市、免退税、商事登记、信用修复等方面提供更多便利化措施。

服务业处将吸纳总部企业的意见建议,修改完善《关于进一步促进总部经济高质量发展的意见》。

十一、分类施策、靠前服务,江苏全力保障服务业进入复工复业高峰期

近期,江苏省发展改革委认真贯彻落实国家和省委、省政府关于支持企业复工复产的决策部署和政策措施,加强分类指导、靠前服务和协调保障,全省服务业企业已进入复工高峰期。截至3月2日,全省纳入监测的32893家设区市服务业规上企业中(含部分限上批零住餐企业),有24854家企业已复工复业。

全省各地在科学有效抓好疫情防控的同时,正在有力有序地恢复正常生产生活秩序,服务业企业复工情况呈现出较明显的特征。一是苏南地区服务业复工率接近八成。截至3月3日上午,苏南地区规上(限上)服务业企业21907家,已复工企业16609家,复工率高于全省平均水平。其中,南京市规上(限上)服务业企业8403家,复工企业7878家,复工率居全省最高。二是苏北地区服务业复工复业推进成效明显。苏北各市对服务业复工的支持保障力度也在不断加大,宿迁市规上服务业复工率超过九成,徐州市和盐城市复工率超过80%。其中,宿迁市建立服务业企业复工复业清单管理和动态发布机制,积极调查摸底,强化跟踪督办,及时掌握并解决项目推进中遇到的困难和问题,复工率达到90.9%,居全省第二位。三是限上批零住餐企业复工率快速提升。批发零售和住宿餐饮行业受疫情直接冲击较大,针对该行业的监测调查显示,8587家设区市限上批零住餐企业中有5578家企业复工复业,复工率达到65%,较2月中旬有明显提升。其中,盐城市列入监测的限上批零住餐企业1382家,已复工1115家,无锡市列入监测的限上批零住餐企业已复工2080家。四是全省服务业规上(限上)企业职工复工到岗率已过半数。纳入本次监测调查的规上(含限上)服务业企业职工数215.8万人,已复工到岗118.7万人,复工到岗比率超过55%,其中,宿迁、盐城、南通三市职工复工到岗比例超过70%。

近期,随着全省疫情防控形势呈现积极向好态势,多地相应下调疫情应急响应级别,制造业企业加快复产、交通出行逐渐畅通、人员陆续返程返岗,预计三月中下旬全省服务业企业复工经营将全面增效加速。江苏省发展改革委坚决贯彻党中央、国务院和江苏省委、省政府关于疫情防控的决策部署,注重远近结合、分类指导,确保靠前服务见真招、政策落地出实效。全力加强重点企业复工复业难题协调调度,集中推动省级生产性服务业领军企业、互联网平台经济重点企业和"两业"深度融合试点单位等率先复工复业,采取"一企一策"措施,开辟在线咨询服务、工单式办理等方式,加强上下联动、左右协同、系统调度,为企业复工复产提供坚强服务保障。发挥服务业重点企业在现代物流、科技服务、软件和信息服务、电子商务、现代金融、服务外包等行业的龙头带动作用,引领其产业链上下游企业尽快恢复运营,为制造业复工复产和实体经济畅通循环提供有力支撑。

十二、百家省级生产性服务业集聚示范区引领江苏省现代服务业高质量发展

"十三五"以来,江苏省发展改革委深入贯彻落实《省政府关于加快发展生产性服务业促进产业结构调整升级的实施意见》(苏政发〔2015〕41号),积极实施"江苏省生产性服务业百区提升示范工程",围绕生产性服务业的重点领域和产业方向,以"市场导向、科学规划、优化存量、培育增量、创新驱动、突出重点"为原则,致力提高产业集聚度、优化产业链条、促进企业融合发展,努力打造服务业集聚集约集群发展新高地、承载新技术新模式新业态的新平台,着力建设一批定位清晰、特色鲜明、功能完善、辐射力强的生产性服务业集聚区。"十三五"期间,共培育认定107家省级生产性服务业集聚示范区。其中,营收超1000亿元的有5家,超500亿元的有11家。

省级生产性服务业集聚示范区充分发挥产业集聚和示范引领重要作用,对服务业带动贡献作用不断增强,为全省服务业经济高质量发展提供了强有力支撑。截至今年上半年,107家省级生产性服务业集聚示范区入区企业超过12.1万家,吸纳就业人数超过187.8万人,营业收入约1.9万亿元,税收约504亿元。

经过五年培育,全省生产性服务业集聚示范区呈现出良好发展态势,在总量规模持续扩大、发展后劲不断增强基础上,各集聚示范区结合自身目标定位加速推进创意设计、金融服务、商务服务、科技服务等各类生产性服务业的数字化转型、特色化培育、高端要素集聚,其产业集群的核心竞争力正在不断增强,科技创新要素正在不断积聚,示范区内的企业和人才吸引辐射能力也在进一步凸显,一批布局合理、特色鲜明、功能完善的服务业集聚示范区已逐渐成为各区、市乃至全省服务业发展提质的新高地、城市功能提升的新载体、产业转型提速的新引擎。

(一)聚焦创新发展,加快产业提档升级

顺应产业结构优化升级要求,各集聚示范区产业业态不断丰富多元,新业态、新模式和新技术不断涌现,结构优化、特色鲜明、支撑有力、创新引领的生产性服务业产业体系正在逐步形成。南京软件园服务业集聚区北园集聚华为、中兴、三星等一批领军型企业,致力建设成为具有全球竞争力的通信软件及智能移动终端产业研发基地,南园聚焦发展云计算、人工智能、虚拟现实等新兴领域,成为软件谷未来产业发展的重要承载地。无锡(国家)工业设计园依托制造业与设计融合发展,着力培育工业设计和集成电路产业,初步形成以工业设计、集成电路设计、交通工程设计等为主的设计产业格局。南京无线谷科技产业集聚区立足在苏南国家自主创新示范区中的功能定位,以国家重大科技基础设施——未来网络试验设施(CENI)项目和网络通信与安全紫金山实验室的全面实施为引领,努力成为国家新一代移动通信和未来网络技术与产业的策源地,全面实现通信与网络产业跨越发展,为软件信息产业发展注入了新活力。

为加快生产性服务业重点领域的高质量发展,瞄准带动作用强、发展潜力高、供需矛盾突出的重点板块集中发力,围绕科技服务、信息技术服务、金融服务、商务服务等重点行业加大培育力度。无锡软件园服务业集聚区立足无锡物联网产业发源地,依托现有产业基础,聚焦物联网、软件和服务外包、集成电路等园区优势产业,加快与新兴产业的创新融合发展。吴中科技园服务业集聚区形

成了以生物医药、精密机械、精细化工、新型材料等为特色的高新技术产业集聚。盐城大数据产业园是江苏省唯一由部省市合作共建的国家级大数据产业基地,重点发展数据存储、数据应用、数据交易、数字创意产业,积极抢占数字经济发展阵地。南京市两家营收达到千亿级的生产性服务业集聚示范区(中国〈南京〉软件谷、徐庄软件园)均为软件信息类集聚区,与新街口现代商务集聚区(玄武)、南京河西CBD、新街口(秦淮)金融商务集聚区这三家千亿级现代服务业集聚区互为辉映,在集聚效应的叠加释放下,其软件信息服务、金融和科技服务、文旅健康、现代物流和高端商务商贸四大服务业主导产业的发展水平、创新能力、竞争力得到了显著提升。

要在未来具有全球竞争力,须在当下就开始蓄力。各集聚示范区瞄准信息技术、物联网、大数据、人工智能、生物医药等领域,延伸产业链,提升价值链。徐州市注重功能整合,结合各地基础条件和产业特色,通过推动县域服务业向城区集聚、向主要经济带和产业轴集合,促进产业集中集聚,9家省级生产性服务业集聚示范区主导产业集中为现代物流、软件信息、科技服务业。无锡市以培育高产出园区为目标,切实提高集聚区的单位面积产出效率,加快资源要素向主导产业集聚。无锡软件园积极推进朗新科技产业园、中电海康无锡物联网产业基地项目投产落地。目前,已投运无锡城市云计算中心、电信国际数据华东区中心、中国移动IDC等项目,同时为互联网广告企业提供云存储与大数据服务,形成全国最密集IDC区域。镇江市以生产性服务业示范集聚区为重要抓手,推动地区生产性服务业发展质效齐升。镇江国家大学科技园依托再生医学创新研究院,着力构建以再生医学研发、高端检验检测、现代健康养生为支撑的产业体系。丹阳眼镜城加快眼镜博物馆、眼视光设计中心及配套基础设施建设,并发布国内首个眼镜行业指数,全面提升集聚服务功能。大禹山创意新社区打造产业资本与优质初创项目集聚地、校地合作发展示范地,发挥孵化器作用,重点孵化、发展动漫游戏、电子商务、新一代信息技术等生产性服务业。润州区商务金融服务集聚区重点打造的以商务服务为特色,金融服务为支撑、科技服务为亮点的生产性服务业集聚区。

(二)集聚高端要素,打造优势服务平台

公共服务平台是集聚区公共服务的重要载体和实现途径,对促进产业发展和集聚区发展环境的改善具有重要作用。加快产业集聚区公共服务平台建设有利于集聚区逐步形成社会化、市场化、专业化的公共服务体系和长效机制,对于促进资源优化配置和专业化分工协作,推进共性关键技术的开发、转移与应用具有重要作用。全省服务业集聚(示范)区共建成各类公共服务平台近千个,已经形成一批全国有影响力的公共服务平台。以加强平台建设为加强各集聚示范区运行管理的重要手段进行资源的有效整合、服务的深化提升,同时通过政企联动、举办竞赛、开展座谈会等多种方式提供研发、投融资、培训、招聘等多样化的公共服务,有效降低企业经营成本,扩大企业间信息交流,大大提高了集聚区整体发展的层次。截至目前,已建成一批功能相对完善、辐射带动作用较强的综合服务平台,成为相关产业规模化、集约化、专业化发展的重要支撑,进一步实现了社会、专业平台,以及入驻企业的多方共赢、协同发展。

强化支撑功能完善专业平台。省发改委不断完善江苏省服务业公共服务云平台功能模块,优化服务业体验,实现了江苏省服务业综合业务管理、重点工作督查、发展目标考评、运行情况分析、公共信息服务等多方位功能,有效打通了各级发改部门、生产性服务业集聚示范区、公共服务平台、企业之间的沟通协调渠道,为实现服务业相关工作的公开、透明、高效发挥了积极支撑作用。

突出资源禀赋构建特色平台。扬州市聚力打造集聚区公共服务平台,省级服务业集聚区(示范区)共建成公共服务平台 62 个,占全市服务业集聚区公共服务平台的 43%。江苏信息服务产业基地(扬州)先后打造"零点电商孵化园""地理信息产业园""广陵开发区孵化园""微软创新中心"等 6 个特色孵化平台。双东文化创意产业集聚区"一号一网一区"公共服务平台基本建成。江苏(扬州)汽车科技园着力推动汽车电子研究院、二手车交易自有平台、江苏省特检院扬州综合检测基地等公共服务平台建设。扬州工艺美术集聚区构筑了集"创意研发、产品展销、人才培育、价值评估、质量检测、金融服务、创业孵化"等功能于一体的在国际、国内有影响力的工艺美术品产业发展平台,进一步促进并带动扬州工艺美术乃至文化创意产业再迈新台阶。

拓宽服务渠道打通平台壁垒。苏州高铁新城大数据产业园围绕智能驾驶产业,建设了一条国内领先的开放测试道路,重点打造一套能够满足行业共性需求的智能驾驶产业公共服务平台,包括高性能计算平台、智能云控监管平台、数据训练标注平台、仿真模拟测试平台、开放应用平台,通过平台打通了车路网之间数据联通,满足了企业公共研发需求,降低了企业共性研发成本。

发挥平台优势,实现信息共享。江苏化工品交易中心紧紧把握互联网和大数据发展机遇,加快搭建线上平台,利用线上平台加强对上下游产业的双向带动和统筹整合,推动大市场、大流通建设,促进线上线下融合发展。2017 年推出苏交网,以现货撮合、现货挂牌为业务基础,结合线上交收、线上融资、履约保障等功能,打造线上撮合平台,运用互联网手段和创新的交易机制,为市场管控交易风险、降低交易成本。2019 年完成交易额 1174 亿元,入库税收 3.5 亿元,成为国内最有影响力的化工品交易中心和权威的价格中心。南京软件园服务业集聚区推动中国(南京)软件谷管委会与北京中软国际信息技术有限公司合作共建中软国际解放号公共服务平台,打造为国内专注于软件定制领域,提供软件全生命周期管理服务,汇集专业化的云产品解决方案,客户可按需组合选用,面向中长尾市场,专业的在线交易及开发管理的软件生态云平台。盐城汽车及零部件生产服务业集聚的国际汽车试验服务中心已建成完备的道路设施、轮胎试验室、整车强化腐蚀环境试验室、轻型车排放试验室、重型车排放试验室、综合耐久路等各类国际一流水准的试验研发测试服务平台,已有超 50% 的新势力造车企业的汽车产品在盐城试验场进行研发测试。"一带一路"国际商务中心、"港港通"物流服务平台、"点点通"跨境电商服务平台等公共服务平台运营良好,"连新欧"等港铁联运出口班列高效运行,集聚区现代化、智能化、便捷化程度日益提升。

(三)服务引领智造,促进深度融合发展

企业是集聚区的发展主体,省发改委坚持将省级生产性服务业集聚示范区培育与江苏服务业创新百企示范工程实施紧密结合,积极引导集聚示范区内企业开展技术创新、业态创新和品牌创新。通过开展"两业融合"试点,充分发挥和放大江苏省先进制造业较好的基础优势,将集聚区内企业探索成功的新模式和经验加以复制推广,进一步为服务智造提质提效,生产性服务业集聚示范区已成为先进制造业和现代服务业融合发展创新突破的主战场。

通过整合提高聚合效应。南京市近年来将全市原 83 个科技园区整合为"一区十五园",统称为"南京高新园区",将原本分散的高新技术产业平台重新归整,呈现出错位发展、协同发展的新态势。其中,栖霞高新区涵盖了江苏生命科技创新园、紫东创意产业集聚区两家省级生产性服务业集聚区示范区,同时还吸纳了马群科技园、南大科技园等规模较小的科技创意集聚区,通过管理机构的整

合,高新区能够在资源分配、人才引进和招商引资等方面,按照产业特色进行统一调度,对于两个市级园区有一定的积极带动作用。

贴合需求驱动融合发展。部分集聚示范区结合本地制造业的产业需求,针对支柱产业,围绕重点产业项目突出发展科技创新创业、检验检测、金融服务等专项服务,制造业与服务业的两业融合度不断提高。太仓物流园区依托江海联运物流运作、大宗商品交易结算平台、跨境电商交易平台和保税物流平台,积极拓展以集中采购、智慧物流、互联网金融为代表的供应链管理服务,促进太仓港经济技术开发区先进制造业企业缩短订单处理周期、减低物流成本、提高企业竞争力。

依托新技术实现新突破。随着云计算、大数据、移动互联网等新一代信息技术的升级发展,互联网加速向各行业渗透,更加新颖、更具特色的服务业发展模式不断涌现。常熟服装城积极发展新零售经济,成立"产业带直播服务"办公室,将产业带直播圈内的主播、机构、供应链及市场有效整合起来,常态化组织参加各种大型产业带直播活动,逐渐形成常熟产业带共同体。为解决直播人才紧缺的痛点,成立直播商学院,围绕主播孵化、主播培训、机构运营等培训赋能产业带商家,每年计划孵化培训主播 300 个以上。2019 年常熟产业带直播销售总额 30 亿元。

找准路径抢抓发展先机。盐城大数据产业园"十三五"期间加快大数据与经济转型、社会治理、民生服务的深度融合,重点发展数据存储、数据应用、数据交易、数字创意产业,积极抢占数字经济发展阵地,已实现大数据载体面积超 100 万平方米、大数据重点项目数量超 100 个、总投资额超 100 亿元的"三个 100"目标,是江苏省唯一由部省市合作共建的国家级大数据产业基地。今年上半年,园区内天达微电子、艾格信航空、霆善 AI 视觉终端、3D 打印国际科创园、天眼查、云洲无人船等项目陆续开工建设,已完成投资 3.03 亿元。

大力发展生产性服务业引领制造业智能化发展,重塑制造业价值链,是增强产业竞争力,是顺应新一轮科技革命和产业变革的主动选择,是促进江苏省产业迈向全球价值链中高端,构建自主可控的现代产业体系、适应消费结构升级的重要举措。全省服务业集聚区(示范区)积极推动现代服务业与先进制造业深度融合发展,新技术、新业态和新模式不断涌现,形成一批"两业"融合深度发展的典型示范。南京生物医药谷近年来大力提升园区制造业企业服务化水平,着力深化服务业企业制造化程度,打造了新药检测平台、细胞产业平台、生物技术平台等一批融合发展公共服务平台。从初期的研发服务型企业,到后期的"研发+生产"两业融合企业,进行全生命周期的精准服务。盐城环保科技城智慧谷不断加快跨越发展步伐,培植环保产业新兴增长点。目前已形成集工程总包、设计研发、检测认证、工程运营、展示交易、环境金融、信息服务、教育培训等于一体的现代高端环境服务业全产业链,实现从单一产品制造到综合解决方案提供的转变。

(四)营造最优环境,构建精准服务体系

加快现代服务业领域改革创新,不断优化营商环境。落实减税降费系列政策,进一步激发集聚区内企业活力,营造有利于服务业快速发展的产业生态体系。

全省大部分市区设立市级服务业发展引导资金,通过引导资金杠杆作用,鼓励集聚区创新发展,有效激发发展活力,同时制定扶持集聚区发展的相关专项政策,鼓励集聚区提档升级,提升集聚集约水平。南通市发改委在 2019 年度、2020 年度先后开展了两轮集聚区绩效考评,每轮考评均确定了 1—3 名,按照名次分别给予 300 万元、200 万元、100 万元一次性奖励,进一步推动了市区重点

集聚区加快提质增效。无锡市制定《无锡市现代服务业高质量发展三年（2020—2022年）行动计划》及相关配套政策，用好各级产业扶持资金，研究出台服务业各领域专项政策，加强对现代服务业倾斜，构建良好的政策高地。

各集聚区管理部门在推动服务业发展方面主动作为，扎实做好基础性工作和企业服务工作，提升营商环境，加快服务业发展步伐。

常州市发改委在2018年出台全市三星级服务业集聚区（生产性服务业类）认定标准，同步开展对三星级服务业集聚区的现场服务、绩效评估和监督检查，帮助园区努力成为常州市现代服务业发展的先导区、主体区和示范区。

泰州市发改委积极探索成立重大生产性服务业项目推进协调机制，定期召开重大项目协调会议，及时解决制约重大项目建设中遇到的困难问题，综合各种手段对重大项目加以引导，改善承载重大项目企业的发展环境，促成政府与企业良性互动，促进科技含量高的生产性服务业重大项目加快建设。南京市雨花台区软件谷主动对接、专项推进，积极协调化解重点企业发展难题，对总部、上市、"独角兽"等企业，实行"一企一策"，建立区谷领导挂钩联系机制，主动靠前落实服务，对拟上市、培育"独角兽""瞪羚"等企业，实行"一事一议"。宿迁市软件与外包产业园转变思想，从被动式服务企业转变为主动式"店小二"服务，为企业提供工商、税务、政策、物业等咨询服务，提升企业抗击风险能力，联系相关服务机构来园区辅导培训，营造稳定和谐的园区发展氛围。盐城市城西南现代物流园采用独特的LP＋GP资本运营模式，规避一般基金LP与GP分离带来的理念磨合，帮助小微企业获得银行短期贷款。

（五）强化动态管理，激发集聚发展活力

为优化政策效果，江苏省发改委以"分层培育、动态管理"为原则，建立和完善现代服务业集聚区评价与监测系统，对其中发展前景好、示范带动作用强的省级生产性服务业集聚示范区给予表彰奖励。以实施省级服务业综合改革试点为契机，深入探索"一区一策"管理模式，大胆鼓励先行先试。

考核发展成效。南通市以目标考评、政策引导为重要抓手。制定出台《南通市重点服务业集聚区评价实施办法》，建成市级重点服务业集聚区名录库，根据不同集聚区发展特点，明确个性化的年度目标任务，通过目标导向引领提升服务产业集聚发展水平。认真开展综合评价，制定出台《南通市市级现代服务业集聚区综合评价暂行办法》，按主导产业分类开展全面评估，根据各集聚区评价得分，重新排定了"示范带动类、重点培育类、优化发展类"等三个一批发展梯次。及时增补优质集聚区，组织开展了多轮市级服务业集聚区滚动评定工作，将主导产业明确、集聚效应较好的集聚区及时增补。加大政策引导，通过绩效考评等方式，对年度考评位列前三名的集聚区分档给予奖励。

拓宽培育路径。常州市按照"提档升级一批、培育发展一批和规划建设一批"的原则，各类集聚区进行星级评定，建立全市重点推进发展的服务业集聚区培育库。2018年印发了全市三星级服务业集聚区（生产性服务业类）认定标准，择优评定三星级服务业集聚区，先后认定市科教城、西太湖互联网产业园、常州检验检测认证产业园等三星级现代服务业集聚区，并同步开展现场服务、绩效评估和监督检查，帮助园区努力成为现代服务业发展的先导区、主体区和示范区。2020年初印发《常州市重点服务业集聚区建设方案（2020—2022年）》，分类推进全市30个重点服务业集聚区发

展,促进服务业集聚区由规模扩张向质量提升转变,争创星级服务业集聚区;增强集聚区资源吸附能力、产业发展能力和辐射带动能力;大力引进行业龙头企业和"旗舰"项目,加快形成产业集聚发展布局。

创新发展模式。生产性服务业集聚示范区建设在国家、省级服务业综合试点工作中发挥了极其重要的作用。南京市雨花台区依托中国(南京)软件谷开展以软件信息服务为主导的服务业综合改革试点,有效促进了区域服务经济发展,在完善发展环境、推动产业融合、提升有效供给等领域形成了一批可供复制推广的试点举措。其中,软件谷开创的"园中园"建设运营模式,采取"联合拿地、统一规划、联合建设、分割出让、统一配套、集中托管"的模式,以"中小企业联合拿地"的方式打造特色"园中园",着力提升项目集聚程度和运作效率。这一创新举措获得了国家、省相关领导、专家的一致好评。徐州市紧紧围绕国家综改试点城市重点指标任务,每年编排一批重大改革(创新)事项加以推进。通过积极探索、先行先试,走出了一条老工业基地加快转型创新发展、彰显特色优势、提升综合实力、增进民生幸福的现代服务业发展新路径,初步构建了"333"现代服务业产业体系。

2020年是高水平全面建成小康社会和"十三五"规划的收官之年,站在"十四五"规划新的发展起点,江苏省发改委将充分发挥全省服务业发展牵头部门作用,积极推进省服务业发展领导小组办公室综合协调功能,大力支持全省服务业集聚示范区以国际视野整合全球化资源,以夯实软硬实力提升服务能级,以更广阔的胸襟推动新一轮对外开放,争取在全国范围内形成一批特色鲜明、产业高端、链条完整、功能完善、开放包容、机制灵活、示范明显、环境优美的现代服务业集聚示范区,为推动服务业高质量发展,建设"强富美高"新江苏贡献力量。

政　策　篇

一、江苏省优化营商环境条例

第一章　总则

第一条　为了打造国际一流的营商环境,维护各类市场主体合法权益,激发市场主体活力,推进治理体系和治理能力现代化,推动高质量发展,根据国务院《优化营商环境条例》等法律、行政法规,结合本省实际,制定本条例。

第二条　本省行政区域内的优化营商环境工作,适用本条例。

第三条　优化营商环境应当坚持市场化、法治化、国际化原则,坚持优质服务理念,维护公开、公平、公正的市场秩序。

优化营商环境应当全面对标国际高标准市场规则体系,以市场主体需求为导向,以政府转变职能为核心,以创新体制机制为支撑,强化公正监管,优化政务服务,为各类市场主体投资兴业营造公平竞争的市场环境、高效便利的政务环境、公正透明的法治环境。

地方各级人民政府和有关部门应当依法行使职权,持续推进简政放权,最大限度减少政府对市场资源的直接配置,最大限度减少政府对市场活动的直接干预,激发市场活力和社会创造力,增强发展动力。

第四条　地方各级人民政府应当加强优化营商环境工作的组织领导,建立健全统筹推进机制,持续完善优化营商环境改革政策措施,及时协调、解决优化营商环境工作中的重大问题,将优化营商环境工作纳入高质量发展考核指标体系。地方各级人民政府的主要负责人,是本行政区域优化营商环境工作的第一责任人。

县级以上地方人民政府发展改革部门是本行政区域优化营商环境工作主管部门,负责组织、指导、协调优化营商环境日常工作。其他有关部门应当按照各自职责,共同做好优化营商环境工作。

第五条　鼓励各地区、各部门结合实际先行先试有利于优化营商环境的改革举措,在现行法治框架内,探索原创性、差异化的优化营商环境具体措施,对行之有效的改革措施在全省推广;对探索中出现失误或者偏差,符合规定条件且勤勉尽责、未牟取私利的,对有关单位和个人依法予以免责或者减轻责任。

第六条　加强长江三角洲区域优化营商环境合作,建立重点领域制度规则和重大政策沟通协调机制,推动形成统一的市场准入制度和监管规则,探索建立区域一体化标准体系,促进要素市场一体化,强化政务服务和执法工作合作协同机制,提升长江三角洲区域整体营商环境水平。

第七条　县级以上地方人民政府及其有关部门和新闻媒体应当加强优化营商环境法律、法规和政策措施的宣传,发挥舆论监督作用,营造良好的优化营商环境舆论氛围。

第八条　按照国家营商环境评价体系要求,坚持以市场主体和社会公众满意度为导向,建立和完善营商环境评价制度。

地方各级人民政府和有关部门应当根据营商环境评价结果,及时制定或者调整优化营商环境政策措施,发挥营商环境评价对优化营商环境的引领和督促作用。

第九条　依法保障各类市场主体在经济活动中的权利平等、机会平等、规则平等,依法保护企业经营者人身权、财产权和经营自主权,营造尊重和保护企业经营者创业创新的社会氛围,支持企业家发挥骨干引领作用。

任何单位和个人不得干预依法应当由市场主体自主决定的事项;不得违反法定权限、条件、程序对市场主体的财产和企业经营者个人财产实施查封、冻结、扣押等行政强制措施;不得非法向市场主体实施任何形式的收费和摊派行为;不得通过广播电视、报刊、新媒体等捏造或者歪曲事实,造谣诽谤,损害市场主体的声誉。市场主体应当遵守法律法规和社会公德、商业道德,履行安全生产、生态环境保护、劳动者权益保护、消费者权益保护等法定义务,诚实守信,公平竞争,积极承担社会责任,共同推进营商环境优化提升。

第二章　市场环境

第十条　全面实行市场准入负面清单制度,对国家市场准入负面清单以外的领域,各类市场主体均可以依法平等进入。地方各级人民政府和有关部门不得另行制定市场准入性质的负面清单。

根据经济社会高质量发展需要,省人民政府可以按照规定的权限和程序制定完善产业引导政策,并向社会公开。

第十一条　鼓励和促进外商投资,建立健全外商投资服务体系,落实准入前国民待遇加负面清单管理制度,提升投资和贸易便利化水平,保护外商投资合法权益。

支持外资参与本省全球产业科技创新中心建设,鼓励各类企业在本省设立企业总部和功能性机构。

第十二条　支持市场主体发展对外贸易,参与境外投资活动。县级以上地方人民政府有关部门按照各自职责,为市场主体提供下列服务:

(一)搭建对外贸易、境外投资交流平台;

(二)提供出口、投资国家和地区相关政策法规以及国际惯例的信息;

(三)预警、通报有关国家和地区政治、经济和社会重大风险以及对外贸易预警信息,并提供应对指导;

(四)组织对外贸易、境外投资、贸易摩擦应对、知识产权保护等方面的培训;

(五)与对外贸易、境外投资相关的其他服务。

第十三条　县级以上地方人民政府有关部门应当深化商事制度改革,简化企业从设立到具备一般性经营条件所必须办理的环节,压缩办理时间。推进企业开办综合服务平台建设,提供企业登记、公章刻制、涉税业务办理、社保登记、银行开户、住房公积金缴存登记等一站式集成服务。除依法需要实质审查、前置许可或者涉及金融许可外,开办企业应当在三个工作日内办结。

县级以上地方人民政府及其有关部门应当根据国家和省有关规定推进"证照分离"改革,对所有涉企经营许可事项实行分类分级管理,建立清单管理制度。除法律、行政法规另有规定外,涉企经营许可事项不得作为企业登记的前置条件。按照国家规定推进市场主体住所与经营场所分离登记改革,市场主体可以登记一个或者多个经营场所;对市场主体在住所以外开展经营活动、属于同一县级登记机关管辖的,免于设立分支机构,可以直接申请增加经营场所登记。

县级以上地方人民政府有关部门应当依法及时办理企业变更登记申请,不得对企业变更住所地等设置障碍。除法律、法规、规章另有规定外,企业迁移后其持有的有效许可证件不再重复办理。

第十四条　县级以上地方人民政府可以在权限范围内制定投资促进政策,加大对战略性新兴产业、先进制造业、现代服务业等产业的支持力度。

地方各级人民政府应当完善投资项目服务推进机制,强化跟踪服务,及时协调解决投资项目建设中的重大问题,为企业提供全流程服务保障。

第十五条　深化要素市场化配置改革,扩大要素市场化配置范围,健全要素市场体系,完善要素交易规则和服务,实现要素价格市场决定、流动自主有序、配置高效公平,保障不同市场主体平等获取资金、技术、人力资源、土地、数据等各类生产要素。

县级以上地方人民政府及其有关部门应当健全要素市场监管制度,完善政府调节与监管,提升监管和服务能力,提高要素的应急管理和配置能力,引导各类要素协同向先进生产力集聚。

第十六条　县级以上地方人民政府及其有关部门应当按照国家建立统一开放、竞争有序的人力资源市场体系要求,培育国际化、专业化人力资源服务机构,为人力资源合理流动和优化配置提供服务;加强职业教育和培训,保障人力资源的供给;支持有需求的企业开展"共享用工",通过用工余缺调剂提高人力资源配置效率。鼓励市场主体引进各类专业技术人才。县级以上地方人民政府及其有关部门在人才引进支持政策方面,对各类市场主体应当一视同仁。

第十七条　县级以上地方人民政府应当建立健全人才培养、选拔评价、激励保障机制,通过政策和资金扶持吸引高层次人才创新创业,支持市场主体与高等院校、研究开发机构联合培养高层次人才。县级以上地方人民政府有关部门应当提供人才引进、落户、交流、评价、培训、择业指导、教育咨询等便利化专业服务,落实高层次人才引进促进政策。有条件的地方,可以为外籍高层次人才出入境通关、停留居留和工作学习生活提供便利。通过"外国人工作、居留单一窗口"办理工作许可和居留许可的,应当在七个工作日内一次办结。

第十八条　县级以上地方人民政府及其有关部门应当落实国家减税降费政策和本省减轻企业负担的措施,做好政策宣传和辅导,及时研究解决政策落实中的具体问题,确保政策全面、及时惠及各类市场主体。县级以上地方人民政府及其有关部门应当梳理公布惠企政策清单,主动精准向企业推送惠企政策。符合条件的企业免予申报、直接享受惠企政策;确需企业提出申请的惠企政策,应当合理设置并公开申请条件,简化申报手续,实现一次申报、全程网办、快速兑现。

第十九条　对依法设立的行政事业性收费、政府性基金、政府定价的经营服务性收费和涉企保证金,实行目录清单管理,动态调整,定期公布。目录清单之外的,一律不得收取。设立涉企的行政事业性收费、政府定价的经营服务性收费项目、制定收费标准,应当按照国家有关规定执行。收费单位应当将收缴依据和标准在收费场所和单位门户网站进行公示。

县级以上地方人民政府有关部门应当推广以金融机构保函替代现金缴纳涉企保证金,并在相关规范和办事指南中予以明确。

第二十条　县级以上地方人民政府应当建立健全融资担保体系,完善资本补充机制和风险补偿机制。省和设区的市设立融资担保代补代偿专项资金,为中小微企业融资提供增信服务,引导金融机构加大对中小微企业资金扶持力度。

鼓励和引导各类金融机构在符合国家金融政策的前提下,增加对民营企业、中小微企业的信贷投放和其他信贷支持,合理增加中长期贷款和信用贷款支持。推动银企融资对接机制、银担全面合作、银税信息共享。推广运用省综合金融服务平台,缩减对企业融资需求响应时间和贷款审批时间,提升金融服务质效。鼓励商业银行按照可持续、保本微利的原则,建立差异化的中小微企业利率定价机制,对民营企业、中小微企业开发创新金融产品和业务模式。商业银行等金融机构应当按照向社会公开的服务标准、资费标准和办理时限开展融资服务,并接受社会监督,不得实施下列行为:

(一)在授信中对民营企业、中小微企业设置歧视性规定、限制性门槛;

(二)在授信中强制搭售保险、理财等产品;

(三)强制约定将企业的部分贷款转为存款;

(四)以存款作为审批和发放贷款的前提条件;

(五)设置其他不合理的限制条件。

第二十一条 支持各类符合条件的市场主体,通过挂牌上市、发行债券或者非金融企业债务融资工具等直接融资渠道,扩大融资规模。

推动建立全省统一的动产担保登记平台,鼓励以动产抵押、质押、留置以及融资租赁、所有权保留、保理等形式进行担保融资。

第二十二条 鼓励和引导社会资本参与创新创业投资。发挥政府资金的引导作用,完善国有资本开展创新创业投资的监督考核和激励约束机制。政府投资基金等国有创业投资企业应当提升市场化运作效率,可以对创新创业企业和社会出资人给予支持,采取协议转让等符合行业特点和发展规律的方式退出。

第二十三条 供水、供电、供气、供热、通信等公用企事业单位应当优化业务办理模式、强化业务协同,全面推行在线办理业务,按照向社会公开的业务服务标准、资费标准、承诺时限等提供服务,简化报装手续、优化办理流程、压减办理时限,为市场主体提供安全、便捷、稳定和价格合理的服务,不得强迫市场主体接受不合理的服务条件,不得以任何名义收取不合理费用。

设区的市和县(市、区)人民政府及其有关部门应当加强对公用企事业单位运营的监督管理,逐步建立完善本地特许经营公用企事业单位定期评估评价机制和优胜劣汰的退出机制。

用户企业因生产经营需要新建、改建、扩建供水、供电、供气、供热、通信等设施的,非用户企业产权的设施的建设、维护和使用成本,不得向用户企业收取或者要求其向第三方缴纳。

第二十四条 县级以上地方人民政府应当完善公共资源交易制度,构建全省统一开放、运行高效的公共资源交易体系,公共资源交易实施目录清单管理,全面推行公共资源交易全程电子化、无纸化交易,优化交易规则、流程、服务和监管,降低交易成本,保障各类市场主体及时获取相关信息并平等参与交易活动。

第二十五条 依法保障各类市场主体平等参与招标投标和政府采购的权利,招标人不得实施下列限制或者排斥潜在投标人或者供应商的行为:

(一)设置或者限定潜在投标人或者投标人的所有制形式、组织形式;

（二）设置超过项目实际需要的企业注册资本、资产总额、净资产规模、营业收入、利润、授信额度等财务指标；

（三）将特定行政区域、特定行业的业绩、奖项作为投标条件、加分条件、中标条件；

（四）限定或者指定特定的专利、商标、品牌、原产地、供应商；

（五）要求潜在投标人或者供应商设立分支机构；

（六）通过入围方式设置备选库、名录库、资格库作为参与政府采购活动的资格条件，小额零星采购适用的协议供货、定点采购以及国家另有规定的除外；

（七）其他违反规定限制或者排斥潜在投标人或者供应商的行为。

投标人应当保证投标的工程项目、商品和服务质量符合规定，不得以相互串标、围标、低于成本报价或者可能影响合同履行的异常低价等违法违规方式参与竞标，扰乱招投标市场秩序。

第二十六条　市场主体应当履行安全生产主体责任，严格遵守安全生产法律法规和标准规范，建立健全安全生产责任制度，加强员工安全生产培训，改善安全生产条件，推进安全生产科技化、标准化、信息化建设，建立健全生产安全事故隐患排查治理制度，及时发现并消除事故隐患，提高安全生产水平，确保安全生产。

县级以上地方人民政府负有安全生产监督管理职责的部门应当依法对本行业、本领域生产经营单位执行有关安全生产法律、法规和标准的情况进行监督管理，指导企业完善安全生产管理制度，建立健全安全生产监督管理责任制。

第二十七条　地方各级人民政府和有关部门应当构建亲清新型政商关系，建立常态高效的市场主体意见征集机制，创新政企沟通机制，采用多种方式及时倾听和回应市场主体的合理反映和诉求，依法帮助市场主体协调解决生产经营中遇到的困难和问题。

政府部门工作人员应当规范政商交往行为，依法履行职责，增强服务意识，严格遵守纪律底线，不得以权谋私，不得干扰市场主体正常经营活动，不得增加市场主体负担。

第二十八条　因自然灾害、事故灾难或者公共卫生事件等突发事件造成市场主体普遍性生产经营困难的，县级以上地方人民政府应当及时制定推动经济循环畅通和稳定持续发展的扶持政策，依法采取救助、补偿、减免等帮扶措施。

第二十九条　地方各级人民政府和有关部门应当坚持诚实信用原则，严格履行向市场主体依法作出的政策承诺、依法订立的各类合同，不得以行政区划调整、政府换届、机构或者职能调整以及相关责任人更替等为由违约毁约。

因国家利益、社会公共利益需要改变政策承诺、合同约定的，应当依照法定权限和程序进行，并依法对市场主体因此受到的损失予以补偿。

第三十条　国家机关、事业单位不得违反合同约定拖欠市场主体的货物、工程、服务等账款，国有企业、大型企业不得利用优势地位拖欠民营企业、中小企业账款，不得违背民营企业、中小企业真实意愿或在约定的付款方式之外以承兑汇票等形式延长付款期限。

县级以上地方人民政府及其有关部门应当加大清欠力度，建立防范和治理机关、事业单位拖欠市场主体账款的长效机制和约束惩戒机制，责成有关单位履行司法机关生效判决。

第三十一条　县级以上地方人民政府及其有关部门应当依法加强对市场主体的知识产权保护，加大知识产权违法行为查处力度，实行知识产权侵权惩罚性赔偿制度，建立健全知识产权快速协同保护机制,推动行政保护和司法保护相衔接,加强跨区域知识产权执法协作,完善知识产权纠纷多元化解决机制、知识产权维权援助机制和海外知识产权纠纷应急援助机制。县级以上地方人民政府及其有关部门应当建立健全知识产权公共服务体系,建立健全战略性新兴产业和先进制造业等产业的知识产权预警分析机制,为市场主体提供便捷、优质的知识产权基础信息服务。支持金融机构为中小企业提供知识产权质押融资、保险、风险投资、证券化、信托等金融服务。建立科技型中小企业银行信贷风险补偿机制和知识产权保险风险补偿机制。

第三十二条　县级以上地方人民政府应当与人民法院建立企业破产处置协调联动机制,统筹推进业务协调、信息提供、民生保障、风险防范等工作,依法支持市场化债务重组,及时协调解决企业破产过程中的有关问题。

人民法院应当探索建立重整识别、预重整等破产拯救机制,帮助具有发展前景和挽救价值的危困企业进行重整、重组;建立破产案件繁简分流、简易破产案件快速审理机制,简化破产案件审理流程,提高审判效率。

破产重整企业按照有关规定履行相关义务后,自动解除企业非正常户认定状态。企业因重整取得的债务重组收入,依照国家有关规定适用企业所得税相关政策。对于破产企业涉及的房产税、城镇土地使用税等,税务机关依法予以减免。

第三十三条　县级以上地方人民政府有关部门应当优化市场主体注销办理流程,精简申请材料、压缩办理时间、降低注销成本。建立和完善全省企业注销网上一体化平台,集中受理市场主体办理营业执照、税务、社会保险、海关等各类注销业务申请,由有关部门分类同步办理、一次性办结。

建立健全企业简易注销制度,拓展企业简易注销适用范围,对领取营业执照后未开展经营活动、申请注销登记前未发生债权债务或者债权债务清算完结的,可以适用简易注销登记程序。企业可以通过国家企业信用信息公示系统进行公告,公告时限为二十日。公告期内无异议的,登记机关应当为企业办理注销登记。

人民法院裁定企业强制清算或裁定宣告破产的,清算组、管理人可以持人民法院终结强制清算程序(因无法清算终结的除外)或者破产程序的裁定,向登记机关申请办理简易注销登记。法律、法规或者国务院决定另有规定的,从其规定。

第三十四条　支持行业协会商会根据法律、法规、规章和章程自律发展,制定符合高质量发展要求的行业发展标准、技术服务标准,为市场主体提供信息咨询、宣传培训、市场拓展、纠纷处理等服务,促进行业的公平竞争和有序发展,自觉维护社会公共利益。地方各级人民政府和有关部门应当依法加强对行业协会商会收费、评比、认证的监督检查。

第三章　政务服务

第三十五条　县级以上地方人民政府及其有关部门应当增强服务意识,深化审批制度改革,加强事中事后监管,优化线上线下服务,推动区块链、人工智能、大数据、物联网等新一代信息技术在政务服务领域的应用,为市场主体提供规范、便利、高效的政务服务。政务服务管理部门应当对本地区政务服务便利化情况进行定期评估,评估结果作为营商环境评价的重要内容。

第三十六条　县级以上地方人民政府及其有关部门应当推进政务服务标准化,按照减环节、减材料、减时限的要求,编制政务服务事项标准化工作流程和办事指南,明确事项办理条件、材料、环节、时限、收费标准、联系方式、投诉渠道等内容,向社会公开并及时修订,推进同一事项无差别受理、同标准办理。办事指南中的办理条件、所需材料不得含有其他、有关等模糊性兜底要求。

第三十七条　县级以上地方人民政府有关部门应当落实首问负责、首办负责、一次告知、预约服务、延时服务、帮办代办、当场办结、限时办结等制度,推动智慧政务大厅建设,提高政务服务效率。

县级以上地方人民政府有关部门应当加强对政务服务窗口工作人员的培训管理,完善监督检查制度,提升政务服务质量。

第三十八条　县级以上地方人民政府应当健全省、市、县、乡、村五级政务服务体系,推动政务服务向基层延伸,规范推进乡镇(街道)、村(社区)实体服务大厅建设,实现受理、审批、办结一站式服务。县级以上地方人民政府设立的政务服务分中心应当纳入同级政务服务管理部门统一管理,各分中心可以在政务服务中心设立综合受理窗口或者委托政务服务中心集中受理。

各类政务服务和税费减免等事项,以及关联的公用事业服务事项、行政事业性收费原则上应当进驻政务服务大厅统一办理。对涉及多部门的事项应当建立健全部门联办机制,推行综合窗口一站式办理。

第三十九条　政务服务事项应当按照国家和省有关规定纳入一体化在线政务服务平台办理,实行"一网通办",法律、法规另有规定的除外。

对法律、法规明确要求必须到现场办理的政务服务事项,申请人可以在异地通过政务服务大厅设置的跨区域通办窗口提交申请材料,窗口收件后对申请材料进行形式审查、身份核验,通过邮件寄递至业务属地部门完成办理,业务属地部门寄递纸质结果或网络送达办理结果。对需要申请人分别到不同地方现场办理的政务服务事项,由一地受理申请、各地政府部门内部协同,申请材料和档案材料通过一体化政务服务平台共享,实现申请人只需到一地即可完成办理。有多个办理渠道的政务服务事项,市场主体有权自主选择办理渠道,除法律、法规另有规定外,不得限定办理渠道。

第四十条　推进数字政府建设,建设省、设区的市数据共享交换平台,实现国家、省、设区的市三级政务服务数据共享交换对接。

省、设区的市人民政府应当编制数据共享责任清单。大数据管理机构应当编制并及时更新政务信息资源目录,按照责任清单和资源目录做好数据共享工作。除法律、法规另有规定外,同级行政机关和上下级行政机关之间应当共享政务数据,政务数据共享权限和流程按照国家和省有关规定执行。有关部门应当深化数据共享应用,能够通过部门间数据共享收集的,不得要求服务对象重复填报。有关部门应当确保共享获得的政务数据安全,防止数据泄露,不得用于与履行职责无关的活动,不得随意更改、编造。

第四十一条　推进建立全省统一的电子证照库。除法律、法规另有规定外,地方各级人民政府和有关部门签发的电子证照应当向电子证照库实时归集。

申请人在申请办理有关事项时,受理单位可以通过电子证照库获得业务办理所需电子证照的,不得拒绝办理或者要求申请人提供纸质证照,但依法需要收回证照原件的除外。建立全省统一的电子印章系统。地方各级人民政府和有关部门应当推进电子印章在政务服务等领域的应用,鼓励市场主体和社会组织在经济和社会活动中使用电子印章。各部门已经建立的电子印章系统,按照国家和省有关要求,整合至全省统一的电子印章系统。

第四十二条　法律、法规、规章以及国家有关规定对政务服务事项办理有期限规定的,应当在法定期限内办结;没有规定的,应当按照合理高效的原则确定办理时限并按时办结;承办单位承诺的办理期限少于法定期限的,应当在承诺期限内办结。未提供预约服务的,不得限定每日的办件数量;除法律、法规有明确规定外,不得不予受理。实行统一收件或者受理的政务服务事项,申请人只需按照办事指南提供一套申请材料。申请人已在线提供规范化电子材料的,承办单位不得要求申请人再提供纸质材料。法律、法规另有规定的,从其规定。除法律、法规有明确规定的情形外,窗口工作人员不得对申请人提出的申请事项不予收件。窗口工作人员不予收件的,各部门应当核实监督。

第四十三条　县级以上地方人民政府有关部门不得以备案、登记、注册、年检、监制、认定、认证、审定等方式,变相设定或者恢复已经明令取消、调整的行政许可事项,不得增设许可条件和环节。

第四十四条　县级以上地方人民政府应当深化投资审批制度改革,根据项目性质、投资规模等分类规范审批程序,精简审批要件,简化技术审查事项,实行与相关审批在线并联办理,实现一窗受理、网上办理、规范透明、限时办结。健全投资项目部门协同工作机制,加强项目立项与用地、规划等建设条件衔接,优化投资项目前期审批流程。推动有条件的地区对投资项目可行性研究、用地预审、选址、环境影响评价、安全评价、水土保持评价、压覆重要矿产资源评估等事项,由项目单位编报一套材料,政府部门统一受理、同步评估、同步审批、统一反馈,加快项目实施。强化全省投资项目在线审批监管平台综合作用,相关部门在线审批业务系统应当主动对接、推送数据,实现统一赋码、信息互通、业务协同,提高审批效率和服务质量。

第四十五条　全面推行工程建设项目分级分类管理,在确保安全前提下,对社会投资的小型低风险新建、改扩建项目,由政府部门发布统一的企业开工条件,企业取得用地、满足开工条件后作出相关承诺,政府部门直接发放相关证书,项目即可开工。推进工程建设项目审批管理系统与投资审批、规划、消防等管理系统数据实时共享,实现信息一次填报、材料一次上传、相关评审意见和审批结果即时推送。对重大工程建设项目中不影响安全和公共利益的非关键要件,在审批流程中探索试行"容缺后补"机制,允许市场主体在竣工验收备案前补齐相关材料。对社会投资的低风险工程建设项目,建设工程规划许可和施工许可可以合并办理,从立项到不动产登记全流程审批时间不超过十五个工作日。

第四十六条　依照法定程序报经同意后,可以对经评估的低风险工程建设项目不进行施工图设计文件审查。

工程建设项目施工图设计文件实施联合审查的,由审查机构负责对图纸中涉及公共利益、公众安全、工程建设强制性标准的内容进行技术审查,联合审查涉及的相关部门不再进行技术审查。审查中需要修改的,应当明确提出修改内容、时限等,修改完善后,有关部门应当限时办结。工程建设项目竣工实施限时联合验收的,应当统一验收图纸和验收标准,统一出具验收意见。对验收中涉及的测绘工作,实行一次委托、联合测绘、成果共享。

第四十七条　在省级以上开发区、新区、自由贸易试验区和其他有条件的区域实行区域评估,对压覆重要矿产资源、地质灾害危险性等事项进行统一评估,已经完成区域评估的,不再对区域内的市场主体提出单独评估要求。区域评估费用由实施区域评估的地方人民政府或者省级以上开发区、新区、自由贸易试验区管理机构承担。统筹各类空间性规划,推进各类相关规划数据衔接或者整合,消除规划冲突。统一测绘技术标准和规则,在规划、用地、施工、验收、不动产登记等各阶段,实现测绘成果共享互认,避免重复测绘。

第四十八条　税务机关应当依法精简办税资料和流程,拓展线上、移动、邮寄、自助等服务方式,推广使用电子发票和全程网上办税,按照国家统一部署有序推行相关税费合并申报及缴纳,推动申报缴税、社保缴费、企业开办迁移注销清税等税费业务智能化服务,压减纳税次数和缴纳税费时间,持续提升税收服务质量和效率。

第四十九条　海关、商务等有关部门应当落实国家精简进出口监管证件和优化办证程序的要求,优化口岸通关流程和作业方式,推广应用进出口申报、检验、税费报缴、保证保险等环节的便利化措施;对符合规定条件的市场主体,实行先验放后检测、先放行后缴税、先放行后改单管理。推行查验作业全程监控和留痕,有条件的地方实行企业自主选择是否陪同查验。鼓励企业提前申报通关,提前办理单证审核,对于提前申报通关存在差错的,按照有关容错机制处理。

第五十条　建设国际贸易"单一窗口",为申报人提供进出口货物申报、运输工具申报、税费支付申报、贸易许可申报和原产地证书申领等全流程电子化服务。推进省电子口岸与港口、交通等信息化平台以及地方电子口岸互联互通,提升电子口岸综合服务能力。引导口岸经营服务单位制定并公开水运、空运、铁运货物场内转运、吊箱移位、掏箱和提箱等生产作业时限标准,方便企业合理安排提箱和运输计划。

第五十一条　口岸所在地设区的市人民政府应当按照规定公布口岸收费目录清单并进行公示,清单外一律不得收费。口岸经营服务单位应当在经营场所主动向社会公布服务内容和收费标准,不得利用优势地位设置不合理的收费项目。

第五十二条　不动产登记机构的服务窗口应当统一收取房屋交易、税收申报和不动产登记所需全部材料,实现一窗受理、集成办理。不动产登记机构应当提供在线登记服务,也可以在银行、公积金管理中心等场所设立不动产登记便民服务点,提供办理不动产抵押权登记等服务。不动产登记机构颁发的不动产登记电子证照与纸质版不动产权证书、不动产登记证明具有同等效力。不动产登记电子证照部门之间应当共享互认。

第五十三条　县级以上地方人民政府有关部门公布依法确需保留的证明事项清单,列明设定依据、索要单位、开具单位、办理指南等。清单之外,任何单位不得索要证明。可以通过法定证照、法定文书、书面告知承诺、政府部门内部核查和部门间核查、网络核验、合同凭证等办理的,能够被其他材料涵盖替代的,或者开具单位无法调查核实的,以及不适应形势需要的证明事项,应当取消。县级以上地方人民政府及其有关部门应当加强证明的互认共享,不得向市场主体重复索要,并按照国家和本省要求,探索证明事项告知承诺制试点。

第五十四条　县级以上地方人民政府有关部门应当按照合法、必要、精简的原则,编制行政审批中介服务事项清单。中介服务机构应当明确办理法定审批中介服务的条件、流程、时限、收费标准,并向社会公开。除法律、法规、国务院决定规定的中介服务事项外,不得以任何形式要求申请人委托中介服务机构开展服务或者提供相关中介服务材料。对能够通过征求相关部门意见、加强事中事后监管解决以及申请人可以按照要求自行完成的事项,一律不得设定中介服务;现有或者取消的行政审批事项,一律不得转为中介服务;严禁将一项中介服务拆分为多个环节。

按照规定应当由审批部门委托相关机构为其审批提供的技术性服务,纳入行政审批程序,一律由审批部门委托开展,并承担中介服务费用,不得增加或者变相增加申请人的义务。

第五十五条　放宽中介服务机构市场准入条件,严禁通过限额管理控制中介服务机构数量。规范中介服务网上交易平台,鼓励项目业主和中介服务机构通过中介服务网上交易平台交易,加强中介服务机构信用管理。

审批部门下属事业单位、主管的社会组织以及全资、控股、参股企业(含直属单位全资、控股、参股企业再出资)不得开展与本部门审批职能相关的中介服务,需要开展的,应当转企改制或者与审批部门脱钩。

第四章　监管执法

第五十六条　实行政府权责清单管理制度,行政机关和依法承担行政管理职能的组织应当将依法实施的行政权力事项列入本级人民政府权责清单,及时调整并向社会公开。涉及行政权力事项的各类目录清单,应当以权责清单为基础。建立行政权力运行考核评估制度,规范权力运行,完善约束机制,强化监督问责。

县级以上地方人民政府有关部门应当根据法定职责,依照国家相关规定和权责清单,编制监管事项清单,明确监管的主体、对象、内容、范围和监管责任等。监管事项清单实行动态调整并向社会公布,实现监管全覆盖。

地方各级人民政府和有关部门应当将全部监管事项、设定依据、监管流程、监管结果等内容纳入"互联网＋监管"系统,推行在线监管。

第五十七条　建立适应高质量发展要求、保障安全的事中事后监管制度,依法对市场主体进行监管,建立健全以"双随机、一公开"为基本手段、以重点监管为补充、以信用监管为基础的新型监管机制。

县级以上地方人民政府有关部门应当编制针对市场主体的年度行政执法检查计划,明确检查主体、检查对象范围、检查方式、检查项目和检查比例等内容,并向社会公布。

第五十八条　除直接涉及公共安全和人民群众生命健康等特殊行业、重点领域、安全生产监管需要外,市场监管领域的行政执法检查应当通过随机抽取检查对象、随机选派执法检查人员的方式进行,并向社会公开抽查事项及查处结果。对直接涉及公共安全和人民群众生命健康等特殊行业、重点领域,应当依法开展全覆盖重点监管,严格规范重点监管程序。对通过投诉举报、转办交办、数据监测等发现的问题,应当有针对性地进行检查并依法处理。

第五十九条　地方各级人民政府和有关部门应当推行以信用为基础的分级分类监管制度,完善信用评价机制和分类监管标准,开展风险监测预警,针对不同信用状况和风险程度的市场主体采取差异化监管措施,对信用较好、风险较低的市场主体减少抽查比例和频次;对违法失信、风险较高的市场主体提高抽查比例和频次,依法依规实行严管和惩戒。

第六十条　建立全社会共同参与的守信激励和失信惩戒机制,通过行政性、市场性、行业性、社会性信用奖惩手段,褒扬和激励守信行为,约束和惩戒失信行为。

鼓励市场主体在生产经营活动中使用信用信息、信用评价结果。对守信主体采取优惠便利、增加交易机会等措施;对失信主体采取取消优惠、减少交易机会、提高保证金等措施。

建立健全信用修复制度,鼓励市场主体通过纠正失信行为、消除不利影响或者作出信用承诺等方式,修复自身信用。

第六十一条 地方各级人民政府和有关部门应当按照鼓励创新和发展、确保质量和安全的原则,对新技术、新产业、新业态、新模式实行包容审慎监管,针对其性质、特点分类制定和实行相应的监管规则和标准。

第六十二条 对市场主体违法行为情节轻微的,可以依法从轻、减轻行政处罚;及时纠正且没有造成危害后果的,可以采取约谈、教育、告诫等措施,依法不予行政处罚。根据《中华人民共和国行政处罚法》关于免予或者从轻、减轻处罚的规定精神,省、设区的市人民政府有关部门可以制定涉企轻微违法行为不予行政处罚和涉企一般违法行为从轻减轻行政处罚的清单,并向社会公布。

省和设区的市人民政府有关部门应当梳理、细化和量化行政处罚裁量基准,确定处罚的依据和裁量范围、种类和幅度,统一执法标准和尺度。

第六十三条 实施行政强制,应当坚持教育与强制相结合。确需实施行政强制,应当依法在必要的范围内进行,尽可能减少对市场主体正常生产经营活动的干扰。

对不涉及安全生产和人民群众生命财产安全的市场主体轻微违法行为,应当依法慎用查封、扣押等强制措施。对采用非强制手段可以达到行政管理目的的,不得实施行政强制。违法行为情节显著轻微,或者没有明显社会危害的,可以不实施行政强制。

第六十四条 建立健全跨部门、跨区域行政执法联动响应、协作机制和专业支撑机制,实现违法线索互联、监管标准互通、处理结果互认。同一部门的日常监督检查原则上应当合并进行;不同部门的日常监督检查能够合并进行的,由本级人民政府组织有关部门实施联合检查。

在相关领域实行综合行政执法,按照国家和省有关规定整合精简现有执法队伍,推进行政执法权限和力量向基层延伸和下沉,减少执法主体和执法层级,防止多头多层重复执法。

第六十五条 除涉及国家秘密、商业秘密、个人隐私等依法不予公开的信息外,地方各级人民政府和有关部门应当将行政执法职责、依据、程序、结果等信息依法及时向社会公开。

对行政执法的启动、调查取证、审核决定、送达执行等全过程通过文字或者音像进行记录,做到执法全过程留痕和可回溯管理。

重大行政执法决定应当经过法制审核,未经法制审核或者审核未通过的,不得作出决定。

第六十六条 地方各级人民政府和有关部门开展清理整顿、专项整治等活动,应当严格依法进行,除涉及人民群众生命安全、发生重特大事故或者举办国家重大活动,并报经有权机关批准外,不得在相关区域采取要求相关行业、领域的市场主体普遍停产、停业的措施。确需采取普遍停产、停业措施的,应当履行报批手续,并合理确定实施范围和期限,提前书面通知企业或者向社会公告,法律、法规另有规定的除外。

第五章　法治保障

第六十七条　制定与市场主体生产经营活动密切相关的地方性法规、规章、规范性文件,应当充分听取市场主体、行业协会商会、消费者等方面的意见,除依法需要保密的外,应当向社会公开征求意见,并建立健全意见采纳情况反馈机制。向社会公开征求意见的期限一般不少于三十日。

涉及市场主体的规范性文件和政策出台后,除依法需要保密的外,应当及时向社会公布,并同步进行宣传解读。建立完善涉及市场主体的改革措施及时公开和推送制度。健全完善涉及市场主体规范性文件和政策评估调整机制。

第六十八条　制定涉及市场主体权利义务的规范性文件,应当按照国家和省规定对文件的制定主体、程序、有关内容等进行合法性审核。

市场主体认为规范性文件与法律、法规、规章相抵触的,可以向备案监督机关提出书面审查建议,由有关机关依法处理并告知结果。

第六十九条　县级以上地方人民政府及其有关部门在制定市场准入、产业发展、招商引资、招标投标、政府采购、经营行为规范、资质标准等涉及市场主体经济活动的规章、规范性文件和其他政策措施时,应当进行公平竞争审查,评估对市场竞争的影响。鼓励社会第三方机构参与公平竞争审查工作。

行政机关和法律、法规授权的具有管理公共事务职能的组织不得滥用行政权力排除、限制竞争。

第七十条　地方各级人民政府和有关部门制定有关货物贸易、服务贸易以及与贸易有关知识产权的规章、规范性文件和其他政策措施时,应当评估是否符合世贸组织规则和中国加入承诺,提高政策的稳定性、透明度和可预见性。

第七十一条　制定与市场主体生产经营活动密切相关的地方性法规、规章和规范性文件,应当为市场主体留出一般不少于三十日的适应调整期,涉及国家安全和公布后不立即施行将有碍施行的除外。

第七十二条　完善调解、仲裁、行政裁决、行政复议、诉讼等有机衔接、协调联动、高效便捷的多元化纠纷解决机制,建设非诉讼纠纷解决综合平台和诉调对接、访调对接平台,畅通纠纷解决渠道。

第七十三条　加强公共法律服务体系建设,合理配置律师服务、公证、法律援助、司法鉴定、调解、仲裁等公共法律服务资源,加强服务资源整合和服务网络建设,形成覆盖城乡、便捷高效、均等普惠的现代公共法律服务体系。

鼓励公共法律服务机构为民营企业、中小微企业提供公共法律服务,帮助排查经营管理的法律风险,提供风险防范举措和法律建议。

第七十四条　人民法院应当依法公正审理涉及市场主体的各类案件,尊重和保护市场主体的意思自治,保护合法交易,平衡各方利益。慎重审查各类交易模式,依法合理判断合同效力,向各类市场主体宣示正当的权利行使规则和违反义务的法律后果,强化市场主体的契约意识、规则意识和责任意识。

第七十五条　人民法院应当建立健全网上诉讼服务机制,提供诉讼指引、诉讼辅助、纠纷解决、审判事务等诉讼服务网上办理。

当事人可以网上查询案件的立案、审判、结案、执行等流程信息,保障当事人知情权。严格执行立案登记制,对于符合条件的网上立案申请,直接通过网上予以立案。

第七十六条　推行企业法律文书送达地址先行确认及责任承诺制。市场主体登记机关在企业办理设立、变更、备案等登记注册业务或者申报年报时,告知企业先行确认法律文书送达地址以及承诺相关责任等事项。企业可以网上填报本企业法律文书送达地址,并对填报地址真实性以及及时有效接受人民法院、行政机关和仲裁机构送达的法律文书负责。

第七十七条　县级以上地方人民代表大会常务委员会可以采取听取专项工作报告、执法检查、质询、询问或者组织代表视察等方式,对本地区优化营商环境工作进行监督。

第七十八条　县级以上地方人民政府应当将有关部门和单位的优化营商环境工作情况,作为年度目标责任的重要内容进行监督考核。

县级以上地方人民政府可以设立优化营商环境咨询委员会,收集梳理和研究市场主体集中诉求,对影响营商环境优化提升的政策规定、管理要求、操作流程等提出合理化、可操作的建议方案,推动优化营商环境精准施策。

县级以上地方人民政府和有关部门可以建立优化营商环境监督员制度,聘请市场主体、人大代表、政协委员、专家学者等有关方面作为监督员对营商环境进行社会监督。

第七十九条　县级以上地方人民政府应当建立统一的营商环境投诉举报和查处回应制度,公开曝光营商环境反面典型案例。

任何单位和个人可以对营商环境进行举报投诉,有关部门应当及时调查处理,将调查处理结果告知举报人,并为举报人保密。

第八十条　地方各级人民政府和有关部门、其他有关单位及其工作人员违反本条例规定,有下列情形的,由县级以上地方人民政府或者上级主管部门责令其停止损害行为;情节严重的,由县级以上地方人民政府对直接负责人和其他直接责任人员依法给予处分:

(一)超越法定职权,违法干预应当由市场主体自主决定事项;

(二)制定或者实施政策措施不依法平等对待各类市场主体;

(三)无正当理由拒不履行向市场主体依法作出的政策承诺以及依法订立的各类合同;

(四)无正当理由拖欠市场主体的货物、工程、服务等账款,或者变相延长付款期限;

(五)无正当理由逾期不办理企业审批事项,以备案、登记、注册、目录、年检、监制、认定、认证、审定等形式变相实施行政许可,违反规定将指定机构的咨询、评估作为准予行政许可条件;

(六)对依法取消的行政许可继续实施,或者指定、移交所属单位、其他组织等继续实施以及以其他形式变相实施;

(七)在清单之外向企业收取行政事业性收费、政府性基金、涉企保证金;

(八)不执行国家和省制定的减税降费优惠政策;

(九)强制企业赞助捐赠、订购报刊、加入社团,违法强制企业参加评比、达标、表彰、培训、考核、考试以及类似活动,或者借上述活动向市场主体收费或者变相收费;

(十)为市场主体指定或者变相指定中介服务机构,或者违法强制市场主体接受中介服务;

(十一)制定或者实施政策措施妨碍市场主体公平竞争;

（十二）对企业变更住所地等设置障碍；

（十三）侵害市场主体利益、损害营商环境的其他情形。

第八十一条　公用企事业单位、中介机构和行业协会商会违反本条例规定损害营商环境的，除依照有关法律、法规承担法律责任外，有关部门应当按照国家和省有关规定将违法情况纳入信用信息公示系统和信用信息共享平台。

第六章　附则

第八十二条　本条例自 2021 年 1 月 1 日起施行。

二、江苏省营造全国一流用电营商
环境专项行动计划

为贯彻落实《江苏省优化营商环境条例》和国家发展改革委、国家能源局《关于全面提升"获得电力"服务水平 持续优化用电营商环境的意见》(发改能源规〔2020〕1479号)要求,进一步优化我省用电营商环境,省发展改革委牵头起草了《江苏省营造全国一流用电营商环境专项行动计划》,并于2月10日由省政府办公厅以"苏政传发〔2021〕45号"正式印发,成为全国首个省政府层面出台的优化电力营商环境专项行动计划。

《行动计划》以简化办电手续,压减办电时间,降低办电成本,提高供电可靠性,提升服务透明度为总体要求。明确至2021年底前,全省全面实现普通低压居民用户和低压小微企业用户用电报装"三零"(零上门、零审批、零投资)服务、高压用户用电报装"三省"(省力、省时、省钱)服务以及用户办电"三公开"服务(程序和时限公开、收费项目和标准公开、电网供电能力公开),全力营造全国一流电力营商环境。

在精简办电手续方面,《行动计划》明确2021年底前,各设区市供电企业将低压居民、低压非居民、高压单电源、高压双电源用户办电各环节合计办理时间分别压减至3个、5个、15个、25个工作日以内;各设区市行政审批主管部门将10(20)千伏及以下电力接入行政审批时间压减至5个工作日以内,有条件的地区可实现电力接入免审批。

在压减办电时间方面,《行动计划》要求大力推进信息化服务,办电窗口全面入驻政府政务大厅和政务平台,实现"一窗办理";房产过户后由不动产交易平台自动推送用电过户申请,实现"一次过户";将电力接入涉及的各类审批事项全部纳入线上审批范围,推进"一键审批";将用户办电所需各类证照资料全面集成至地方政务平台,供电企业从中共享调用,推进"一链收资",实现居民"刷脸办电"、企业"一证办电"。

在降低办电成本方面。《行动计划》明确2021年底前,各设区市供电企业对低压居民和低压小微企业用户电力接入提供"零投资"服务,对防范化解重大风险、精准脱贫、污染防治三大攻坚战的项目,优先延伸投资范围;同时,各设区市政府提前完善项目用电所需的线路通道、电缆管沟廊道等市政配套基础设施建设,落实工程建设资金,政企共担,降低用户电力接入成本。

此外,《行动计划》率先将进一步加强信息公开的要求纳入具体任务。通过深化"互联网+"服务,实行办电全过程"物流式"展示;运用线上服务工具,方便用户、相关方在线实时交流,实现重要信息和时间节点记录留痕;通过网站等公开渠道向社会公布电力接入行政审批的相关政策、收费项目、资费标准、配电网可开放容量等情况,切实保障用户知情权。

三、省政府办公厅关于印发江苏省"产业强链"三年行动计划（2021—2023 年）

为贯彻落实党中央、国务院和省委、省政府决策部署，着力提升产业链供应链稳定性、安全性和竞争力，加快推动制造强省建设，促进制造业高质量发展，制定本行动计划。

一、总体要求

以习近平新时代中国特色社会主义思想为指导，全面贯彻党的十九大和十九届二中、三中、四中、五中全会精神，深入贯彻习近平总书记视察江苏重要指示精神，科学把握新发展阶段，坚定贯彻新发展理念，积极服务全国构建新发展格局，以推动高质量发展为主题，以供给侧结构性改革为主线，以改革创新为根本动力，以补短板和锻长板结合、自主可控和开放合作为原则，坚定不移推进制造强省、质量强省、网络强省、数字江苏建设，聚焦 13 个先进制造业集群和战略性新兴产业，实施 531 产业链递进培育工程，用三年时间，重点培育 50 条具有较高集聚性、根植性、先进性和具有较强协同创新力、智造发展力和品牌影响力的重点产业链，做强其中 30 条优势产业链，促进其中特高压设备、起重机、车联网、品牌服装、先进碳材料、生物医药、集成电路、高技术船舶、轨道交通装备、"大数据＋"等 10 条产业链实现卓越提升。

到 2023 年，江苏"产业强链"培育机制优化完善、创新引领显著增强、发展质态全面提升，争创一批具有标杆示范意义的国家级先进制造业集群，打造一批具有较强国际竞争力的"链主企业"和隐形冠军企业，攻克一批制约产业链自主可控、安全高效的关键核心技术，推动一批卓越产业链竞争实力和创新能力达到国内一流、国际先进水平，为在新发展阶段"争当表率、争做示范、走在前列"、谱写好"强富美高"新江苏建设新篇章提供有力支撑。

二、重点任务

（一）构建产业强链工作领导机制

（1）强化产业强链责任分工。建立省领导挂钩联系优势产业链制度，研究协调产业链提升工作。成立产业强链专班，各部门和地区按照职能分工协同推进。集成部门、专家、机构、智库等资源，对接产业链龙头骨干企业，支持产业链协同达产增效、市场主体做大做强，促进产业链与创新链、资金链、价值链、人才链、政策链有机融合。（省工业和信息化厅、省发展改革委、省科技厅负责）

（2）建立"八个一"工作推进机制。每条优势产业链确定一位产业链首席专家、培育一批产业链发展支撑机构、明确一个产业链专业化智库单位、建设一批产业链发展园区载体、打造一个产业链供需对接平台、梳理一批产业链龙头骨干企业和重点项目、形成一个产业链专属政策组合包、建立一张产业链关键核心技术短板长板动态表,确保产业强链工作有序推进。(省工业和信息化厅、省发展改革委、省科技厅负责)

(二)组织区域卓越产业链竞赛

突出竞争性、示范性、引领性,坚持上下联动、区域协作,竞争择优、培塑品牌,示范引领、卓越提升的原则,通过申报、考察、遴选的方式,推动市、县和各类开发区发挥集聚特色优势,加强核心区与协同区协作,提升产业和企业能级,在重点产业链中塑造一批主导产业突出、龙头企业引领、地标特征明显的区域卓越产业链,以竞赛促提升,以联动促协同,以强链促循环。(省工业和信息化厅、省发展改革委、省财政厅负责)

(三)实施产业链主导企业培育行动

(1)提升产业链关键环节控制力。实施引航企业培育计划,支持龙头企业强创新、优品牌、促转型,培育一批掌握全产业链和关键核心技术的产业生态主导型企业。开展重点产业专利导航,强化产业链专利布局和运用。编制产业链树状图,在产业链关键环节建立500家左右核心企业库。充分发挥省政府投资基金的引导作用,利用已设子基金加大对相关产业链的投资支持力度,鼓励企业通过并购、引进、参股等方式补链强链延链,提高产业链垂直整合度。实施品牌发展战略,推进标准领航质量提升工程,在重点产业链打造一批品质高端、信誉过硬、市场公认的"江苏精品"。(省工业和信息化厅、省发展改革委、省财政厅、省市场监管局、省知识产权局负责)

(2)增强产业链细分领域主导能力。实施"千企升级"计划和"小升高"行动,支持中小企业技术创新、管理提升、直接融资、市场开拓,培育一批专注于细分市场、创新能力强、质量效益优的专精特新"小巨人"企业和掌握关键核心技术、市场占有率高的单项冠军企业。支持产业链企业向上游设计、研发和下游终端产品等环节延伸,拓展设计、研发、品牌等价值链高端环节。支持"链主企业"和隐形冠军企业直接融资,引导上市企业通过并购重组实现供应链优化和产业链整合。(省工业和信息化厅、省科技厅、省市场监管局、江苏证监局负责)

(3)促进产业链上下游联动发展。优化产业配套半径,鼓励中小微企业围绕大企业生产需求,提升协作配套水平,促进大中小企业融通发展。推动"制造+服务"深度融合发展,大力发展供应链服务企业,为制造业企业提供采购、物流、分销等专业化、一体化生产性服务。支持集群发展促进机构、行业协会、产业联盟等社会组织发展。完善产业链供应链金融服务。组织产业链供需对接活动,形成一批有影响力的活动品牌。(省工业和信息化厅、省发展改革委、省科技厅、江苏银保监局负责)

(四)实施产业链协同创新提升行动

(1)加快新型研发机构产业链布局。支持龙头企业面向产业链共性关键核心技术需求,建设一批新型研发机构,在集群重点产业链优先建设国家级和省级产业创新中心、技术创新中心、制造业创新中心。推动产业链龙头企业建设600家省级以上企业技术中心,构建多层次技术创新体系。(省发展改革委、省科技厅、省工业和信息化厅负责)

（2）促进企业技术协同攻关。联合建立关键核心技术攻关项目库,运用揭榜制等方式支持龙头企业牵头对重点产业链"卡脖子"技术进行产业化突破。支持产业链上下游企业、研发机构等单位组建联合体,围绕技术研发、标准制定、批量生产、示范推广等环节开展协同创新,构建新型创新合作网络和利益共同体。开展50条省级重点产业链技术评估,全面提升关键环节、领域、产品的保障能力。（省工业和信息化厅、省科技厅、省市场监管局负责）

（3）促进创新成果产业化。积极促进国内外一流大学技术创新成果产业化中心布局重点产业链。完善科技成果转化机制,推动企业开展高价值专利培育布局,强化知识产权保护与产业化应用。加快大数据、云计算、区块链等先导技术与产业链融合创新,建设"数字产业链",促进新业态新模式发展。发布新技术新产品推广应用目录,运用首台套重大技术装备、首批次新材料、首版次软件政策,推动进入重点产业链的供应体系。（省科技厅、省教育厅、省工业和信息化厅、省知识产权局负责）

（五）实施产业链基础能力升级行动

（1）促进产业链基础再造。以自主可控、安全高效为目标,针对省级重点产业链的核心基础零部件和元器件、先进基础工艺、关键基础材料、产业技术基础等"四基"和工业基础软件的薄弱环节,实施50个以上强基工程项目,补齐产业基础短板。适应5G、人工智能、智能网联汽车等产业发展需要,加快新型基础设施建设,支撑关联产业链加快发展。（省工业和信息化厅等部门负责）

（2）提升产业链智能化水平。开展大规模技术改造,大力发展网络协同制造、大规模个性化定制等智能制造新模式,建设省级示范智能车间200家、智能工厂50家。支持重点工业互联网平台、电商平台与产业链龙头企业深度合作,打造数字化供应链,促进产业链企业开放合作、互联共享,培育20个重点产业供应链云平台。大力发展"循环产业链",按产业链、价值链、生态链推进产业园区绿色循环化改造。（省工业和信息化厅、省商务厅负责）

（3）加快产业链示范基地建设。依托省级以上经济开发区、高新区,加快新型工业化产业示范基地建设,加强示范基地建设管理和质量评价,强化引领示范,培育卓越产业链。新增10家左右省级以上新型工业化产业示范基地,打造一批五星级国家产业示范基地。支持大数据、云计算、工业互联网等示范基地建设。争创国家级制造业高质量发展试验区。（省工业和信息化厅、省科技厅、省商务厅负责）

（六）实施产业链开放合作促进行动

（1）促进产业链重构升级。开展产业链重构行动,鼓励企业提高产品质量和稳定性、可靠性,形成国产替代进口的能力。建立产业备份系统,丰富重要产品的供应渠道,提高重点产业链抗风险能力。加强长三角区域产业链协作配套,以长三角区域的畅通循环促进国内大循环,推动国内国际双循环。开展以供应链为单元的保税监管改革业务试点。鼓励支持企业建立跨国、跨省市、跨产业链合作机制和合作模式,稳定供应链、提升价值链。（省发展改革委、省工业和信息化厅、省商务厅负责）

（2）提升产业链国际合作水平。以"一带一路"为契机,支持龙头企业加强与国际产业、科技、金融、人才等领域的合作,开拓多元化市场、嵌入全球创新网络,构建坚实稳固、内外循环的供应链体系。支持江苏装备、材料和零部件嵌入国际先进供应链,支持江苏制造产品"走出去",提高国际市场占有率和江苏制造品牌影响力。利用世界智能制造大会、物联网大会等平台开展国际交流,在开放合作中打造更强创新力、更高附加值的产业链。(省商务厅、省工业和信息化厅负责)

三、保障措施

(一)加强组织领导

强化省制造强省建设领导小组统一领导,加大省制造强省建设领导小组办公室和省先进制造业集群工作办公室统筹协调力度,发挥省领导挂钩联系优势产业链制度和产业强链专班协调机制作用,加强省级部门协同、条线上下协作、各类机构协力,研究解决产业强链重大问题,推进各项重点任务落实。省制造强省建设领导小组办公室公开发布评选出的区域卓越产业链。

(二)加大政策支持

聚焦集群培育和产业强链工作,加大对重点产业链和区域卓越产业链所在地区、龙头企业、重点平台等的支持力度。支持战略性新兴产业集群发展、企业技术改造升级、产业链创新链融合发展、产业链精品品牌培育等工作,形成政策支持合力。支持产业强链重大项目建设,实现大项目带动、大中小企业配套、上下游联动格局。

(三)强化宣传推广

深入总结省领导挂钩联系优势产业链、产业强链工作、先进制造业集群培育等的典型做法和经验,加大对重点产业链和区域卓越产业链的发展模式、创新平台、促进机构、引航企业、专精特新和单项冠军企业的宣传力度。举办区域卓越产业链交流活动,引导各地强化补链固链强链意识和举措,提升产业链供应链稳定性、竞争力和影响力。

四、省政府关于促进全省高新技术产业开发区高质量发展的实施意见

一、总体要求

（一）发展思路

坚持以习近平新时代中国特色社会主义思想为指导，深入贯彻党的十九大和十九届二中、三中、四中、五中全会精神，认真落实习近平总书记对江苏工作的重要指示要求，牢固树立新发展理念，坚持创新在现代化建设全局中的核心地位，坚持科技自立自强和"发展高科技、实现产业化"方向，以推动构建新发展格局为引领，以深化体制机制改革和营造良好创新创业生态为抓手，以培育发展具有国际竞争力的创新型企业和产业为重点，以科技创新为核心着力提升自主创新能力，聚焦先进制造业集群，围绕产业链部署创新链，围绕创新链布局产业链，提升产业基础高级化、产业链现代化水平，着力构建自主可控的现代产业体系，将高新区建设成为创新驱动发展示范区和高质量发展先行区，勇当我国科技和产业创新的开路先锋，为开启全面建设社会主义现代化新征程、谱写好"强富美高"新江苏建设新篇章提供有力支撑。

（二）基本原则

坚持创新引领，以创新驱动发展为根本路径，加快集聚创新资源，增强自主创新能力，形成以创新为引领和支撑的经济体系和发展模式，引领高质量发展。坚持高新定位，牢牢把握"高"和"新"发展定位，抢占未来科技和产业发展制高点，构建高端产业集聚、绿色发展、宜创宜业宜居的增长极。坚持改革开放，创新高新区发展体制机制，推进开放创新深度融合，营造公开、公正、透明和有利于促进优胜劣汰的发展环境，充分释放各类创新主体活力。坚持特色发展，突出产业特色，集聚特色资源，发展创新集群，探索各具特色的高质量发展模式，构筑竞争优势。

（三）发展目标

到2025年，全省高新区体制机制持续创新，布局更加优化，自主创新能力明显增强，创新创业环境明显改善，高新技术产业体系基本形成，建立高新技术成果产出、转化和产业化机制，涌现一批具有国际竞争力的创新型企业和特色产业集群，建成一批创新型特色园区，南京高新区、苏州工业园区成为世界一流高科技园区。到2035年，建成一批具有全球影响力的高科技园区，主要产业进入全球价值链中高端，实现园区治理体系和治理能力现代化。

二、深化体制机制改革

（一）强化地方政府高新区建设主体责任

市县政府作为高新区建设的责任主体，要把高新区作为创新驱动发展的主阵地，摆上地方发展

全局的重要位置,在政策制定、资源配置、资金投入、重大创新载体和平台布局建设等方面给予全力支持。配齐配强国家高新区、省级高新区管理机构领导干部,根据高新区发展需要确定相应的领导职数。

(二)优化高新区管理体制

坚持市场化和去行政化的改革方向,推行大部门制扁平化管理,突出主责主业,加强科技创新、经济管理、营商环境等职能,不与地方党政部门搞上下对口。从严从紧控制上级机关部门派驻高新区的机构,确需派驻的,可与高新区职能机构合并设立。各地要建立向高新区派驻机构和移交职责的清单和准入制度,依据行政区划管理有关规定确定高新区管理机构管辖范围。鼓励有条件的高新区探索岗位管理制度,实行聘用制,并建立完善符合实际的分配激励和考核机制。

(三)深化"放管服"改革

建立授权事项清单制度,赋予国家高新区相应的科技创新、产业促进、人才引进、市场准入、项目审批、财政金融等省级经济管理权限。建立国家高新区与省级有关部门直通车制度。依法赋予国家高新区与设区市同等的经济管理审批权限、省级高新区与县级市同等的经济管理审批权限。加快高新区投资项目审批改革,实行企业投资项目承诺制、容缺受理制,减少不必要的行政干预和审批备案事项。高新区可依法集中行使行政许可权,实行一层全链审批。在高新区复制推广自由贸易试验区、自主创新示范区等相关改革试点政策,加强创新政策先行先试。

(四)创新高新区建设运营模式

鼓励高新区培育发展具有较强运营能力和资本实力并具有新型运营模式的建设运营公司,承担"双招双引"、资本运营、专业化服务等职能,与管委会实行政企分开、政资分开。支持符合条件的高新区开发建设主体发行债券、公开发行股票或者重组上市。鼓励高新区围绕特色优势产业培育,建设专业化的投资运营公司。鼓励社会资本在高新区投资、建设、运营特色产业园。

三、统筹优化布局

(一)加强区域创新引领

苏南国家自主创新示范区要加快提升知识创新和技术创新能力,强化一体化发展,壮大具有国际竞争力的创新型产业集群,打造高水平"创新矩阵"。国家高新区要对标国内外先进科技园区,加强自主创新,努力培育具有国际影响力的特色战略产业。省级高新区要加快聚集创新资源,着力打造具有区域竞争优势的特色战略产业,形成区域发展增长极。大力推进高新区争先进位,积极推动有条件的省级高新区争创国家高新区,在有条件的地区布局建设一批省级高新区。

(二)强化高新区辐射带动作用

支持高新区通过一区多园、南北共建、飞地经济、异地孵化等方式,拓展产业发展空间。鼓励高新区跨区域配置创新要素,组织实施跨区域重大科技项目、重大创新活动等。做实高新区"一区多园",支持以国家高新和发展水平高的省级高新区为主体,统一管理其他区位相邻、产业互补的开发园区,带动相关园区产业提档升级。

四、加快提升自主创新能力

（一）提升创新核心区建设水平

支持高新区加快建设集知识创造、技术创新和特色战略产业培育为一体的创新核心区,鼓励各地将高校、科研院所、企业研发总部等各类创新资源优先在创新核心区布局,形成技术创新和研发服务高度集聚的标志性区域。支持有条件的高新区围绕高校院所集聚区、国家重大科技基础设施规划打造一批原始创新高地,或通过分园等形式将区外科学园整体纳入。支持国家和省重大创新平台优先在高新区布局建设。对有望创建国家级平台或者建设意义特别重大的创新平台,采取"一事一议"方式,省创新能力建设计划可先期支持开展预研建设。积极培育新型研发机构等产业技术创新组织。

（二）加快关键核心技术攻关和成果转移转化

支持高新区积极参与科技创新 2030 重大项目、国家重点研发计划等,推动国家战略性新兴产业项目、国家制造业重大工程优先落户高新区。支持高新区开展新型产业技术集成创新试点,以任务揭榜等形式解决技术难题。支持重大创新成果在园区落地转化并实现产品化、产业化,支持对园区内的创新产品给予"首购首用"。支持在高新区内建设科技成果中试工程化服务平台,探索职务科技成果所有权改革。加强专业化技术转移机构和技术交易平台建设,培育科技咨询师、技术经纪人等专业人才。

（三）打造创新人才高地

支持高新区面向全球开展"双招双引",通盘布局招商引资和招才引智工作,对引进的人才项目,按照招商项目投资额度的一定比例进行考核和奖励。支持园区内骨干企业等与高等学校共建共管现代产业学院,培养高端人才。允许持有永久居留身份证的外籍人才担任新型研发机构法定代表人,牵头承担政府科研项目,并享受相关资金扶持。在高新区内企业工作的境外高端人才和急需紧缺人才,经市级以上科技行政部门批准,申请工作许可的年龄可放宽至 65 岁;外籍高层次人才、急需紧缺人才可凭省级(含副省级)科技行政部门签发的确认函,直接向我国驻外签证机关申请办理有效期最高 10 年、每次停留时间最高 180 日的 R 字签证。

五、培育壮大高新技术产业集群

（一）大力培育高新技术企业

实施高新技术企业培育"小升高"行动,加大高新技术企业培育资金投入力度,推动面广量大的科技中小企业加速成长为高新技术企业、瞪羚企业、独角兽企业,培育一批具有国际竞争力的创新型企业,打造高新技术企业密集区。积极培育科技型中小企业,通过众创、众包、众扶、众筹等途径,孵化科技创业团队和初创企业。各省级以上高新区规上企业中的高新技术企业占比不低于 40%。

（二）加快发展"一区一战略产业"

各高新区要立足自身资源禀赋和产业基础,发挥比较优势,主攻最有条件、最具优势的领域,支持以领军企业为龙头,以自主品牌为支撑,以产业链关键产品、创新链关键技术为核心,集成大中小企业、研发和服务机构等,加强创新资源配置和产业发展统筹,做强做大自主品牌和特色战略产业,推动产业迈向中高端,争创国家创新型产业集群。省科技计划优先支持高新区"一区一战略产业"培育,省科技成果转化专项资金支持高新区的项目和经费数不低于50%。

(三)积极布局前瞻性产业

加强战略前沿领域部署,积极培育人工智能、未来网络、5G、量子计算、第三代半导体、区块链、大数据、车联网等前瞻性产业,构建多元化应用场景,提升高新区新型基础设施建设能级。发展新技术、新产品、新业态、新模式,培育壮大数字经济、平台经济和共享经济。探索实行包容审慎的新兴产业准入和行业监管模式。

(四)加强对创新创业的服务支持

强化科技资源开放共享,发展研究开发、技术转移、检验检测、创业孵化、知识产权、科技咨询等服务机构,提升专业化服务能力。支持高新区依托具有较强科研实力的高校建设特色化、专业化大学科技园,国家高新区和有条件的省级高新区要建设大学科技园。鼓励行业龙头骨干企业、高校、科研院所等各类主体,在高新区建设专业孵化器、众创空间、加速器、众创社区。

六、提升开放创新水平

(一)加快建设国际创新园

支持国家高新区和有条件的省级高新区加强与世界创新型国家或园区的战略合作,共建国际创新园。推进世界知名大学、顶尖科研机构、国际知名风投、跨国公司研发中心等在高新区布局。支持高新区布局建设海外协同创新中心、多功能海外离岸孵化器、海外人才离岸创新创业基地等。支持高新区有实力的企业在海外建设研发中心、设立境外分支机构、开展海外技术并购等。

(二)融入"一带一路"等国家战略

高新区要深度融入"一带一路"交汇点建设、长江经济带发展、长三角区域一体化发展等国家战略,通过"重资产"投资运营和"轻资产"管理输出等不同模式,积极参与共建跨境经济合作园、海外科技园、边境产业园等海外园区。

七、优化资源配置

(一)完善土地利用政策

优先保障高新区重大科技项目用地,对高新区内纳入省重大项目的国家重大科技基础设施、国家技术创新中心、国家(重点)实验室和省实验室、国家和省制造业创新中心、国家质检中心的用地计划指标由省统筹解决。各地政府在安排年度新增建设用地指标时对高新区给予倾斜,优先用于高新区重大科技创新等项目用地。推行产业用地弹性年期出让模式、土地租金年租制。积极推进低效产业用地再开发,在符合详细规划、不改变土地用途的前提下,园区企业在自有工业用地上新建、扩建生产性用房或利用地下空间,提高容积率的,不再增收土地价款。

(二)加大财政投入力度

通过统筹省科技专项资金扩大省苏南国家自主创新示范区建设专项资金规模,加大对高新区奖补力度。省级科技、战略性新兴产业发展、工业和信息产业转型升级、现代服务业发展、人才计划等专项资金,对高新区给予倾斜支持。

（三）加强金融服务

鼓励商业银行在高新区设立科技支行。支持金融机构在高新区开展知识产权质押融资,开发完善知识产权保险。支持高新区按市场化原则设立产业投资基金、创业投资基金,搭建金融、科技、产业融合发展综合服务平台。引导创业投资、私募股权、并购基金等社会资本支持高成长企业发展。创新国有资本创投管理机制,允许园区内符合条件的国有创投企业建立跟投机制。鼓励金融机构投贷联动,积极开展多样化科技金融服务。实施科技企业上市培育计划,支持高新区高成长企业利用资本市场挂牌上市,打造科创板上市培育基地。

（四）促进产城融合发展、绿色发展

鼓励各类社会主体在高新区投资建设信息化等基础设施,加强与市政建设接轨,完善科研、教育、医疗、生态、文化等公共服务设施,推进安全、绿色、智慧科技园区建设。严格控制高污染、高耗能、高排放企业入驻,健全园区环境监测监控及预警体系,推动园区生态环境信息平台等建设,支持高新区创建生态工业示范园区、循环化改造示范园区。

八、加强组织管理

（一）强化组织领导

坚持党对高新区工作的统一领导。各市、县政府要切实加强组织领导,加强高新区领导班子配备和干部队伍建设,并给予高新区充分的财政、土地等政策保障,加大力度支持高新区高质量发展。各高新区要加大先行先试力度,探索可复制可推广的经验做法;要严格落实安全生产责任制,切实强化安全生产监管;要建立健全激励机制和容错纠错机制,营造鼓励奋发有为、敢于担当、干事创业的良好氛围。

（二）加强指导支持

有关部门要按照职能分工,在规划编制、政策实施、项目布局、资金安排、体制创新、试点示范等方面对高新区予以积极支持。优化完善以高质量发展为导向的高新区创新驱动发展综合评价办法和指标体系,强化考核结果应用,考核结果与高新区领导班子考核、享受政策、用人员额、薪酬总额等挂钩。建立动态管理机制,对考核结果好的高新区优先考虑扩区,加大资金、政策支持力度;对考核结果较差的高新区,限制新增土地指标,通报约谈,限期整改;对整改不力的予以撤销,退出高新区序列。部门和条线原则上不得对高新区进行单项考核。统筹上级对高新区的督查检查事项,除法律规定的安全生产、环境保护等事项外,其他检查一律合并减少。

江苏省人民政府

2020 年 12 月 18 日

五、省政府办公厅关于进一步优化营商环境更好服务市场主体若干措施的通知

各市、县(市、区)人民政府,省各委办厅局,省各直属单位:

为贯彻落实《国务院办公厅关于进一步优化营商环境更好服务市场主体的实施意见》(国办发〔2020〕24号)和省委、省政府工作部署,持续深化"放管服"改革优化营商环境,做好"六稳"工作、落实"六保"任务,更大激发市场活力,增强发展内生动力,经省人民政府同意,现提出以下工作措施。

一、优化投资项目前期评估审批

推进产业园区生态环境政策集成改革试点,试点园区内的建设项目可依据规划环评简化项目环评报告内容。实施环评审批正面清单,对纳入清单的建设项目,开展环评豁免和告知承诺制审批改革试点。在依法设立的开发区、新区、自由贸易试验区和其他有条件的区域,对建设用地、企业投资项目涉及的评估评价事项等开展区域评估,进一步增加评估事项,加快推动新项目共享区域评估成果。(省生态环境厅、省商务厅、省自然资源厅、省水利厅、省文物局、省地震局、省气象局等相关部门及各设区市按职责分工负责)

二、进一步提升工程建设项目审批效率

全面推行工程建设项目分级分类管理,强化项目前期策划生成,推进"拿地即开工",规范实施联合验收。对简易低风险项目和通过事中事后监管能够纠正不符合审批条件的行为且不会产生严重后果的审批事项,实行告知承诺制。加快推动工程建设项目全流程在线审批,推进工程建设项目审批管理系统与投资审批、规划、消防等管理系统数据实时共享,实现信息一次填报、材料一次上传、相关评审意见和审批结果即时推送。推进工程建设项目审批管理系统与政务服务、行业监管、信用管理系统的深度融合,2020年底前将工程建设项目审批涉及的行政许可、备案、评估评审、中介服务、市政公用服务等纳入线上平台,公开办理标准和费用。(省住房城乡建设厅牵头,省发展改革委、省自然资源厅、省政务办等相关部门及各设区市按职责分工负责)

三、深入推进"多规合一""多测合一"

结合国土空间规划编制,划定落实生态保护红线、永久基本农田、城镇开发边界三条控制线,逐步建立国土空间规划"一张图"。推动实施"多测合一"改革,省级制定实施"多测合一"改革指导意见,梳理"多测合一"技术标准清单框架;市级结合实际进行细化,有条件的地区可制定"多测合一"

地方标准；建立健全测绘成果共享互认机制，对验收涉及的测绘工作，实行"一次委托、联合测绘、成果共享"。（省自然资源厅牵头，省住房城乡建设厅等相关部门及各设区市按职责分工负责）

四、进一步降低市场准入门槛

建立公开透明的市场准入标准和运行规则，凡是法律没有明令禁止的领域都要向社会开放。积极争取在研发与设计服务、交通运输、工程建设、金融、体育、教育、医疗卫生、信息服务、电力服务等领域实现突破，集中清理在市场准入方面对企业资质、资金、股比、人员、场所等设置的不合理条件。扩大服务业对外开放，围绕要素获取、准入许可、经营运行、政府采购和招投标等方面，破除制约市场公平竞争的各类障碍。对公用事业和重要公共基础设施领域实行特许经营等方式，引入竞争机制，放开自然垄断行业竞争性业务。（省发展改革委、省教育厅、省住房城乡建设厅、省交通运输厅、省商务厅、省文化和旅游厅、省卫生健康委、省市场监管局、省体育局等相关部门及各设区市按职责分工负责）

五、进一步降低就业创业门槛

直接认可符合国家规定、经人力资源社会保障部门核准备案、手续完备的省外职称。归集全省职称证书信息，加快建设全省集申报、审核、评审、制证、在线查询于一体的职称管理系统。指导企业规范开展用工余缺调剂，帮助有"共享用工"需求的企业精准、高效匹配人力资源。统一失业保险转移办理流程，全面推行线上失业登记和失业保险金申领。在失业保险参保转移接续、待遇核定享受等方面统一政策口径、服务事项和办理流程。优化部分行业从业条件，推动取消除道路危险货物运输以外的道路货物运输驾驶员从业资格考试，改革执业兽医资格考试制度，鼓励兽医相关专业高校在校生参加考试。（省人力资源社会保障厅、省交通运输厅、省农业农村厅、省政务办等相关部门及各设区市按职责分工负责）

六、鼓励外资外贸企业投资经营

推进外贸企业进商超、进渠道、进街区（步行街）、进电商平台、进云上展会，组织供需对接，帮助外贸企业多渠道开拓内销市场。开展质量认证宣传推广工作，指导外贸企业通过自我声明等方式替代相关国内认证。与相关专业机构共同开展自我声明模式下认证监管方式课题研究，形成针对强制性产品认证自我声明模式的企业检查表、作业指导书等成果，加强自我声明模式下认证监管。积极组织有条件的地区申报外商投资企业注册登记授权。（省商务厅、省市场监管局等相关部门及各设区市按职责分工负责）

七、持续优化企业登记服务

依托企业开办全链通平台，实现企业开办全程网上办理，优化企业登记、公章刻制、申领发票、社保登记、银行开户、公积金办理等企业服务,加快推进电子营业执照、电子印章应用。加快推进企业开办事项省内"一网通办"、跨省通办,推进长三角地区企业登记在政策条件、程序方式和服务措施等方面的统一,形成相对统一的市场准入规范。支持工业产品生产许可证申领、注销事项在长三角"一网通办"专窗办理和线上"一地认证、全网通办"。探索推进"一业一证"改革,实现"一证准营"、跨地互认通用。(省市场监管局牵头,人民银行南京分行、省税务局、省司法厅、省公安厅、省政务办等相关部门及各设区市按职责分工负责)

八、持续提升纳税服务水平

进一步优化新办企业"套餐式"服务,推行智能化填报和审核,逐步实现涵盖实名采集、信息补录、供票资格认定、开票设备领取等事项全流程"不见面"办理。简化增值税等税收优惠政策申报程序,原则上不再设置审批环节。推进增值税联网核查系统应用,压缩出口退税办理时间,办结一类出口企业正常退税申报数据的时限不超过 2 个工作日,二类、三类不超过 5 个工作日。强化数据共享,除四类出口企业外,在企业自愿基础上,可对所有出口企业的出口退(免)税申报实行无纸化,推行无纸化单证备案。(省税务局牵头,人民银行南京分行、南京海关等相关部门及各设区市按职责分工负责)

九、降低企业经营成本

开展"一照多址"改革,支持各设区市进一步放宽小微企业、个体工商户登记经营场所限制,在有条件的地区推行住所(经营场所)登记申报承诺制。深入开展涉企收费专项治理,确保各项减税降费政策落到实处。妥善处理涉及平台企业的投诉举报,依法查处平台企业滥用市场支配地位收取不公平的高价服务费等违法行为。推进"绿岛"建设试点,为中小企业配套建设共享的环保公共基础设施。实施"金环"对话机制,推行绿色信贷,支持环保基础设施建设。取消政府采购投标保证金,允许供应商自主选择以支票、汇票、本票、保函等非现金形式缴纳或提交履约保证金。规范公共资源交易领域保证金收退行为,推行保险、电子保函和信用担保,实现保函申请、费用缴纳和保函交付等环节全流程在线办理。鼓励银行保险机构在工程建设、政府采购领域为企业提供保险、保函等产品替代缴纳涉企保证金。(省市场监管局、省工业和信息化厅、省财政厅、省生态环境厅、省住房城乡建设厅、省交通运输厅、省水利厅、省政务办、人民银行南京分行、江苏银保监局等相关部门及各设区市按职责分工负责)

十、提升融资便利度

鼓励引导商业银行支持中小企业以应收账款、生产设备、产品、车辆、船舶、知识产权等动产和权利进行担保融资。建立健全中征应收账款融资服务平台联合推广应用机制,支持中小微企业线上融资。推动公安信息与银保监部门及银行等金融机构信息联网,实现车辆电子健康档案信息共享,在银行等机构设立机动车登记服务站,免费代办抵押、解除抵押登记业务,推进实现主合同和抵押合同等纸质资料免提交;对已实现联网核查的,在机动车档案目录资料中备注"联网核查",在转入时不得以没有纸质资料为由退档。推行知识产权质押融资网上申请,推动建立知识产权质押融资风险补偿、费用补贴机制,扩大知识产权质押融资规模。推广运用江苏省综合金融服务平台,提升金融服务中小微企业质效。(人民银行南京分行牵头,江苏银保监局、省公安厅、省市场监管局、省交通运输厅、省知识产权局、省地方金融监管局、省财政厅等相关部门及各设区市按职责分工负责)

十一、优化知识产权业务服务

推动知识产权业务集中受理,整合专利代办处、商标受理窗口职能。优化专利、商标、地理标志相关业务和服务流程,推动专利、商标、地理标志及更多业务实现全程"网上办"。支持各地申请设立商标业务受理窗口,加强对各地知识产权信息公共服务机构以及服务窗口的业务指导。(省知识产权局、省政务办及各设区市按职责分工负责)

十二、加强行业协会商会管理

推进行业协会商会脱钩改革,厘清行政机关与行业协会商会的职能边界。对行业协会商会加强登记审查、监督管理和执法检查,推动健全法人治理结构,促进行业协会商会成为依法设立、自主办会、服务为本、治理规范、行为自律的社会组织。清理规范行业协会商会收费行为,进一步完善监管机制,坚决做到"五个严禁",为市场主体减负松绑、增添活力。(省发展改革委、省民政厅等相关部门及各设区市按职责分工负责)

十三、进一步提高进出口通关效率

鼓励企业提高进出口货物提前申报比例,扩大应用范围。指导企业在货物运输阶段完成申报前准备和申报办理,缩短货物整体通关时间。全面扩大"两步申报"适用主体,探索转关模式下"两步申报",扩大政策覆盖面,完善信息化系统功能,减少申报差错,加快提货速度。推广新冠肺炎疫情期间海关查验货物时收发货人可免于到场相关工作。全面推进国际贸易"单一窗口"标准版应用,货物申报、运输工具申报、舱单申报等主要业务的应用率保持 100%。(南京海关、省商务厅等相关部门及各设区市按职责分工负责)

十四、便利机动车流通

推动机动车保险、完税、报废回收等信息联网,对已实现信息共享核查的,免予提交机动车交通事故责任强制保险、车船税纳税或者免税证明、报废机动车回收证明等纸质凭证。依据新能源汽车免征车辆购置税车型目录和享受车船税减免优惠车型目录,优化办理流程,落实相关税收减免政策。推进交强险电子保单上线,实现省内交强险电子保单在全国均可查询。(省公安厅、省财政厅、

省交通运输厅、省商务厅、省税务局、江苏银保监局等相关部门及各设区市按职责分工负责）

十五、推进智能网联汽车测试

推动智能网联汽车测试的审慎包容监管，根据智能网联汽车道路测试通知书，在测试驾驶人和测试车辆符合相关规定的前提下，为测试车辆核发有效期不超过 90 日的试验用临时行驶车号牌，签注道路测试路段、有效期等内容。对测试通知书到期，车辆状态未改变的无需重复测试，直接延长期限。在保障安全、减少交通影响的前提下，确定智能网联汽车测试路段，在路段起点、终点及沿途设置明显的指示标志，完善道路交通设施，并向社会公告。通过视频巡查、巡逻检查等方式，加强对测试路段的执法管理，保障测试路段安全畅通。（省工业和信息化厅、省公安厅、省交通运输厅、省自然资源厅等相关部门及各设区市按职责分工负责）

十六、优化"互联网＋"医疗服务

按照互联网医疗服务质量标准、业务规范和安全标准，规范互联网诊疗和互联网医院准入和执业管理，不断推进包容审慎监管。推进医疗机构的互联网医疗服务全程留痕、可查询可追溯，确保访问、处理数据的行为可管可控；开放数据接口，与全省智能监控平台对接，实现实时、全过程、全方位监管。对创新医疗器械实行优先检测、优先审评、优先审批，助推产品创新。健全"互联网＋"医疗服务价格形成机制，规范互联网医疗服务价格行为。根据基本医保定点医药机构管理相关政策，结合"互联网＋"医疗服务的特点，完善定点医疗机构服务协议，明确"互联网＋"医疗服务的医保支付范围。加快医保信息化和标准化建设，推进医保基金承担的互联网诊疗服务费用在医疗机构端线上可直接结算。（省卫生健康委、省医保局牵头，省市场监管局、省药监局等相关部门及各设区市按职责分工负责）

十七、推动公共数据资源开放共享

围绕城乡治理、公共服务、政务服务等领域，探索通过搭建供需对接平台等为新技术、新产品提供更多应用场景。依托省大数据共享交换平台，建设全省统一的公共数据开放网站。制定公共数据资源开放管理办法，确定公共数据开放重点领域，分批编制公共数据开放清单，依法依规逐步推动公共交通、路政管理、医疗卫生、养老等公共服务领域和政府部门数据安全有序开放。（省政务办牵头，省发展改革委、省交通运输厅、省公安厅、省民政厅、省医保局、省卫生健康委、省住房城乡建设厅、省农业农村厅等相关部门及各设区市按职责分工负责）

十八、推进电子证照互认共享和应用

出台电子证照互认规则，细化省（市）级政务服务平台电子证照的授权、亮证、调用、识别、核验、记录、归档等技术规则。制定政务服务移动端电子证照"二维码"扫码亮证互认规则。探索移动端电子印章和电子签名应用,办事人使用电子签名进行本人签字的申请书、承诺书等,可作为申请材料提交,审批时互认共享。制定统一电子证照标准规范,建设全省统一的电子证照信息资源库,推进跨层级、跨区域、跨部门电子证照互认共享和应用。(省政务办、省公安厅、省民政厅、省人力资源社会保障厅、省交通运输厅、省卫生健康委、省市场监管局、省医保局等相关部门及各设区市按职责分工负责)

十九、推进纾困惠企政策直接惠及市场主体

建设"苏企通"平台,梳理公布惠企政策清单,根据企业所属行业、规模等主动精准推送政策,县级政府出台惠企措施时要公布相关负责人及联系方式,实行政策兑现"落实到人"。鼓励推行惠企政策"免申即享",通过政府部门信息共享等方式,符合条件的企业免予申报、直接享受政策。对确需企业提出申请的惠企政策,合理设置并公开申请条件,简化申报手续,加快实现一次申报、全程网办、快速兑现。(省政务办、省工业和信息化厅等相关部门及各设区市按职责分工负责)

二十、建立常态化政企沟通联系机制

加强与企业和行业协会商会的常态化联系;整合线下企服力量,完善企业综合服务平台的政策发布、解读、推送、兑现和咨询建议投诉模块功能;进一步整合政务服务热线,规范政务服务热线接收、交办、督办、回访流程,建设 12345"一企来"企业服务热线,及时回应企业和群众诉求。建立健全企业诉求汇总分析制度和政策评估制度,问需于企,更多采取"企业点菜"方式推进"放管服"改革。(省政务办等相关部门及各设区市按职责分工负责)

各地各部门要按照国办发〔2020〕24 号文件和本通知要求,切实加强组织领导,压实工作责任,强化协同配合,建立健全政策评估、加强政企沟通联系、狠抓惠企政策兑现,不断完善优化营商环境长效机制。相关落实情况年底前报省政府。省政府推进政府职能转变和"放管服"改革协调小组办公室要强化统筹协调和督促落实,确保改革措施落地见效。

江苏省人民政府办公厅
2020 年 12 月 4 日

六、省政府办公厅关于深入推进
数字经济发展的意见

（苏政办发〔2020〕71号）

各市、县(市、区)人民政府,省各委办厅局,省各直属单位:

数字经济是引领未来的新经济形态,发展数字经济是构建新发展格局的战略抉择,是推动高质量发展的必由之路。为深入贯彻落实党中央、国务院关于发展数字经济的决策部署,抢抓发展新机遇,培育壮大发展新动能,构筑发展新优势,经省人民政府同意,结合我省实际提出如下意见。

一、总体要求

以习近平新时代中国特色社会主义思想为指导,践行新发展理念,以供给侧结构性改革为主线,深入实施创新驱动发展战略,坚持创新引领、数据驱动、融合发展、共建共享、安全规范的发展原则,把数字产业化、产业数字化、数字化治理作为主攻方向,充分发挥数据作为关键生产要素的倍增效应,加快推动全要素数字化转型,围绕建设数字经济强省,着力实施数字设施升级、数字创新引领、数字产业融合、数字社会共享、数字监管治理、数字开放合作六大工程,全力打造具有世界影响力的数字技术创新高地、国际竞争力的数字产业发展高地、未来引领力的数字社会建设高地和全球吸引力的数字开放合作高地,为推动"强富美高"新江苏建设和高质量发展走在前列提供有力支撑。

二、主要任务

(一)数字设施升级工程

(1)加快建设信息基础设施。加强新一代通信网络基础设施建设,加快推进千兆光纤网络建设,扩大5G网络覆盖范围,推动南京国家互联网骨干直联点扩容升级和江苏互联网交换中心建设,进一步提升全省互联网IPv6发展水平,加快推进物联网发展,积极布局中低轨道卫星互联网。统筹建设数字算力基础设施,优化数据中心总体布局,强化数据中心的分类引导和集约利用,构建数据中心评价和监测体系,持续推进绿色数据中心建设,面向重点应用场景推进建设边缘计算节点,提升边缘节点的存储和快速响应能力,支持无锡、昆山国家级超算中心建设,探索构建边云超结合的计算服务体系。高标准布局新技术基础设施,聚焦人工智能等领域,完善面向全产业链的公共服务平台,加快发展安全可扩展的区块链基础设施,探索建设跨链平台。(省工业和信息化厅、省通信管理局、省委网信办、省发展改革委、省政务办、省科技厅等按职责分工负责)

(2)全面升级传统基础设施。推动公路、铁路、水运、民航、水利、邮政等传统基础设施智能化升级,协同建设车联网、船联网等信息网络基础设施,推进平台互联、数据互通和设施共享,完善综合交通协同运营与管控,积极发展多式联运。推进能源与信息领域新技术深度融合,统筹能源与通信、交通等基础设施网络建设,构建"源—网—荷—储"协调发展、集成互补的能源互联网。推动市政基础设施智能化升级,加快新型智慧城市建设向基层延伸,推进县城智慧化改造,推动信息技术与农业农村生产生活基础设施融合发展。加快城乡网络一体化建设。(省交通运输厅、省工业和信息化厅、省发展改革委、省住房城乡建设厅、省农业农村厅、省水利厅、省广电局、省通信管理局,各设区市人民政府等按职责分工负责)

(二)数字创新引领工程

(1)释放数据资源新动能。推进公共数据资源开发利用国家试点,围绕重点领域,以需求迫切的业务应用为抓手,探索建立长效机制,推动公共数据资源安全有序开放、合理有效利用。引导社会数据资源价值提升,加速数据资源化、资产化、资本化进程,发展大数据产业,构建完备的产业体系,着力提升企业数据管理能力,提高数据资源质量,在重点领域开展数据管理能力成熟度评估,推进工业数据分类分级试点,持续开展大数据应用试点示范。研究数据要素市场运行机制,搭建基于区块链等技术的数据安全共享与开发平台、数据资源交易平台,探索建设数据交易中心,启动数据资本化试点。深化数据要素与传统生产要素的组合迭代、交叉融合,不断激发数据要素创新活力,促进传统产业加快转型和新产业新业态新模式加速涌现,加快构建以数据为关键要素的数字经济。(省工业和信息化厅、省政务办、省委网信办、省发展改革委等按职责分工负责)

(2)增强关键核心技术创新能力。加快未来网络等重大科技基础设施建设,积极布局一批国家和省级重点实验室、产业创新中心、制造业创新中心、工程研究中心以及企业技术中心,打造多层次高效协同创新平台体系。聚焦核心电子器件、高端通用芯片、基础软件、工业软件以及大数据、云计算、人工智能、5G、区块链、高性能计算、未来网络、量子计算、网络安全等重点领域,汇聚优势创新资源,加快推动前沿基础型、应用型技术创新取得重大突破,推进核心技术自主化,补齐研发链短板,提升关键核心技术对产业发展支撑能力。(省科技厅、省发展改革委、省教育厅、省工业和信息化厅、省委网信办等按职责分工负责)

(3)提升数字产业新能级。重点推进面向工业企业的软件、互联网和信息服务业创新发展,加大人工智能、AR/VR、工业机器人等前沿产业的高端软件研发和应用。强化电子信息产业优势,着力提高大数据+、工业互联网、车联网、信息技术应用创新、工业软件、5G等重点领域产业链稳定性和竞争力,提升产业链水平,加快构建自主可控、安全可靠的现代产业体系。积极发挥龙头企业带动作用,加快培育创新型领军企业,重点扶持一批细分领域的瞪羚企业,培育形成一批具有国际影响力的专精特新小巨人和制造业单项冠军企业。支持有综合实力的平台企业跨地区、跨行业、跨所有制整合创新资源,形成一批具有全球影响力的自主创新企业品牌。调整优化大数据等各类产业园区,创建数字技术应用创新试验区,加快建设特色数字产业创新基地,打造具有核心竞争力的数字产业集群。(省工业和信息化厅、省科技厅、省发展改革委、省委网信办等按职责分工负责)

(三)数字产业融合工程

(1)推进制造业智能化转型。加快工业互联网创新发展,改造升级工业互联网内外网络,构建工业互联网标识解析体系,搭建行业级、企业级工业互联网平台,探索工业互联网大数据中心建设,打造工业互联网标杆工厂,深化工业互联网在先进制造业领域应用,加快制造业生产方式和企业形态根本性变革,提升制造业数字化、网络化、智能化发展水平。挖掘5G在制造业领域的典型应用场景,积极创建国家"5G＋工业互联网"融合应用先导区。以智能制造为主攻方向,加快攻克高端数控系统、伺服系统、精密传感及测量、智能加工等核心技术基础与关键部件,突破一批关键共性环节,提升高端智能装备自主研制水平,鼓励重点企业积极开展智能制造标准建设,聚焦13个先进制造业集群开展智能制造试点示范,围绕人工智能、智能装备、集成电路、工业互联网等领域部署建设省级制造业创新中心。进一步促进服务型制造发展,积极利用工业互联网等新一代信息技术赋能新制造、催生新服务,加快培育发展工业设计、共享制造、供应链管理、节能环保、检验检测认证、定制化服务以及全生命周期管理、总集成总承包、服务外包等新模式,加快供应链金融、智能仓储、快递物流、社交网络等生产性服务业发展。(省工业和信息化厅、省商务厅、省通信管理局等按职责分工负责)

(2)发展数字化生活和服务业。加快商贸流通企业数字化应用和商业模式创新,支持电子商务平台企业做大做强,鼓励优势产业运用互联网发展垂直电商平台,完善电商生态服务体系,推动数字商务发展,大力发展跨境电商,拓展外贸发展新空间。整合全省文化和旅游资源,完善江苏智慧文旅平台内容功能,构建"一机游江苏、一图览文旅、一键管行业"的智慧文旅体系。推动数字科技与文旅产业深度融合,开发并推广新型优质的数字文旅产品,推动文化场馆和旅游景区打造数字化体验产品,丰富大众体验内容,推广"互联网＋文旅"新业态新模式。加强物流信息资源跨地区、跨行业互联共享,打造一批集交易、结算、跟踪、监管、服务于一体,具有行业和区域影响力的物流信息服务平台,支持数据驱动的车货匹配和运力优化等模式创新。推进交通基础设施全周期数字化管理,加强交通运行监测和交通大数据分析应用。推进自动驾驶在商用车领域率先应用,围绕自动驾驶和智能终端形成若干有影响力的产业。发展金融科技,支持苏州开展央行数字货币试点。加快智慧广电建设,推进超高清视频内容供给和传输覆盖,繁荣发展广播电视和网络视听产业。着力激活消费新市场,推进新零售发展,鼓励共享出行、餐饮外卖、团购、在线购药、共享住宿等领域产品智能化升级,发展在线教育、线上办公、远程医疗、直播电商等线上服务新模式,推动共享经济、平台经济健康有序发展,鼓励发展新个体经济。(省商务厅、省发展改革委、省文化和旅游厅、省交通运输厅、人民银行南京分行、省地方金融监管局、省广电局等按职责分工负责)

(3)加快农业数字化融合发展。发挥南京国家农创园、南京国家农高区等农业科技创新园区示范带动作用,推动新一代信息技术与农业领域深度融合,建设一批省级数字农业农村应用基地。大力发展农业农村电子商务,建设农业农村电子商务示范基地和电子商务综合示范县,推进"互联网＋"农产品出村进城工程,完善农产品供应链体系、运营服务体系和支撑保障体系,形成乡村产业融合发展新格局。加快推进"苏农云"建设,打造全省农业农村"一张图",形成"应用全打通、业务全融合、资源全调度"的"一云统揽"新体系,为产业发展、乡村治理、政务服务等提供重要支撑。大力发展休闲农业、创意农业、乡村旅游等新业态,跨界配置数字技术等产业要素,发展线上云游等新模式,做靓"苏韵乡情"品牌。支持农业生产托管、农业产业联合体、农业创客空间等融合模式创新,探索基于数字化的新型生产经营组织形式。(省农业农村厅、省委网信办、省商务厅、省文化和旅游厅、省通信管理局等按职责分工负责)

（四）数字社会共享工程

（1）提升政务服务数字化水平。强化统筹协调,深入推进"互联网＋政务服务",加快建设一体化政务服务平台,完善移动政务服务模式,加快实现"一网通办",进一步打响"不见面审批（服务）"品牌。强化系统支撑,有序推进部门政务信息系统整合并与一体化政务服务平台对接,推进统一身份认证、电子印章、电子证照、公共支付等基础支撑体系建设、对接、应用。强化数据支撑,优化"1＋N＋13"大数据中心体系,建设完善基础数据库、主题数据库、部门数据仓,构建一体化数据共享交换平台体系,推进政务大数据创新应用。（省政务办负责）

（2）深化民生领域数字化服务。深入推进智慧健康服务工程,加快省统筹全民健康信息平台、医院信息平台建设和信息互联互通,强化健康医疗大数据开发应用。推进国家健康医疗大数据中心与产业园试点,推广数字化医疗设备和可穿戴健康设备应用,提供定制化健康服务,积极发展互联网医疗。推进江苏"智慧医保"项目实施,建设全省统一入口的医疗保障公共服务云平台。大力推进智慧校园建设,加快完善覆盖全省各级各类学校的教育资源和信息管理公共服务平台,打造网络化、智能化、数字化、个性化、终身化的教育信息化公共服务体系,积极推进线上线下教育常态化融合发展新模式。全面推进城乡公交一体化调度系统建设,升级公路客运联网售票电子客票系统,推广"交通一卡通"NFC 支付应用,完善交通出行综合信息服务体系,提供多方式融合衔接、按需响应、随需而行的高质量服务。加快推进省人力资源社会保障一体化信息平台建设,构建纵向省、市、县(市、区)、乡镇(街道)、村(社区)五级业务经办、行政审批和公共服务集中统一,横向各业务板块省集中系统的协同运行,纵横对接一体的人社服务新体系,形成所有经济主体、服务对象全轨迹、全周期、全生命、全画像的动态"大数据"。加强智慧民政建设,完善社会救助、慈善公益、社会组织综合服务平台,积极推进"智慧养老"发展。加快发展智慧体育,提升智慧体育公共服务能力。（省卫生健康委、省医保局、省教育厅、省体育局、省人力资源社会保障厅、省民政厅、省通信管理局等按职责分工负责）

（五）数字监管治理工程

（1）构建多方共治监管机制。坚持创新发展、包容审慎的治理原则,探索建立党委、政府、行业组织、互联网平台企业和公众等多元主体参与、有效协同的治理新模式新机制,完善社会监督举报机制。加强网络空间治理,全面推行网络实名制,建立社会化数据审查机制,加强个人信息安全保护。研究制定数据应用违规惩戒机制,加强对数据滥用、侵犯个人隐私等行为的管理和惩戒力度,建立相关风险事件的跨部门预警通报和联合处置机制。（省委网信办、省委宣传部、省工业和信息化厅、省发展改革委、省公安厅、省市场监管局、省通信管理局、省税务局、人民银行南京分行、江苏银保监局等按职责分工负责）

（2）提升政府治理数字化水平。加快构建全省一体化监管平台,动态更新监管事项清单,将监管事项纳入部门监管业务系统运行,创新监管技术方式,将大数据、人工智能、5G、区块链等新技术运用于公共安全、社会治理、市场监管、生态保护、应急管理等领域各环节,推进非现场监管、移动电子执法和风险预警模型等现代化管理方式的应用。深度应用视觉智能、物联感知等先进技术,推进新一代雪亮技防工程建设。推动省市县各层级和各领域信用数据的纵横联通和分析挖掘,构建形成基于大数据的信用约束、协同监管、精准实施、分类扶持的新型监管机制。充分利用"大数据＋网格化＋铁脚板"工作模式,深化基层治理。(省委政法委、省政务办、省委网信办、省工业和信息化厅、省发展改革委、省公安厅、省市场监管局、省药监局、省生态环境厅、省保密局、省税务局、省通信管理局、人民银行南京分行、江苏银保监局等按职责分工负责)

(3)压实互联网企业主体责任。强化互联网企业内部管理和安全保障。加强互联网行业自律,推动行业协会等社会组织发挥作用,出台行业服务规范和自律公约。强化社会监督,动员各方力量参与网络空间治理。完善互联网平台监管体系,组织开展检查、评议,引导、督促互联网企业落实主体责任。(省委网信办、省市场监管局、省工业和信息化厅、省公安厅、省通信管理局、省商务厅、省司法厅等按职责分工负责)

(六)数字开放合作工程

(1)推进省内区域协调发展。结合各地发展基础和条件,优化全省数字经济生产力布局,发挥比较优势,加强分类指导,实现错位发展。推动政务、医疗、交通、城市治理等多领域跨区域大数据应用协同,打造虚拟产业集群,深化苏锡常、宁镇扬等一体化先行区数字经济高质量联动发展,以点带面引领构建新动能主导经济社会发展新格局。(省发展改革委、省工业和信息化厅、省委网信办等按职责分工负责)

(2)深度融入国家区域发展战略。积极融入"一带一路"建设、长江经济带发展、长三角一体化发展等国家战略,加强数字经济重点领域合作,探索区域数字经济发展新模式。发挥数字经济对推进长三角一体化高质量发展的引领支撑作用,促进数据要素跨区域流通共享,加快推进社保、就医、养老、旅游等方面率先实现"同城待遇",深入开展大数据创新应用,打造长三角一体化数字经济产业生态,建设数字长三角。(省发展改革委、省工业和信息化厅等按职责分工负责)

(3)提升国际交流合作水平。以举办国际性重大活动为契机,打造新型数字经济全球重要会展和高端对话平台。加强国际合作,积极参与"数字丝绸之路"建设,深化与沿线国家和地区在技术研发、标准制定、行业应用、人才培养等方面合作交流。(省商务厅、省发展改革委等按职责分工负责)

三、保障措施

(一)加强组织领导

加强数字经济发展顶层设计,建立由省领导担任召集人的江苏省数字经济发展工作联席会议制度,统筹协调全省数字经济发展工作。联席会议办公室设在省发展改革委,主要职责是贯彻落实和督查督办联席会议议定事项,研究制定数字经济发展战略规划和政策举措。省联席会议各成员单位按照职责分工,制定落实推进数字经济发展的具体措施。各设区市要按照省联席会议架构,完善本地区推进数字经济发展的组织机制,结合实际制定本地区促进数字经济发展的实施方案。组建江苏省数字经济发展专家咨询委员会和数字经济研究智库,为数字经济发展战略研究、政府科学决策提供技术支撑和智力保障。(省发展改革委、省工业和信息化厅、省委网信办,各设区市等按职责分工负责)

(二)强化政策支撑

落实对高新技术企业、中小微企业减税降费等各项扶持政策。优先保障列入省重大项目计划的数字经济领域重点项目建设用地,研究制定新型基础设施用电相关政策。加大省相关专项资金和基金对数字经济发展的支持力度,科学谋划和系统实施一批数字经济重大示范工程。支持符合条件的数字经济领域重点企业进入多层次资本市场融资。深化科技金融创新,健全完善机制体制,建立管理服务新模式,为科技型中小企业发展提供金融支持。加大对自主创新、安全可靠产品的政府采购力度。开展数字经济创新发展试点工作。创建一批数字经济示范园区、示范平台和示范企业,发挥示范引领效应。(省财政厅、省税务局、人民银行南京分行、省地方金融监管局、江苏银保监局、江苏证监局、省发展改革委、省委网信办、省科技厅、省工业和信息化厅等按职责分工负责)

(三)完善法规标准

贯彻落实国家相关法律法规,梳理并修订与数字经济发展不相适应的政策法规,探索研究数据确权、隐私保护、数据安全、电子证照等重点领域地方立法,加强知识产权保护力度。加强基础共性标准和关键技术标准的研制,加快制定新型信息基础设施以及数据采集、开放、交易和安全等重点领域的相关标准规范。(省司法厅、省工业和信息化厅、省发展改革委、省委网信办、省公安厅、省通信管理局、省市场监管局、省政务办、省保密局等按职责分工负责)

(四)加大网络安全保障力度

加大关键信息基础设施网络安全防护力度和可靠性保障,强化重点领域工业信息安全防护体系建设。建设网络安全态势实时预警系统,打造一体化网络安全态势感知云平台。建立省级部门网络安全情报协作机制,强化数据供应链、产业链威胁情报共享和应急处置联动。制定网络基础设施安全防护和应急处置预案。探索运用大数据、人工智能、区块链等新技术提高对数字经济风险的预知、预警和预置能力。强化数字基础设施相关供应链、产业链安全管理和可靠运行。加强政务信息化项目网络安全的全过程管理。(省委网信办、省工业和信息化厅、省公安厅、省通信管理局、省市场监管局、省保密局、省密码管理局、人民银行南京分行等按职责分工负责)

(五)加强人才队伍建设

强化人才支撑,谋划制定数字人才发展规划。创新人才培养机制,依托产学研协作、高层次平台集聚等方式,培育一批领军人才和高水平创新团队。支持高等院校和职业院校开设适应数字经济发展的相关专业,加强校企联合实践培育,建设一批产教融合创新平台,培养高端技术技能人才。加大国际一流人才和科研团队的引进力度,创新人才引进政策和管理方式,推进江苏人才信息港建设,提升"互联网+人才服务"水平。研究制定适应数字经济发展特点的就业制度、人才培训制度和社会保险经办服务方式。激发和保护企业家精神,鼓励更多社会主体投身数字经济创新创业。加强宣传引导,进一步提高全社会的数字素养。(省人才办、省教育厅、省人力资源社会保障厅、省发展改革委等按职责分工负责)

(六)加强统计监测

积极参与数字经济分类国家标准研究和制定,加快研究构建符合江苏特点、反映数字经济发展变化的统计指标体系,加强数字经济发展运行情况统计监测分析。研究编制江苏数字经济发展报告。(省统计局、省发展改革委、省委网信办、省工业和信息化厅、省通信管理局等按职责分工负责)

江苏省人民政府办公厅

2020 年 10 月 8 日

七、省政府办公厅关于加快促进流通扩大商业消费的实施意见

(苏政办发〔2020〕59号)

各市、县(市、区)人民政府,省各委办厅局,省各直属单位:

为深入贯彻党中央、国务院决策部署,扎实做好"六稳"工作,全面落实"六保"任务,有效应对新冠肺炎疫情带来的影响,促进流通循环畅通和商业稳定繁荣,释放消费潜力,经省人民政府同意,现提出以下实施意见。

一、总体要求

以习近平新时代中国特色社会主义思想为指导,全面贯彻党的十九大和十九届二中、三中、四中全会精神,把满足国内需求作为发展的出发点落脚点,坚持新发展理念,围绕促流通扩消费开展"六大专项行动",多措并举促进消费回补、持续扩大,切实增强消费对经济增长的基础性作用,有效促进经济高质量发展,不断满足人民群众对美好生活的需要。

二、开展消费促进提振专项行动

(1)开展消费促进主题活动。加强省市县联动、政银企联动、线上下联动、内外贸联动,开展江苏省"品质生活·苏新消费"系列促进活动。支持各地结合当地消费热点、风俗文化和特色优势,确定消费促进主题,着力打造消费促进品牌。鼓励各地以发放消费券、现金补贴、免费开放场馆设施等方式,引导消费需求释放。(省发展改革委、省商务厅、省市场监管局按职责分工负责)

(2)释放汽车消费潜力。落实延长新能源车购置补贴和税收优惠、减征二手车销售增值税、支持老旧柴油货车淘汰等政策措施。推广新能源汽车在城市公共交通等领域应用。加快新能源停车位建设力度,城市公共停车位按照不低于10%的比例规划为专用停车位并配套充电设施。鼓励各地对公共区域、住宅小区充电设施建设运营单位给予建设和运营补贴。鼓励各地研究"汽车下乡"补助政策,组织开展"汽车下乡"促销活动。鼓励汽车生产企业对农村居民购买其生产的3.5吨及以下货车或1.6升及以下排量乘用车给予价格优惠。全面落实取消省内二手车限迁政策,支持有条件的地区积极争取二手车出口业务试点。深化汽车平行进口试点,稳步扩大张家港保税港区汽车平行进口规模,拓宽新车进口渠道。(省发展改革委、省工业和信息化厅、省公安厅、省财政厅、省住房城乡建设厅、省交通运输厅、省商务厅、省税务局按职责分工负责)

(3)提振家电等大宗商品消费。支持有条件的地区对家电下乡和消费者购买家电等大宗商品给予适当补贴,支持具备条件的流通企业开展以旧换新活动,出台完善废旧家电回收处理体系推动家电更新消费的实施方案。通过开展"城市闲置物品交易大集"活动、开设跳蚤市场和闲置物品网

络交易平台等促进闲置物品共享流通。（省发展改革委、省工业和信息化厅、省商务厅、省市场监管局按职责分工负责）

（4）拓展出口产品内销渠道。认真落实国家支持出口产品转内销的系列政策举措，举办"江苏优品·畅行全球"线上系列展会，重点支持出口企业"同线同标同质"产品扩大国内销售。对出口企业产品进入商超体系，在国标申请认证方面予以快速办理。支持省内步行街组织开展出口产品转内销专题活动，鼓励大型商贸流通企业与外贸企业开展订单直采合作。深化综合保税区增值税一般纳税人资格试点，支持企业在综合保税区规划面积以内、围网以外综合办公区或在综合保税区外设立保税展示专用场所开展保税展示交易业务。（省财政厅、省商务厅、省市场监管局、省税务局、南京海关按职责分工负责）

三、开展流通布局优化专项行动

（1）加强规划引领。在国土空间规划中优化商业网点布局，提升商业服务功能。按照城市依法管理、企业依法经营的原则，科学规划、规范有序设置一批"外摆市集"。（省自然资源厅、省住房城乡建设厅、省商务厅、省市场监管局按职责分工负责）

（2）完善农村流通体系。结合苏北地区农民住房条件改善新建项目，加强商业网络配套建设。改造提升农村流通基础设施，促进形成以乡镇为中心的农村流通服务网络。推动邮政快递物流网络设施与农村有效衔接，持续开展农产品电子商务"万人培训"活动。（省发展改革委、省住房城乡建设厅、省农业农村厅、省商务厅、省邮政管理局按职责分工负责）

（3）促进商文旅体跨界融合。加强商贸、文化、旅游、体育资源联动，借助文化街区、艺术节、购物节、体育赛事等吸引客流。鼓励开发应用文化旅游电子商务平台，搭建省级智慧文旅平台，打造在线文旅超市。积极创建国家体育消费试点城市，高质量建设国家级运动休闲特色小镇，打造一批国家和省级体育产业基地，认定一批体育服务综合体。（省发展改革委、省商务厅、省文化和旅游厅、省体育局按职责分工负责）

（4）打造便民消费圈。推动"互联网＋社区"公共服务平台建设，新建和改造一批社区生活服务中心。为社区提供养老、托育、家政等服务的机构，按规定享受税费优惠政策。有条件的地区可将优化社区便民服务设施纳入城镇老旧小区改造范围，给予财政支持。支持重点旅游景区集疏运道路建设和特色田园乡村通达道路建设，提升节假日交通出行服务水平。（省教育厅、省民政厅、省财政厅、省住房城乡建设厅、省交通运输厅、省商务厅、省文化和旅游厅、省卫生健康委、省税务局按职责分工负责）

四、开展市场主体壮大专项行动

（1）推动传统流通企业转型升级。支持传统流通企业运用大数据开展精准营销和定制服务。实施信息消费产品、日用消费品等"提品质、创品牌、增品种"行动计划。鼓励经营困难的传统百货店、老旧工业厂区等改造为商业综合体、消费体验中心、健身休闲娱乐中心等多功能、综合性新型消费载体，在国土空间规划编制、公共基础设施配套、用地保障等方面给予支持。（省工业和信息化

厅、省自然资源厅、省住房城乡建设厅、省商务厅、省体育局按职责分工负责)

(2) 促进连锁便利店发展。在保障食品安全的前提下,探索优化食品经营许可条件。简化公共聚集场所投入使用、营业前消防安全检查,实行告知承诺管理。允许连锁经营企业申请统一纳税,在江苏经营需前置审批的非国家专卖专营的商品,实行总部办理许可、门店登记备案制度。开展简化烟草、乙类非处方药经营审批手续试点。(省发展改革委、省住房城乡建设厅、省商务厅、省市场监管局、省烟草局、省药监局、省消防救援总队按职责分工负责)

(3) 培育农产品流通和服务主体。推动农商对接,实施"互联网＋农产品"出村进城工程。加大对农产品分拣、加工、包装、预冷等集配设施建设的支持力度。实施休闲旅游农业精品工程,建设一批省级主题创意农园、休闲旅游农业精品路线,推进乡村旅游区、旅游风情类特色小镇建设。推动更多乡村入选全国乡村旅游重点村名录。(省发展改革委、省财政厅、省农业农村厅、省商务厅、省文化和旅游厅按职责分工负责)

(4) 加大流通业外资引进。鼓励外商投资现代流通业,大力引进国际先进流通技术和管理经验。支持外商投资建设以中小企业为服务对象的物流配送中心和第三方电子商务平台。鼓励省内流通龙头企业通过资本并购、品牌合作、强强联合等方式加强与境外企业合作。(省商务厅、省市场监管局、南京海关按职责分工负责)

五、开展消费品牌培育专项行动

(1) 推动老字号创新发展。支持老字号企业技术、服务、文化和经营创新,加强老字号原址保护,推动老字号企业"三进三促",即进社区、进校园、进景点,促进品质消费、促进文化传承、促进创新发展。加强对中华老字号中传统技艺类非物质文化遗产项目的保护传承。(省商务厅、省文化和旅游厅按职责分工负责)

(2) 打造商贸流通服务品牌。培育商贸流通领域品牌企业、品牌产品、品牌展会。开展"江苏精品"品牌认证工作,运用标准引领、市场化运作、第三方认证手段,培育一批江苏特色品牌。(省商务厅、省市场监管局按职责分工负责)

(3) 发展夜间经济品牌。打造夜间消费场景和集聚区,大力发展夜间文旅经济,完善夜间交通、安全、环境等配套措施。优化公交线路、开通夜间公交、延长地铁运营时间等,为夜间商业活动提供基本的通勤保障。(省住房城乡建设厅、省交通运输厅、省商务厅、省文化和旅游厅、省消防救援总队按职责分工负责)

六、开展创新转型发展专项行动

(1) 积极推动国际消费中心城市建设。鼓励基础条件好、消费潜力大、国际化水平高的城市培育建设国际消费中心城市。推动品牌商品国内市场与国际市场在品质价格、上市时间、售后服务等方面同步接轨。(省商务厅、省市场监管局等按职责分工负责)

(2) 推进步行街改造提升。推进南京夫子庙步行街改造提升,积极培育一批省级高品位步行街。提升城市户外广告和店招标牌设施设计水平,打造符合城市风貌、体现城市文化底蕴的立面环

境。合理规划建设疏导点和便民点,加强场地设施安全卫生管理。(省住房城乡建设厅、省商务厅、省市场监管局等按职责分工负责)

(3)鼓励流通新业态新模式发展。鼓励网订店取、线下配送、直播带货、反向定制、社群电商等商业新模式发展,促进供需精准对接。推进互联网平台经济"百千万"工程,推动大平台、大市场、大流通融合发展。着力培育网上商圈、名优特产等特色化平台。实施包容审慎监管,推动流通新业态新模式健康有序发展。(省发展改革委、省工业和信息化厅、省商务厅、省市场监管局按职责分工负责)

(4)支持新技术新装备在流通领域推广应用。推动先进物流装备产业发展,加强先进物流装备的技术研发和集成创新,加大高性能物流设备进口,积极推动大数据、云计算、5G 技术、智能机器人等在流通领域融合应用。(省发展改革委、省科技厅、省工业和信息化厅、省商务厅按职责分工负责)

(5)推动流通业供应链创新与应用。加强城市末端、县乡村寄递服务和物流运输网点建设,推广应用标准托盘和生鲜周转筐,促进消费品下乡和农产品进城双向流通。积极推进南京、无锡和徐州市城乡高效配送试点,做好南京、徐州市流通领域现代供应链体系建设试点工作。(省公安厅、省交通运输厅、省商务厅、省邮政管理局按职责分工负责)

(6)满足优质消费品进口需求。充分利用中国国际进口博览会等平台,多渠道扩大特色优质产品进口。支持国家级跨境电商综试区扩大网购保税进口。加大对药品、水果、肉类、水产品等进口指定口岸建设的支持力度。(省商务厅、南京海关按职责分工负责)

七、开展消费环境营造专项行动

(1)优化成品油流通体制。市场主体从事石油成品油批发、仓储经营活动,应当符合自然资源、国土空间规划、质量、安全、环保、消防等方面法律法规及相关要求,不再向商务主管部门申请经营许可。探索乡镇以下具备条件的地区使用存量集体建设用地建设加油站。完善成品油流通事中事后监管体系。(省发展改革委、省自然资源厅、省生态环境厅、省住房城乡建设厅、省交通运输厅、省商务厅、省应急厅、省市场监管局按职责分工负责)

(2)完善财税支持政策。落实研发费用税前加计扣除、连锁企业总分机构汇总纳税、工商用电同价政策。统筹用好中央和省级政策资金,鼓励各地加大对促流通扩消费的财政支持。(省发展改革委、省财政厅、省商务厅、省税务局等按职责分工负责)

(3)提升金融服务水平。加快消费信贷管理模式和产品创新,发展培育专业化消费金融组织。支持省内符合条件的企业发起设立消费金融公司。推动已设立的消费金融公司立足核心主业,加大场景类消费贷款的投放力度,提升中低收入群体的即期消费能力。(人民银行南京分行、江苏银保监局按职责分工负责)

(4)优化流通市场环境。推动线下实体店开展"无理由退货"。强化消费信用体系建设,加快建设覆盖线上线下的重要产品追溯体系。深入开展网络市场监管专项行动和流通消费领域价格监管。全力推进集中打击食品犯罪"昆仑"行动,严厉打击销售侵权假冒商品、发布虚假广告等违法行为,针对食品、药品、汽车配件、小家电等消费品,加大农村和城乡结合部市场治理力度。(省发展改

革委、省公安厅、省农业农村厅、省商务厅、省应急厅、省市场监管局、南京海关、省药监局按职责分工负责）

八、组织保障

各地各部门要充分认识促流通扩消费的重要性紧迫性，强化组织领导，细化工作方案，完善配套措施，认真抓好贯彻落实。强化统筹协调，充分发挥省完善促进消费体制机制工作联席会议制度作用，加强协调配合，形成工作合力。强化督促检查，建立跟踪通报制度，及时总结推广各地好经验好做法，形成示范带动效应。认真落实国家和省安全生产专项整治工作要求，抓好商业综合体、农贸市场、超市、餐饮、加油站等商业场所安全生产工作，压实企业安全生产主体责任。加大宣传力度，组织各类媒体集中开展宣传，形成良好的舆论氛围。

江苏省人民政府办公厅

2020 年 7 月 23 日

八、关于积极应对疫情影响促进消费回补和潜力释放的若干举措

为深入贯彻习近平总书记关于统筹推进新冠肺炎疫情防控和经济社会发展工作的重要指示精神,全面落实党中央、国务院决策部署和省委、省政府工作要求,加快促进消费回补和潜力释放,更好发挥消费对经济增长的基础性作用,现提出以下举措。

一、加快促进消费业态有序恢复

全面落实外防输入、内防反弹各项措施,按照分区分级精准复工复产要求,积极有序推动消费业态恢复正常营业。全面取消企业商户复工营业限制,不得对复工营业设置审批、备案程序。根据行业和市场特点,指导企业商户采取健康码扫描、安全距离、预约服务、客流错峰等措施,做好科学防控工作,为消费者提供便捷、安全、放心服务。积极协调解决企业用工问题,推广长三角健康码互认通用机制,按照"有码认码、无码认单"的原则,为企业复工营业提供便利。鼓励各地结合实际,以发放消费券、现金补贴、免费开放场馆设施等方式,引导消费需求释放,促进消费市场恢复。(各设区市人民政府,省发展改革委、省工业和信息化厅、省交通运输厅、省商务厅、省卫生健康委、省市场监管局按职责分工负责)

二、进一步提振汽车家电等大宗消费

鼓励各地因地制宜制定促进汽车消费政策举措,引导在省内注册登记的汽车销售企业为消费者提供降价让利、金融支持、售后服务等购车优惠,支持无车家庭购买首辆新能源汽车或国六排放标准燃油汽车。继续落实好现行新能源汽车推广应用财政补助政策和基础设施建设奖补政策,重点支持新能源公交车、燃料电池汽车推广应用和新能源充电设施建设运营,按照国家政策要求,将原定 2020 年底到期的新能源汽车购置补贴和免征车辆购置税政策延长 2 年。鼓励公交、环卫、出租、通勤、城市邮政快递作业、城市物流等领域新增和更新车辆采用新能源和清洁能源汽车。鼓励各地适当提高老旧机动车淘汰奖补标准。疫情期间,对淘汰老旧汽车并购买新能源乘用车的,按照原有标准的 1.5 倍且不低于 3000 元的标准给予财政奖补,省级奖补资金由各市、县财政从省级老旧汽车淘汰专项引导资金结余中安排。鼓励发展二手车市场,对二手车经销企业销售旧车,从2020 年 5 月 1 日至 2023 年底,减按销售额 0.5% 征收增值税。坚决破除乘用车消费障碍,全面落实取消省内二手车限迁政策,地级及以下城市要优化皮卡进城管控措施,除应急响应需要外,严禁出台新的汽车限购限行政策。组织在省内注册登记的家电企业开展让利促销活动,支持消费者购置节能、智能型家电产品。鼓励有条件的地区对消费者购买家电、手机等给予适当支持。完善家

电、消费电子产品回收网络,鼓励企业开展以旧换新,推动相关产品消费加快升级。(各设区市人民政府、省发展改革委、省工业和信息化厅、省公安厅、省财政厅、省生态环境厅、省交通运输厅、省商务厅按职责分工负责)

三、积极推动文旅体育消费重振提质

加快推进全省旅游景区和文化体育场馆有序恢复开放。适时举办江苏省文化和旅游消费季活动,创新举办"江苏人游江苏"活动,支持举办"苏韵乡情"休闲旅游农业系列活动,积极筹办第11届江苏省乡村旅游节。搭建省级智慧文旅平台,开设线上"文旅超市",支持文化场馆、旅游景区推出"云观展""云观演""云阅读""云旅游"等项目。加强"水韵江苏"品牌市场推广,征集、发布、推介30条精品旅游线路,推出一批生态旅游、康养旅游、乡村旅游、休闲度假旅游等产品,引导居民采取自驾游、家庭游、自助游等方式健康安全出游。推广景区门票预约制度,合理控制景区游客规模。鼓励旅游景区实行淡旺季票价和非周末促销价,落实特殊人群门票减免政策。全省国有旅游景区自疫情结束之日起,向医务人员免费开放一年。结合重大文化、文艺活动,增加购买文化惠民演出,通过向城乡群众发放购书券、委托开展全民阅读活动、补贴书店品牌特色活动等方式,促进阅读消费。鼓励发展线上赛事、线上培训等体育消费新业态,打造居家式健身产业。面向全省群众发放5000万元体育消费券,提振体育消费市场。发挥省体育产业发展专项资金引导功能,对符合条件的承办体育赛事企业、体育健身与培训企业及经认定的体育服务综合体等,给予资金资助、奖励和贷款贴息支持。(各设区市人民政府、省发展改革委、省农业农村厅、省文化和旅游厅、省卫生健康委、省市场监管局、省体育局、省新闻出版局按职责分工负责)

四、引导扩大家政养老服务消费

引导和支持家政服务业不断融入新业态,鼓励家政企业规范化、品牌化、连锁化发展,扩大优质家政服务供给。发挥家政服务大企业龙头作用,统一服务标准、提升服务品质,打造智慧家政服务平台,打通家政与相关产业服务生态,助力提质扩容。鼓励家政企业开展网上招工、网上面试、网上签约。在落实疫情防控措施的前提下,允许家政服务人员经出示健康码后开展上门服务。支持家政服务人员参加线上职业技能培训,符合条件的按规定给予职业培训补贴。依托互联网平台,有效整合居家社区养老服务需求,积极培育智慧养老服务新业态。引导各类养老机构落实疫情期间运营管理规范,稳妥接受符合条件的老年人入院返院,逐步恢复正常运营和服务。对因受疫情影响而暂停运营或入住率偏低的养老机构、组织,各地可在原有政策基础上,适当提高运营补贴标准。(各设区市人民政府、省发展改革委、省民政厅、省财政厅、省人力资源社会保障厅、省商务厅按职责分工负责)

五、创新发展消费新模式新业态

持续推进电子商务集聚区建设,支持垂直电商发展和地方特产馆建设,鼓励传统企业电商拓市,开展网上促销活动。加快社区、社群电商发展,促进网络消费下沉社区,鼓励电商、快递企业与实体店、商务楼宇和小区物业等合作,开展末端配送服务,推广使用"无接触"配送模式和智慧物流终端。培育壮大"互联网＋社会服务"消费业态,引导和推动服务消费线上线下融合发展。推进"智慧家庭""智慧商店""智慧街区""智慧商圈"建设,孵化培育一批有特色、有创意、有潜力、有魅力的新消费体验馆。引导支持商贸、文旅、餐饮等行业跨界融合,延长消费链条,放大消费效能。鼓励商业企业发展首店进驻、首发新品,激发消费热情和市场活力。大力发展"夜经济"新业态,引导主要商圈和特色商业街与文化、旅游休闲等紧密结合,适当延长营业时间,开设深夜营业专区、24小时便利店和"深夜食堂"等特色餐饮街区,培育一批夜间演艺精品,打造夜间消费场景和文旅消费集聚区,活跃夜间商业和市场。(各设区市人民政府,省发展改革委、省工业和信息化厅、省生态环境厅、省交通运输厅、省自然资源厅、省住房城乡建设厅、省农业农村厅、省商务厅、省文化和旅游厅、省市场监管局按职责分工负责)

六、全面降低消费业态经营成本

持续落实减税降费政策,减轻企业商户经营负担。对纳税人提供公共交通运输服务、生活服务,以及为居民提供必需生活物资快递收派服务取得的收入,疫情期间按规定免征增值税。受疫情影响较大的住宿餐饮、交通运输、旅游等困难行业企业2020年度发生的亏损,符合条件的最长结转年限由5年延长至8年。对受疫情影响严重的住宿餐饮、文体娱乐、交通运输、旅游等行业纳税人,暂免征收2020年上半年房产税、城镇土地使用税。落实好阶段性减免企业社会保险费、阶段性降低失业保险费率和工伤保险费率政策、阶段性降低企业用电用气成本政策,确保企业商户真正受益。自2020年2月起,统筹基金累计结存可支付月数大于6个月的设区市,对职工医保单位缴费部分实行减半征收,减征期不超过5个月,减征期结束后,符合条件的地区,仍可实施降费率政策。加大失业保险稳岗返还力度,对批发零售、住宿餐饮、物流运输、文化旅游等受疫情影响较大行业的服务业企业,坚持不裁员或少裁员的,参照困难企业标准,给予1—3个月失业保险稳岗返还补贴。(各设区市人民政府,省发展改革委、省财政厅、省人力资源社会保障厅、省医保局、省税务局按职责分工负责)

七、加大金融支持力度

引导金融机构用好支持企业复工复产再贷款再贴现专用额度,加大对餐饮、住宿、商贸、文旅、体育健身、居民服务等服务行业的支持力度。金融机构对前期经营正常但受疫情影响遇到暂时困难、发展前景良好的中小微企业,不得盲目抽贷、压贷、断贷,确保中小微企业信贷投放稳定增长。发挥省现代服务业风险补偿金作用,引导合作银行加大对中小型现代服务企业信贷支持力度,降低企业融资成本,提供不低于10倍、不超过20倍的授信额度。鼓励信用优良企业发行小微企业增信集合债券,鼓励相关机构对信用状况较好但受疫情影响暂遇困难的企业通过担保、再贷款等方式,为企业赋能加力,共度疫情难关。疫情防控期间,国有担保公司担保费下降20％,政府性融资担保机构担保费率不高于1％,财政部门按照相关政策规定给予不高于1％的担保费补助。鼓励金融机构创新消费信贷产品和服务,加大对文旅消费、绿色消费、医疗消费、养老消费等领域的金融支持力度。(各设区市人民政府,省发展改革委、省财政厅、省地方金融监管局、人民银行南京分行、江苏银保监局按职责分工负责)

八、持续优化消费环境

深入开展放心消费创建工作,强化市场秩序监管,有效净化消费环境,提高消费者满意度。畅通消费者维权渠道,建立和完善无理由退货承诺与公示制度,推动形成线上线下相结合的消费者维权服务体系。引导住宿、餐饮、商贸、文旅等消费业态企业诚信经营,强化安全生产,完善突发事件应急预案。积极推进消费领域信用体系建设,加强对损害消费者权益、消费领域违法违规失信信息的记录、共享和应用,推动严重失信跨部门联合信用惩戒。对存在严重违法失信的市场主体,依法依规实施惩戒。对企业因参与疫情防控工作而导致的延迟交货、延期还贷、合同逾期等失信行为,不纳入失信名单,不实施信用惩戒。加强消费领域舆论宣传引导,进一步激发消费需求,增强消费信心,引导社会预期。(各设区市人民政府,省委宣传部、省发展改革委、省商务厅、省文化和旅游厅、省市场监管局按职责分工负责)

本文件自印发之日起实施。因疫情应急响应结束等原因,政策措施不再有必要的,自动失效。国家出台的相关政策遵照执行。

九、省政府关于促进全省高新技术产业开发区高质量发展的实施意见

各市、县(市、区)人民政府,省各委办厅局,省各直属单位:

为贯彻落实《国务院关于促进国家高新技术产业开发区高质量发展的若干意见》(国发〔2020〕7号),进一步激发全省高新技术产业开发区(以下简称高新区)创新发展活力,促进高新区高质量发展,发挥好示范引领和辐射带动作用,现提出以下实施意见。

一、总体要求

(一)发展思路

坚持以习近平新时代中国特色社会主义思想为指导,深入贯彻党的十九大和十九届二中、三中、四中、五中全会精神,认真落实习近平总书记对江苏工作的重要指示要求,牢固树立新发展理念,坚持创新在现代化建设全局中的核心地位,坚持科技自立自强和"发展高科技、实现产业化"方向,以推动构建新发展格局为引领,以深化体制机制改革和营造良好创新创业生态为抓手,以培育发展具有国际竞争力的创新型企业和产业为重点,以科技创新为核心着力提升自主创新能力,聚焦先进制造业集群,围绕产业链部署创新链,围绕创新链布局产业链,提升产业基础高级化、产业链现代化水平,着力构建自主可控的现代产业体系,将高新区建设成为创新驱动发展示范区和高质量发展先行区,勇当我国科技和产业创新的开路先锋,为开启全面建设社会主义现代化新征程、谱写好"强富美高"新江苏建设新篇章提供有力支撑。

(二)基本原则

坚持创新引领,以创新驱动发展为根本路径,加快集聚创新资源,增强自主创新能力,形成以创新为引领和支撑的经济体系和发展模式,引领高质量发展。坚持高新定位,牢牢把握"高"和"新"发展定位,抢占未来科技和产业发展制高点,构建高端产业集聚、绿色发展、宜创宜业宜居的增长极。坚持改革开放,创新高新区发展体制机制,推进开放创新深度融合,营造公开、公正、透明和有利于促进优胜劣汰的发展环境,充分释放各类创新主体活力。坚持特色发展,突出产业特色,集聚特色资源,发展创新集群,探索各具特色的高质量发展模式,构筑竞争优势。

(三)发展目标

到 2025 年,全省高新区体制机制持续创新,布局更加优化,自主创新能力明显增强,创新创业环境明显改善,高新技术产业体系基本形成,建立高新技术成果产出、转化和产业化机制,涌现一批

具有国际竞争力的创新型企业和特色产业集群,建成一批创新型特色园区,南京高新区、苏州工业园区成为世界一流高科技园区。到2035年,建成一批具有全球影响力的高科技园区,主要产业进入全球价值链中高端,实现园区治理体系和治理能力现代化。

二、深化体制机制改革

（一）强化地方政府高新区建设主体责任

市县政府作为高新区建设的责任主体,要把高新区作为创新驱动发展的主阵地,摆上地方发展全局的重要位置,在政策制定、资源配置、资金投入、重大创新载体和平台布局建设等方面给予全力支持。配齐配强国家高新区、省级高新区管理机构领导干部,根据高新区发展需要确定相应的领导职数。

（二）优化高新区管理体制

坚持市场化和去行政化的改革方向,推行大部门制扁平化管理,突出主责主业,加强科技创新、经济管理、营商环境等职能,不与地方党政部门搞上下对口。从严从紧控制上级机关部门派驻高新区的机构,确需派驻的,可与高新区职能机构合并设立。各地要建立向高新区派驻机构和移交职责的清单和准入制度,依据行政区划管理有关规定确定高新区管理机构管辖范围。鼓励有条件的高新区探索岗位管理制度,实行聘用制,并建立完善符合实际的分配激励和考核机制。

（三）深化"放管服"改革

建立授权事项清单制度,赋予国家高新区相应的科技创新、产业促进、人才引进、市场准入、项目审批、财政金融等省级经济管理权限。建立国家高新区与省级有关部门直通车制度。依法赋予国家高新区与设区市同等的经济管理审批权限,省级高新区与县级市同等的经济管理审批权限。加快高新区投资项目审批改革,实行企业投资项目承诺制、容缺受理制,减少不必要的行政干预和审批备案事项。高新区可依法集中行使行政许可权,实行一层全链审批。在高新区复制推广自由贸易试验区、自主创新示范区等相关改革试点政策,加强创新政策先行先试。

（四）创新高新区建设运营模式

鼓励高新区培育发展具有较强运营能力和资本实力并具有新型运营模式的建设运营公司,承担"双招双引"、资本运营、专业化服务等职能,与管委会实行政企分开、政资分开。支持符合条件的高新区开发建设主体发行债券、公开发行股票或者重组上市。鼓励高新区围绕特色优势产业培育,建设专业化的投资运营公司。鼓励社会资本在高新区投资、建设、运营特色产业园。

三、统筹优化布局

（一）加强区域创新引领

苏南国家自主创新示范区要加快提升知识创新和技术创新能力,强化一体化发展,壮大具有国际竞争力的创新型产业集群,打造高水平"创新矩阵"。国家高新区要对标国内外先进科技园区,加强自主创新,努力培育具有国际影响力的特色战略产业。省级高新区要加快聚集创新资源,着力打造具有区域竞争优势的特色战略产业,形成区域发展增长极。大力推进高新区争先进位,积极推动有条件的省级高新区争创国家高新区,在有条件的地区布局建设一批省级高新区。

(二)强化高新区辐射带动作用

支持高新区通过一区多园、南北共建、飞地经济、异地孵化等方式,拓展产业发展空间。鼓励高新区跨区域配置创新要素,组织实施跨区域重大科技项目、重大创新活动等。做实高新区"一区多园",支持以国家高新区和发展水平高的省级高新区为主体,统一管理其他区位相邻、产业互补的开发园区,带动相关园区产业提档升级。

四、加快提升自主创新能力

(一)提升创新核心区建设水平

支持高新区加快建设集知识创造、技术创新和特色战略产业培育为一体的创新核心区,鼓励各地将高校、科研院所、企业研发总部等各类创新资源优先在创新核心区布局,形成技术创新和研发服务高度集聚的标志性区域。支持有条件的高新区围绕高校院所集聚区、国家重大科技基础设施规划打造一批原始创新高地,或通过分园等形式将区外科学园整体纳入。支持国家和省重大创新平台优先在高新区布局建设。对有望创建国家级平台或者建设意义特别重大的创新平台,采取"一事一议"方式,省创新能力建设计划可先期支持开展预研建设。积极培育新型研发机构等产业技术创新组织。

(二)加快关键核心技术攻关和成果转移转化

支持高新区积极参与科技创新 2030 重大项目、国家重点研发计划等,推动国家战略性新兴产业项目、国家制造业重大工程优先落户高新区。支持高新区开展新型产业技术集成创新试点,以任务揭榜等形式解决技术难题。支持重大创新成果在园区落地转化并实现产品化、产业化,支持对园区内的创新产品给予"首购首用"。支持在高新区内建设科技成果中试工程化服务平台,探索职务科技成果所有权改革。加强专业化技术转移机构和技术交易平台建设,培育科技咨询师、技术经纪人等专业人才。

(三)打造创新人才高地

支持高新区面向全球开展"双招双引",通盘布局招商引资和招才引智工作,对引进的人才项目,按照招商项目投资额度的一定比例进行考核和奖励。支持园区内骨干企业等与高等学校共建共管现代产业学院,培养高端人才。允许持有永久居留身份证的外籍人才担任新型研发机构法定代表人,牵头承担政府科研项目,并享受相关资金扶持。在高新区内企业工作的境外高端人才和急需紧缺人才,经市级以上科技行政部门批准,申请工作许可的年龄可放宽至 65 岁;外籍高层次人才、急需紧缺人才可凭省级（含副省级）科技行政部门签发的确认函,直接向我国驻外签证机关申请办理有效期最高 10 年、每次停留时间最高 180 日的 R 字签证。

五、培育壮大高新技术产业集群

（一）大力培育高新技术企业

实施高新技术企业培育"小升高"行动,加大高新技术企业培育资金投入力度,推动面广量大的科技中小企业加速成长为高新技术企业、瞪羚企业、独角兽企业,培育一批具有国际竞争力的创新型企业,打造高新技术企业密集区。积极培育科技型中小企业,通过众创、众包、众扶、众筹等途径,孵化科技创业团队和初创企业。各省级以上高新区规上企业中的高新技术企业占比不低于 40%。

（二）加快发展"一区一战略产业"

各高新区要立足自身资源禀赋和产业基础,发挥比较优势,主攻最有条件、最具优势的领域,支持以领军企业为龙头,以自主品牌为支撑,以产业链关键产品、创新链关键技术为核心,集成大中小企业、研发和服务机构等,加强创新资源配置和产业发展统筹,做强做大自主品牌和特色战略产业,推动产业迈向中高端,争创国家创新型产业集群。省科技计划优先支持高新区"一区一战略产业"培育,省科技成果转化专项资金支持高新区的项目和经费数不低于 50%。

（三）积极布局前瞻性产业

加强战略前沿领域部署,积极培育人工智能、未来网络、5G、量子计算、第三代半导体、区块链、大数据、车联网等前瞻性产业,构建多元化应用场景,提升高新区新型基础设施建设能级。发展新技术、新产品、新业态、新模式,培育壮大数字经济、平台经济和共享经济。探索实行包容审慎的新兴产业准入和行业监管模式。

（四）加强对创新创业的服务支持

强化科技资源开放共享,发展研究开发、技术转移、检验检测、创业孵化、知识产权、科技咨询等服务机构,提升专业化服务能力。支持高新区依托具有较强科研实力的高校建设特色化、专业化大学科技园,国家高新区和有条件的省级高新区要建设大学科技园。鼓励行业龙头骨干企业、高校、科研院所等各类主体,在高新区建设专业孵化器、众创空间、加速器、众创社区。

六、提升开放创新水平

（一）加快建设国际创新园

支持国家高新区和有条件的省级高新区加强与世界创新型国家或园区的战略合作,共建国际创新园。推进世界知名大学、顶尖科研机构、国际知名风投、跨国公司研发中心等在高新区布局。

支持高新区布局建设海外协同创新中心、多功能海外离岸孵化器、海外人才离岸创新创业基地等。支持高新区有实力的企业在海外建设研发中心、设立境外分支机构、开展海外技术并购等。

（二）融入"一带一路"等国家战略

高新区要深度融入"一带一路"交汇点建设、长江经济带发展、长三角区域一体化发展等国家战略，通过"重资产"投资运营和"轻资产"管理输出等不同模式，积极参与共建跨境经济合作园、海外科技园、边境产业园等海外园区。

七、优化资源配置

（一）完善土地利用政策

优先保障高新区重大科技项目用地，对高新区内纳入省重大项目的国家重大科技基础设施、国家技术创新中心、国家（重点）实验室和省实验室、国家和省制造业创新中心、国家质检中心的用地计划指标由省统筹解决。各地政府在安排年度新增建设用地指标时对高新区给予倾斜，优先用于高新区重大科技创新等项目用地。推行产业用地弹性年期出让模式、土地租金年租制。积极推进低效产业用地再开发，在符合详细规划、不改变土地用途的前提下，园区企业在自有工业用地上新建、扩建生产性用房或利用地下空间，提高容积率的，不再增收土地价款。

（二）加大财政投入力度

通过统筹省科技专项资金扩大省苏南国家自主创新示范区建设专项资金规模，加大对高新区奖补力度。省级科技、战略性新兴产业发展、工业和信息产业转型升级、现代服务业发展、人才计划等专项资金，对高新区给予倾斜支持。

（三）加强金融服务

鼓励商业银行在高新区设立科技支行。支持金融机构在高新区开展知识产权质押融资，开发完善知识产权保险。支持高新区按市场化原则设立产业投资基金、创业投资基金，搭建金融、科技、产业融合发展综合服务平台。引导创业投资、私募股权、并购基金等社会资本支持高成长企业发展。创新国有资本创投管理机制，允许园区内符合条件的国有创投企业建立跟投机制。鼓励金融机构投贷联动，积极开展多样化科技金融服务。实施科技企业上市培育计划，支持高新区高成长企业利用资本市场挂牌上市，打造科创板上市培育基地。

（四）促进产城融合发展、绿色发展

鼓励各类社会主体在高新区投资建设信息化等基础设施，加强与市政建设接轨，完善科研、教育、医疗、生态、文化等公共服务设施，推进安全、绿色、智慧科技园区建设。严格控制高污染、高耗能、高排放企业入驻，健全园区环境监测监控及预警体系，推动园区生态环境信息平台等建设，支持高新区创建生态工业示范园区、循环化改造示范园区。

八、加强组织管理

（一）强化组织领导

坚持党对高新区工作的统一领导。各市、县政府要切实加强组织领导，加强高新区领导班子配备和干部队伍建设，并给予高新区充分的财政、土地等政策保障，加大力度支持高新区高质量发展。各高新区要加大先行先试力度，探索可复制可推广的经验做法；要严格落实安全生产责任制，切实强化安全生产监管；要建立健全激励机制和容错纠错机制，营造鼓励奋发有为、敢于担当、干事创业的良好氛围。

（二）加强指导支持

有关部门要按照职能分工，在规划编制、政策实施、项目布局、资金安排、体制创新、试点示范等方面对高新区予以积极支持。优化完善以高质量发展为导向的高新区创新驱动发展综合评价办法和指标体系，强化考核结果应用，考核结果与高新区领导班子考核、享受政策、用人员额、薪酬总额等挂钩。建立动态管理机制，对考核结果好的高新区优先考虑扩区，加大资金、政策支持力度；对考核结果较差的高新区，限制新增土地指标，通报约谈，限期整改；对整改不力的予以撤销，退出高新区序列。部门和条线原则上不得对高新区进行单项考核。统筹上级对高新区的督查检查事项，除法律规定的安全生产、环境保护等事项外，其他检查一律合并减少。

江苏省人民政府
2020 年 12 月 18 日

十、省政府关于印发苏南国家自主创新示范区一体化发展实施方案（2020—2022 年）

省委、省政府坚持把苏南国家自主创新示范区（以下简称苏南自创区）建设摆在全局工作的重要位置，凝聚各方力量扎实推进，取得重要进展，成为我省产业高地、人才高地和创新高地，为全省高质量发展提供了有力支撑。但对标创新一体化先行区的建设目标，仍存在区域协同不够、整体性推进措施少等问题。省委十三届四次全会明确提出，苏南自创区建设要围绕一个领导机构、一套实施体系、一批支撑平台、一批攻关项目的"四个一"要求，在国家规划框架下，开展实体化运作，形成新的制度性安排和操作性举措，统筹协调各方力量，加快打造高水平的"创新矩阵"。为贯彻省委、省政府部署要求，落实苏南自创区发展规划纲要任务，加快推进苏南自创区一体化发展，制定本实施方案。

一、总体要求

（一）指导思想

以习近平新时代中国特色社会主义思想为指导，深入贯彻落实党的十九大和十九届二中、三中、四中全会精神以及习近平总书记对江苏工作的重要指示要求，深入实施创新驱动发展战略，牢固树立"一体化"意识和"一盘棋"思想，以提升高新区发展水平为依托，以培育高新技术企业为支撑，以协同实施重大科研项目和重大科技平台为突破口，加快建立制度性、实体化的工作推进体系，进一步统筹创新资源配置、创新空间布局和创新产业发展，构建高效合作、集成联动、协同有序的创新发展格局，促进沿沪宁产业创新带建设，推进科技治理体系和治理能力现代化，加快打造创新驱动发展引领区、深化科技体制改革试验区、区域创新一体化先行区，为全省高质量发展和"强富美高"新江苏建设提供强大支撑。

（二）基本原则

（1）坚持高质量发展。围绕"核心技术自主化、产业基础高级化、产业链现代化"，大幅增强源头创新能力、技术创新引领能力和融通创新能力，大幅提高科技创新高质量供给，共同培育一批具有国际竞争力的先进制造业集群，加快构建自主可控、安全高效的现代产业体系，为高质量发展走在前列提供核心驱动力。

（2）坚持区域统筹协调。深入落实长江经济带发展、长三角一体化发展等国家战略，加强省级层面的统筹推进，着力打破"行政经济区"的束缚限制，构建以基础研究、原始创新为导向的城市群协同创新共同体，推动区域间共同设计创新议题、互联互通创新要素、联合组织重大项目，形成"创新一张网、产业一盘棋"的协同发展格局,加速建设以科技创新为支撑的现代化经济体系。

（3）坚持"双自联动"。依托苏南自创区的科教资源和产业集群优势,利用江苏自贸试验区的开放优势和国际化平台,大力支持"双自"联动片区率先开展相关改革试点,鼓励高新区复制推广改革试点经验,实现自创区与自贸区功能叠加、政策共享,促进科技创新、制度创新、开放创新、金融创新的多维深度融合。

（4）坚持体制机制创新。积极探索以科技创新为核心、以破除体制机制障碍为主攻方向的全面创新改革试验,创新一体化发展的新机制,健全完善高效协同的一体化工作推进体系,着力促进科技创新要素高效流动和资源优化配置,加快实现创新政策一体化覆盖、体制机制改革一体化推进。

（三）发展目标

到 2022 年,苏南自创区一体化发展取得突破,创新一体化发展体制机制基本建立,自主创新能力明显增强,创新效率大幅提高,辐射带动能力显著提升,全社会研发投入占地区生产总值的比重提高到 3.2%,万人发明专利拥有量达 65 件,科技进步贡献率达 66%,基本建成与现代产业体系高效融合、创新要素高效配置、科技成果高效转化、创新价值高效体现的开放型区域创新体系,拥有一批具有国际先进水平和较强竞争力的创新型园区,形成若干个世界级产业集群,成为具有国际影响力的产业科技创新中心和创新型经济发展高地。

二、建立实体化运作的一体化组织工作体系

加强顶层设计和统筹协调,在省苏南自创区建设工作领导小组的领导下,围绕决策、咨询、执行三个重点环节,进一步完善体制机制,建立健全推进一体化发展的组织机构和工作机制,形成推进创新驱动发展的体制优势和组织优势。

（一）成立苏南自创区理事会

在省苏南自创区建设工作领导小组的指导下,成立苏南自创区理事会,承担省苏南自创区建设工作领导小组办公室职能。理事会作为统筹协调和决策执行机构,受领导小组委托,执行领导小组决策部署,研究提出苏南自创区发展战略、发展规划、重大政策以及年度目标任务,研究审议年度重大项目、重大平台建设、经费预算等事项,统筹协调苏南自创区建设各项重点任务,组织开展督促检查,并及时向领导小组请示报告重大事项。

理事会下设秘书处,负责理事会日常工作,具体负责苏南自创区建设重大工作的统筹协调,跨区域重大科技设施、重大创新平台、重大科研项目的组织推进,以及协调落实高新区建设、创新型企业培育、产业技术创新和产业集群发展等重点任务。

（二）成立苏南自创区专家咨询委员会

成立由规划、产业、经济、科技、管理、金融、企业、法律、生态环境等方面资深专家组成的苏南自创区专家咨询委员会,进一步汇聚各方智慧,助力苏南自创区更好一体化发展。咨询委员会作为苏南自创区理事会的咨询机构,在理事会领导下,开展规划、政策和重大项目咨询论证,以及重大项目

方向目标凝练和任务方案咨询论证,研究提出高质量的咨询建议,为理事会决策提供依据。

(三)设立苏南自创区管理服务中心

以市场化模式设立实体化运作的苏南自创区管理服务中心,落实理事会审定的各项部署和重点任务,具体负责苏南自创区重大科技平台和项目实施的管理服务工作,组织开展对苏南自创区一体化发展的绩效考核,承担创新型园区建设、创新型企业培育、创新型产业集群发展、科技成果转移转化、政策先行先试、科技金融、人才建设、创新一体化服务平台等专业化科技服务工作。

三、一体化建设重大科技支撑平台

按照"统筹布局、开放共享"的原则,加强省与地方联动,部署实施一批跨区域、辐射带动面大、具有全局影响力的重大科技支撑平台。由专家咨询委员会论证推荐重大平台建设方向,理事会统一决策实施,理事会秘书处负责协调推进,管理服务中心负责重大平台的实施管理。

(一)共建重大科学研究设施

面向国际科技前沿和全省重大创新需求,省地合力推进建设一批跨地区、跨学科、跨行业的重大科技基础设施。深化与国家发展改革委、科技部、教育部、中科院的战略合作,加快建设未来网络国家重大科技基础设施、国家超级计算(无锡)中心、网络通信与安全紫金山实验室、材料科学姑苏实验室、深远海极地装备技术实验室暨深海空间站无锡研究基地等重大创新平台,加快国家空间信息综合应用创新服务平台项目推进,力争推动纳米真空互联实验站、信息高铁综合试验装置、细胞科学与应用设施、作物表型组学研究设施等纳入重大科技基础设施培育规划。支持南京建设综合性科学中心,与中国科学院合作共建空间天文、土壤与水环境等前沿交叉与技术研究中心。发挥高效低碳燃气轮机试验装置作用,加强航空发动机及燃气轮机高端制造、装配和试验资源的协同和整合,为苏南地区开展航空发动机和舰船用燃气轮机等技术研发提供世界先进水平的试验平台。抓住国家重组国家重点实验室体系的契机,鼓励和引导苏南五市加强协同配合,在前沿交叉、优势特色领域超前布局若干省级重点实验室,共同争取建设国家重点实验室,力争到 2022 年,苏南地区国家重点实验室总数达 38 家左右。

专栏 1　网络通信与安全紫金山实验室

网络通信与安全紫金山实验室,以解决网络通信与安全领域国家重大战略需求、行业重大科技问题、产业重大瓶颈问题为使命,面向 2030 年前后网络、通信、安全全行业的目标愿景——"中国网络 2030",开展前瞻性、基础性、前沿性研究,突破重大基础理论和关键核心技术,建设若干重大示范应用,促进成果在国家经济和国防建设中的落地,形成指引全球信息科技发展方向、引领未来产业结构与模式、全球知名的创新高地,为建设世界科技强国提供强大战略支撑。

到 2022 年,紫金山实验室建设取得重要进展,重点围绕具有领先优势的网络体系结构、移动通信产业高端射频芯片、对未知漏洞的安全威胁防御技术布局重大科研任务,力争为国家实验室创新体系建设做出重要贡献。

（二）共建产业技术创新平台

依托省产业技术研究院,联合相关领域创新力量,积极建设综合类技术创新中心,有效提升区域创新整体水平。围绕半导体、新材料、生物医药等重点领域,强化省市联动和跨市域合作,布局建设若干技术创新中心,支持长三角先进材料研究院、江苏第三代半导体研究院等创建国家领域类技术创新中心。加快国家先进功能纤维制造业创新中心、无锡(国家)先进技术研究院、江苏省激光与光电产业创新中心建设,支持省先进封装与系统集成创新中心、物联网创新促进中心争创国家级创新中心,支持高性能膜材料、5G中高频器件、水污染防治、数字化设计与制造等领域建设省级制造业创新中心。支持苏南地区领军型创新企业牵头,联合行业上下游企业、金融机构、知名高校和科研院所,加快培育一批省级产业创新中心,创建一批国家产业创新中心。支持无锡建设国家高性能计算技术创新中心,完善国家E级超级计算机系统研发应用环境。支持苏州建设深时数字地球国际卓越研究中心,构建地球大数据科学网络。到2022年,先进材料、生物医药、第三代半导体及CPU技术创新中心等新型产业研发创新组织建设取得阶段性进展,在重点领域创建一批国家技术创新中心、制造业创新中心、产业创新中心。

（三）共建科技公共服务平台

加快省科技资源统筹服务中心建设,构建"一站式、全链条"的科技资源统筹服务体系。积极推进国家知识产权局专利审查协作江苏中心、国家技术转移中心苏南中心、中国(南京、苏州)知识产权保护中心等跨地区综合性科技服务平台建设,支持江苏国际知识产权运营交易中心等载体市场化运作,进一步提升苏州自主创新广场、国家知识产权服务业集聚发展示范区(试验区)、南京麒麟科技创新园等科技服务示范区建设水平。支持南京、无锡、苏州等建设智能测控产品、高端储能产品、新能源汽车充电设施等国家质检中心。突出省技术产权交易市场的示范牵引作用,支持在苏南自创区布局建设物联网、机器人及智能装备、集成电路、高性能合金材料、智能电网等一批行业分中心,加快宜兴环科园生态环境大数据诊疗平台、南京检验检测服务业集聚区等建设。鼓励苏南五市引导行业龙头企业牵头建设一批跨区域的产业技术创新战略联盟,加快贯通产业上下游的科技服务链条。加快建立完善标准化服务体系,加大对重大、关键核心技术标准的支持和服务力度,以标准促进关键核心技术产业化、市场化。到2022年,苏南地区技术市场合同成交额达1350亿元。

> **专栏2　省科技资源统筹服务中心**
>
> 按照"统筹集成、专业运作、竞争联合、共建共享"的原则,重点集成苏南区域内科学仪器、科学数据、科研机构、科技人才、科技金融等各类创新资源,在全国率先构建"一网打尽"的科技创新资源池、"一键导航"的线上服务云平台、"一站融通"的线下服务共同体、"一享到底"的资源开放新机制,打通科技资源统筹"最先一公里"和科技资源服务"最后一公里",加快形成资源共享、价值共创、发展共赢的科技资源统筹服务体系,推动我省科技资源优势转化为创新优势、发展优势。
>
> 到2022年,初步构建形成科技资源统筹服务体系框架,基本建成具有较高资源开放共享程度、运营服务能力和安全可控水平的专业化线上服务云平台,以及与之配套的线下展示服务中心、资源服务共同体,苏南地区大型科研仪器利用率达90%。

（四）共建创新投资基金平台

依托省政府投资基金,通过与地方合作设立子基金等方式,支持苏南自创区建设等创新驱动发展部署。围绕创新发展的关键领域和前沿科技产业开展投资,支持种子期、初创期的科技型企业发展,加大对制造业技术创新和中小企业科技创新支持力度。加快发展科技支行、科技保险支公司、科技小额贷款公司等科技金融专营机构,发挥上交所苏南基地服务功能,推动民营银行特色化发展,服务科技型中小企业。鼓励和指导银行业金融机构创新完善"创业投资＋银行信贷"相结合的融资模式,突破科技型中小微企业融资难、融资贵瓶颈。探索债券、股权融资支持工具试点,鼓励符合条件的科技创新企业通过在科创板、创业板等首次公开发行股票并上市、发行公司债券等方式融资,提高直接融资比重。加快建设南京河西金融集聚区、长三角国际路演中心、上交所苏南基地、苏州沙湖创投中心、苏州高新区财富广场、苏南科技金融路演中心等创业投资集聚区,大力吸引境内外股权投资、创业投资在苏南自创区聚集和发展,放大示范带动效应。

四、一体化实施重大科技攻关项目

以实现重点领域关键核心技术自主可控为目标,围绕半导体、新材料、生物医药等产业和先进制造业集群,共同组织实施一批战略性、跨区域、跨领域的重大关键核心技术攻关项目和产业发展项目,协同发挥省和地方在重大项目组织实施中的作用,努力补齐创新链关键短板,保障产业链和供应链安全。

（一）共同承接国家重大科研项目

聚焦国家科技创新 2030—重大项目、国家科技重大专项和国家重点研发计划,组织产业技术创新战略联盟、龙头企业参与实施核心电子器件高端通用芯片及基础软件产品、极大规模集成电路制造装备及成套工艺、新一代宽带无线移动通信网、重大新药创制、航空发动机及燃气轮机等国家重大科研项目,努力在科技创新补短板、挖潜力、增优势上求突破。落实国家推动战略性新兴产业加快发展的重大部署,鼓励和支持企业承担国家新能源、新材料、高端装备、自动驾驶、节能环保、生物医药等领域的重大项目或工程,争取更多国家项目在苏南布局。聚焦先进制造业集群,加强与国家有关部委对接,深入实施工业互联网培育、产业链能级提升、企业创新赋能、标准领航等专项行动,争取更多的苏南制造业重大工程和重大项目列入国家规划,着力培育壮大南京新型电力(智能电网)装备、南京软件和信息服务、无锡物联网、苏州纳米新材料、苏州(无锡)高端纺织等国家先进制造业集群。

专栏3　国家科技创新 2030—重大项目

国家科技创新 2030—重大项目是以 2030 年为时间节点,体现国家战略意图的重大科技项目和重大工程,共 16 项。其中,电子信息领域 5 项:新一代人工智能、量子通信与量子计算机、国家网络空间安全、天地一体化信息网络、大数据;先进制造 3 项:航空发动机及燃气轮机、智能制造和机器人、重点新材料研发及应用;生物健康 2 项:脑科学与类脑研究、健康保障;能源环境 3 项:智能电网、

煤炭清洁高效利用、京津冀环境综合治理;太空海洋开发利用 2 项:深海空间站、深空探测及空间飞行器在轨服务与维护系统;农业领域 1 项:种业自主创新。

（二）联合开展关键共性技术攻关

发挥省前沿引领技术基础研究专项的带动作用,集成苏南各市优势研发力量,共同实施若干处于国际先进水平、有望引领产业变革的重大原创性研究项目,力争取得引领性、标志性的重大成果。围绕人工智能、集成电路、新材料、生物医药、高端装备、高端软件、工业大数据、航空航天等领域,实施前瞻性产业技术创新专项,积极探索"项目＋课题"等方式,鼓励自创区内创新型领军企业、产业技术创新战略联盟牵头,组织跨市域的企业、高校和研发机构之间自主组合、协同合作,加快启动一批关键共性技术攻关项目,形成一批能够引领和支撑产业发展的技术和产品,围绕关键共性技术布局一批高价值专利。支持自创区内科研单位、医疗卫生机构和医药企业,围绕新型冠状肺炎临床诊疗、检验测试、药物研发以及治疗设备等领域开展技术攻关和产品研发。实施高端装备研制赶超工程,聚焦高档数控机床、先进机器人、先进电子装备、航空航天装备、先进轨道交通装备等领域,对标世界先进水平,组织实施一批高端装备技术赶超项目,引导苏南地区企业加快高端装备研制步伐。鼓励和引导苏南五市按照产业关联度和相似度,主动加强沟通磋商和创新合作,按照优势互补、合作共赢的原则,共同遴选、支持、投入一批关键共性技术攻关项目,组织攻克一批对产业发展具有重大带动作用的核心技术。到 2022 年,部署实施 180 项左右产业核心技术攻关项目,力争取得一批"苏南创造"的代表性成果。

（三）协同推进科技成果转移转化

围绕"一区一战略产业"布局,聚焦集成电路、先进材料、生物医药、高端装备等优势领域,组织实施重大科技成果转化专项,采取省与苏南国家高新园区集成联动的组织方式,共同实施一批创新水平高、产业带动性强、具有自主知识产权的重大科技成果转化项目。协同建设苏南国家科技成果转移转化示范区,聚焦各市特色优势产业,统筹建设南京未来网络、新型显示、生物医药、集成电路,无锡物联网、节能环保、特钢新材料,苏州纳米技术、高端医疗器械、精密装备制造、汽车关键核心部件,常州机器人及智能装备、石墨烯、碳纤维及复合材料、光伏智慧能源,镇江船舶海工、高性能合金材料等科技成果产业化基地,积极承接国家重大科技项目成果在苏南自创区落地转化。加快完善产学研协同创新网络,加强与中科院、清华大学、北京大学等重点科教单位合作,共建清华大学太湖计算机研究院等一批重大产业技术研发机构和创新平台,推动产业重大科技成果在苏南自创区的集群转化和产业化。深入实施高校协同创新计划,加快推动省部共建协同创新中心建设,支持有关高校实施科技成果价值增值工程,重点支持一批重大科技成果转化项目。推动高校开展职务发明所有权改革探索,支持有条件的高校建立健全集技术转移与知识产权管理运营为一体的专门机构,加快高校院所专利运用。到 2022 年,转化 120 项重大科技成果,形成 100 个重大自主创新产品,打造一批具有自主知识产权和高附加值战略性新兴产业和先进制造业集群。

（四）组织实施重大产业发展项目

针对苏南地区新兴产业发展的重大需求,省市协同实施一批能实现重大关键技术原始创新或自主可控、且处于产业链关键环节的战略性新兴产业项目,着力发展一批拥有自主核心技术、发展成长性强、代表未来发展方向的战略性新兴产业。实施工业强基工程,围绕工程机械、工业机器人等领域实施"一条龙"应用计划,对苏南地区列入国家应用计划的示范企业(项目)加大推广应用力度,推动整机企业与"四基"企业协同发展。深入实施生产性服务业"双百"工程、互联网平台经济"百千万"工程,以共享经济、平台经济、数字经济、生物经济、创意经济以及智能制造、服务型制造等为重点,遴选一批示范项目进行重点培育,推动新业态、新模式加快成长。加强环境治理新技术研发与推广应用,壮大节能环保产业,打造一批技术先进、配套完整、发展规范的节能环保产业示范基地与服务产业链。

五、建立一体化实施工作推进体系

加强省与市、高新区协同联动,在深化苏南五市创新一体化发展布局的基础上,统筹实施创新型园区建设、创新型企业培育、创新型产业集群发展、人才发展一体化、开放型创新生态建设、全面创新改革试验推进等六大行动计划,统筹推进科技改革发展,提升创新体系整体效能。

（一）实施创新型园区建设行动计划

突出高新区科技创新主阵地作用,省市协同推动高端资源优先向高新区集聚、高端项目优先在高新区落户、高端人才优先为高新区服务,统筹布局建设一批一流高科技园区、创新型科技园区和创新型特色园区。加快建设苏州独墅湖科教创新区、苏州科技城、南京高新区研创园、南京麒麟科技城、无锡太湖国际科技园、常州科教城、江阴滨江科技城、宜兴环科园、镇江团山睿谷等,打造一批集知识创造、技术创新和新兴产业培育为一体的创新核心区。发挥高新区引领示范和辐射带动作用,鼓励高新区通过一区多园、南北共建、异地孵化、飞地经济等方式,加强区域间资源统筹、创新合作与产业配套,大力推动"产业转移+技术转移",进一步拓展发展空间。总结和推广苏州工业园区管理标准,完善高新区考核评价制度和指标体系,重点突出特色产业创新集群培育、亩均产出水平、高新技术企业培育等内容,引导高新区更大力度推进创新发展。到 2022 年,苏南自创区内进入世界一流高科技园区、国家创新型科技园区和创新型特色园区的高新区达 11 家。

（二）实施创新型企业培育行动计划

深入实施高新技术企业培育"小升高"行动,实行省、市高新技术企业培育库衔接机制,量质并举壮大高新技术企业集群。大力推进创新型企业培育行动计划,在苏南地区打造一批研发实力与创新成果国际一流、产业规模与竞争能力位居前列的创新型领军企业。实施千企升级行动计划,建立全省万家专精特新小巨人企业培育库,省市县联动实行梯度培育,鼓励和引导中小企业专注细分领域精耕细作做精做强。实施重点企业高价值专利培育计划,支持企业培育创造一批能够引领产业发展的高价值专利。到 2022 年,苏南地区力争高新技术企业达 2.1 万家,独角兽企业达 10 家,瞪羚企业达 360 家,培育认定 500 家省级专精特新小巨人企业,争创 50 家国家专精特新小巨人企业和单项冠军企业。

专栏 4　高新技术企业"小升高"行动计划

指导苏南自创区把高新技术企业培育作为重点任务,强化地方政府培育责任,逐级压实高企培育任务,率先落实支持高企发展的各项政策措施,把高企数量及规模以上企业中高企数量占比等纳入苏南自创区绩效评估指标体系,并作为自创区奖励补助资金分配的主要因素,支持其在高企培育路径、方式上积极先行先试,培育壮大高新技术企业集群。

引导高新区设立高新技术企业培育引导资金,布局建设一批高新技术企业培育基地,把培育高企数量及规模以上企业中高企数量占比作为高新区综合评价的重要内容和省级高新区申报的重要前提条件,加快构建适应高新技术企业培育发展的新机制,省、地、园区联动打造高新技术企业密集区。

(三)实施创新型产业集群发展行动计划

强化省市联动和跨市域分工合作,推动各地按照"非排他性"原则,主攻最有条件、最具优势的领域,重点培育具有先发优势的特色战略产业创新集群。完善高新区"一区一战略产业"动态管理机制,大力推进苏州工业园区纳米技术、无锡高新区物联网、常州高新区光伏、苏州高新区医疗器械、镇江高新区海工装备等新兴产业发展。加快建设苏州生物医药、常州智能制造等国家级战略性新兴产业集群工程,支持无锡、南京等争取列入国家级战略性新兴产业集群工程,支持南京新型电力(智能电网)装备、软件和信息服务,苏州高端纺织等集群争创国家先进制造业集群试点示范。省市共同推进纳米、物联网、智能装备等重点产业技术创新中心建设,发挥集成电路、3D 打印、石墨烯、碳纤维及复合材料等产业技术创新联盟作用,着力在整合产业资源、聚合创新要素、开展协同攻关等方面提高协同创新能力。实施"互联网+"行动,加快制造业向研发、设计创意等高端环节延伸,增强新产品开发和品牌创建能力,推动优势制造业品牌化发展,实现"苏南制造"向"苏南创造"跨越。到 2022 年,苏南地区国家创新型产业集群试点达 10 家左右。

(四)实施开放型创新生态建设行动计划

发挥苏南科教资源丰富和开发开放优势,深入推进自创区与自贸区"双自联动",面向全球集聚高水平创新载体,着力放大金融开放创新效应,搭建国家知识产权服务合作平台,加快发展研发设计、检验检测等服务贸易,简化研发试验样品出入境手续,抢占资源配置和科技创新的制高点。深化与以色列、芬兰、挪威、荷兰、瑞士等重点创新型国家和地区的产业技术研发合作,支持苏州工业园区建设"国家开放创新综合改革试验区",大力提升中以常州创新园、中德(太仓)合作创新园、中荷(苏州)科技创新港、中日(苏州)智能制造产业合作示范区建设发展水平,吸引海外知名大学、科研机构、跨国公司到苏南自创区设立研发机构,鼓励有实力的企业通过收并购等方式设立海外研发基地。深入实施"创业中国"苏南创新创业示范工程,支持高新区构建完善"众创空间—孵化器—加速器"孵化链条,重点推进南京珠江路信息服务、苏州工业园区云计算、无锡高新区物联网、常州西太湖石墨烯、镇江大学科技园生命健康、苏州相城机器人及智能装备等众创社区建设。推进认定一批省级双创示范基地,积极争创国家级双创示范基地。依托世界制造大会、中国(南京)国际软件产品和信息服务交易博览会、(无锡)世界物联网博览会、中国(无锡)国际设计博览会、(苏州)中国国际纳米技术产业发展博览会、南京创新周、中国人工智能峰会、全球(苏州)智能驾驶峰会、(常州)世界工业和能源互联网博览会等,举办苏南发展高端峰会等交流活动,有力促进区域间一体化发展合作。到 2022 年,实施 150 项跨国产业技术研发合作及载体平台建设项目,苏南地区国家级众创空间和科技企业孵化器达 340 家左右。

(五)实施人才发展一体化行动计划

加快建设苏南人才管理改革试验区,着力构建沪宁沿线人才创新走廊。推进人才战略衔接互通,共同编制人才发展规划、布局重点领域人才、谋划人才发展重要政策,逐步建立人才项目申报查重及处理机制,制定实施人才特殊支持计划,加快引进集聚掌握关键核心技术、引领未来产业变革的"高精尖缺"和"卡脖子"领域人才。推进人才招引联动并进,联动共办南京创新周、南京全球菁英人才节、苏州国际精英创业周、无锡才交会等交流活动,开展"双招双引"和高校毕业生、高层次人才、创投资本、创新项目"四对接"活动。推进人才市场贯通统一,加强苏南自创区人力资源市场一体化建设,争创共建一批省级、国家级人力资源产业园,加强高校院所和龙头企业联合培养产业技术人才。推进人才服务互联互通,进一步完善海外高层次人才居住证制度,为人才提供跨区域住房、社保、医疗、交通、子女就学、配偶就业、来华工作许可等综合服务。到 2022 年,力争引进高层次创新创业人才 10000 人。

(六)实施全面创新改革试验推进行动计划

把握苏南自创区发展的阶段性特征和长三角一体化全面创新改革试验要求,积极争取国家有关部委支持,深入开展创新政策先行先试,率先落实好中关村"6+4"政策、"科技改革 30 条"等重大政策,着力在区域协同创新、科技资源开放共享、建设新型研发机构等方面寻求突破。完善知识产权创造和运用激励机制,发挥江苏国际知识产权运营交易中心功能,开展知识产权保护体制改革,鼓励和引导企业、高校、科研机构等创新主体建立健全职务发明奖励报酬、转化实施收益分配等知识产权管理制度,强化知识产权综合执法,实施最严格的知识产权保护。推进苏南科技金融合作示范区建设,着力发展以"首投"为重点的天使投资、以"首贷"为重点的科技信贷、以"首保"为重点的科技保险,促进投、贷、保深度融合,创新支持科技型小微企业的科技金融模式,大力发展知识产权质押融资、知识产权证券化等知识产权金融创新。到 2022 年,率先形成一批可复制可推广的创新改革经验成果。

六、保障措施

(一)加强统筹布局

强化顶层设计,在苏南整体区域范围内,从存量优化、增量统筹的角度统筹配置创新资源,优化创新载体空间布局。按照共建共享和非排他性原则,加强规划统筹,突出重点、有限目标,统一部署若干重大平台、重大载体、重大项目。统筹集成苏南五市创新创业、人才、企业、产业等各项创新政策，强化一体化协同实施，最大限度释放政策红利。

（二）加大支持力度

通过统筹省科技专项资金扩大苏南国家自主创新示范区建设专项资金规模，联合地方共同部署实施一批跨区域、跨部门、跨领域的重大关键技术攻关及平台建设项目，支撑苏南自创区一体化发展。省年度重大项目投资计划、省级战略性新兴产业发展、工业和信息化产业转型升级、现代服务业发展及科技计划、人才计划等专项资金，重点加大对苏南自创区重大载体平台建设、核心关键技术攻关、科技成果转化等支持力度。

（三）加强安全生产

按照"管行业必须管安全、管业务必须管安全、管生产经营必须管安全"的要求，牢固树立安全发展理念，指导苏南自创区内各高新区切实增强安全生产工作的责任感和紧迫感，坚守发展决不能以牺牲安全为代价的红线，压实企业安全生产的主体责任，全面落实安全生产各项措施，坚决防范遏制重特大安全生产事故，大幅度压降生产安全事故起数和死亡人数，确保苏南自创区安全生产形势稳定向好。

（四）强化督查考核

健全苏南自创区建设考核评价制度，定期开展自创区建设督查考核，将考核结果作为衡量各级各部门高质量发展实绩的重要内容。建立自创区建设的责任落实机制。健全自创区建设评估机制，组织第三方对自创区建设情况进行评估，定期发布自创区创新指数研究报告和独角兽企业瞪羚企业发展报告，进一步营造自创区创新创业良好氛围。

十一、省政府关于促进乡村产业振兴推动农村一二三产业融合发展走在前列的意见

（苏政发〔2020〕19 号）

一、发展目标

坚持乡村产业高质量发展走在前列的目标定位，按照"产业结构优、质量效益高、经营主体强、技术装备精、路径模式新"的发展思路，深入推进农业供给侧结构性改革，以重大项目、重点主体、重要品牌、重点平台、重要支撑为抓手，保障重要农产品有效供给，补上乡村产业发展短板，加快构建具有江苏特点的乡村产业体系，努力把我省建设成为全国现代农业示范省、农村三产融合发展样板区、乡村产业振兴排头兵。

到 2022 年，基本建成优质稻麦、绿色蔬菜、特色水产、规模畜禽、现代种业、林木种苗和林下经济、休闲农业、农业电子商务 8 个产值千亿元级产业，苏米、苏鱼、苏菜、苏猪、苏禽五大主导产业产能品质效益显著提升，一批地方特色产业、一批新兴产业、一批乡土产业集群集聚、蓬勃发展，高水平的农产品加工体系、广覆盖的冷链物流体系、全域化的农旅康养体系、高效便捷的农村电商体系基本形成，农村一二三产业深度融合。现代种养业总产值达 1 万亿元，农产品加工业总产值 1.5 万亿元，十亿元以上的县域特色产业集群 200 个左右，农村一二三产业融合增加值占县域生产总值比重大幅提升。

二、构建特色鲜明的乡村产业体系

（一）主攻稳产保供，巩固提升重要农产品产能

严格落实"米袋子"省长责任制和"菜篮子"市长负责制，压紧压实重要农产品属地生产保供责任。建好 3700 万亩粮食生产功能区和 500 万亩重要农产品生产保护区，补齐农业基础设施"短板"，加快高标准农田建设，粮食播种面积稳定在 8000 万亩左右，粮食总产量稳定在 700 亿斤以上。精准施策，调动地方和养殖场户发展生猪生产积极性，加快恢复生猪产能，生猪出栏量达到 2250 万头以上，猪肉自给率稳定在 70% 左右。（省农业农村厅、省发展改革委、省商务厅、省粮食和储备局等负责）

（二）主攻绿色高效，着力提高主导产业品质

立足鱼米之乡的底蕴，突出苏米、苏鱼、苏菜、苏猪、苏禽等主导产业，着力提升产能、提升品质、提升效益。大力推广优质食味稻米、稻田综合种养，扩大轮作休耕，推进肥药双减，大力发展畜禽规

模养殖、水产和畜禽生态健康养殖,构建农牧渔循环、种养加一体、生产生活生态融合的绿色高效生产模式,统筹规划,科学调整种植、养殖布局和规模,集中治理好农业生态环境突出问题。优质食味稻米种植面积1500万亩以上,稻田综合种养力争达到500万亩;蔬菜总面积2200万亩左右,绿色蔬菜占比60%以上;生猪规模养殖比重达85%;淡水渔业养殖面积1000万亩左右,特色水产养殖占比80%。绿色优质农产品比重60%以上。(省农业农村厅、省发展改革委、省生态环境厅、省商务厅、省粮食和储备局等负责)

(三)主攻规模集聚,培育壮大特色产业集群

立足江苏地处南北过渡地带、特色产业品种丰富的自然特点,围绕精品蔬菜、应时鲜果、名特茶叶、特色畜禽、特种水产、花卉苗木等,推动每个县(市、区)因地制宜确定特色产业主攻重点,科学制定发展规划,集聚多元市场主体、现代科技、高端人才、资本投入等各种要素,壮大一批规模集中连片、竞争优势明显、抗风险能力较强的特色产业集群。建设一批国家级"一村一品"示范村镇,打造一批国家级和省级特色农产品优势区。每个农业大县(市、区)形成2—3个特色产业集群,其他县(市、区)形成1—2个特色产业集群。(省农业农村厅、省自然资源厅、省林业局等负责)

(四)主攻创新驱动,做大做强农产品加工业

立足农产品生产大省和农业科教大省的双重优势,进一步优化加工业布局,推动农产品加工业向主产区布局,向镇、村延伸,把更多的加工增值效益留在农村。强化农业龙头企业科技创新能力,鼓励农业龙头企业与科研院所深度合作,支持领军型农业企业开展技术创新、模式创新,加强企业研发中心建设。提升粮油等传统加工业,积极发展主食加工、休闲食品等新兴加工业。推动农产品产地初加工和精深加工相衔接,开发一批高科技含量、高附加值的农业加工产品。大力培育农业大型企业,打造在全国有影响力的行业企业集群。创新利益联结机制,支持农业龙头企业组建农业产业化联合体,鼓励农业龙头企业参与规模产业基地建设,发展订单生产,鼓励农业龙头企业吸纳土地承包经营权入股,让农户分享增值收益。引导企业与经济薄弱村挂钩,推动消费扶贫,更好地带动村集体经济发展和农民增收。鼓励企业积极投身"一带一路",扩大农产品出口,建立境外生产加工基地。全省建成30家全国农产品加工研发分中心,规模以上农产品加工企业数量稳定在6000家以上,重点孵化10家百亿元级龙头企业,省级以上农业龙头企业超过900家,国家级龙头企业达到80家。(省农业农村厅、省发展改革委、省工业和信息化厅、省商务厅、省科技厅、省扶贫办等负责)

(五)主攻融合发展,大力发展乡村新兴产业

立足地处长三角区位特点,挖掘农业多种功能,推进"农业+休闲观光""农业+互联网""农业+服务业""农业+健康养生"等,大力发展新产业新业态,增强乡村产业发展活力。加强休闲农业园区、农家乐、乡村民宿、休闲渔家和康养基地建设,建设一批休闲农业示范县、美丽休闲乡村和主题创意农园,打造江苏休闲农旅新文化,构建全域乡村旅游新格局。大力发展农村电子商务,建设农村电子商务公共服务中心和快递物流园区,推动电商资源、快递服务下沉到村,利用"村邮站""邮乐购"等平台,拓宽农产品出村进城渠道。鼓励发展线上服务、线下体验以及现代物流融合的农

业新零售模式。支持各类主体建设"一站式"区域性农业生产性服务综合平台,探索农业社会化服务有效形式,发展农资供应、统防统治、代耕代种、烘干收储等农业生产性服务业,结合生态修复手段,科学配套新兴产业相关污染防治措施,避免先污染后治理。全省休闲农业点超过 10000 个,主题创意农园 500 个,休闲农业精品线路 100 条,休闲农业综合收入超过 1000 亿元;农业电商网络销售额突破 1500 亿元;农业服务业产值力争突破 1000 亿元。(省农业农村厅、省委网信办、省生态环境厅、省工业和信息化厅、省文化和旅游厅、省卫生健康委、省商务厅、省供销社、省林业局、省邮政管理局等负责)

(六)主攻价值提升,传承弘扬乡土产业

立足江苏农耕文化底蕴深厚的优势,传承发展马庄香包、江宁七坊等传统乡土产业,挖掘乡土产业的产品价值、文化价值、艺术价值。以县(市、区)为单位,系统梳理乡村传统工坊、乡村手工业、乡村文化、乡村能工巧匠、乡村车间等,建立乡土产业名录。运用现代信息技术、现代科技、现代设计,提升乡土产业,适应现代产业发展趋势,传承传统乡土气息,彰显乡土文化。推进乡土产业进入农业园区、集中居住小区、创新创业园,搭建推介平台载体,让乡土产业焕发新的生机,成为富民产业。培育 100 个以上乡土气息浓郁、市场影响力强的地方乡土特色产业。(省农业农村厅、省工业和信息化厅、省人力资源社会保障厅、省文化和旅游厅等负责)

三、乡村产业发展的重点举措

(一)实施重大产业投资项目

鼓励市县依托资源优势,以一二三产融合、县域优势特色产业为重点,谋划实施一批驱动引领力强、弥补产业发展短板的重大乡村产业投资项目。以重大项目为平台融合产业发展资源,撬动金融资本和工商资本"上山下乡"。制订全省乡村产业重大投资项目三年滚动计划,建立省级乡村产业重大项目库、县域优势特色产业清单,对重大项目予以重点支持,对产值在 10 亿、20 亿、30 亿以上的县域优势特色产业予以奖补。(省农业农村厅、省发展改革委等负责)

(二)培育重点市场竞争主体

实施百亿元企业、全国领军企业、行业"小巨人"企业培育工程,在全省筛选 20 个有核心竞争力、发展潜力大、带动能力强的龙头企业,支持企业开展协同创新和现代产业要素引进集成,省级相关专项资金对符合条件的项目给予重点支持,同时引导政府投资基金等金融资本解决其发展壮大的瓶颈问题。实施示范家庭农场、示范合作社和特色乡土手工作坊提升工程,建立省、市、县三级培育清单,省级每年重点支持 500 个,通过订制化培训、贷款担保贴息等多种方式予以扶持。(省农业农村厅、省工业和信息化厅等负责)

(三)做强重要区域公用品牌

支持各地深入挖掘地方特色产品资源,积极申报地理标志农产品,对通过认证的地理标志农产

品予以奖补。实施地理标志农产品保护工程,每年支持 20 个地理标志农产品提升品质、扩大规模、提高市场影响力。鼓励有条件的企业和社会团体参与标准的制定修订,开展标准化试点示范。支持各地加强绿色优质农产品基地建设,发展绿色有机农产品。完善农产品质量安全追溯体系,健全农产品质量标准体系。建立健全区域公用品牌管理规范和考评办法,每年选择 10 个左右符合支持条件的区域公用品牌予以奖补,重点打造一批市场占有率高的单品类区域公用品牌。(省农业农村厅、省市场监管局、省粮食和储备局、省知识产权局等负责)

(四)打造重点产业发展平台

实施农产品加工提升行动,支持各地及农垦等省属大型农业企业以改善基础设施条件和公共服务能力为重点,整合土地、人才、资金、税收等支持政策,创建国家级现代农业产业园、农业高新技术产业示范区、农村产业融合发展示范园、农村产业融合发展先导区,以及省级现代农业产业示范园、省现代农业科技园、省级农产品加工集中区等各类高质量发展载体。除国家对各类园区平台支持政策外,重点支持 50 个省级农业产业示范园、20 个省级农产品加工集中区创建。省级特色小镇创建向农业产业倾斜,每年支持创建一定数量的农业特色小镇。依托重点产业发展平台,整合各级各类财政资金发展优势特色主导产业。(省农业农村厅、省科技厅、省发展改革委、省税务局等负责)

(五)强化重要产业支撑体系

加强农田水利和农村公路等基础设施建设,推进整乡镇、整县高标准农田建设,大力发展高效节水灌溉,确保每年完成 300 万亩高标准农田建设任务,继续推进大中型灌区续建配套与现代化改造,不断扩大有效灌溉面积,同步推进重要产业、重大项目建设。加快实施设施农业和绿色环保农机示范推广工程,支持粮食生产全程机械化,高效特色农业和农产品初加工机械化率总体达到 60％左右。加强产业关键核心技术攻关,组织实施一批重点产业领域研发项目,开发一批具有自主知识产权的技术、装备和产品。搭建农业科技协同创新推广平台,提升全省现代农业产业技术体系推广服务能力,支持建设现代化小龙虾良种繁育体系,加快建立立足市场化的农作物、畜禽、水产种子种苗推广服务网络,重点培育亿元以上的育繁推一体化种业企业。实施农产品仓储保鲜冷链物流设施建设工程,发展农产品冷链物流,建设覆盖农产品加工、运输、储存、销售等环节的冷链物流体系。建设"苏农云"大数据平台,逐步实现农业农村相关领域时空一张图数字化管理,加快乡村产业数字化进程。(省农业农村厅、省委网信办、省水利厅、省自然资源厅、省工业和信息化厅、省商务厅、省交通运输厅、省科技厅等负责)

四、进一步完善乡村产业发展的支持政策

(一)落实用地保障政策

强化规划战略引领和管控作用,统筹增量存量规划空间,乡级国土空间规划可安排不少于 10％的建设用地指标,用于有效保障农村一二三产融合发展项目用地。实行分级保障制度,列入省

重大产业项目用地由省级保障,市县每年应安排不低于5%新增建设用地指标保障农村一二三产融合发展。鼓励各地通过城乡建设用地增减挂钩盘活土地资源,形成的建新指标除满足安置需求外,优先用于保障农村一二三产融合发展。对位于城镇开发边界外确需点状布局、符合国土空间规划和生态环保等要求的农村一二三产融合发展项目,按规定办理转用、征收手续后,可依据经市、县(市)人民政府批准的项目选址论证报告或详细规划、村庄规划出具规划条件,依法依规灵活确定地块面积、组合不同用途和面积地块搭配供应。通过多种途径盘活农村存量土地资源,支持农村新产业、新业态发展。鼓励和引导农村居民利用自有住宅或其他条件依法从事乡村休闲、旅游、养老等产业和农村一二三产融合发展。鼓励和支持农民集体经济组织依法使用建设用地自办或以土地使用权入股、联营等方式与其他单位和个人共同兴办相关企业。根据国家统一部署,开展农村集体经营性建设用地入市改革,完善配套制度,增加乡村产业用地供给。细化完善设施农业用地管理政策。科学编制农垦国土空间专项规划,创新国有土地资源配置方式,有序推进农垦国有土地资源资产化资本化。(省自然资源厅、省农业农村厅、省农垦集团等负责)

(二)强化财政资金引导机制

坚持农业农村优先发展,提高土地出让金用于农业农村领域的比例,鼓励地方政府发行项目融资和收益自平衡的专项债券,支持符合条件、有一定收益的乡村公益性项目建设,保持财政支农资金稳定增长。加大以奖代补、先建后补力度,建立健全市县多投入、省级多支持、社会资本多投入机制,鼓励争先创优,支持率先发展。依规充分赋予市县自主权和资金统筹空间,推动市县加快涉农资金统筹整合,集中财力补齐产业发展短板。全面实施预算绩效管理,全面设置绩效目标,抓好运行监控,开展绩效评价,推动以绩效评价结果调整支持政策,与资金安排直接挂钩。加快设立省级乡村振兴基金,整合省级新型农业经营主体融资风险补偿基金。(省财政厅、省农业农村厅等负责)

(三)提高金融支农服务水平

发挥财政资金引导撬动作用,完善金融服务乡村振兴支持体系,引导社会资本更多更快更好投入农业农村领域。推进全省农业融资担保体系建设,加快农业风险补偿和贷款担保联动。引导县域金融机构将吸收的存款主要用于当地,重点支持乡村产业。在依法合规、风险可控的前提下,鼓励将农村承包土地经营权、农业设施、农机具等纳入抵押物范围。探索依托养殖企业和规模养殖场(户)创新养殖保险模式和财政支持方式,鼓励各地因地制宜开展优势特色农产品保险,扩大农业保险覆盖面。支持利用国内政策性银行、国际金融组织贷款,开展高标准农田、大中型灌区改造、畜禽规模化标准化养殖等农业项目以及农村产业融合载体建设。加强省乡村振兴金融服务平台和江苏股权交易中心"乡村振兴板"建设,引导推动乡村振兴领域企业挂牌,支持符合条件的涉农企业通过上市、挂牌、发行债券等方式进行融资。支持小微企业融资优惠政策适用于乡村产业和农村创新创业,支持开发推广免抵押、低利率的农村青年创业金融产品。加强农村信用体系建设,推动金融机构对守信涉农经济主体倾斜资源。进一步完善农村普惠金融服务点建设,构建涵盖金融、电商、物流、民生、政务等多样化功能的新型服务点。支持农业企业申报国家农村产业融合发展专项债券。(人民银行南京分行、省财政厅、省地方金融监管局、江苏银保监局、江苏证监局、省农业农村厅、省农垦集团、团省委等负责)

（四）健全乡村人才激励机制

制定完善支持乡村产业发展的创业扶持政策，引导各类人才到乡村创业兴业。支持科技人员以科技成果入股农业企业，落实科研人员校企、院企共建双聘机制。支持农业企业人才培养，可采取政府采购服务等形式，对符合条件的成长型农业企业管理人员和技术人员进行培训。探索农民学历提升办法，实施巾帼新农民培育六大行动，建立乡村产业人才库。建设农村实用人才培训基地，推进产教、产才融合，落实职业学校扩大农村招生，建立涉农高职院校与企业间订单培训机制。注重从返乡的退役军人中培养选拔村干部，选派优秀退役军人到党的基层组织、城乡社区和退役军人服务中心（站）工作。实施"新农菁英"培育发展计划，建立乡村青年人才库，开展技能提升、创业实训、金融支持和就业见习等系列服务，支持青年回村、乡贤回归开展创业创新、振兴乡村产业。（省科技厅、省教育厅、省人力资源社会保障厅、省财政厅、省农业农村厅、省退役军人厅、团省委、省妇联等负责）

五、强化乡村产业发展的组织保障

（一）强化责任落实

落实五级书记抓乡村振兴的要求，把乡村产业振兴作为重要任务，实行省负总责，市、县（市、区）、乡镇（街道）、村组层层落实责任的工作机制。建立农业农村部门牵头抓总、各部门协同配合、社会力量积极支持、农民群众广泛参与的协同推进机制。科学编制乡村产业发展规划，以县为单位明确主导产业、特色产业、新兴产业、加工业、乡土产业发展布局、产能规划和主攻重点。（省农业农村厅、省发展改革委等负责）

（二）强化指导服务

落实农业农村部、江苏省政府共同推进江苏率先基本实现农业农村现代化合作框架协议，强化分类指导，因地制宜、梯次推进农业农村现代化。深化"放管服"改革，发挥各类服务机构作用，为从事乡村产业的各类经营主体提供高效便捷服务。发挥乡村产业融合发展专家指导组的作用，强化专家挂钩蹲点指导，健全调查分析制度，完善乡村产业监测体系，加强对乡村产业发展情况的分析研判，为领导科学决策和经营主体发展提供有效服务。（省农业农村厅、省统计局等负责）

（三）强化典型示范

发掘乡村产业发展的鲜活经验、典型模式和创新成果，宣传推广一批龙头企业、农民合作社、家庭农场和农村创业创新以及农村产业融合发展载体建设典型。组织科企对接、银企对接、村企对接，举办农事节庆和各类展示展销活动，全方位展示特色产业、特色文化和特色产品，营造政策扶持、舆论关注、社会参与的乡村产业发展良好氛围。（省农业农村厅、省发展改革委、省科技厅、省地方金融监管局、省广电局等负责）

（四）强化考核激励

建立绩效评价机制,制定考评办法,对乡村产业发展目标任务、重点举措和支持政策落实情况进行科学考评。评价结果与财政涉农资金分配、项目安排、评先评优等挂钩,强化正向激励,确保各项任务落到实处。（省委农办、省财政厅、省农业农村厅等负责）

江苏省人民政府

2020 年 2 月 24 日

数据篇

一、2020 年全国各地区人口及生产总值

地 区	年末常住人口（万人）	年末人口比重（%）	地区生产总值（亿元）	第一产业	第二产业	第三产业	人均地区生产总值（元）
全 国	**141178**	**63.9**	**1015986**	**77754**	**384255**	**553977**	**72000**
北 京	2189	87.6	36102.55	107.61	5716.37	30278.57	164889
天 津	1387	84.7	14083.73	210.18	4804.08	9069.47	101614
河 北	7461	60.1	36206.89	3880.14	13597.20	18729.54	48564
山 西	3492	62.5	17651.93	946.68	7675.44	9029.81	50528
内蒙古	2405	67.5	17359.82	2025.12	6868.03	8466.66	72062
辽 宁	4259	72.1	25114.96	2284.61	9400.91	13429.44	58872
吉 林	2407	62.6	12311.32	1553.00	4326.22	6432.10	50800
黑龙江	3185	65.6	13698.50	3438.29	3483.51	6776.70	42635
上 海	2487	89.3	38700.58	103.57	10289.47	28307.54	155768
江 苏	**8475**	**73.4**	**102718.98**	**4536.72**	**44226.43**	**53955.83**	**121231**
浙 江	6457	72.2	64613.34	2169.23	26412.95	36031.16	100620
安 徽	6103	58.3	38680.63	3184.68	15671.69	19824.26	63426
福 建	4154	68.8	43903.89	2732.32	20328.80	20842.78	105818
江 西	4519	60.4	25691.50	2241.59	11084.83	12365.08	56871
山 东	10153	63.1	73129.00	5363.76	28612.19	39153.05	72151
河 南	9937	55.4	54997.07	5353.74	22875.33	26768.01	55435
湖 北	5775	62.9	43443.46	4131.91	17023.90	22287.65	74440
湖 南	6644	58.8	41781.49	4240.45	15937.69	21603.36	62900
广 东	12601	74.2	110760.94	4769.99	43450.17	62540.78	88210
广 西	5013	54.2	22156.69	3555.82	7108.49	11492.38	44309
海 南	1008	60.3	5532.39	1135.98	1055.26	3341.15	55131
重 庆	3205	69.5	25002.79	1803.33	9992.21	13207.25	78170
四 川	8367	56.7	48598.76	5556.58	17571.11	25471.07	58126
贵 州	3856	53.2	17826.56	2539.88	6211.62	9075.07	46267
云 南	4721	50.1	24521.90	3598.91	8287.54	12635.46	51975
西 藏	365	35.7	1902.74	150.65	798.25	953.84	52345
陕 西	3953	62.7	26181.86	2267.54	11362.58	12551.74	66292
甘 肃	2502	52.2	9016.70	1198.14	2852.03	4966.52	35995
青 海	592	60.1	3005.92	334.30	1143.55	1528.07	50819
宁 夏	720	65.0	3920.55	338.01	1608.96	1973.58	54528
新 疆	2585	56.5	13797.58	1981.28	4744.45	7071.85	53593

二、2020 年全国各地区生产总值构成及增速

地 区	地区生产总值构成（%）				地区生产总值比上年增长（%）
		第一产业	第二产业	第三产业	
全 国	**100.0**	**7.7**	**37.8**	**54.5**	**2.3**
北 京	100.0	0.3	15.8	83.9	1.2
天 津	100.0	1.5	34.1	64.4	1.5
河 北	100.0	10.7	37.6	51.7	3.9
山 西	100.0	5.4	43.5	51.2	3.6
内蒙古	100.0	11.7	39.6	48.8	0.2
辽 宁	100.0	9.1	37.4	53.5	0.6
吉 林	100.0	12.6	35.1	52.2	2.4
黑龙江	100.0	25.1	25.4	49.5	1.0
上 海	100.0	0.3	26.6	73.1	1.7
江 苏	**100.0**	**4.4**	**43.1**	**52.5**	**3.7**
浙 江	100.0	3.4	40.9	55.8	3.6
安 徽	100.0	8.2	40.5	51.3	3.9
福 建	100.0	6.2	46.3	47.5	3.3
江 西	100.0	8.7	43.1	48.1	3.8
山 东	100.0	7.3	39.1	53.5	3.6
河 南	100.0	9.7	41.6	48.7	1.3
湖 北	100.0	9.5	39.2	51.3	
湖 南	100.0	10.1	38.2	51.7	3.8
广 东	100.0	4.3	39.2	56.5	2.3
广 西	100.0	16.0	32.1	51.9	3.7
海 南	100.0	20.5	19.1	60.4	3.5
重 庆	100.0	7.2	40.0	52.8	3.9
四 川	100.0	11.4	36.2	52.4	3.8
贵 州	100.0	14.2	34.8	50.9	4.5
云 南	100.0	14.7	33.8	51.5	4.0
西 藏	100.0	7.9	42.0	50.1	7.8
陕 西	100.0	8.7	43.4	47.9	2.2
甘 肃	100.0	13.3	31.6	55.1	3.9
青 海	100.0	11.1	38.0	50.8	1.5
宁 夏	100.0	8.6	41.0	50.3	3.9
新 疆	100.0	14.4	34.4	51.3	3.4

三、2020 年全国各地区国内外贸易

地 区	社会消费品零售总额(亿元)	进出口总额(亿美元)	出 口	进 口
全 国	**391981**	**46463**	**25906**	**20556**
北 京	13716.40	3350.40	670.14	2680.25
天 津	3582.91	1059.31	443.60	615.71
河 北	12705.02	637.92	364.64	273.28
山 西	6746.34	218.66	127.31	91.35
内蒙古	4760.45	150.65	50.41	100.24
辽 宁	8960.88	944.57	383.31	561.26
吉 林	3823.95	184.93	42.04	142.89
黑龙江	5092.30	221.99	52.05	169.94
上 海	15932.50	5031.89	1981.07	3050.82
江 苏	**37086.05**	**6427.75**	**3962.83**	**2464.91**
浙 江	26629.81	4879.34	3632.67	1246.67
安 徽	18333.95	780.46	455.84	324.62
福 建	18626.45	2026.66	1224.05	802.61
江 西	10371.77	578.17	420.88	157.29
山 东	29248.05	3184.47	1890.35	1294.12
河 南	22502.77	969.19	593.00	376.19
湖 北	17984.87	620.83	390.61	230.23
湖 南	16258.12	705.35	478.61	226.74
广 东	40207.85	10236.34	6283.70	3952.64
广 西	7831.01	702.86	391.87	310.99
海 南	1974.63	135.39	40.15	95.25
重 庆	11787.20	941.76	605.29	336.48
四 川	20824.87	1168.02	672.48	495.54
贵 州	7833.37	79.08	62.33	16.75
云 南	9792.87	389.46	221.40	168.06
西 藏	745.78	3.11	1.88	1.22
陕 西	9605.92	545.15	278.90	266.25
甘 肃	3632.35	53.89	12.38	41.51
青 海	877.34	3.30	1.78	1.53
宁 夏	1301.39	17.79	12.52	5.27
新 疆	3062.55	213.87	158.36	55.51

四、2020 年江苏省各市(县)地区生产总值

位 次	市(县)名称	绝对数(亿元)	位 次	市(县)名称	绝对数(亿元)
1	昆山市	4276.76	21	沛 县	805.01
2	江阴市	4113.75	22	宝应县	763.04
3	张家港市	2686.60	23	新沂市	692.22
4	常熟市	2365.43	24	句容市	675.47
5	宜兴市	1832.21	25	睢宁县	619.34
6	太仓市	1386.09	26	建湖县	593.88
7	如皋市	1305.22	27	射阳县	592.36
8	启东市	1223.10	28	阜宁县	574.22
9	海安市	1221.63	29	涟水县	554.05
10	如东县	1155.11	30	东海县	553.81
11	丹阳市	1145.36	31	泗阳县	528.53
12	泰兴市	1127.47	32	泗洪县	525.41
13	溧阳市	1086.36	33	滨海县	503.86
14	沭阳县	1011.20	34	扬中市	489.59
15	靖江市	1004.80	35	丰 县	486.53
16	邳州市	1001.26	36	盱眙县	435.32
17	兴化市	900.92	37	响水县	405.74
18	东台市	893.35	38	灌南县	396.94
19	高邮市	838.18	39	灌云县	381.64
20	仪征市	815.05	40	金湖县	337.03

五、2020年江苏省各市(县)地区生产总值构成

市 县	地区生产总值指数(上年=100)	三次产业占GDP比重(%)			一般公共预算收入占GDP比重(%)	外贸依存度(%)
		第一产业	第二产业	第三产业		
南 京 市	104.6	2.0	35.2	62.8	11.1	36.0
无 锡 市	103.7	1.0	46.5	52.5	8.7	49.1
江 阴 市	103.0	0.9	50.9	48.2	6.3	32.3
宜 兴 市	103.0	2.9	51.0	46.1	7.0	17.4
徐 州 市	103.4	9.8	40.1	50.1	6.6	14.6
丰 县	103.1	19.8	35.9	44.3	6.2	14.4
沛 县	103.9	14.7	40.9	44.3	5.7	11.9
睢 宁 县	102.8	17.7	38.7	43.6	6.2	10.7
新 沂 市	103.1	13.0	38.3	48.7	5.4	15.8
邳 州 市	103.9	15.9	39.6	44.5	4.4	12.9
常 州 市	104.5	2.1	46.3	51.6	7.9	31.0
溧 阳 市	104.6	5.0	49.7	45.3	6.8	7.9
苏 州 市	103.4	1.0	46.5	52.5	11.4	110.7
常 熟 市	103.6	1.7	48.5	49.8	9.0	56.1
张 家 港 市	103.9	1.1	50.6	48.3	9.3	86.4
昆 山 市	104.0	0.7	50.3	49.0	10.0	140.4
太 仓 市	103.9	1.9	48.1	50.0	12.3	66.6
南 通 市	104.7	4.6	47.5	47.9	6.4	26.2
如 东 县	105.9	7.9	48.6	43.6	5.2	34.2
启 东 市	104.2	6.9	48.2	44.9	5.9	17.6
如 皋 市	105.3	6.0	47.8	46.3	5.5	19.1
海 门 市	105.8	5.9	52.6	41.5	5.3	14.4
海 安 市	103.1	11.8	41.9	46.3	7.5	19.6
连 云 港 市	104.1	15.4	39.6	45.0	4.5	6.8
东 海 县	104.4	20.9	34.6	44.5	5.9	3.6
灌 云 县	102.9	16.8	44.3	38.8	6.0	3.1
灌 南 县	103.2	10.2	40.5	49.3	6.6	8.6
淮 安 市	103.3	13.0	41.2	45.8	4.3	3.3

续表

市　县	地区生产总值指数（上年＝100）	三次产业占GDP比重（%）			一般公共预算收入占GDP比重（%）	外贸依存度（%）
		第一产业	第二产业	第三产业		
涟水县	103.1	17.3	35.8	46.9	4.4	2.9
盱眙县	103.2	14.0	39.7	46.4	7.0	9.9
金湖县	103.5	11.1	40.0	48.9	6.7	13.8
盐城市	**106.1**	**12.7**	**44.9**	**42.4**	**5.7**	**15.1**
响水县	100.2	14.1	38.5	47.4	4.8	7.4
滨海县	102.4	11.6	41.0	47.4	4.9	6.2
阜宁县	104.1	17.5	35.0	47.4	5.2	8.7
射阳县	103.3	9.1	41.6	49.3	5.3	5.0
建湖县	105.8	13.9	35.4	50.7	6.1	9.7
东台市	103.5	5.1	46.1	48.9	5.6	12.7
扬州市	**103.6**	**11.1**	**46.8**	**42.1**	**3.3**	**6.9**
宝应县	103.4	2.9	52.7	44.4	5.9	11.7
仪征市	103.4	10.8	49.0	40.2	4.5	4.4
高邮市	103.5	3.5	47.1	49.3	7.4	17.1
镇江市	**104.1**	**4.4**	**51.3**	**44.3**	**5.6**	**18.8**
丹阳市	103.8	3.4	51.5	45.1	7.2	6.5
扬中市	103.6	7.8	42.0	50.3	8.1	6.2
句容市	103.6	5.8	47.8	46.4	7.1	19.1
泰州市	**103.0**	**14.9**	**38.6**	**46.5**	**4.6**	**5.7**
兴化市	103.0	2.7	53.5	43.8	6.1	22.8
靖江市	103.9	6.2	50.1	43.7	7.6	26.6
泰兴市	104.5	10.5	41.9	47.6	6.8	10.3
宿迁市	**104.3**	**10.6**	**40.6**	**48.8**	**5.0**	**8.4**
沭阳县	104.2	13.2	41.9	44.9	5.1	8.9
泗阳县	104.5	16.9	36.5	46.6	5.2	5.1
泗洪县	104.6	2.0	35.2	62.8	11.1	36.0

六、2019 年末江苏省各市(县)地区从业人员 (单位:万人)

市 县	就业人员	第一产业	第二产业	第三产业	私营企业就业人员	个体就业人员
南 京 市	502.6	39.5	145	279.5	335.78	137.27
无 锡 市	387	14.9	213.1	159	204.78	87.8
江 阴 市	99.02	3.95	61.07	34	54.72	26.62
宜 兴 市	73.9	7.83	40.03	26.04	48.9	11.24
徐 州 市	483.4	106.8	172.7	203.9	133.01	122.43
丰 县	54.58	14.49	20.54	19.55	8.14	12.25
沛 县	63.65	16.35	23.86	23.44	15.94	9.42
睢 宁 县	61.46	16.53	22.96	21.97	19.17	15.49
新 沂 市	54.79	13.19	20.38	21.22	20.57	12.54
邳 州 市	86.58	21.57	32.15	32.86	13.91	22.69
常 州 市	282.7	29.3	137.1	116.3	170.84	78.86
溧 阳 市	49.9	11.6	24.3	14.1	23.25	10.55
苏 州 市	692.6	20.9	403.8	267.9	458.99	239.34
常 熟 市	104.38	3.5	62.71	38.17	50.52	23.32
张家港市	77.1	3.92	45.43	27.75	64.38	19.68
昆 山 市	117.11	1.53	73.11	42.47	77.01	50.92
太 仓 市	45.81	2.36	26.28	17.17	28.51	9.22
南 通 市	452	80	211.1	160.9	211.77	111.47
如 东 县	61.02	11.87	30.51	18.64	19.62	10.75
启 东 市	66.03	14.8	29.09	22.14	23.44	8.18
如 皋 市	72.47	15.97	34.05	22.45	33.62	18.9
海 门 市	63.59	13.44	30.91	19.24	25.17	14.45
海 安 市	53.37	9.88	28.29	15.2	33.09	12.46
连云港市	249.5	75.9	72.7	100.9		
东 海 县	54.7	18.07	14.3	22.33		
灌 云 县	41.8	17.86	9.44	14.5		
灌 南 县	37.85	14.81	10.5	12.54		
淮 安 市	284.7	76.4	89.7	118.6	82.96	67.68

续表

市 县	就业人员	第一产业	第二产业	第三产业	私营企业就业人员	个体就业人员
涟水县	48.49	16.84	11.61	20.04	11.25	12.41
盱眙县	38.45	11.54	12.72	14.19	9.84	8.76
金湖县	19.14	5.39	6.58	7.17	8.11	3.24
盐城市	**430**	**95**	**158.5**	**176.5**	**135.3**	**68.65**
响水县	27.28	6.96	9.86	10.46	6.04	4.78
滨海县	54.93	14.61	19.14	21.18	13.05	6.88
阜宁县	49.9	13.38	17.57	18.95	19.89	8.65
射阳县	55.51	13.97	19.74	21.8	10.44	6.67
建湖县	42.68	9.27	16.97	16.44	10.87	5.64
东台市	63.54	14.06	23.27	26.21	26.34	8.9
扬州市	**268**	**37.3**	**115.1**	**115.6**	**124.3**	**66.22**
宝应县	42.21	9.96	18.31	13.94	15.62	8.83
仪征市	39.72	7.23	17.24	15.25	12.28	8.56
高邮市	46.23	9.36	20.06	16.81	22.07	10.28
镇江市	**194.9**	**21.5**	**83.7**	**89.7**	**101.56**	**63.01**
丹阳市	63.8	5.64	32.33	25.83	38.52	18.93
扬中市	21.77	1.29	11.23	9.25	16.82	4.22
句容市	39.41	9.25	14.96	15.2	11.74	12.53
泰州市	**275**	**54.3**	**112.6**	**108.1**	**117.73**	**69.4**
兴化市	73.2	21.7	25.3	26.2	18.06	16.22
靖江市	40.6	6	20.7	13.9	19.44	8.75
泰兴市	63.4	14.5	26.2	22.7	22.92	18.48
宿迁市	**281.4**	**82.7**	**96.9**	**101.8**	**91.77**	**76.34**
沭阳县	93.8	26.43	35.16	32.21	42.59	20.06
泗阳县	49.17	17.89	15.42	15.86	12.05	13.25
泗洪县	48.43	16.51	15.73	16.19	11.41	13.11

七、2020 年江苏省各市（县）地区财政收支及金融 （单位：亿元）

市（县）	一般公共预算收入	税收收入	一般公共预算支出	年末金融机构存款余额	住户存款	年末金融机构贷款余额
南 京 市	1637.70	1395.56	1754.46	39056.06	9499.25	37594.23
无 锡 市	1075.70	889.12	1215.03	18867.71	7195.67	15114.05
江 阴 市	259.66	215.91	237.86	4286.59	1577.10	3415.66
宜 兴 市	127.59	107.55	172.44	2581.00	1393.59	1878.02
徐 州 市	481.82	380.68	958.19	9141.99	4513.38	6952.08
丰 县	30.01	24.16	82.57	569.05	387.01	364.12
沛 县	46.13	37.20	120.85	665.52	453.92	455.16
睢 宁 县	38.50	31.48	100.87	668.12	428.50	463.80
新 沂 市	37.50	32.22	96.48	573.50	334.32	474.81
邳 州 市	43.90	35.39	126.28	778.42	529.51	670.04
常 州 市	616.60	522.53	726.31	12213.55	5027.24	10215.54
溧 阳 市	73.80	63.41	116.20	1497.03	769.52	1130.17
苏 州 市	2303.00	2005.11	2263.51	35165.68	12052.04	34195.78
常 熟 市	213.66	184.18	229.77	3660.45	1766.59	3107.69
张家港市	250.30	208.00	233.30	3526.84	1515.19	2914.64
昆 山 市	428.00	373.03	365.67	4938.93	1795.53	4385.82
太 仓 市	171.12	147.21	151.06	1867.10	761.21	1851.64
南 通 市	639.30	523.23	1080.62	15300.65	8018.90	12113.81
如 东 县	60.02	50.55	134.82	1562.67	892.33	1003.68
启 东 市	72.01	59.12	118.99	1730.63	1106.34	1270.62
如 皋 市	72.01	61.01	125.13	1655.38	1041.95	1303.26
海 门 市	64.54	53.55	128.82	1826.08	990.31	1407.02
海 安 市	245.17	189.00	501.69	4212.37	1840.00	4215.61
连云港市	24.68	20.27	78.00	534.89	353.20	476.28
东 海 县	22.61	16.53	69.71	365.18	228.37	337.93
灌 云 县	23.93	18.87	60.81	273.72	169.04	298.98
灌 南 县	264.21	206.69	568.25	4852.00	2082.96	4630.79
淮 安 市	23.98	19.81	73.06	487.72	281.06	375.65

市(县)	一般公共预算收入	税收收入	一般公共预算支出	年末金融机构存款余额	住户存款	年末金融机构贷款余额
涟水县	19.29	15.48	64.17	467.11	270.71	446.46
盱眙县	23.54	19.24	49.48	326.07	214.82	289.71
金湖县	400.10	300.40	973.60	8370.07	4224.24	6947.17
盐城市	**23.10**	**17.78**	**71.43**	**300.23**	**177.85**	**263.91**
响水县	24.36	17.66	91.15	502.53	313.36	454.70
滨海县	28.31	22.12	91.44	596.59	422.95	353.26
阜宁县	30.90	24.09	96.17	655.52	458.76	480.08
射阳县	31.66	23.40	91.37	644.53	433.65	427.78
建湖县	54.60	42.60	118.38	1067.63	768.44	726.35
东台市	337.27	264.46	668.30	7586.35	3698.46	6279.75
扬州市	**24.87**	**19.19**	**85.06**	**655.44**	**413.59**	**504.21**
宝应县	48.00	39.00	68.55	769.12	418.86	606.14
仪征市	37.91	31.00	83.17	795.35	515.23	588.90
高邮市	311.74	237.18	498.90	6292.05	2764.35	6105.42
镇江市	**64.02**	**52.21**	**95.00**	**1482.23**	**833.26**	**1285.92**
丹阳市	35.01	28.01	58.45	727.12	384.41	621.74
扬中市	54.85	48.30	79.00	1044.16	457.17	1271.45
句容市	375.20	282.06	627.54	7889.89	3722.47	6385.10
泰州市	**41.48**	**32.14**	**114.76**	**1089.51**	**766.05**	**763.01**
兴化市	60.80	47.69	106.21	1328.43	695.57	1172.46
靖江市	85.43	67.25	108.34	1302.99	664.46	1107.12
泰兴市	221.17	189.20	589.44	3631.89	1734.12	3773.95
宿迁市	**51.00**	**42.16**	**132.30**	**791.56**	**507.39**	**763.77**
沭阳县	26.69	21.92	87.75	494.84	308.29	601.22
泗阳县	27.31	22.42	99.22	464.81	318.37	521.11
泗洪县	1637.70	1395.56	1754.46	39056.06	9499.25	37594.23

八、按登记注册类型分固定资产投资比上年增长情况（2020） （%）

类 别	投资额		工业投资	
	2019	2020	2019	2020
总 计	**3.2**	**−4.0**	**3.9**	**−5.2**
内资企业	3.3	−5.7	4.0	−8.0
国有企业	−16.4	−1.4	−34.0	12.8
集体企业	6.5	−25.0	1.1	21.5
股份合作企业	−46.9	−3.7	78.2	6.0
联营企业	60.7	27.4	245.0	−17.8
国有联营	−92.9	−51.5		−100.0
集体联营	−92.1	658.7	−96.9	416.5
国有与集体联营	12.6	1182.4	−66.1	64.5
其他联营企业	6424.2	−14.7		−21.3
有限责任公司	13.9	−2.6	13.9	−10.4
国有独资公司	42.1	5.4	95.2	46.4
其他有限责任公司	5.0	−6.0	8.8	−16.7
股份有限公司	5.3	27.2	2.1	28.3
私营企业	4.6	−9.6	3.9	−9.5
其他企业	2.0	0.2	−45.1	−24.4
港、澳、台商投资企业	−4.3	21.8	−4.6	26.9
合资经营企业	0.8	42.8	1.2	63.9
合作经营企业	−37.0	−24.9	−19.5	−41.1
独资企业	−7.6	7.8	−9.4	4.0
股份有限公司	22.9	0.1	65.5	−5.2
其他港澳台商投资	138.7	98.6	201.7	86.3
外商投资企业	7.0	5.8	9.2	5.5
合资经营企业	26.2	18.7	35.2	17.7
合作经营企业	−71.7	273.2	−65.1	188.6
独资企业	−5.9	−7.0	−7.4	−6.0

类　别	投资额		工业投资	
	2019	2020	2019	2020
股份有限公司	40.7	−16.8	35.4	−34.0
其他外商投资	484.2	168.7	484.2	163.8
个体经营	22.9	6.2	−17.6	−90.4
个体户	49.2	5.9	20.8	−90.4
个人合伙	−99.9	3633.3	−100.0	
按设区市分				
南京	9.2	6.0	10.2	11.0
无锡	5.6	10.2	10.4	13.3
徐州	−2.8	−0.2	4.8	13.4
常州	−12.5	−8.5	2.2	−19.8
苏州	12.5	13.5	8.8	27.4
南通	3.0	−4.3	5.9	6.9
连云港	10.0	−3.0	15.0	3.0
淮安	9.2	−41.2	5.9	−46.2
盐城	3.3	−11.8	4.8	−22.5
扬州	−0.9	−8.5	3.4	−31.4
镇江	1.3	5.5	1.7	11.0
泰州	3.6	−7.0	6.1	−5.5
宿迁	1.3	−3.6	7.0	−7.4

九、2020 年江苏省各市（县）地区国内贸易、对外经济

市 县	社会消费品零售总额（亿元）	进出口总额（亿美元）	出 口	进 口	实际使用外资（亿美元）
南京市	7203.03	5340.20	3398.90	1941.30	45.15
无锡市	2994.36	6075.61	3547.07	2528.54	36.21
江阴市	675.07	1326.81	859.35	467.46	9.20
宜兴市	512.26	317.93	235.11	82.83	4.51
徐州市	3286.09	1067.16	865.30	201.86	22.01
丰 县	260.05	69.92	64.36	5.56	1.07
沛 县	427.63	96.09	74.82	21.27	2.00
睢宁县	422.29	66.28	62.60	3.68	1.47
新沂市	286.75	109.30	87.67	21.64	2.08
邳州市	332.68	129.53	121.04	8.49	2.93
常州市	2421.36	2417.25	1796.93	620.32	28.78
溧阳市	317.49	85.77	70.76	15.01	3.34
苏州市	7701.98	22321.43	12941.49	9379.95	55.40
常熟市	1031.62	1326.99	871.17	455.82	6.31
张家港市	688.52	2322.02	985.63	1336.39	4.41
昆山市	1398.08	6002.85	3967.14	2035.72	10.48
太仓市	425.04	922.54	438.42	484.12	4.63
南通市	3370.40	2627.08	1792.61	834.47	27.12
如东县	406.95	395.31	157.80	237.51	3.18
启东市	413.58	215.34	153.79	61.55	3.43
如皋市	457.83	248.94	212.12	36.82	2.54
海门市	356.06	175.53	135.57	39.96	3.59
海安市	1104.29	643.45	262.56	380.89	6.76
连云港市	243.68	37.47	32.52	4.95	1.00
东海县	76.00	13.70	13.16	0.54	0.19
灌云县	90.81	12.28	9.50	2.78	0.74
灌南县	1675.85	344.38	237.70	106.68	10.59
淮安市	204.84	18.44	15.95	2.49	1.34

市　县	社会消费品零售总额（亿元）	进出口总额（亿美元）	出　口	进　口	实际使用外资（亿美元）
涟水县	164.97	12.53	10.45	2.08	1.25
盱眙县	120.40	33.41	30.20	3.21	1.25
金湖县	2216.12	823.55	553.17	270.38	10.12
盐城市	**104.99**	**61.39**	**53.11**	**8.28**	**0.39**
响水县	227.21	37.25	34.49	2.76	0.61
滨海县	229.06	35.87	31.73	4.14	0.23
阜宁县	222.26	51.73	37.25	14.48	0.91
射阳县	187.94	29.66	24.83	4.83	0.22
建湖县	245.63	86.22	81.39	4.83	1.11
东台市	1379.29	770.20	580.03	190.17	14.70
扬州市	**159.38**	**52.85**	**38.56**	**14.29**	**1.01**
宝应县	114.52	95.04	51.23	43.81	2.50
仪征市	171.56	37.12	33.24	3.87	1.50
高邮市	1141.93	722.44	512.21	210.23	7.88
镇江市	**302.25**	**215.20**	**194.70**	**20.50**	**1.85**
丹阳市	133.30	31.99	29.34	2.65	0.74
扬中市	152.63	42.17	33.11	9.06	1.18
句容市	1333.26	1014.01	665.37	348.65	16.50
泰州市	**240.02**	**51.18**	**46.85**	**4.32**	**1.68**
兴化市	197.54	229.23	175.53	53.70	2.78
靖江市	274.73	299.73	172.35	127.38	3.76
泰兴市	1258.08	335.31	290.79	44.52	5.56
宿迁市	**306.45**	**85.27**	**82.08**	**3.19**	**1.10**
沭阳县	152.54	47.23	44.29	2.94	1.12
泗阳县	156.84	27.05	23.61	3.44	0.91
泗洪县	7203.03	5340.20	3398.90	1941.30	45.15

十、分市交通运输基本情况（2020 年）

指　　标	南京市	无锡市	徐州市	常州市
运输线路				
公路通车里程（公里）	9793	7983	15918	8715
♯等级公路里程	9793	7983	15918	8715
♯高速公路	538	277	464	340
一级公路	1264	1174	1329	1158
二级公路	1099	1918	1583	1539
内河航道里程（公里）	630	1578	909	1080
公路桥梁（座）	2110	4098	4961	3454
公路桥梁长度（米）	235890	277303	250593	248859
客运量				
公路（万人）	6016	3763	6672	2873
水运（万人）	8	59		94
民用航空（万人）	1991	599	220	226
货运量				
公路（万吨）	23611	18472	29299	10948
水运（万吨）	18740	3064	6972	2653
民用航空（吨）	389278	157198	11346	18911
机动车拥有量（万辆）	291.35	235.17	190.47	157.25
♯机动汽车拥有量	279.95	219.94	167.45	151.55
♯载客汽车	262.46	207.23	146.90	141.61
载货汽车	15.96	11.97	19.42	9.39
♯营运汽车（含公交出租车辆）	11.19	8.18	14.04	5.45
♯私人汽车	216.03	180.87	154.51	126.68
全社会船舶拥有量（万艘）	0.117	0.128	0.314	0.147
机动船	0.109	0.128	0.151	0.145
驳船	0.008	0.000	0.163	0.002
港口货物吞吐量（万吨）	25365	31599	4391	10145
♯外贸	3209	6573		1383

指 标	苏州市	南通市	连云港市	淮安市	盐城市
运输线路					
公路通车里程(公里)	11742	17409	12105	13610	21920
♯等级公路里程	11742	17409	12105	13610	21920
♯高速公路	614	487	354	402	396
一级公路	1982	2111	851	762	1808
二级公路	4209	1867	1894	1706	2842
内河航道里程(公里)	2786	3522	1103	1402	4346
公路桥梁(座)	9595	8500	3000	3819	15804
公路桥梁长度(米)	616706	405332	217185	215266	519422
客运量					
公路(万人)	20474	4636	2922	4151	4451
水运(万人)	492	133	2	4	
民用航空(万人)		252	97	133	169
货运量					
公路(万吨)	25320	10974	12322	5079	12047
水运(万吨)	1102	9666	2364	7408	12323
民用航空(吨)		54016	1937	12343	13631
机动车拥有量(万辆)	451.13	217.04	94.62	76.88	136.01
♯机动汽车拥有量	443.16	192.34	79.12	68.79	114.39
♯载客汽车	419.81	179.81	66.95	61.76	102.68
载货汽车	21.81	11.86	10.79	6.66	11.02
♯营运汽车(含公交出租车辆)	12.52	5.76	7.42	4.67	6.22
♯私人汽车	369.22	171.64	72.49	62.18	102.94
全社会船舶拥有量(万艘)	0.027	0.127	0.095	0.270	0.607
机动船	0.026	0.124	0.091	0.262	0.563
驳船	0.002	0.003	0.004	0.009	0.044
港口货物吞吐量(万吨)	66922	34137	24734	7152	11622
♯外贸	16098	5300	13243		1975

指 标	扬州市	镇江市	泰州市	宿迁市
运输线路				
公路通车里程（公里）	9632	6890	9632	6890
♯等级公路里程	9632	6890	9632	6890
♯高速公路	294	193	294	193
一级公路	646	969	646	969
二级公路	1498	894	1498	894
内河航道里程（公里）	2169	597	2169	597
公路桥梁（座）	4193	1343	4193	1343
公路桥梁长度（米）	198333	115736	198333	115736
客运量				
公路（万人）	2073	2045	2073	2045
水运（万人）	7	546	7	546
民用航空（万人）	237		237	
货运量				
公路（万吨）	5228	5882	5228	5882
水运（万吨）	7520	1581	7520	1581
民用航空（吨）	12579		12579	
机动车拥有量（万辆）	100.79	77.34	100.79	77.34
♯机动汽车拥有量	87.64	68.57	87.64	68.57
♯载客汽车	80.44	64.19	80.44	64.19
载货汽车	6.73	4.07	6.73	4.07
营运汽车（含公交出租车辆）	9632	6890	9632	6890
♯私人汽车	9632	6890	9632	6890
全社会船舶拥有量（万艘）	294	193	294	193
机动船	646	969	646	969
驳船	1498	894	1498	894
港口货物吞吐量（万吨）	2169	597	2169	597
♯外贸	4193	1343	4193	1343

十一、商品零售价格分类指数（2020 年）

上年＝100

类　别	全　省	城　市	农　村
商品零售价格指数	101.8	101.8	102.4
食品	110.3	110.1	111.6
饮料、烟酒	101.9	102.0	101.8
服装、鞋帽	99.7	99.7	99.7
纺织品	101.1	101.4	99.2
家用电器及音像器材	98.2	98.1	98.6
文化办公用品	103.7	103.7	103.6
日用品	100.5	100.6	99.9
体育娱乐用品	100.0	100.1	98.9
交通、通信用品	100.1	100.2	99.3
家具	100.6	100.6	100.5
化妆品	102.0	102.0	102.0
金银饰品	117.3	117.3	117.2
中西药品及医疗保健用品	99.7	99.6	101.3
书报杂志及电子出版物	103.1	103.4	100.6
燃料	90.6	90.6	91.0
建筑材料及五金电料	100.6	100.5	101.1
农业生产资料价格指数	105.7		
农用手工工具	99.8		
饲料	104.3		
仔畜幼禽及产品畜	159.6		
半机械化农具	101.2		
机械化农具	100.3		
化学肥料	98.6		
农药及农药器械	100.5		
化学农药	100.4		
农药器械	101.7		
农机用油	85.9		
其他农用生产资料	98.9		
农业生产服务	101.5		

十二、按建设性质分固定资产投资比上年增长情况（2020 年）　（单位：%）

行　业	投资额	♯新　建	♯扩　建	改　建
总　计	**-4.0**	**17.9**	**-16.0**	**-34.2**
批发和零售业	35.3	54.0	-55.3	-3.0
批发业	1.9	10.5	-50.3	65.6
零售业	-3.1	14.9	-100.0	-97.7
交通运输、仓储和邮政业	123.9	163.7	-58.3	47.0
铁路运输业	20.7	45.8	-26.7	-62.0
道路运输业	27.4	46.2	-76.2	0.2
水上运输业	-63.7	-53.9	-19.2	-72.2
航空运输业	18.0	-100.0		563.0
管道运输业	-30.0			-100.0
多式联运和运输代理业	-69.6	-61.9		-82.3
装卸搬运和仓储业	-100.0	-100.0		
邮政业	-81.5	-50.7	-20.7	-94.7
住宿和餐饮业	-100.0	-100.0		-100.0
住宿业	334.6		29.1	
餐饮业	-8.6	26.0	-11.9	-36.3
信息传输、软件和信息技术服务业	-20.4	12.3	-31.8	-52.1
电信、广播电视和卫星传输服务	-5.7	48.8	-25.8	-51.1
互联网和相关服务	-10.8	-8.2	282.2	-31.0
软件和信息技术服务业	37.7		-74.7	247.5
金融业	-2.5	33.8	-7.2	-30.2
货币金融服务	-53.9	-21.6	-71.9	-70.8
资本市场服务	-37.7	15.2	-49.1	-64.7
保险业	-31.7	-12.5	-40.3	-55.4
其他金融业	-10.9	-6.1	-29.8	-13.9
房地产业	2.3	81.4	-51.5	-32.9
租赁和商务服务业	-37.1	-13.7	-37.1	-46.0
租赁业	-46.4	-8.3	-45.1	-76.5
商务服务业	34.4	49.4	-4.8	-5.6
科学研究和技术服务业	-21.8	33.3	-17.8	-56.5

续表

行　业	投资额	♯新　建	♯扩　建	改　建
研究和试验发展	23.2	105.2	5.2	−23.3
专业技术服务业	−13.6	−17.8	−8.9	−10.7
科技推广和应用服务业	−8.4	15.6	9.1	−38.1
水利、环境和公共设施管理业	−12.4	10.3	−22.8	−40.6
水利管理业	49.9	149.6	157.1	14.9
生态保护和环境治理业	9.6	55.7	−11.5	−8.3
公共设施管理业	−10.2	33.8	−14.7	−41.5
土地管理业	−22.9	22.3	−31.8	−51.0
居民服务、修理和其他服务业	−16.0	22.6	−27.9	−38.7
居民服务业	−5.0	12.5	17.3	−37.8
机动车、电子产品和日用产品修理业	9.8	51.5	−20.6	−8.8
其他服务业	−19.6	0.2	−28.4	−38.9
教育	12.4	51.0	21.7	−18.9
卫生和社会工作	−7.7	55.4	−11.2	−41.1
卫生	−20.6	24.1	−63.4	−51.6
社会工作	3.7	−9.3	158.8	−2.2
文化、体育和娱乐业	−54.5	−56.8	−3.4	−91.4
新闻和出版业	56.3	92.8	26.9	−14.9
广播、电视、电影和影视录音制作业	61.2	99.7	16.1	−4.4
文化艺术业	17.5	35.1	−19.9	23.8
体育	42.8	72.2	92.6	−39.6
娱乐业	28.8	194.2		−100.0
公共管理、社会保障和社会组织	37.4	598.0		−100.0
中国共产党机关	35.4	120.8		−100.0
国家机构				
人民政协、民主党派	−100.0	−100.0		
社会保障	−61.0	−46.7	−80.9	−88.0
群众团体、社会团体和其他成员组织	−70.1	−58.6	−85.4	−90.7
基层群众自治组织	−49.0	−31.7	−72.3	−85.6

附录：主要统计指标解释

国内生产总值（GDP） 指一个国家所有常住单位在一定时期内生产活动的最终成果。国内生产总值有三种表现形态，即价值形态、收入形态和产品形态。从价值形态看，它是所有常住单位在一定时期内生产的全部货物和服务价值超过同期中间投入的全部非固定资产货物和服务价值的差额，即所有常住单位的增加值之和；从收入形态看，它是所有常住单位在一定时期内创造并分配给常住单位和非常住单位的初次收入分配之和；从产品形态看，它是所有常住单位在一定时期内最终使用的货物和服务价值与货物和服务净出口价值之和。在实际核算中，国内生产总值有三种计算方法，即生产法、收入法和支出法。三种方法分别从不同的方面反映国内生产总值及其构成。对于地区，GDP中文名称为"地区生产总值"。

货物和服务净出口 指货物和服务出口减货物和服务进口的差额。出口包括常住单位向非常住单位出售或无偿转让的各种货物和服务的价值；进口包括常住单位从非常住单位购买或无偿得到的各种货物和服务的价值。由于服务活动的提供与使用同时发生，因此服务的进出口业务并不发生出入境现象，一般把常住单位从国外得到的服务作为进口，非常住单位从本国得到的服务作为出口。货物的出口和进口都按离岸价格计算。

居民消费 指常住住户对货物和服务的全部最终消费支出。居民消费按市场价格计算，即按居民支付的购买者价格计算。购买者价格是购买者取得货物所支付的价格，包括购买者支付的运输和商业费用。居民消费除了直接以货币形式购买货物和服务的消费之外，还包括以其他方式获得的货物和服务的消费支出，即所谓的虚拟消费支出。居民虚拟消费支出包括以下几种类型：单位以实物报酬及实物转移的形式提供给劳动者的货物和服务；住户生产并由本住户消费了的货物和服务，其中的服务仅指住户的自有住房服务；金融机构提供的金融媒介服务；保险公司提供的保险服务。

政府消费 指政府部门为全社会提供公共服务的消费支出和免费或以较低价格向住户提供的货物和服务的净支出。前者等于政府服务的产出价值减去政府单位所获得的经营收入的价值，政府服务的产出价值等于它的经常性业务支出加上固定资产折旧；后者等于政府部门免费或以较低价格向住户提供的货物和服务的市场价值减去向住户收取的价值。

就业人员 指从事一定社会劳动并取得劳动报酬或经营收入的人员，包括在岗职工、再就业的离退休人员、私营业主、个体户主、私营和个体就业人员、乡镇企业就业人员、农村就业人员、其他就业人员（包括民办教师、宗教职业者、现役军人等）。这一指标反映了一定时期内全部劳动力资源的实际利用情况，是研究我国基本国情国力的重要指标。

单位就业人员 指在各类法人单位工作，并由单位支付劳动报酬的人员，包括在岗职工和其他就业人员。在岗职工指在本单位工作且与本单位签订劳动合同，并由单位支付各项工资和社会保险、住房公积金的人员，以及上述人员中由于学习、病伤、产假等原因暂未工作仍由单位支付工资的人员。其他就业人员指在本单位工作,不能归到在岗职工、劳务派遣人员中的人员。此类人员是实际参加本单位生产或工作并从本单位取得劳动报酬的人员。具体包括:非全日制人员、聘用的正式离退休人员、兼职人员和第二职业者等,以及在本单位中工作的外籍和港澳台方人员。

城镇私营和个体就业人员 城镇私营就业人员指在工商管理部门注册登记,其经营地址设在县城关镇(含城关镇)以上的私营企业就业人员;包括私营企业投资者和雇工。城镇个体就业人员指在工商管理部门注册登记,并持有城镇户口或在城镇长期居住,经批准从事个体工商经营的就业人员;包括个体经营者和在个体工商户劳动的家庭帮工和雇工。

平均工资 指在报告期内单位发放工资的人均水平。计算公式为:

$$平均工资＝报告期工资总额／报告期平均人数$$

在岗职工平均工资指数 指报告期在岗职工平均工资与基期在岗职工平均工资的比率,是反映不同时期在岗职工货币工资水平变动情况的相对数。计算公式为:

$$在岗职工平均工资指数＝报告期平均工资／基期平均工资×100％$$

居民消费价格指数 是反映一定时期内城乡居民所购买的生活消费品价格和服务项目价格变动趋势和程度的相对数,是对城市居民消费价格指数和农村居民消费价格指数进行综合汇总计算的结果。通过该指数可以观察和分析消费品的零售价格和服务价格变动对城乡居民实际生活费支出的影响程度。

可支配收入 指调查户在调查期内获得的、可用于最终消费支出和储蓄的总和,即调查户可以用来自由支配的收入。可支配收入既包括现金,也包括实物收入。按照收入的来源,可支配收入包含四项:工资性收入、经营净收入、财产净收入和转移净收入。计算公式为:

$$可支配收入＝工资性收入＋经营净收入＋财产净收入＋转移净收入$$

固定资产投资 是以货币表现的建造和购置固定资产活动的工作量,它是反映固定资产投资规模、速度、比例关系和使用方向的综合性指标。全社会固定资产投资按登记注册类型可分为国有、集体、个体、联营、股份制、外商、港澳台商、其他等。全社会固定资产投资总额分为城镇项目投资、农村建设项目投资和房地产开发投资三个部分。

新增固定资产 指通过投资活动所形成的新的固定资产价值,包括已经建成投入生产或交付使用的工程价值和达到固定资产标准的设备、工具、器具的价值及有关应摊入的费用。它是以价值形式表示的固定资产投资成果的综合性指标,可以综合反映不同时期、不同部门、不同地区的固定资产投资成果。

财政收入 指国家财政参与社会产品分配所取得的收入,是实现国家职能的财力保证。按我省口径,财政总收入为公共财政预算收入、基金收入和上划中央四税之和。

财政支出 国家财政将筹集起来的资金进行分配使用,以满足经济建设和各项事业的需要。

进出口总额 海关进出口总额指实际进出我国国境的货物总金额。包括对外贸易实际进出口货物,来料加工装配进出口货物,国家间、联合国及国际组织无偿援助物资和赠送品,华侨、港澳台同胞和外籍华人捐赠品,租赁期满归承租人所有的租赁货物,进料加工进出口货物,边境地方贸易及边境地区小额贸易进出口货物(边民互市贸易除外),中外合资企业、中外合作经营企业、外商独资经营企业进出口货物和公用物品,到、离岸价格在规定限额以上的进出口货样和广告品(无商业价值、无使用价值和免费提供出口的除外），从保税仓库提取在中国境内销售的进口货物，以及其他进出口货物。进出口总额用以观察一个国家在对外贸易方面的总规模。我国规定出口货物按离岸价格统计，进口货物按到岸价格统计。

实际使用外资　指外国企业和经济组织或个人（包括华侨、港澳台胞以及我国在境外注册的企业）按我国有关政策、法规，用现汇、实物、技术等在我国境内开办外商独资企业、与我国境内的企业或经济组织共同举办中外合资经营企业、合作经营企业或合作开发资源的投资（包括外商投资收益的再投资）。

对外承包工程　指各对外承包公司以招标议标承包方式承揽的下列业务：① 承包国外工程建设项目，② 承包我国对外经援项目，③ 承包我国驻外机构的工程建设项目，④ 承包我国境内利用外资进行建设的工程项目，⑤ 与外国承包公司合营或联合承包工程项目时我国公司分包部分，⑥ 对外承包兼营的房屋开发业务。对外承包工程的营业额是以货币表现的本期内完成的对外承包工程的工作量，包括以前年度签订的合同和本年度新签订的合同在报告期内完成的工作量。

对外劳务合作　指以收取工资的形式向业主或承包商提供技术和劳动服务的活动。我国对外承包公司在境外开办的合营企业，中国公司同时又提供劳务的，其劳务部分也纳入劳务合作统计。劳务合作营业额按报告期内向雇主提交的结算数（包括工资、加班费和奖金等）统计。

铁路营业里程　又称营业长度（包括正式营业和临时营业里程），指办理客货运输业务的铁路正线总长度。凡是全线或部分建成双线及以上的线路，以第一线的实际长度计算；复线、站线、段管线、岔线和特殊用途线以及不计算运费的联络线都不计算营业里程。铁路营业里程是反映铁路运输业基础设施发展水平的重要指标，也是计算客货周转量、运输密度和机车车辆运用效率等指标的基础资料。

货（客）运量　指在一定时期内，各种运输工具实际运送的货物（旅客）数量。它是反映运输业为国民经济和人民生活服务的数量指标，也是制定和检查运输生产计划、研究运输发展规模和速度的重要指标。货运按吨计算，客运按人计算。货物不论运输距离长短、货物类别，均按实际重量统计。旅客不论行程远近或票价多少，均按一人一次客运量统计；半价票、小孩票也按一人统计。

货物（旅客）周转量　指在一定时期内，由各种运输工具运送的货物（旅客）数量与其相应运输距离的乘积之总和。它是反映运输业生产总成果的重要指标，也是编制和检查运输生产计划，计算运输效率、劳动生产率以及核算运输单位成本的主要基础资料。计算货物周转量通常按发出站与到达站之间的最短距离，也就是计费距离计算。计算公式为：

$$货物（旅客）周转量 = \sum 货物（旅客）运输量 \times 运输距离$$

沿海主要港口货物吞吐量　指经水运进出沿海主要港区范围，并经过装卸的货物数量，包括邮件及办理托运手续的行李、包裹以及补给运输船舶的燃、物料和淡水。货物吞吐量按货物流向分为进口、出口吞吐量，按货物交流性质分为外贸货物吞吐量和国内贸易货物吞吐量。货物吞吐量的货类构成及其流向，是衡量港口生产能力大小的重要指标。

邮电业务总量　指以价值量形式表现的邮电通信企业为社会提供各类邮电通信服务的总数量。邮电业务量按专业分类包括函件、包件、汇票、报刊发行、邮政快件、特快专递、邮政储蓄、集邮、公众电报、用户电报、传真、长途电话、出租电路、无线寻呼、移动电话、分组交换数据通信、出租代维等。计算方法为各类产品乘以相应的平均单价(不变价)之和,再加上出租电路和设备、代用户维护电话交换机和线路等的服务收入。它综合反映了一定时期邮电业务发展的总成果,是研究邮电业务量构成和发展趋势的重要指标。计算公式为:

$$邮电业务总量 = \sum(各类邮电业务量 \times 不变单价) + 出租代维及其他业务收入$$

移动电话用户　是指通过移动电话交换机进入移动电话网、占用移动电话号码的电话用户。用户数量以报告期末在移动电话营业部门实际办理登记手续进入移动电话网的户数进行计算,一部移动电话统计为一户。

电话用户　指接入国家公众固定电话网,并按固定电话业务进行经营管理的电话用户。1997年以前,电话用户分为市内电话用户和农村电话用户。"市内电话用户"是指接入县城及县以上城市的电话网上的电话用户;"农村电话用户"是指接入县邮电局农话台及县以下农村电话交换点,以县城为中心(除市话用户外)联通县、乡(镇)、行政村、村民小组的用户。从1997年起,电话用户数分组调整为以用户所在区域划分为"城市电话用户"和"乡村电话用户",与过去的按市内电话和农村电话划分方法不同。而电话用户总数、电话机总部数统计范围不变。

批发和零售业商品购、销、存总额　指各种登记注册类型的批发和零售企业、产业活动单位、个体经营者以本单位为总体的商品购进、销售、库存总额。

商品购进总额　指从本单位以外的单位和个人购进(包括从境外直接进口)作为转卖或加工后转卖的商品总额。

商品销售总额　指对本单位以外的单位和个人出售(包括对境外直接出口)本单位经营的商品总额(含增值税)。

商品批发额　指商品零售额以外的一切商品销售额。包括售给生产经营单位用于生产或经营用的商品销售额;售给批发和零售业、餐饮业用于转卖或加工后转卖的商品销售额;直接向国(境)外出口和委托外贸部门代理出口的商品销售额。

商品零售额　指售给城乡居民用于生活消费、售给社会集团用公款购买用作非生产、非经营使用的商品销售额。

商品库存总额　指报告期末各种登记注册类型的批发和零售业企业、产业活动单位、个体经营者已取得所有权的商品。

商品交易市场　指有固定场所、设施,有若干经营者入场实行集中、公开交易各类实物商品的市场。

商品交易市场成交额　指商品交易市场内所有经营者所实现的商品销售金额。商品交易市场包括消费品市场和生产资料市场。

旅游者人数

(1)入境国际旅游者人数:指来中国参观、访问、旅行、探亲、访友、休养、考察、参加会议和从事经济、科技、文化、教育、宗教等活动的外国人、华侨、港澳同胞和台湾同胞的人数。不包括外国在我国的常驻机构,如使领馆、通讯社、企业办事处的工作人员;来我国常住的外国专家、留学生以及在岸逗留不过夜人员。

(2)出境居民人数:指大陆居民因公务活动或私人事务短期出境的人数。公务活动出境居民人数包括在国际交通工具上的中国服务员工,因私出境居民人数不包括在国际交通工具上的中国服务员工。

(3)国内旅游者人数:指我国大陆居民和在我国常住1年以上的外国人、华侨、港澳台同胞离开常住地在境内其他地方的旅游设施内至少停留一夜,最长不超过6个月的人数。

国际旅游(外汇)收入　指入境旅游的外国人、华侨、港澳同胞和台湾同胞在中国大陆旅游过程中发生的一切旅游支出,对于国家来说就是国际旅游(外汇)收入。

科技活动人员　指直接从事科技活动、以及专门从事科技活动管理和为科技活动提供直接服务的人员。累计从事科技活动的实际工作时间占全年制度工作时间10%及以上的人员。① 直接从事科技活动的人员包括:在独立核算的科学研究与技术开发机构、高等学校、各类企业及其他事业单位内设的研究室、实验室、技术开发中心及中试车间(基地)等机构中从事科技活动的研究人员、工程技术人员、技术工人及其他人员;虽不在上述机构工作,但编入科技活动项目(课题)组的人员;科技信息与文献机构中的专业技术人员;从事论文设计的研究生等。② 专门从事科技活动管理和为科技活动提供直接服务的人员包括:独立核算的科学研究与技术开发机构、科技信息与文献机构、高等学校、各类企业及其他事业单位主管科技工作的负责人,专门从事科技活动的计划、行政、人事、财务、物资供应、设备维护、图书资料管理等工作的各类人员,但不包括保卫、医疗保健人员、司机、食堂人员、茶炉工、水暖工、清洁工等为科技活动提供间接服务的人员。

研究与试验发展(R&D)　指在科学技术领域,为增加知识总量,以及运用这些知识去创造新的应用,而进行的系统的创造性活动,包括基础研究、应用研究、试验发展三类活动。

基础研究　指为了获得关于现象和可观察事实的基本原理的新知识(揭示客观事物的本质、运动规律,获得新发现、新学说)而进行的实验性或理论性研究,它不以任何专门或特定的应用或使用为目的。其成果以科学论文和科学著作为主要形式。

应用研究　指为获得新知识而进行的创造性研究,主要针对某一特定的目的或目标。应用研究是为了确定基础研究成果可能的用途,或是为达到预定的目标探索应采取的新方法(原理性)或新途径。其成果形式以科学论文、专著、原理性模型或发明专利为主。

试验发展　指利用从基础研究、应用研究和实际经验所获得的现有知识,为产生新的产品、材料和装置,建立新的工艺、系统和服务,以及对已产生和建立的上述各项作实质性的改进而进行的系统性工作。其成果形式主要是专利、专有技术、具有新产品基本特征的产品原型或具有新装置基本特征的原始样机等。在社会科学领域,试验发展是指把通过基础研究、应用研究获得的知识转变成可以实施的计划(包括为进行检验和评估实施示范项目)的过程。人文科学领域没有对应的试验发展活动。

研究与试验发展人员　指参与研究与试验发展项目研究、管理和辅助工作的人员,包括项目(课题)组人员,企业科技行政管理人员和直接为项目(课题)活动提供服务的辅助人员。

专业技术人员　指从事专业技术工作和专业技术管理工作的人员,即企事业单位中已经聘任专业技术职务从事专业技术工作和专业技术管理工作的人员,以及未聘任专业技术职务,现在专业技术岗位上工作的人员。包括工程技术人员、农业技术人员、科学研究人员、卫生技术人员、教学人员、经济人员、会计人员、统计人员、翻译人员、图书资料、档案、文博人员、新闻出版人员、律师、公证人员、广播电视播音人员、工艺美术人员、体育人员、艺术人员及企业政治思想工作人员,共十七个专业技术职务类别。

科技活动经费筹集　指从各种渠道筹集到的计划用于科技活动的经费,包括政府资金、企业资金、事业单位资金、金融机构贷款、国外资金和其他资金等。

政府资金　指从各级政府部门获得的计划用于科技活动的经费,包括科学事业费、科技三项费、科研基建费、科学基金、教育等部门事业费中计划用于科技活动的经费以及政府部门预算外资金中计划用于科技活动的经费等。

企业资金　指从自有资金中提取或接受其他企业委托的、科研院所和高校等事业单位接受企业委托获得的,计划用于科研和技术开发的经费。不包括来自政府、金融机构及国外的计划用于科技活动的资金。

金融机构贷款　指从各类金融机构获得的用于科技活动的贷款。

科技活动经费内部支出　指报告年内用于科技活动的实际支出包括劳务费、科研业务费、科研管理费,非基建投资购建的固定资产、科研基建支出以及其他用于科技活动的支出。不包括生产性活动支出、归还贷款支出及转拨外单位支出。

劳务费　指以货币或实物形式直接或间接支付给从事科技活动人员的劳动报酬及各种费用。包括各种形式的工资、津贴、奖金、福利、离退休人员费用、人民助学金等。

固定资产购建费　指报告年内使用非基建投资购建的固定资产和用于科研基建投资的实际支出额,即固定资产实际支出和科研基建投资实际完成额之和。固定资产是指长期使用而不改变原有实物形态的主要物资设备、图书资料、实验材料和标本以及其他设备和家具、房屋、建筑物。

新产品　指采用新技术原理、新设计构思研制、生产的全新产品,或在结构、材质、工艺等某一方面比原有产品有明显改进,从而显著提高了产品性能或扩大了使用功能的产品。既包括政府有关部门认定并在有效期内的新产品,也包括企业自行研制开发,未经政府有关部门认定,从投产之日起一年之内的新产品。

专利　是专利权的简称,是对发明人的发明创造经审查合格后,由专利局依据专利法授予发明人和设计人对该项发明创造享有的专有权。包括发明、实用新型和外观设计。

发明　指对产品、方法或者其改进所提出的新的技术方案。

实用新型　指对产品的形状、构造或者其结合所提出的适于实用的新的技术方案。

外观设计　指对产品的形状、图案、色彩或者其结合所作出的富有美感并适于工业上应用的新设计。

普通高等学校　指按照国家规定的设置标准和审批程序批准举办,通过国家统一招生考试,招收高中毕业生为主要培养对象,实施高等学历教育的全日制大学、独立设置的学院和高等专科学校、高等职业学校和其他机构。